KB219736

묵 자
(墨　子)

朴 文 鉉
李 止 漢　解譯

자유문고

'묵자(墨子)'란 어떤 책인가?

'묵자(墨子)'란 책이름이며 동시에 묵적(墨翟)의 존칭이기도 하다. 묵자는 성이 묵(墨)이고 이름은 적(翟)이다. 기원전 476년경에 노(魯)나라에서 태어나 기원전 390년경 세상을 떠난 것으로 알려졌다.

그는 상당히 뛰어난 생산 기술자 출신으로 서민들의 처지를 대변하여 밤낮으로 쉬지 않고 분주하게 온 세상을 돌아다니며 자기의 사상을 선전하고 실천한 독특한 사상가였으며 묵가(墨家)를 창시한 비조(鼻祖)이다.

묵자(墨子)를 중심으로 한 묵가(墨家)는 진시황이 중국을 통일하기 전까지는 유가와 함께 가장 활발한 학술활동을 전개한 학파였다. 그러기에 맹자는 당시에 가장 유행하는 학문으로 묵사의 학문을 꼽았고, 한비자(韓非子)는 유가와 묵가가 가장 인기있는 학파라고 했던 것이다.

'묵자(墨子)'는 묵적(墨翟)의 언행을 충실히 반영한 책으로 '한서예문지(漢書藝文志)'에는 '묵자' 71편이라고 적혀있는데 현재 남아있는 것은 53편뿐이다. 그 나머지 18편 가운데 8편은 제목이 남아있으나 10편은 제목마저 분실된 상태다.

송(宋)나라 사람이 쓴 '중흥관각서목(中興館閣書目)'에는 61편이라 적혀있는 것으로 보아 10편은 당(唐)과 송(宋)대의 사이에 없어진 것으로 생각되고 나머지 8편은 남송(南宋) 이후에 없어진 것으로 보인다.

현재 남아있는 53편의 구성 등은 중국의 근대학자인 호적(胡

適) 등의 분류 방법에 따라 그것을 분류해보면 다음과 같다.

첫째 부분은 친사(親士)·수신(修身)·소염(所染)·법의(法儀)·칠환(七患)·사과(辭過)·삼변(三辯) 등 7편으로 묵가의 잡론집이다. 첫 3편은 편명의 주제에 관해서 논한 것이고, 법의·칠환·사과 3편은 묵자의 제자들의 저작으로 보이며, 삼변은 비악(非樂) 상편(上篇)의 증보로 생각된다. 청(淸)나라의 양계초(梁啓超)는 뒤의 4편은 묵가가 기록한 묵학(墨學)의 개요이므로 반드시 먼저 읽어야 한다고 말했다.

둘째 부분은 상현(尙賢) 3편·상동(尙同) 3편·겸애(兼愛) 3편·비공(非攻) 3편·절용(節用) 2편·절장(節葬) 1편·천지(天志) 3편·명귀(明鬼) 1편·비악(非樂) 1편·비명(非命) 3편 등의 묵가 10론(十論) 23편과 비유(非儒) 1편을 포함하여 24편이며 '묵자' 책의 핵심부분으로 묵학의 대강목(大綱目)이라 할 수 있다. 제목마다 각 3편씩으로 되어있으나 그 내용은 대동소이(大同小異)하다. 이것은 묵가가 3파로 갈라져 각자 그들이 들은 바를 기록했기 때문이다.

셋째 부분은 경(經) 상하(上下)·경설(經說) 상하·대취(大取)·소취(小取)이고, 이 6편은 묵경(墨經) 혹은 묵변(墨辯)이라 부르기도 한다. 여기에는 논리, 윤리, 정치, 경제 뿐만 아니라 산학(算學), 기하학(幾何學), 광학(光學), 역학(力學) 등에 관한 것도 언급되어 있다.

이 부분은 묵자의 학설이 아니라는 주장도 있는데 대체로 묵자의 후학들에 의해 작성된 것으로 보인다.

넷째 부분은 경주(耕柱)·귀의(貴義)·공맹(公孟)·노문(魯問)·공수(公輸)이다. 이 5편은 묵자의 후학들이 묵자의 일생의 언행을 모아 기록한 것으로 체재는 '논어'와 비슷하다.

다섯째 부분은 비성문(備城門)·비고림(備高臨)·비제(備梯)·비수(備水)·비돌(備突)·비혈(備穴)·비아부(備蛾傅)·영적사(迎敵祠)·기치(旗幟)·호령(號令)·잡수(雜守) 등으로 이 11편은 성(城)을 지키고 적을 막는 방법을 기록한 묵가의 병법서(兵法書)라 할 수 있다.

이 부분에 대해 호적(胡適)은 철학과 그리 관계가 없는 것으로 말하고 있으나 역시 당시의 생활상과 묵가사상을 이해하는데 필요한 자료들임에는 틀림없다. 다만 전체적인 내용이 유실된 부분이 많아 의사전달이 잘 되지 않으며 현재의 해석에 난해한 것들이 많이 있다.

이렇게 구성된 묵자 53편을 통해 우리는 묵자와 묵가의 사상을 알 수 있을 것이다.

묵자가 살았던 전국(戰國) 초기에는 격렬한 전쟁이 점점 빈번해졌는데 타락한 유학자들은 형식적인 예의에만 집착하고, 도가의 지식인들은 단지 그들의 안심입명(安心立命)에만 급급해 서민의 고통을 외면했던 것이다.

힘이 약한 나라는 강한 나라에게 침략당하고 힘이 약한 사람은 강한 사람에게 억압받는 혼란한 시대였다.

묵자는 서민의 가장 고통스러운 것 세 가지를 굶주린 사람이 먹지 못하는 것과 헐벗은 사람이 입지 못하는 것과 노동한 사람이 쉬지 못하는 것으로 꼽고, 이 세 가지 고통을 제거하여 최소한도의 생존조건을 보장해 주는 것을 목표로 삼았다.

그가 이상적으로 생각한 사회의 모습은 다음과 같다.

"늙어서 자식이 없는 사람도 그의 수명이 다할 때까지 편안히 살 수 있고, 형제가 없어 괴롭고 외로운 사람도 여러 사람들 사이에서 어울려 잘 살아갈 수가 있으며, 어려서 부모를 잃은 사람이라도 사회의 도움으로 제대로 잘 자랄 수가 있다."

이와 같은 사회는 대동(大同)의 사회이며 겸애의 사회이다.

공자가 그리는 유토피아로 나타나 있는 '예기(禮記)' 예운편의 대동의 세계는 실은 전국말에 작성된 것으로 묵자의 겸애사상을 많이 본딴 것으로 보기도 한다.

그러면 묵자사상의 중심이라 할 수 있는 겸애란 무엇인가. 남과 나를 차별하지 않고 다같이 사랑하는 것이다. 즉 '남의 나라를 자기 나라처럼 생각하고, 남의 집안을 자기의 집안처럼 생각하며,

남의 몸을 자기 몸처럼 생각하는 것'이다.

유가에서 강조하는 인(仁)은 사랑함에 있어서 친한 정도에 따라 차등이 있는 것이기에 묵자는 평민의 입장에서 귀족들에게 등급을 구분하지 않고 차별없이 모든 사람을 사랑하도록 요구하고 있는 것이다.

겸애의 필요성이 평민의 편에서 제기되었기에 그들에게 절실한 물질적 이익이 따르는 사랑을 뜻하기도 한다. 그러므로 묵자는 겸애를 '더불어 사랑을 나누고 더불어 이익을 나누는 것(兼相愛交相利)'이라고 말한다.

묵자는 겸애의 이론적 근거를 하느님의 뜻(天志)에 두고 있다. 하느님이 만물을 모두 거두어 먹여 살리는 것을 보면 만물을 아울러 사랑하고 이롭게 해주려는 뜻이 있음을 알 수 있다는 것이다.

묵자에게 있어서의 하느님은 삶의 절대적인 기준이다. 그는 하느님을 만물의 창조자로서 전지전능(全知全能)하고 지고무상(至高無上)한 주재자로 생각하고 있다. 하느님이 내리는 상벌은 공평하고 엄격하여 천자(天子)라도 예외가 없으므로 사람들은 하느님의 뜻에 절대복종해야 한다. 그러므로 하느님의 뜻은 사실상 묵자를 비롯한 평민들의 뜻이기도 했다.

그러기에 하느님의 뜻은 '힘있는 사람은 서로 도와주고, 지식을 가진 사람은 서로 가르쳐 이끌어주고, 재물이 있는 사람은 서로 그것을 나눠주기를 바라는 것'이다. 묵자는 종교적 형식을 빌어 그의 대동의 정치적 사상을 나타내고 있는 것이다.

묵자는 당시의 혼란한 세상을 개혁하여 평화로운 대동의 겸애 사회를 실현하기 위하여 다음과 같은 구체적인 방안을 내놓았다.

첫째 정치론에 있어서 현명하고 능력있는 사람을 관리로 등용해야 한다는 상현(尙賢)이 있다.

묵자는 귀족들이 세습하여 정권을 독점하는 것을 반대하고, 비록 농민이나 기술자일지라도 능력이 있으면 과감하게 발탁하여 정치에 참여할 기회를 주어야 한다는 것이다.

그런데 귀족들은 말이 병들면 훌륭한 수의사를 찾고 옷을 잘 만들기 위해서는 능력있는 재봉사를 찾을 줄 알면서 그보다 훨씬 중요한 일인 정치를 담당하는 일은 능력있는 사람을 찾아보려 하지 않고 능력도 없는 가까운 친척을 등용한다는 것이다.

세습적인 귀족신분제를 개혁하고 출신 성분에 구애됨 없이 그 재능을 평가하고자 하는 묵자의 이론은 능력 앞에서는 모든 인격이 평등하다는 그의 기본사상에서 우러나온 것이다.

둘째 국가의 안정과 사회의 질서를 위해 사상을 통일해야 한다는 상동(尙同)이다. 묵자는 국가 출현 이전의 자연상태를 혼란의 세계로 보고 이를 극복하기 위해 통치자는 옹립되었다는 국가의 기원에 관한 이론을 내세우고 있다.

필요에 의해 선출된 최고의 통치자인 천자는 절대적인 권위를 가지고 천하 사람들의 사상을 하나로 통일해야 한다. 그러므로 각급 행정기관에 있어서 아래 기관의 책임자는 위 기관의 책임자의 뜻에 복종해야 한다. 천자 역시 하느님의 뜻에 따르게 함으로써 전제정치를 방지하기 위한 종교적 제재를 강조하고 있다.

이와 같은 상동론은 권력다툼의 틈바구니에서 불안을 느낀 민중들이 안정된 생활을 희망하는 심리를 반영한 것이다.

셋째 경제론에 있어서는 절약을 상소하는 절용(節用)·절장(節葬)·비악(非樂)이 있다. 묵자는 절약을 강조하여 인간에게는 배고픔을 없앨 만큼의 음식, 비바람을 피하고 남녀가 따로 기거할 수 있을 만한 집, 추위와 더위로부터 몸을 보호할만한 옷이면 되지 그 이상은 필요없다는 것이다.

또한 그는 당시의 나라를 가난하게 하는 호화로운 장례를 비판하고는 간소한 장례와 단지 3개월의 짧은 상기(喪期)를 주장했다. 곧, "관의 두께는 세 치면 넉넉하고 무덤의 깊이는 밑으로는 물기가 오르지 않을 정도면 되고 그 높이는 산소를 알아볼 수 있을 정도면 된다. 죽은 사람을 위하여 슬퍼하는 것도 장지에 갈 적에 곡하고 올 적에 곡하면 그만이요, 집으로 돌아와서는 곧 생업에 힘쓸 것이다."라고 했다.

유가가 장례나 상례에 있어서 인간적인 입장에서 도덕적 가치에 비중을 두고 있는데 비하여 묵자는 공리주의적 관점에서 경제적 가치에 비중을 두어 당시로서는 지극히 간소한 장례와 짧은 상기(喪期)를 주장했다. 또한 그는 비생산적일 뿐만 아니라 국가와 백성들을 해롭게 할 뿐이라는 이유로 음악을 연주하는 것을 반대했다.

이와 같이 묵자가 절약을 중시한 까닭은 인간이 추구하는 여러 가지 욕망의 향수를 근본적으로 부정하여 각박한 생활을 하도록 하자는 것은 아니었다. 끊이지 않는 전쟁의 참화로 백성들은 생존에 필요한 최소한의 생활을 유지하는 것도 어려운데 귀족들의 사치와 낭비는 극에 이르렀으므로 서민의 입장에서 인간으로서의 최저생활을 보장하도록 하기 위함이었다.

또한 힘이 남아도 약한 사람을 도우려 하지 않거나, 쓰고 남는 재물을 쌓아두기만 하고 필요한 사람에게 나눠줄 줄 모르는 사람을 묵자는 개나 돼지와 같다고 말했다. 힘과 재물을 서로 나눌 것을 주장한 묵자의 사회이론 역시 서민들의 생존을 보장하기 위한 중요한 사상이며 당시에 주목되는 사상이었다.

넷째 침략전쟁을 반대하는 비공(非攻)이 있다. 개인간의 갈등을 해소하기 위한 방법이 겸애라고 한다면 국제간의 갈등을 해소하고 전쟁을 없애고자 하는 것이 비공 이론이다.

묵자가 생각하기에는 일관된 비폭력은 폭력이 추구하는 야만성에 동참하는 결과가 되는 것으로 방어역량을 강화하지 않을 수 없다는 것이다.

이러한 것을 중심으로 한 묵가의 집단들이 실제로 방어무기를 직접 제작하여 실전에 응하기도 했다. 이러한 것을 보면 묵자의 무장평화론은 진정한 평화를 유지하기 위한 적극적인 이론임을 알 수 있다.

맹자의 표현을 빈다면 "머리 꼭대기부터 발꿈치까지 털이 다 닳아 없어지도록(摩頂放踵)"의 희생을 아끼지 않았던 묵자는 평민의 편에 서서 피지배계급의 권익을 위하여 종교적이면서도 논리성과 과학성을 갖춘 사회개혁을 주장한 실천적인 철학자였다.

그의 사상은 너무나 이상적이고 통치자들의 이익에 어긋나게 과격했으므로 2천여년 동안 중국 사상계에서 자취를 감추게 되었다. 그러나 양계초가 그를 가리켜 "작은 예수요, 큰 마르크스"라고 할 정도로 그의 사랑과 평화, 절검과 평등의 정신은 탁월하기에 오늘날에도 하나의 빛이 될 수 있을 것이다.

끝으로 완벽한 번역을 위해 여러 저본(底本)을 구했으나 모든 저본들이 상이점들이 허다하여 애로가 많았다. 본래 '묵자(墨子)'의 원본은 결문(缺文)이 많아 완역을 기대하기가 어려웠다. 그러나 여러 저본들의 보충점을 찾고 찾아서 완역을 마쳤다. 우리나라에서 처음으로 시도된 것이다. 번역의 원본은 청(淸)나라 필원(畢沅)이 찬(撰)한 영암산관(靈巖山館) 원본으로 상해고적출판사(上海古籍出版社)에서 출간한 것을 사용했다. 또 일본(日本)의 대정(大正) 13년 유붕당서점(有朋堂書店)의 발행본과 대만에서 영인한 '묵자한고(墨子閒詁)'와 이어숙(李魚叔) 주역(註譯)인 '묵자금주금역(墨子今註今譯)'과 중화서국(中華書局)에서 발행한 '묵자성수각편간주(墨子城守各篇簡注)'와 김학주(金學主) 역해(譯解) '신역 묵자'도 참조했음을 밝혀 둔다.

차 례

제13권 … / 459

제49편 노군이 질문하다(魯問第四十九)… / 460

제1권(卷之一)

제1편 선비를 친애한다(親士第一)

1. 선비를 소중하게 여기지 않으면…

그 나라에 들어가서 살펴 보았을 때, 그 나라에서 선비를 우대하지 않는다면 그 나라는 곧 멸망할 것이다.

현자(賢者)를 보고도 서둘러 등용하지 않으면 그 나라의 군주는 태만한 사람이다. 현자가 아니면 등용을 서두를 필요가 없고, 선비가 아니면 더불어 국사를 논할 상대가 못된다.

현자를 등용하는 일에 태만하고 선비를 상대하지 않으면서 능히 그 나라를 보전한 군주는 일찍이 없었다.

옛날 진(晋)나라의 문공(文公)은 외국으로 달아났으나 천하를 바로잡았고, 제(齊)나라의 환공(桓公)은 나라를 떠난 일이 있었으나 모든 제후(諸侯)들의 패자(覇者)가 되었다. 그리고 월(越)나라 왕 구천(句踐)은 오(吳)나라 왕에게 치욕(恥辱)을 당한 일이 있었지만 오히려 중국의 현군(賢君)들과 이름을 함께하는 존재가 되었다.

이 세 군주가 능히 천하에 그 명성(名聲)을 떨치고 공적을 이룰 수 있었던 것은 모두 그 나라에 있어서 큰 치욕을 당하고도 참아냈기 때문이다.

가장 훌륭한 것은 실패라는 것이 없는 것이요, 그 다음은 실패를 딛고 일어서서 성공하는 일이다. 이것을 일러 인재를 잘 등용하는 것이라고 한다.

내가 듣기로는 "편안하게 살 집이 없어서가 아니라 나에게 편안한 마음이 없어서 편안하지 않은 것이며, 만족한 재물이 없어

서가 아니라 나에게 만족한 마음이 없어서 만족하지 못한 것"이
라고 한다.

그러므로 군자는 자신이 어려운 일을 맡아서 하고 남에게 쉬운
일을 하게 하는데, 일반 사람은 자신이 쉬운 일을 맡아서 하고 남
에게 어려운 일을 하게 한다.

군자는 등용됨에 있어 그의 사심없는 뜻을 굽히지 않고, 물러날
때는 그의 정(情)을 상하게 하지 않는다. 비록 그가 낮은 백성들
과 섞여 있다 하더라도 끝내 원망하는 마음을 가지지 않는데 그
것은 군자는 모든 일에 있어 자신감을 갖고 있기 때문이다.

入國而不存[1]其士 則亡國矣 見賢而不急[2] 則緩其君矣 非賢無急
非士無與慮國 緩賢忘士 而能以其國存者 未曾有也 昔者文公[3]出走
而正天下 桓公[4]去國而霸諸侯 越王句踐[5]遇吳王之醜[6] 而尙攝[7]中
國之賢君 三子之能達名成功於天下也 皆於其國抑而大醜也 太上[8]
無敗 其次敗而有以成 此之謂用民 吾聞之 曰 非無安居也 我無安
心也 非無足財也 我無足心也 是故君子自難而易彼 衆人自易而難
彼 君子進不敗[9]其志 內[10]不究[11]其情 雖雜庸民 終無怨心 彼有自信
者也

1) 存(존) : 소중하게 여기다. 우대하다.
2) 急(급) : 서둘러 등용(登用)하다.
3) 文公(문공) : 춘추(春秋)시대 진(晉)나라의 군주로 오패(五霸)의 한 사람.
   이름은 중이(重耳)이며 헌공(獻公)의 아들이다. 헌공이 총희(寵姬)인 여희
   (驪姬)의 참소(讒訴)를 믿어 태자인 신생(申生)을 죽이고 중이마저 해치려
   했다. 이에 국외로 망명하여 여러 나라를 전전하다가 헌공이 죽자 마침내 고
   국으로 돌아와 천하를 바로잡고 패자(覇者)가 되었다.
4) 桓公(환공) : 춘추시대 제(齊)나라의 군주로 이름은 소백(小白). 나라가 어
   지러워 외국으로 망명하였다가 돌아와 관중(管仲)을 등용하여 부국강병책
   (富國强兵策)을 써서 천하의 패자가 되었다.
5) 越王句踐(월왕구천) : 월나라 왕 구천은 회계산(會稽山)에서 오(吳)나라와
   싸워 크게 패하여 치욕을 당하였으나 뒤에 오나라를 격파하고 패자가 되었다.

6) 吳王之醜(오왕지추) : 오왕에게 당한 치욕(恥辱). 오왕은 부차(夫差)를 가
리키는 말이요. 추는 치욕이라는 뜻.

7) 尙攝(상섭) : 상(尙)은 상(上)과 같다. 섭(攝)은 합(合)하다. 비교되다의 뜻.

8) 太上(태상) : 최상(最上). 가장 훌륭함.

9) 敗(패) : 굽힌다는 뜻.

10) 內(내) : 내(枘)가 되어야 한다. 즉 물러나다. 퇴(退)의 뜻.

11) 宄(구) : 구(疚)와 같다. 상하다.

2. 가장 뾰족한 것이 먼저 망가진다

자신이 어려운 일을 맡아서 하는 사람은 반드시 그가 바라는 바
를 얻게 된다. 자신이 하고싶은 대로 하고서 자신이 싫어하는 결
과를 모면하였다는 말을 들은 일은 아직 없다.

그러므로 간사한 신하는 군주를 해치고, 아첨하는 부하는 그 상
관을 해롭게 만든다.

군주에게 반드시 뜻을 지적하는 신하가 있고 상관에게 반드시
따져서 정정당당하게 논하는 부하가 있어서 진지한 논쟁이 벌어
지고 서로 가르치고 또는 따져서 논쟁을 하게 된다면 그 군주는
생(生)을 오래 누리면서 나라를 보전하게 될 것이다.

신하가 그 벼슬자리를 소중하게 여겨 할 말을 하지 못하고 가
까운 신하가 말하지 않고 멀리 있는 신하가 입을 다물고 있다면
백성들의 마음에는 원한이 맺히게 될 것이다.

아첨하는 신하들이 주위에 있어 좋은 논의가 막힌다면 나라는
위태로워진다. 걸왕(桀王)이나 주왕(紂王)의 시대에 천하에 어
진 선비가 없었겠는가. 그런데도 그 몸은 죽음에 이르고 천하를
잃은 것이다. 그러므로 나라에 바치는 보물로는 현인(賢人)을 추
천하고 어진 선비를 등용하는 것보다 좋은 것은 없다고 한다.

지금 여기에 다섯 개의 송곳이 있다고 하면 그 가운데 가장 뾰
족한 것이 있을 것이고, 그 가장 뾰족한 것이 반드시 먼저 꺾여질
것이다. 여기에 다섯 개의 칼이 있다고 하면 그 가운데 가장 날카

로운 것이 있을 것이고, 그 가장 날카로운 것이 반드시 먼저 무디
어질 것이다. 물맛이 좋은 샘이 먼저 마르고, 보기 좋은 나무가 먼
저 잘리고, 신령스러운 거북이 먼저 불에 태워지며, 신령스러운
뱀이 먼저 햇볕에 말려진다.

그러므로 비간(比干)이 죽임을 당한 것은 그가 강직하였기 때
문이고, 맹분(孟賁)이 죽임을 당한 것은 그가 용감하였기 때문이
고, 서시(西施)가 물에 빠져 죽은 것은 그가 아름다웠기 때문이
며, 오기(吳起)의 몸이 찢겨진 것은 그가 공을 세웠기 때문이다.

그러한 사람들은 그의 장점으로 인해서 죽지 않은 이가 적다.
그래서 "크게 융성한 것은 지키기가 어렵다."고 하는 것이다.

是故爲其所難者 必得其所欲焉 未聞爲其所欲 而免其所惡者也
是故偪臣[1]傷君 諂下[2]傷上 君必有弗弗[3]之臣 上必有諤諤之下[4] 分
議者延延[5] 而支苟者諤諤 焉可以長生保國 臣下重其爵位而不言 近
臣則喑[6] 遠臣則唫[7] 怨結於民心 諂諛在側 善議障塞 則國危矣 桀
紂[8]不以其無天下之士邪 殺其身而喪天下 故曰 歸[9]國寶不若獻賢
而進士 今有五錐 此其銛 銛者[10]必先挫 有五刀此其錯 錯者[11]必先
靡[12] 是以甘井[13]近竭 招木[14]近伐 靈龜近灼[15] 神蛇近暴[16] 是故比干
之殪[17] 其抗[18]也 孟賁[19]之殺 其勇也 西施之沈[20] 其美也 吳起之裂
[21] 其事也 故彼人者 寡不死其所長 故曰 太盛難守也

1) 偪臣(핍신) : 임금 주위의 권력을 가진 신하라는 뜻이나 여기서는 간사한 신
   하로 풀이된다. 영(佞)과 같다.
2) 諂下(첨하) : 아첨하는 부하.
3) 弗弗(불불) : 군주의 뜻을 지적하고 올바른 도리를 주장하는 일.
4) 諤諤之下(악악지하) : 바른말로 자기의 주장을 논하는 신하.
5) 延延(연연) : 진지하게 논쟁을 벌이는 일.
6) 喑(음) : 벙어리가 되다. 말하지 않다.
7) 唫(금) : 입을 다물다. 말하지 않다.
8) 桀紂(걸주) : 하(夏)나라 마지막 왕인 걸왕(桀王)과 은(殷)나라 마지막 왕
   인 주왕(紂王). 걸왕은 무도한 정치를 하다가 상왕조(商王朝)의 탕왕(湯王)

에게 멸망되었고, 주왕은 포악한 정치를 하다가 주왕조(周王朝)의 무왕(武
王)에게 멸망되었다. 대표적인 폭군들.

9) 歸(귀) : 궤(饋)와 통한다. 여기서는 바친다는 뜻.

10) 銛者(섬자) : 끝이 뾰족한 것.

11) 錯者(착자) : 칼날이 날카로운 것.

12) 靡(마) : 무디어지다. 음(音)을 마로 한다.

13) 甘井(감정) : 물맛이 좋은 샘.

14) 招木(초목) : 보기 좋은 나무.

15) 靈龜近灼(영귀근작) : 영귀는 신령스러운 거북. 작(灼)은 불로 태우다. 불
   에 지지다. 거북의 껍질을 불로 지져 길흉을 점쳤다.

16) 神蛇近暴(신사근폭) : 신사는 신령스러운 뱀. 폭은 햇볕에 말리다. 오래 가
   물면 이 뱀을 잡아다 햇볕에 말려 비가 내리기를 비는 풍습이 있었다.

17) 比干之殪(비간지예) : 비간의 죽음. 비간은 은왕조 주왕(紂王)의 숙부인데
   주왕이 포악하므로 올바른 정치를 하라고 간(諫)하다가 죽임을 당하였다.

18) 抗(항) : 굽히지 않는 강직함.

19) 孟賁(맹분) : 중국 전국시대의 장사(壯士). 힘이 세어 살아 있는 소의 뿔을
   뽑을 정도였다고 함.

20) 西施之沈(서시지침) : 서시가 물에 빠져 죽다. 서시는 춘추시대 월(越)나
   라의 미녀인데 월왕 구천(句踐)이 오(吳)나라와 싸워 패한 뒤에 서시를 오
   왕 부차(夫差)에게 보냈고 부차는 그 아름다움에 빠져 정치를 소홀히 하다
   가 멸망하였다. 서시는 월나라로 돌아와 장강(長江)에 몸을 던져 죽었다고
   한다.

21) 吳起之裂(오기지렬) : 오기가 몸이 찢겨 죽다. 오기는 전국시대 위(衛)나
   라 사람으로 노(魯)나라, 위(魏)나라의 장수로서 공적이 많았고, 초(楚)나
   라에 가서 도왕(悼王)의 신임을 받았다. 도왕이 죽은 뒤 반대파에 몰려 몸이
   찢겨 죽었다.

3. 큰 그릇이라야 많은 물을 담는다

비록 현명한 군주라 하더라도 공이 없는 신하는 사랑하지 않으

며, 비록 자애로운 아버지라 하더라도 쓸모없는 자식은 사랑하지 않을 것이다.

그런 까닭에 그 책임을 감당하지 못하면서 그 지위에 있는 사람이 있다면 그 지위에 있어서는 안 되는 사람이다. 그 벼슬을 감당하지 못하면서 그에 대한 녹봉(祿俸)을 받는 것은 그 녹봉의 주인이 될 수 없는 사람이다.

좋은 활은 당기기는 어렵지만 화살을 높이 가게 하고 깊이 박히게 할 수 있다. 좋은 말은 타기는 어렵지만 무거운 짐을 싣고 멀리 갈 수 있다. 훌륭한 인재는 부리기는 어렵지만 군주로 하여금 존엄한 존재가 되도록 보좌한다.

이런 까닭에 장강(長江)이나 황하(黃河)는 작은 골짜기의 물이 자기에게 가득히 차도록 흘러드는 것을 싫어하지 않으므로 능히 큰 강이 될 수 있는 것이고, 성인(聖人)은 일을 함에 있어 사양하는 일이 없고 사물에 대하여 어긋나는 일이 없으므로 능히 천하의 그릇이 될 수 있는 것이다.

장강이나 황하의 물은 한 하천(河川)에서 근원한 것이 아니며, 천일(千鎰)의 가죽옷은 한 마리 여우의 흰 털가죽으로 만들어지는 것이 아니다.

대저 어찌 같은 노리가 있는네 취하고 취하지 않는 것을 함께 할 따름이겠는가? 대개 이것은 세상을 더불어 사랑하는 왕의 도리가 아니다.

천지는 환히 밝기만 하지 않고, 큰 물은 맑기만 하지 않고, 큰 불은 활활 타기만 하지는 않으며, 왕자(王者)의 큰 덕(德)은 높이 빼어나기만 하지 않다. 천 사람의 우두머리가 될 사람은 곧음이 화살같고 평평하기가 숫돌과 같지만 만물을 포용하기에는 부족하다.

이런 까닭에 골짜기가 좁으면 물이 빨리 마르고, 흐름이 얕으면 물이 빨리 마르기 쉽고, 돌이 많은 척박한 땅에는 식물이 자라지 않는 것으로 왕자의 두터운 은택(恩澤)이 궁중을 벗어나지 못한다면 온 나라에 번져 흐를 수가 없는 것이다.

故雖有賢君 不愛無功之臣 雖有慈父 不愛無益之子[1] 是故不勝其
任而處其位 非此位之人也 不勝其爵而處其祿 非此祿之主也 良弓
難張 然可以及高入深 良馬難乘 然可以任重致遠 良才難令 然可以
致君見尊[2] 是故江河[3]不惡小谷之滿已也 故能大 聖人者 事無辭也
物無違也 故能爲天下器 是故江河之水 非一水之源也 千鎰[4]之裘
非一狐之白[5]也 夫惡有同方[6]取不取同而已者乎 蓋非兼王之道[7]也
是故天地不昭昭[8] 大水不潦潦[9] 大火不燎燎[10] 王德不堯堯[11]者 乃千
人之長也 其直如矢 其平如砥 不足以覆萬物 是故溪陝者速涸 逝淺
者速竭 墝埆者其地不育 王者淳澤[12] 不出宮中 則不能流國矣

1) 無益之子(무익지자) : 쓸모없는 자식.

2) 致君見尊(치군현존) : 군주로 하여금 존엄함을 드러내게 하다.

3) 江河(강하) : 장강(長江)과 황하(黃河). 장강은 양자강(揚子江).

4) 鎰(일) : 고대의 무게의 단위. 20냥(兩) 혹은 24냥이 1일(一鎰).

5) 狐之白(호지백) : 여우의 흰 털가죽. 여우 겨드랑이의 털은 흰데 가볍고 따
뜻하므로 이것으로 만든 갖옷이 가장 고급품이다.

6) 同方(동방) : 같은 도리.

7) 兼王之道(겸왕지도) : 더불어 사랑하는 자세로 세상을 다스리는 왕자(王者)
의 도. 겸왕은 세상 사람들이 모두 좋아하는 군주. 겸애를 실천하는 군주.

8) 昭昭(소소) : 환히 밝은 모양.

9) 潦潦(요료) : 물이 맑은 모양.

10) 燎燎(요료) : 불이 활활 타오르는 모양.

11) 堯堯(요요) : 높게 빼어난 모양.

12) 淳澤(순택) : 두터운 은택(恩澤). 순은 순(淳)의 옛 글자로 여기서는 후
(厚)와 같다.

제2편 자신을 닦는다(修身第二)

I. 모든 것은 가까운 것에서부터 한다

군자(君子)가 전쟁을 하는데 있어서는 병법(兵法)을 잘 포진(布陣)하는데 승패가 있다고 하지만 용기가 근본이다. 상례(喪禮)를 실행하는데 있어서는 많은 예절이 있다고는 하지만 슬픔이 근본이다. 선비에게는 학문이 있다고는 하지만 실제로는 그것을 실행하는 것이 근본이 된다.

그러므로 근본을 안정되게 해놓지 않은 채 말단적이고 지엽적인 것을 풍성하게 하려고 힘쓰지 말아야 한다.

가까운 사람들과도 친근하지 못하면서 멀리 있는 사람들과 친근하기를 힘쓰지 말아야 하며, 친척들이 따르지 않는데 친척이 아닌 사람들괴 사귀기를 힘쓰지 말아야 한다.

하는 일의 처음과 끝이 정리되지 않고서 여러 가지 일을 하려고 힘쓰지 말아야 하며, 한 가지 일에 대하여 명백히 알지 못하면서 많은 것을 보고 들으려고 힘쓰지 말아야 한다.

그러므로 선왕(先王)이 천하를 다스림에 있어서는 반드시 가까운 것을 잘 살피는 것을 통해 멀리서도 오도록 하였다. 군자는 가까운 것을 살피고 가까운 것부터 닦아가는 사람이다. 남이 행실을 닦지 않아서 비방당하는 소리를 듣는 것을 보면 그것으로써 자신을 반성하는 계기로 삼는 사람이다. 그렇게 함으로써 남의 원망을 듣지 않고 자신의 행실을 닦는다.

남을 모함하는 간악한 말을 듣지 않고, 남을 공격하는 말을 하지 않으며, 남을 죽이거나 다치게 하려는 잔혹한 마음을 가지지 않는다면 비록 남을 헐뜯으려는 백성이 혹 있다 할지라도 그런 백성은 의지할 데가 없는 것이다.

君子戰雖有陳[1] 而勇爲本焉 喪雖有禮 而哀爲本焉 士雖有學 而行爲本焉 是故置本不安者 無務豊末 近者不親 無務來遠[2] 親戚不附 無務外交[3] 事無終始 無務多業 擧物而闇[4] 無務博聞 是故先王之治天下也 必察邇來遠 君子察邇而邇脩者也 見不脩行 見毀 而反之身者也 此以怨省而行脩矣 讒慝之言[5] 無入于耳 批扞之聲[6] 無出之口 殺傷人之孩[7] 無存之心 雖有詆訐[8]之民 無所依矣

1) 陳(진) : 진(陣)과 같다. 군대 행렬의 배치.
2) 來遠(내원) : 먼 곳에서 오다. 즉 먼 곳의 사람과 친근하다는 뜻.
3) 外交(외교) : 친척이 아닌 사람들과 사귀다.
4) 擧物而闇(거물이암) : 한 가지 일에 대하여 명백히 알지 못한다는 뜻.
5) 讒慝之言(참특지언) : 남을 모함하는 간악(奸惡)한 말.
6) 批扞之聲(비한지성) : 남을 공격하는 말.
7) 孩(해) : 해(荄)와 통하며 밑바탕, 근저(根底). 또는 잔혹한 성질을 뜻한다.
8) 詆訐(저알) : 헐뜯고 욕하다.

2. 군자의 네 가지 도(道)

군자는 일에 힘써 날마다 분발하고, 자신의 이상(理想)을 향하여 날마다 나아가며, 공손하고 장중한 모습으로 날마다 자신을 닦는 것이 군자의 도리이다. 가난하면 청렴(淸廉)함을 보이고, 부유하면 의(義)로움을 보이고, 살아 있는 사람에게는 사랑을 보이고 죽음에는 슬픔을 보이는데 이 네 가지 행동은 헛되이 꾸밀 수가 없다. 그것은 자신에 대하여 반성하는 사람만이 되는 것이다.

마음에 간직한 것만으로는 사랑을 다할 수 없고, 몸을 움직이는 것만으로는 공경을 다할 수 없으며, 입으로 말하는 것만으로는 합리적인 뜻을 다할 수 없다.

그것들이 사지(四肢)에 두루 퍼지고, 그것들이 살갗에까지 닿

아서 머리가 희어지고 머리가 다 벗겨질 때까지라도 오히려 그것
들을 버리지 말아야 하는데 그것은 오직 성인만이 할 수 있는 일
이다.

故君子力事日彊¹⁾ 願欲日逾²⁾ 設壯日盛³⁾ 君子之道也 貧則見廉
富則見義 生則見愛 死則見哀 四行者不可虛假 反之身者也 藏於心
者無以竭愛 動於身者無以竭恭 出於口者無以竭馴⁴⁾ 暢⁵⁾之四支 接
之肌膚 華髮隳顚⁶⁾ 而猶弗舍者 其唯聖人乎

1) 彊(강) : 분발한다.
2) 日逾(일유) : 날로 나아가다. 유는 진(進)의 뜻.
3) 設壯日盛(설장일성) : 설장은 장중하고 공손한 품행을 닦는 것. 곧 장중(莊
   重)하고 공손한 품행을 날마다 닦아나가다.
4) 馴(순) : 순(順)과 같다. 합리적인 것.
5) 暢(창) : 두루 퍼지다. 뻗치다.
6) 華髮隳顚(화발훼전) : 머리가 하얗고 다 벗겨지다. 화발은 백발(白髮)로 노
   인이라는 말. 훼는 타(隳)자가 마땅하며 타전(隳顚)은 머리가 벗겨지다의 뜻
   으로 역시 노인을 뜻하는 말.

3. 행동에 있어 믿음이 없는 사람

의지가 굳세지 못한 사람은 지혜가 통달하지 못하다. 말이 미덥
지 못한 사람은 행동이 과감하지 못하다. 재물을 가지고도 남에
게 나누어 주지 못하는 사람은 더불어 벗으로 사귀기에 부족하다.

도리를 독실하게 지키지 못하며, 사물을 널리 분별하지 못하고,
옳고 그름을 살펴 분간하지 못하는 사람은 더불어 사귀기에 부족
하다.

근본이 굳지 못한 사람은 끝이 반드시 위태로워진다. 사내다우
면서도 수양하지 않은 사람은 나중에는 반드시 게을러진다.

근원이 흐린 사람은 그 흐름이 맑지 않으며, 행동에 있어 믿음
이 없는 사람은 그 명성도 반드시 사라질 것이다.

명성(名聲)은 저절로 생기는 것이 아니며, 명예는 스스로 자라나는 것이 아니다. 공을 이루어야 명성이 이루어지는 것이며, 명예는 헛되이 꾸밀 수 있는 것이 아니다. 그것은 자신에 대하여 반성하는 사람만이 얻을 수 있는 것이다.

말로만 힘쓰고 실행함에 있어서는 게으르면 말은 잘한다고 하더라도 반드시 들어주는 사람이 없을 것이다. 능력이 많더라도 자기의 공로를 자랑하면 비록 수고가 많다고 하더라도 반드시 함께 도모(圖謀)하려는 사람이 없을 것이다.

志不彊者智不達 言不信者行不果[1] 據[2]財不能以分人者 不足與友 守道不篤 偏[3]物不博 辯是非不察者 不足與游 本不固者末必幾[4] 雄[5]而不脩者其後必惰 原濁者流不清 行不信者名必耗 名不徒[6]生而譽不自長 功成名遂 名譽不可虛假 反之身者也 務言而緩行 雖辯必不聽 多力而伐[7]功 雖勞必不圖[8]

1) 果(과) : 과감히.
2) 據(거) : 가지다.
3) 偏(편) : 변(辯)과 통하여 분별한다.
4) 幾(기) : 위태로워지다.
5) 雄(웅) : 웅장하다. 여기서는 사내답다의 뜻.
6) 徒(도) : 헛되이. 저절로
7) 伐(벌) : 자랑하다.
8) 圖(도) : 도모(圖謀)하다. 즉 함께 일을 하다.

4. 공로는 자랑하지 않는다

지혜로운 사람은 마음속으로는 말을 잘하되 번거롭게 이야기하지 않으며, 능력이 많더라도 공로를 자랑하지 않으니 이것으로써 그의 명예는 천하에 드날리게 되는 것이다.

말은 많이 하려고 애쓰지 말고 지혜롭게 하는 데에 힘써야 하며, 행동은 자기를 드러내는 데에 애쓰지 말고 잘 살피는 데에 힘쓸 것이다.

그러므로 지혜롭지 못한 사람은 잘 살피지 않고 자기 자신에 대하여 게을리 하는데, 이것은 그 힘써야 할 도리에 반대되는 것이다.

선(善)한 것이 마음의 중심을 이루고 있지 못한 사람은 오랫동안 그것을 간직할 수 없고, 행동하는 것이 자기의 말과 같지 않은 사람은 일을 이루지 못한다.

명성은 간단하게 이루어질 수 없고 명예는 재주로 이루어지지 않는다.

군자는 몸으로써 실천하는 사람이다. 이익만을 소중하게 생각하여 명예를 잊고 소홀하게 행동하면서 천하에서 바른 선비가 된 사람은 일찍이 있지 않았다.

慧者心辯而不繁說 多力而不伐功 此以名譽揚天下 言無務爲[1]多
而務爲智 無務爲文[2]而務爲察 故彼智[3]無察 在身而情[4] 反其路[5]者
也 善無主[6]於心者不留[7] 行莫辯於身者不立 名不可簡而成也 譽不
可巧而立也 君子以身戴行[8]者也 思利尋[9]焉 忘名忽焉 可以爲士于
天下者 未嘗有也

1) 爲(위) : 실행하는 일.
2) 文(문) : 문(紋)과 통함. 자기를 남에게 뽐내 드러내려 하는 일.
3) 彼智(피지) : 지혜롭지 못하다. 피는 비(非)의 잘못이다.
4) 情(정) : 타(惰)의 오자(誤字)로 태만하다, 게으르다의 뜻.
5) 路(노) : 도리(道理).
6) 主(주) : 중심을 이루다.
7) 不留(불유) : 간직하지 못한다는 뜻.
8) 戴行(대행) : 대는 재(載)와 통함. 몸소 실천한다는 뜻.
9) 尋(심) : 깊이. 소중하게 여긴다는 뜻.

제3편 물드는 것(所染第三)

1. 네 사람의 왕자(王者)는…

묵자(墨子)가 실을 물들이는 사람을 보고 탄식하여 말하였다.
"푸른 물감에 물들이면 파래지고, 누런 물감에 물들이면 누래
진다. 넣는 물감이 바뀌면 그 빛깔도 또한 바뀐다. 다섯 번 넣으면
다섯 빛깔이 된다."

그러므로 물들이는 일을 신중히 하지 않으면 안된다.

실을 물들이는 데만 그런 것이 아니라 나라의 군주에게도 또한
물들이는 일이 있다.

순(舜)임금은 허유(許由)와 백양(伯陽)에게 물들고, 우왕(禹
王)은 고요(皐陶)와 백익(伯益)에게 물들고, 탕왕(湯王)은 이
윤(伊尹)과 중훼(仲虺)에게 물들고, 무왕(武王)은 태공(太公)
과 주공(周公)에게 물들었다.

이 네 왕자(王者)는 물든 것이 합당하였으므로 천하의 왕자가
되어 천자(天子)로 즉위하여 그 공명(功名)이 천지를 가렸다. 그
래서 천하의 어진 사람과 의로운 사람과 명예로운 사람을 들자면
반드시 이 네 왕자를 일컫게 되는 것이다.

子墨子[1]言 見染絲者而歎曰 染於蒼則蒼 染於黃則黃 所入者變
其色亦變 五入必 而已則爲五色矣 故染不可不愼也 非獨染絲然也
國亦有染 舜[2]染於許由[3]伯陽[4] 禹[5]染於皐陶[6]伯益[7] 湯[8]染於伊尹[9]
仲虺[10] 武王[11]染於太公[12]周公[13] 此四王者所染當 故王天下 立爲天
子 功名蔽天地 擧天下之仁義顯人[14] 必稱此四王者

1) 子墨子(자묵자) : 묵자(墨子) 즉 묵적(墨翟). 앞에다 자(子)를 더 붙인 것
   은 제자들이 자기 스승에 대한 존경을 뚜렷이 하기 위해서인데 특히 묵자에
   게 많이 쓰인다.
2) 舜(순) : 중국 상고시대 요(堯)임금에게 나라를 물려받은 성군.
3) 許由(허유) : 요임금에게서 천자의 자리를 맡아 달라는 부탁을 받고 이것을
   거절한 것으로 유명한 은사(隱士).
4) 伯陽(백양) : 순임금 당시의 현자(賢者). 순(舜)의 일곱 친구 중의 한 사람
   으로 알려져 있다.
5) 禹(우) : 우왕(禹王). 홍수를 다스린 공로로 순임금에게서 천자의 자리를 물
   려받아 하왕조(夏王朝)을 이룩한 어진 임금.
6) 皋陶(고요) : 순임금의 신하로 형법(刑法)을 관장하던 현자.
7) 伯益(백익) : 순임금의 신하로 산과 못의 초목과 조수를 관리한 현자.
8) 湯(탕) : 탕왕(湯王). 하왕조의 폭군인 걸왕(桀王)을 추방하고 상왕조(商王
   朝)를 세운 어진 임금.
9) 伊尹(이윤) : 하나라의 걸왕을 추방하고 상왕조를 세우는데 크게 공헌한 현
   자.
10) 仲虺(중훼) : 상왕조 탕왕의 신하로 현인(賢人).
11) 武王(무왕) : 주(周) 문왕(文王)의 아들로 은왕조(殷王朝)의 주왕(紂王)
    을 토벌하고 주왕조(周王朝)를 세운 어진 임금.
12) 太公(태공) : 호는 태공망(太公望). 문왕에게 등용되어 무왕이 주왕을 토
    벌하고 주왕조를 세우는데 크게 공헌한 현인.
13) 周公(주공) : 무왕의 아우인 주공 단(旦). 주왕조 개국의 공신. 무왕을 도왔
    고 무왕이 죽은 뒤에는 어린 조카 성왕(成王)을 보좌하여 섭정을 해서 주왕
    조의 기초를 튼튼히 하였다.
14) 顯人(현인) : 드러난 사람. 명예로운 사람.

2. 신하에게 물들은 다섯 군주들

하왕조(夏王朝)의 걸왕(桀王)은 간신(干辛)과 추치(推哆)에
게 물들고, 은왕조(殷王朝)의 주왕(紂王)은 숭후(崇侯)와 악래

(惡來)에게 물들고, 여왕(厲王)은 괵공장보(虢公長父)와 영이종(榮夷終)에게 물들고, 유왕(幽王)은 부공이(傅公夷)와 채공곡(蔡公穀)에게 물들었다.

이 네 사람의 왕은 물든 것이 합당하지 않았으므로 나라는 패망하고 자신은 죽게 되었으며 천하의 사람들이 손가락질하는 인물이 되었다. 천하의 의롭지 못한 사람과 욕된 사람을 거론할 때에는 반드시 이 네 사람의 왕을 일컫게 되는 것이다.

제(齊)나라의 환공(桓公)은 관중(管仲)과 포숙(鮑叔)에게 물들고, 진(晉)나라의 문공(文公)은 구범(舅犯)과 곽언(郭偃)에게 물들고, 초(楚)나라의 장왕(莊王)은 손숙오(孫叔敖)와 심윤(沈尹)에게 물들고, 오(吳)나라의 왕 합려(闔閭)는 오원(伍員)과 문의(文義)에게 물들고, 월(越)나라 왕 구천(句踐)은 범려(范蠡)와 대부종(大夫種)에게 물들었다.

이 다섯 군주는 물든 것이 합당하였으므로 제후(諸侯)들 중에서 패자(覇者)가 되고 공명(功名)을 후세에 전한 것이다.

夏桀染於干辛[1]推哆[2] 殷紂染於崇侯[3]惡來[4] 厲王[5]染於厲公長父[6] 榮夷終[7] 幽王[8]染於傅公夷[9] 蔡公穀[10] 此四王者 所染不當 故國殘身死 爲天下僇[11] 舉天下不義辱人 必稱四王者 齊桓染於管仲鮑叔[12] 晉文染於舅犯高偃[13] 楚莊染於孫叔[14]沈尹[15] 吳闔閭染於伍員[16]文義[17] 越句踐染於范蠡[18]大夫種[19] 此五君者所染當 故覇諸侯 功名傳於後世

1) 干辛(간신) : 하왕조 마지막 임금인 폭군 걸왕의 포악한 정치를 도운 간신(奸臣). 양신(羊辛)이라고도 쓴다.

2) 推哆(추치) : 걸왕의 간신. 추치(推侈). 아치(雅侈)로도 쓴다.

3) 崇侯(숭후) : 은왕조시대 숭(崇)나라의 제후로 주왕(紂王)의 간신.

4) 惡來(악래) : 주왕의 간신으로 힘이 장사였다고 한다.

5) 厲王(여왕) : 서주(西周) 말기의 폭군. 포악한 정치를 하다가 왕위에서 쫓겨났다.

6) 厲公長父(여공장보) : '여씨춘추'에는 괵공장보(虢公長父)로 되어 있다. 주

왕조시대 괵(虢)나라 제후.

7) 榮夷終(영이종) : 주왕조시대 영(榮)나라의 이공(夷公).

8) 幽王(유왕) : 서주(西周)의 마지막 임금으로 폭군. 여색(女色)에 빠져 정치를 돌보지 않다가 견융(犬戎)의 침입으로 피살되었다. 그뒤 아들인 평왕(平王)이 도읍을 낙읍(洛邑)으로 옮겨 세운 나라를 동주(東周)라 한다.

9) 傅公夷(부공이) : 주왕조의 부(傅)나라 제후인 이(夷).

10) 蔡公穀(채공곡) : 주왕조시대 채(蔡)나라 제후인 곡(穀).

11) 僇(륙) : 치욕. 부끄러움과 욕됨을 당하다의 뜻.

12) 鮑叔(포숙) : 제나라 환공의 신하. 환공에게 관중(管仲)을 재상으로 추천하여 큰 일을 이룰 수 있게 하였다. 관중과의 우의(友誼)가 두터워 관포지교(管鮑之交)라는 말이 생기게 하였으며 또는 포숙아(鮑叔牙)라고도 한다.

13) 高偃(고언) : 고는 곽(郭)의 잘못으로 곽언(郭偃)이다. 진(晉)나라의 대부며 오패(五覇)의 한 사람인 문공(文公)의 신하.

14) 孫叔(손숙) : 손숙오(孫叔敖). 초(楚)나라의 영윤(令尹)이 되어 나라를 잘 다스려 장왕(莊王)으로 하여금 패업을 이루게 하였다.

15) 沈尹(심윤) : 초나라 장왕 때의 영윤으로 손숙오의 친구.

16) 伍員(오원) : 초나라 사람. 자는 자서(子胥). 평왕(平王)에게 아버지와 형이 피살되었으므로 초나라에서 도망쳐 여러 나라를 유랑하다가 오나라 왕 합려를 도와 초나라를 공격하여 크게 이기고 평왕의 무덤을 파헤쳐 복수하였다. 뒤에 태재비(太宰嚭)의 모함으로 자결하였다.

17) 文義(문의) : 문지의(文之儀)라고도 함. 오나라 왕 합려의 공신.

18) 范蠡(범려) : 춘추시대 초나라 사람. 월나라 왕 구천(句踐)을 도와 오나라를 쳐부수게 한 사람. 뒤에 이름을 바꾸고 은둔 생활을 하였다.

19) 大夫種(대부종) : 춘추시대 초나라 사람. 성은 문(文), 이름은 종(種)이다. 월나라의 대부(大夫)로 월왕구천을 도와서 오나라를 쳐부수는데 큰 역할을 하였다.

 ※묵자는 제환공(齊桓公), 진문공(晉文公), 초장왕(楚莊王), 오왕합려(吳王闔閭), 월왕구천(越王句踐)을 춘추오패(春秋五覇)로 꼽았으나 일설에는 오왕합려와 월왕구천을 제외시키고 제환공, 진문공, 초장왕과 아울러 진목공(秦穆公), 송양공(宋襄公)을 일컫기도 한다.

3. 잘못 물들은 여섯 군주들

진(晉)나라의 범길야(范吉射)는 장류삭(長柳朔)과 왕성(王胜)에게 물들고, 진(晉)나라의 중항인(中行寅)은 적진(籍秦)과 고강(高彊)에게 물들고, 오(吳)나라 왕 부차(夫差)는 왕손락(王孫雒)과 태재비(太宰嚭)에게 물들고, 진(晉)나라의 지백요(知伯搖)는 지국(智國)과 장무(張武)에게 물들고, 위(魏)나라의 중산상(中山尙)은 위의(魏義)와 언장(偃長)에게 물들고, 송(宋)나라의 강왕(康王)은 당앙(唐鞅)과 전불레(佃不禮)에게 물들었다.

이 여섯 군주는 물든 것이 합당하지 못하였으므로 국가를 멸망시켰고 자신도 처형(處刑)당하였으며, 종묘(宗廟)를 파멸시켰고 후손이 끊어지게 되었으며, 군주와 신하가 흩어지고 백성들은 유랑(流浪)하게 되었다. 그래서 천하의 탐욕스럽고 횡포하고 가혹하고 요란(擾亂)하게 정치를 한 자를 거론할 때에는 반드시 이 여섯 군주를 일컫는다.

무릇 군주로 하여금 편안할 수 있게 하는 것은 무엇인가. 바른 도리를 행함으로써 편안하게 할 수 있다. 바른 도리를 행하는 것은 물들이는 것이 합당한데서부터 비롯된다.

그러므로 군주 노릇을 잘하는 사람은 인재를 선발하는 일에는 수고를 많이 하지만 그로 인해서 관리를 다스리는 일은 쉽게 된다. 그런데 군주 노릇을 잘못하는 사람은 육체를 상하게 하고 정신을 피로하게 하며, 마음을 근심으로 채우고 뜻을 수고롭게 하지만 나라는 더욱 위태로워지고 자신은 더욱 곤욕스럽게 된다.

이 여섯 사람의 군주들은 그 나라를 소중히 여기지 않았거나 자기의 몸을 아끼지 않은 것이 아니고 잘 다스리는 요령을 알지 못하였던 것이다. 요령을 알지 못하는 사람은 물드는 것이 합당하지 않게 되는 것이다.

范吉射[1]染於長柳朔王胜[2] 中行寅[3]染於籍秦高彊[4] 吳夫差[5]染於王孫雄[6]太宰嚭[7] 知伯搖[8]染於智國張武[9] 中山尙[10]染於魏義偃長[11]

宋康¹²⁾染於唐鞅佃不禮¹³⁾ 此六君者所染不當 故國家殘亡 身爲刑戮
宗廟破滅 絶無後類¹⁴⁾ 君臣離散 民人流亡 擧天下之貪暴苟擾者 必
稱此六君也 凡君之所以安者何也 以其行理也 行理性於染當 故善
爲君者 勞於論人¹⁵⁾ 而佚於治官 不能爲君者 傷形費神 愁心勞意 然
國逾危 身逾辱 此六君者 非不重其國愛其身也 以不知要故也 不知
要者 所染不當也

1) 范吉射(범길야) : 춘추말(春秋末) 진(晉)나라 범헌자(范獻子) 앙(鞅)의
   아들. 소자(昭子)를 가리킴.
2) 長柳朔王胜(장류삭왕성) : 장류삭과 왕성으로 둘 다 범길야의 가신(家臣).
   장(長)은 장(張)으로도 쓰며 장류가 성이요, 삭은 이름이다. 성(胜)은 생
   (生)으로도 쓴다.
3) 中行寅(중항인) : 중항이 성이요, 인이 이름이다. 진(晉)나라 대부인 중항목
   자의 아들 순자(荀子)이며 여섯 권력자 중의 한 사람.
4) 籍秦高彊(적진고강) : 적진과 고강으로 둘 다 중항인의 가신.
5) 吳夫差(오부차) : 오(吳)나라의 왕인 부차(夫差). 오왕 합려(闔閭)의 아들.
   뒤에 월왕(越王) 구천(句踐)에게 패하고 자살하였다.
6) 王孫雄(왕손웅) : 오나라의 대부(大夫). 왕손락(王孫雒)이라고도 함.
7) 太宰嚭(태재비) : 본명은 백비(伯嚭). 태재는 관직명. 초(楚)나라 사람인데
   오왕 부차의 대신이 되었다. 이 사람의 모함에 의해 오원(伍員)은 자결한 것
   이다.
8) 知伯搖(지백요) : 지백요(智伯搖). 진(晉)나라의 귀족. 진나라의 권력자 여
   섯 중 세력이 가장 강하였다. 요는 요(瑤)로도 본다.
9) 智國張武(지국장무) : 지국과 장무로 둘 다 지백요의 가신. 지국은 지백국
   (智伯國)이라고도 하고, 장무는 장무자(張武子)라고도 한다.
10) 中山尙(중산상) : 위(魏)나라의 귀족.
11) 魏義偃長(위의언장) : 위의와 언장으로 둘 다 중산상의 가신.
12) 宋康(송강) : 송(宋)나라의 마지막 군주 언(偃). 시호가 강(康)이다. 제
    (齊)나라 민왕(湣王)에 의해 멸망당하였다.
13) 唐鞅佃不禮(당앙전불례) : 당앙과 전불례로 둘 다 송강의 간신. '사기(史
    記)'에는 전불례(田不禮)로 되어 있다.

14) 後類(후류) : 후손(後孫). 후예(後裔).

15) 論人(논인) : 논(論)은 윤(掄)과 통하여 선택한다는 뜻. 즉 사람을 가려서
   쓰는 일.

4. 인(仁)과 의(義)를 좋아하면 집안이 번성한다

나라의 임금에게만 물드는 일이 있는 것이 아니라 선비에게도
또한 물드는 일이 있다. 그 벗들이 모두 인(仁)과 의(義)를 좋아
하고 순박하고 근신하며 법령을 두려워한다면, 그의 집안은 날로
번성하고 그의 몸은 날로 편안해지며 명성은 날로 영화로워지고
관직에 있어서도 도리에 맞도록 일할 수 있게 된다.

단간목(段干木), 금자(禽子), 부열(傅說) 등이 그런 사람들이
다.

반대로 그 벗들이 모두 교만하여 뽐내기를 좋아하고 자기 뜻대
로 가까이 어울려 붕당(朋黨)을 이룬다면, 그의 집안은 날로 쇠
퇴하고 그의 몸은 날로 위태로워지며 명성은 날로 욕되게 되고 관
직에 나아가서도 도리에 맞도록 일할 수 없게 된다.

자서(子西), 역아(易牙), 수조(豎刁) 등이 그런 사람들이다.

'시경'에 이르기를 "반드시 즐거워하는 곳을 가리고 반드시 즐
거워하는 곳을 삼가라"라고 한 것은 이것을 두고 이르는 말이다.

非獨國有染也 士亦有染 其友皆好仁義 淳謹[1] 畏令 則家日益[2] 身
日安名日榮 處官得其理矣 則段干木[3] 禽子[4] 傅說[5]之徒是也 其友皆
好矜奮[6] 創作[7] 比周[8] 則家日損身日危名日辱 處官失其理矣 則子西[9]
易牙[10] 豎刁[11]之徒是也 詩[12]曰必擇所堪 必謹所堪[13]者 此之謂也

1) 淳謹(순근) : 순박하고 근신하다.

2) 益(익) : 흥성(興盛)하다. 번성(繁盛)하다.

3) 段干木(단간목) : 성은 단간, 이름은 목. 전국시대 초, 위(魏)나라의 현자(賢
   者). 대유(大儒)인 자하(子夏)에게서 배웠다.

4) 禽子(금자) : 묵자(墨子)의 제자인 금활리(禽滑釐). 성 밑에 자(子)를 붙인

것으로 보아 이 편은 묵가의 한 문인이 쓴 것으로 생각된다.

5) 傅說(부열) : 은왕조(殷王朝) 고종(高宗)의 재상인 현자. 본래 토목 공사의 인부였는데 고종에 의해 발탁되었다.

6) 矜奮(긍분) : 교만하고 뽐내다.

7) 創作(창작) : 법을 무시하고 자기 뜻대로 행동하는 일.

8) 比周(비주) : 어울려 붕당(朋黨)을 이루는 일.

9) 子西(자서) : 춘추시대 초(楚)나라 평왕(平王)의 아들. 초나라의 영윤(令尹)이었으나 자신이 초빙한 백공승(白公勝)에게 피살되었다.

10) 易牙(역아) : 춘추시대 제(齊)나라 환공(桓公)의 측근 신하. 요리사로서 환공의 환심을 사려고 자기 자식을 죽여 요리를 만들어 바쳤으며 후에 반란을 일으킴.

11) 竪刁(수조) : 춘추시대 제나라 환공의 측근 신하로 환공을 가까이 하기 위해 스스로 거세(去勢)하고 환관(宦官)이 된 간신. 관중이 죽고 환공이 병든 틈을 이용하여 역아와 더불어 반란을 일으켰다.

12) 詩(시) : '시경(詩經)'. 여기에 인용된 시는 현존하는 시경에는 보이지 않으므로 일시(逸詩)인 것 같다.

13) 堪(감) : 탐(媅)의 가음(假音)이다. 탐닉하다. 즐거워하다의 뜻.

제4편 법도가 있다(法儀第四)

1. 모든 일에는 법도가 있다

묵자가 말하였다.

"천하에서 일에 종사하는 사람은 법도(法度)가 없어서는 안된다. 법도가 없으면서 그 일을 이룰 수 있는 사람은 없다."

비록 선비로서 장군이나 재상이 된 사람이라 하더라도 모두 법도가 있으며, 모든 장인(匠人)이 일에 종사하는 데에도 또한 모두 법도가 있다.

모든 장인은 네모를 만드는 데에는 구(矩)를 가지고 하고, 원(圓)을 만드는 데에는 규(規)를 가지고 하고, 직선을 만드는 데에는 먹줄을 가지고 하고, 수직을 바르게 만드는 데에는 현(縣)을 가지고 한다.

재주가 있는 장인이나 재주가 없는 장인을 막론하고 모두 이 다섯 가지 기구를 가지고 법도를 삼는다.

재주 있는 사람은 정확히 맞게 할 수 있고 재주 없는 사람은 정확히 맞게 할 수는 없다고 하더라도 여기에 의지해서 일을 하면 그래도 의지하지 않고 자기 나름의 기준으로 하는 것보다는 나을 것이다. 그러므로 모든 장인이 일을 하는 데에는 모두 법도가 있다.

지금 가장 큰 일로는 천하를 다스리는 것이고 그 다음으로는 대국(大國)을 다스리는 것인데 여기에 법도가 없다면 이것은 모든 장인들이 사리를 분별하는 것만도 못한 것이다.

그러면 무엇을 가지고 다스리는 법도를 삼는 것이 옳을까?

가령 모두가 그 부모를 법도로 삼는다면 어떨까. 천하에 부모되는 사람은 많지만 어진 사람은 적다. 만약 모두가 그 부모를 법도로 삼는다면 이것은 어질지 않은 것을 법도로 삼는 것이 된다.

어질지 않은 것을 본받는 것은 법도로 삼을 수 없다.

그러면 모두가 그 스승을 법도로 삼으면 어떨까. 천하에 스승되는 사람은 많지만 어진 사람은 적다. 만약 모두가 그 스승을 법도로 삼는다면 이것은 어질지 않은 것을 법도로 삼는 것이 된다.

어질지 않은 것을 본받는 것은 법도로 삼을 수 없다.

모두가 그 군주를 법도로 삼는다면 어떨까. 천하에 군주되는 사람은 많지만 어진 사람은 적다. 만약 모두가 그 군주를 법도로 삼는다면 이것은 어질지 않은 것을 법도로 삼는 것이 된다.

어질지 않은 것을 본받는 것은 법도로 삼을 수 없다.

그러므로 부모나 스승이나 군주와 같은 인간을 천하나 대국을 다스리는 법도로 삼을 수는 없다. 그러면 무엇을 가지고 다스리는 법도로 삼는 것이 옳을까. 그래서 "하늘을 법도로 삼는 것보다 더 좋은 것은 없다."라고 말한다.

子墨子曰 天下從事者不可以無法儀[1] 無法儀而其事能成者無有 雖至士之爲將相[2]者 皆有法 雖至百工[3]從事者 小皆有法 百工爲方以矩[4] 爲圓以規[5] 直以繩[6] 正以縣[7] 無巧工不巧工 皆以此五者[8]爲法 巧者能中之 不巧者雖不能中 放依[9]以從事 猶逾己 故百工從事皆有法所度 今大者治天下 其次治大國 而無法所度 此不若百工 辯也 然則奚以爲治法而可 當皆法[10]其父母奚若 天下之爲父母者衆而仁者寡 若皆法其父母 此法不仁也 法[11]不仁不可以爲法 當皆法其學[12]奚若 天下之爲學者衆 而仁者寡 若皆法其學 此法不仁也 法不仁 不可以爲法 當皆法其君奚若 天下之爲君者衆 而仁者寡 若皆法其君 此法不仁也 法不仁 不可以爲法 故父母學君三者 莫可以爲治法而可 然則奚以爲治法而可 故曰莫若法天

1) 法儀(법의) : 법도(法度).
2) 將相(장상) : 장군(將軍)과 재상(宰相).

3) 百工(백공) : 모든 종류의 장인(匠人). 장인은 기능자(技能者)로서 여기서
   는 주로 목수를 가리킨다.

4) 矩(구) : 굽은 자. 직각을 그리는 데에 쓰인다.

5) 規(규) : 그림쇠. 원을 그리는 데에 쓰인다.

6) 繩(승) : 먹줄. 곧게 하는 데에 쓰인다.

7) 縣(현) : 추(錘)가 달린 줄. 수직을 측정하는데에 쓰인다.

8) 五者(오자) : 다섯 가지라고 하였는데 네 가지 밖에 되지 않는다. '묵자한고
   (墨子閒詁)'에는 평이수(平以水) 세 글자를 넣어 다섯 가지를 채웠다.

9) 放依(방의) : 본떠서 따르다. 법도에 의지하다. 방은 방(仿)과 통한다.

10) 法(법) : 법도(法度).

11) 法(법) : 본받다.

12) 學(학) : 여기서는 스승으로 풀이함. 배우는 스승을 가리킨다.

2. 하늘의 운행도 법칙이 있다

하늘의 도(道)는 광대하면서도 사사로움이 없고, 그 베푸는 은혜는 두터우면서도 그 공덕을 내세우지 않으며, 그 광명은 오래하면서도 쇠퇴하지 않는다. 그러므로 성왕(聖王)은 이것을 법도로 삼은 것이다.

이미 하늘로써 법도를 삼았다면 그의 행동과 하는 일은 반드시 하늘을 기준으로 헤아리게 된다. 하늘이 바라는 것이면 행하고 하늘이 바라지 않는 것은 하지 않는다.

그러면 하늘은 무엇을 바라고 무엇을 싫어하는 것인가.

하늘은 반드시 사람들이 서로 사랑하고 서로 이롭게 하는 것을 바라며, 사람들이 서로 미워하고 서로 해치는 것을 바라지 않는다.

어떻게 하늘은 사람들이 서로 사랑하고 서로 이롭게 하는 것을 바라며, 사람들이 서로 미워하고 서로 해치는 것을 바라지 않는다는 것을 알 수 있는가. 그것은 하늘이 모든 것을 더불어 사랑하고 모든 것을 더불어 이롭게 하는 것으로써 알 수가 있는 것이다.

어떻게 하늘이 모든 것을 더불어 사랑하고 모든 것을 더불어 이롭게 하는가를 알 수 있는가. 그것은 하늘이 모든 것을 더불어 보우(保佑)하고, 더불어 먹여주는 것으로써 알 수가 있는 것이다.

지금 천하의 크고 작은 나라를 가릴 것이 없이 모두가 하늘의 고을이다. 사람은 어리거나 나이가 많거나 귀하거나 천하거나의 구별이 없이 모두가 하늘의 신하(臣下)다.

이로써 모두가 소와 양을 사육하고, 개와 돼지를 기르며, 맑은 술과 단술과 제사밥을 제기에 담아놓고 공경하며 하늘을 섬기는 것이다.

이것은 모든 것을 더불어 보우해 주고 모든 것을 더불어 먹여주기 때문이 아닌가.

하늘은 진실로 모든 것을 더불어 보우해 주고, 모든 것을 먹여주는 것이다. 대저 무슨 말로 사람들이 서로 사랑하고 서로 이롭게 하기를 바라지 않는다고 하겠는가.

그러므로 "남을 사랑하고 남을 이롭게 하는 사람에게는 하늘이 반드시 복을 내리고, 남을 미워하고 남을 해치는 사람에게는 하늘이 반드시 재화(災禍)를 내리는 것이다. 날마다 무고한 사람을 죽인 사람은 상서롭지 못한 결과를 얻는다."라고 말한다.

이것은 사람들이 서로 죽이면 하늘이 재화를 내린나는 말이 아니고 무엇이겠는가. 이것으로써 하늘은 사람들이 서로 사랑하고 서로 이롭게 하기를 바라며, 사람들이 서로 미워하고 해치는 것을 바라지 않는다는 것을 알 수 있는 것이다.

天之行廣而無私 其施厚而不德 其明久而不衰 故聖王法之 既以天爲法 動作有爲必度[1]於天 天之所欲則爲之 天所不欲則止 然而天何欲何惡者也 天必欲人之相愛相利 而不欲人之相惡相賊[2]也 奚以知天之欲人之相愛相利 而不欲人之相惡相賊也 以其兼而愛之 兼而利之也 奚以知天兼而愛之 兼而利之也 以其兼而有[3]之 兼而食之[4]也 今天下無大小國 皆天之邑也 人無幼長貴賤 皆天之臣也 此以莫不犓[5]羊牛豢[6]犬豬 絜[7]爲酒醴粢盛[8] 以敬事天 此不爲兼而有之兼

48 묵 자(墨子)

而食之邪 天苟兼而有食之 夫奚說以不欲人之相愛相利也 故曰愛
人利人者 天必福之 惡人賊人者 天必禍之 曰殺不辜者⁹⁾ 得不祥焉
夫奚說人爲其相殺而天與禍乎 是以知天欲人相愛相利 而不欲人相
惡相賊也

1) 度(도) : 기준(基準)으로 삼다.

2) 賊(적) : 해롭게 하다.

3) 有(유) : 보우(保佑)하다.

4) 食之(식지) : 그들을 먹여주다.

5) 犓(추) : 사육(飼育)하다. 기르다. 소나 양을 제사에 희생(犧牲)으로 쓰기 위
해 풀을 먹여서 기른다는 뜻.

6) 豢(환) : 개나 돼지 등의 가축을 곡물을 먹여 기르다.

7) 絜(결) : 결(潔)과 통하여 정결하다, 깨끗하다, 맑다의 뜻.

8) 粢盛(자성) : 제사밥을 제기(祭器)에 담다.

9) 不辜者(불고자) : 죄를 짓지 않은 사람. 무고한 사람.

3. 사람을 사랑하면 복을 받는다

옛날의 성왕(聖王)인 우왕(禹王)·탕왕(湯王)·문왕(文王)·
무왕(武王)은 천하의 백성들을 더불어 사랑하였고, 백성들을 거
느려 하늘을 존경하고 높이 귀신을 섬겼다.

그들은 백성을 이롭게 하는 일이 많았기에 하늘은 그들에게 복
을 내려 그들로 하여금 천자의 자리에 오르게 하였다. 그래서 천
하의 제후(諸侯)들은 모두 그들을 공경하고 섬겼다.

폭군(暴君)인 걸왕(桀王)·주왕(紂王)·유왕(幽王)·여왕(厲
王)은 천하의 백성들을 모두 미워하였고, 백성들을 거느려 하늘
을 욕하고 귀신들을 업신여겼다. 그들은 백성을 해치는 일이 많
았기에 하늘은 그들에게 재화(災禍)를 내려 마침내 그들로 하여
금 그들의 국가를 잃게 하고 몸은 죽어 천하에서 큰 형벌을 받게
하여 후세의 자손들에게까지도 그들을 비방하게 한 것이 지금에
이르기까지도 끊이지 않는다.

그러므로 선(善)하지 않은 일을 하여 그것으로써 재화를 입은 사람은 걸왕·주왕·유왕·여왕이 그들이다. 그리고 사람들을 사랑하고 이롭게 함으로써 복을 받은 사람은 우왕·탕왕·문왕·무왕이 그들이다.

사람들을 사랑하고 이롭게 함으로써 복을 받은 사람도 있었고, 사람들을 미워하고 해침으로써 재화를 입은 사람 또한 있었다.

昔之聖王禹湯文[1]武 兼愛天下之百姓 率以尊天事鬼 其利人多 故天福之 使立爲天子 天下諸侯皆賓事[2]之 暴王桀紂幽厲 兼惡天下之百姓 率以詬天[3]侮鬼 其賊人多 故天禍之 使遂失其國家 身死爲僇[4]於天下 後世子孫毁之 至今不息 故爲不善以得禍者 桀紂幽厲是也 愛人利人以得福者 禹湯文武是也 愛人利人以得福者有矣 惡人賊人以得禍者亦有矣

1) 文(문) : 문왕(文王). 주왕조(周王朝)의 어진 임금. 천하를 통일하여 천자가 될 천명(天命)을 받았으나 뜻을 이루지 못했다. 죽은 뒤에 그의 아들인 무왕(武王)이 뜻을 이루어 주왕조를 세운 뒤에 추존(追尊)되었다.

2) 賓事(빈사) : 손님을 접대하는 것처럼 공경하고 섬기다.

3) 詬天(구천) : 하늘을 욕하다.

4) 僇(륙) : 육(戮)과 같은 뜻이며 저형뇌었다는 뜻.

제5편 일곱 가지 근심(七患第五)

ı. 국가의 일곱 가지 근심이란

묵자가 말하였다.

"국가에는 일곱 가지 환난(患難)이 있다고 하였다. 그러면 일곱 가지 환난이란 무엇인가?

성곽(城郭)과 구지(溝池)를 지키지 못하면서 궁정(宮廷)만을 크게 세우는 것이 첫째 환난이다.

적국의 군사가 국경까지 이르렀는데도 사방의 이웃 나라들이 구원하지 않는 것이 둘째 환난이다.

먼저 백성들의 힘을 필요하지 않은 일에 다 써버리고 무능한 사람에게 상을 주고, 백성들의 힘을 쓸데 없는 곳에 다 소모해 버리고 재물을 손님 대접하는 일에 허비하는 것이 셋째 환난이다.

벼슬하는 사람들은 단지 녹봉(祿俸)과 지위만을 유지하려 하고, 노는 사람들은 교제하며 패거리를 만들려 하고, 군주는 법을 만들고 고쳐 신하를 함부로 벌주어도 신하들이 두려워서 감히 간(諫)하지 못하는 것이 넷째 환난이다.

군주가 스스로 신성하고 총명하다고 여겨 일을 함에 있어 묻는 일이 없고, 스스로 안정되고 강하다고 여겨 방비를 하지 않으며, 사방의 이웃 나라들이 침략할 모의(謀議)를 하고 있는 데도 경계를 게을리하는 것이 다섯째 환난이다.

신임하는 신하들은 충성스럽지 않고, 충성스러운 신하들은 신임하지 않는 것이 여섯째 환난이다.

생산되는 축산물이나 농산물은 국민이 먹기에 부족하고, 대신

(大臣)들은 군주를 섬기기에 능력이 부족하며, 합당하게 상을 내리지 않아 상을 내려서 기뻐하게 할 수도 없고, 합당하지 않은 벌이기에 처벌을 하고도 위압할 수 없는 것이 일곱째 환난이다.

나라에 이 일곱 가지 환난이 있으면 반드시 사직(社稷)을 지탱할 수 없으며, 일곱 가지 환난을 내포하고 성곽을 수비한다해도 적이 쳐들어오면 국가는 넘어지고 말 것이다. 일곱 가지 환난이 있으면 국가는 반드시 재앙을 입게 될 것이다."

子墨子曰 國有七患 七患者何 城郭溝池¹⁾不可守 而治宮室 一患也 邊國至境 四隣莫救 二患也 先盡民力無用之功 賞賜無能之人 民力盡於無用 財寶虛於待客 三患也 仕者待祿 游者憂反²⁾ 君脩法討臣³⁾ 懾而不敢拂⁴⁾ 四患也 君自以爲聖智而不問事 自以爲安彊而無守備 四隣謀之不知戒 五患也 所信不忠 所忠不信 六患也 畜種菽粟⁵⁾不足以食之 大臣不足以事之 賞賜不能喜 誅罰不能威 七患也 以七患居國 必無社稷⁶⁾ 以七患守城 敵至國傾 七患之所當 國必有殃

1) 溝池(구지) : 성곽을 지키기 위해 둘레에 파놓은 도랑이나 못. 해자(垓字).
2) 憂反(우반) : 양교(養交)로 보아야 함. 사사로운 이익을 위해 파당을 만든다.
3) 討臣(토신) : 신하를 함부로 벌준다.
4) 拂(불) : 거스리다. 여기서는 간(諫)하다의 뜻.
5) 畜種菽粟(축종숙속) : 생산되는 축산물과 농산물.
6) 社稷(사직) : 옛날에 한 국가가 건설되면 토신(土神)인 사(社)와 곡신(穀神)인 직(稷)에게 제사를 지냈는데 이것이 전하여 국가라는 뜻으로도 쓰였다.

2. 오곡(五穀)이 여물지 않으면 대침(大侵)

무릇 오곡이란 백성들이 생존의 양식으로 의존하는 것이며 군주가 백성들을 먹여 살리는 근거가 되는 것이다. 그래서 백성들이 의존할 생존의 양식이 없어지면 군주는 백성들을 먹여 살릴 것이 없게 된다.

백성들이 먹을 것이 없으면 군주는 백성을 부릴 수가 없게 된다. 그러므로 먹을 것에 대해 힘쓰지 않을 수 없고, 땅에 대해 힘들여 경작하지 않을 수 없으며, 재물을 쓰는 데에 있어서 절약하지 않을 수 없는 것이다.

다섯 가지 곡식이 다 잘 수확이 되면 군주에게 그 다섯 가지 음식을 다 올리게 되지만 다섯 가지 곡식을 다 수확하지 못하면 다섯 가지 음식을 다 올리지 못하게 된다.

한 가지 곡식이 수확이 안 되면 이것을 근(饉)이라고 한다. 두 가지 곡식이 수확이 안 되면 이것을 한(旱)이라고 한다. 세 가지 곡식이 수확이 안 되면 이것을 흉(凶)이라고 한다. 네 가지 곡식이 수확이 안 되면 이것을 궤(餽)라고 한다. 다섯 가지 곡식이 수확이 안 되면 이것을 기(饑)라고 하는데, 다섯 가지 곡식이 다 여물지 않은 것을 대침(大侵)이라고 한다.

근(饉)이 든 해에는 대부(大夫) 이하 벼슬하는 사람들은 모두 그 녹봉(祿俸)을 5분의 1 감봉(減俸)한다. 한(旱)이 든 해에는 5분의 2를 감봉하고, 흉(凶)이 든 해에는 5분의 3을 감봉하고, 궤(餽)가 든 해에는 5분의 4를 감봉하며, 기(饑)와 대침(大侵)이 든 해에는 녹봉을 아주 없애고 관(官)에서 먹여 주기만 할 뿐이다.

그러므로 나라의 흉년으로 말미암아 기근(饑饉)이 들면 군주는 기름진 음식의 5분의 5를 치우고, 대부는 음악을 듣지 않고, 선비는 배우러 가지 않는다. 군주는 조회(朝會)할 때 입는 예복이 낡아도 고쳐 입지 않고, 제후(諸侯)의 손님이나 사방의 이웃 나라 사신들도 식사만을 대접할 뿐 성대한 잔치를 베풀지 않으며, 행차할 때 참마(驂馬)를 없애고 수레는 두 마리의 말만이 끌게 하며, 길을 보수하지 않고, 말에게 곡식을 먹이지 않으며, 궁중의 비첩(婢妾)들은 비단옷을 입지 않는다. 이것은 식량이 부족함을 알리려는 것이다.

凡五穀[1]者 民之所仰也 君之所以爲養[2]也 故民無仰則君無養 民無食則不可事 故食不可不務也 地不可不力也 用不可不節也 五穀盡收 則五味[3]盡御於主[4] 不盡收則不盡御 一穀不收謂之饉 二穀不

收謂之旱 三穀不收謂之凶 四穀不收謂之餒 五穀不收謂之饑 五穀
不孰⁵⁾謂之大侵⁶⁾ 歲饉 則仕者大夫以下 皆損祿⁷⁾五分之一 旱 則損
五分之二 凶 則損五分之三 餒 則損五分之四 饑大侵 則盡無祿 稟
食⁸⁾而已矣 故凶饑⁹⁾存乎國 人君徹¹⁰⁾鼎食¹¹⁾五分之五 大夫徹縣¹²⁾ 士
不入學 君朝之衣不革制 諸侯之客 四隣之使 雍食¹³⁾而不盛¹⁴⁾ 徹
驂騑¹⁵⁾ 塗¹⁶⁾不芸¹⁷⁾ 馬不食粟 婢妾¹⁸⁾不衣帛 此告不足之至也

1) 五穀(오곡) : 다섯 가지 곡식. 즉 쌀, 보리, 콩, 조, 기장.

2) 養(양) : 백성들을 먹여 살린다.

3) 五味(오미) : 여기서는 다섯 가지 곡식으로 만든 음식의 뜻.

4) 御於主(어어주) : 군주에게 올리다. 어(御)는 바치다. 올리다.

5) 孰(숙) : 숙(熟)과 같다.

6) 大侵(대침) : 대기(大饑)의 뜻.

7) 損祿(손록) : 녹봉(祿俸)을 줄인다. 감봉(減俸).

8) 稟食(늠식) : 봉록은 없이 관(官)에서 먹여 주기만 하는 일.

9) 凶饑(흉기) : 흉년으로 말미암은 기근(饑饉).

10) 徹(철) : 철(撤)과 같음. 치우다. 없애다.

11) 鼎食(정식) : 큰 상에 차려놓은 기름진 요리.

12) 縣(현) : 현(懸)과 통하여 건다라는 뜻으로 종이나 북을 거는 것을 말하는
데, 뜻이 전하여 음악이라는 뜻으로 쓰임.

13) 雍食(옹식) : 옹손(饔飧)으로 고쳐야 한다. 아침과 저녁의 식사.

14) 不盛(불성) : 성대한 잔치를 베풀지 않는다.

15) 驂騑(참비) : 참마(驂馬). 옛날에 수레를 끄는 말은 네 마리로 두 마리가 끌
고 두 마리가 곁에서 따라갔다. 곁에서 따라가는 두 마리 말을 참마라 한다.

16) 塗(도) : 도(途)와 같다. 도로.

17) 芸(운) : 보수하다.

18) 婢妾(비첩) : 여기서는 궁중에서 일하는 궁녀(宮女)의 뜻.

3. 7년 동안의 홍수(洪水)

지금 자기 아들을 업고 물을 긷던 여자가 그 아들을 우물 속에

떨어뜨렸다면 그 어머니는 반드시 그 아들을 우물에서 건져낼 것이다.

지금 흉년이 들어 백성들이 굶주리고 길거리에서 굶어 쓰러져 있다면 이 마음 아픔은 자기 아들을 우물에 빠뜨린 것보다 더 무거울 것이니 어찌 살피지 않을 수 있겠는가.

풍년이 들었을 때에는 백성들이 어질고 또 착하지만 흉년이 들었을 때에는 백성들이 인색하고 또 모질어지는 것인데, 백성들이 어찌 한결같은 성격만을 지니고 있다고 하겠는가.

농사를 짓는 사람이 부지런하더라도 먹는 사람이 많으면 풍년이 들어도 소용이 없다.

그래서 말하기를 "재물이 모자라면 농사의 시기에 대하여 반성하고, 먹을 것이 모자라면 쏨쏨이에 대하여 반성한다."라고 하는 것이다.

옛날 사람들은 계절에 맞춰 재물을 생산하여 근본을 굳건하게 하고 나서 재물을 썼으니 재물이 넉넉하였던 것이다.

비록 상고(上古)시대의 성왕(聖王)이라 하더라도 어찌 능히 오곡(五穀)을 항상 넉넉히 수확하고 가뭄이나 홍수가 이르지 않도록 할 수 있었겠는가. 그런데도 추위에 떨고 굶주리는 백성이 없었던 것은 어째서일까.

그들은 계절에 따라 노력을 많이 하고, 스스로 먹고 사는 일에는 검소하였기 때문이다. 그러므로 '하서(夏書)'에 이르기를 "우왕(禹王) 때에는 7년 동안 홍수(洪水)가 있었다"라고 하였고, '은서(殷書)'에 이르기를 "탕왕(湯王) 때에는 5년 동안 가뭄이 들었었다"라고 하였다.

그들이 흉년과 기근(饑饉)을 겪었음이 심하였지만 백성들이 추위에 떨고 굶주리는 사람이 없었던 것은 어째서일까. 그것은 그들이 많은 재물을 생산하였음에도 그것을 쓰는 데에는 절약하였기 때문이었다.

그러므로 창고에 비축되어 있는 곡식이 없다면 흉년이나 기근을 견뎌낼 수 없다. 창고에 준비되어 있는 무기가 없다면 비록 의

(義)로운 목적이 있다 하더라도 불의(不義)를 정벌할 수가 없다. 성곽(城郭)이 완전하게 갖추어져 있지 않으면 스스로를 지킬 수가 없다. 마음속에 걱정스러운 일에 대한 대비가 되어 있지 않으면 갑자기 일어나는 일에 대처할 수 없다. 그래서 만약 경기(慶忌)가 대비를 소홀히 하는 마음이 없었었다면 가벼이 그를 처치하려고 나서지는 못하였을 것이다.

今有負其子而汲者 隊其子於井中 其母必從而道之[1] 今歲凶民饑 道餓 重其子此疚於隊 其可無察邪 故時年歲善[2] 則民仁且良 時年歲凶 則民吝且惡 夫民何常此之有 爲者疾[3] 食者衆 則歲無豊[4] 故曰財不足則反之時[5] 食不足則反之用 故先民以時生財 固本而用財 則財足 故雖上世之聖王 豈能使五穀常收 而旱水不至哉 然而無凍[6] 餓之民者何也 其力時急[7] 而自養儉也 故夏書[8]曰 禹七年水 殷書[9]曰 湯五年旱 此其離[10]凶餓甚矣 然而民不凍餓者何也 其生財密[11] 其用之節也 故倉無備粟 不可以待凶饑 庫無備兵 雖有義不能征無義 城郭不備全 不可以自守 心無備慮 不可以應卒[12] 是若慶忌[13]無去之心[14] 不能輕出

1) 道之(도지) : 건져낸다.
2) 善(선) : 여기서는 풍(豊)과 같은 뜻.
3) 爲者疾(위자질) : 농사짓는 사람이 부지런하다. 위자는 농사짓는 사람. 질은 빠르다, 즉 부지런하다는 뜻.
4) 歲無豊(세무풍) : 풍년이 들어도 소용이 없다.
5) 時(시) : 때. 철. 계절. 여기서는 농사의 시기를 말함.
6) 凍(동) : 추위에 떨다. 헐벗다.
7) 力時急(역시급) : 계절에 따라 노력을 많이 한다.
8) 夏書(하서) : '서경(書經)'의 편명으로 하왕조(夏王朝)에 대한 역사.
9) 殷書(은서) : '상서(商書)'를 말한다. '서경'의 한 편명으로 상왕조(商王朝) 곧 은왕조(殷王朝)에 대한 역사.
10) 離(이) : 이(罹)와 통함. 겪다. 걸리다. 만나다.
11) 密(밀) : 많다.

12) 應卒(응졸) : 갑자기 일어나는 일에 대처하다.
13) 慶忌(경기) : 춘추시대 오(吳)나라 왕인 요(僚)의 아들로 용기와 힘이 장
   사여서 당할 사람이 없었다. 그러나 공자(公子) 광(光)의 꾀임에 넘가 죽
   었다.
14) 去之心(거지심) : 대비를 소홀하게 하는 마음. 거는 소홀하다.

4. 국가가 갖춰야 할 3가지

  걸왕(桀王)은 탕왕(湯王)을 방어할 대비가 없었기 때문에 쫓
겨났고, 주왕(紂王)은 무왕(武王)을 방어할 대비가 없었기 때문
에 죽음을 당하였다.

  걸왕과 주왕은 천자라는 귀한 몸이었으며 부(富)하여 천하를
소유하고 있었다. 그러면서도 모두 사방 백 리를 차지하는 작은
제후국(諸侯國)의 군주에게 멸망을 당한 것은 무슨 까닭인가. 부
(富)와 귀(貴)를 지니고도 대비를 하지 않았기 때문이다.

  그러므로 대비라는 것은 국가에 있어 대단히 중요한 것다. 식량
은 국가의 보배이고, 병력은 국가의 발톱이며, 성곽은 스스로 지
키는 수단이다. 이 세 가지는 국가가 갖추어야 할 것이다.

  그러므로 말하기를 "정도에 넘치는 큰 상(賞)을 공도 없는 사
람에게 내리고, 나라의 창고를 비게 하면서 수레와 말을 갖추고
옷과 갖옷을 기괴하게 갖추며, 부역(賦役)하는 사람들을 괴롭히
면서 궁실(宮室)을 크게 짓고 즐긴다. 죽으면 관곽(棺槨)을 두
껍고 화려하게 하고 옷과 갖옷을 많이 만든다. 살아서는 누각(樓
閣)과 정자를 짓고 죽어서는 분묘(墳墓)를 치장하기 때문에, 백
성들은 밖에서 고생하고 창고는 안에서 비게 된다.

  위에서는 즐기는 일에 싫증을 내지 않고 아래에서는 그 괴로움
을 감당하지 못한다. 그래서 국가는 침략해 오는 적을 만나면 피
해를 입고 백성들은 흉년과 기근(饑饉)을 만나면 망하게 되는데,
이것은 모두 그 일에 대비하여 갖추지 않은 죄다."라고 한다.

  양식이라는 것은 성인(聖人)이 보배로 여긴 것이다. 그러므로

'주서(周書)'에서 "나라에 3년 동안 먹을 양식이 없으면 그 나
라는 나라가 아니며, 집안에 3년 동안 먹을 양식이 없으면 그 자
식은 자식이 아니다."라고 하였으니, 이것이 국가의 대비라고 이
르는 것이다.

夫桀無待[1]湯之備 故放 紂無待武之備 故殺 桀紂貴爲天子 富有
天下 然而皆滅亡於百里之君[2]者何也 有富貴而不爲備也 故備者國
之重也 食者國之寶也 兵者國之爪[3]也 城者所以自守也 此三者國之
具也 故曰以其極賞[4] 以賜無功 虛其府庫 以備車馬衣裘[5]奇怪 苦其
役徒[6] 以治宮室觀樂 死又厚爲棺椁[7] 多爲衣裘 生時治臺榭 死又脩
墳墓 故民苦於外 府庫單於內 上不厭其樂 下不堪其苦 故國離寇敵
則傷 民見[8]凶饑則亡 此皆備不具之罪也 且夫食者 聖人之所寶也
故周書[9]曰 國無三年之食者 國非其國也 家無三年之食者 子非其子
也 此之謂國備

1) 待(대) : 방어하다.
2) 百里之君(백리지군) : 사방 백 리의 작은 제후국(諸侯國)의 군주. 탕왕(湯
   王)은 하왕조(夏王朝)의 작은 제후국인 상(商)나라의 군주였고 무왕(武
   王)은 은왕조(殷王朝)의 제후국인 주(周)나라의 군주였다.
3) 爪(조) · 발톱. 손톱. 즉 국가를 방비하는 무기(武器).
4) 極賞(극상) : 정도에 넘치는 큰 상.
5) 裘(구) : 가죽으로 만든 옷.
6) 役徒(역도) : 부역(賦役)하는 사람들.
7) 棺椁(관곽) : 속관과 겉관. 곽은 곽(槨)과 같다.
8) 見(견) : 만나다. 당하다.
9) 周書(주서) : '서경(書經)'의 한 편명으로 주왕조(周王朝)의 역사.

제6편 과분함을 사양한다(辭過第六)

1. 모든 것은 절약하는데 있다

묵자가 말하였다.

"옛날 백성들이 아직 집을 지을 줄 몰랐을 때에는 언덕에다가 굴을 파고 살았다. 그러나 땅에 습기(濕氣)가 차서 백성들을 상하게 하였으므로 성왕(聖王)이 나타나 집을 지었다.

집을 짓는 방법을 말하면 집의 높이는 습기를 피하기에 충분하게 하고, 가장자리의 벽은 바람과 추위를 가리기에 충분하게 하고 위의 지붕은 눈·서리·비·이슬을 막기에 충분하게 하며, 집 담장의 높이는 남자와 여자의 예의를 분별하기에 충분하게 하였다. 이 정도에 그쳐서 모든 재물과 노력을 소비하고도 이로움이 되지 않는 일을 하지 않았다.

백성들의 일정한 부역(賦役)으로써 성곽(城郭)을 수리하면 백성들은 수고는 하되 피해는 없으며, 백성들의 일정한 과세(課稅) 기준으로써 조세(租稅)를 거두면 백성들이 소비는 하되 피해가 되지는 않는다. 백성들이 괴로워하는 것은 이것이 아니라 거창한 공사를 하느라 백성들에게서 과중하게 거두어들이는 세금으로 인한 괴로움이다.

그러므로 성왕(聖王)이 궁실(宮室)을 짓는데 있어서는 사는 데에 편안하게 할 뿐, 보고 즐기기 위해서 하는 것이 아니었다. 의복과 허리띠와 신발을 만드는데 있어서도 몸에 편리하게 만들었고 특이하고 기괴한 것을 좋아하지 않았다. 자신이 절약함으로써 백성들을 교화하고 그것으로써 천하의 백성을 다스릴 수 있었으며, 쓰는 재물의 충족함을 얻을 수 있었던 것이다.

지금의 군주들이 궁실을 짓는데 있어서는 이와 다르다. 반드시 거창한 공사를 하여 그 비용을 백성들에게서 거두어들이며, 백성들이 입고 먹을 재물을 사납게 뺏어다가 궁실과 누각과 정자 등을 이렇게 저렇게 모양을 갖추어 짓고, 여러 가지 채색과 조각을 아로새겨서 장식한다.

궁실을 짓는 것이 이와 같으므로 측근의 신하들도 모두 그것을 본떠 흉내낸다. 이로써 국가의 재물은 흉년과 기근에 대비하고, 고아(孤兒)와 과부(寡婦) 등을 구휼(救恤)하기에는 부족하게 된다.

그러므로 국가는 가난해지고, 백성을 다스리기 어렵게 된다. 군주가 진실로 천하가 다스려지기를 바라고 혼란해지는 것을 싫어한다면 마땅히 궁실을 짓는데 있어서 절약하지 않을 수 없는 것이다.

子墨子曰 古之民未知爲宮室[1]時 就陵阜而居穴而處下 潤濕傷民 故聖王作爲宮室 爲宮室之法 曰 高足以辟[2]潤濕 邊足以圉風寒 上[3]足以待雪霜雨露 宮牆之高足以別男女之禮 謹此則止 費財勞力 不加利者 不爲也 役[4]脩其城郭 則民勞而不傷[5] 以其常正[6] 收其租稅則民費而不病 民所苦者非此也 苦於厚作[7]斂於百姓 是故聖王作爲宮室 便於生 不以爲觀樂也 作爲衣服帶履便於身 不以爲辟怪[8]也 故節於身 誨[9]於民 是以天下之民可得而治 財用可得而足 當今之主 其爲宮室則與此異矣 必厚作斂於百姓 暴奪民衣食之財以爲宮室臺榭曲直之望[10] 靑黃刻鏤之節 爲宮室苦此 故左右皆法象[11]之 是以其財不足以待凶饑 賑孤寡 故國貧而民難治也 君實欲天下之治而惡其亂也 當爲宮室不可不節

1) 宮室(궁실) : 여기서는 일반 백성들의 집을 가리킨다.

2) 辟(벽) : 피(避)와 같다. 피하다.

3) 上(상) : 위의 지붕.

4) 役(역) : 이기상역(以其常役)이 되어야 하며 백성들의 일정한 부역(賦役)

으로써의 뜻.

5) 傷(상) : 피해를 입는다.

6) 正(정) : 정(征)과 통하여 과세의 기준이라는 뜻.

7) 厚作(후작) : 거창하고 호화로운 공사.

8) 辟怪(벽괴) : 벽은 벽(僻)과 통하며, 특이하고 기괴한 것을 좋아하다.

9) 誨(회) : 교화(敎化)하다.

10) 曲直之望(곡직지망) : 건축에 있어 이렇게 저렇게 겉모양에 변화를 주어 아름답게 꾸미는 일.

11) 法象(법상) : 본떠서 흉내내다.

2. 나라가 부강해지는 이유는

옛날 백성들이 아직 의복 만드는 것을 알지 못할 때에는 짐승의 가죽을 입고 마른 꼴풀로 띠를 삼았으므로 겨울에는 가볍기는 하나 따뜻하지 못하고, 여름에는 가볍기는 하나 시원하지 않았다.

성왕은 그것이 사람의 실정에 맞지 않는다고 생각하였다. 그러므로 여자들을 가르쳐 삼실을 꼬고 무명과 비단을 짜게 하여 백성들의 옷을 만들게 하고, 의복의 법도를 마련하였다.

겨울에는 비단으로 만든 속옷을 입어 가볍고도 따뜻하게 하였으며, 여름에는 베로 만든 속옷을 입어 가볍고도 시원하게 하였는데 오직 이러한 정도에 그치도록 하였다.

그러므로 성인이 의복을 마련함에는 신체에 적합하고 피부에 조화를 이루는 것으로 족하게 하였고, 눈과 귀에 화려하게 보여 어리석은 백성들에게 잘 보이려 하였던 것은 아니었다.

이러한 때를 당하여서는 튼튼한 수레나 좋은 말의 귀중함도 알지 못하였고, 무늬를 아로새기고 채색을 수놓는 일도 기뻐할 줄 몰랐다. 어째서 그러한가 하면 그것은 자연스러운 방도를 따른 것이었기 때문이다.

백성들의 먹고 입는 재물이 집안에서는 가뭄이나 홍수나 흉년이나 굶주림에 대처하기에 충분하였던 것은 어째서인가. 그들이 스스로 먹고 살려는 실정에 맞는 것만을 취득하고 그 밖의 것에 대해서는 미혹(迷惑)되는 일이 없었기 때문이다.

이로써 그 백성들은 검소하여 다스리기 쉽고, 그 군주는 쓰는 재물을 절약하여 풍부해지기가 쉬웠다.

나라의 창고에는 재물이 가득차 불의의 변고에 대비하기에 충분하였고, 무기와 갖옷 따위를 파손하지 않고 선비와 백성들을 수고롭게 하지 않고도 복종하지 않는 자들을 정복하기에 충분하였다. 그러므로 패왕(霸王)의 업적을 천하에 행할 수 있었던 것이다.

古之民未知爲衣服時 衣皮帶茭[1] 冬則不輕而溫 夏則不輕而淸 聖王以爲不中人之情[2] 故作誨[3]婦人 治絲麻 梱布絹[4] 以爲民衣 爲衣服之法 冬則練帛之中 足以爲輕且煖 夏則絺綌[5] 輕且淸 謹此則止 故聖人爲衣服 適身體和肌膚而足矣 非榮耳目而觀愚民也 當是之時 堅車良馬不知貴也 刻鏤文采[6]不知喜也 何則其所道之然[7] 故民衣食之財 家足以待旱水[8]凶饑者何也 得其所以自養之情[9] 而不感於外也 是以其民儉而易治 其君用財節而易贍也 府庫實滿 足以待不然[10] 兵革不頓 士民不勞 足以征不服 故霸王之業可行於天下矣

1) 茭(교) : 마른 꼴. 풀.
2) 不中人之情(부중인지정) : 사람의 실정에 맞지 않는다. 부중은 맞지 않는다는 뜻. 정은 실정(實情).
3) 誨(회) : 깨우쳐 주다. 가르치다.
4) 梱布絹(곤포견) : 무명과 비단을 짠다는 뜻. 곤은 곤(綑)과 통하고 견은 초(綃)가 되어야 한다.
5) 絺綌(치격) : 베. 치는 가는 베, 격은 굵은 베.
6) 文采(문채) : 무늬와 채색을 수놓다.
7) 所道之然(소도지연) : 방도가 자연스러운 것. 곧 자연스러운 방도.
8) 水(수) : 홍수(洪水). 또는 수해(水害).
9) 自養之情(자양지정) : 스스로 먹고 사는 실정.
10) 不然(불연) : 예기치 못한 사고 변고(變故).

3. 음탕하고 간사한 것을 좋아하면

지금 세상의 군주들은 옷을 만드는 일이 이와 다르다. 겨울에는 가볍고 따뜻하며, 여름에는 가볍고 시원하게 할 수 있도록 다 이미 갖추어져 있다. 반드시 백성들에게 많은 것을 거두어들이고 백성들이 먹고 입는 재물을 사납게 약탈한다. 이로써 무늬와 채색으로 수놓은 비단으로 화려한 옷을 만들고, 금을 녹여 부어서 띠의 고리를 만들고, 주옥(珠玉)으로써 몸에 차는 옥을 만들어 장식한다.

여공(女工)은 무늬와 채색을 수놓고, 남공(男工)은 무늬를 조각하여 몸에 걸칠 옷을 만든다. 이러한 것은 더욱 따뜻하게 하는 실속이 있는 일이 아니다. 재물을 축내고 힘을 수고롭게 하지만 모두 쓸데없는 것으로 귀결(歸結)된다. 이것으로써 본다면 그들의 의복 마련은 신체를 위한 것이 아니고 모두 보기에만 좋게 하려는 것이다.

이리하여 그 백성들은 음탕하고 간사해져 다스리기가 어렵게 되고, 그 군주는 사치스러워져 간(諫)하기가 어렵게 되었다.

사치스런 군주가 음탕하고 간사한 것을 좋아하는 백성들을 다스리게 되니 나라가 어지럽지 않고자 하나 어지럽지 않을 수 없는 것이다. 군주가 진실로 천하를 다스리고자 하고 어지러운 것을 싫어한다면 마땅히 의복을 만드는데 절제(節制)하지 않을 수 없는 것이다.

當今之王 其爲衣服 則與此異矣 冬則輕煖[1] 夏則輕清 皆已具矣 必厚作[2]斂於百姓 暴奪民衣食之財 以爲錦繡文采靡曼[3] 衣之 鑄金[4] 以爲鉤 珠玉以爲珮[5] 女工作文采 男工作刻鏤 以爲身服 此非云益煖之情[6]也 單[7]財勞力畢歸之於無用 以此觀之 其爲衣服 非爲身體 皆爲觀好 是以其民淫僻[8]而難治 其君奢侈而難諫也 夫以奢侈之君御[9]好淫僻之民 欲國無亂不可得也 君實欲天下之治而惡其亂 當爲衣服不可不節

1) 煖(난) : 따뜻하다. 난(煖)과 같다.

2) 厚作(후작) : 많은 것.

3) 靡曼(미만) : 화려하다. 하늘거리다. 부드럽다.

4) 鑄金(주금) : 금을 녹여 붓다.

5) 珮(패) : 허리에 차는 구슬. 패(佩)자의 잘못이며 패옥(佩玉)의 뜻.

6) 情(정) : 실속 있는 일.

7) 單(단) : 탄(殫)과 통하여 다 써버린다의 뜻.

8) 淫僻(음벽) : 음탕하고 간사하다.

9) 御(어) : 다스리다.

4. 지도자가 나라를 다스리고자 하면

옛날의 백성들이 아직 음식 만드는 것을 알지 못할 때에는 날 것을 그대로 먹으면서 제각기 흩어져 살았다. 그래서 성인이 남자들에게 밭갈고 씨뿌리고 심고 가꾸는 일을 가르쳐 백성들의 먹을 것을 마련하게 하고 그것을 먹게 하여 그것으로써 기운을 더하고 허기를 채워 주었으며, 몸을 튼튼하게 하고 배를 만족하게 해주었다. 그 후로는 모두 먹을 것을 위한 재물의 사용을 절약하였고 스스로 먹고 사는 데에 검소하여 백성들은 부유하고 나라는 잘 다스려졌디.

지금은 그렇지 않다. 백성들에게 많은 것을 거두어서 좋은 음식을 만든다. 소나 양 따위와 개나 돼지의 고기를 찌고 굽고 하며, 물고기와 자라까지 잡아 그렇게 한다.

큰나라는 백 개의 그릇을 쌓고 작은나라는 열 개의 그릇을 쌓아놓는다.먹는 사람 앞에 한 발 넓이로 음식이 벌려지는데 눈으로는 이것을 두루 볼 수 없고 손으로는 이것을 다 잡을 수 없으며 입으로는 이것을 다 맛볼 수 없다. 겨울에는 남은 음식이 얼고 여름에는 남은 음식이 쉬어 버린다.

군주가 음식을 이와 같이 취급하므로 측근의 신하들도 이것을 본받는다. 그래서 부귀(富貴)한 사람은 사치하고 고아나 과부는 추위에 떨고 굶주린다. 이렇게 되면 비록 어지럽지 않고자 해도 어지럽지 않을 수 없다. 군주가 참으로 천하를 다스리고자 하고 어지러움을 싫어한다면 마땅히 먹고 마시는 데에 있어 절제하지 않을 수 없는 것이다.

古之民未知爲飮食時 素食¹⁾而分處 故聖人作誨 男耕稼樹藝²⁾ 以爲民食 其爲食也 足以增氣充虛 强體適腹而已矣 故其用財節 其自養儉 民富國治 今則不然 厚作斂於百姓 以爲美食 芻豢蒸炙魚鼈³⁾ 大國累百器 小國累十器 美食方丈 目不能徧視 手不能徧操 口不能徧味 冬則凍冰 夏則飾饐⁴⁾ 人君爲飮食如此 故左右象⁵⁾之 是以富貴者奢侈 孤寡者凍餒 雖欲無亂不可得也 君實欲天下治而惡其亂 當爲食飮不可不節

1) 素食(소식) : 음식으로 만들지 않고 생긴 그대로 날것으로 먹는 것.
2) 藝(예) : 초식(草食)을 가꾸는 일.
3) 魚鼈(어별) : 물고기와 자라. 물고기를 통틀어 이르는 말.
4) 飾饐(식애) : 음식이 쉬는 것. 식은 애(餲)가 되어야 한다.
5) 象(상) : 본뜨다. 본받다.

5. 민중들이 배와 수레를 만들 때

옛날에 백성들이 아직 배와 수레를 만들 줄 몰랐을 때에는 무거운 짐을 실어서 옮기지 못하였고 먼 길을 가지도 못하였다. 이에 성왕이 배와 수레를 만들어 그것으로써 백성들의 일을 편리하게 해주었다.

그때 만든 배와 수레는 완전하고 견고하며 가볍고 편리하여 무거운 짐을 싣고 멀리 갈 수 있었다. 그것은 재물을 적게 들여 만들었지만 편리한 점은 많았다. 이에 백성들은 즐기면서 그것을 이용하였던 것이다.

그러므로 법령을 엄하게 하지 않고서도 제대로 행하여졌고, 백성들을 수고롭게 하지 않고도 군주는 그것을 쓰기에 충분하였으므로 백성들은 군주에게 귀의(歸依)하였던 것이다.

　지금의 군주들이 배와 수레를 만드는 것은 이와 다르다. 완전하고 견고하고 가볍고 편리한 점은 모두 이미 갖추어져 있으나 반드시 백성들에게 많은 것을 거두어들여 배와 수레를 장식한다. 수레는 장식하기를 무늬와 채색으로써 하고, 배는 장식하기를 조각으로써 한다.

　여자들은 그들의 길쌈하는 일을 제쳐놓고 무늬와 채색의 장식에 힘쓰므로 백성들은 추위에 떨어야 한다. 남자들은 농사짓는 일을 떠나서 조각하는 일에 치중하여야 하므로 백성들은 굶주려야 한다.

　군주들의 배와 수레를 만드는 일이 이와 같으므로 측근의 신하들도 이것을 본뜨게 된다. 이런 까닭에 그 백성들은 굶주리고 추위에 떠는 일을 아울러 겪어야 한다. 이로 말미암아 간사(姦邪)하게 된다. 간사한 사람이 많아지면 형벌이 많아지고, 형벌이 많아지면 나라는 어지러워진다.

　군주가 진실로 천하가 잘 다스려지기를 바라고 어지러운 것을 싫어한다면 마땅히 수레와 배를 만드는 일을 절제하지 않을 수 없는 것이다.

　古之民未知爲舟車時 重任¹⁾不移 遠道不至 故聖王作爲舟車 以便民之事 其爲舟車也 全固輕利 可以任重致遠²⁾ 其爲用財少 而爲利多 是以民樂而利之 故法令不急而行 民不勞而上足用 故民歸之 當今之主 其爲舟車與此異矣 全固輕利皆已具 必厚作斂於百姓 以飾舟車 飾車以文采 飾舟以刻鏤 女子廢其紡織而脩文采 故民寒 男子離其耕稼³⁾而脩刻鏤 故民饑 人君爲舟車若此 故左右象之 是以其民飢寒幷至 故爲姦衺 多則刑罰深⁴⁾ 刑罰深則國亂 君實欲天下之治而惡其亂 當爲舟車不可不節

1) 任(임) : 짐을 싣는다.
2) 致遠(치원) : 먼 데에 이르다. 멀리 가다.
3) 耕稼(경가) : 밭갈고 씨뿌리다. 즉 농사 짓는다는 뜻.
4) 深(심) : 심각하다. 많아지다.

6. 옛날의 군주도 변경할 수 없는 것

무릇 하늘과 땅 사이를 두루 돌고, 온 천하를 포용한 하늘과 땅의 실정과 음(陰)과 양(陽)의 조화는 존재하지 않는 데가 없다. 그것은 비록 성인이라 하더라도 변경시킬 수 없다.

무엇으로써 그러함을 알 수 있는가. 성인이 하늘과 땅에 대하여 전하는 것이 있다. 곧 천지와 네계절에 대하여 말하였고, 음양(陰陽)과 인정(人情)에 대하여 말하였고, 남녀(男女)와 금수(禽獸)에 대하여 말하였으며, 모빈(牡牝)과 웅자(雄雌)에 대하여 말하였는데, 이것은 진실로 하늘과 땅의 실정인 것이며 비록 선왕(先王)이라 하더라도 변경할 수 없는 것이다.

비록 상세(上世)의 성인이라 하더라도 사사로이 부리는 사람들을 두기는 하였으나 그것으로써 행실을 그르치지는 않았으며 이로 인하여 백성들은 원망하는 일이 없었다. 궁중에는 자유롭지 못한 여인이 없었으므로 천하에는 홀아비가 없었으며, 안으로는 자유롭지 못한 여자가 없고 밖으로는 홀아비가 없었으므로 천하의 백성들은 많이 번성하였다.

지금의 군주들은 그들이 사사로이 부리는 사람들을 두는데 있어 자유를 잃고 사는 여자인 궁녀(宮女)를 큰나라에서는 수천명을 헤아리고 작은나라에서도 수백명에 이른다. 그래서 천하의 남자들은 홀아비로서 아내가 없는 사람이 많고, 여자들은 자유가 없이 갇혀서 남편이 없는 사람이 많다. 남자와 여자들이 결혼할 시기를 잃기 때문에 백성들이 적어진다.

군주가 진실로 백성들이 많아지기를 바라고 적어지는 것을 싫어한다면 마땅히 사사로이 부리는 사람을 두는데 있어서 절제하지 않으면 안 될 것이다.

무릇 이 다섯 가지의 것들은 성인(聖人)은 검약(儉約)하고 절제하지만 소인들은 지나치게 즐기는 것이다. 검약하고 절제하면 창성하고, 지나치게 즐기면 멸망한다. 이 다섯 가지의 것들은 절제하지 않으면 안 된다. 남편과 아내가 절제하면 하늘과 땅이 조화 있게 되고, 바람과 비가 절제되면 온갖 곡식들이 잘 여물고, 의

복을 절제하면 살갗이 조화를 이루게 되는 것이다.

凡回於天地之間 包於四海之內 天壤之情 陰陽之和 莫不有也 雖
至聖不能更也 何以知其然 聖人有傳 天地也 則曰上下 四時也 則
曰陰陽 人情也 則曰男女 禽獸也 則曰牡牝雄雌[1]也 眞天壤之情 雖
有先王不能更也 雖上世至聖 必蓄私[2]不以傷行 故民無怨 宮無拘女
[3] 故天下無寡夫[4] 內無拘女 外無寡夫 故天下之民衆 當今之君 其
蓄私也 大國拘女累千 小國累百 是以天下之男多寡無妻 女多拘無
夫 男女失時[5] 故民少 君實欲民之衆而惡其寡 當蓄私不可不節 凡
此五者[6] 聖人之所儉節也 小人之所淫佚[7]也 儉節則昌 淫佚則亡 此
五者不可不節 夫婦節而天地和 風雨節而五穀孰 衣服節而肌膚和

1) 牡牝雄雌(모빈웅자) : 모빈과 웅자가 다 수컷과 암컷이라는 뜻. 모빈은 짐승
   의 수컷과 암컷이요. 웅자는 자웅으로 새의 수컷과 암컷이다.
2) 蓄私(축사) : 사사로이 부리는 사람들.
3) 拘女(구녀) : 자유가 없이 사는 여자. 즉 궁녀(宮女)를 말한다.
4) 寡夫(과부) : 홀아비를 말한다.
5) 失時(실시) : 때를 잃다. 즉 결혼할 때를 놓친다는 뜻.
6) 五者(오자) : 다섯 가지의 것. 즉 궁실, 의복, 음식, 배와 수레, 사사로이 부리
   는 사람의 다섯 가지의 것.
7) 淫佚(음일) : 지나치게 즐기다.

제7편 세 가지의 변론(三辯第七)

I. 권태로울 때는 음악을 듣고 쉰다

정번(程繁)이 묵자에게 물었다.

"선생님께서 말씀하시기를 '성왕(聖王)은 음악을 즐기지 않았다'고 하셨습니다. 그러나 옛날의 제후(諸侯)들은 정치를 하다가 권태(倦怠)로우면 음악을 들으면서 쉬었다고 합니다. 사대부(士大夫)들도 정치를 하다가 권태로우면 관악(管樂)과 현악(絃樂)을 들으면서 쉬었다고 합니다. 농부들도 봄에 밭갈고 여름에 김매고 가을에 거두어들이고 겨울에 갈무리하고는 질그릇을 두드리면서 노래를 부르고 쉬었다고 합니다.

지금 선생님께서 말씀하시기를 '성왕은 음악을 즐기지 않았다'고 하셨는데 이것은 비유컨대 말을 수레에 매놓기만 하고 풀어주지는 않고, 또 활을 당기기만 하고 놓지는 않는 것과 같은 것이니 혈기를 가진 사람으로서는 할 수 없는 일이 아니겠습니까?"

정번의 물음에 대하여 묵자가 대답하였다.

"옛날의 요(堯)임금과 순(舜)임금은 초가집 궁전에 살면서도 또한 예의를 차리고 또한 음악을 즐겼다.

탕왕(湯王)은 걸왕(桀王)을 대수(大水)로 추방하고 천하를 차지하여 스스로 천자가 된 다음 왕자(王者)로서의 일을 이루고 공을 세웠으니, 큰 후환(後患)이 없을 것이라 여기고 선왕(先王)의 음악에 인연하여 또 스스로 음악을 만들어 호(護)라 이름하였고, 우왕(禹王)의 음악인 구초(九招)도 손질하였다.

무왕(武王)은 은(殷)나라를 토벌하여 주왕(紂王)을 죽이고

천하를 차지하여 스스로 천자가 된 다음 왕자(王者)로서의 일을
이루고 공을 세웠으니, 큰 후환이 없을 것이라 여겨 선왕의 음악
에 인연하여 또 스스로 음악을 만들어 상(象)이라 이름하였다.

주왕조(周王朝)의 성왕(成王)은 선왕들의 음악에 인연하여
또 스스로 음악을 만들어 추우(騶虞)라 이름하였다.

그러나 주왕조의 성왕이 천하를 다스린 것은 무왕만 같지 못하
였고, 무왕이 천하를 다스린 것은 성탕(成湯)만 같지 못하였으며,
성탕이 천하를 다스린 것은 요임금, 순임금만 같지 못하였다. 그
러므로 그들의 음악이 번거로워질수록 그들의 정치는 더욱 신통
치 못하였다. 이것으로 본다면 음악이 천하를 다스리는 근거가 되
지 않았음을 알 것이다."

程繁[1]問於子墨子曰 聖王不爲樂 昔諸侯倦於聽治 息於鍾鼓之樂[2]
士大夫倦於聽治 息於竽瑟[3]之樂 農夫春耕夏耘 秋斂冬藏 息於聆缶[4]
之樂 今夫子曰 聖王不爲樂 此譬之猶馬駕而不稅[5] 弓張而不弛 無
乃非有血氣者之所不能至邪 子墨子曰 昔者堯舜有茅茨[6]者 且以爲
禮 且以爲樂 湯放桀於大水 環[7]天下自立以爲王 事成功立 無大後
患 因先王之樂 又自作樂 命曰護[8] 又脩九招[9] 武王勝殷殺紂 環天
下自立以爲王 事成功立 無大後患 因先王之樂 又自作樂 命曰象[10]
周成王[11]因先王之樂 命曰騶虞[12] 周成王之治天下也 不若武王 武王
之治天下也 不若成湯 成湯之治天下也 不若堯舜 故其樂逾繁者 其
治逾寡[13] 自此觀之 樂非所以治天下也

1) 程繁(정번) : 유가(儒家)와 묵가(墨家)의 학문을 닦은 전국시대의 학자이
   며 정자(程子)라고 함.
2) 鍾鼓之樂(종고지악) : 종과 북으로 합성되어 이루어진 음악. 음악을 통틀어
   이르는 말.
3) 竽瑟(우슬) : 피리와 비파. 즉 관악(管樂)과 현악(絃樂).
4) 聆缶(영부) : 영은 영(領)과 같이 볼 수 있어 마치 병과 같은 질그릇을 말한
   다. 부는 진흙으로 만든 동이. 둘 다 평민들이 사용한 타악기를 말한다.
5) 稅(탈) : 탈(脫)과 통하여 수레에 매놓은 말을 푼다는 뜻.

6) 茅茨(모자) : 초가집. 요임금 순임금 때의 궁전은 초가집이었다고 함.

7) 環(환) : 차지하다. 또는 통일하다.

8) 護(호) : 탕왕(湯王)이 만든 음악 이름.

9) 九招(구초) : 우왕(禹王)이 만든 음악 이름.

10) 象(상) : 무왕(武王)이 지은 음악의 이름.

11) 成王(성왕) : 주왕조(周王朝) 제2대 왕. 무왕의 아들로 어려서 천자가 되었
    으므로 숙부인 주공 단(周公旦)이 섭정(攝政)하였다.

12) 騶虞(추우) : 성왕 때에 만든 음악의 이름.

13) 寡(과) : 적다. 즉 신통치 못하다는 뜻.

2. 음악이 없다고 하신 것입니까

정번이 말하였다.

"선생님께서 말씀하시기를 '성왕(聖王)에게는 음악이 없다'
고 하셨는데, 이것들 또한 음악입니다. 어찌하여 성왕(聖王)에게
는 음악이 없다고 말씀하신 것입니까?"

묵자가 대답하였다.

"성왕들은 명령을 내림에 있어 많은 것들을 간략하게 하도록
하였다. 음식을 먹는 이로움이란 굶주림을 알고서 그것을 먹는 것
은 지혜로운 일이다. 그러므로 성왕들은 지혜가 없었다고 하겠다.
(※문장에 결문(缺文)이 있다)

지금 성왕들에게 음악이 있기는 하였으나 적었던 것은 이 또한
없었다고 말할 수 있는 것이다."

程繁曰 子曰 聖王無樂 此亦樂已 若之何其謂聖王無樂也 子墨子
曰 聖王之命也 多寡之[1] 食之利也 以知飢而食之者 智也 因爲無智
矣 今聖有樂而少 此亦無也[2]

1) 多寡之(다과지) : 다자과지(多者寡之)로 보아 많은 것은 적게 해준다로 풀
   이할 수 있다.

2) 無也(무야) : 아래와 중간에 탈(脫)자가 있어 문장이 잘 연결되지 않는다.

제 2 권 (卷之二)

제8편 어진이를 높이다 ㉢(尙賢上第八)

1. 현명한 사람이 많도록 하는 술법

묵자가 말하였다.

"지금의 왕공대인(王公大人)과 같이 국가의 정치를 맡아서 하는 사람들은 모두 국가가 부유(富裕)해지고, 백성이 많아지며, 법과 행정이 잘 다스려지기를 바란다.

그러나 국가가 부유해지지 않고 가난해지며, 백성이 많아지지 않고 적어지며, 법과 행정이 잘 다스려지지 않고 어지러워진다. 이것은 근본적으로 바라는 그것을 잃고 그 싫어하는 결과를 얻는 것이다. 이와 같이 되는 까닭은 무엇일까."

묵자가 또 말하였다.

"이것은 왕공대인 등 국가의 정치를 맡아서 하는 사람들이 현명한 사람을 존중하고 능력있는 사람들로 하여금 정치를 하게 하지 못하였기 때문이다.

그런 까닭에 나라에 현명하고 훌륭한 선비들이 많으면 국가의 정치는 돈후(敦厚)해지고 현명하고 훌륭한 선비들이 적으면 국가의 정치는 각박(刻薄)해진다. 그러므로 정치하는 대인이 힘쓸 일은 나라에 반드시 현명한 사람이 많도록 하는 데에 있을 뿐이다."

"그러면 현명한 사람이 많도록 하는 술법(術法)은 장차 어떻게 해야 할 것인가."

이에 대하여 묵자가 말하였다.

"비유컨대 만약 그 나라에 활 잘 쏘고 수레 잘 모는 사람들이 많아지기를 바란다면 반드시 장차 그들을 부유하게 해주고 귀하

게 해주며 그들을 공경하고 명예롭게 해주어야 한다. 그러한 뒤
에 나라에 활 잘 쏘고 수레 잘 모는 사람들이 장차 많아질 수 있
는 것이다.

하물며 현명하고 훌륭한 선비들은 덕행(德行)이 돈후하고 변
론(辯論)을 잘하며, 여러 가지 공부를 널리 익히고 있는 사람들
이 아닌가. 이런 사람들은 진실로 나라의 보배요, 사직(社稷)의
보필(輔弼)인 것이다. 또한 반드시 그들을 부유하게 해주고 귀
하게 해주며, 그들을 공경하고 명예롭게 해준 뒤에라야 나라에 훌
륭한 선비들이 또한 많아짐을 얻을 수 있는 것이다."

子墨子言曰 古者¹⁾王公大人²⁾爲政於國家者 皆欲國家之富 人民
之衆 刑政³⁾之治 然而不得富而得貧 不得衆而得寡 不得治而得亂
則是本失其所欲 得其所惡 是其故何也 子墨子言曰 是在王公大人
爲政於國家者 不能以尙賢事能⁴⁾爲政也 是故國有賢良之士衆 則國
家之治厚 賢良之士寡 則國家之治薄 故大人之務 將在於衆賢而已
曰 然則衆賢之術將奈何哉 子墨子言曰 譬若欲衆其國之善射御⁵⁾之
士者 必將富之貴之 敬之譽之 然后國之善射御之士 將可得而衆也
況又有賢良之士厚乎德行 辯乎言談 博乎道術⁶⁾者乎 此固國家之珍
而社稷之佐也 亦必且富之貴之 敬之譽之 然后國之良士 亦將可得
而衆也

1) 古者(고자) : 현재.
2) 王公大人(왕공대인) : 천자(天子)와 제후(諸侯) 및 그들의 고급관리.
3) 刑政(형정) : 법과 정치 등 일체의 행정사무를 가리킴.
4) 事能(사능) : 능력있는 사람을 임용하다. 사는 사(使)와 통한다.
5) 射御(사어) : 사는 활을 쏘는 일, 어는 수레를 모는 일.
6) 道術(도술) : 여기서는 학술(學術)의 뜻.

2. 의(義)로운 사람만 친하게 지낸다

그런 까닭에 옛날의 성왕이 정치를 함에 있어서 말하기를 "의

롭지 않은 자는 부유하게 해주지 않고, 의롭지 않은 자는 귀하게 해주지 않으며, 의롭지 않은 자와는 친하게 지내지 않고, 의롭지 않은 자는 가까이 하지 않을 것이다."라고 하였다.

이로써 나라의 부유하고 귀한 사람들은 이 말을 듣고서 모두 물러나 의논하였다.

"처음에 우리가 믿고 의지한 것은 부(富)와 귀(貴)였다. 그런데 지금 왕께서는 의로우면 가난하고 천(賤)한 것을 가리지 않으신다고 하셨다. 그렇다면 우리는 의로움을 행하지 않을 수 없다."

왕과 친하게 지내는 사람들도 왕의 이 말을 듣고 또한 물러나 의논하였다.

"처음에 우리가 믿고 의지한 것은 왕과 친하게 지내는 것이었다. 그런데 지금 왕께서는 의로우면 친하고 친하지 않은 것을 가리지 않으신다고 하셨다. 그렇다면 우리는 의로움을 행하지 않을 수 없다."

왕이 가까이 하는 사람들도 왕의 말을 듣고 또한 물러나 의논하였다.

"처음에 우리가 믿고 의지한 것은 왕과 가까이 있다는 것이었다. 그런데 지금 왕께서는 의로우면 가깝고 먼 것을 가리지 않으신다고 하셨다. 그렇다면 우리는 의로움을 행하지 않을 수 없다."

왕과 멀리 있던 사람들도 왕의 말을 듣고 또한 물러나 의논하였다.

"처음에 우리는 왕과 관계가 멀었으므로 믿고 의지할 것이 없다고 생각하였는데 지금 왕께서는 의로우면 관계가 멀더라도 가리지 않으신다고 하셨다. 그렇다면 우리도 의로움을 행하지 않을 수 없다."

이로부터 도읍(都邑)에서 멀리 떨어진 시골의 신하들, 궁정을 지키는 여러 하급 관리들, 도성(都城) 안의 백성들, 사방 먼 지방의 백성들에 이르기까지도 왕의 말을 들은 모든 사람들이 다투어 의로움을 행하였으니 이렇게 된 까닭은 무엇이었을까.

그것은 왕이 백성들을 부리는 취지가 한 가지로써 명료(明瞭)

하고 백성이 왕을 섬기는 방법도 한 가지 수단일 뿐이기 때문이었다.

비유컨대 부유한 사람은 높은 담장에 깊숙한 집을 지니는데 집에 높은 담장을 쌓고는 겨우 문 하나를 터놓을 뿐이다. 어떤 도둑이 들어오면 그 도둑이 들어온 문을 닫고서 도둑을 찾으면 도둑은 나갈 수가 없게 된다. 이렇게 되는 까닭은 무엇인가. 곧 멈추게 하는 요령을 터득하였기 때문이다.

그러므로 옛날의 성왕이 정치를 함에 있어서는 덕(德)이 있는 사람을 등용하여 쓰고 현명한 사람을 존중하였다. 비록 농사를 짓거나 공장(工匠)이나 장사를 하는 사람이라 하더라도 능력이 있으면 그를 등용하여 높은 벼슬자리를 주고 많은 녹봉(祿俸)을 주며 그에게 정사를 맡겨 결단하고 명령할 권한을 주었다.

이르기를 "벼슬자리가 높지 않으면 백성들이 공경하지 않고, 받는 녹봉이 많지 않으면 백성들이 신임하지 않으며, 정령(政令)을 결단하지 못하면 백성들이 두려워하지 않는다."고 한다.

세 가지를 현명한 사람에게 맡기는 것은 그 사람이 현명하기 때문에 주는 것이 아니라 그 정사가 잘 이루어지기를 바래서인 것이다.

是故古者聖王之爲政 言曰 不義不富 不義不貴 不義不親 不義不近 是以國之富貴人聞之 皆退而謀曰 始我所恃[1]者 富貴也 今上擧義不辟[2]貧賤 然則我不可不爲義 親者聞之 亦退而謀曰 始我所恃者親也 今上擧義不親疏[3] 然則我不可不爲義 近者聞之 亦退而謀曰 始我所恃者近也 今上擧義不辟近 然則我不可不爲義 遠者聞之 亦退而謀曰 我始以遠爲無恃 今上擧義不辟遠 然則我不可不爲義 逮至[4]遠鄙郊外[5]之臣 門庭庶子[6] 國中之衆[7] 四鄙之萌人[8]聞之 皆競爲義 是其故何也 曰 上之所以使下者 一物也 下之所以事上者 一術也 譬之富者有高牆深宮 牆立旣 謹上爲鑿一門 有盜人入 闔[9]其自入[10]而求之 盜其無自出 是其故何也 則上得要也 故古者聖王之爲政 列德而尙賢 雖在農與工肆[11]之人 有能則擧之 高予之爵 重予之

祿 任之以事 斷予之令 曰 爵位不高則民弗敬 蓄祿不厚則民不信 政
令不斷則民不畏 擧三者授之賢者 非爲賢賜也 欲其事之成

1) 恃(시) : 믿고 의지하다.

2) 辟(피) : 피하다. 가리지 않는다. 피(避)와 같다.

3) 疏(소) : 친하지 않다.

4) 逮至(체지) : 체는 급(及)과 같다. ~에 이르기까지.

5) 遠鄙郊外(원비교외) : 비(鄙)는 변두리의 먼 지방. 교외는 성 밖의 비교적 먼
   지방을 말하는데 주나라의 제도에 의하면 도성 밖의 50리가 근교이고 100리
   를 원교라 한다. 여기서는 성 밖의 멀리 떨어진 변두리 지방을 가리킨다.

6) 門庭庶子(문정서자) : 궁중 안의 여러 시설들을 지키는 하급 관리들.

7) 國中之衆(국중지중) : 국은 제후의 나라가 다스리는 지역을 가리킨다. 즉 성
   내의 백성들을 말한다.

8) 四鄙之萌人(사비지맹인) : 사비는 사방의 변두리 지방. 맹은 맹(氓)과 통하
   므로 맹인은 교외에 사는 백성을 가리킨다.

9) 闔(합) : 문을 닫다.

10) 其自入(기자입) : 도둑이 들어온 문을 가리킨다.

11) 工肆(공사) : 공장(工匠)과 상인(商人).

3. 정치의 근본은 현명한 사람을 높이는 것

성왕의 시절에는 덕(德)으로써 등용되어 쓰이고, 관직(官職)
으로써 정사를 맡아서 하고, 수고함으로써 상(賞)이 결정되었으
며, 공로를 헤아려서 녹봉이 분배되었다.

그러므로 관직에 있다고 해서 언제나 귀한 것이 아니고, 백성이
라고 해서 끝까지 천하기만 한 것이 아니었다. 능력이 있으면 등
용되었고, 능력이 없으면 그 자리에서 밀려났다. 공정한 의로움에
의해 등용하되 사사로운 원한은 피한다고 하는 것은 이것을 말한
것이다.

옛날의 요임금은 순(舜)을 복택(服澤)의 북쪽에서 찾아 등용
하여 그에게 정사를 맡겨 천하가 평화로워졌고, 우왕(禹王)은 익

(益)을 음방(陰方) 가운데에서 찾아 등용하여 그에게 정사를 맡겨 아홉 주(州)가 이루어지게 되었다. 탕왕(湯王)은 이윤(伊尹)을 주방안에서 찾아 등용하여 그에게 정사를 맡겨 그의 계책(計策)이 이루어지게 되었으며, 문왕(文王)은 굉요(閎夭)와 태전(泰顚)을 사냥꾼과 어부들 가운데에서 찾아 등용하여 그들에게 정사를 맡겨 서쪽 지방들이 복종하게 되었다.

이런 시절에는 비록 많은 녹봉을 받는 높은 지위의 신하라 하더라도 공경하고 조심하여 두려워하지 않는 사람이 없었고, 비록 농사짓는 사람이나 공장(工匠)이나 장사하는 사람이라 하더라도 서로 다투어 권하면서 덕(德)을 숭상(崇尙)하지 않는 사람이 없었다.

선비는 군주를 보좌(補佐)하는 대신(大臣)이 되기도 하고 그 직책을 계승하기도 하는 것이다. 그러므로 선비를 얻으면 계책이 곤궁해지지 않고, 몸도 수고롭지 않게 된다. 명성도 얻게 되고 공로도 이루어지며, 아름다움이 드러나고 악한 일이 생기지 않는 것은 곧 선비를 얻는데서 말미암는 것이다.

그런 까닭에 묵자가 말하기를 "뜻을 얻으면 현명한 선비를 등용하지 않을 수 없지만 뜻을 얻지 못하여도 현명한 선비를 등용하지 않을 수 없는 것이다."라고 하였다.

만약 요(堯)임금·순(舜)임금·우왕(禹王)·탕왕(湯王)같은 성군(聖君)들의 도(道)를 받들어 따르려고 하면 반드시 현명한 사람을 숭상하지 않고는 되지 않는다. 대저 현명한 사람을 숭상하는 것은 정치의 근본이 되는 것이다.

故當是時 以德就列 以官服事 以勞殿[1]賞 量功而分祿 故官無常貴 而民無終賤 有能則擧之 無能則下之 擧公義 辟私怨 此若言之謂也 故古者堯擧舜於服澤[2]之陽[3] 授之政 天下平 禹擧益[4]於陰方[5]之中 授之政 九州[6]成 湯擧伊尹於庖廚之中 授之政 其謀得 文王擧閎夭泰顚[7]於罝罔[8]之中 授之政 西土服 故當是時 雖在於厚祿尊位之臣 莫不敬懼而施[9] 雖在農與工肆之人 莫不競勸而尙德 故士者所

以爲輔相承嗣也 故得士則謀不困 體不勞 名立而功 業彰而惡不生
則由得士也 是故子墨子言曰 得意賢士不可不擧 不得意賢士不可
不擧 尙欲祖述堯舜禹湯之道 將不可以不尙賢 夫尙賢者 政之本也

1) 殿(전) : 정(定)해진다.

2) 服澤(복택) : 지명(地名)이며 그 위치는 분명하지 않다.

3) 陽(양) : 양지. 산의 양지는 남쪽이요 물의 양지는 북쪽.

4) 益(익) : 사람의 이름. 백익(伯益).

5) 陰方(음방) : 지방의 이름인데 위치는확실하지 않다.

6) 九州(구주) : 우왕(禹王)이 홍수를 다스리면서 중국을 아홉 주(州)로 구분
   하였다.

7) 閎夭泰顚(굉요태전) : 굉요와 태전으로 둘 다 주(周)나라 문왕의 어진 신하.

8) 罝罔(저망) : 저는 짐승을 잡는 그물, 망은 물고기를 잡는 그물이다. 여기서
   는 사냥꾼과 어부를 가리킨다.

9) 施(시) : 척(惕)과 통하여 두려워하다의 뜻.

제9편 어진이를 높이다 ㉗(尙賢中第九)

I. 정치의 근본을 아는 것은

묵자가 말하였다.

"지금 왕공대인(王公大人)들이 백성들의 군주와 사직(社稷)의 주인으로써 국가를 다스림에 있어 이를 오래도록 보전하여 실패하는 일이 없도록 하려고 하면서, 어찌하여 현명한 사람을 숭상하는 일이 정치의 근본이 됨을 살피지 않는가."

그러면 무엇으로써 현명한 사람을 숭상하는 것이 정치의 근본이 되는 것을 알 수 있는가.

곧 귀하고 또한 지혜있는 사람을 써서 어리석고 또한 천한 사람들을 다스리도록 하면 곧 잘 다스려지고, 어리석고 또한 천한 사람들을 써서 귀하고 또한 지혜로운 사람들을 다스리게 하면 곧 어지러워진다. 이것으로써 현명한 사람을 숭상하는 것이 정치의 근본이 됨을 알 수 있는 것이다.

그러므로 옛날의 성왕은 현명한 사람을 매우 존중하고 숭상하여 능력에 따라 일을 맡기고 부림에 있어서 부모와 형제에게도 편들지 않았고 부귀(富貴)한 사람에게도 치우치지 않았으며 낯빛에 따라 편애(偏愛)하지도 않았다.

현명한 사람이면 그를 등용하여 높여 주고 부(富)하고 귀하게 해주며, 그로써 관리의 우두머리로 삼았다. 어리석은 자는 억눌러 그를 쓰지 않음으로써 가난하고 천하게 만들어서 노역(勞役)을 담당하는 일꾼으로 삼았다.

이로써 백성들은 모두 그 상(賞)을 권장하고 그 형벌을 두려워하면서 서로 이끌어 현명한 사람이 되려고 하였으며, 그 결과 현명한 사람이 많아졌고 어리석은 사람이 적어졌다. 이것을 일러 현명을 권장하는 것이라고 한다.

그러한 뒤에 성인은 그들의 말을 듣고 그들의 행동을 좇고 그들의 능력을 살펴 신중하게 벼슬을 주었으니 이것을 능력있는 사람을 부리는 것이라 이르는 것이다.

그러므로 나라를 다스리는 사람으로 하여금 나라를 다스리게 할 수 있었고, 관리의 우두머리로 하여금 관리의 우두머리 노릇을 제대로 할 수 있게 하였으며, 고을을 다스리는 사람으로 하여금 고을을 제대로 다스리게 할 수 있었다.

무릇 국가와 관청과 고을을 다스리게 한 사람들은 모두가 나라의 현명한 사람들이었던 것이다.

현명한 사람이 나라를 다스림에 있어서 아침 일찍 조정에 나아가고 늦게 물러나오며 옥사(獄事)를 처리하고 정사를 다스린다. 이것으로써 나라가 다스려지고 형벌과 법령이 바로잡아지는 것이다.

현명한 사람이 관청의 우두머리가 됨에 있어 밤늦게 자고 아침 일찍 일어나면서 관소(關所)와 시장과 산림과 연못이나 다리에서 얻어지는 이익을 거두어들여 관청을 충실하게 한다. 이것으로써 관청은 충실해지고 재물은 흩어지지 않는다.

현명한 사람이 고을을 다스림에 있어서 일찍 출근하고 늦게 퇴근하면서 밭갈고 씨뿌리고 나무심고 가꾸어서 곡식을 거두도록 한다. 이것으로써 곡식은 풍부해지고 백성들의 먹을 것은 넉넉해지는 것이다.

子墨子言曰 今王公大人之君人民 主社稷 治國家 欲脩[1]保而勿失 故[2]不察尙賢爲政之本也 何以知尙賢之爲政本也 曰自[3]貴且智者 爲政乎愚且賤者 則治 自愚賤者 爲政乎貴且智者 則亂 是以知尙賢 之爲政本也 故古者聖王甚尊尙賢而任使能 不黨父兄 不偏貴富 不 嬖顔色[4] 賢者擧而上之 富而貴之 以爲官長 不肖者抑而廢之 貧而

賤之以爲徒役[5] 是以民皆勸其賞 畏其罰 相率而爲賢者 以賢者衆
而不肖者寡 此謂進賢 然後聖人聽其言 迹其行 察其所能 而愼予官
此謂事能 故可使治國者 使治國 可使長官者 使長官 可使治邑者 使
治邑 凡所使治國家官府邑里 此皆國之賢者也 賢者之治國也 蚤朝
[6]晏退[7] 聽獄[8]治政 是以國家治而刑法正 賢者之長官也 夜寢夙興
收斂關市山林澤梁之利 以實官府 是以官府實而財不散 賢者之治
邑也 蚤出莫入[9] 耕稼樹藝聚菽粟[10] 是以菽粟多而民足乎食

1) 脩(수) : 장(長)과 같다. 오래도록의 뜻.

2) 故(고) : 호(胡)가 마땅하다. 어찌의 뜻. 하(何)·기(豈)·안(安) 등과 같다.

3) 自(자) : 용(用)과 통하여 쓰다의 뜻.

4) 顔色(안색) : 낯빛. 여기서는 간사하게 아첨하는 것을 뜻한다.

5) 徒役(도역) : 노역(勞役)을 담당하는 일꾼.

6) 蚤朝(조조) : 아침 일찍 조정에 나가다. 조(蚤)는 조(早)와 같다.

7) 晏退(안퇴) : 저녁 늦게 조정에서 물러나다.

8) 聽獄(청옥) : 옥사(獄事)를 처리하다. 옥사를 다스리다.

9) 莫入(모입) : 모(莫)는 모(暮)의 본 글자로 저녁 늦게 집으로 들어온다는 뜻.

10) 菽粟(숙속) : 콩과 조. 즉. 곡식을 통틀어 이르는 말이다.

2. 하늘과 귀신이 부유하게 한다

국가가 잘 다스려지면 형벌과 법령이 바로잡히고, 관청이 충실
해지면 만백성이 부유해진다. 위로는 정결하게 술과 단술과 제사
밥과 제물을 담아서 하늘과 귀신에게 제사지낸다. 밖으로는 갖옷
과 비단 등의 예물(禮物)을 마련하여 사방 이웃 나라의 제후(諸
侯)들과 사귀고, 안으로는 굶주리는 사람들을 먹여주고 수고하는
사람들을 쉬게 하여 만백성을 부양(扶養)하고, 천하의 현명한 사
람들을 따르게 한다.

이러한 까닭에 위에서는 하늘과 귀신이 그를 부유하게 해주고,
밖에서는 제후들이 그의 편을 들어주고, 안에서는 만백성이 그를
친하게 대하며, 현명한 사람들이 그에게로 돌아간다. 이렇게 함으

로써 일을 계획하면 뜻대로 되고, 일을 거행하면 성공을 거두고,
들어와 지키면 견고해지며, 나가서 정벌하면 강해진다. 옛날 삼대
(三代)의 성왕인 요(堯)임금·순(舜)임금·우왕(禹王)·탕왕
(湯王)·문왕(文王)·무왕(武王) 같은 성왕들이 천하의 왕자(王
者)가 되고 제후들을 바로잡을수 있었던 것은 역시 이 방법이었
을 뿐이다.

이미 이러한 방법이 있다고는 하지만 아직 그것을 실행하는 술
법(術法)을 알지 못한다면 일은 오히려 성공을 거두지 못한다. 이
에 반드시 세 가지 근본을 잘 조치해야 한다. 그러면 세 가지 근
본이란 무엇을 말하는가.

벼슬자리가 높지 않으면 백성들이 존경하지 않는다는 것과, 받
는 녹봉(祿俸)이 많지 않으면 백성들이 신임하지 않는다는 것과,
정령(政令)을 결단하지 못하면 백성들이 두려워하지 않는다는
것이다.

옛날의 성왕들은 높은 벼슬자리를 주었고, 많은 녹봉을 주었으
며, 그들에게 정사를 맡겨 결단하고 명령할 권한을 주었다. 어찌
그것이 그의 신하들을 위해서 내려준 것이었겠는가. 그들의 일이
성취되기를 바래서였던 것이다.

'시경'에 이르기를 "그대에게 걱정과 근심을 고하고, 그대에게
인재 등용을 가르쳤네. 누가 능히 뜨거운 것을 잡으면 찬물에 손
을 식히지 않겠는가?"라고 한 것은 이것을 두고 이르는 말이다.

옛날에도 나라의 왕과 제후들은 자손들이나 보좌하는 신하들
과 친밀하게 지내지 않아서는 안된다고 하였다. 이것을 비유한다
면 마치 뜨거운 것을 잡으면 물에 손을 담그는 것과 같은 것이며
이것은 그의 손을 쉬게 하는 것이었다.

옛날의 성왕들은 오직 현명한 사람들을 등용하여 부리면서 그
들에게 벼슬을 주어 귀하게 해주었고 땅을 떼어 그들을 봉(封)하
여 주면서도 평생 싫증을 내지 않았다.

현명한 사람은 오직 명철(明哲)한 군주를 가려 섬기면서 사지
(四肢)의 힘을 다하여 군주의 일을 맡아 평생토록 게으름을 피

우지 않았다.

만약 아름답고 좋은 일이 있으면 그것을 군주에게 돌렸다. 이로써 아름답고 좋은 일은 군주에게 있게 되고 원망과 비방이 될 것은 신하에게 있었다. 편안하고 즐거운 일은 군주에게 있고 근심되고 걱정스러운 일은 신하에게 있었다.

옛날 성왕들의 정치하는 일은 이와 같았던 것이다.

故國家治則刑法正 官府實則萬民富 上有以絜爲酒醴粢盛 以祭祀天鬼 外有以爲皮幣 與四隣諸侯交接 內有以食飢息勞 將養其萬民 外有以懷[1]天下之賢人 是故上者天鬼富之 外者諸侯與[2]之 內者萬民親之 賢人歸之 以此謀事則得 舉事則成 入守則固 出誅則彊 故唯昔三代[3]聖王堯舜禹湯文武 之所以王天下正諸侯者 此亦其法已 既曰若法[4] 未知所以行之術 則事猶若未成 是以必爲置三本 何謂三本 曰爵位不高則民不敬也 蓄祿不厚則民不信也 政令不斷則民不畏也 故古聖王高予之爵 重予之祿 任之以事 斷予之令 夫豈爲其臣賜哉 欲其事之成也 詩[5]曰 告女憂邮誨女序爵 孰能執熱 鮮不用濯[6] 則此語古者國君諸侯之不可以不執善 承嗣輔佐也 譬之猶執熱之有濯也 將休其手焉 古者聖王惟毋[7]得賢人而使之 般[8]爵以貴之 裂地以封之 終身不厭 賢人唯毋[9]得明君而事之 竭四肢之力以任君之事 終身不倦 若有美善則歸之上 是以美善在上而所怨謗在下 寧樂在君 憂慼在臣 故古者聖王之爲政若此

1) 外有以懷(외유이회)：외유이는 불필요한 말이 덧붙은 것이다. 회는 따르게 한다.

2) 與(여)：더불어하다. 즉 편을 들어주다.

3) 三代(삼대)：하왕조(夏王朝) 은왕조(殷王朝) 주왕조(周王朝)의 뜻.

4) 旣曰若法(기왈약법)：이미 이와 같은 방법이 있어도 약(若)은 차(此)의 뜻.

5) 詩(시)：'시경(詩經)' 대아(大雅) 상유편(桑柔篇) 제5장의 시로 뜻은 같으나 글자가 서로 다른 것이 있다.

6) 鮮不用濯(선불용탁)：선(鮮)은 어조사로 뜻이 없음. 물에 손을 식히지 않겠는가의 뜻.

7) 惟母(유무) : 오직. 다만. 무(母)는 어조사(語助辭)로 뜻이 없다.

8) 般(반) : 반(頒)과 통하여 나누어주다의 뜻.

9) 唯母(유무) : 조사(助詞)로 쓰여 뜻이 없다.

3. 빌려온 백성들이란

지금의 왕공대인(王公大人)들 또한 옛사람들을 본받아 현명한 사람을 숭상하고 능력있는 사람을 부려 정치를 하고자 하면서도 높은 벼슬은 주되 녹봉은 이를 따르지 못한다.

대저 벼슬이 높으면서도 녹봉이 없으면 백성들이 신임하지 않는다. 이르기를 "이것은 진실로 우리를 사랑하는 것이 아니라 임시로 우리를 빌려서 쓰는 것"이라고 한다.

대저 빌려온 백성들이 어찌 능히 그들의 군주와 친해질 수 있겠는가. 그러므로 선왕(先王)들의 말에 이르기를 "정치에 탐을 내는 사람은 남에게 일을 나누어 맡기지 못하고, 재물을 소중하게 여기는 사람은 남에게 녹봉을 나누어 주지 못한다."고 하였다.

일을 맡기지 않고 녹봉을 나누어 주지 않으면 묻건대 천하의 현명한 사람들이 어떻게 왕이나 대신들의 곁으로 모일 것인가.

만약 진실로 현명한 사람들이 왕공대인(王公大人)들의 곁으로 모이지 않는다면 여기에는 어리석은 사람들만이 좌우에 있게 될 것이다. 어리석은 사람들만 좌우에 있게 되면 그 영예(榮譽)는 현명한 사람에게로 돌아가지 못하고, 그 형벌은 포악한 자들이 받지 않게 된다.

왕공대인들이 어리석은 자들을 소중히 여기며 국가의 정치를 해 나간다면 상을 주는 것도 또한 반드시 현명한 사람들에게로 돌아가지 못하고 처벌 또한 반드시 포악한 사람들에게로 돌아가지 않게 될 것이다.

만약 진실로 상이 현명한 사람에게로 돌아가지 않고 처벌이 포악한 자들에게로 돌아가지 않는다면 현명한 사람들을 권면하지 못하고 포악한 자들을 저지(沮止)하지 못하게 될 것이다.

이로써 안으로 들어와서는 부모를 사랑하지도 효도하지도 않
게 되고, 밖으로 나가서는 자기 고장의 윗사람들에게 공손하지 않
고 아랫사람들도 사랑하지 않게 될 것이다. 거처(居處)함에 있어
절도가 없게 되고, 출입함에 있어 법도가 없게 되며, 남자와 여자
의 분별이 없게 된다.

그들로 하여금 관청의 일을 다스리게 하면 도둑질이나 하고, 성
(城)을 지키게 하면 배반(背叛)을 할 것이고, 군주에게 어려움
이 있어도 죽음으로써 섬기지 않고, 군주가 나라 밖으로 망명(亡
命)을 하면 따라 나서지 않을 것이다.

또 옥사(獄事)를 다스리게 하면 합리적으로 처리하지 못하고,
재물을 나누어 주게 하면 고르게 나누지 않을 것이다. 그들과 일
을 함께 계획하면 뜻대로 되지 않고, 함께 일을 하면 성공을 거두
지 못할 것이다. 들어와 지키게 하면 단단하지 못하며, 나가서 싸
우게 하면 굳세지 못할 것이다.

옛날 삼대(三代)의 폭군(暴君)인 걸왕(桀王)·주왕(紂王)·
유왕(幽王)·여왕(厲王) 등이 그 국가를 잘못 다스려 사직을 멸
망시켰던 것도 이 때문이었다. 왜냐하면 작은 것에는 밝으면서도
큰 것에는 밝지 못하였기 때문이었다.

지금의 왕공대인들은 하나의 의복을 만듦에 있어서 만들 수가
없으면 반드시 훌륭한 재단사(裁斷師)의 힘을 빌리고, 한 마리의
소나 양을 잡을 수가 없으면 반드시 훌륭한 도살(屠殺) 전문가
의 손을 빌려야 한다. 이와 같은 두 가지 일에 있어서는 왕공대인
들은 마땅히 현명한 사람을 숭상하고 능력있는 사람을 부려 다스
릴 줄을 알지 못한다.

그러므로 그 국가의 혼란이나 사직의 위태로움에 이르러서는
현명한 사람을 숭상하고 능력있는 사람을 부려 그것을 다스릴 줄
을 알지 못한다. 그들은 친척들을 부리고, 아무런 까닭없이 부귀
(富貴)해지고 아첨하는 얼굴을 가진 사람이나 부려 쓴다.

대저 아무런 까닭없이 부귀해지고 아첨하는 얼굴을 가진 사람
들이나 부린다면 어찌 그들이 반드시 지혜롭고 현명한 사람들이

겠는가. 만약 그들로 하여금 나라를 다스리게 한다면 이것은 지
혜롭지 못한 사람들로 하여금 나라를 다스리게 하는 것이 된다.
그러므로 국가의 혼란은 이미 알 수 있는 것이다.

今王公大人亦欲效人以尙賢使能爲政 高予之爵 而祿不從也 夫高
爵而無祿 民不信也 曰 此非中實¹⁾愛我也 假藉²⁾而用我也 夫假藉之
民 將豈能親其上哉 故先王言曰 貪於政者不能分人以事 厚於貨者
不能分人以祿 事則不與³⁾ 祿則不分 請問天下之賢人將何自至乎王
公大人之側哉 若苟賢者不至乎王公大人之側 則此不肖者在左右也
不肖者在左右 則其所譽不當⁴⁾賢 而所罰不當暴 王公大人尊此⁵⁾以
爲政乎國家 則賞亦必不當賢 而罰亦必不當暴 若苟賞不當賢而罰
不當暴 則是爲賢者不勸而爲暴者不沮矣 是以入則不慈孝父母 出
則不長弟⁶⁾鄕里 居處無節 出入無度 男女無別 使治官府則盜竊 守
城則倍畔⁷⁾ 君有難則不死⁸⁾ 出亡則不從 使斷獄⁹⁾則不中¹⁰⁾ 分財則不
均 與謀事不得 舉事不成 入守不固 出誅¹¹⁾不彊 故雖昔者三代暴王
桀紂幽厲之所以失措¹²⁾其國家 傾覆其社稷者 已此故也 何則 皆以
明小物而不明大物也 今王公大人 有一衣裳不能制也 必藉良工¹³⁾
有一牛羊不能殺也 必藉良宰¹⁴⁾ 故當若之二物者 王公大人未知以尙
賢使能爲政也 逮至其國家之亂 社稷之危 則不知使能以治之 親戚
則使之 無故富貴面目佼好¹⁵⁾則使之 夫無故富貴面目佼好則使之豈
必智且有慧哉 若使之治國家 則此使不智慧者治國家也 國家之亂
旣可得而知已

1) 中實(중실) : 진실로. 성심(誠心)으로

2) 假藉(가자) : 자(藉)는 차(借)와 같다. 임시로 빌리다.

3) 與(여) : 맡긴다.

4) 當(당) : 돌아가다.

5) 此(차) : 불초자(不肖者). 즉 어리석은 사람들.

6) 長弟(장제) : 윗사람에게 공손하고 아랫사람을 사랑한다. 제(弟)는 제(悌)
   와 같다.

7) 倍畔(배반) : 배(倍)는 배(背)와 통한다. 배반(背叛).

8) 死(사) : 죽음으로써 섬긴다.

9) 斷獄(단옥) : 옥사(獄事)를 다스리다. 옥사를 처리하다.

10) 不中(부중) : 합리적이지 못하다.

11) 出誅(출주) : 나가서 싸우다. 즉 뜻이 맞지 않는 나라를 정벌하다.

12) 失措(실조) : 잃다. 여기서는 나라를 멸망케 하다.

13) 良工(양공) : 훌륭한 공장(工匠). 여기서의 공은 재단사(裁斷師).

14) 宰(재) : 짐승의 도살(屠殺)을 전문으로 하는 사람. 즉 백정.

15) 佼好(교호) : 용모를 꾸미는 것. 교는 교(姣)와 통한다.

4. 그 용모를 보고 사랑하는 사람

또한 왕공대인들은 그들의 용모를 보고 그를 사랑하며 부리는데, 마음속으로 그들의 지혜를 살피지 않고 그 사랑하는 것만을 보는 것이다.

그런 까닭에 백 명도 다스릴 수 없는 사람에게 천 명을 다스려야 하는 관직(官職)에 앉게 하고, 천 명도 다스릴 수 없는 사람에게 만 명을 다스려야 하는 관직에 앉게 한다.

이렇게 하는 까닭은 무엇일까. 이르기를 "그런 관직에 앉게 하면 벼슬자리가 높아지고 녹봉(祿俸)이 많아신나. 그의 용모를 보고 그를 사랑하게 되었으므로 그 사람을 그 일에 부리게 되는 것이다."라고 한다.

대저 천 명을 다스릴 수 없는 사람에게 만 명을 다스리는 관직에 앉게 하면 이것은 관직이 능력의 열 갑절이 되는 것이다.

다스리는 방법은 하루하루 겪으면서 알게 되는 것이다. 하루하루 겪으면서 알게 된 것으로써 다스림을 삼는 것인데 하루에 열 갑절로 다스리는 능력이 불어날 수는 없는 것이다.

또 지혜로써 다스림을 삼는 것인데 그의 지혜가 갑자기 열 갑절로 늘어날 수는 없는 것이므로 능력의 열 갑절의 관직을 준다면 그는 하나만을 다스리고 나머지 아홉 가지는 버리는 것이 된다. 이러한 상태에서 밤낮을 서로 이어서 그의 관직을 다스린다고 하더라도 담당한 관직은 오히려 다스려지지 않을 것이다.

이렇게 되는 까닭은 무엇인가. 그것은 왕공대인들이 현명한 사람을 숭상하고 능력있는 사람을 부려 정치를 해야 하는 것을 잘 알지 못하기 때문이다.

그러므로 현명한 사람을 숭상하고 능력있는 사람을 부려 정사를 잘 다스리는 것은 그와 같은 말을 잘 따른 것을 뜻한다. 현명한 사람을 낮추고 정치를 하여 혼란을 일으키는 것은 내가 말하는 것과 같은 사람들을 뜻하는 것이다.

지금 왕공대인들이 진심으로 그 국가를 잘 다스려 오래 보전하여 잃지 않고자 한다면 어찌하여 현명한 사람을 숭상하는 것이 정치를 하는 근본이 되는 것임을 살피지 않는가.

현명한 사람을 숭상하는 것이 정치의 근본이라는 것은 또한 어찌 묵자 한 사람만의 말이겠는가. 이것은 성왕(聖王)의 도(道)이며, 선왕(先王)들의 책에 쓰인 것과 옛날 노인들의 말인 것이다.

옛책에 이르기를 "성군(聖君)과 철인(哲人)을 구하여 그대의 몸을 보좌하게 하라"고 하였고, '서경(書經)'의 탕서(湯誓)에도 이르기를 "마침내 위대한 성인을 구하여 그와 힘을 합하고 마음을 함께하여 천하를 다스리라"고 하였다. 이것은 성인이 현명한 사람을 숭상하고 능력있는 사람을 부려 정치를 하는 것을 잃지 않았음을 말한 것이다.

옛날의 성왕들은 오직 잘 살펴 현명한 사람을 숭상하고 능력있는 사람을 부려 정치를 하였을 뿐 별다른 일을 하지 않았기에 천하가 다 그 이익을 얻었던 것이다.

且夫王公大人有所愛其色而使 其心不察其知而與其愛 是故不能治百人者 使處乎千人之官 不能治千人者 使處乎萬人之官 此其故何也 曰若處官者爵高而祿厚 故愛其色而使之焉 夫不能治千人者 使處乎萬人之官 則此官什倍也 夫治之法將日至[1]者也 曰以治之 日不什脩[2] 知以治之 知不什益 而予官什倍 則此治一而棄其九矣 雖日夜相接以治若官 官猶若不治 此其故何也 則王公大人不明乎以

尙賢使能爲政也 故以尙賢使能爲政而治者 夫若言之謂也 以下賢
爲政而亂者 若吾言之謂也 今王公大人中實將欲治其國家 欲脩保³⁾
而勿失 胡不察尙賢爲政之本也 且以尙賢爲政之本者 亦豈獨子墨
子之言哉 此聖王之道 先王之書距年⁴⁾之言也 傳⁵⁾曰 求聖君哲人 以
裨輔⁶⁾而身 湯誓⁷⁾曰 聿求元聖⁸⁾ 與之戮力⁹⁾同心 以治天下 則此言聖
之不失以尙賢使能爲政也 故古者聖王唯能審以尙賢使能爲政 無異
物¹⁰⁾雜焉 天下皆得其利

1) 日至(일지) : 하루하루 겪으면서 알게 된다.

2) 脩(수) : 자라다. 길어지다.

3) 脩保(수보) : 오래 보전하다.

4) 距年(거년) : 거(距)는 거(巨)로 볼 수 있다. 나이 많은 사람. 노인.

5) 傳(전) : 옛날의 책. 전하여 내려오는 책 이야기.

6) 裨輔(비보) : 보좌(輔佐). 보필(輔弼).

7) 湯誓(탕서) : ‘서경(書經)’ 중 상서(商書)의 탕서편(湯誓篇)에는 없고 ‘탕
    고(湯誥)’편에 있다.

8) 元聖(원성) : 위대한 성인. 이윤(伊尹)을 가리킴.

9) 戮力(육력) : 힘을 합치다. 협력(協力).

10) 異物(이물) : 다른 일.

5. 미천한 사람이 귀하게 된 것은

옛날에 순(舜)임금은 역산(歷山)에서 농사짓고 황하(黃河)가
에서 질그릇을 구웠으며 뇌택(雷澤)에서 고기를 잡고 살았는데,
요(堯)임금이 그를 복택(服澤)의 북쪽 기슭에서 만나 그를 등용
하여 천자로 삼고 천하의 정치를 맡김으로써 천하의 백성을 다스
리게 하였다.

이지(伊摯:伊尹)는 유신씨(有莘氏) 딸의 사사로운 신하로서
몸소 주방일을 하였는데, 탕왕(湯王)이 그를 만나 그를 자신의
재상(宰相)으로 등용하여 천하의 정치를 맡김으로써 천하의 백
성들을 다스리게 하였다.

부열(傅說)은 허름한 베옷을 입고 새끼줄로 허리띠를 매고서 부암(傅巖)에서 담쌓는 인부로 일을 하고 있었는데, 무정(武丁)이 그를 만나 등용하여 삼공(三公)으로 삼은 뒤에 천하의 정치를 맡김으로써 천하의 백성을 다스리게 하였다.

이들을 어떻게 하여 처음에 미천(微賤)한 신분이었는데 마침내 귀한 신분이 되었고, 처음에는 가난하였는데 마침내 부유해졌던 것인가. 그것은 왕공대인들이 현명한 사람을 숭상하고 능력있는 사람을 부려 정치를 하는 것을 잘 하였기 때문이다.

이로써 백성들은 굶주리면서도 먹을 것을 구하지 못하거나 추위에 떨면서도 입을 옷을 구하지 못하거나 수고를 하고도 쉬지 못하거나 어지러운데도 잘 다스려지지 않는 일이 없었다.

그러므로 옛날의 성왕들은 잘 살펴 현명한 사람을 숭상하고 능력있는 사람을 부려 정치를 하였는데 그것은 하늘에서 법도를 취한 것이었다.

오직 하늘은 가난함과 부유함, 귀하고 천함, 먼 것과 가까운 것, 친근하고 소원한 관계를 차별하지 않고서 현명한 사람을 드러내어 그를 숭상하고 어리석은 사람은 억눌러 멸망시키는 것이다.

그러면 부하고 귀하면서도 현명하였으므로 상을 받았던 사람은 누구인가.

그것은 옛날 삼대(三代)의 성왕들인 요(堯)임금·순(舜)임금·우왕(禹王)·탕왕(湯王)·문왕(文王)·무왕(武王) 같은 이들이다.

그들이 상을 받은 까닭은 무엇이었던가.

그것은 그들이 천하의 정치를 함에 있어 모든 사람을 더불어 사랑하였고 그에 따라 모두를 이롭게 해주었으며 또 천하의 만백성을 거느리고서 하늘을 높이고 귀신을 섬겼으며 만백성을 사랑하고 이롭게 해주는 것을 숭상하였기 때문이다.

그런 까닭에 하늘과 귀신이 그들에게 상을 내려 그들을 세워 천자로 삼아 백성들의 부모가 되게 한 것이다. 만백성은 그들을 따라 기리어 '성스런 왕(聖王)'이라 불렀는데, 지금까지도 끊이지 않고 그러하다. 이것은 부하고 귀하면서도 현명하였으므로 그 상을 얻은 것이다.

그러면 부하고 귀하면서도 포악하였으므로 그 벌을 받은 사람은 누구인가.

그것은 옛날 삼대(三代)의 폭왕(暴王)이었던 걸왕(桀王)·주왕(紂王)·유왕(幽王)·여왕(厲王) 같은 사람들이다.

무엇으로써 그렇다는 것을 알 수 있는가. 그것은 그들이 천하의 정치를 함에 있어 모든 사람들을 더불어 미워하였고 그에 따라 모두를 해롭게 해주었으며 또 천하의 백성들을 거느리고서 하늘을 욕하고 귀신을 모욕하였으며 만백성을 천대하고 업신여겼기 때문이다.

그런 까닭에 하늘과 귀신이 그들에게 벌을 내려 그들의 몸은 죽고 처형을 당하였으며 자손들은 사방으로 흩어지고 집안은 멸망하였으며 후손은 끊어지기에 이르렀다. 만백성은 그들을 비난하여 '포악한 왕(暴王)'이라 하였는데 지금까지도 끊이지 않고 그러하다. 이것은 부하고 귀하면서도 포악하였으므로 그 벌을 받았던 것이다.

그러면 친근하면서도 선(善)하지 못하였으므로 벌을 받은 사람은 누구인가.

그것은 옛날의 백곤(伯鯀) 같은 사람이다. 그는 천자의 맏아들이면서도 천자의 덕(德)과 공(功)을 저버렸으므로 버림을 받아 마침내 우산(羽山)의 벌판으로 유형(游刑)을 당하여 빛을 받지 못한 채 죽었고 천자 역시 그를 사랑하지 않았던 것이다. 이것이 친근하면서도 선하지 않음으로 해서 벌을 받았던 예이다.

그러면 하늘로부터 능력을 부여받은 사람은 누구였던가.

그것은 옛날의 우(禹)·직(稷)·고요(皐陶) 같은 사람이다.

무엇으로써 그러함을 알 수 있는가. 선왕(先王)의 글인 '서경(書經)'의 여형편(呂刑篇)에서 그에 대해 말하고 있다.

"황제께서 밑의 백성들에게 명백히 물으시니 의지할 데 없는 사람들이 묘족(苗族)에 대하여 불평이 많았다. 이르기를 '여러 제후(諸侯)와 아래의 관리들이 백성들을 돌보는 데 있어서 밝고 밝은 떳떳한 법으로 하지 말고 홀아비와 과부 등 의지할 데 없는 사람들을 힘으로 누르지 말아라' 라고 하여, 이에 덕(德)으로 위압하니 진정 두려워하게 되었고 덕을 밝히니 모든 것이 밝아졌다.

이에 삼후(三后)에게 명하여 백성들을 위해 걱정하고 일하게 하니 백이(伯夷)는 법을 펴서 백성들을 형벌로부터 막았으며, 우(禹)는 물과 땅을 다스려 산과 내의 이름을 짓는 것을 주관하였고, 직(稷)은 씨뿌리는 법을 널리 펴서 열심히 농사지어 좋은 곡식을 생산하게 하였다. 삼후(三后)가 공을 이루어 백성들이 복된 생활을 하게 되었다."

이 3명의 성인들이 그들의 말을 삼가고 행동을 신중하게 하며 그들의 생각을 세밀하게 하여 천하에 숨겨진 일과 묻혀있는 이익을 찾아냈는데, 그것으로 위로는 하늘을 섬겨 하늘이 그들의 덕을 가상하게 여기고 아래로는 만백성에게 베풀어 만백성이 그 이익을 입음이 평생토록 그치는 일이 없었던 것을 말한 것이다.

古者舜耕歷山[1] 陶河瀕 漁雷澤[2] 堯得之服澤之陽 舉以爲天子 與接天下之政 治天下之民 伊摯[3] 有莘氏[4]女之私臣 親爲庖人 湯得之 舉以爲已相 與接天下之政 治天下之民 傅說[5]被褐帶索[6]庸築[7]乎傅巖[8] 武丁得之 舉以爲三公[9] 與接天下之政 治天下之民 此何故始賤卒而貴 始貧卒而富 則王公大人明乎以尙賢使能爲政 是以民無飢而不得食 寒而不得衣 勞而不得息 亂而不得治者 故古聖王以審以尙賢使能爲政 而取法於天 雖天亦不辯貧富貴賤遠邇親疏 賢者舉而尙之 不肖者抑而廢之[10] 然則富貴爲賢 以得其賞者誰也 曰若昔者三代聖王堯舜禹湯文武者是也 所以得其賞何也 曰其爲政乎天下也 兼而愛之 從而利之 又率天下之萬民以尙尊天事鬼愛利萬民 是故天鬼賞[11]之 立爲天子 以爲民父母 萬民從而譽之曰 聖王 至今不已 則此富貴爲賢 以得其賞者也 然則富貴爲暴 以得其罰者誰也 曰若昔者三代暴王桀紂幽厲者是也 何以知其然也 曰其爲政乎天下也 兼而憎之 從而賊之 又率天下之民以詬天侮鬼 賤傲[12]萬民 是故

天鬼罰之 使身死而爲刑戮 子孫離散 室家喪滅 絶無後嗣 萬民從而
非之曰暴王 至今不已 則此富貴爲暴 而以得其罰者也 然則親而不
善 以得其罰者誰也 曰若昔者伯鯀[13] 帝之元子 廢帝之德庸[14] 旣乃
刑之于羽[15]之郊 乃熱照[16]無有及也 帝亦不愛 則此親而不善以得其
罰者也 然則天之所使能者誰也 曰若昔者禹稷皐陶[17]是也 何以知其
然也 先王之書呂刑[18]道之[19]曰 皇帝淸問[20]下民 有辭[21]有苗[22] 曰群
后之肆[23] 在下 明明不常[24] 鰥寡不蓋[25] 德威維威[26] 德明維明 乃名三
后 恤功於民 伯夷降典[27] 哲民維刑[28] 禹平水土 主名山川 稷降播種
農殖嘉穀[29] 三后成功 維假[30]於民 則此言三聖人者 謹其言愼其行
精其思慮 索[31]天下之隱事遺利 以上事天 則天鄕[32]其德 下施之萬民
萬民被其利 終身無已

1) 歷山(역산) : 지금의 산동성(山東省)에 있는 산의 이름. 천불산(千佛山). 순
  경산(舜耕山)이라고도 한다.

2) 雷澤(뇌택) : 지금의 산서성(山西省)에 있는 호수의 이름.

3) 伊摯(이지) : 이윤(伊尹)을 가리키는 말. 지(摯)는 그의 이름.

4) 有莘氏(유신씨) : 하왕조(夏王朝)의 제후(諸侯) 중의 한 사람.

5) 傅說(부열) : 은(殷)나라 고종(高宗)인 무정(武丁)왕 때의 재상. 나라를 잘
  다스렸다고 전한다.

6) 索(색) : 새끼줄.

7) 庸築(용축) : 품팔이 일꾼으로 담장 쌓는 일을 하는 것. 용(庸)은 용(傭)과
  통하여 품팔이 일꾼. 축(築)은 담쌓는 일.

8) 傅巖(부암) : 지금의 산서성(山西省) 평육현(平陸縣) 동쪽에 있다.

9) 三公(삼공) : 옛날 중국에서 최고의 지위에 있으면서 천자를 보필하던 재상
  급(宰相級)에 해당하는 세 사람. 태사(太師), 태부(太傅), 태보(太保).

10) 廢之(폐지) : 멸망하게 한다.

11) 賞(상) : 천명(天命)에 의해 천자(天子)가 된 것을 이르는 말이다.

12) 賤傲(천오) : 천하게 여기고 오만하게 업신여기다. 천은 일본(一本)에는 적
  (賊)으로 되어 있다.

13) 伯鯀(백곤) : 이름은 곤(鯀). 우왕(禹王)의 아버지이며 오제(五帝)의 한 사
  람인 전욱(顓頊)의 아들. 홍수를 다스리라는 순(舜)임금의 명을 받았으나 실

패하였으므로 처형되었다.

14) 庸(용) : 공(功)의 뜻.

15) 羽(우) : 산 이름인 우산(羽山). 지금의 산동성(山東省)에 위치함.

16) 熱照(열조) : 해와 달의 빛이 비침.

17) 稷皐陶(직고요) : 직과 고요 둘 다 순(舜)임금의 신하.

18) 呂刑(여형) : '서경(書經)' 주서(周書)의 여형편(呂刑篇).

19) 道之(도지) : 그것을 말하다.

20) 帝淸問(제청문) : 황제가 명백히 묻다. 제는 천자를 이르는 말인데 요(堯)
    임금을 가리킨다.

21) 有辭(유사) : 불평하는 말이 있다.

22) 有苗(유묘) : 중국 변방의 미개한 민족인 묘족(苗族)의 제후.

23) 之肆(지사) : 이급(以及)과 같다. 제후와 그 아래에 있는 관리들.

24) 不常(불상) : 일정한 법도가 없다.

25) 蓋(개) : 감싸주다.

26) 德威維威(덕위유위) : 덕으로 위압하니 진정으로 두려워하다.

27) 降典(강전) : 법을 펴다.

28) 哲民維刑(철민유형) : 철(哲)은 절(折)의 오자(誤字)임. 절민유형은 형벌
    로부터 백성을 막다. 즉 형벌을 위주로 하여 백성을 다스리던 것을 법을 제정
    하여 서로 보충하게 하다의 뜻.

29) 農殖嘉穀(농식가곡) : 농은 면(勉)과 같고 가는 선(善)과 같다. 열심히 농
    사지어 좋은 곡식을 생산한다.

30) 假(가) : 가(假)는 은(殷)의 오자(誤字)이며 풍성하다의 뜻.

31) 索(색) : 찾아내다.

32) 鄕(향) : 향(享)과 통한다. 정성을 받아 가상하게 여기다.

6. 위세와 강한 힘은 어디서 오나

선왕(先王)이 말하였다.

"이 도(道)는 천하게 크게 쓰면 여유가 있고, 작게 쓰면 곤란해
지지 않으며 길게 쓰면 만백성이 그 이익을 입음이 몸을 마치도

록 끝나지 않는다."

또 '시경' 주송(周頌)에 이르기를

"성인의 덕은 하늘이 높은 것과 같고

땅이 넓은 것과 같아서 천하에 밝게 비추어진다.

땅이 굳은 것과 같고,

산이 이어져 있는 것과 같아서

갈라지지도 않고 무너지지도 않는다.

해가 빛나고 달이 밝은 것과 같아

하늘과 땅과 함께 영원하리라."

라고 하였다. 곧 이것은 성인의 덕은 빛나고 밝고 넓고 크며 단단하고 굳어서 영원하다는 것이며, 성인의 덕은 하늘과 땅을 전부 덮고 있는 것이다.

지금 왕공대인들은 천하의 왕자(王者)로서 제후들을 바로잡고자 하는데, 대저 덕(德)과 의(義)가 없고서 무엇으로써 그렇게 할 수 있겠는가. 위세와 강압으로 두려워 떨게 하는 것으로써 그렇게 하겠다고 말하겠는가. 지금 왕공대인들은 제후들을 두려워 떨게 할 위세와 강한 힘을 어디서 얻을 수 있겠는가. 그렇게 하다가는 백성들을 죽음으로 몰아넣게 될 것이다.

백성들은 사는 것을 매우 바라고 죽는 것은 매우 싫어한다. 바라는 일은 얻지 못하고 싫어하는 일만 거듭 닥쳐오면, 예로부터 지금에 이르기까지 그래서는 일찍이 천하의 왕자가 되어 제후들을 바로잡을 수 있었던 일이 없었다.

오늘날 대인들이 천하의 왕자가 되어 제후들을 바로잡고 천하의 뜻을 얻어 후세에까지 명성을 이루고자 하면서 어찌하여 현명한 사람을 숭상하는 것이 정치의 근본이 된다는 것을 살피지 못하는가. 이것은 성인들도 독실(篤實)하게 행한 일인데 말이다.

故先王之言曰 此道也 大用之天下則不究[1] 小用之則不困 脩用之則萬民被其利 終身無已 周頌[2]道之曰 聖人之德 若天之高 若地之普[3] 有昭於天下也 若地之固 若山之承[4] 不坼[5]不崩 若日之光 若月

之明 與天地同常 則此言聖人之德 章明博大 埴⁶⁾固 以修久也 故聖
人之德蓋總乎天地者也 今王公大人欲王⁷⁾天下 正諸侯 夫無德義將
何以哉 其說將必挾震⁸⁾威彊 今王公大人 將焉取挾震威彊哉 傾者⁹⁾
民之死也 民生爲甚欲 死爲甚憎 所欲不得而所憎屢至 自古及今 未
有嘗能有以此王天下正諸侯者也 今大人欲王天下 正諸侯 將欲使
意得乎天下 名成乎後世 故不察尙賢爲政之本也 此聖人之厚行也

1) 不究(불구) : 가득 차지 않고 여유가 있다. 다른 저본에는 구가 조(窕)로 되
   어 있는 것도 있다.
2) 周頌(주송) : '시경'의 현재의 시구(詩句)에는 없고 일시(逸詩)이다.
3) 普(보) : 넓다.
4) 承(승) : 연결되어 있다.
5) 圻(탁) : 갈라지다. 쪼개지다.
6) 埴(식) : 굳다.
7) 王(왕) : 왕자(王者)가 되다. 즉 다스리다.
8) 挾震(협진) : 위협하며 두려워서 떨게 한다.
9) 者(자) : 제(諸)와 같은 뜻의 조사(助詞)로 지어(之於)의 준 형태다.

제10편 어진이를 높이다 ㉵(尙賢下第十)

1. 선한 행동을 권장하는 법

묵자가 말하였다.

"천하의 왕공대인들은 모두 그 국가가 부유해지고 백성들이 많아지며 형벌과 법령이 잘 다스려지기를 바란다. 그러나 현명한 사람을 숭상함으로써 그 국가와 백성들이 다스려진다는 것을 모르고 있다. 이것은 왕공대인들이 현명한 사람을 숭상하는 것이 정치의 근본이 된다는 것을 완전히 잊고 있는 것이다.

만약 진실로 왕공대인들이 현명한 사람을 숭상하는 것이 정치의 근본이 된다는 것을 완전히 잊고 있다면 그 사례를 들어서 보여주지 않을 수 없을 것이다.

지금 만일 여기에 한 제후가 있다고 하자. 그는 그 국가를 다스리면서 말하기를 '우리 나라의 활 잘 쏘고 수레 잘 모는 선비에게 상을 주고 귀하게 받들어줄 것이다. 그리고 활을 쏘지 못하고 수레를 몰지 못하는 선비에게는 벌을 주고 천하게 만들어줄 것이다'라고 하였다고 하자.

이 나라의 선비들에게 누가 기뻐하고 누가 두려워하겠는가 라고 묻는다면, 내 생각으로는 반드시 활을 잘 쏘고 수레를 잘 모는 사람들은 기뻐하고 활을 잘 쏠 줄을 모르고 수레를 잘 몰지 못하는 사람들은 두려워할 것이라고 대답할 것이다.

나는 일찍이 이것을 근거로 하여 유도해 보았다. 이르기를 '무릇 우리 나라에 충성되고 신의가 있는 모든 선비들에게 상을 주어 귀하게 해 주겠다. 그리고 충성되지 못하고 신의가 없는 선비들에게는 벌을 주어 천하게 만들겠다'라고 해보라.

그리고서 이 나라 선비들에게 누가 기뻐하고 누가 두려워하겠는가 하고 묻는다면, 내 생각으로는 반드시 충성되고 신의가 있는 선비들은 기뻐하고 충성되지 못하고 신의가 없는 선비들은 두려워할 것이라고 대답할 것이다.

지금 오직 현명한 사람을 숭상하는 것으로써 그 국가와 백성들을 다스려 국가의 선(善)한 행동을 하는 사람을 권면하고 포악한 짓을 하는 사람을 저지(沮止)해야 할 것이다.

이러한 정책으로 천하를 다스려 나간다면 천하의 선(善)한 행동을 하는 사람들은 권장되고 포악한 짓을 하는 사람들은 저지될 것이다.

그러면 우리가 옛날의 요(堯)임금·순(舜)임금·우왕(禹王)·탕왕(湯王)·문왕(文王)·무왕(武王)의 도(道)를 귀하게 여기는 까닭은 무엇인가? 그것은 오직 백성들에게 정령(政令)을 말하면서 백성들을 다스림에 있어서 천하의 선한 행동을 하는 사람들을 권장할 수 있었고, 포악한 짓을 하는 사람들을 저지할 수 있었기 때문이다. 그러므로 곧 이 현명한 사람을 숭상한다는 것은 요임금·순임금·우왕·탕왕·문왕·무왕같은 성왕들의 도(道)와 같은 것이다.

그런데 지금의 천하에서 벼슬하는 사람들은 평소에 말을 할 때에는 모두 현명한 사람을 숭상한다고 하지만 그들이 백성들에게 정령을 발하여 백성들을 다스리게 됨에 미쳐서는 현명한 사람을 부리는 것을 알지 못한다. 나는 이것으로써 천하의 벼슬하는 사람들은 작은 일에는 밝으면서 큰 일에는 밝지 못하다는 것을 알았다."

子墨子言曰 天下之王公大人皆欲其國家之富也 人民之衆也 刑法之治也 然而不識以尙賢爲政其國家百姓 王公大人本失尙賢爲政之本也 若苟王公大人本失尙賢爲政之本也 則不能毋擧物¹⁾示之乎 今若有一諸侯於此 爲政其國家也 曰 凡我國能射御之士 我將賞貴之

不能射御之士 我將罪賤之 問於若國之士 孰喜孰懼 我以爲²⁾必能射
御之士喜 不能射御之士懼 我賞因而誘之矣 曰 凡我國之忠信之士
我將賞貴之 不忠信之士 我將罪賤之 問於若國之士 孰喜孰懼 我以
爲必忠信之士喜 不忠不信之士懼 今惟毋以尙賢爲政其國家百姓 使
國爲善者勸 爲暴者沮 大以爲政於天下 使天下之爲善者勸 爲暴者
沮 然昔吾所以貴堯舜禹湯文武之道者 何故以哉 以其唯毋臨衆發
政而治民 使天下之爲善者可而勸也 爲暴者可而沮也 然則此尙賢
者也 與堯舜禹湯文武之道同矣 而今天下之士君子³⁾ 居處言語皆尙
賢 逮至其臨衆發政而治民 莫知尙賢而使能 我以此知天下之士君
子 明于小而不明於大也

1) 擧物(거물) : 증거가 되는 사례를 들다.

2) 我以爲(아이위) : 나는 생각건대, 나의 생각으로는.

3) 士君子(사군자) : 선비와 군자. 곧 벼슬하는 사람들이라는 뜻이다.

2. 벙어리를 사신(使臣)으로 보내다

그러면 무엇으로써 그러함을 알 수 있는가.

지금 왕공대인들이 한 마리의 소나 양을 가지고 있는데 이것을
도살(屠殺)할 줄을 모른다면 반드시 도살을 잘하는 전문가를 찾
을 것이다. 한 벌의 옷감을 가지고 있는데 옷을 지을 줄을 모른다
면 반드시 훌륭한 재단사(裁斷師)를 찾을 것이다.

왕공대인들이 이런 일에 있어서는 비록 골육(骨肉)을 나눈 친
척이나 아무런 까닭없이 부하고 귀하게 된 사람이나 용모를 아름
답게 지닌 사람이 있다고 하더라도 실로 그들은 할 수 없다는 것
을 안다면 그들에게 일을 시키지는 않을 것이다.

그것은 무슨 까닭인가. 그것은 그 물건들만 못쓰게 될 것을 두
려워해서다.

왕공대인들이 이런 일에 있어서는 현명한 사람을 숭상하고 능
력이 있는 사람을 부리는 것을 잊지 않는다.

왕공대인들에게 한 마리의 병든 말이 있는데 그 병을 고칠 줄

모른다면 반드시 훌륭한 수의사를 찾을 것이다. 또 하나의 고장 난 활이 있어 활줄을 당길 수 없다면 반드시 훌륭한 공인(工人) 을 찾을 것이다.

왕공대인들이 이런 일을 함에 있어서 비록 골육을 나눈 친척이 나 아무런 까닭없이 부하고 귀하게 된 사람이나 용모를 아름답게 지닌 사람이 있다고 하더라도 실로 그들은 할 수 없다는 것을 안 다면 반드시 그들에게 일을 시키지 않을 것이다.

그것은 무슨 까닭일까. 그 물건들만 못쓰게 될 것이 두려워서다.

왕공대인들이 이런 일을 함에 있어서는 현명한 사람을 숭상하 고 능력이 있는 사람을 부리는 것을 잊지 않는다.

그러나 그 국가의 일에 이르러서는 그렇지 않다.

왕공대인들의 골육을 나눈 친척이나 아무런 까닭없이 부하고 귀하게 된 사람들이나 용모를 아름답게 지닌 사람이면 그들을 등 용한다. 왕공대인들이 그 국가를 사랑하는 것이 하나의 고장난 활 이나 병든 말이나 옷을 지을 옷감이나 소나 양같은 물건을 보는 것만도 같지 못한 것인가?

나는 이것으로써 천하의 벼슬하는 사람들은 모두 작은 일에는 밝되 큰 일에는 밝지 못하다는 것을 알았다. 이것은 비유컨대 마 치 벙어리를 사신(使臣)으로 보내고 귀머거리를 악사(樂師)로 삼는 것과 같다고 하겠다.

이런 까닭에 옛날의 성왕들이 천하를 다스림에 있어서 그들이 부(富)하게 해주고 귀하게 해준 사람들은 반드시 왕공대인들의 골육을 나눈 친척이나 아무런 까닭없이 부하고 귀하게 된 사람들 이거나 용모를 아름답게 지닌 사람들이 아니었다.

그러므로 옛날의 순(舜)은 역산(歷山)에서 농사짓고 황하(黃 河)가에서 질그릇을 굽고 뇌택(雷澤)에서 고기잡이를 하고 항산 (恒山)의 남쪽 기슭에서 장사를 하고 있었는데, 요(堯)임금이 그 를 복택(服澤)의 북쪽에서 만나 천자로 삼았고 그로 하여금 천 하의 정치를 맡아 천하의 백성들을 다스리게 하였다.

옛날의 이윤(伊尹)은 유신씨(有莘氏)의 딸이 개인적으로 부

리던 사람으로 주방에서 고기를 다루고 있었는데, 탕왕(湯王)이
그를 만나 등용하여 삼공(三公)으로 삼아서 천하의 정치를 맡아
천하의 백성을 다스리게 하였다.

옛날 부열(傅說)은 북해(北海)의 고을 감옥(監獄)에서 베옷
에 새끼로 띠를 두르고 인부로써 부암(傅巖)의 성을 쌓는 일을
하고 있었는데, 무정왕(武丁王)이 그를 만나 등용하여 삼공으로
삼아 그로 하여금 천하의 정치를 맡아 천하의 백성을 다스리게 하
였다.

何以知其然乎 今王公大人 有一牛羊之財[1]不能殺 必索良宰有一
衣裳之財不能制 必索良工 當王公大人之於此也 雖有骨肉之親 無
故富貴面目美好者 實知其不能也 不使之也 是何故 恐其敗財也 當
王公大人之於此也 則不失尙賢而使能 王公大人有一罷馬[2]不能治
必索良醫 有一危弓[3]不能張 必索良工 當王公大人之於此也 雖有骨
肉之親 無故富貴面目美好者 實知其不能也 必不使 是何故 恐其敗
財也 當王公大人之於此也 則不失尙賢而使能 逮至其國家則不然
王公大人骨肉之親 無故富貴面目美好者 則擧之 則王公大人之親
其國家也 不若親其一危弓罷馬衣裳牛羊之財與 我以此知天下之士
君子皆明於小 而不明於大也 此譬猶瘖者而使爲行人[4] 聾者而使爲
樂師 是故古之聖王之治天下也 其所富 其所貴 未必王公大人骨肉
之親無故富貴面目美好者也 是故昔者舜耕於歷山 陶於河瀕 漁於
雷澤 灰[5]於常陽[6] 堯得之服澤之陽 立爲天子 使接[7]天下之政 而治
天下之民 昔伊尹爲莘氏女師僕[8] 使爲庖人 湯得而擧之 立爲三公
使接天下之政 治天下之民 昔者傅說居北海[9]之洲 圜土[10]之上 衣褐
帶索 庸築於傅岩之城 武丁得而擧之 立爲三公 使之接天下之政 而
治天下之民

1) 財(재) : 재(材)와 통한다. 재료(材料).

2) 罷馬(파마) : 병든 말.

3) 危弓(위궁) : 결함이 있는 활. 고장나서 쓰기 어렵게 된 활.

4) 行人(행인) : 사신(使臣). 외교사절.

5) 灰(회) : 판(販)의 오자(誤字)로 본다. 장사하다의 뜻.

6) 常陽(상양) : 항산(恒山)의 남쪽 기슭. 상은 항산을 이르는 말이요, 양은 산
   에 있어서는 남쪽 기슭. 항산은 북악(北嶽)이라고도 하는데 지금의 하북성
   (河北省)에 있다.

7) 接(접) : 맡는다.

8) 師僕(사복) : 개인적으로 부리는 사람. 사는 사(私)의 오자.

9) 北海(북해) : 옛 지명(地名)인데 어느 곳을 가리키는지 불확실하다.

10) 圜土(환토) : 감옥(監獄)을 말한다. 뇌옥(牢獄).

3. 하늘을 이롭게 할 수 있는 사람

옛날 요(堯)임금이 순(舜)을 등용하였던 일이나 탕왕(湯王)
이 이윤(伊尹)을 등용하였던 일이나 무정왕(武丁王)이 부열(傅
說)을 등용하였던 일들이 어찌 골육(骨肉)을 나눈 친척이거나
아무런 까닭없이 부하고 귀하게 된 사람이거나 용모가 아름다운
사람이어서였겠는가.

오직 그들의 말을 법도로 삼고 그들의 계획을 채용하고 그들의
주장을 실행함으로써, 위로는 하늘을 이롭게 할 수 있고 중산으
로는 귀신을 이롭게 할 수 있으며 아래로는 사람들을 이롭게 할
수 있어서였다. 그래서 그들을 등용하여 높였던 것이다.

옛날의 성왕들은 이미 현명한 사람을 숭상하는 것을 신중히 하
여 정치를 하고자 하였으므로 그것을 대쪽이나 비단폭에다 기록
하였고 항상 사용하는 그릇이나 쟁반같은 데에 새겨놓아 후세 자
손들에게 전하여 남겨 주었다.

선왕(先王)의 책인 '서경(書經)'의 여형편(呂刑篇)이 그러한
것이다.

왕이 말하기를 "오호라, 오라. 나라를 다스리고 땅을 다스리는
이들이여, 그대들에게 공정한 형벌을 알려주리라. 지금 그대들의
백성들을 편안히 다스림에 있어 그대들은 어떤 인물을 가려 쓸 것
인가. 훌륭한 사람이 아니겠는가. 무엇을 신중히 하겠는가. 형벌

이 아니겠는가. 무엇을 헤아릴 것인가. 미치지 못함이 아니겠는 가"라고 하였다.

훌륭한 사람을 가려 쓸 수 있고 형벌을 공정하게 사용하면 요임금·순임금·우왕·탕왕·문왕·무왕의 도(道)에도 도달할 수 있는 것이다. 그것은 어째서인가. 곧 현명한 사람을 숭상하는 것이 되기 때문이다.

또한 선왕의 책에 있는 노인의 말도 그러한데 말하기를 "성인(聖人)과 무인(武人)과 지인(智人)을 구해서 그대를 보필하게 하라."라고 하였다.

이것은 선왕들이 천하를 다스림에 있어서는 반드시 현명한 사람을 선택하여 소속된 여러 관속들을 다스려 보좌하게 하였음을 말한 것이다.

지금 천하의 벼슬하는 사람들은 모두 부하고 귀해지기를 바라고 가난하고 천한 것을 싫어한다. 그러면 그대는 어떻게 함으로써 부와 귀를 얻고 가난하고 천한 것을 피할 수 있는가. 그것은 현인(賢人)이 되는 것보다 더 좋은 방법은 없다.

그렇다면 현명해지는 방법은 어떤 것인가. 그것은 힘이 있는 사람은 재빨리 님을 돕고, 재물이 있는 사람은 힘써 재물을 남에게 나누어주며, 도(道)를 지닌 사람은 권면하여 남을 가르치는 길이다.

이와 같이 하면 굶주리는 사람은 먹을 것을 얻게 되고 추위에 떠는 사람은 옷을 얻게 되며 어지러운 것은 다스려지게 된다. 만약 굶주리면 먹을 것을 얻게 되고 추위에 떨면 의복을 얻게 되며 어지러운 것이 다스려진다면 이에 곧 모두가 편안한 삶을 영위할 수 있지 않겠는가?

是故昔者堯之擧舜也 湯之擧伊尹也 武丁之擧傅說也 豈以爲骨肉之親無故富貴面目美好者哉 惟法其言 用其謀 行其道 上可而利天中可而利鬼 下可而利人 是故推而上¹⁾之 古者聖王旣審尙賢欲以爲政 故書之竹帛²⁾ 琢之槃盂³⁾ 傳以遺後世子孫 於先王之書呂刑之書

然 王曰 於[4] 來 有國有土 告女訟刑[5] 在今而安百姓 女何擇言人[6] 何
敬不刑 何度不及 能擇人而敬爲刑 堯舜禹湯文武之道可及也 是何
也 則以尙賢及之 於先王之書豎年[7]之言然 曰 睎[8]夫聖武知人 以屛
輔[9]而身 此言先王之治天下也 必選擇賢者以爲其群屬輔佐 曰今也
天下言士君子 皆欲富貴而惡貧賤 曰然 女何爲而得富貴而辟貧賤
莫若爲賢 爲賢之道將奈何 曰有力者疾以助人 有財者勉以分人 有
道者勸以敎人 若此則飢者得食 寒者得衣 亂者得治 若飢則得食 寒
則得衣 亂則得治 此安生生[10]

1) 上(상) : 높이다. 떠받들다.
2) 竹帛(죽백) : 책. 옛날에는 종이가 없었으므로 대쪽이나 비단에다가 글을 써
   서 책을 만들었다.
3) 槃盂(반우) : 반(槃)은 세수할 때 물을 담는 대야이며 우(盂)는 음식물을 담
   는 쟁반같은 것. 항상 사용하는 그릇들.
4) 於(오) : 감탄사로서, 오호라.
5) 訟刑(송형) : '서경'에는 '상형(祥刑)'으로 되어 있다. 좋은 형벌의 뜻.
6) 言人(언인) : '서경'에는 '하택비인(何擇非人)'으로 되어있다. 잘못된 것 같
   다. '어떤 인물을 가려 쓸 것인가'의 서경의 뜻을 따랐다.
7) 豎年(수년) : 수는 거(距)와 통한다. 나이 많은 사람. 노인(老人).
8) 睎(희) : 희(希)와 통한다. 구하다의 뜻.
9) 屛輔(병보) : 가려 주고 보필하다.
10) 生生(생생) : 편안한 삶을 영위하다.

4. 부하고 귀한 것을 얻는 방법

지금 왕공대인들이 부하게 해주고 귀하게 해주는 사람들은 모
두 왕공대인들과 골육(骨肉)을 나눈 친척이거나 아무런 까닭없
이 부하고 귀하게 된 사람이거나 용모를 아름답게 지닌 사람들이
다. 지금 왕공대인들과 골육을 나눈 친척이나 아무런 까닭없이 부
하고 귀하게 된 사람이나 용모를 아름답게 지닌 사람이라 하더라
도 어찌 반드시 지혜가 있다고 할 수 있겠는가. 만약 지혜가 없는

데도 그 국가를 다스리게 한다면, 그 국가가 어지러워질 것임은
가히 알 수 있는 일이다.

지금 천하의 벼슬하는 사람들은 모두 부하고 귀해지기를 바라
고 가난하고 천(賤)한 것을 싫어한다. 그러면 당신은 어떻게 하
여 부와 귀를 얻고 가난과 천함을 피할 수 있는가.

이르기를 "왕공대인들과의 골육을 나눈 친척이 되는 것보다 더
좋은 방법이 없다."라고 한다. 그런데 왕공대인들과 골육을 나눈
친척이 아니면 아무런 까닭없이 부하고 귀하거나 용모를 아름답
게 지니는 것, 이것은 배워서 될 수 있는 일이 아니다.

만약 분별력이 없다면 덕행(德行)의 두터움이 우왕(禹王)·탕
왕(湯王)·문왕(文王)·무왕(武王)과 같다고 해도 등용되지는
않는다. 그런데 왕공대인들과 골육을 나눈 친척이라면 앉은뱅이
거나 벙어리거나 귀머거리거나 포악하기가 걸왕(桀王)이나 주왕
(紂王)같다고 해도 버려지지 않는다. 그러므로 상은 현명한 사람
에게 돌아가지 않고 벌은 포악한 사람에게 주어지지 않는다.

그들이 상주는 사람은 이미 공이 없는 사람이요, 그들이 벌주는
사람은 역시 죄가 없는 사람이다. 이렇게 함으로서 백성들은 모
두 마음을 놓고 몸을 늘어뜨리며, 선(善)한 일 하기를 꺼리고, 그
팔과 다리를 게으르게 하고, 서로 돕고 위로하지 않고, 남는 재물
이 썩어서 냄새가 나더라도 서로 재물을 나누어주지 않으며, 훌
륭한 진리를 숨겨두고 서로 가르치고 깨우쳐 주지 않을 것이다.

이와 같이 되면 굶주리는 사람들은 먹을 것을 얻지 못할 것이
니 윗사람이 이러하기 때문이다.

그러므로 옛날 요(堯)임금에게는 순(舜)이 있었고, 순임금에
게는 우(禹)가 있었고, 우왕(禹王)에게는 고요(皐陶)가 있었고,
탕왕(湯王)에게는 이윤(伊尹)이 있었고, 무왕(武王)에게는 굉
요(閎夭)·태전(泰顚)·남궁괄(南宮括)·산의생(散宜生)이 있
었기에 권면하고 기리지 않는 이가 없었다.

지금 천하의 왕공대인들이나 벼슬하는 사람들은 실로 인(仁)
과 의(義)를 행하고자 하고, 훌륭한 선비가 되기를 바라며, 위로

성왕들의 도에 부합하고, 아래로는 국가와 백성들의 이익과 부합
되기를 바라고 있다.

이에 천하가 평화롭고 서민이 부유하게 지낸다. 이로써 가까운
곳의 사람들은 편안하고 먼 곳의 사람들은 돌아와 의지한다. 해
와 달이 비치는 곳과, 배와 수레가 닿는 곳과, 비와 이슬이 내리는
곳과, 곡식을 먹고 사는 곳이라면, 그렇게 되기 위해서는 현명한
사람을 숭상해야 한다는 말에 대하여 잘 살피지 않으면 안 되는
것이다. 현명한 사람을 숭상하는 일은 하늘과 귀신과 백성들의 이
로움이 되는 것이요, 정치의 근본이 되는 것이다.

今王公大人 其所富 其所貴 皆王公大人骨肉之親 無故富貴面目
美好者也 今王公大人骨肉之親 無故富貴面目美好者 焉故[1]必知哉
若不知[2] 使治其國家 則其國家之亂 可得而知也 今天下之士君子
皆欲富貴而惡貧賤 然女何爲而得富貴 而辟貧賤哉 曰莫若爲王公
大人骨肉之親 無王公大人骨肉之親 無故富貴面目美好者 此非可
學能者也[3] 使不辯 德行之厚若禹湯文武 不加得[4]也 王公大人骨肉
之親 躄瘖聾暴爲桀紂 不加失也 是故以賞不當賢 罰不當暴 其所賞
者已無故矣 其所罰者亦無罪 是以使百姓皆攸心解體 沮[5]以爲善 垂
其股肱之力 而不相勞來[6]也 腐臭餘財 而不相分資也 隱慝[7]良道 而
不相敎誨也 若此 則飢者不推而上之以 是故昔者堯有舜 舜有禹 禹
有皋陶[8] 湯有小臣[9] 武王有閎夭泰顚南宮括散宜生[10] 得此不勸譽
且今天下之王公大人士君子 中實[11]將欲爲仁義 求爲士 上欲中聖王
之道 下欲中國家百姓之利 而天下和 庶民阜[12] 是以近者安之 遠者
歸之 日月之所照 舟車之所及 雨露之所漸[13] 粒食之所養 故尙賢之
爲說 而不可不察此者也 尙賢者 天鬼百姓之利 而政事之本也

1) 焉故(언고) : 어찌하여, 무슨 까닭에. 언(焉)은 하(何)와 같다.

2) 知(지) : 여기서는 지(智)와 통하여, 지혜(智慧)의 뜻.

3) 此非可學能者也(차비가학능자야) : 이것은 학문이나 재주나 지혜로써 될 수
   있는 일이 아니다.

4) 加得(가득) : 가(加)는 가(可)로 보며 등용되다의 뜻.

5) 沮(저) : 막다. 막히다. 꺼려서 하지 않는다는 뜻.

6) 勞來(노래) : 남을 돕고 위로한다.

7) 隱慝(은특) : 숨겨두다. 숨기다. 특(慝)은 익(匿)과 통함. 은닉(隱匿).

8) 皐陶(고요) : 순(舜)임금의 신하 중의 한 사람.

9) 小臣(소신) : 이윤(伊尹)을 가리키는 말.

10) 南宮括散宜生(남궁괄산의생) : 남궁괄과 산의생으로 둘 다 주왕조(周王朝) 초기의 신하.

11) 中實(중실) : 진실로.

12) 阜(부) : 부유하다. 풍요롭다.

13) 漸(점) : 비나 이슬이 내린다.

제3권(卷之三)

제11편 화동을 높인다 ⓒ(尙同上第十一)

1. 부자 형제가 원망하는데 이르면

묵자가 말하였다.

"옛날에 백성들이 처음으로 생겨나서 아직 법과 정치가 없던 시절에는 대개 사람마다 그 의견이 서로 달랐다. 이것으로써 한 사람이 한 가지의 의견이 있었고, 두 사람이면 두 가지의 의견이 있었고, 열 사람이면 열 가지의 의견이 있었으니 그 사람이 많아질수록 그 의견도 또한 많아졌다. 사람들은 자기의 의견이 옳다 하고 남의 의견은 그르다고 하였으므로 서로를 그르다고 하였다.

안으로는 부자(父子)와 형제간에 원망하고 미워하게 되었고 흩어져 헤어지고 서로 다시 화합할 수가 없었다. 천하의 백성들은 모두 물과 불과 독약을 가지고 서로 해롭게 하였으며, 남는 힘이 있어도 서로 도와줄 줄 몰랐으며, 남는 재물이 썩어도 서로 나누어 가지지 않았으며, 훌륭한 도(道)를 지닌 사람들은 그 도를 감추고 서로 가르치지 않기에 이르렀다. 이래서 천하의 혼란은 새나 짐승과 같았다."

대저 천하가 어지러워지는 까닭을 밝혀 보면, 그것은 지도자가 없는 데서 생기는 것이다.

그러므로 천하의 현명하고 훌륭한 사람을 선택하여 세워 천자로 삼았다. 천자가 있어도 그의 능력만으로는 아직 부족하므로 또 천하의 현명하고 훌륭한 사람들을 선택하여 세워 삼공(三公)으로 삼았다. 천자와 삼공이 이미 세워졌지만 천하는 넓고도 크기 때문에 먼 나라 다른 지역의 백성들의 옳고 그름이나 이해(利害)

관계의 분별을 하나하나 분명하게 알 수가 없었다. 이에 만국(萬國)으로 구획을 나누어 제후(諸侯) 나라의 군주를 세웠다. 제후 나라의 군주가 이미 선 뒤에도 그들의 역량만으로는 부족하여 또 그 나라의 현명하고 훌륭한 사람을 선택하여 세워 지도자로 삼았던 것이다.

子墨子言曰 古者民始生 未有刑政之時 蓋其語人異義 是以一人則一義 二人則二義 十人則十義 其人玆衆¹⁾ 其所謂義者亦玆衆 是以人是其義 以非人之義 故交相非也 是以內者父子兄弟作怨惡 離散不能相和合 天下之百姓 皆以水火毒藥相虧害²⁾ 至有餘力不能以相勞³⁾ 腐朽餘財不以相分 隱匿良道不以相敎 天下之亂 若禽獸然 夫明虖⁴⁾天下之所以亂者 生於無政長⁵⁾ 是故選天下之賢可者⁶⁾ 立以爲天子 天子立 以其力爲未足 又選擇天下之賢可者 置立之以爲三公 天子三公旣以立 以天下爲博大 遠國異土之民 是非利害之辯⁷⁾ 不可一二而明知 故畫分萬國 立諸侯國君 諸侯國君旣已立 以其力爲未足 又選擇其國之賢可者 置立之以爲正長

1) 玆衆(자중) : 더욱 많아지다. 자(玆)는 자(滋)와 통함.
2) 虧害(휴해) : 해롭게 하다. 휴는 이지러지다, 손상시키다.
3) 勞(노) : 여기서는 돕는다는 뜻.
4) 虖(호) : 호(乎)와 통한다.
5) 政長(정장) : 정치적인 지도자.
6) 可者(가자) : 훌륭한 사람으로 풀이함.
7) 辯(변) : 변(辨)과 통함. 분별.

2. 지도자는 현명하고 훌륭해야

지도자가 이미 갖추어진 다음에 천자는 천하의 백성들에게 정령(政令)을 발하여 선언하였다.

"선(善)함과 불선(不善)함을 들으면 모두 그것을 윗사람에게 보고하여라. 윗사람이 옳다고 인식하는 것은 반드시 모두가 그것

을 옳다고 인식하며, 그르다고 인식하는 것은 반드시 모두가 그
것을 그르다고 인식하여야 한다.

윗사람에게 잘못이 있으면 그것을 옳은 도리로써 간(諫)하고,
아랫사람 중에 선(善)한 사람이 있으면 그를 널리 추천(推薦)하
라. 윗사람과 의견을 함께하면서 아랫사람끼리 어울려 파당을 짓
지 않는 사람은 윗사람이 상을 줄 사람이며 아랫사람이 기릴 만
한 사람이다."

만약 선(善)한 것과 선하지 않은 것을 듣고도 그것을 윗사람에
게 보고하지 않으며, 윗사람이 옳다고 인식하는 것을 옳다고 인
식하지 못하고, 윗사람이 그르다고 인식하는 것을 그르다고 인식
하지 못하며, 윗사람에게 잘못이 있는데 옳은 도리로써 간(諫)하
지 못하고, 아랫사람 중에 선한 사람이 있어도 널리 추천하지 않
으며, 아랫사람들끼리 파당을 지어 어울리면서 윗사람과 뜻을 함
께 하지 못하는 사람은 윗사람이 처벌할 대상이며 백성들이 비방
할 대상이라고 한다. 이렇게 함으로써 윗사람은 상을 주고 벌을
내리는데 있어서 매우 밝고 빈틈이 없게 되어 믿음을 얻을 수 있
는 것이다.

이장(里長)은 마을에서 가장 어진 사람이다. 이장은 마을의 백
성들에게 정령(政令)을 내려 말한다.

"선(善)한 것과 불선(不善)한 것을 들으면 반드시 그것을 향
장(鄕長)에게 보고하여라. 향장이 옳다고 인식하는 것은 반드시
모두가 옳다고 인식하고, 향장이 그르다고 인식하는 것은 반드시
모두가 그것을 그르다고 인식하여야 한다. 그대의 선하지 않은 말
을 버리고 향장의 선한 말을 배울 것이며, 그대의 선하지 못한 행
동을 버리고 향장의 선한 행동을 배우라."

그러면 고을이 무슨 이유로 어지럽게 되겠는가.

正長旣已具 天子發政於天下之百姓 言曰 聞善而[1]不善 皆以告其
上 上之所是 必皆是之 所非必皆非之 上有過則規諫[2]之 下有善則
傍薦[3]之 上同而不下比者 此上之所賞 而下之所譽也 意若聞善而不

善 不以告其上 上之所是 弗能是 上之所非 弗能非 上有過弗規諫
下有善弗傍薦 下比不能上同者 此上之所罰 而百姓所毁也 上以此
爲賞罰 甚明察以審信⁴⁾ 是故里長者 里⁵⁾之仁人也 里長發政里之百
姓 言曰 聞善而不善 必以告其鄕⁶⁾長 鄕長之所是 必皆是之 鄕長之
所非 必皆非之 去若⁷⁾不善言 學鄕長之善言 去若不善行 學鄕長之
善行 則鄕何說以亂哉

1) 而(이) : 여기서는 여(與)와 같다.

2) 規諫(규간) : 옳은 도리로써 간(諫)하다.

3) 傍薦(방천) : 방(傍)은 방(旁)과 통하여, 널리 추천한다는 뜻.

4) 審信(심신) : 자세하고 빈틈없이 믿음을 갖도록 확실하게 한다.

5) 里(이) : 마을. 고대의 취락단위로 25가구를 1리(里)로 하고, 50가구나 100
가구를 1리로 하기도 함.

6) 鄕(향) : 여러 개의 마을이 모여 이루는 고대의 취락단위. 1만2천5백 가구가
1향이다.

7) 若(약) : 여기서는 너, 당신의 뜻.

3. 어떤 말로 나라를 어지럽게 하는가

고을이 다스려지는 이유를 살펴보면 그것이 무엇인가.

향장이 오직 고을 전체의 뜻을 통일할 수 있으므로, 그것으로써
고을이 다스려지는 것이다.

향장이 되는 사람은 그 고을에서 가장 어진 사람이다. 향장은
고을 백성들에게 정령(政令)을 내려 말한다.

"선(善)한 것과 불선(不善)한 것을 들은 사람은 반드시 그것
을 나라의 군주에게 보고하여라. 군주가 옳다고 인식하는 것은 반
드시 모두가 그것을 옳다고 인식하고, 군주가 그르다고 인식하는
것은 반드시 모두가 그것을 그르다고 인식하여야 한다.

그대의 선하지 못한 말을 버리고 군주의 선한 말을 배울 것이
며, 그대의 선하지 않은 행동을 버리고 군주의 선한 행동을 배우
라."

그러면 나라가 무슨 이유로 어지럽게 되겠는가.

나라가 다스려지는 이유를 살펴보면 그것이 무엇인가.

나라의 군주가 오직 나라 전체의 뜻을 통일할 수 있으므로, 그것으로써 나라가 다스려지는 것이다.

나라의 군주가 되는 사람은 그 나라에서 가장 어진 사람이다. 군주는 나라 백성들에게 정령을 내려 말한다.

"선한 것과 선하지 않은 것을 들으면 반드시 그것을 천자에게 보고하여라. 천자가 옳다고 인식하는 것은 모두가 그것을 옳다고 인식하고, 천자가 그르다고 인식하는 것은 모두가 그것을 그르다고 인식해야 한다. 그대의 선하지 않은 말을 버리고 천자의 선한 말을 배울 것이며, 그대의 선하지 않은 행동을 버리고 천자의 선한 행동을 배우라."

그러면 천하가 무슨 이유로 어지럽혀지겠는가.

천하가 다스려지는 이유를 살펴보면 그것은 무엇인가.

천자는 오직 온 천하의 뜻을 통일할 수 있으므로, 그것으로써 천하가 다스려지는 것이다.

천하의 백성들이 모두 천자와는 뜻을 같이하여 따르지만 하늘의 뜻과는 같이하여 따르지 않으므로, 재앙이 아직도 없어지지 않고 있는 것이다. 오늘날 폭풍이 자주 불어오고 호우가 내리는 것이 자주 일어나는데, 이것은 하늘이 벌주려는 바로 백성들이 하늘의 뜻과 같이하여 따르지 않기 때문인 것이다.

그러므로 묵자가 말하였다.

"옛날의 성왕들은 다섯 가지 형벌을 제정하였는데 이것은 진실로 백성들을 다스리기 위함이었다. 비유컨대 실에 실마리가 있고 그물에 벼리가 있는 것과 같아서, 천하의 백성들 중에서 그 윗사람의 뜻에 합치하여 따르려고 하지 않는 백성들을 제지하기 위해서다."

察鄕之所治者何也 鄕長唯能壹同[1]鄕之義 是以鄕治也 鄕長者 鄕之
仁人也 鄕長發政鄕之百姓 言曰 聞善而不善者 必以告國君 國君之

所是 必皆是之 國君之所非 必皆非之 去若不善言 學國君之善言 去
若不善行 學國君之善行 則國何說以亂哉 察國之所以治者何也 國
君唯能壹同國之義 是以國治也 國君者 國之仁人也 國君發政國之
百姓 言曰 聞善而不善 必以告天子 天子之所是 皆是之 天子之所
非 皆非之 去若不善言 學天子之善言 去若不善行 學天子之善行 則
天下何說以亂哉 察天下之所以治者何也 天子唯能壹同天下之義 是
以天下治也 天下之百姓皆上同[2]於天一 而不上同於天 則菑[3]猶未
去也 今若天飄風[4]苦雨[5] 溱溱[6]而至者 此天之所以罰百姓之不上同
於天者也 是故子墨子言曰 古者聖王爲五刑[7] 請以治其民 譬若絲縷
之有紀 罔罟[8]之有綱 所連收[9]天下之百姓 不尙同其上者也

1) 壹同(일동) : 모두를 같이하게 한다. 즉 통일(統一)한다는 뜻.
2) 上同(상동) : 상급자의 뜻과 같이 한다. 이 편(篇)의 제목인 상동(上同)과
   같은 말.
3) 菑(재) : 재(災)와 통하여 재난으로 농사를 짓지 못하다.
4) 飄風(표풍) : 폭풍(暴風), 태풍(颱風).
5) 苦雨(고우) : 호우, 혹은 장마.
6) 溱溱(진진) : 자주 일어남. 빈번(頻繁).
7) 五刑(오형) : 옛날 중국에서 행한 다섯 가지 체형(體刑). 즉 살갗에 먹물로
   글자를 새겨 넣는 묵형(墨刑), 코를 베는 형벌인 의(劓), 다리를 자르는 형
   벌인 비(剕), 불알을 까는 궁형(宮刑), 사형인 대벽(大辟).
8) 罔罟(망고) : 그물.
9) 連收(연수) : 제지한다.

제12편 화동을 높인다 중(尙同中第十二)

1. 화동이 없으면 천하가 혼란하다

묵자가 말하였다.

"지금 옛날로 돌아가 백성들이 처음 생겨나서 아직 정치 지도자가 없던 시절을 생각해보자. 그러면 대개 다음과 같이 말할 수 있을 것이다. 천하 사람들의 의견이 모두 달라서 한 사람이 한 가지 의견을 가지고 있어, 열 사람이면 열 가지의 의견이요, 백 사람이면 백 가지의 의견이 된다. 사람의 수가 더욱 많아질수록 이른 바 의견이라는 것 또한 더욱 많아지게 된다. 이렇게 되면 사람들은 자기의 의견이 옳다고 하고 남의 의견은 그르다고 하여 서로가 상대방을 비난하게 될 것이다.

안으로는 부자(父子)나 형제까지도 서로 원수가 되어 모두 떨어져 흩어지려는 마음을 가지게 되며 서로 화합할 수 없게 된다. 남는 힘이 있어도 내버려둔 채 서로 돕지 않으며, 훌륭한 도(道)를 숨겨두고도 서로 가르치지 않으며, 남는 재물이 썩어도 서로 나누어주지 않기에 이른다. 그리하여 천하는 어지러워져 금수(禽獸)와 같은 생활이 될 것이다.

이렇게 되면 군주와 신하, 윗사람과 아랫사람, 나이 많은 사람과 나이 어린 사람 사이의 절의(節儀)나 아비와 자식, 형과 아우의 예절이 없게 될 것이다. 이로써 천하가 어지러워진다.

백성들에게 정치지도자가 있어 천하의 뜻을 하나로 통일시킬 수 없음으로써 천하가 혼란해진다는 것을 알게 되었다. 그래서 천하에서 현명하고 훌륭하며 거룩하고 지식이 있으며 분별력이 있

고 지혜로운 사람을 선택하여 천자로 삼아, 천하의 뜻을 하나로
통일시키는 일에 종사하게 하였다.

  천자는 이미 세워졌지만 오직 그의 귀와 눈만으로 보고 듣는 실
정으로는 한계가 있어서 천자 혼자의 힘만으로 천하의 뜻을 하나
로 통일시키지 못하였다. 그러므로 천하의 현명하고 훌륭하며 거
룩하고 지식이 있으며 분별력이 있고 지혜로운 사람들의 경력을
밝혀 선택했으며 그들을 삼공(三公)의 자리에 앉혀, 더불어 천하
의 뜻을 하나로 통일하는 일에 종사하게 하였다."

  子墨子曰 方今之時 復[1]古之民始生 未有正長之時 蓋其語曰 天
下之人異義 是以一人一義 十人十義 百人百義 其人數玆衆其所謂
義者亦玆衆 是以人是其義 而非人之義 故相交非也 內之父子兄弟
作怨讐 皆有離散之心 不能相和合 至乎舍餘力不以相勞 隱匿良道
不以相敎 腐朽餘財不以相分 天下之亂也 至如禽獸然 無君臣上下
長幼之節 父子兄弟之禮 是以天下亂焉 明乎民之無正長 以一同天
下之義 而天下亂也 是故選擇天下賢良聖知辯慧之人 立以爲天子
使從事乎一同天下之義 天子旣以立矣 以爲唯其耳目之請[2] 不能獨
一同天下之義 是故選擇天下贊閱[3]賢良聖知辯慧之人 置以爲三公
與從事乎一同天下之義

1) 復(복) : 반(返)과 같다. 되돌아가다.
2) 請(청) : 정(情)과 통함. 실정(實情)의 뜻.
3) 贊閱(찬열) : 찬은 명(明)이요 열은 경력(經歷)이다. 곧 경력을 밝힌다는 뜻.

2. 하나로 화동하게 하는 것이란

  천자와 삼공(三公)이 이미 세워졌으나 천하는 넓고 커서 산림
속이나 멀리 떨어진 지방에 있는 백성들까지 하나로 의견을 통일
시킬 수는 없었다. 그런 까닭에 천하를 여럿으로 구분하여 여러
제후(諸侯) 나라를 세우고 군주를 두어 그 나라의 의견을 하나
로 통일하게 하는 일에 종사하게 하였다.

제후 나라의 군주들이 이미 섰으나 또 생각건대 오직 그들의 귀와 눈이 실정을 보고 듣는 데에는 한계가 있어 그 나라의 의견을 하나로 통일하지 못하였다. 이에 그 나라의 현명한 사람들을 뽑아 측근의 신하와 장군(將軍)과 대부(大夫) 등으로 삼고, 멀리 향리(鄕里)의 우두머리에 이르기까지 더불어 그 나라의 의견을 하나로 통일하게 하는 일에 종사하게 하였다.

천자와 제후인 군주와 백성들의 정치지도자가 이미 결정이 된 다음에 천자는 정령(政令)을 발하고 교육을 베풀어 말한다.

"무릇 선(善)을 보고 들은 것은 반드시 그것을 윗사람에게 보고하고, 선하지 않은 것을 보고 들은 것도 또한 반드시 윗사람에게 보고하라. 윗사람이 옳다고 하는 것은 반드시 또한 그것을 옳다고 하고, 윗사람이 그르다고 하는 것은 반드시 또한 그것을 그르다고 하라.

자기에게 좋은 계획이 있으면 널리 그것을 알리고 윗사람에게 잘못이 있으면 그것을 올바른 도리로써 간(諫)하라. 그 윗사람에 대하여 의견을 같이 하되 아랫사람들과 사사로이 파당을 만들어 친하려는 마음을 가져서는 안 된다.

윗사람이 그렇게 하는 사람을 알면 그에게 상을 주고, 모든 백성은 그것을 듣고 그를 칭송할 것이다.

만약 선한 것을 보고 듣고도 그것을 윗사람에게 보고하지 않고, 선하지 않은 것을 보고 듣고도 또한 그것을 윗사람에게 보고하지 않으며, 윗사람이 옳다고 하는 것을 옳다고 하지 못하고, 윗사람이 그르다고 하는 것을 그르다고 하지 못하며, 자기에게 좋은 계획이 있어도 널리 알리지 못하고, 윗사람에게 잘못이 있어도 올바른 도리로써 그것을 간하지 못하며, 아랫사람들과 사사로이 파당을 만들어 그 윗사람을 비난하는 사람이 있어 윗사람이 그런 사람을 알면 그를 주벌(誅罰)하고, 모든 백성은 그것을 듣고 그를 비난할 것이다."

그러므로 옛날 성왕들은 형벌을 내리고 상으로 기리는데 있어 매우 밝게 살핌으로써 깊은 신뢰를 얻을 수 있었던 것이다. 이로

써 천하의 사람들은 모두 윗사람의 상과 칭송을 받으려고 하고 윗
사람의 비난과 벌을 두려워했다.

이장(里長)은 천자의 정령(政令)을 따라서 그 마을의 의견을
하나로 통일시킨다. 이장이 이미 그 마을의 뜻을 통일한 다음에
는 그 마을의 모든 사람들을 통솔하여 향장(鄕長)의 뜻에 하나
가 되어 말한다.

"무릇 마을의 모든 사람들은 모두 향장의 뜻에 하나가 되어 감
히 아랫사람끼리 사사로이 파당을 짓지 말며, 향장이 옳다고 하
는 것은 반드시 또한 그것을 옳다고 하고, 향장이 그르다고 하는
것은 반드시 또한 그것을 그르다고 하며, 그대의 선하지 않은 말
을 버리고 향장의 선한 말을 배우며, 그대의 선하지 않은 행동을
버리고 향장의 선한 행동을 배우라."

향장은 진실로 그 고을의 현명한 사람이다. 온 고을의 사람들이
향장을 본받는다면 고을이 무슨 이유로 다스려지지 않을 수 있겠
는가.

天子三公旣已立矣 以爲天下博大 山林遠土之民 不可得而一[1]也
是故靡分[2]天下 設以爲萬諸侯國君 使從事乎一同其國之義 國君旣
已立矣 又以爲唯其耳目之請 不能一同其國之義 是故擇其國之賢
者 置以爲左右將軍[3]大夫[4] 以遠至乎鄕里之長與從是乎 一同其國
之義 天子諸侯之君 民之正長 旣已定矣 天子爲發政施敎曰 凡聞見
善者 必以告其上 聞見不善者 亦必以告其上 上之所是 必亦是之 上
之所非 必亦非之 已有善傍薦[5]之 上有過規諫之 尙同義[6]其上 而毋
有下比之心 上得則賞之 萬民聞則譽之 意若聞見善 不以告其上 聞
見不善 亦不以告其上 上之所是不能是 上之所非不能非 已有善不
能傍薦之 上有過不能規諫之 下比而非其上者 上得則誅罰之 萬民
聞則非毀[7]之 故古者聖王之爲刑政賞譽也 甚明察以審信 是以擧天
下之人 皆欲得上之賞譽 而[8]畏上之毀罰 是故里長順天子政 而一同
其里之義 里長旣同其里之義 率其里之萬民 以尙同乎鄕長 曰 凡里
之萬民 皆尙同乎鄕長 而不敢下比 鄕長之所是 必亦是之 鄕長之所

非 必亦非之 去而不善言 學鄕長之善言 去而不善行 學鄕長之善行
鄕長固鄕之賢者也 擧鄕人以法鄕長 夫鄕何說而不治哉

1) 一(일) : 하나로 화동하게 하다. 일동(一同).

2) 靡分(미분) : 여럿으로 구분하다.

3) 將軍(장군) : 경(卿)을 가리키는 말이라고도 한다.

4) 大夫(대부) : 경(卿)의 다음 지위인 관위(官位).

5) 善傍薦(선방천) : 좋은 계획은 널리 알리다. 선(善)은 좋은 계획.

6) 義(의) : 호(乎)가 되어야 한다.

7) 非毁(비훼) : 비방(誹謗)하다. 비난하다.

8) 而(이) : 너. 당신. 그대.

3. 화동하지 않을 때는 벌을 준다

향장이 그 고을을 잘 다스리는 까닭을 살펴 보면 무엇으로써 하
고 있는가. 그것은 오직 그가 그 고을의 뜻을 하나로 통일하는 것
일 뿐이다. 그것으로써 그 고을은 다스려진다.

향장은 그 고을을 다스려서 그 고을이 잘 다스려진 다음에는 그
고을의 모든 백성을 거느리고 군주의 뜻과 함께하어 말한다.

"고을의 모든 백성은 모두 군주의 뜻에 함께하며, 감히 아랫사
람들끼리 사사로이 파당을 짓지 말라. 군주가 옳다고 하는 것은
반드시 또한 그것을 옳다고 하고, 군주가 그르다고 하는 것은 반
드시 또한 그것을 그르다고 하라. 그대의 선하지 않은 말을 버리
고 군주의 선한 말을 배우며, 그대의 선하지 않은 행동을 버리고
군주의 선한 행동을 배우라."

군주는 진실로 그 나라의 현명한 사람이다. 온 나라 사람들이
군주를 본받는다면 그 나라가 무슨 이유로 다스려지지 않겠는가.

나라의 군주가 나라를 잘 다스리는 까닭을 살펴 보면 무엇으로
써 하고 있는가. 그것은 오직 그 나라의 뜻을 하나로 통일하는 것
일 뿐이다. 그것으로써 그 나라는 다스려진다.

군주가 그 나라를 다스려서 그 나라가 잘 다스려진 다음에는 또

그 나라의 모든 백성을 거느리고 천자의 뜻과 함께하여 말한다.

"나라의 모든 백성은 천자의 뜻에 함께하며 감히 아랫사람들끼리 사사로이 파당을 짓지 말라. 천자가 옳다고 하는 것은 또한 반드시 그것을 옳다고 하고, 천자가 그르다고 하는 것은 반드시 또한 그것을 그르다고 하라. 그대의 선하지 않은 말을 버리고 천자의 선한 말을 배우며, 그대의 선하지 않은 행동을 버리고 천자의 선한 행동을 배우라."

천자는 진실로 천하의 어진 사람이다. 온 천하의 모든 백성이 천자를 본받는다면 천하가 무슨 이유로 다스려지지 않겠는가.

천자가 천하를 잘 다스리는 까닭을 살펴 보면 무엇으로써 하고 있는가. 그것은 오직 천하의 뜻을 하나로 통일하는 것일 뿐이다. 이것으로써 천하는 다스려진다.

이미 천자에 대해서는 뜻을 같이 하면서 하늘에 대해서는 뜻을 같이 하지 않으면 하늘의 재앙이 끊이지 않을 것이다. 하늘이 추위와 더위를 내리되 계절에 맞지 않게 하고, 눈과 서리와 비와 이슬이 때없이 내리며, 오곡(五穀)이 제대로 여물지 않고, 집안에서 기르는 가축이 제대로 자라지 않으며, 전염병이 만연하고, 폭풍과 호우가 거듭 이르는 것은 하늘이 내리는 벌이다. 아랫사람들이 하늘의 뜻에 같이 하지 않는 것을 벌주려는 것이다.

그러므로 옛날의 성왕들은 하늘과 귀신이 바라는 것을 밝히고, 하늘과 귀신이 미워하는 것을 피함으로써 천하의 이로움을 일으키고 천하의 해로움을 제거하려 하였다.

이로써 천하의 모든 백성을 거느리고 재계(齋戒)하고 목욕(沐浴)한 다음 정결하게 술과 단술과 제사밥을 담아서 하늘과 귀신에게 제사를 지냈다.

그들은 귀신을 섬김에 있어서 술과 단술과 제사밥 담는 일을 감히 정결하게 하지 않음이 없었고 소나 양 등 희생(犧牲)은 감히 살찌지 않은 것을 쓰지 않았으며, 재물로 바치는 구슬과 비단은 감히 규격에 맞지 않는 것이 없었다.

봄과 가을로 지내는 제사는 감히 시기를 놓치는 일이 없었고,

옥사(獄事)를 다스림에 있어 감히 공정(公正)하지 않음이 없었고, 재물의 분배는 감히 균등(均等)하게 하지 않는 일이 없었으며, 평소 생활함에 있어서도 감히 태만하지 않았다.

그들은 그 정치 지도자 노릇하기를 이와 같이 하였던 것이다.

察鄕長之所以治鄕者何故之以也 曰唯以其能一同其鄕之義 是以鄕治 鄕長治其鄕 而鄕旣已治矣 有[1]率其鄕萬民 以尙同乎國君 曰凡鄕之萬民 皆上同乎國君 而不敢下比 國君之所是 必亦是之 國君之所非 必亦非之 去而不善言 學國君之善言 去而不善行 學國君之善行 國君固國之賢者也 擧國人以法國君 夫國何說而不治哉 察國君之所以治國 而國治者 何故之以也 曰唯以其能一同其國之義 是以國治 國君治其國 而國旣已治矣 有率其國之萬民 以尙同乎天子曰 凡國之萬民上同乎天子 而不敢下比 天子之所是 必亦是之 天子之所非 必亦非之 去而不善言 學天子之善言 去而不善行 學天子之善行 天子者 固天下之仁人也 擧天下之萬民以法天子 夫天下何說而不治哉 察天子之所以治天下者 何故之以也 曰唯以其能一同天下之義 是以天下治 夫旣尙同乎天子 而未上同乎天者 則天災將猶未止也 故當若天降寒熱不節[2] 雪霜雨露不時 五穀不孰 六畜[3]不遂[4] 疾菑戾疫[5] 飄風苦雨 荐臻[6]而至者 此天之降罰也 將以罰下人之不尙同乎天者也 故古者聖王 明天鬼之所欲 不避天鬼之所憎 以求興天下之利 除天下之害 是以率天下之萬民 齊戒[7]沐浴 潔爲酒醴粢盛 以祭祀天鬼 其事鬼神也 酒醴粢盛 不敢不蠲潔 犧牲不敢不腯肥 珪璧幣帛不敢不中度量 春秋祭祀不敢失時幾[8] 聽[9]獄不敢不中 分財不敢不均 居處不敢怠慢 曰其爲正長若此

1) 有(유) : 또 우(又)와 같다.
2) 不節(부절) : 계절에 맞지 않는다. 즉 더워야 할 때 춥고 추워야 할 때 더운 것 따위를 이르는 말이다.
3) 六畜(육축) : 소·말·양·돼지·닭·개 등 집에서 기르는 가축을 통틀어 이르는 말.
4) 遂(수) : 자란다.

5) 疾菑戾疫(질재려역) : 전염병 따위의 좋지 않은 모든 질병.

6) 荐臻(천진) : 천은 천(薦)과 같고, 진은 잉(仍)과 같다. 둘다 거듭이라는 뜻.

7) 齊戒(제계) : 제는 재(齋)와 통함. 제사지내기 전에 목욕하고 옷갈아 입고 술 마시지 않는 등 근신하는 것.

8) 時幾(시기) : 기는 기(期)와 통하여 시기(時期).

9) 聽(청) : 다스리다.

4. 천하가 어지러운 까닭은 무엇인가

나아가 주벌(誅罰)하면 이기게 되는 것은 무슨 까닭인가? 그것은 오직 위정자의 뜻에 맞는 정치를 할 수 있었기 때문이다.

옛날 성왕(聖王)들의 정치를 하는 것이 이와 같았다.

지금의 천하의 사람들이 말한다.

"오늘날은 하늘과 귀신의 복을 받을 수 있다. 온 백성의 편리함을 위하여 강력하게 정치로 추진하면 온 백성의 사랑을 얻을 수 있을 것이다. 정치를 하는 것을 이와 같이 해야 한다."

이로써 계획하는 일이 뜻대로 되고 일을 일으키면 성공을 거두며 안에 들어와 지키면 견고하게 된다.

위로는 하늘과 귀신도 그 정치 지도자를 위해 두텁게 해주고, 아래로는 온 백성이 그 정치 지도자를 위해 편리하게 해준다.

하늘과 귀신이 깊고 두텁게 해주므로 강력하게 정치를 해나가면 천하는 바르게 오래도록 평화가 지속되어 황폐되지 아니할 것인데 천하가 어지러운 상태가 되는 것은 어떠한 까닭인가.

이에 대하여 묵자가 말하였다.

오늘날에도 지도자는 있지만 근본적으로 옛날과는 다르다. 비유컨대 묘족(苗族)의 나라를 다스리는 사람에게도 다섯 가지 형벌이 있는 것과 같다.

옛날의 성왕들은 다섯 가지 형벌을 제정하여 그것으로써 천하를 다스렸다. 그러나 묘족이 다섯 가지 형벌을 제정함에 이르러서는 그렇게 함으로써 도리어 천하를 어지럽게 했는데 이것이 어

찌 다섯 가지 형벌이 좋지 않아서였겠는가. 그것은 형벌을 운용
함이 좋지 않았기 때문이었다.

이로써 선왕(先王)들의 책인 '서경(書經)' 여형편(呂刑篇)에
말하기를 '묘나라의 임금은 선한 것을 쓰지 않고 형벌로써 제재
하였는데 오직 다섯 가지 잔학한 형벌을 만들어놓고 이것을 법이
라고 말하였다.'고 하였다.

곧 이 말은 형벌을 잘 운용하면 그것으로써 백성을 다스리고
형벌을 잘 운용하지 못하면 그것으로써 다섯 가지 잔학한 짓을 하
게 된다는 것을 말하는 것이다. 이것이 어찌 형벌이 좋지 않은 것
이겠는가. 형벌을 운용함이 좋지 않으므로 마침내 다섯 가지 잔
학한 짓을 하게 된 것이다.

이로써 선왕의 책인 '술령(術令)'에 이르기를 '오직 입은 좋은
일을 만들어내기도 하지만 전쟁을 불러 일으키기도 한다.'고 하
였다. 곧 이 말은 입을 잘 사용하는 사람은 좋은 일을 만들어내지
만 입을 잘못 사용하는 사람은 남을 참소(讒訴)하여 해치거나 내
란이나 전쟁을 불러 일으킬 수도 있다는 것이다.

여기서는 왜 입이 좋지 않은 것이겠는가. 오직 입을 잘못 사용
하여 그 때문에 마침내 남을 참소하여 해치거나 내란이나 전쟁을
일으키게 되는 것이다.

是故出誅[1]勝者 何故之以也 曰唯以尙同爲政者也 故古者聖王之
爲政若此 今天下之人曰 方今之時 天鬼之福可得也 萬民之所便利
而能彊從事焉 則萬民之親可得也 其爲政若此 是以謀事得擧事成
入守固 上者天鬼有厚乎其爲政長也 下者萬民有便利乎其爲政長也
天鬼之所深厚而彊從事焉 則天下之正長 猶未廢乎天下也 而天下
之所以亂者 何故之以也 子墨子曰 方今之時之以正長 則本與古者
異矣 譬之若有苗[2]之以五刑然 昔者聖王制爲五刑 以治天下 逮至有
苗之制五刑 以亂天下 則此豈刑不善哉 用刑則不善也 是以先王之
書呂刑之道曰 苗民否用練折則刑[3] 唯作五殺之刑[4] 曰法 則此言善
用刑者以治民 不善用刑者以爲五殺 則此豈刑不善哉 用刑則不

善 故遂以爲五殺 是以先王之書術令⁵⁾之道曰 惟口出好興戎⁶⁾ 則此
言善用口者出好 不善用口者以爲讒賊⁷⁾寇戎 則此豈口不善哉 用口
則不善也 故遂以爲讒賊寇戎

1) 誅(주) : 정벌(征伐). 묵자는 주(誅)와 공(攻)을 엄격히 구분했다. 즉 정의
   로운 나라가 정의롭지 못한 나라를 치는 것이 주(誅)이고, 정의롭지 못한 나
   라가 정의로운 나라를 치는 것은 공(攻)이다.

2) 有苗(유묘) : 옛 종족의 이름으로 삼묘(三苗)라고도 한다. 지금의 하남성(河
   南省) 남부에서 호남(湖南) 강서(江西) 양성의 북부 일대에서 살면서 중원
   의 나라들을 괴롭혔던 미개 종족.

3) 苗民否用練折則刑(묘민부용련절즉형) : 부(否)는 불(弗)과 통하고, 연(練)
   은 영(靈)과 통한다. '서경'에는 '弗用靈制以刑'으로 되어 있는데 영(靈)은
   곧 영(令)이고 절(折)은 즉 제(制)이다. 묘나라 임금은 선한 것을 쓰지 않고
   형벌로써 제재하였다는 뜻. 묘민(苗民)은 묘나라 임금을 낮춰서 부른 것.

4) 五殺之刑(오살지형) : 다섯 가지 잔학한 형벌.

5) 術令(술령) : '서경'의 열명편(說命篇)을 달리 이르는 말 같다. 열명편에 비
   슷한 내용 곧 '유구기수 유갑주기용(惟口起羞惟甲冑起戎)'이란 말이 있다.

6) 興戎(흥융) : 전쟁을 일으키다.

7) 讒賊(참적) : 남을 참소하여 해롭게 하는 일. 참해(讒害).

5. 형벌로도 포악을 막을 수는 없다

옛날에 정치 지도자를 둔 것은 그들로써 백성들을 다스리고자
하는 것이었다. 비유컨대 실타래에 실마리가 있고 그물에 벼리가
있는 것과 같아서 천하의 난폭한 자들을 모두 제지하여 천하의 의
견을 하나로 통일하였다.

선왕(先王)의 책과 옛노인이 이르기를 "나라를 세우고 도읍을
건설하고 나서 천자(天子)를 세우고 제후(諸侯)들을 봉(封)한
것은 사치라 부리며 편히 지내라고 한 것이 아니며, 경(卿)과 대
부(大夫)와 사장(師長)들을 임명한 것 역시 편안하게 놀기나 하
라고 한 것이 아니다. 오직 직책을 나누어 맡아서 천하를 공평한

도리로써 다스리도록 하기 위해서였다."라고 하였다.

이 말은 옛날에 상제(上帝)와 귀신이 나라를 세우고 도읍을 건설하여 정치 지도자를 세운 것은 그들에게 높은 벼슬과 후한 녹(祿)을 주어 부하고 귀하게 놀면서 편히 지내라는 조치가 아니라는 것이다. 장차 모든 백성들에게 이로움을 일으키고 해로움을 제거해주고, 가난하고 외로운 사람을 부하고 귀하게 해주며, 위태로운 것을 평안하게 하고 혼란한 것을 다스리라는 것이었다.

옛날 성왕들의 정치란 이와 같은 것이었다.

지금 왕공대인들의 정치는 이에 반대된다. 정치를 함에 있어 편벽되어 종친(宗親)과 부형(父兄)과 벗들을 측근의 신하로 삼아 그들을 정치 지도자로 앉힌다.

백성들은 위에 있는 정치 지도자들이 백성을 다스림에 있어 바르게 할 수 없는 것을 안다. 그러기에 모두 자기들끼리만 파당을 지어 어울리면서 사실을 숨기고는 그 윗사람의 뜻에 하나가 되려하지는 않는다. 이로써 위와 아래의 의견이 같아질 수 없는 것이다.

만약 진실로 위와 아래가 의견을 같이 하지 않는다면 상(賞)과 명예로 선(善)을 권하지 못하고 형벌로도 포악한 행위를 저지할 수 없을 것이다.

그렇게 된다는 것을 어떻게 알 수 있는가.

높은 지도자로 옹립하여 국가를 다스리게 하였을 때 백성들을 위한 정치 지도자라면 말하기를 "상을 줄 만한 사람이라면 나는 그에게 상을 주겠다."라고 할 것이다.

만약 진실로 위와 아래의 의견이 같지 않다면 윗사람이 상을 주는 사람에 대하여 대중은 그것을 그르다고 할 것이다. 그 사람은 대중과 함께 살면서 대중의 비난을 받을 것이기에, 비록 윗사람의 상을 받는다고 하더라도 그를 권면할 수가 없게 될 것이다.

높은 지도자로 옹립하여 국가를 다스리게 하였을 때 백성들을 위하는 정치지도자라면 말하기를 "벌주어야 할 사람이라면 나는 벌을 내리겠다."라고 할 것이다.

그러나 만약 진실로 위와 아래의 뜻이 같지 않다면 윗사람이 벌을 주는 그 대상자에 대하여 대중은 오히려 칭찬을 하게 될 것이다. 그 사람은 대중과 함께 살면서 대중의 칭찬을 받을 것이니, 비록 윗사람의 벌을 받게 된다 하더라도 그의 행동을 제지할 수가 없을 것이다.

높은 지도자로 옹립하여 국가를 다스리게 하였을 때 백성들을 위하는 정치지도자라는 사람이 상과 명예로써 사람들에게 선을 권장하지 못하고, 형벌로써 포악한 행위를 저지하지 못한다면 이것은 앞에서 내가 말한 백성들이 처음 생겨나서 아직 정치 지도자가 없었을 때와 같은 것이 아니겠는가.

만약 정치 지도자가 있는 것이 정치 지도자가 없는 것과 같다면, 이것은 백성들을 다스리고 대중을 통일하는 좋은 방법이 아닐 것이다.

故古者之置正長也 將以治民也 譬之若絲縷之有紀 而罔罟之有綱也 將以運役¹⁾天下淫暴²⁾ 而一同其義也 是以先王之書 相年³⁾之道曰 夫建國設都 乃作后王君公⁴⁾ 否用泰也 輕⁵⁾大夫師長 否用佐也 維辯⁶⁾使治天均 則此語古者上帝鬼神之建設國都 立正長也 非高其爵厚其祿 富貴佐而錯⁷⁾之也 將以爲萬民興利除害 富貴貧寡 安危治亂也 故古者聖王之爲若此 今王公大人之爲刑政則反此 政以爲便譬⁸⁾宗於⁹⁾父兄故舊 以爲左右 置以爲正長 民知上置正長之非正以治民也 是以皆比周隱匿 而莫肯尙同其上 是故上下不同義 若苟上下不同義 賞譽不足以勸善 而刑罰不足以沮暴 何以知其然也 曰上唯毋立而爲政乎國家 爲民正長 曰人可賞吾將賞之 若苟上下不同義 上之所賞 則衆之所非 曰人衆與處 於衆得非 則是雖使得上之賞 未足以勸乎 上唯毋立而爲政乎國家 爲民正長 曰人可罰吾將罰之 若苟上下不同義 上之所罰 則衆之所譽 曰人衆與處 於衆得譽 則是雖使得上之罰 未足以沮乎 若立而爲政乎國家 爲民正長 賞譽不足以勸善 而刑罰不沮暴 則是不與鄕¹⁰⁾吾本言民始生未有正長之時同乎 若有正長與無正長之時同 則此非所以治民一衆之道

1) 運役(운역) : 연수(連收)의 잘못이다. 연수(連收)는 제지한다는 뜻.

2) 淫暴(음폭) : 난폭(亂暴).

3) 相年(상년) : 거년(距年). 거년(拒年).

4) 后王君公(후왕군공) : 천자(天子)와 제후(諸侯).

5) 輕(경) : 경(卿)의 잘못이다.

6) 辯(변) : 직책을 나누다. 변(辨)과 통한다.

7) 錯(착) : 조(措)와 같다. 조치(措置)하다는 뜻.

8) 便嬖(편비) : 편(便)은 유리한 방법으로 치우치다. 비(嬖)는 벽(僻)의 잘못
   으로 한쪽으로 치우치다의 뜻.

9) 宗於(종어) : 종족(宗族)의 잘못일 것이다.

10) 鄉(향) : 향(向), 향(曏)과 통한다. 앞에서 또는 지난번에의 뜻.

6. 명성을 후세에 남긴다

옛날의 성왕들은 오직 잘 살펴 의견을 통일할 수 있었으므로 정
치 지도자가 되었다. 이에 위와 아래의 실정이 서로 통할 수 있었
다.

위에서 미처 모르고 있는 사실이나 이익이 있을 때 아랫사람들
이 그것을 알려서 그들을 이롭게 하였으며, 아랫사람들에게 쌓인
원한이나 누적된 해로움이 있으면 위에서 그것을 알아서 제거해
주었다.

이것으로써 수천만리 밖에서 선(善)을 행한 사람이 있으면 그
집안 사람들도 아직 두루 알지 못하고, 그 마을 사람들도 아직 두
루 그 사실을 듣지 못하고 있을 때 천자는 그것을 알아서 그에게
상을 주었던 것이다.

또한 수천만리 밖에서 불선(不善)을 행한 사람이 있으면 그 집
안 사람들도 아직 두루 알지 못하고, 그 마을 사람들도 아직 두루
그 사실을 듣지 못하고 있을 때 천자는 그것을 알아서 그에게 벌
을 주기도 하였던 것이다.

그것으로써 온 천하의 사람들이 모두 두려워 떨면서 감히 음란

하고 포악한 행동을 하지 못하였다. 그리고 말하기를 "천자가 보고 듣는 것이 신령(神靈)스럽다."라고 했다.

선왕(先王)의 말에 이르기를 "그것은 신령스러운 것이 아니다. 다만 백성들의 귀와 눈으로 하여금 자기가 보고 듣는 것을 돕게 하고, 백성들의 입으로 하여금 자기의 말을 돕게 하고, 백성들의 마음으로 하여금 자기의 생각을 돕게 하며, 백성들의 팔과 다리로 하여금 자기의 동작을 돕게 하였기 때문이다."라고 하였다.

천자가 보고 듣는 것을 돕는 사람이 많으면 그가 듣고 보는 것은 멀리 보고 듣게 되고, 그가 말하는 것을 돕는 사람이 많으면 그가 위로해 주는 덕(德)있는 말은 널리 퍼지게 되고, 그가 생각하는 것을 돕는 사람이 많으면 그가 계획하고 헤아리는 일은 더욱 빨라지며, 그가 동작하는 것을 돕는 사람이 많으면 그가 하는 일이 빠르게 이루어진다.

그러므로 옛날의 성인들이 사업을 완수하고 공을 이루어 훌륭한 이름을 후세에까지 남기게 되는 까닭은 다른 이유나 다른 무엇이 있는 것이 아니다. 오직 천하의 의견을 통일하여 정치를 하였기 때문이다.

이로써 선왕의 글인 '시경(詩經)'의 주송(周頌)에 이르기를 "천자님을 알현하고 그 법도를 구하였다."라고 한 것은 바로 그것을 말하는 것이다.

옛날 여러 나라의 제후들은 봄과 가을에 천자의 궁정(宮庭)에 들어가 천자를 알현한 후 천자의 엄한 가르침을 받고 물러가 그 나라를 다스렸는데, 정치를 함에 있어서 감히 복종하지 않는 일이 없었다고 한다. 이 때문에 감히 천자의 가르침을 어지럽히는 자가 있을 수 없었다.

'시경'에 이르기를

"나의 말은 갈기 검은 흰말, 여섯 말고삐 번지르르한데.

달리고 달리면서 두루 묻고 헤아리며 달려가네"

라고 하였고, 또 이르기를

"나의 말은 얼룩말, 여섯 말 고삐 가지런한데.

달리고 달리면서 두루 살피어 일을 꾀하며 가네"
라고 노래한 것은 곧 이것을 말한 것이다.

옛날의 여러 나라 제후들은 선(善)과 불선(不善)을 듣고 보면
모두 달려와서 천자에게 보고하였다. 그리하여 상(賞)은 현명한
사람에게로 돌아가고, 벌(罰)은 포악한 사람에게로 돌아갔으며,
죄없는 사람을 죽이지 않았고 죄지은 사람을 놓치지 않았다. 이
것이 곧 윗사람을 중심으로 의견을 통일한 결과인 것이다.

그러므로 묵자가 말하였다.

"오늘날 천하의 왕공대인과 벼슬아치들이 진실로 그들의 나라
를 부유하게 하고, 그들이 거느리는 백성의 수를 불어나게 하고,
형정(刑政)을 잘 다스리며, 그 사직(社稷)을 안정시키고자 한다
면 마땅히 윗사람을 중심으로 의견을 통일하는 일을 살피지 않아
서는 안 될 것이며, 이것이야말로 정치를 하는 근본이다."

故古者聖王唯而審以尙同 以爲正長 是故上下情請¹⁾爲通 上有隱
事遺利 下得而利之 下有蓄怨積害 上得而除之 是以數千萬里之外
有爲善者 其室人²⁾未徧知 鄕里未徧聞 天子得而賞之 數千里之外
有爲不善者 其室人未徧知 鄕里未徧聞 天子得而罰之 是以擧天下
之人皆恐懼振動惕慄³⁾ 不敢爲淫暴 曰天子之視聽也神 先王之言曰
非神也 夫唯能使人之耳目助己視聽 使人之吻⁴⁾助己言談 使人之心
助己思慮 使人之股肱助己動作 助之視聽者衆 則其所聞見者遠矣
助之言談者衆 則其德音⁵⁾之所撫循⁶⁾者博矣 助之思慮者衆 則其談
謀度速得矣 助之動作者衆 卽擧其事速成矣 故古者聖人之所以濟
事成功 垂名於後世者 無他故異物焉 曰唯能以尙同爲政者也 是以
先王之書周頌⁷⁾之道之曰 載來見彼王⁸⁾ 聿⁹⁾求厥章¹⁰⁾ 則此語古者國
君諸侯之以春秋來朝聘天子之廷 受天子之嚴敎 退而治國 政之所
加 莫敢不賓¹¹⁾ 當此之時 本無有敢紛天子之敎者 詩曰¹²⁾ 我馬維駱¹³⁾
六轡¹⁴⁾沃若¹⁵⁾ 載馳載驅周爰咨度¹⁶⁾ 又曰¹⁷⁾ 我馬維駰¹⁸⁾ 六轡若絲¹⁹⁾
載弛載驅 周爰咨謀 卽此語也 古者國君諸侯之聞見善與不善也 皆
馳驅以告天子 是以賞當賢 罰當暴 不殺不辜 不失有罪 則此尙同之

功也 是故子墨子曰 今天下之王公大人士君子 請[20]將欲富其國家
衆其人民 治其刑政 定其社稷 當若尙同之不可不察 此之本也

1) 請(청) : 정(情)과 통한다.

2) 室人(실인) : 가인(家人). 집안 사람들.

3) 振動惕慄(진동척율) : 진동과 척율은 다 두려워서 몸을 떤다는 뜻이다.

4) 吻(문) : 입술의 뜻이나 여기서는 입으로 풀이된다.

5) 德音(덕음) : 덕이 있는 말. 인자하고 좋은 정령(政令).

6) 撫循(무순) : 어루만져 위로하다.

7) 周頌(주송) : '시경(詩經)' 주송(周頌) 재견편(載見篇)의 구절.

8) 彼王(피왕) : 천자(天子)를 가리키며 '시경'에는 벽왕(辟王)으로 되어 있다.

9) 聿(율) : 조사. 왈(曰)과 같다.

10) 厥章(궐장) : 그 법도. 궐(厥)은 기(其)와 같다. 장(章)은 법도, 또는 예의
    제도

11) 賓(빈) : 복종하다.

12) 詩曰(시왈) : '시경' 소아(小雅) 황황자화(皇皇者華)편의 구절.

13) 駱(락) : 갈기는 검고 몸은 흰 말.

14) 六轡(육비) : 사마(四馬)가 끄는 수레를 모는 여섯 줄의 고삐.

15) 沃若(옥약) : 윤기가 나는 모양.

16) 咨度(자탁) : 묻고 헤아리다.

17) 又曰(우왈) : '시경' 소아(小雅) 황황자화편의 구절.

18) 騏(기) : 검푸른 털빛의 얼룩말.

19) 若絲(약사) : 가지런하다.

20) 請(청) : 성(誠)과 통함. 진실로의 뜻.

제13편 화동을 높인다 ㉠(尙同下第十三)

1. 아랫사람의 실정을 살펴야 한다

묵자가 말하였다.

"지혜로운 사람이 일을 함에 있어서는 반드시 국가와 백성들이 다스려지는 까닭을 헤아려 일을 하고, 반드시 국가와 백성들이 어지러워지는 까닭을 헤아려 그것을 피한다."

그렇다면 국가와 백성들이 다스려지는 까닭을 헤아린다는 것은 무슨 말인가. 윗사람이 정치를 함에 있어서 아랫사람들의 실정을 파악하면 다스려지고, 아랫사람들의 실정을 파악하지 못하면 어지러워진다.

그러면 무엇으로써 그러함을 알 수 있는가.

윗사람이 정치를 함에 있어서 아랫사람들의 실정을 파악한다는 것은 백성들의 선함과 선하지 않음에 대하여 밝은 것을 뜻한다. 만약 진실로 백성들의 선함과 선하지 않음에 대하여 밝으면 선한 사람을 파악하여 그에게 상을 주고, 포악한 사람을 파악하여 그에게 벌을 준다. 선한 사람이 상을 받고 포악한 사람이 벌을 받으면 나라는 반드시 다스려질 것이다.

윗사람이 정치를 함에 있어서 아랫사람들의 실정을 파악하지 못한다는 것은 백성들의 선함과 선하지 아니함에 대하여 밝지 못한 것이다. 만약 진실로 백성들의 선함과 선하지 아니함에 대하여 밝지 못하면 선한 사람을 파악하여 그에게 상을 주지 못하고, 포악한 사람을 파악하여 그에게 벌을 주지 못하게 된다. 선한 사람이 상을 받지 못하고 포악한 사람이 벌을 받지 않는 이와 같은 정치를 한다면 나라와 백성들은 반드시 어지러워질 것이다. 그러므로 상과 벌을 내리는데 있어서 아랫사람들의 실정을 살피지 않으면 안 되는 것이다.

그렇다면 아랫사람들의 실정을 헤아려 파악하자면 어떻게 하면 되겠는가. 묵자는 말하기를 "오직 윗사람을 중심으로 의견을 통일하여 정치를 하면, 그런 뒤에야 될 수 있는 것이다."라고 하였다.

무엇으로써 윗사람을 중심으로 의견을 통일하면 천하의 정치를 할 수 있게 된다는 것을 알 수 있는가.

그러면 어찌하여 옛날 맨 처음의 정치를 고찰하여 정치하는 이론으로 삼지 않는가.

옛날에 하늘이 처음으로 백성들을 생겨나게 하여 아직 지도자가 없었을 때에는 백성들은 모두 각각 자기만을 위하였다.

만약 진실로 백성들이 모두 자기만을 위한다면 어떻게 되겠는가. 곧 한 사람이 있다면 한 가지 의견이요, 열 사람이 있다면 열 가지 의견이요, 백 사람이 있다면 백 가지 의견이요, 천 사람이 있다면 천 가지 의견이 있게 될 것이다. 사람의 수가 헤아릴 수 없을 만큼 많아지면 그 이른바 의견이라는 것도 또한 헤아릴 수 없게 될 것이다.

그래서 모두 자기의 의견을 옳다고 하고 남의 의견은 그르다고 하게 된다. 이로써 의견 충돌이 심한 자는 크게 싸우게 되고, 심하지 않은 사람이라도 서로 다투게 될 것이다.

그러므로 천하가 한 가지로 일치하게 하고자 하는 것은 천하의 의견이다. 그래서 현명한 사람을 선택하고 세워 천자로 삼은 것이다.

子墨子言曰 知者之事 必計國家百姓所以治者而爲之 必計國家百姓之所以亂者而辟之 然計國家百姓之所以治者何也 上之爲政 得下之情則治 不得下之情則亂 何以知其然也 上之爲政 得下之情 則是明於民之善非也 若苟明於民之善非也 則得善人而賞之 得暴人

而罰之也 善人賞而暴人罰 則國必治 上之爲政也 不得下之情 則是
不明於民之善非也 若苟不明於民之善非 則是不得善人而賞之 不
得暴人而罰之 善人不賞而暴人不罰 爲政若此 國衆必亂 故賞不得
下之情 而不可不察者也 然計得下之情將奈何可 故子墨子曰 唯能
以尙同一義爲政 然後可矣 何以知尙同一義之可而爲政於天下也 然
胡不審稽古之治爲政之說乎 古者天之始生民 未有政長也 百姓爲
人¹⁾ 若苟百姓爲人 是一人一義 十人十義 百人百義 千人千義 逮至
人之衆不可勝計也 則其所謂義者 亦不可勝計 此皆是其義 而非人
之義 是以厚者有鬪 而薄者有爭 是故天下之欲同一天下之義也 是
故選擇賢者 立爲天子

1) 爲人(위인) : 자기만을 위한다.

2. 높은 벼슬과 많은 녹봉을 주는 까닭

천자는 그의 지혜와 힘이 홀로 천하를 다스리기에 충분하지 못
하다. 그래서 그 다음가는 사람을 선택하여 삼공(三公)으로 삼는
다. 삼공은 또 그 지혜와 힘이 홀로 천자를 보좌(輔佐)하기에 충
분하지 못하다. 그래서 나라를 여럿으로 나누어서 제후(諸侯)를
세운다.

제후는 또 그 지혜와 힘이 홀로 그의 사방 안을 다스리기에 충
분하지 못하다. 그래서 그 다음가는 사람을 선택하여 세워서 경
(卿)과 재상(宰相)으로 삼는다. 경과 재상은 또 그의 지혜와 힘
이 홀로 그의 군주를 보좌하기에 충분하지 못하다. 그래서 그 다
음가는 사람을 선택하여 세워서 향장(鄕長)과 가군(家君)으로
삼는다.

그러므로 옛날의 천자가 삼공과 제후와 경과 재상과 향장과 가
군을 세웠던 것은 특히 부(富)와 귀(貴)를 누리며 편안하게 놀
고 지내라고 그들을 선택한 것이 아니라 장차 어지러운 것을 다
스리고 형정(刑政)을 도우라고 한 것이었다.

옛날에 나라를 세우고 도읍을 건설한 뒤에 천자와 여러 제후를

세우고 경(卿)과 사(士) 등의 지도자로 하여금 그를 받들게 하였는데, 이것은 그렇게 함으로써 그들을 편히 지내게 해주려 했던 것이 아니었다. 오직 일을 나누어 맡겨 하늘의 밝은 도를 도와 다스리게 하기 위함이었다.

지금에 이르러 어찌하여 남의 윗사람이 되어 그 아랫사람들을 다스리지 못하고, 남의 아랫사람이 되어서 그 윗사람을 섬기지 못하게 되었는가. 그것은 윗사람과 아랫사람들이 서로 업신여기기 때문이다. 무슨 까닭에 그렇게 되었는가.

그것은 의견이 같지 않기 때문이다. 만약 진실로 의견이 같지 않으면 사람들끼리 무리를 이루게 되고, 윗사람이 그러한 사람을 선(善)하다고 하여 상을 주려고 하면 비록 그 사람으로 하여금 상을 받게 할 수는 있다고 하더라도 그는 백성들의 비방을 피하려고 할 것이다. 그래서 선한 행동을 반드시 권장할 수 없게 될 것이며, 공연히 상만 주어지게 될 것이다.

윗사람이 그런 사람을 포악하다고 하여 그에게 벌을 주려고 하면 비록 그 사람에게 윗사람의 벌을 받게 할 수는 있다고 하더라도 그는 백성들의 칭찬을 생각할 것이다. 그래서 포악한 행동을 하는 것도 반드시 막을 수가 없게 될 것이며, 공연히 벌만 주어지게 될 것이다.

그러므로 윗사람의 상과 칭찬을 헤아리면 선을 권장하기에 부족하고, 그의 비방과 처벌을 헤아리면 포악함을 막기에 부족하게 된다. 이것은 무슨 까닭으로 그렇게 되는 것일까.

그렇다면 천하(天下)의 의견을 하나로 같게 하고자 하면 어떻게 해야 할 것인가.

이에 묵자가 말하였다.

"그렇다면 어찌하여 일찍이 가장(家長)으로 하여금 시험하게 하지 않는가. 가장이 그 집안 사람들에게 명령을 발하기를 '만약 집안을 사랑하고 이롭게 하는 사람을 보면 반드시 그것을 보고하고, 만약 집안을 미워하고 해롭게 하는 사람을 보거든 역시 반드시 그것을 보고하라'고 하여 만약 집안을 사랑하고 이롭게 하는 사람을 보고서 그것을 보고한다면 그는 또한 집안을 사랑하고 이롭게 하는 사람과 같은 것이다. 윗사람이 그것을 알면 그에게 상을 주고, 많은 사람들은 그것을 듣고 칭찬할 것이다.

만약 그 집안을 미워하고 해롭게 하려는 것을 보고도 그것을 보고하지 않는다면 그는 또한 집안을 미워하고 해롭게 하려는 사람과 같은 것이다. 윗사람이 그것을 알면 또한 그에게 벌을 주고, 많은 사람들은 그것을 듣고 비방할 것이다.

그 집안 사람들은 누구나 그 가장의 상과 칭찬을 받으려 하고, 비방과 형벌을 피하려고 할 것이다.

그래서 선한 것을 보고도 그것을 말하고, 선하지 않은 것을 보고도 그것을 말하게 된다. 가장은 선한 사람이 있으면 그에게 상을 주고, 포악한 사람이 있으면 그에게 벌을 준다. 선한 사람은 상을 받고 포악한 사람은 벌을 받는다면 그 집안은 반드시 다스려질 것이다.

그 집안이 다스려지는 까닭을 헤아려 보면 그것은 무엇 때문인가. 오직 윗사람과 의견을 같이하여 통일된 의견으로 정치를 하기 때문인 것이다."

天子以其知力爲未足獨治天下 是以選擇其次立爲三公 三公又以其知力爲未足獨左右天子也 是以分國建諸侯 諸侯又以其知力爲未足獨治其四境之內也 是以選擇其次立爲鄕之宰[1] 卿之宰又以其知力爲未足獨左右其君也 是以選擇其次立而爲鄕長家君[2] 是故古者天子之立三公諸侯鄕之宰鄕長家君 非特富貴游俠而擇之也 將使助治亂刑政也 故古者建國設都 乃立后王君公 奉以卿士師長 此非欲用說[3]也 唯辯而使助治天助明也 今此何爲人上而不能治其下 爲人下而不能事其上 則是上下相賤也 何故以然 則義不同也 若苟義不同者有黨 上以若人爲善 將賞之 若人唯使[4]得上之賞 而辟百姓之毁 是以爲善者 必未可使勸 見有賞也 上以若人爲暴 將罰之 若人唯使得上之罰 而懷百姓之譽 是以爲暴者 必未可使沮 見有罰也 故計上之賞譽 不足以勸善 計其毁罰 不足以沮暴 此何故以然 則欲同一天

下之義 將奈何可 故子墨子言曰 然胡不賞[5] 使家君試用 家君發憲布
令其家 曰 若見愛利家者 必以告 若見惡賊家者 亦必以告 若見愛
利家以告 亦猶愛利家者也 上得且賞之衆聞則譽之 若見惡賊家不
以告 亦猶惡賊家者也 上得且罰之 衆聞則非之 是以徧若家之人 皆
欲得其長上之賞譽 辟其毁罰 是以善言之 不善言之 家君得善人而
賞之 得暴人而罰之 善人之賞 而暴人之罰 則家必治矣 然計若家之
所以治者何也 唯以尙同一義爲政故也

1) 卿之宰(경지재) : 경(卿)과 재상(宰相). 둘다 제후에게 소속된 고급관리. 지
   (之)는 여(與)와 같은 구실을 한다.
2) 家君(가군) : 가장(家長). 한 집안의 어른.
3) 用說(용열) : 편히 지내게 해주다. 열(說)은 열(悅)의 잘못. 또는 일(逸)의
   잘못인 듯하다.
4) 唯使(유사) : 유는 수(雖)와 같아 비록 무엇을 하게 하더라도의 뜻.
5) 賞(상) : 상(嘗)이어야 하며, 일찍이의 뜻.

3. 국가를 미워하고 해롭게 하는 것

집안이 이미 다스려졌다면 국가의 도(道)도 이에 다하고 있다
고 할 것인가. 그렇지 않을 것이다. 천하에는 집안의 수가 매우 많
다. 그런데 이들은 모두 자기의 집안은 옳고 남의 집안은 그르다
고 한다. 그래서 심한 집안은 혼란을 일으키고 심하지 않은 집안
도 남의 집안과 다툼이 있게 된다.

그러므로 가장으로 하여금 그 집안의 의견을 모아 군주의 의견
에 같게 해야 하는 것이다.

군주도 또한 국가의 백성들에게 법령을 발하여 이르기를 "만약
국가를 사랑하고 이롭게 하는 사람을 보면 반드시 그것을 보고하
고, 만약 국가를 미워하고 해롭게 하는 사람을 보아도 또한 반드
시 그것을 보고하라."고 한다.

만약 국가를 사랑하고 이롭게 하는 것을 보고서 그것을 보고하
면 또한 나라를 사랑하고 이롭게 하는 것과 같은 것이다. 군주가

그것을 알면 그에게 상을 주고 많은 사람들이 그것을 듣고는 그를 칭찬한다.

만약 국가를 미워하고 해롭게 하는 것을 보고도 그것을 보고하지 않는다면 또한 국가를 미워하고 해롭게 하는 것과 같은 것이다. 군주가 그것을 알면 그에게 벌을 주고 많은 사람들이 그것을 들으면 그를 비방한다. 그래서 그 국가의 백성들은 누구나 그 윗사람의 상과 칭찬을 받고 싶어하고 비방과 형벌은 피하려 한다.

백성들은 선한 것을 보아도 그것을 말하고 선하지 않은 것을 보아도 그것을 말하게 된다. 군주가 선한 사람을 보면 그에게 상을 주고, 포악한 사람을 보면 그에게 벌을 준다. 선한 사람이 상을 받고 포악한 사람이 벌을 받게 되면 그 국가는 반드시 다스려진다.

그 국가가 다스려지는 까닭을 헤아려 보면 그것은 무엇 때문일까. 오직 윗사람과 의견을 같이 하여 통일된 의견으로 정치를 하기 때문이다.

국가가 이미 다스려졌다면 천하의 도(道)를 이것으로 다하고 있다고 할 것인가. 그렇지 않을 것이다. 천하에는 국가의 수가 매우 많은데 모두들 자기 나라는 옳고 남의 나라는 그르다고 한다. 그래서 심한 나라는 전쟁을 일으키고 심하지 않은 나라도 남의 나라와 다툼이 있게 된다.

그러므로 국가의 군주로 하여금 그 국가의 뜻을 모아서 천자의 의견과 하나가 되게 해야 하는 것이다.

천자도 또한 천하의 백성들에게 법령을 발하여 이르기를 "만약 천하를 사랑하고 이롭게 하는 사람을 보면 반드시 그것을 보고하고, 만약 천하를 미워하고 해롭게 하는 사람을 보아도 또한 반드시 그것을 보고하라."고 한다.

만약 천하를 사랑하고 이롭게 하는 것을 보고서 그것을 보고하는 사람은 또한 천하를 사랑하고 이롭게 하는 사람과 같은 것이다. 천자가 그것을 알면 그에게 상을 주고, 많은 사람들이 그것을 듣고는 그를 칭찬한다.

만약 천하를 미워하고 해롭게 하는 것을 보고도 그것을 보고하지 않는 사람은 또한 천하를 미워하고 해롭게 하는 사람과 같은 것이다. 천자가 그것을 알면 그에게 벌을 주고, 많은 사람들이 그것을 듣고는 그를 비방한다.

온 천하의 사람들은 모두 천자의 상과 칭찬을 받고 싶어 하고 비방과 형벌을 피하고자 한다. 이것으로써 백성들은 선한 것을 보아도 그것을 보고하고, 선하지 못한 것으로 보아도 그것을 보고하게 된다.

천자는 선한 사람을 보고는 그에게 상을 주고, 포악한 사람을 보고는 그에게 벌을 준다. 선한 사람이 상을 받고 포악한 사람이 벌을 받게 되면 천하는 반드시 잘 다스려진다.

천하가 다스려지는 까닭을 헤아려 보면 그것은 무엇 때문인가. 오직 윗사람과 의견을 같이 하여 통일된 의견으로 정치를 하기 때문이다.

家旣已治 國之道盡此已邪 則未也 天下爲家數也甚多 此皆是其家 而非人之家 是以厚者有亂 而薄者有爭 故又使家君總其家之義 以尙同於國君 國君亦爲發憲布令於國之衆 曰 若見愛利國者 必以告 若見惡賊國者 亦必以告 若見愛利國以告者 亦猶愛利國者也 上得且賞之 衆聞則譽之 若見惡賊國不以告者 亦猶惡賊國者也 上得且罰之 衆聞則非之 是以徧[1]若國之人[2] 皆欲得其長上之賞譽 避其毀罰 是以民見善者言之 見不善者言之 國君得善人而賞之 得暴人而罰之 善人賞而暴人罰 則國必治矣 然計若國之所以治者何也 唯能以尙同一義爲政故也 國旣已治矣 天下之道盡此已邪 則未也 天下之爲國數也甚多 此皆是其國 而非人之國 是以厚者有戰 而薄者有爭 故又使國君選[3]其國之義 以義尙同於天子 天子亦爲發憲布令於天下之衆 曰 若見愛利天下者 必以告 若見惡賊天下者 亦以告 若見愛利天下以告者 亦猶愛利天下者也 上得則賞之 衆聞則譽之 若見惡賊天下不以告者 亦猶惡賊天下者也 上得且罰之 衆聞則非之 是以徧天下之人 皆欲得其長上[4]之賞譽 避其毀罰 是以見善不善者告之 天子得善人而賞之 得暴人而罰之 善人賞而暴人罰 天下必治

矣 然計天下之所以治者何也 唯而以尙同一義爲政故也

1) 徧(편) : 두루. 곧 누구나 다.

2) 若國之人(약국지인) : 그 나라의 사람. 약은 기(其) 또는 차(此)와 같다.

3) 選(선) : 총(總)과 그 뜻이 통하여 모으다의 뜻..

4) 長上(장상) : 윗사람. 웃어른. 즉 천자.

4. 국가를 다스림은 한 집안을 다스리는 것과 같다

천하가 이미 다스려졌다면 천자는 또 천하의 의견을 모아서 하늘의 뜻에 하나가 되도록 해야 한다. 그러므로 윗사람을 중심으로 의견을 통일하는 이론을 위로 천자에게 적용하면 천하를 다스릴 수 있고, 중간으로 그것을 제후(諸侯)들에게 적용하면 그들의 국가를 다스릴 수 있으며, 작게 그것을 가장(家長)들에게 적용하면 그들의 집안을 다스릴 수 있게 된다.

그것을 크게 적용하여 천하를 다스리면 여유가 있게 되고, 작게 작용하여 한 국가나 한 집안을 다스리면 막히는 일이 없는 것은 이와 같은 도(道)를 두고 이르는 말이다.

그러므로 이르기를 "천하의 국가들을 다스리는 것은 한 집안을 다스리는 것과 같고, 천하의 백성들을 부리는 일은 한 사람을 부리는 일과 같다."라고 하는 것이다. 그러면 묵자만이 홀로 이런 주장을 하고 선왕(先王)들은 그러한 주장이 없었던가. 선왕들도 또한 그러하였다. 성왕들은 모두 윗사람을 중심으로 의견을 통일하여 정치를 하였으므로 천하가 잘 다스려졌던 것이다.

무엇으로써 그러함을 알 수 있는가.

선왕(先王)의 글인 '서경' 대서편(大誓篇)에 말하기를 "백성들이 간교(姦巧)한 짓을 하는 것을 보면 곧 알려야 한다. 알리지 않는 자는 그 죄가 똑같이 인정될 것이다."라고 하였다.

이것은 사악(邪惡)한 짓을 하는 것을 보고도 그것을 알리지 않는 사람은 그 죄가 또한 사악한 짓을 한 사람과 같다는 것을 말한 것이다. 그러므로 옛날의 성왕들은 천하를 다스림에 있어서 사람을 잘 가려서 자기의 신하로 썼으므로 측근에서 보좌하는 사람은 모두 훌륭한 사람이었고, 그가 보고 듣는 것을 돕는 사람들이 많았다.

사람들과 일을 계획하면 남보다 앞서 뜻을 이루고, 사람들과 일을 거사하면 남보다 앞서 이루었으며, 영광과 명성은 남보다 먼저 퍼졌다. 오직 진실한 몸가짐으로 일에 종사하였으므로 그 이로움이 이와 같았던 것이다.

옛 말에 이르기를 "한 눈으로 보는 것은 두 눈으로 보는 것만 같지 못하고, 한 귀로 듣는 것은 두 귀로 듣는 것만 같지 못하며, 한 손으로 잡는 것은 두 손 만큼 강하지 못하다."고 하였다. 그들은 오직 진실한 몸가짐으로 일에 종사하였으므로 그 이로움이 이와 같았던 것이다.

天下旣已治 天子又總天子[1]之義 以尙同於天 故當尙同之爲說也 尙用之[2]天子 可以治天下矣 中用之諸侯 可而治其國矣 小用之家君 可而治其家矣 是故大用之 治天下不窕[3] 小用之 治一國一家而不橫[4]者 若道之謂也 故曰治天下之國若治一家 使天下之民若使一夫 意獨子墨子有此 而先工無此其有邪 則亦然也 聖王皆以尙同爲政 故天下治 何以知其然也 於先王之書也大誓[5]之言然 曰 小人見姦巧乃聞 不言也 發罪鈞 此言見淫辟不以告者 其罪亦猶淫辟者也 故古之聖王治天下也 其所差論[6] 以自左右羽翼者皆良 外爲[7]之人 助之視聽者衆 故與人謀事 先人得之 與人擧事 先人成之 先之譽令聞 先人發之 唯信身而從事 故利若此 古者有語焉 曰 一目之視也 不若二目之視也 一耳之聽也 不若二耳之聽也 一手之操也 不若二手之彊也 夫唯能信身而從事 故利若此

1) 天子(천자) : 천하(天下)의 잘못인 것 같다.
2) 尙用之(상용지) : 상(尙)은 상(上)과 통하여 '위로 그것을 적용하면'의 뜻이 된다.
3) 不窕(부조) : 가득차지 않다. 즉 여유가 없지 않다는 뜻.
4) 不橫(불횡) : 막히지 않다. 즉 거칠 것이 없다는 뜻.

5) 大誓(대서) : '서경(書經)'의 한 편명. 지금 전하는 '서경'에는 이런 내용이 보이지 않는다.

6) 差論(차론) : 선택(選擇).

7) 外爲(외위) : 잘못 들어간 불필요한 말 같다.

5. 천리 밖의 포악한 사람들

옛날의 성왕들이 천하를 다스림에 있어서 천 리 밖에 현명한 사람이 있으면 그 고장 사람들이 아직 모두 그에 대한 이야기를 듣거나 보지 못하였건만 성왕은 그것을 알고 상을 주었으며, 천 리 밖에 포악한 사람이 있으면 그 고장 사람들이 아직 모두 그에 대한 이야기를 듣거나 보지 못하였건만 성왕은 그것을 알고 벌을 주었다.

성왕이 비록 귀가 밝고 눈이 밝다고 하더라도 어찌 한 번 보아 천 리 밖을 볼 수가 있었으며, 한 번 들어 천 리 밖의 일을 들을 수가 있었겠는가.

성왕은 몸소 가서 보는 것도 아니며 몸소 가서 듣는 것도 아니었다. 그러나 천하를 혼란하게 만드는 침략자나 반역자나 도적들이 천하를 두루 돌아다니면 다시는 발붙일 수 없도록 한 것은 무엇 때문이었을까. 그것은 윗사람을 중심으로 의견을 통일하여 정치를 잘 하였기 때문이었다.

그런 까닭에 묵자가 말하였다.

"무릇 백성들로 하여금 윗사람을 중심으로 의견을 통일하게 하는 사람이 백성을 사랑하는데 힘쓰지 않으면 백성들을 다른 방법으로는 부릴 수가 없다. 반드시 힘써 사랑하여 그들을 부리고 믿게 함으로써 그들의 지지를 받는다. 부(富)와 귀(貴)로써 그들을 앞에서 인도해야 하고, 형벌을 분명히 함으로써 그들의 장래를 경계해야 한다."

정치를 함에 있어 이와 같이 한다면, 비록 나와 의견이 하나가 되지 않기를 바란다 하더라도 그렇게 될 수가 없다.

이에 묵자가 말하였다.

"지금의 왕공대인(王公大人)과 벼슬하는 사람들이 진심으로 인(仁)과 의(義)를 실천하고자 한다면 훌륭한 선비를 구하여 위로 성왕의 도에 맞고 아래로 국가와 백성들의 이로움에 맞도록 해야 할 것이다."

윗사람을 중심으로 의견을 통일한다는 이론에 대해서는 신중하게 다루지 않으면 안된다. 윗사람을 중심으로 의견을 통일하는 것은 정치의 근본이며, 다스림의 요체(要諦)인 것이다.

是故古之聖王之治天下也 千里之外有賢人焉 其鄕里之人皆未之均聞見也 聖王得而賞之 千里之內有暴人焉 其鄕里未之均聞見也 聖王得而罰之 故唯毋以聖王爲聽耳明目與 豈能一視而通見千里之外哉 一聽而通聞千里之外哉 聖王不往而視也 不就而聽也 然而使天下之爲寇亂盜賊者 周流天下無所重足[1]者 何也 其以尙同爲政善也 是故子墨子曰 凡使民尙同者 愛民不疾[2] 民無可使 曰必疾愛而使之 畋信而持之 富貴以道其前 明罰以率其後 爲政若此 雖欲毋與我同 將不可得也 是以子墨子曰 今天下王公大人士君子 中情將欲爲仁義 求爲士 上欲中聖工之道 下欲中國家百姓之利 故當尙同之說 而不察 尙同爲政之本 而治要也

1) 重足(중족) : 다시 발붙인다.
2) 疾(질) : 힘쓰다.

제4권(卷之四)

제14편 더불어 사랑한다 ㉒(兼愛上第十四)

1. 혼란이 일어나는 까닭을 살핀다

성인은 천하를 다스리는 것으로써 일을 삼는 사람이다.

반드시 혼란이 일어나는 까닭을 알아야만 이에 천하를 다스릴 수 있고, 혼란이 일어나는 까닭을 알지 못하면 천하를 다스릴 수가 없다.

비유컨대 의사가 사람의 병을 다스리는 것과 같다. 반드시 병이 생긴 원인을 알아야만 이에 병을 다스릴 수 있고, 병이 생긴 원인을 알지 못하면 병을 다스릴 수 없다.

혼란을 다스리는 일이 어찌 이것과 다름이 있겠는가.

반드시 혼란이 일어난 까닭을 알아야만 이에 천하를 다스릴 수 있고, 혼란이 일어난 까닭을 알지 못하면 다스릴 수 없게 된다. 성인은 천하를 다스리는 일에 종사하는 사람이므로 혼란이 일어나는 원인을 살피지 않을 수 없는 것이다.

일찍이 혼란이 일어나는 이유를 살피건대 서로 사랑하지 않는 까닭에서 일어난다. 신하나 자식이 그의 군주나 아버지에게 충성하지 않고 효도하지 않는 것이 이른바 혼란이다.

자식이 스스로는 사랑하면서 그의 아버지를 사랑하지 않으므로 아버지를 이지러뜨리고 자신을 이롭게 하는 것이다. 아우가 자신은 사랑하면서 그의 형을 사랑하지 않으므로 형을 이지러뜨리고 자신은 이롭게 하는 것이다. 신하가 자신은 사랑하면서 군주를 사랑하지 않으므로 군주를 이지러뜨리고 자신을 이롭게 하는 것이다. 이것이 이른바 혼란이다.

聖人以治天下爲事者也 必知亂之所自起 焉¹⁾能治之 不知亂之所
自起 則不能治 譬之如醫之攻²⁾ 人之疾者然 必知疾之所自起 焉能攻
之 不知疾之所自起 則弗能攻 治亂者何獨不然 必知亂之所自起 焉
能治之 不知亂之所自起 則弗能治 聖人以治天下爲事者也 不可不
察亂之所自起 當³⁾察亂何自起 起不相愛 臣子之不孝君父 所謂亂也
子自愛不愛父 故虧父而自利 弟自愛不愛兄 故虧兄而自利 臣自愛
不自愛君 故虧君而自利 此所謂亂也

1) 焉(언) : 내(乃)와 같은 뜻.

2) 攻(공) : 병을 고치다. 병을 다스리다.

3) 當(당) : 상(嘗)과 통하여 일찍이의 뜻.

2. 서로 사랑하지 않는 데서 오는 것

아버지가 아들을 사랑하지 않고, 형이 아우를 사랑하지 않으며,
군주가 신하를 사랑하지 않는 것 또한 이른바 천하의 혼란이다.

아버지가 자신은 사랑하면서 아들을 사랑하지 않으므로 아들
을 이지러뜨리고 자신을 이롭게 하고, 형이 자신은 사랑하면서 아
우를 사랑하지 않으므로 아우를 이지러뜨리고 자신을 이롭게 하
며, 군주가 자신은 사랑하면서 신하를 사랑하지 않으므로 신하를
이지러뜨리고 자신을 이롭게 한다면 이것은 무엇인가. 모두가 서
로 사랑하지 않는데서 일어나는 일이다.

천하의 도둑들도 또한 그러하다. 도둑은 자기 집은 사랑하면서
남의 집은 사랑하지 않는다. 그러므로 남의 집의 것을 훔쳐서 자
기 집을 이롭게 한다. 남을 해치는 사람은 자신의 몸은 사랑하면
서 남은 사랑하지 않는다. 그러므로 남의 몸을 해치면서 그 자신
을 이롭게 한다. 이것은 어째서인가. 모두가 서로 사랑하지 않는
데서 일어나는 것이다.

대부(大夫)들이 서로 남의 집안을 어지럽히고 제후(諸侯)들
이 서로 상대의 나라를 침략하는 것도 또한 그러하다. 대부들은
각기 자기 집안은 사랑하면서 남의 집안은 사랑하지 않기에 남의

집안을 어지럽힘으로써 자기 집안을 이롭게 하고, 제후들은 각기
자기 나라는 사랑하면서 남의 나라는 사랑하지 않기에 남의 나라
를 침략함으로써 자기 나라를 이롭게 한다. 천하를 어지럽히는 일
들은 모두 여기에 그 원인이 있을 따름이다. 이것이 어디에서 일
어나는가를 살펴보면 모두가 서로 사랑하지 않는데서 일어나는
것이다.

雖父之不慈[1]子 兄之不慈弟 君之不慈臣 此亦天下之所謂亂也 父
自愛也不愛子 故虧子而自利 兄自愛也不愛弟 故虧弟而自利 君自
愛也不愛臣 故虧臣而自利 是何也 皆起不相愛 雖至天下之爲盜賊
者亦然 盜愛其室不愛其異室[2] 故竊異室以利其室 賊愛其身不愛人
故賊人[3]以利其身 此何也 皆起不相愛 雖至大夫之相亂家 諸侯之相
攻國者亦然 大夫各愛家 不愛異家 故亂異家以利家 諸侯各愛其國
不愛異國 故攻異國以利其國 天下之亂物[4]具此而已矣 察此何自起
皆起不相愛

1) 慈(자) : 자애롭다. 사랑하다.
2) 異室(이실) : 다른 집. 남의 집.
3) 賊人(적인) : 남의 몸을 해치다.
4) 亂物(난물) : 물(物)은 사(事)와 같다. 어지러운 일들.

3. 남의 나라를 공격하지 않는 것은

만약 천하로 하여금 모두가 더불어 사랑하게 하여 남을 사랑하
기를 그 몸을 사랑하듯이 한다면 어찌 불효와 같은 짓을 하겠으
며 그런데도 자애롭지 않은 사람이 있겠는가. 자식과 아우와 신
하 보기를 자신의 몸과 같이 한다면 어찌 자애롭지 않음이 베풀
어지겠는가. 불효가 없어질 것이다.

도적에 있어서도 마찬가지다. 남의 집 보기를 자기 집과 같이
한다면 누가 훔치겠는가. 남의 몸 보기를 자기 몸과 같이 한다면
누가 해치겠는가. 이렇게 된다면 도적이 없어질 것이다.

　서로 남의 집안을 어지럽히는 대부와 남의 나라를 침략하는 제후에 있어서 남의 집안 보기를 자기 집안과 같이 한다면 누가 어지럽힐 것이며, 남의 나라 보기를 자기 나라와 같이 한다면 누가 침략을 하겠는가. 이렇게 되면 대부들이 서로 남의 집안을 어지럽히고 제후들이 서로 남의 나라를 침략하는 일이 없어질 것이다.

　만약 천하로 하여금 모두가 더불어 서로 사랑하게 한다면 나라와 나라는 서로 침략하지 않고, 집안과 집안은 서로 어지럽히지 않을 것이며, 도둑이 없어지고, 군주와 신하 그리고 아버지와 아들이 모두 효도하고 자애로울 수 있을 것이다. 이와 같이 되면 천하가 다스려질 것이다.

　천하를 다스리는 일에 종사하는 성인으로서 어찌 미워함을 금하고 사랑을 권장하지 않을 수 있겠는가. 천하가 모두 더불어 서로 사랑하게 되면 다스려지고 서로가 미워하면 어지러워진다. 그래서 묵자가 말하기를 "남을 사랑하라고 권하지 않을 수가 없다."라고 한 까닭은 여기에 있는 것이다.

　若使天下兼相愛[1] 人若愛其身 惡施[2]不孝 猶[3]有不慈者乎 視子弟與臣若其身 惡施不慈 不孝亡有 猶有盜賊乎 故視人之室若其室 誰竊 視人身若其身 誰賊 故盜賊亡有 猶有大夫之相亂家 諸侯之相攻國者乎 視人家若其家 誰亂 視人國若其國 誰攻 故大夫之相亂家諸侯之相攻國者亡有 若使天下兼相愛 國與國不相攻 家與家不相亂 盜賊無有 君臣父子皆能孝慈 若此則天下治 故聖人以治天下爲事者 惡得不禁惡而勸愛 故天下兼相愛則治 相惡則亂 故子墨子曰 不可以不勸愛人者 此也

1) 兼相愛(겸상애) : 모두가 더불어 서로 사랑하다.

2) 惡施(오시) : 오(惡)는 하(何)와 같고, 시(施)는 행(行)과 같다.

3) 猶(유) : 오히려. 그런데도.

제15편 더불어 사랑한다 (중)(兼愛中第十五)

1. 천하의 해로운 것이란

묵자가 말하였다.

"어진 사람이 정치적인 일을 하는 목적은 반드시 천하의 이로움을 일으키고 천하의 해로움을 제거하는데에 있으니 이런 원칙으로 정치적인 일을 하는 것이다."

그러면 천하의 이로움이란 무엇이며 천하의 해로움이란 무엇인가. 이에 대하여 묵자가 말하였다.

"지금 나라와 나라가 서로 침략하고 집안과 집안이 서로 빼앗고 사람과 사람이 서로 상하게 하고 있으며 군주와 신하 사이에 서로 은혜롭고 충성되지 못하고 아버지와 아들 사이에 서로 자애롭고 효도하지 못하며 형과 아우 사이에 서로 융화를 이루지 못하고 있는 것과 같은 이것이 곧 천하의 해로운 것이다."

이 해로움을 살피건대 또한 그것은 어찌하여 생겨나는 것인가. 서로 사랑하는데서 생겨나는 것은 아닐 것이다.

묵자가 말하였다.

"서로 사랑하지 않음으로써 생기는 것이다. 지금 제후들은 홀로 자기 나라만을 사랑할 줄 알고 남의 나라는 사랑하지 않는다. 그래서 자기 나라를 동원하여 남의 나라 침략하기를 꺼리지 않는다. 지금 가장(家長)들은 홀로 자기 집안만을 사랑할 줄 알고 남의 집안을 사랑하지 않는다. 그래서 자기 집안을 동원하여 남의 집안을 빼앗는 일을 꺼리지 않는다. 지금 사람들은 홀로 자기 몸만을 사랑할 줄 알고 남의 몸은 사랑하지 않는다. 그래서 자기의 몸으로써 남의 몸을 상하게 하는 일을 꺼리지 않는다.

그런 까닭에 제후들이 서로 사랑하지 않으면 반드시 벌판에서 전쟁을 하게 되고, 집안의 가장들이 서로 사랑하지 않으면 반드시 서로 빼앗게 되며, 사람과 사람이 서로 사랑하지 않으면 반드시 서로 상하게 한다. 군주와 신하가 서로 사랑하지 않으면 은혜롭고 충성스럽지 않게 되고, 아버지와 아들이 서로 사랑하지 않으면 자애롭고 효도하지 않게 되며, 형과 아우가 서로 사랑하지 않으면 융화를 이루지 못하게 될 것이다."

천하의 사람들이 모두 서로 사랑하지 않으면 강한 자는 반드시 약한 자를 억누르고, 부자는 반드시 가난한 자를 업신여기고, 고귀한 자는 반드시 천한 자에게 교만하며, 잔꾀를 잘 쓰는 자는 반드시 어리석은 자를 속이게 될 것이다.

무릇 천하의 재앙과 찬탈(簒奪)과 원망과 한탄이 일어나는 까닭은 서로 사랑하지 않는데서 생겨난다. 어진 사람들은 그것을 잘못된 것으로 보는 것이다. 이것이 잘못됐다면 무엇으로써 그것을 바꾸어야 하는가. 이에 대하여 묵자가 말하였다.

"더불어 서로 사랑하고 서로 이롭게 하는 방법으로써 그것을 바꾸어야 한다."

子墨子言曰 仁人之所以爲事者 必興天下之利 除去天下之害 以此爲事者也 然則天下之利何也 天下之害何也 子墨子言曰 今若國之與國之相攻 家之與家之相簒¹⁾ 人之與人之相賊 君臣不惠忠²⁾ 父子不慈孝 兄弟不和調 此則天下之害也 然則崇此害亦何用³⁾生哉 以不相愛生邪 子墨子言 以不相愛生 今諸侯獨知愛其國 不愛人之國 是以不憚擧其國⁴⁾以攻人之國 今家主獨知愛其家 而不愛人之家 是以不憚擧其家以簒人之家 今人獨知愛其身 不愛人之身 是以不憚擧其身以賊人之身 是故諸侯不相愛則必野戰 家主不相愛則必相簒 人與人不相愛則必相賊 君臣不相愛則不惠忠 父子不相愛則不慈孝 兄弟不相愛則不和調 天下之人皆不相愛 强必執弱 富必侮貧 貴必敖賤 詐必欺愚 凡天下禍簒怨恨 其所以起者 以不相愛生也 是以仁

者非之 旣以非之 何以易之⁵⁾ 子墨子言曰 以兼相愛交相利之法易之

1) 篡(찬) : 빼앗다. 탈취(奪取)하다.
2) 惠忠(혜충) : 군주는 신하에게 은혜를 베풀고 신하는 군주에게 충성을 다한다.
3) 何用(하용) : 용(用)은 이(以)와 통하여 무엇으로써. 또는 용은 유(由)와 통하여 무엇으로 말미암아의 뜻. 하이(何以). 하유(何由).
4) 擧其國(거기국) : 자기 나라를 동원하다. 거(擧)는 동원한다.
5) 易之(역지) : 그것을 바꾸다.

2. 서로 이롭게 하는 방법은

그러면 더불어 서로 사랑하고 서로 이롭게 하는 방법은 어떻게 하는 것인가.

묵자가 말하였다.

"남의 나라 보기를 자기 나라 보듯이 하고, 남의 집안 보기를 자기 집안 보듯이 하며, 남의 몸 보기를 자기 몸 보듯이 하라. 그래서 제후들이 서로 사랑하게 되면 벌판에서 전쟁하는 일이 없게 되고, 가장(家長)들이 서로 사랑하게 되면 서로 빼앗는 일이 없게 되며, 사람과 사람이 서로 사랑하게 되면 서로 해치지 않게 된다.

귀한 사람은 천한 사람에게 오만하지 않게 되며, 잔꾀를 잘 쓰는 사람은 어리석은 사람을 속이지 않게 될 것이다. 무릇 천하의 재앙과 찬탈과 원망과 한탄이 일어나지 않게 하면 이로써 어진 사람은 그것을 칭송하는 것이다.

그러므로 지금 천하의 선비들은 임금과 신하가 서로 사랑하면 은혜롭고 충성스럽게 될 것이고 아버지와 아들이 서로 사랑하면 자애롭고 효성스럽게 될 것이며, 형과 아우가 서로 사랑하면 융화를 이루게 될 것이라고 했다.

천하의 사람들이 모두 서로 사랑하면 강한 자가 약한 자를 억누르지 않게 되고, 많은 다수가 소수를 협박하지 않게 되고 부자가 가난한 사람을 업신여기지 않게 될 것이다."

또 묵자가 말하였다.

"그렇다. 더불어 사랑한다는 것은 좋은 일이다. 그렇기는 하나 그것은 천하의 가장 어려운 일이다."

묵자가 말하였다.

"천하의 벼슬하는 사람들은 홀로 그 이로움을 알지 못하고 그 이유를 분별하지 못하고 있다. 만약 지금 성(城)을 공격하여 벌판에서 싸움이 벌어졌는데 자기 몸을 희생하면서 이름을 날리는 일은 천하의 백성들이 모두 어렵다고 여기는 일이다. 그러나 진실로 군주가 그것을 즐거워하기 때문에 많은 병사들은 그러한 일을 능히 하는 것이다. 하물며 더불어 서로 사랑하고 서로 이롭게 하는 일이 이것보다 더 어렵겠는가.

남을 사랑하는 사람은 남도 반드시 그를 따라 사랑하게 되고, 남을 이롭게 하는 사람에게는 남도 반드시 그를 따라 이롭게 해줄 것이다. 남을 미워하는 사람에게는 남도 반드시 그를 따라 그를 미워할 것이고, 남을 해롭게 하는 사람에게는 남도 반드시 그를 따라 그를 해롭게 할 것이다. 여기에 무슨 어려움이 있겠는가.

단지 그것은 군주가 그런 방법으로 정치를 하지 않고, 벼슬하는 사람들이 그것을 행하지 않기 때문이다."

옛날 진(晉)나라 문공(文公)은 선비들이 허름한 옷 입는 것을 좋아하였다. 그래서 문공의 신하들은 모두 암양의 갖옷을 입고, 장식이 없는 가죽띠에 칼을 묶어서 찼으며, 거친 비단으로 만든 관(冠)을 쓰고서 들어가 군주를 배알하고, 나아가서는 조회(朝會)에도 참석하였다.

이것은 무슨 까닭이었을까. 군주가 그런 것을 좋아하였으므로 신하들이 그렇게 했던 것이다.

옛날 초(楚)나라 영왕(靈王)은 선비들의 날씬한 허리를 좋아하였다. 그래서 영왕의 신하들은 모두 매일 한 끼만의 밥으로써 절제를 하고, 가슴으로 숨을 들이쉰 다음에야 허리띠를 매었으며, 벽을 붙잡고서야 일어날 수가 있었다. 1년이 지나자 조정의 대신들은 모두 몸이 깡마르고 검을 얼굴빛을 띠게 되었다.

이것은 무슨 까닭이었을까. 군주가 그런 것을 좋아하였으므로 신하들이 그렇게 했던 것이다.

옛날 월(越)나라 왕 구천(句踐)은 선비들의 용감함을 좋아하였다. 그 신하들을 훈련시키기 위해 남모르게 사람을 시켜 배에다 불을 질러 배가 타오르게 하고는 그의 신하들에게 시험삼아 말하기를 "월나라의 보물들이 모두 저 배 안에 들어 있다."고 하면서 친히 북을 치면서 신하들에게 배 안으로 들어가 보물들을 건지라고 하였다. 신하들은 북소리를 들으면서 대열(隊列)을 무너뜨리고 어지러이 달려가 불로 뛰어들어 죽는 사람이 가까운 신하만 백 여명이나 되었다. 월나라 왕은 그제서야 징을 쳐서 그들을 물러나게 하였다.

然則兼相愛交相利之法將奈何哉 子墨子言 視人之國若視其國 視人之家若視其家 視人之身若視其身 是故諸侯相愛則不野戰 家主相愛則不相簒 人與人相愛則不相賊 貴不敖賤 詐不欺愚 凡天下禍簒怨恨可使毋起者 以仁者譽之 然而今天下之士 君臣相愛則惠忠父子相愛則慈孝 兄弟相愛則和調 天下之人皆相愛 强不執弱 衆不劫寡 富不侮貧 子墨子言曰 然乃若兼則善矣 雖然天下之難物於故[1]也 子墨子言曰 天下之士君子 特不識其利 辯其故也 今若夫攻城野戰 殺身爲名 此天下百姓之所皆難也 苟君說之 則士衆能爲之 況於兼相愛 交相利 則與此異 夫愛人者 人必從而愛之 利人者 人必從而利之 惡人者 人必從而惡之 害人者 人必從而害之 此何難之有 特上弗以爲政 士不以爲行故也 昔者 晉文公好士之惡衣 故文公之臣皆牂羊之裘 韋[2]以帶劍 練帛[3]之冠 入以見於君 出以踐朝 是其故何也 君說之 故臣爲之也 昔者楚靈王好士細要[4] 靈王之臣 皆以一飯爲節 脇息[5]然後帶 扶牆然後起 比期年 朝有黧黑[6]之危 是其故是也 君說之 故臣能之也 昔越王句踐好士之勇 敎馴其臣 和合之[7]焚舟失火 試其士曰 越國之實盡在此 越王親自鼓其士[8]而進之 士聞鼓音破碎[9]亂行 蹈火而死者左右百人有餘 越王擊金[10]而退之

1) 故(고) : 일. 곧 사(事)의 뜻.

2) 韋(위) : 다른 가죽.

3) 練帛(연백) : 거칠게 짠 비단의 일종. 대백(大帛).

4) 要(요) : 요(腰)와 통하여 허리의 뜻.

5) 脇息(협식) : 가슴으로 숨을 쉬며 허리를 최대한 가늘게 줄이는 것.

6) 黧黑(이흑) : 배를 곯아 몸이 깡마르고 얼굴빛이 검게 되다.

7) 和合之(화합지) : 사영인(私令人)의 잘못된 기록인 듯하다. 남모르게 사람
   에게 시킨다는 뜻.

8) 士(사) : 여기서는 신하의 뜻.

9) 破碎(파쇄) : 대열을 무너뜨린다. 쇄(碎)는 췌(萃)와 통하여 대열(隊列)의
   뜻.

10) 擊金(격금) : 징을 치다. 옛날 전쟁에서는 전진의 신호로서 북을 쳤고 후퇴
    의 신호로서 징을 쳤다.

3. 남을 사랑하면 남도 또한 따라서 사랑한다

묵자가 말하였다.

"적게 먹고 허름한 옷을 입고 자기의 몸을 희생하여 이름을 얻
는 것과 같은 일은 천하의 백성들이 모두 어렵게 여기는 일이지
만 만약 진실로 군주가 그것을 좋아한다면 많은 사람들이 능히 그
것을 한다. 하물며 더불어 서로 사랑하고 서로 이롭게 해주는 일
이고 이와 다를 수가 있겠는가.

남을 사랑하는 사람은 남도 또한 따라서 그를 사랑하고, 남을
이롭게 해주는 사람은 남도 또한 따라서 그를 이롭게 해준다. 남
을 미워하는 사람은 남도 또한 그를 따라서 미워하고, 남을 해롭
게 하는 사람은 남도 또한 따라서 그를 해롭게 한다. 이것이 어찌
어려울 것이 있겠는가. 홀로 군주가 그것으로써 정치를 하지 않
고, 신하들이 그것을 행하지 않기 때문이다."

지금 천하의 벼슬하는 사람들이 말하기를 "그렇다. 곧 더불어
사랑하는 일은 좋다. 비록 그렇기는 하나 실천하기는 어려운 일
로써 비유컨대 태산(泰山)을 옆에 끼고 황하(黃河)나 제수(濟
水)를 뛰어 건너는 것과 같은 일이다"라고 한다.

이에 묵자가 말하였다.

"이것은 적합한 비유가 아니다. 대저 태산을 끼고 황하나 제수
를 뛰어 건너자면 날래고도 힘이 있어야 된다고 하겠다. 예로부
터 지금에 이르기까지 그런 일을 해낼 수 있었던 사람은 아무도
없었다. 더불어 서로 사랑하고 서로 이롭게 하는 일은 이것과는
다른 일이다. 그것은 옛날 성왕들이 이미 행하였던 일이다. 어떻
게 그러함을 알 수 있겠는가."

是故子墨子言曰 乃若夫少食惡衣 殺身而爲名 此天下百姓之所皆
難也 若苟君說¹⁾之 則衆能爲之 況兼相愛 交相利 與此異矣 夫愛人
者 人亦從而愛之 利人者 人亦從而利之 惡人者 人亦從而惡之 害
人者 人亦從而害之 此何難之有焉 特上不以爲政而士不以爲行故
也 然而今天下之士君子曰 然 乃若兼則善矣 雖然 不可行之物也 譬
若挈²⁾太山³⁾越河濟⁴⁾也 子墨子言 是非其譬也 夫挈太山而越河濟 可
謂畢劫⁵⁾有力矣 自古及今未有能行之者也 況乎兼相愛 交相利 則與
此異 古者聖王行之 何以知其然

1) 說(열) : 좋아하다. 기뻐하다.

2) 挈(설) : 들다. 끌어당기다. 여기서는 낀다는 뜻.

3) 太山(태산) : 태산(泰山). 지금의 산동성(山東省)에 있음.

4) 河濟(하제) : 황하(黃河)와 제수(濟水).

5) 畢劫(필겁) : 날래고도 힘이 세다. 필(畢)은 질(疾)과 통하여 날래다, 빠르
   다의 뜻. 겁(劫)은 경(勁)의 오자(誤字)로 힘이 세다는 뜻.

4. 다같이 사랑하는 것이다

옛날 우왕(禹王)이 천하를 다스림에 있어서 서쪽으로는 서하
(西河)와 어두(漁竇)를 다스려 거(渠)와 손(孫)과 황(皇)의 물
을 내보냈다.

북쪽으로는 원수(原水)와 파수(泒水)를 막아 후지저(后之邸)
로 흘러들게 하였고, 호지(嘑池)에 구멍을 뚫어 저주산(底柱山)

을 안고 갈라져 흐르게 하고, 용문산(龍門山)에 이르기까지 물길을 파서 이끌어 내었다. 그렇게 함으로써 연(燕)나라와 대(代)나라와 호(胡)와 맥(貊)과 서하(西河)지방의 백성들에게 이로움을 주었다.

동쪽으로는 육방(陸防)의 물과 맹저(孟諸)의 못물을 빼고, 황하의 아홉 지류의 물을 갈라지게 하여 동쪽땅의 물을 조절함으로써 기주(冀州)의 백성들을 이롭게 해주었다.

남쪽으로는 양자강(揚子江)·한수(漢水)·회수(淮水)·여수(汝水)를 다스려 동쪽으로 흘러 오호(五湖)지방으로 흘러들게 하였다. 그렇게 함으로써 형초(荊楚)와 간월(干越)지방과 남이(南夷)의 백성들을 이롭게 해주었다.

이것은 우왕의 일을 말한 것이며, 내가 지금 말하는 더불어 사랑하는 것을 행한 예이다.

옛날 문왕(文王)이 서쪽땅을 다스림에 있어 해와 달과 같이 사방에 광채를 발하였으니, 서쪽땅의 큰 나라라고 하여 작은 나라들을 업신여기지 않았고, 모든 사람들이 홀아비나 과부를 업신여기지 않았으며, 포악한 자나 권세있는 자라 하여 농부들의 곡식이나 가축을 빼앗지 않았다.

하늘이 문왕의 자애로움을 굽어살피시고 은혜를 베푸신 것이다. 이에 늙어서 자식이 없는 사람도 그 천수(天壽)를 누릴 수가 있었고, 의롭게 형제가 없는 사람도 남들과 섞여 잘 살아갈 수가 있었으며, 어려서 부모를 여읜 사람도 서로 의지하여 자랄 수가 있었다. 이것은 문왕의 일을 말한 것이며 내가 지금 말하는 더불어 사랑하는 것을 행한 예이다.

옛날 무왕(武王)이 태산(泰山)의 굴속에서 제사를 지냈는데 옛 글에 이르기를 "태산이시여, 도(道)가 있으셨던 분의 증손(曾孫)인 주나라의 왕이 일이 있었으나 그 큰일을 이미 이루나이다. 또 어진이의 힘을 얻어 은(殷)나라와 중국 전체의 모든 백성을 구원하게 하십시오 비록 주(周)나라에 친척이 있다고 해도 어진 사람만 같지 못합니다. 온 세상에 죄가 있다면 오직 저 한 사람에게 책임이 있습니다."라고 하였다.

이것은 무왕의 일을 말한 것이며 내가 지금 말하는 더불어 사랑하는 것을 행한 예이다.

그러므로 묵자가 말하였다.

"지금 천하의 벼슬하는 사람들이 진실로 천하가 부(富)하여지기를 바라고 가난한 것을 싫어하며 천하가 다스려지기를 바라고 어지러운 것을 싫어한다면 마땅히 더불어 서로 사랑하고 서로 이롭게 해야 한다. 이것이 성왕들의 법도요, 천하를 다스리는 도리다. 힘써 실행하지 않으면 안 된다."

古者禹治天下 西爲¹⁾西河²⁾漁竇³⁾ 以泄⁴⁾渠孫皇⁵⁾之水 北爲防原泒⁶⁾ 注后之邸⁷⁾ 嘑池⁸⁾之竇⁹⁾ 洒¹⁰⁾爲底柱¹¹⁾ 鑿爲龍門¹²⁾ 以利燕代胡貉¹³⁾與西河之民 東方漏之陸防¹⁴⁾ 孟諸¹⁵⁾之澤 灑爲九澮¹⁶⁾ 以楗東土之水 以利冀州¹⁷⁾之民 南爲江漢淮汝¹⁸⁾ 東流之 注五湖¹⁹⁾之處 以利荊楚干越²⁰⁾南夷²¹⁾之民 此言禹之事 吾今行兼矣 昔者文王之治西土 若日若月 乍光于四方于西土 不爲大國侮小國 不爲衆庶侮鰥寡 不爲暴勢奪穡人黍稷狗彘²²⁾ 天屑臨²³⁾文王慈 是以老而無子者 有所得終其壽 連獨²⁴⁾無兄弟者 有所雜於生人之間 少失其父母者 有所放依而長 此文王之事 則吾今行兼矣 昔者武王將事²⁵⁾泰山隧²⁶⁾ 傳曰 泰山 有道曾孫周王有事 大事旣獲 仁人尙作 以祗商夏²⁷⁾ 蠻夷醜貉²⁸⁾ 雖有周親 不若仁人 萬方有罪 維予一人 此言武王之事 吾今行兼矣 是故子墨子言曰 今天下之君子 忠實欲天下之富 而惡其貧 欲天下之治 而惡其亂 當兼相愛 交相利 此聖王之法 天下之治道也 不可不務爲也

1) 爲(위) : 다스리다.

2) 西河(서하) : 황하(黃河)의 상류(上流)로 지금의 섬서성(陝西省)과 산서성(山西省)의 경계를 흐른다.

3) 漁竇(어두) : 강물의 이름. 지금의 어떤 강인지는 분명하지 않다.

4) 泄(설) : 물을 빼다. 배설(排泄).

5) 渠孫皇(거손황) : 모두 호수(湖水)의 이름. 서하(西河)의 흑수(黑水) 유역

에 있다.

6) 原泒(원파) : 원수(原水)와 파수(泒水)로 강물의 이름인데 지금의 어떤 강물인지 알 수 없다.

7) 后之邸(후지저) : 호수의 이름인 듯하다.

8) 嘑池(호지) : 강물의 이름.

9) 竇(두) : 독(瀆)과 같은 것으로 강의 바닥을 파내 물이 잘 흐르도록 하는 일.

10) 洒(쇄) : 물이 갈라져서 흐르다.

11) 底柱(저주) : 산의 이름. 지금의 하남성(河南省) 섬현(陝縣)에 있다.

12) 龍門(용문) : 산의 이름. 산서성(山西省) 하진현(河津縣)과 섬서성(陝西省) 한성현(韓城縣) 사이에 있다.

13) 燕代胡貉(연대호맥) : 연대는 연(燕)나라와 대(代)나라. 모두 북쪽에 위치한 제후국. 호(胡)와 맥(貉)은 다 중국 변방에 있던 미개한 종족. 맥은 맥(貊)으로도 쓴다.

14) 漏之陸防(누지육방) : 물을 빼내는 일. 육방은 호수의 이름이며, 하북성(河北省) 거록현(巨鹿縣)에 있음.

15) 孟諸(맹저) : 호수의 이름. 지금의 산동성(山東省) 우성현(虞城縣) 동북쪽에 있었다.

16) 灑爲九澮(쇄위구회) : 물이 갈라져 흐르다. 쇄(洒)와 같은 글자. 구회는 아홉 개의 지류(支流).

17) 冀州(기주) : 당시 중원(中原)의 중심부로 아홉 주(州)중의 하나.

18) 江漢淮汝(강한회여) : 당시의 중국 남부에 흐르고 있던 강의 이름들. 곧 양자강(揚子江)·한수(漢水)·회수(淮水)·여수(汝水).

19) 五湖(오호) : 고대의 다섯 개의 호수.

20) 荊楚干越(형초간월) : 춘추전국시대 중국 남부에 있던 네 나라.

21) 南夷(남이) : 당시 중국 남부에 살던 이민족(異民族).

22) 穡人黍稷狗彘(색인서직구체) : 색인은 농사짓는 사람으로 곧 농부의 뜻. 서직은 메기장과 찰기장을 말하는데 여기서는 곡식의 뜻. 구체는 개와 돼지로 여기서는 가축의 뜻.

23) 屑臨(설림) : 굽어살핀다.

24) 連獨(연독) : 외롭다.

25) 將事(장사) : 제사를 지냈다.

26) 隧(수) : 굴.

27) 祗商夏(지상하) : 지(祗)는 구해주다. 상하(商夏)는 상왕조(商王朝)와 하
왕조(夏王朝)라는 말로 중국을 가리킨다.

28) 蠻夷醜貉(만이추맥) : 만과 이는 다 미개민족. 추맥은 여러 맥(貉)의 부족
들. 추(醜)는 여러 또는 많다의 뜻.

제16편 더불어 사랑한다 ⑩(兼愛下第十六)

1. 차별은 그릇된 것이다

묵자가 말하였다.

"어진 사람이 하는 일은 반드시 천하의 이로움을 일으키고 천하의 해로움을 제거하는 일을 찾는 일이다. 그러면 지금 시대에 있어서 천하의 해로움은 어느 것이 큰 것인가. 큰 나라가 작은 나라를 침략하고, 큰 집안이 작은 집안을 어지럽히고, 강한 자가 약한 자를 협박하고, 다수가 소수에게 포악하고, 잔꾀가 많은 자가 어리석은 사람을 속이고, 고귀한 사람이 천한 사람에게 오만한 것과 같은 것이 천하의 해로움이다.

군주된 사람이 신하에게 은혜롭지 못하고, 신하된 사람이 군주에게 충성되지 못하며, 아비된 사람이 자식에게 자애롭지 못하고, 자식된 사람이 부모에게 효도하지 못하는 것 같은 것이 또한 천하의 해로움이다.

지금 남을 다치게 하는 자들이 그의 무기나 독약이나 물 또는 불을 가지고 서로 망가지게 하고 다치게 하는 것과 같은 것이 또한 천하의 해로움이다.

잠시 이와 같은 많은 해로운 것들이 생겨나는 근본을 캐보면, 그것들은 어디에서 생기는 것일까. 그것들은 남을 사랑하고 남을 이롭게 하는데에서 생기는 것일까? 반드시 그렇지 않다고 말할 것이다. 반드시 남을 미워하고 남을 해치는데에서 생긴다고 말할 것이다.

천하의 사람들을 미워하고, 천하의 사람들을 해치는 사람을 분

별하여 이름을 붙인다면 겸(兼)인가, 별(別)인가? 반드시 별
(別)이라고 말할 것이다. 그러므로 서로 차별하는 사람들은 결국
천하의 큰 해로움을 생기게 하는 사람들이다. 이러한 까닭에 '차
별은 그릇된 것이다' 라고 하였다.

　묵자가 말하였다.

　"남을 그르다고 하는 사람은 반드시 그것을 대신할 만한 것이
있어야 한다. 만약 남을 그르다고 하면서 그것을 대신할 만한 것
이 없다면, 그것은 비유컨대 물로써 불을 도우려 하는 것과 같은
것이다."

　그러한 설명은 반드시 옳다고 말할 수 없을 것이다.

　그런 까닭에 묵자는 말하기를 "더불어 하는 것으로써 차별하는
것을 바꾸어야 한다."고 하였다.

　그러면 더불어 하는 것으로써 차별하는 것을 바꿀 수 있는 까
닭은 무엇인가.

　가령 남의 나라 위하기를 자기 나라 위하듯이 한다면 누가 홀
로 자기 나라를 동원하여 남의 나라를 침략하는 사람이 있겠는가.
남을 위하는 것이 자기를 위하는 것과 같기 때문이다.

　남의 도읍 위하기를 자기의 도읍 위하듯이 한다면 누가 홀로 자
기의 도읍을 동원하여 남의 도읍을 침략할 사람이 있겠는가. 남
을 위하는 것이 자기를 위하는 것과 같기 때문이다.

　남의 집안 위하기를 자기 집안을 위하듯이 한다면 누가 홀로 자
기 집안을 동원하여 남의 집안을 어지럽게 할 사람이 있겠는가.
남을 위하는 것이 자기를 위하는 것과 같기 때문이다.

　이렇게 되면 나라와 도읍이 서로 침략하지 않고, 사람과 집안이
서로 어지럽히거나 해치지 않을 것이니, 이것이 천하의 해로움이
되겠는가? 천하의 이로움이 되겠는가? 곧 반드시 천하의 이로움
이 된다고 말할 것이다.

　子墨子言曰 仁人之事者 必務求興天下之利 除天下之害 然當今
之時 天下之害孰爲大 曰 若大國之攻小國也 大家之亂小家也 强之

劫[1]弱 衆之暴寡 詐之謀[2]愚 貴之敖賤 此天下之害也 人與爲人君者
之不惠也 臣者之不忠也 父者之不慈也 子者之不孝也 此又天下之
害也 又與[3]今人之賤人 執其兵刃毒藥水火 以交相虧賊 此又天下之
害也 姑嘗[4]本原若衆害之所自 此胡自生 此自愛人利人生與 卽必曰
非然也 必曰從惡人賊人生 分名[5]乎天下惡人而賊人者 兼與[6]別與
卽必曰別也 然卽之交別者 果生天下之大害者與 是故別非也 子墨
子曰 非人者必有以易之 若非人而無以易之 譬之猶以水救火也 其
說將必無可焉 是故子墨子曰 兼以易別 然卽兼之可以易別之故何
也 曰 藉爲人之國 若爲其國 夫誰獨擧其國以攻人之國者哉 爲彼者
由[7]爲己也 爲人之都 若爲其都 夫誰獨擧其都以伐人之都者哉 爲彼
猶爲己也 爲人之家 若爲其家 夫誰獨擧其家以亂人之家者哉 爲彼
猶爲己也 然卽國都不相攻伐 人家不相亂賊 此天下之害與 天下之
利與 卽必曰天下之利也

1) 劫(겁) : 협박하다.

2) 謀(모) : 여기서는 속인다는 뜻.

3) 又與(우여) : 여(與)는 여(如)와 통하여 '또 ~같은 것'의 뜻.

4) 姑嘗(고상) : 잠시 ~을 해본다.

5) 分名(분명) : 분별하여 이름을 붙이다. 분별하여 말하다.

6) 與(여) : 여(歟)와 같은 것으로 의문을 나타내는 소사(助詞).

7) 由(유) : 유(猶)와 통하여 같다는 뜻.

2. 차별이 생기는 근본 원인

지금 이와 같은 많은 이로움의 근원은 어디에서부터 생기는 것
인가? 그것은 남을 미워하고 남을 해롭게 하는 것으로부터 생기
는 것인가? 반드시 그렇지 않다고 말할 것이다. 반드시 남을 사랑
하고 남을 이롭게 하는데서 생기는 것이라고 말할 것이다.

천하에서 남을 사랑하고 남을 이롭게 하는 사람을 분별하여 말
한다면, 그것은 차별하는 사람인가? 더불어 대하는 사람인가? 반
드시 더불어 대하는 사람이라고 말할 것이다.

그렇다면 서로 더불어 대하는 사람들은 과연 천하의 큰 이로움을 생기게 하는 사람들인가. 그러므로 묵자는 말하기를 "더불어 대하는 것이 옳다."라고 하였다.

또한 앞에서 내가 본시 말하기를 "어진 사람이 하는 일은 반드시 천하의 이로움을 일으키고 천하의 해로움을 제거하는 것이다."라고 하였다.

지금 내가 말하는 근본적인 '더불어 사는 것'은 천하의 큰 이로움이 되는 것이요, 지금 내가 말하는 근본적인 '차별을 두어 사는 것'은 천하의 큰 해로움이 되는 것이다.

그러므로 묵자가 "차별하는 것은 그르고 더불어 대하는 것은 옳다."라고 말한 것은 그와 같은 도리에서 나온 것이다.

지금 우리가 바르게 천하의 이로움을 일으키는 일을 추구하기 위해서는 그런 이론을 취하여 더불어 대하는 것이 바른 것이다. 이렇게 되면 밝은 귀와 눈으로 다른 사람의 보고 듣는 것을 서로 도울 수 있을 것이며, 튼튼하고 힘있는 팔다리로는 서로 협조할 수 있을 것이 아닌가?

그리고 도(道)를 깨달은 사람은 부지런히 서로 가르치고 깨우쳐 줄 수 있을 것이다. 또한 늙어서 아내와 자식이 없는 사람도 시중하고 부양해 주는 사람이 있어서 그의 목숨이 다할 때까지 살 수 있을 것이며, 어리고 약하면서 부모가 없는 아이들도 의지할 데가 있어서 그의 몸이 자라날 수 있을 것이다.

지금 오직 더불어 대하는 것이 바른 것이라고 한 것은 바로 그와 같은 이로움이 있어서이다.

알지 못하는 천하의 선비들이 모두 더불어 대하는 것을 듣고 그것을 그르다고 하는 까닭은 무엇인가?

아직도 천하의 선비들 중에는 더불어 대하는 것은 그르다고 끊이지 않고 말한다.

말하기를 "그것은 좋다. 그렇다고 하더라도 어찌 사용할 수 있겠는가."라고 한다.

그래서 묵자는 말하기를 "사용하되 올바르지 아니한 것이라면 어렵기 때문에 또한 그것은 그른 것이다."라고 하였다.

어찌 좋으면서도 실용적이지 못한 것이 있겠는가.

잠시 두 가지를 들어 이야기해 보자. 두 선비가 있다고 가정하고, 그 한 선비는 차별하는 것을 주장하고 다른 한 선비는 더불어 대하는 것을 주장한다고 해보자.

차별하는 것을 주장하는 선비가 말하기를 "내가 어찌 내 친구의 몸 위하기를 나의 몸을 위하듯이 하고, 내 친구의 부모 위하기를 나의 부모 위하듯이 할 수 있겠느냐."고 한다.

그의 친구를 만났을 때 친구가 굶주리고 있어도 먹여주지 않고, 추위에 떨고 있어도 옷을 입혀주지 않으며, 병이 들어 있어도 간호하지 않으며, 죽어도 장사지내 묻어주지 않는다. 차별을 주장하는 선비의 말이 이와 같고 그의 행동이 이와 같다.

더불어 대하기를 주장하는 선비의 말은 그렇지 않고 행동도 또한 그렇지 않다. 말하기를 "나는 듣건대 천하에서 품덕이 고상한 선비가 된 사람은 반드시 그 친구의 몸 위하기를 자기의 몸을 위하듯이 하고, 그 친구의 부모 위하기를 자기의 부모 위하듯이 한다고 한다. 이러한 뒤에야 천하의 고상한 선비가 될 수 있는 것이다."라고 한다.

그러므로 그의 친구를 만났을 때 친구가 굶주리면 먹여주고, 추위에 떨고 있으면 옷을 입혀주고, 병을 앓고 있으면 간호해주며, 죽으면 장사지내 묻어준다. 더불어 대하는 것을 주장하는 선비의 말은 이와 같고, 그의 행동도 이와 같다.

이와 같이 두 유형(類型)의 선비는 말이 서로 다르고 행동도 서로 반대가 되는 것이다.

이 두 유형의 선비의 말은 반드시 신의(信義)가 있고 행동 또한 과감하여 그들의 말과 행동이 합치되는 것이 부절(符節)을 맞춘 것과 같다. 말이 없으면 행동도 없는 것이다.

姑嘗本原若衆利之所自生 此胡[1]自生 此自惡人賊人生與 卽必曰非然也 必曰從愛人利人生 分名乎天下愛人而利人者 別與 兼與 卽

必曰兼也 然卽之交兼者 果生天下之大利者與 是故子墨子曰 兼是
也 且鄕²吾本言曰 仁人之是者 必務求興天下之利 除天下之害 今
吾本原兼之所生 天下之大利者 吾本原別之所生 天下之大害者也
是故子墨子曰 別非而兼是者 出乎若方³也 今吾將正求興天下之利
而取之 以兼爲正 是故以聽耳明目相爲視聽乎 是以股肱畢⁴强相爲
動宰⁵乎 而有道肆⁶相敎誨 是以老而無妻子者 有所侍養以終其壽
幼弱孤童之無父母者 有所放依以長其身 今唯毋以兼爲正 卽若其
利也 不識天下之士 所以皆聞兼而非者 其故何也 然而天下之士非
兼者之言 猶未止也 曰 卽善矣 雖然 豈可用哉 子墨子曰 用而不可
難哉亦將非之 且焉有善而不可用⁷者 姑嘗兩而進之 誰以爲二士 使
其一士者執別 使其一士者執兼 是故別士之言曰 吾豈能爲吾友之
身 若爲吾身 爲吾友之親 若爲吾親 是故退睹其友 飢卽不食⁸ 寒卽
不衣 疾病不侍養 死喪不葬埋 別士之言若此 行若此 兼士之言不然
行亦不然 曰 吾聞爲高士於天下者 必爲其友之身 若爲其身 爲其友
之親 若爲其親 然後可以爲高士天下 是故退睹其友 飢則食之 寒則
衣之 疾病侍養之 死喪葬埋之 兼士之言若此 行若此 若之二者 言
相非而行相反與 當使若二士者 言必信 行必果 使言行之合猶合符
節⁹也 無言而不行也

1) 胡(호) : 어디. 무엇. 하(何)와 같다.
2) 鄕(향) : 조금전. 앞에서. 향(向), 향(嚮)과 통한다.
3) 若方(약방) : 약(若)은 차(此)와 같고, 방(方)은 도(道)와 통하여 이와 같
   은 도리의 뜻.
4) 畢(필) : 힘 있는.
5) 宰(재) : 남과 협조하여 다스리다.
6) 肆(사) : 근면.
7) 可用(가용) : 실용적이다.
8) 食(사) : 먹여주다. 사로 발음한다.
9) 符節(부절) : 고대에 조정의 명령을 전달하러 가는 사람이 증표로 지니던 물
   건. 하나를 둘로 쪼개 쌍방이 한 쪽씩 갖고 있다가 필요할 때 양쪽을 맞춰보
   아 그 진실 여부를 확인한다. 금·옥·구리·대나무·나무를 사용했다.

3. 다함께 사랑하는 까닭은

그렇다면 감히 묻겠다.

지금 여기에 평원(平原)과 광야(廣野)가 펼쳐져 있는 곳에서 갑옷을 입고 투구를 쓰고 출전(出戰)을 준비하는데 나가서 전사를 하느냐 살아 돌아올 수 있는지는 아무도 알지 못한다. 또 군주의 대부(大夫)가 멀리 파촉(巴蜀)이나 월(越)나라나 제(齊)나라나 형(荊 : 楚)나라 같은 나라에 사신으로 가게 되었는데 그가 나갔다가 무사히 돌아오게 될는지 어떨지는 알 수 없다.

그렇다면 감히 묻겠는데 장차 어느 쪽을 따를 것인가. 집안의 부모를 받들어 모시고 처자를 데려다 그들을 기탁(寄託)하고자 할 때, 더불어 사는 것을 옳다고 하는 친구에게 맡겨야 될 것인가, 차별하는 것을 옳다고 하는 친구에게 맡겨야 될 것인가를 알지 못하는가.

생각건대 이런 경우에는 천하의 어리석은 남자나 여자를 가릴 것 없이, 비록 더불어 대하는 것을 그르다고 하는 사람일지라도 반드시 부모나 처자를 더불어 대하는 것이 옳다고 하는 친구에게 부탁할 것이다. 이것은 말로는 더불어 대하는 것을 그르다고 하면서도 막상 선택을 할 경우에는 더불어 대하는 사람을 취하는 것이며, 이것은 곧 말과 행동이 어긋나는 것이다.

천하의 선비들이 모두 더불어 대하는 것을 듣고 그것을 그르다고 하는 까닭을 모르겠다. 그러나 천하의 선비들 중에는 더불어 대하는 것을 그르다고 하는 말이 오히려 그치지 않는다.

말하기를 "생각건대 선비를 택하여 예를 든다면 군주인들 선택하여 예를 들 수 없겠느냐."고 한다.

잠시 두 가지를 들어 이야기해 보자. 두 군주가 있다고 가정하고, 그 한 군주는 더불어 대하는 것을 주장하고 다른 한 군주는 차별하는 것을 주장한다고 하자.

그러면 차별을 주장하는 군주는 말하기를 "내가 어찌 나의 만백성의 몸을 나의 몸을 위하는 것과 같이 할 수 있겠느냐. 그것은 천하의 정리(情理)에 너무 맞지 않는다. 사람이란 잠시 지상(地

上)에 살아 있는 것이므로 비유컨대 네 마리의 말이 끄는 수레가 벽 틈을 달려서 지나가는 것과 같은 것이다."라고 한다.

그래서 그의 만백성을 볼 때 굶주려도 먹여주지 않고, 추위에 떨고 있어도 옷을 입혀주지 않고, 병이 들어도 간호하지 않으며, 죽어도 장사지내 묻어주지 않는다. 차별을 주장하는 군주의 말이 이와 같고, 그의 행동도 이와 같다.

더불어 대하는 것을 주장하는 군주의 말은 그렇지 않고, 행동 또한 그렇지 않다.

말하기를 "내가 듣건대 천하의 위대한 군주가 되려면 반드시 만백성의 몸을 먼저 생각하고 자기의 몸은 뒤에 생각해야 한다고 했다. 그러므로 그러한 뒤에 천하의 위대한 군주가 될 수 있다." 라고 한다.

그래서 그의 만백성을 보아 굶주리면 먹여주고, 추위에 떨면 입혀주고, 병들면 간호해주고, 죽으면 장사지내 묻어준다. 더불어 대하는 것을 주장하는 군주의 말은 이와 같고, 그의 행동도 이와 같다. 이와 같이 더불어 대하는 것을 주장하는 군주와 차별을 주장하는 두 군주의 말이 서로 다르고 행동이 서로 반대되는 것이다.

이 두 군주의 말은 반드시 신의가 있고 행동 또한 과감하여 그들의 말과 행동이 합치되는 것이 부절(符節)을 맞춘 것과 같다. 말이 없으면 행동도 없는 것이다.

然卽敢問 今有平原廣野於此 被甲嬰胄[1]將往戰 死生之權未可識 也 又有君大夫之遠使於巴越齊荊 往來及否未及否 未可識也 然卽 敢問 不識將惡也 家室 奉承親戚[2] 提挈妻子 而寄託之 不識於兼之 有是乎 於別之有是乎哉 以爲當其於此也 天下無愚夫愚婦 雖非兼 之人 必寄託之於兼之有是也 此言而非兼 擇卽取兼 卽此言行拂也 不識天下之士 所以皆聞兼而非之者 其故何也 然而天下之士非兼 者之言 猶未止也 曰 意可以擇士 而不可以擇君子 姑嘗兩而進之 誰 以爲二君 使其一君者執兼 使其一君者執別 是故別君之言 吾惡能 爲吾萬民之身 爲吾身 此泰非天下之情也 人之生乎地上之無幾[3] 何

也 譬之猶馴⁴⁾馳而過郤也 是故退睹其萬民 飢卽不食 寒卽不衣 疾
病不侍養 死喪不葬埋 別君之言若此 行若此 兼君之言不然 行亦不
然 曰 吾聞爲明君於天下者 必先萬民之身 後爲其身 然後可以爲明
君於天下 是故退睹其萬民 飢卽食之 寒卽衣之 疾病侍養之 死喪葬
埋之 兼君之言若此 行若此 然卽交⁵⁾若之二君者 言相非而行相反與
常使若二君者 言必信 行必果 使言行之合猶合符節也 無言而不行也

1) 嬰胄(영주) : 투구를 쓰다. 영은 영(攖)과 같다. 여기서는 쓰다의 뜻.

2) 親戚(친척) : 부모(父母)를 말함.

3) 幾(기) : 기틀. 빌미. 즉 어떻게 된다는 확실한 답.

4) 馴(사) : 네 마리의 말이 끄는 수레.

5) 然卽交(연즉교) : 이 세 글자는 필요없이 붙여졌다.

4. 다함께 사랑하는 것이 그르다는 것은

그러면 감히 묻겠다.

금년에 전염병이 유행하고 백성들이 노역에 시달리며 추위에
떨고 굶주리는 등 죽음의 구렁텅이에 빠져 뒹구는 사람들이 이미
많아졌다면, 두 군주 중에서 한 군주를 선택할 때 어느 군주를 따
르게 되는지 알지 못하는가.

내가 생각건대 이러한 경우에는 천하의 어리석은 남자나 여자
를 가릴 것 없이 비록 더불어 대하는 군주를 그르다고 하던 사람
이라도 반드시 더불어 대하는 군주를 따르게 될 것이 틀림없다.

말로는 더불어 대하는 것을 그르다고 하면서도 선택함에 있어
서는 곧 더불어 대하는 것을 취하는 것이다. 이것은 말과 행동이
어긋나는 것이다. 천하가 다 더불어 대하는 것을 그르다고 하는
것은 무슨 까닭인지 알지 못하겠다.

그러나 천하의 선비로서 더불어 대하는 것을 그르다고 하는 사
람의 말이 아직도 끊이지 않고 있다.

그들이 말하기를 "더불어 대하는 것이 어질고 의로운 것이기는
하다. 그렇다 하더라도 어찌 실행할 수 있는 일인가. 내가 더불어

대하는 것이 실행할 수 없는 것임을 비유하여 말하건대 '태산(泰山)을 끼고 양자강이나 황하를 뛰어 건너는 것'과 같은 것이다. 그러므로 더불어 대하는 것은 다만 그렇게 되기를 바라는 것일 뿐이지 어찌 실행할 수 있는 것이겠느냐."라고 한다.

이에 대하여 묵자는 말하기를 "대저 태산을 끼고 양자강이나 황하를 건너 뛰는 일은 예로부터 지금에 이르기까지 인류가 생긴 이래로 아직 없었던 일이다. 지금 말하는 더불어 서로 사랑하고 서로 이롭게 하는 일 같은 것은 옛날 성인인 여섯 왕들이 친히 행한 일이다."라고 하였다.

그러면 무엇으로써 옛날의 성인인 여섯 왕들이 그것을 친히 행하였음을 아는가.

묵자가 말하였다.

"내가 그들과 같은 시대에 살면서 직접 그들의 말을 듣고 그들의 모습을 보았던 것은 아니다. 그들에 대하여 책에 쓰인 것과 금석(金石)에 새겨져 있는 글이나 항상 쓰던 그릇이나 쟁반에 새겨진 것들을 통하여 후세 자손들에게 전해진 기록으로써 그것을 아는 것이다."

'서경(書經)' 태서편(泰誓篇)에 이르기를

"문왕(文王)은 해와 같고 달과 같아 사방에 광채를 비추고 서쪽 땅에도 빛을 발하였다."고 하였다.

이것은 문왕이 천하를 더불어 사랑함이 넓고도 커서 해와 달이 천하를 사사로움 없이 아울러 두루 비추는 것과 같다고 비유한 것이다. 곧 이것은 문왕의 더불어 대하는 것이었다. 묵자의 이른바 더불어 대한다는 것도 문왕에게서 본받은 것이다.

然卽敢問 今歲有癘疫[1] 萬民多有勤苦凍餒 轉死溝壑中者 旣已衆矣 不識將擇之二君[2]者 將何從也 我以爲當其於此也 天下無愚夫愚婦 雖非兼者 必從兼君是也 言而非兼 擇卽取兼 此言行拂也 不識天下所以皆聞兼而非之者 其故何也 然而天下之士 非兼者之言也 猶未止也 曰 兼卽仁矣 義矣 雖然 豈可爲哉 吾譬兼之不可爲也 猶

挈泰山以超江河也 故兼者直願之也 夫豈可爲之物哉 子墨子曰 夫
挈泰山以超江河 自古之及今 生民而來未嘗有也 今若夫兼相愛 交
相利 此自先聖六王[3]者親行之 何知先聖六王之親行之也 子墨子曰
吾非與之幷世同時 親聞其聲 見其色也 以其所書於竹帛 鏤於金石[4]
琢於盤盂 傳遺後世子孫者知之 泰誓[5]曰 文王若日若月 乍照 光於
四方於西土 卽此言文王之兼愛天下之博大也 譬之日月兼照天下之
無有私也 卽此文王兼也 雖子墨子之所謂兼者 於文王取法焉

1) 癘疫(여역) : 전염병.
2) 二君(이군) : 더불어 대하는 것을 주장하는 군주와 차별하는 것을 주장하는
   군주.
3) 六王(육왕) : 요(堯)임금·순(舜)임금·우왕(禹王)·탕왕(湯王)·문왕(文
   王)·무왕(武王).
4) 金石(금석) : 금(金)은 종(鍾)이나 솥같은 구리로 만든 기물(器物)이요, 석
   (石)은 바위나 비석 따위의 돌.
5) 泰誓(태서) : '서경(書經)' 주서(周書)의 편명이며 내용이 조금 다름.

5. 모든 법도는 선왕에게서 취한 것이다

태서편(泰誓篇)에서만 그렇다고 할 뿐 아니라 우서편(禹誓
篇)에서도 또한 이와 같이 말하고 있다.

우왕(禹王)이 말하였다.

"훌륭한 백성들이여, 모두 나의 말을 들으라. 나같은 작은 사람
이 감히 난(亂)을 일으키자는 것은 아니다. 준동(蠢動)하는 묘
족(苗族)의 군주에게 하늘의 벌을 내리려는 것이다. 지금 나는
그대들 여러 나라의 제후(諸侯)들을 이끌고 묘족을 정벌하려 하
는 것이다."

우왕이 묘족의 군주를 정벌한 것은 많은 부귀(富貴)를 누리기
위해서거나 복록(福祿)을 구하기 위해서거나 이목(耳目)을 즐
겁게 하기 위해서가 아니라 천하의 이로움을 일으키고 천하의 해
로움을 제거하기 위해서였다. 이것은 우왕의 더불어 대하는 것이

었다. 묵자의 이른바 더불어 대한다는 것도 우왕의 법도를 취한
것이다. 다만 우서편(禹誓篇)에서만 그렇다고 할 뿐 아니라 탕세
편(湯說篇)에서도 또한 이와 같이 말하고 있다.

탕왕(湯王)이 말하였다.

"나같이 보잘것없는 사람 이(履)가 감히 검은 황소를 제물로
써서 하느님과 지신(地神)께 아룁니다. 지금 하늘에서는 큰 가뭄
을 내리시는데 이것은 이(履)의 책임입니다. 하늘과 땅에 지은 죄
는 알지 못하오나 선(善)한 것이 있어도 감히 감춰두지 못하고
죄가 있어도 감히 용서를 받지 못하오니, 상제(上帝)의 마음으로
굽어 살피시기 때문입니다. 온 세상에 죄가 있으면 곧 나 자신이
책임을 질 일이지만 나 자신에게 죄가 있으면 온 세상에 벌이 미
치지 않게 해주십시오"

이것은 탕왕이 존귀한 천자로서 천하의 부(富)를 소유하고 있
으면서도 자신이 희생(犧牲)되는 것을 꺼리지 않고 하늘과 귀신
에게 제사를 드린 것을 말하는 것이다.

이것은 탕왕의 더불어 대하는 것이었다. 묵자의 이른바 더불어
대한다는 것도 탕왕의 법도를 취한 것이다.

다만 서명(誓命)과 탕세(湯說)에서만 그렇다고 할 뿐 아니라
주시(周詩)에서도 또한 이와 같이 말하고 있다.

주시에 이르기를

"왕도(王道)는 넓고도 넓으나 기울지도 않고 치우치지도 않는
다. 왕도는 평평하여 치우치지도 않고 기울지도 않는다. 곧기는
화살같고 평평하기는 숫돌과 같네. 군자가 지켜야 하고 소인(小
人)이 본받아야 하네"라고 하였다. 이것은 나의 말이 도(道)를
말한 것은 아니다.

옛날 문왕(文王)과 무왕(武王)이 정치를 함에 있어서는 고르
게 분배하고, 현명한 사람에게는 상을 주고 포악한 사람에게는 벌
을 주었으며, 친척이나 형제같은 이를 잘 보아주는 개인적인 차
별이 없었다.

이것이 문왕과 무왕의 더불어 대하는 것이었다. 묵자의 이른바

더불어 대하는 것도 문왕과 무왕의 법도를 취한 것이다.
　천하의 사람들이 모두 더불어 대하는 것에 대하여 듣고도 그것
을 그르다고 하는 까닭이 무엇인지 알지 못하겠다.

且不惟泰誓爲然 雖禹誓[1] 卽亦猶是也 禹曰 濟濟[2]有衆 咸聽朕言
非惟小子 敢行稱亂[3] 蠢[4]玆有苗 用天之罰 若予旣率爾群對諸群 以
征有苗 禹之征有苗也 非以求以重富貴干福祿樂耳目也 以求興天
下之利 除天下之害 卽此禹兼也 雖子墨子之所謂兼者 於禹求焉 且
不惟禹誓爲然雖湯說[5]卽亦猶是也 湯曰 惟予小子履[6] 敢用元牡[7] 告
於上天后[8]曰 今天大旱 卽當朕身履 未知得罪于上下 有善不敢蔽
有罪不敢赦 簡在帝心 萬方有罪 卽當朕身 朕身有罪 無及萬方 卽
此言湯貴爲天子 富有天下 然且不憚以身爲犧牲 以祠說于上帝鬼
神 卽此湯兼也 雖子墨子之所謂兼者 於湯取法焉 且不惟誓命[9]與湯
說爲然 周詩[10]卽亦猶是也 周詩曰 王道蕩蕩[11] 不偏不黨 王道平平
不黨不偏 其直若矢 其易[12]若底[13] 君子之所履 小人之所視 若吾言
非語道之謂也 古者文武爲正均分 賞賢罰暴 勿有親戚弟兄之所阿[14]
卽此文武兼也 雖子墨子之所謂兼者 於文武取法焉 不識天下之人
所以皆聞兼而非之者 其故何也

1) 禹誓(우서)：'서경'의 한 편명(篇名). 지금 전하는 '서경'에는 이 편닝이 있
　고, 대우모(大禹謨)의 내용과 비슷하다.
2) 濟濟(제제)：훌륭한.
3) 稱亂(칭란)：난(亂)을 일으키다. 칭(稱)은 거(擧)와 통한다.
4) 蠢(준)：버릇없이 군다. 보잘것 없는 것들이 말썽을 일으킨다.
5) 湯說(탕세)：전하는 '서경'에는 이런 편명도 없고, '서경' 중 상서(尙書) 탕
　서편(湯誓篇)의 글과 비슷하다.
6) 履(이)：탕왕(湯王)의 이름.
7) 元牡(원모)：좋은 황소 당시는 검은 황소를 가장 큰 제물로 여김.
8) 上天后(상천후)：후(后) 뒤에 토(土)가 빠진 것으로 보인다. 후토(后土)는
　대지(大地)의 신을 가리킨다.
9) 誓命(서명)：앞의 글에 의하면 우서(禹誓)의 잘못으로 보임.

10) 周詩(주시) : '서경' 중 주서(周書) 홍범편(洪範篇)에 이와 비슷한 구절이 있다.

11) 蕩蕩(탕탕) : 넓은 모양.

12) 易(이) : 평평하다.

13) 底(저) : 저(砥)와 통하여 숫돌의 뜻.

14) 阿(아) : 사사롭다. 한쪽을 잘 보아주다.

6. 정치를 맡기기에 부족한 사람

천하에 더불어 대하는 것을 그르다고 하는 사람들의 말은 아직도 그치지 않는다. 이르기를 "만약 부모의 이로움에 부응하지 못하고 해로움을 끼친다면 효도라고 할 수 있느냐."고 한다.

이에 대하여 묵자가 말하였다.

"잠시 효자로서 부모를 위하는 방법에 대하여 근본적으로 생각해 보자.

효자로서 부모를 위하여 헤아리는 사람이 남이 자기의 부모를 사랑하고 이롭게 해주기를 바라겠는가. 그렇지 않으면 남이 자기의 부모를 미워하고 해롭게 하기를 바라겠는가. 나는 모를 일이다. 그러나 도리로 그것을 생각해 보면 남이 그의 부모를 사랑하고 이롭게 해주기를 바랄 것이다.

그러면 우리가 어디서부터 먼저 일을 시작해야 그렇게 될 수 있겠는가. 내가 먼저 남의 부모를 사랑하고 이롭게 해주는 일에서 시작한 뒤에 남이 나의 부모를 사랑하고 이롭게 해주어 남이 나에게 보답하게 해야 하겠는가. 아니면 내가 먼저 남의 부모를 미워하고 해롭게 하는 일에서 시작한 뒤에 남이 나의 부모를 사랑하고 이롭게 해주어 나에게 보답하게 해야 하겠는가.

그것은 반드시 내가 먼저 남의 부모를 사랑하고 이롭게 해주는 일에서 시작하고 난 뒤에 남도 나의 부모를 사랑하고 이롭게 해주어 보답하게 해야 할 것이다.

그러면 이와 같이 서로 효자가 되는 것은 과연 부득이한 일인

가. 먼저 남의 부모를 사랑하고 이롭게 하는 일을 따라야 하는 것인가. 그렇지 않으면 천하의 효자로 삼아서 우대하는 것이 족히 바르지 않은 것인가?"(※문장이 잘 연결되지 않음.)

잠시 근본적으로 따져보면 선왕(先王)들의 글인 '시경(詩經)' 대아(大雅)에 이르기를

"말은 대답이 없을 수 없고 덕은 보답하지 아니함이 없다네.
그대 나에게 복숭아를 던져주면
나는 그대에게 오얏으로 갚으리라."

라고 하였다. 이것은 곧 남을 사랑하는 사람은 반드시 사랑을 받게 되고, 남을 미워하는 사람은 반드시 미움을 받게 된다는 말이다.

천하의 선비들이 모두 더불어 대하는 것에 대하여 듣고서도 그것을 그르다고 하는 까닭을 나는 모르겠다. 어려워서 행할 수가 없다는 것인가. 일찍이 이보다 어려움이 있어도 행할 수 있었던 일이 있다.

然而天下之非兼者之言 猶未止 曰 意不忠[1]親之利 而害爲孝乎 子墨子曰 姑嘗本原之孝子之爲親度[2]者 吾不識孝子之爲親度者 亦 欲人愛利其親與 意[3]欲人之惡[4]賊其親與 以說[5]觀之 卽欲人之愛利 其親也 然卽吾惡[6]先從事卽得此 若我先從事乎愛利人之親 然後人 報我愛利吾親乎 意我先從事乎惡人之親 然後人報我以愛利吾親乎 卽必吾先從事乎愛利人之親 然後人報我以愛利吾親也 然卽之交孝 子者 果不得已乎 毋先從事愛利人之親者與 意以天下之孝子爲遇 而不足以爲正乎 姑嘗本原之先王之所書 大雅[7]之所道曰 無言而不 讐[8] 無德而不報 投我以桃 報之以李 卽此言愛人者必見[9]愛也 而惡 人者必見惡也 不識天下之士 所以皆聞愛而非之者 其故何也 意以 爲難而不可爲邪 嘗有難此而可爲者

1) 忠(충) : 중(中)의 잘못된 것으로 부합(符合)하다는 뜻.
2) 度(탁) : 헤아리다.
3) 意(의) : 억(抑)과 통하여 그렇지 않으면의 뜻.
4) 惡(오) : 미워하다.

5) 說(설) : 도리(道理)의 뜻.

6) 惡(오) : 어찌. 하(何)와 뜻이 같다.

7) 大雅(대아) : '시경(詩經)'의 편명이며 대아(大雅) 억장(抑章)에 있다.

8) 讐(수) : 응대(應對)의 뜻.

9) 見(견) : 받다. 당하다.

7. 가는 허리를 좋아한 초나라 왕

옛날 초(楚)나라의 영왕(靈王)은 허리가 가는 사람을 좋아하였다. 그래서 영왕시대의 초나라 선비들은 하루에 한 끼 이상의 밥을 먹지 않아 지팡이를 짚고서야 겨우 일어설 수 있었고, 담장을 붙잡아야 겨우 걸어다닐 수 있었다.

음식을 절제(節制)하는 일이 지극히 행하기 어려운 것이지만 그렇게 한 것은 영왕이 그것을 기뻐하였기 때문이다. 이렇게 함으로써 오래지 않아 백성들을 변화시킬 수 있었다. 그것은 곧 군주의 뜻에 영합되기를 희망하였기 때문이다.

옛날 월(越)나라 왕인 구천(句踐)은 용감한 것을 좋아하였다. 그의 신하들을 3년 동안 훈련시켰는데 그 교습의 효과가 어떠한지 알 수 없었다. 배에나 불을 지르고는 북을 두드려 그들을 전진하게 하였다. 선비들은 앞 대열에서 넘어지며 물과 불 위에 엎어져 죽는 사람이 헤아릴 수 없이 많았다. 사태가 이에 이르자 북을 치지 않아도 물러서는 사람이 없었다. 월나라 선비들도 두려웠으리라 말할 수 있다. 몸을 불태운다는 것은 지극히 하기 어려운 일이지만 그렇게 한 것은 월나라 왕이 그것을 기뻐하였기 때문이다. 이렇게 함으로써 오래지 않아 백성들을 변화시킬 수 있었다. 그것은 곧 군주의 뜻에 영합되기를 희망하였기 때문이다.

옛날 진(晉)나라의 문공(文公)은 거친 옷 입기를 좋아하였다. 그래서 문공 때의 진나라 선비들은 거친 천으로 만든 옷과 암양의 가죽으로 만든 갖옷을 입고 거친 비단으로 만든 관을 쓰고, 거친 신을 신고, 들어가 문공을 알현하고 나와서는 조회(朝會)에도 참석하였다.

거친 옷을 입는 일은 실행하기 지극히 어려운 일이지만 그렇게 한 것은 문공이 그것을 기뻐하였기 때문이다. 이렇게 함으로써 오래지 않아 백성들을 변화시킬 수 있었다. 그것은 곧 군주의 뜻에 영합되기를 희망하였기 때문이다.

음식을 절제하고, 자기의 몸을 불태우고, 거친 옷을 입는 일은 천하에서 지극히 행하기 어려운 일들이다. 그러나 그렇게 한 것은 군주가 그것들을 기뻐하였기 때문이다. 이렇게 함으로써 오래지 않아 백성들을 변화시킬 수 있었던 것은 어찌해서인가. 그것은 곧 군주의 뜻에 영합되기를 희망하였기 때문이다.

이제 더불어 서로 사랑하고 서로 이롭게 하는 것과 같은 것은 이로움이 있고 또한 행하기 쉽다는 것을 더 이상 말할 필요가 없을 것이다. 나의 생각으로는 다만 그것을 기뻐하는 군주가 있지 않을 따름인 것이다. 진실로 그것을 기뻐하는 군주가 있어 그것을 권장하기를 상과 명예를 주는 일로써 하고, 그것을 위압(威壓)하기를 형벌로써 한다면 사람들이 더불어 서로 사랑하고 서로 이롭게 하는 길로 나가리라고 나는 생각한다.

이것은 마치 불이 위로 타오르고 물이 아래로 흐르는 것과 같아 천하에는 그것을 막을 도리가 없을 것이다.

그러므로 더불어 대한다고 하는 것은 성왕의 도(道)이고, 왕공대인들이 편안해질 수 있는 까닭이 될 수 있으며, 만백성이 입고 먹는 데 풍족해질 수 있는 까닭이 되는 것이다.

군자에게는 더불어 대하는 것을 잘 살펴 힘써 그것을 행하도록 하는 것만 같은 것이 없다.

군주된 사람은 반드시 은혜로워야 하고, 신하된 사람은 반드시 충성스러워야 하며, 아버지된 사람은 반드시 자애로워야 하고, 자식된 사람은 반드시 효성스러워야 하며, 형된 사람은 반드시 우애로워야 하고, 아우된 사람은 반드시 공손해야 한다.

그러므로 군자가 만약 은혜로운 군주나 충성스러운 신하, 자애로운 아버지나 효성스러운 자식, 우애로운 형이나 공손한 아우가 되고자 하면 마땅히 더불어 대하는 이론에 따라 실행하지 않으면 안 된다. 이것이 성왕의 도이며 만백성의 큰 이로움인 것이다.

昔荊靈王好小要 當靈王之身 荊國之士飯不踰乎一[1] 固據而後興 扶垣而後行 故約食爲其難爲也 然後爲而靈王說之 未踰[2]於世而民 可移也 卽求[3]以鄕[4]其上也 昔者越王句踐好勇 敎其士臣三年 以其 知爲未足以知之也 焚舟失火 鼓而進之 其士偃前列 伏水火而死 有 不可勝數也 當此之時[5] 不鼓而退也 越國之士 可謂顫矣 故焚身爲 其難爲也 然後爲之越王說之 未踰於世而民可移也 卽求以鄕上也 昔者晉文公好苴服[6] 當文公之時 晉國之士 大布[7]之衣 牂羊之裘 練 帛[8]之冠 且苴之屨 入見文公 出以踐之朝[9] 故苴服爲其難爲也 然後 爲而文公說之 未踰於世 而民可移也 卽求以鄕其上也 是故約食焚 舟苴服 此天下之至難爲也 然後爲而上說之 未踰於世而民可移也 何故也 卽求以鄕其上也 今若夫兼相利 此其有利且易爲也 不可勝 計也 我以爲則無有上說之者而已矣 苟有上說之者 勸之以賞譽 威 之以刑罰 我以爲人之於就兼相愛交相利也 譬之猶火之就上 水之 就下也 不可防止於天下 故兼者聖王之道也 王公大人之所以安也 萬民衣食之所以足也 故君子莫若審兼而務行之 爲人君必惠 爲人 臣必忠 爲人父必慈 爲人子必孝 爲人兄必友 爲人弟必悌 故君子莫 若欲爲惠君忠臣慈父孝子友兄悌弟 當若兼之不可不行也 此聖王之 道而萬民之大利也

1) 飯不踰乎一(반불유호일) : 한 끼 이상의 밥을 먹지 않았다.

2) 踰(유) : 넘다. 초과하다. 여기서는 그 시대를 지나다.

3) 求(구) : 바라다. 즉 군주의 뜻에 맞게 해주기 위해서라는 뜻.

4) 鄕(향) : 향(向)과 통하여 영합(迎合)하다. 비위를 맞추다의 뜻.

5) 當此之時(당차지시) : 이렇게 되다. 사태가 이에 이르다.

6) 苴服(저복) : 저는 조(粗)와 통하여 거칠고 험한 옷.

7) 大布(대포) : 거친 천.

8) 練帛(연백) : 삶아서 말린 흰 비단.

9) 踐之朝(천지조) : 조회(朝會)에 참석한다는 뜻.

제5권(卷之五)

제17편 침략하지 않는다 ㉑(非攻上第十七)

1. 불의(不義)라고 하는 것

지금 어떤 사람이 있어 남의 과수원에 들어가 복숭아와 오얏을 훔쳤다면 모든 사람들은 그것을 듣고 그르다 하고, 위에서 정치를 하는 사람이 그를 잡으면 벌을 줄 것이다. 이것은 어째서인가. 남을 해롭게 하면서 자기를 이롭게 하였기 때문이다.

남의 개나 닭이나 돼지를 훔친 사람에 이르러서는 그 의롭지 않음이 남의 과수원에 들어가서 복숭아나 오얏을 훔친 것보다 심하다. 그것은 무슨 까닭인가. 남을 해롭게 한 것이 더욱 많기 때문이다. 그것은 그의 어질지 못한 것도 더욱 심해지고 그의 죄도 더욱 많아지는 것이다.

남의 마구간에 들어가 남의 말이나 소를 훔친 사람에 이르러서는 그 의롭지 못한 것이 또 남의 개나 닭이나 돼지를 훔친 것보다 심하다. 이것은 무슨 까닭인가. 남을 해롭게 한 것이 더욱 많기 때문이다. 진실로 남을 해롭게 한 것이 더욱 많으면 어질지 못한 것도 더욱 심해지고 그 죄도 더욱 많아지는 것이다.

죄 없는 사람을 죽여 그의 옷이나 갖옷을 벗기고 그의 창이나 칼을 빼앗아간 사람에 이르러서는 그 의롭지 않음이 또한 남의 마구간에 들어가 남의 말이나 소를 훔친 것보다 심하다. 이것은 무슨 까닭인가. 그가 남을 해롭게 한 것이 더욱 많기 때문이다. 진실로 남을 해롭게 한 것이 더욱 많으면 그의 어질지 못한 것도 더욱 심해지고 죄도 더욱 많아지는 것이다.

이러한 것에 대해서는 천하의 군자가 다 알고 그것을 그르다고 하며, 그것을 의롭지 않다고 말한다.

　오늘날 최대의 불의(不義)는 다른 나라를 침략하는 것이다. 그런데 그것이 그른 것임을 알지 못하고 이를 좇아 칭송하면서 그것을 의(義)로운 일이라고 한다. 이것을 어찌 의와 불의에 대한 분별을 아는 것이라고 말할 수 있겠는가.

　한 사람을 죽이면 그것을 불의라 말하여 반드시 한 사람에 대한 죽을 죄를 짓게 된다. 만약 이러한 논리로써 나가면 열 사람을 죽이면 불의가 열 배가 되고 반드시 열 사람에 대한 죽을 죄를 짓게 된다. 백 사람을 죽이면 불의가 백 배가 되고 반드시 백 사람에 대한 죽을 죄를 짓게 될 것이다. 이와 같은 것을 천하의 군자가 다 알고 그것을 그르다고 하며 그것을 불의라고 말한다.

今有一人 入人園圃¹⁾ 竊其桃李 衆聞則非之 上爲政者得則罰之 此何也 以虧人自利也 至攘人犬豕鷄豚²⁾者 其不義又甚入人園圃竊桃李 是何故也 以虧人愈多 其不仁玆³⁾甚 罪益厚 至入人欄廐⁴⁾ 取人馬牛者 其不仁義又甚攘人犬豕鷄豚 此何故也 以其虧人愈多 苟虧人愈多 其不仁玆甚 罪益厚 至殺不辜人⁵⁾也 拖⁶⁾其衣裘 取戈劍者 其不義又甚入人欄廐取人馬牛 此何故也 以其虧人愈多 苟虧人愈多 其不仁玆甚矣 罪益厚 當此⁷⁾ 天下之君子 皆知而非之 謂之不義 今至大爲攻國 則弗知非 從而譽之 謂之義 此可謂知義與不義之別乎 殺一人謂之不義 必有一死罪矣 若以此說往 殺十人十重不義 必有十死罪矣 殺百人百重不義 必有百死罪矣 當此 天下之君子皆知而非之 謂之不義

1) 園圃(원포) : 원은 과일 나무를 심은 것. 포는 채소를 심은 것.
2) 犬豕鷄豚(견시계돈) : 개·돼지·닭·돼지. 돈(豚)은 작은 돼지를 뜻함.
3) 玆(자) : 자(滋)와 통하여 더욱의 뜻.
4) 欄廐(난구) : 마구간.
5) 不辜人(불고인) : 죄없는 사람. 무고인(無辜人).
6) 拖(타) : 벗기다. 탈취하다.
7) 當此(당차) : 이러한 것에 대해서.

2. 후세에 전할 수 있겠는가

오늘날 최대의 불의(不義)는 의롭지 않게 남의 나라를 침략하는 것이다. 그런데 그것이 그른 짓이라는 것을 알지 못하고 그를 좇아 칭송하면서 의(義)로움이라고 말한다. 이것은 진실로 그 불의를 알지 못하는 것이다. 그러므로 그 말을 기록하여 후세에 전하는 것이다. 만약 그것이 불의라는 것을 안다면 그 불의를 어떻게 해석하여 기록하고 후세에 남길 수 있겠는가.

지금 여기에 어떤 사람이 있어 검은 것을 조금 보고 검다고 하다가 검은 것을 많이 보고는 희다고 말한다면 곧 이 사람은 흰 것과 검은 것의 분별을 알지 못한다고 할 것이다.

쓴 것을 조금 맛보고는 쓰다고 하다가 쓴 것을 많이 맛보고는 달다고 말한다면 반드시 이 사람은 단 것과 쓴 것의 분별을 알지 못한다고 할 것이다.

지금 작은 그릇된 짓을 하면 그것을 알고 그르다고 하다가 크게 국가를 침략하는 그릇된 짓은 그릇된 짓임을 알지 못하고 그것을 따르면서 칭송하기를 의로운 일이라고 말한다. 이것의 의(義)와 불의(不義)의 분별을 안다고 말할 수 있겠는가.

이로써 천하의 군자가 의와 불의(不義)의 분별에 있어 혼란에 빠져 있다고 하겠다.

今至大爲不義攻國 則弗之而非 從而譽之 謂之義 情¹⁾不知其不義也 故書其言以遺後世 若知其不義也 夫奚說書其不義以遺後世哉 今有人於此 少見黑曰黑 多見黑曰白 則以此人不知白黑之辯²⁾矣 少嘗³⁾苦曰苦 多嘗苦曰甘 則必以此人爲不知甘苦之辯矣 今小爲非 則知而非之 大爲非攻國 則不知而非 從而譽之 謂之義 可謂知義與不義之辯乎 是以知天下之君也 辯義與不義之亂也

1) 情(정) : 진실로.
2) 辯(변) : 변(辨)과 통함. 분별(分別).
3) 嘗(상) : 맛보다의 뜻.

제18편 침략하지 않는다 ⓒ(非攻中第十八)

1. 얼어죽고 굶어죽는 자가 많았다

묵자가 말하였다.

"옛날의 왕공대인(王公大人)들이 나라를 다스림에 있어서는 진실로 비방과 칭송을 신중하게 살펴 상과 벌을 마땅하게 주었으며 사법과 행정에 잘못이 없게 하였다."

묵자가 또 말하였다.

"옛날 말에 '일을 꾀하다가 되지 않으면 지난 일을 살펴 닥칠 일을 알고, 드러난 일을 살펴 숨겨진 일을 안다'고 하였다. 일을 꾀함이 이와 같다면 일이 잘 될 것을 알 수 있다."

지금 군대를 출정시키려 하는데 겨울에 출동(出動)을 하자니 추위가 두렵고, 여름에 출동을 하자니 더위가 두렵다. 그러므로 겨울이나 여름에는 군사를 일으킬 수 없는 것이다.

봄에 군사를 일으키면 백성들이 밭갈고 씨뿌리는 농사일을 망치게 되고 가을에 군사를 일으키면 백성들의 가을걷이를 망치게 된다. 지금 오직 한 철의 농사라도 망치게 되면, 배고프고 추워서 얼어죽고 굶어죽는 백성들을 이루 헤아릴 수 없게 될 것이다.

지금 시험삼아 군대를 출동시키는 데 대하여 헤아려 보기로 하자.

화살·깃발·장막·갑옷·방패·큰방패·칼집 등이 전쟁에 나가면 부숴지고 썩고 망가져서 돌아오지 못할 것이 이루 헤아릴 수 없이 많을 것이다. 또 세모창·미늘창·긴창·칼·전차 따위도 전쟁에 가지고 나가면 부숴지고 부러지고 망가져 다시 돌아오지 못할 것이 이루 헤아릴 수 없이 많을 것이다.

소나 말도 살찐 것들이 나갔다가 말라서 돌아오거나 죽어 돌아오지 못하게 될 것이 헤아릴 수 없이 아주 많을 것이다.

길이 멀어 양식의 보급이 때때로 끊어져 공급이 계속되지 않음으로 해서 굶어죽는 백성들이 이루 헤아릴 수 없이 많을 것이다.

사는 곳이 안정되지 않고 식사가 불규칙하여 절도없이 굶었다가 배부르게 먹으므로 이로 인해 길에서 병이 들어 죽는 백성들이 이루 헤아릴 수 없이 많을 것이다.

부대가 후퇴할 때 사상자는 이루 헤아릴 수 없이 많을 것이며, 부대가 진격할 때 또한 사상자는 이루 헤아릴 수 없이 많을 것이다.

그렇게 되면 귀신들도 자신을 위해 제사지내 줄 후손을 잃어 버리는 일이 또한 이루 다 헤아릴 수 없이 많을 것이다.

국가에서 정령(政令)을 발포하여 백성들이 사용해야 할 것들을 약탈하고 백성들의 이로움을 망치는 것이 이와 같이 대단히 많건만 무엇 때문에 이와 같은 전쟁을 하는 것인가.

이르기를 "나는 전쟁에 이겼다는 명예와 전리품을 탐하는 까닭에 전쟁을 하는 것이다."라고 할 것이다.

子墨子言曰 古者王公大人 爲政於國家者 情欲譽¹⁾之審 賞罰之當 刑政²⁾之不過失 是故子墨子曰 古者有語 謀而不得 則以往知來 以見知隱 謀若此 可得而知矣 今師徒唯毋興起 冬行³⁾恐寒 夏行恐暑 此不可以冬夏爲者也 春則廢民耕稼樹藝 秋則廢民穫斂⁴⁾ 今唯毋廢一時 則百姓飢寒凍餒而死者 不可勝數 今嘗計軍上 竹箭羽旄⁵⁾幄幕 甲盾撥劫往⁶⁾而靡弊⁷⁾腑冷⁸⁾不反者 不可勝數 又與矛戟戈劍乘車 其列往碎折靡弊而不反者 不可勝數 與其牛馬肥而往 瘠而反 往死亡而不反者 不可勝數 與其涂⁹⁾道之脩遠 糧食輟絶而不繼 百姓死者 不可勝數也 與其居處之不安 食飯之不時 飢飽之不節 百姓之道疾病而死者 不可勝數 喪師多¹⁰⁾不可勝數 喪師盡¹¹⁾不可勝計 則是鬼神之喪其主后¹²⁾ 亦不可勝數 國家發政 奪民之用 廢民之利 若此甚衆

然而何爲爲之 曰 我貪伐勝之名 及得之利 故爲之

1) 譽(예) : 비방과 칭찬. 훼예(毁譽). 훼(毁)자가 빠져 있음.

2) 刑政(형정) : 사법(司法)과 행정(行政).

3) 行(행) : 출동(出動). 동원(動員).

4) 穫斂(확렴) : 곡식을 거둬들이는 일. 가을걷이.

5) 羽旄(우모) : 새의 깃발과 소의 꼬리라는 뜻인데 이것들은 깃발 위에 장식으로 꽂는 것이므로 군대에서 쓰는 여러 가지 깃발을 통틀어서 이르는 말로 쓰인다.

6) 往(왕) : 가다. 군대가 전쟁에 나가는 것을 뜻한다.

7) 靡弊(미폐) : 부숴져서 못쓰게 되다.

8) 腐冷(부냉) : 부는 부(腐)와 통한다. 냉은 난(爛)과 통하여 썩다.

9) 涂(도) : 도(塗)와 같다. 길.

10) 喪師多(상사다) : 다는 퇴(退)의 잘못으로 보인다. 즉 퇴각 시의 사상자.

11) 喪師盡(상사진) : 진(盡)은 진(進)으로 보아 진격 시의 사상자.

12) 主后(주후) : 후(后)는 후(後)와 통함. 제사를 지내줄 후손.

2. 국가에서 힘쓸 것이 아닌 것은

묵자는 말하였다.

"그 스스로 승리하였다고 하는 것을 헤아려 보면 쓸 만한 것이 없다. 그 얻은 것을 헤아리면 도리어 잃은 것의 많음보다 같지 않다."

지금 3리(三里)의 성(城)에다 7리(七里)의 외성(外城)이 있는 곳을 침략함에 있어 정예(精銳)부대로써 하지 않고 또 사상자를 내지 않고는 이 성을 점령할 수 없다. 사람을 죽이는 일이 많으면 만(萬)의 수에 이르고, 적어도 천(千)의 수를 헤아리게 된다. 그러한 뒤에야 3리의 성과 7리의 외성을 점령할 수 있다.

오늘날 만승(萬乘)의 국가라면 작은 규모의 성의 수가 천(千)을 헤아리게 되어 제대로 모두 통치할 수 없고, 광대한 평원은 만(萬)의 수를 헤아리게 되어 그 넓은 땅을 다 개간할 수 없다. 그러므로 땅은 남아돌고 백성들은 부족한 것이다.

지금 백성들을 다 죽이고 또 아랫사람과 윗사람들의 우려를 더하게 하면서 땅과 성읍(城邑)을 두고 다툰다는 것은 부족한 것을 버리고 남는 것을 소중히 여기는 것이다. 이와 같은 정치는 국가에서 힘쓸 것이 아니다.

침략하여 싸우는 것을 비호(庇護)하는 사람들은 말한다.

"남쪽으로 초(楚)나라, 오(吳)나라의 왕이나 북쪽으로 제(齊)나라, 진(晉)나라의 군주들은 처음 천하에 영지(領地)를 봉(封)하여 받았을 때에는 그 땅의 넓이가 아직 수백리에 불과하였고 백성들의 수는 수십만을 넘지 못하였다. 그러나 침략하여 싸웠기 때문에 토지의 넓이는 수천리에 이르게 되었고 백성들의 수는 수백만을 헤아리게 되었다. 그러므로 침략하여 싸우는 일을 안 할 수 없는 것이다."

이에 대하여 묵자가 말하였다.

"비록 너댓 나라가 이로움을 얻었다 하더라도 올바른 도(道)를 행한 것은 아니라고 말할 것이다.

비유컨대 의사가 병든 사람을 약으로 치료하는 것과 같다. 지금 여기 어떤 의사가 있어 약을 조제하여 천하의 병든 사람에게 그 약을 쓴다고 생각하자. 만 사람이 그 약을 먹었는데 오직 너댓 사람만 병이 나았다고 한다면 이러한 약은 좋은 약으로 생각될 수 없다. 그러므로 효자는 그러한 약을 그 부모에게 드리지 않을 것이며 충신은 그 군주에게 바치지 않을 것이다."

子墨子言曰 計其所自勝 無所可用也 計其所得 反不如所喪者之多 今攻三里之城 七里之郭[1] 攻此不用銳 且無殺而徒得[2] 此然也 殺人多必數於萬 寡必數於千 然後三里之城七里之郭 且可得也 今萬兼之國[3] 虛[4]數於千 不勝而入 廣衍[5]數於萬 不勝而辟[6] 然則土地者 所有餘也 王民[7]者 所不足也 今盡王民之死 嚴下上之患 以爭虛城 則是棄所不足 而重所有餘也 爲政若此 非國之務者也 節[8]攻戰者言曰 南則荊吳之王 北則齊晉之君 始封於天下之時 其土城之方 未至

有數百里也 人徒之衆 未至有數十萬人也 以攻戰之故 土地之博至
有數千里也 人徒之衆至有數百萬人 故當攻戰而不可爲也 子墨子
言曰 雖四五國則得利焉 猶謂之非行道也 譬若醫之藥人之有病者
然 今有醫於此 和合其祝藥⁹⁾之于天下之有病者而藥之 萬人食此 若
醫四五人得利焉 猶謂之非行藥也 故孝子不以食其親 忠臣不以食
其君

1) 郭(곽) : 외성(外城).
2) 徒得(도득) : 도(徒)는 그냥. 그저. 차연(此然) 앞에 불(不)이 빠진 것으로
   보아 그냥 얻을 수 없다는 뜻.
3) 萬乘之國(만승지국) : 전차(戰車) 만 대를 갖출 만한 힘을 가진 큰나라를 이
   르는 말.
4) 虛(허) : 설문(說文)에 의하면 작은 규모의 읍(邑)을 말한다. 허(虛) 뒤에
   성(城)이 빠져 있다.
5) 廣衍(광연) : 연(衍)은 평지(平地). 넓은 땅을 말한다.
6) 辟(벽) : 벽(闢)과 통하여 땅을 개간하여 이용한다는 뜻.
7) 王民(왕민) : 왕은 사(士)의 오자(誤字)인 듯하며 백성들이라는 뜻.
8) 飾(식) : 비호(庇護)하다.
9) 祝藥(축약) : 약(藥)을 가리킨다. 옛날에는 무당이 의사의 일을 할 때가 많
   았으므로 약을 지을 때 낫기를 기원했다. 그래서 축(祝)이 덧붙여진 것으로
   보인다.

3. 침략하여 싸우는 것은 그르다

  옛날부터 천하에 많은 나라가 봉해졌다. 먼 옛날의 일은 귀로
듣고 가까운 때의 일은 눈으로 본 바로써 말하건대, 침략하여 싸
우다가 멸망한 나라가 이루 다 헤아릴 수 없이 많다.
  무엇으로써 그러함을 아는가. 동방에 거(莒)나라가 있었는데
그 나라는 매우 작은 나라로서 큰 나라들 사이에 끼어 있으면서
큰 나라들을 공경하여 섬기지 않았고, 이에 큰 나라들 또한 그 나
라를 사랑하고 원조해 주지 않았다.

그래서 동쪽에서는 월(越)나라 사람들이 그 나라의 땅을 깎아 들어왔고, 서쪽에서는 제(齊)나라 사람들이 그 나라의 땅을 점령하여 가졌다. 거나라가 제나라와 월나라 사이에서 멸망한 까닭을 생각해보면 그것은 침략전쟁 때문이었다.

남방의 진(陳)나라와 채(蔡)나라가 오(吳)나라와 월(越)나라 사이에서 멸망한 까닭도 또한 침략전쟁 때문이었고, 북방에 있는 중산(中山)의 여러 나라들이 연(燕)나라, 대(代)나라, 호맥(胡貊) 사이에서 멸망한 까닭도 또한 침략전쟁 때문이었다.

그러므로 묵자는 말하였다.

"오늘날 왕공대인들이 얻는 것은 바라고 잃는 것을 싫어하며 편안하기를 바라고 위태로운 것은 싫어한다면, 침략전쟁을 그르다고 하지 않을 수가 없을 것이다."

침략전쟁을 비호(庇護)하는 사람들은 말한다.

"그들은 그들 백성들의 민심을 수렴하여 그 마음을 이용하지 못하였기 때문에 멸망한 것이다. 우리는 우리 백성들의 민심을 수렴하여 이용할 수가 있으니 그것으로써 천하에서 침략전쟁을 일으킨다면 누구인들 감히 굴복하지 않겠느냐."

이에 대하여 묵자가 말하였다.

"그대가 비록 그대 백성들의 마음을 수렴하여 이용할 수 있다고 하더라도 어찌 옛날의 오(吳)나라 왕인 합려(闔閭)와 같이 할 수 있겠는가.

옛날에 오나라 왕인 합려는 7년 동안이나 군사를 훈련시킴에 있어 갑옷을 입히고 병기(兵器)를 들게 하고선 3백리를 달려가서야 하룻밤을 쉬게 하였다. 그는 그 군사들을 이끌고 주림(注林)에서 머무른 다음, 명애(冥隘)의 험한 길을 지나 백거(柏擧)에서 싸워 초(楚)나라를 점령하고, 송(宋)나라와 노(魯)나라를 항복케 하여 조공(朝貢)토록 하였다.

합려의 아들인 부차(夫差)가 즉위해서는 북으로 제(齊)나라를 침략함에 있어 문수(汶水)가에 진을 치고 있다가 애릉(艾陵)에서 싸워 제나라 사람들을 크게 패배시켰고 그들로 하여금 태산

(泰山)으로 도망치게 하였다. 동으로는 월(越)나라를 침략하여 세 강과 오호(五湖)를 건너 회계산으로 도망치게 했으므로 동방의 아홉 나라들이 복종하지 않는 나라가 없게 되었다.

그는 군대를 철수한 후 전사자들의 유가족들을 위로하거나 종군자들에게 금품을 하사하거나 노역을 면제해 주지 않고 스스로 자신의 힘을 믿어 자신의 공적을 자랑하고 자신의 지혜를 뽐내면서 군사를 훈련시키는 것을 게을리하였다. 그러다가 마침내 고소대(姑蘇臺)를 짓기 시작하여 7년이 넘도록 완성을 보지 못하였다. 이렇게 되자 오나라의 민심은 흩어지고 모두가 지치게 되었다.

이에 월(越)나라 왕인 구천(句踐)은 오나라의 위와 아래가 서로 화합하지 못하는 것을 보고는 그의 군사를 동원하여 원수를 갚고자 북쪽 외성(外城)으로 쳐들어가 크게 탈취하고 왕궁을 포위하니 이에 오나라는 멸망하고 말았다."

古者封國於天下 尙者[1]以耳之所聞 近者以目之所見 以攻戰亡者 不可勝數 何以知其然也 東方有莒之國者 其爲國甚小 間於大國之間 不敬事於大 大國亦弗之從而愛利 是以東者越人夾削其壤地 西者齊人兼[2]而有之 計莒之所以亡於齊越之間者 以是攻戰也 雖南者陳蔡 其所以亡於吳越之間者 亦以攻戰 雖北者中山諸國 其所以亡於燕代胡貊之間者 亦以攻戰也 是故子墨子言曰 古者[3]王公大人 情欲得而惡失 欲安而惡危 故當攻戰而不可不非 飾攻戰者之言曰 彼能收用彼衆 是故亡 我能收用我衆 以此攻戰於天下 誰敢不賓服[4]哉 子墨子言曰 子雖能收用子之衆 子豈若古者吳闔閭哉 古者吳闔閭敎七年 奉甲執兵 奔三百里而舍[5]焉 次[6]注林 出於冥隘之徑 戰於柏擧 中[7]楚國而朝[8]宋與及魯 至夫差之身 北而攻齊 舍於汶上 戰於艾陵 大敗齊人而葆[9]之大山[10] 東而攻越 濟三江[11]五湖[12] 而葆之會稽[13] 九夷[14]之國莫不賓服 於是退不能賞孤 施舍[15]群萌 自恃其力 伐其功 譽其智 怠於敎 遂築姑蘇之臺[16] 七年不成 及若此 則吳有離罷[17]之心 越王句踐視吳上下不相得 收其衆以復其讐 入北郭 徙[18]大內

圍王宮 而吳國以亡

1) 尙者(상자) : 상(尙)은 상(上)과 같다. 여기서는 먼 옛날의 일.

2) 兼(겸) : 아울러 가지다. 곧 점령(占領)하다.

3) 古者(고자) : 금자(今者)로 고쳐야 한다. 오늘날.

4) 賓服(빈복) : 굴복하다.

5) 舍(사) : 군대가 행군(行軍)하다가 하룻밤을 쉬는 것.

6) 次(차) : 머무르다. 진(陣)을 치다.

7) 中(중) : 점령하다.

8) 朝(조) : 조공(朝貢). 항복하는 뜻으로 와서 경의를 표하는 일.

9) 葆(보) : 보(保)와 통함. 목숨을 지키기 위해 도망치다.

10) 大山(대산) : 태산(泰山)을 가리킨다.

11) 三江(삼강) : 세 강. 즉 송강(松江), 누강(婁江), 포양강(浦陽江).

12) 五湖(오호) : 대체로 태호(太湖) 유역의 호수를 가리킨다.

13) 會稽(회계) : 산의 이름. 지금의 절강성(浙江省) 소흥(紹興)에 있다.

14) 九夷(구이) : 중국의 동쪽에 있는 아홉 민족.

15) 施舍(시사) : 금품을 내려주거나 노역을 면제해준다.

16) 姑蘇之臺(고소지대) : 고소대(姑蘇臺). 오왕(吳王) 부차(夫差)가 세운 누대(樓臺)의 이름.

17) 離罷(이파) : 파는 피(疲)와 같다. 민심이 흩어지고 지친다는 뜻.

18) 徙(사) : 취(取)하다. 탈취하다.

4. 진(晉)나라의 여섯 장수

옛날 진(晉)나라에는 여섯 장군이 있었는데 지백(智伯)이 가장 강하였다. 그는 토지가 광대하고 백성이 많은 것을 헤아려, 그것으로써 제후들과 대항하고 침략하여 싸우는 데 있어 신속한 것으로써 명성을 올리고자 하였다.

그는 용맹한 군사들을 선택하고 많은 배와 전차를 타는 병졸들의 전열을 가다듬어 중항씨(中行氏)를 침략하여 그의 땅을 차지하였다. 그 계책을 이미 충분한 것으로 여겨서 또 자범씨(玆范氏)

를 크게 깨뜨리고 세 집안을 아울러서 한 집안으로 만들었다. 그러고도 멈추지 않고 또 조양자(趙襄子)를 진양(晉陽)에서 포위하였다.

이와 같이 되자 한씨(韓氏) 집안과 위씨(魏氏) 집안이 또한 서로 만나 계책을 의논하였다.

"예로부터 이르기를 '입술이 없어지면 이가 시리다.'고 하였다. 조씨(趙氏)가 아침에 멸망하면 우리는 저녁에 그 뒤를 따르게 될 것이고, 조씨가 저녁에 멸망하면 우리는 아침에 그의 뒤를 따르게 될 것이다. 시(詩)에 이르기를 '고기가 물에서 헤엄쳐 나가지 못한다면 장차 육지에서는 어찌할 것인가'라고 하였다."

세 집안의 가장(家長)들은 마음을 하나로 하고 힘을 합쳐 성을 열어젖뜨리고 길을 튼 다음 무장을 갖춰 군사를 일으켜 한씨와 위씨는 밖으로부터, 조씨는 안으로부터 지백을 공격하여 그를 크게 쳐부쉈다.

그러므로 묵자는 말하였다.

"옛말에 이르기를 '군자는 물을 거울로 삼지 않고 사람을 거울로 삼는다'고 하였다. 물을 거울로 삼으면 얼굴의 모습을 보지만 사람을 거울로 삼으면 길(吉)하고 흉(凶)한 것을 알게 된다. 오늘날 침략하여 싸우는 것을 이로움이라 생각한다면 어찌하여 지백(智伯)의 일을 거울로 삼지 않는가. 그가 길하지 못하고 흉하였다는 것은 이미 알 수 있을 것이다."

昔者晉有六將軍 而智伯¹⁾莫爲强焉 計其土地之博 人徒之衆 欲以抗諸侯 以爲英名 攻戰之速 故差論²⁾其爪牙之士³⁾ 皆列其舟車之衆 以攻中行氏⁴⁾而有之 以其謀爲旣已足矣 又攻玆范氏⁵⁾而大敗之 幷三家以爲一家 而不止 又圍趙襄子⁶⁾於晉陽 及若此 則韓魏⁷⁾亦相從而謀曰 古者有語 脣亡則齒寒 趙氏朝亡 我夕從之 趙氏夕亡 我朝從之 詩曰⁸⁾魚水不務⁹⁾ 陸將何及乎 是以三主之君 一心戮力¹⁰⁾辟門除道 奉甲興士 韓魏自外 趙氏自內 擊智伯大敗之 是故子墨子言曰 古者有語曰 君子不鏡於水而鏡於人 鏡於水 見面之容 鏡於人 則知

吉與凶 今以攻戰爲利 則蓋嘗鑒之於智伯之事乎 此其爲不吉而凶
旣可得而知矣

1) 智伯(지백) : 진(晉)나라의 여섯 집안 중의 하나.

2) 差論(차론) : 차(差)와 논(論) 모두 가려낸다는 뜻.

3) 爪牙之士(조아지사) : 발톱과 이빨. 즉 용감한 전사를 가리킨다.

4) 中行氏(중항씨) : 진나라 여섯 대부(大夫) 집안 중의 하나.

5) 玆范氏(자범씨) : 진나라 여섯 대부(大夫) 집안 중의 하나.

6) 趙襄子(조양자) : 진나라 여섯 대부(大夫) 집안 중의 하나인 조씨(趙氏) 집
   안의 가장(家長). 뒷날 한씨(韓氏), 위씨(魏氏)와 함께 진(晉)나라를 삼분
   (三分)하여 조(趙)나라를 세웠다.

7) 韓魏(한위) : 진나라 여섯 집안 중의 한씨(韓氏) 집안과 위씨(魏氏) 집안.
   뒷날 조씨(趙氏)와 함께 진(晉)나라를 삼분하여 각각 한(韓)나라와 위(魏)
   나라를 세웠다.

8) 詩曰(시왈) : 지금 전하는 '시경(詩經)'에는 없는 고대의 일시(逸詩).

9) 務(무) : 무(鶩)와 통하여 헤엄쳐서 달린다는 뜻.

10) 戮力(육력) : 육(戮)은 육(勠)으로 힘을 다하다. 또는 힘을 합치다.

제19편 침략하지 않는다 ㉙(非攻下第十九)

1. 선왕들이 천하를 차지했던 까닭

묵자가 말하였다.

"지금 천하에서 의(義)로운 일이라고 칭송받는 것들은 그 이론의 근거가 무엇인가.

그것이 위로는 하늘의 이로움에 부합되고 가운데로는 귀신의 이로움에 부합되며 아래로는 사람들의 이로움에 부합되는 까닭에 칭송하는 것인가. 그렇지 않으면 그것이 위로는 하늘의 이로움에 부합되지 않고 가운데로는 귀신의 이로움에 부합되지 않으며 아래로는 사람들의 이로움에 부합되지 않기 때문에 칭송하는 것인가.

비록 아주 어리석은 사람이라 하더라도 반드시 말하기를 '그것이 위로는 하늘의 이로움에 부합되고 가운데로는 귀신의 이로움에 부합되며 아래로는 사람들의 이로움에 부합되기 때문에 칭송하는 것이다' 라고 할 것이다.

지금 천하에서 다함께 의(義)로움이라고 하는 것은 성왕의 법도이다. 지금 천하의 제후(諸侯)들은 오히려 다른 나라를 침략하고 정벌하여 함께 아우르려 하고 있으니 이것은 의로움을 칭송하는 이름만 있는 것이요, 그 실상은 살피지 않는 것이다.

이것을 비유를 들어 말하건대 장님이 일반 사람들과 같이 검은 것과 흰 것의 이름을 말하면서도 그 물건을 분별하지 못하는 것과 같다. 이러한 사람들을 어찌 분별이 있다고 말하겠는가."

그러므로 옛날의 지혜로운 사람이 천하를 위한 헤아림에 있어

서는 반드시 그 의(義)로움을 신중히 생각하고 그러한 뒤에 그것
을 위하여 행동하였다.

이렇게 의로움으로 행동하면 아무런 장애없이 신속하게 백성
들에게 통하고 진실로 그 바라는 바를 얻게 되며, 하늘과 귀신과
백성들의 이로움도 따르게 되는 것이다. 이것이 곧 지혜로운 사
람들의 도(道)였다. 옛날 천하를 다스렸던 어진 사람들은 반드시
큰나라의 침략전쟁 이론을 반대하고 천하를 하나로 화목하게 하
여 온 세상을 일치단결시켰다.

이에 천하의 백성들을 거느려서 농사를 짓게 하고 신하로 하여
금 상제(上帝)와 산천(山川)의 귀신을 섬기게 하였으니 사람들
을 이롭게 한 것이 많고 그 까닭으로 공로 또한 컸다. 그래서 하
늘은 그에게 상을 내리고, 귀신은 그를 부(富)하게 해주었으며,
사람들은 그를 칭송하였다.

그를 귀하게 여겨 천자가 되게 하고 부(富)는 천하를 차지하게
하였으며 명성을 천하에 날리게 하여 지금에 이르기까지 없어지
지 않았으니 이것이 곧 지혜로운 사람의 도이며, 선왕들이 천하
를 차지할 수 있었던 까닭이다.

지금의 왕공대인들과 천하의 제후들은 그렇지 않다. 반드시 그
들은 모두 그의 용감한 군사를 선발하고 그의 배와 전차를 타는
병졸들의 대오(隊伍)를 정돈시켜 단단한 갑옷과 예리(銳利)한
병기(兵器)를 갖추게 하여 죄없는 나라를 침략하러 간다.

그 나라의 변경(邊境)으로 침입하여 그들이 농사지은 곡식을
베어 버리고, 그곳의 나무들을 잘라내고, 그들의 성곽을 파괴하
고, 그들의 도랑을 메우고, 그들의 가축들을 훔치거나 죽이고, 그
들 조상의 사당을 불태워 없애고, 그 나라 만백성을 찔러 죽이고,
그 늙은이와 어린이들을 죽여 없애며, 그 나라의 보물들을 가져
갔다.

마침내 진격하여 전투를 독려하며 말하기를 "명령에 따라 전사
하는 것이 최상이고 많이 죽이는 것이 그 다음이며, 몸을 다치는
것은 맨아래이다. 하물며 대열을 이탈하거나 적을 보고서 도망하

는 자들에 있어서랴. 이들은 모두 죽을 죄를 면할 수 없다."라고
하여, 이러한 말들이 퍼져서 사병들이 헛된 소리를 하게 한다.

子墨子言曰 今天下之所譽善者 其說將何 爲其上中天之利 而中
中鬼之利 而下中人之利 故譽之譽 意亡¹⁾非爲其上中天之利 而中中
鬼之利 而下中人之利 故譽之與 雖使下愚之人 必曰 將爲其上中天
之利 而中中鬼之利 而下中人之利 故譽之 今天下之所同義者 聖王
之法也 今天下之諸侯 將猶多皆免攻伐幷兼 則是有譽義之名 而不
察其實也 此譬猶盲者之與人 同命白黑之名 而不能分其物也 則豈
謂有別哉 是故古之知者之爲天下度也 必順慮其義 而後爲之行 是
以動則不疑 速通成得其所欲 而順天鬼百姓之利 則知者之道也 是
故古之仁人有天下者²⁾ 必反大國之說 一天下之和 總四海之內爲 率
天下之百姓以農 臣事上帝山川鬼神 利人多 功故又大 是以天賞之
鬼富之 人譽之 使貴爲天子 富有天下 名參³⁾乎天地 至今不廢 此則
知者之道也 先王之所以有天下者也 今王公大人天下之諸侯則不然
將必皆差論其爪牙之士 皆列其舟車之卒伍 於此爲堅甲利兵 以往
攻伐無罪之國 入其國家邊境 芟刈其禾稼⁴⁾ 斬其樹木 墮⁵⁾其城郭 以
湮其溝池 攘殺其牲牷⁶⁾ 燔潰其祖廟 勁殺其萬民 覆⁷⁾其老弱 遷其重
器⁹⁾ 卒進而柱乎鬪 口死命爲上 多殺次之 身傷者爲下 又況先列⁹⁾北
橈¹⁰⁾乎哉 罪死無殺¹¹⁾ 以譚其衆

1) 亡(망) : 무(無)와 통함. 어조사로 뜻이 없다.
2) 有天下者(유천하자) : 천하를 차지한 사람. 즉 천하를 다스리는 사람.
3) 參(참) : 세우다. 여기서는 이름을 날리다.
4) 禾稼(화가) : 농사지어 수확한 곡식.
5) 墮(타) : 파괴하다.
6) 牲牷(생전) : 가축. 생은 제물로 쓰는 가축. 전은 털이 순색으로 사지(四肢)
　를 갖춘 짐승.
7) 覆(복) : 멸(滅)의 뜻. 죽여 없애다.
8) 重器(중기) : 보물.
9) 先列(선열) : 대열을 이탈하다. 선은 실(失)의 오자이다.

10) 北撓(배요) : 적을 보고서는 도망가다.
11) 殺(살) : 사(赦)의 오자인 것 같다.

2. 사람들의 이로움에 부합하지 않는다

대저 남의 나라를 합병하고 군대를 뒤엎고 만백성을 해롭게 하고 학대함으로써 성인이 이루어놓은 유업을 어지럽히는 것이 도대체 하늘을 이롭게 하는 것인가.

하늘이 낳은 사람들을 이용하여 하늘의 도읍을 침략하는 것은 하늘의 백성을 찔러 죽이고 신(神)의 위패를 부숴버리고 사직(社稷)을 뒤엎고 재물로 쓸 짐승들을 죽이는 짓이기에, 위로 하늘의 이로움에 부합되지 않는다.

그러면 이와 같은 일이 귀신을 이롭게 하는 것인가. 사람들을 죽여 귀신에게 제사지낼 제주(祭主)를 없애고 선왕(先王)들의 사당을 폐하여 없애고 만백성을 해치고 학대하며 백성들을 흩어지게 하는 것이니, 이것은 곧 가운데로 귀신의 이로움에도 부합되지 않는다.

그렇다면 이와 같은 일이 사람들을 이롭게 하는 것인가. 사람을 죽이는 것이 사람을 이롭게 한다는 것은 그릇된 일이다. 전쟁의 비용을 계산해 보면, 이것은 민생의 근원을 해치는 것으로써 천하의 백성들이 쓸 재물을 고갈시키는 것이 헤아릴 수 없이 많은 것이다. 이것은 아래로 사람들의 이로움에도 부합되지 않는다.

지금 군대라는 것은 서로에게 이롭지 않은 것이다. 이르기를 "장수가 용감하지 않고, 병사들이 분격하지 않고, 병기(兵器)가 날카롭지 않고, 훈련이 부족하고, 군대의 기강이 서지 않고, 백성들이 화합하지 않고, 위세가 강하지 않고, 포위가 오래가지 않고, 전투가 빠르지 않고, 단결력이 강하지 않고, 결심이 굳지 않으면 우방의 제후들이 의심을 품게 된다.

우방의 제후가 서로 의심을 품으면 적대감을 불러 일으키고 공동대처의 의지가 약해진다. 이러한 문제들을 모두 가진 채 전쟁

을 하게 되면 나라는 근본을 잃게 되고, 백성들은 직무를 바꿔야
만 한다."라고 한다.

지금 침략하여 정벌하기를 좋아하는 나라의 말을 듣지 않았는
가. 만약 보통 규모의 전쟁을 일으킨다면 지휘관과 사관은 반드
시 수천명이 있어야 하며, 병졸은 수십만이 있어야 군사를 동원
하는 데에 충분할 것이다. 그리고 오래 걸리면 몇해 동안, 빨라도
몇 달 동안은 걸린다.

그동안 군주는 정치를 할 겨를이 없고, 관리들은 관청의 일을
다스릴 겨를이 없으며, 농부들은 농사지을 겨를이 없고, 여자들은
실뽑고 길쌈할 겨를이 없어진다. 이로써 나라는 근본을 잃게 되
고 백성들은 직무를 바꿔야 되는 것이다.

夫無兼國覆軍 賊虐萬民 以亂聖人之緖¹⁾ 意將以爲利天乎 夫取²⁾
天之人 以攻天之邑 此刺殺天民 剝振神之位 傾覆社稷 攘殺其犧牲
則此上不中天之利矣 意將以爲利鬼乎 夫殺之人 滅鬼神之主 廢滅
先王 賊虐萬民 百姓離散 則此中不中鬼之利矣 意將以爲利人乎 夫
殺之人 爲利人也博³⁾矣 又計其費此 爲周⁴⁾生之本 竭天下百姓之財
用 不可勝數也 則此下不中人之利矣 今夫師者之相爲不利者也 曰
將不勇 士不分⁵⁾ 兵不利⁶⁾ 敎不習 師不衆率不利和⁷⁾ 威不圉 害⁸⁾之
不久 爭之不疾 孫⁹⁾之不强 植心¹⁰⁾不堅 與國諸侯疑 與國諸侯疑 則
敵生慮 而意贏矣 偏俱此物 而致從事焉 則是國家失卒¹¹⁾ 而百姓易
務也 今不嘗觀¹²⁾其說好攻伐之國 若使中興師 君子庶人¹³⁾也 必且數
千 徒倍十萬 然後足以師而動矣 久者數歲 速者數月 是上不暇聽治
士不暇治其官府 農夫不暇稼穡 婦人不暇紡績織紝 則是國家失卒
而百姓易務也

1) 緖(서) : 업(業)과 같다. 여기서는 유업(遺業).
2) 取(취) : 이용하다.
3) 博(박) : 패(悖)의 잘못으로 보인다. 어긋나다.
4) 周(주) : 해(害)로 보아야 한다.
5) 分(분) : 분(忿) 또는 분(奮)과 통함. 분격하다.

6) 利(이) : 날카롭다. 예리(銳利)하다.

7) 師不衆率不利和(사부중솔불리화) : 군대의 기강이 서지 않고 백성들이 화합
   하지 않는다. 중과 솔이 바뀌었고 이(利)는 필요없는 글자이다. 솔은 기강.

8) 害(해) : 위(圍)의 잘못된 것으로써 포위하다의 뜻.

9) 孫(손) : 계(係)의 오자로 박(縛)과 같음. 동이다. 결속하다.

10) 植心(식심) : 식(植)은 입(立)과 같다. 결심.

11) 卒(졸) : 본(本)자의 잘못이다. 근본.

12) 觀(관) : 여기서는 듣다의 뜻.

13) 君子庶人(군자서인) : 군자는 지휘관의 뜻. 서인은 사관급.

3. 우왕(禹王)이 묘족(苗族)을 공격한 이유

그들의 수레와 말은 헐어 못쓰고 지치게 될 것이고, 장막이나
포장 등 삼군(三軍 : 全軍)의 용품 및 갑옷과 무기 등 군수품들은
5분의 1만 남아도 오히려 많이 남은 것이라고 할 수 있다.

또 길에서 흩어져 없어지는 것도 있다. 즉 길이 멀어서 양식이
제대로 공급되지 못하여 음식을 제때에 먹지 못하게 되면 잡역부
들은 그로 말미암아 굶주리고 추위에 떨다가 굶어죽거나 얼어죽
거나 병들어 죽음의 구렁텅이에서 뒹구는 자들이 헤아릴 수가 없
을 것이다. 이것은 사람들에게 이롭지 못한 것이고 천하의 해가
됨이 매우 큰 것이다. 그런데도 왕공대인들이 그것을 즐겨 행하
는 것은 천하의 만백성을 해치고 멸망시키는 일을 즐기는 것이 되
는 것으로 어찌 어긋나는 짓이 아니겠는가.

지금 천하에서 전쟁하기를 좋아하는 나라는 제(齊)나라·진
(晉)나라·초(楚)나라·월(越)나라이다. 만약 이 네 나라로 하여
금 천하의 패자(覇者)가 되게 한다면 모두 그 나라의 백성들을
10배로 늘릴 수는 있겠지만 그 땅을 다 경작하지는 못할 것이다.
이것은 인구는 부족하고 땅은 남음이 있기 때문이다.

그런데 지금 또 그들은 땅을 빼앗겠다는 이유로 서로 해치고 있
는 것이다. 이것은 부족한 것을 이지러뜨리고 남음이 있는 것을

더욱 보태는 것이 된다.

지금 침략하여 정벌하기를 좋아하는 군주들은 또한 그들의 설(說)을 비호하고 묵자를 그르다고 하며 말한다.

"정말 침략하여 정벌하는 것이 의(義)롭지 않으며 유리한 일이 아니라고 할 수 있는가. 옛날의 우왕(禹王)은 묘족(苗族)을 정벌하였고, 탕왕(湯王)은 걸왕(桀王)을 정벌하였고, 무왕(武王)은 주왕(紂王)을 정벌하였건만 그들은 모두 성왕(聖王)이 되었으니 이것은 어찌 된 까닭이냐."

이에 대하여 묵자는 말하였다.

"그대는 아직 내 말의 본분을 살피지 못하여 그 까닭을 분명히 알지 못한다. 그들이 한 일은 이른바 침략전쟁이 아니라 주벌(誅伐)인 것이다. 옛날에 삼묘(三苗)가 크게 세상을 어지럽히므로 하늘이 명하여 그들을 주벌하게 하였다.

해의 요괴(妖怪)가 밤이면 나타나고, 사흘 동안이나 피를 비내리듯이 하였고, 용이 종묘(宗廟)에 나타나고, 개가 저자에서 통곡을 하였고, 여름에 얼음이 얼고, 땅이 갈라져서 샘이 솟아났고, 오곡(五穀)의 생장이 바뀌어 백성들은 이에 크게 떨면서 두려워하였다.

순(舜)임금이 이에 현궁(玄宮)에서 명을 내리므로 우왕은 친히 하늘이 주는 옥으로 만든 부(符)로 묘족을 정벌하였던 것이다. 하늘에서 우레와 번개가 번득이며 진동하고, 사람의 얼굴에 새의 몸을 한 신(神)이 옥으로 된 홀(笏)을 받들고 모셨다.

묘족의 군대는 이 싸움에서 장수가 화살을 맞아 크게 혼란을 일으켜 마침내 후세에 이르기까지 쇠멸하게 되었다. 우왕이 묘족을 정벌하고 나서 바로 산천을 구획하고 산물의 등급을 정하였으며 변방의 먼 나라까지 밝게 제어(制御)하였으므로 신과 백성들이 서로 어기지 않게 되었고 천하가 이에 안정이 되었다. 이것이 우왕이 묘족을 정벌하게 된 연유이다."

然而又與其車馬之罷弊也 幔幕帷蓋 三軍之用 甲兵之備 五分而

得其一 則猶爲序疏[1]矣 然而又與其散亡道路 道路遼遠 糧食不繼
傺[2] 食飲之時 厠役[3]以此飢寒凍餒疾病 而轉死溝壑中者 不可勝計
也 此其爲不利於人也 天下之害厚矣 而王公大人 樂而行之 則此樂
賊滅天下之萬民也 豈不悖哉 今天下好戰之國 齊晉楚越 若使此四
國者得意於天下 此皆十倍其國之衆 而未能食其地[4]也 是人不足而
地有餘也 今又以爭地之故 而反相賊也 然則是虧不足 而動有餘也
今還[5]夫好攻伐之君 又飾其說以非子墨子曰 以攻伐之爲不義 非利
物與 昔者禹征有苗 湯伐桀 武王伐紂 此皆立爲聖王 是何故也 子
墨子曰 子未察吾言之類 未明其故者也 彼非所謂攻 謂誅也 昔者有
三苗大亂 天命殛之 日妖宵出 雨血三朝 龍生廟 犬哭乎市 夏水 地
坼[6]及泉 五穀變化 民乃大振 高陽[7]乃命元宮[8] 禹親把天之瑞[9]令 以
征有苗 四電誘祇[10] 有神人面鳥身 若瑾[11]以侍 搤矢有苗之祥[12] 苗師
大亂 後乃遂幾[13] 禹旣已克有三苗 焉磨[14]爲山川 別物上下 卿[15]制大
極[16] 而神民不違 天下乃靜 則此禹之所以征有苗也

1) 序疏(서소) : 많이 남다. 후여(厚餘)의 잘못.

2) 繼傺(계제) : 제대로 공급하다.

3) 厠役(측역) : 군대에서 취사, 봉제, 마구간 일 등을 맡아보는 잡역부. 측(厠)
은 시(廝)의 오자(誤字).

4) 食其地(식기지) : 그 땅에 경작한다.

5) 還(환) : 답(遝)과 통하여 이르다의 뜻.

6) 坼(탁) : 갈라지다. 쪼개다.

7) 高陽(고양) : 순(舜)임금을 가리킨다. 순임금이 고양씨(高陽氏)의 후손이라
고 하여 그렇게 부르기도 한다.

8) 元宮(원궁) : 현궁(玄宮). 궁전의 이름.

9) 瑞(서) : 옥으로 만든 신물(信物).

10) 四電誘祇(사전유지) : 뜻이 통하지 않으니, 뇌전발진(雷電詩振)의 잘못으
로 보인다. 발(詩)과 발(勃), 진(振)과 진(震)이 통하여 갑자기 우레와 번개
가 진동하다.

11) 若瑾(약근) : 봉규(奉珪)의 잘못. 옥으로 만든 홀(笏)을 받들고의 뜻.

12) 祥(상) : 장(將)의 잘못. 장수.

13) 幾(기) : 쇠멸(衰滅)하다.

14) 磨(마) : 역(歷)의 오자인 듯하다. 분별하다. 여기서는 구획하다.

15) 卿(경) : 밝히다.

16) 大極(대극) : 대는 팔(八)의 잘못인 듯하다. 팔방의 먼 나라까지.

4. 귀신이 나라 안에서 울부짖다

하왕조(夏王朝)의 걸왕(桀王)에 이르러서도 하늘이 엄한 명령을 내렸다. 해와 달이 아무 때나 뜨고, 추위와 더위가 뒤섞여 이르고, 오곡(五穀)이 말라서 죽고, 귀신이 나라 안에서 울부짖으며, 학이 울기를 십여일 밤이나 계속하였다.

하늘이 이에 표궁(鑣宮)에서 탕왕(湯王)에게 명하여 하왕조의 국통(國統)을 물려받게 하며 이르기를 "하왕조의 덕이 크게 어지럽다. 나는 이미 천명을 거두었으니 가서 그를 주벌(誅伐)하라. 반드시 그대로 하여금 이기게 할 것이니라."라고 하였다.

탕왕은 이에 감히 천명을 받들어 그의 백성들을 거느리고 하(夏)의 국경으로 향하니, 상제(上帝)는 벼락의 신을 내려 하(夏)의 성을 무너뜨렸다.

잠시 후 신(神)이 와서 이르기를 "하왕조의 덕이 크게 어지러워졌으니 가서 그를 공격하시오. 나는 반드시 그대로 하여금 크게 이기게 할 것이오. 나는 이미 하늘에서 명을 받았으니, 하늘은 또 축융(祝融)에게 명하여 하(夏)의 성(城) 사이 서북쪽 모퉁이에 불을 내리게 하였소"라고 하였다.

이리하여 탕왕은 걸왕의 백성들을 거느리고 하왕조를 토벌하고 나서 박(薄)땅에 제후(諸侯)들을 모아 하늘의 명을 받았음을 밝히고 사방에 알리므로 천하의 제후들이 감히 복종하지 않는 이가 없었다. 이것이 탕왕의 걸왕을 주벌하게 된 연유이다.

상왕조(商王朝) 주왕(紂王)에 이르러서는 하늘이 그의 덕(德)을 받아들이지 않았다. 제사를 올림이 때를 잃고, 밤낮으로 열흘 동안 도읍지인 박(薄)땅에 흙비가 내리고, 구정(九鼎)이 자리를 옮겨 앉고, 여자 요괴(妖怪)가 밤이면 나타나고, 귀신이 밤마다 울고, 여자가 남자로 변하고, 하늘에서 살덩이들이 비에 섞여서 내리고, 가시덤불이 나라의 큰 길에 자라나며, 왕은 더욱 자기 멋대로 굴었다. 이때 붉은 새가 옥으로 만든 홀(笏)을 물고 주(周)나라의 기(岐)땅의 사직으로 내려와서 말하기를 "하늘이 주나라 문왕(文王)에게 명하여 은(殷:商)왕조를 정벌하고 천하를 다스리게 한다."라고 하였다.

태전(泰顚)이 찾아왔고, 황하(黃河)에서 녹도(綠圖)가 나오고, 땅에서 승황(乘黃)이 나왔다.

무왕(武王)이 위업을 계승하여 천자의 자리에 오르니, 꿈에 세 명의 신이 나타나 말하기를 "우리는 이미 은왕조의 주왕이 술마시는 일에 빠져 있는 것을 알고 있소. 가서 공격하시오. 우리는 반드시 그대로 하여금 크게 그를 무찌르도록 하겠소."라고 하는 것이었다.

무왕은 이에 광부(狂夫)를 공격하고 은나라를 배반하고 주나라로 가자, 하늘은 무왕에게 황조(黃鳥)의 깃발을 내렸다. 무왕은 이미 은왕조를 무찌르고 상제(上帝)가 내린 천명을 이루고나서 여러 신들을 분별하여 제후들로 하여금 제사지내게 하고 주왕의 선조 왕들에게도 제사 지내게 하여 사방 미개족속들에게까지 위세가 통하게 함으로써 천하에 복종하지 않는 자가 없게 되었다.

이에 탕왕(湯王)의 공업(功業)이 무왕에 의하여 다시 계승되었다. 이것이 곧 무왕이 주왕을 주벌하게 된 연유이다.

이러한 세 성왕의 일을 보건대, 그것은 이른바 침략이 아니라 주벌(誅伐)인 것이다.

還至乎夏王桀 天有詰命 日月不時 寒暑雜至 五穀焦死 鬼呼國 鸖¹⁾ 鳴十夕餘 天乃命湯於鑣宮 用受夏之大命 夏德大亂 予旣卒其命於天矣 往而誅之 必使汝堪之 湯焉敢奉率其衆 是以鄕有夏之境 帝乃使陰暴²⁾ 毀有夏之城 少少³⁾有神來告曰 夏德大亂 往攻之 予必使汝大堪之 予旣受命於天 天命融⁴⁾隆火⁵⁾ 于夏之城間西北之隅 湯奉桀

衆以克有 屬諸侯於薄[6] 薦章[7]天命 通於四方而天下諸侯莫敢不賓
服 則此湯之所以誅桀也 逮至乎商王紂 天不序[8]其德 祀用失時 兼
夜中 十日雨土于薄 九鼎[9]遷止 婦妖宵出 有鬼宵吟 有女爲男 天雨
肉[10] 棘生乎國道 王兄[11]自縱也 赤鳥銜珪 降周之岐社 曰 天命周文
王伐殷有國 泰顚[12]來賓 河出綠圖[13] 地出乘黃[14] 武王踐功[15] 夢見三
神曰 予旣沈漬殷紂于酒德矣 往攻之 予必使汝大堪之 武王乃攻狂
夫 反商之周 天賜武王 黃鳥之旗 王旣已克殷 成帝之來[16] 分主諸神
祀紂先王 通維四夷 而天下莫不賓 焉襲湯之緖 此卽武王之所以誅
紂也 若以此三聖王者觀之 則非所謂攻也 所謂誅也

1) 鶴(학) : 학. 학(鶴)과 같은 글자.
2) 陰暴(음폭) : 벼락을 내리다. 음(陰)은 강(降)의 오자.
3) 少少(소소) : 조금 있다가. 잠시 후에.
4) 融(융) : 고대 신화에 나오는 불의 신 축융(祝融)을 말한다.
5) 隆火(융화) : 융(隆)은 강(降)의 오자로써 불을 내리다의 뜻.
6) 薄(박) : 탕왕(湯王)의 도읍지. 박(亳). 지금의 하남성(河南省) 상구현(商
   丘縣) 북쪽.
7) 章(장) : 밝히다.
8) 序(서) : 향(享)의 잘못. 받아들이다.
9) 九鼎(구정) : 우왕(禹王)이 구주(九州)를 상징하여 주조한 아홉 개의 큰 솥.
   천자의 상징으로 전해 내려오던 나라의 보물.
10) 雨肉(우육) : 살점이 비에 섞여서 내린다.
11) 兄(형) : 황(況)과 통하여 더욱의 뜻.
12) 泰顚(태전) : 현명한 신하의 이름. 누구인지 확실하지 않다.
13) 綠圖(녹도) : 부적과 같은 그림. 하늘이 천자에게 내리는 어떤 징조라 할 수
    있다.
14) 乘黃(승황) : 성왕(聖王)이 다스리는 태평성대(太平聖代)에 나타난다는
    신령스러운 말의 이름.
15) 踐功(천공) : 천(踐)은 찬(纘)의 뜻으로 계승하다의 뜻.
16) 成帝之來(성제지래) : 상제(上帝)가 내린 천명(天命)을 이루다. 내(來)는
    내려주다.

5. 어떤 사람을 훌륭한 의사라고 하나

대저 침략하여 정벌하기를 좋아하는 군주는 또 그의 주장을 꾸며대며 묵자를 공격하여 말하였다.

"그대가 공격하여 정벌하는 것을 의(義)롭지 않다고 하는 것은 사물을 이롭게 하는 것이 그르다고 하는 것인가.

옛날 초(楚)나라의 웅려(熊麗)는 저산(雎山) 사이에 처음으로 봉(封)해졌고, 월(越)나라 왕 예휴(繄虧)는 유거(有遽)로부터 나와 처음으로 월(越)땅에 나라를 세웠으며, 당숙(唐叔)과 여상(呂尙)은 제(齊)나라와 진(晉)나라에 봉해졌었다. 이들은 모두 수백리의 지방이었을 뿐이었는데 다른 나라들을 아울렀으므로 천하를 넷으로 나눠서 차지하였으니, 그렇게 된 까닭은 무엇인가."

이에 대해 묵자가 말하였다.

"그대는 아직 내 말의 성격을 잘 살피지 못하여 그 까닭을 밝게 알지 못하는 것이다. 옛날에 천자가 처음으로 제후(諸侯)를 봉함에 있어서는 만 여 나라가 되었었다. 지금은 나라들을 아울렀기 때문에 만이 넘는 나라들이 모두 멸망하고 네 나라만이 존재한다. 이것은 비유컨대 의사가 만 여 명을 약으로 치료하였건만 네 명만이 병이 나았다는 것과 같은 것이니, 이런 사람을 훌륭한 의사라고 말할 수 없다."

대저 침략하여 정벌하기를 좋아하는 군주가 또 그의 주장을 꾸며대며 말하였다.

"나는 금옥(金玉)이나 백성들이나 땅같은 것이 부족해서 그러는 것이 아니다. 나는 의(義)로운 이름을 천하에 떨쳐 덕(德)으로써 제후를 굴복시키고자 해서다."

이에 묵자가 말하였다.

"지금 만약 의로운 이름을 천하에 떨침으로써 덕(德)으로 제후들을 굴복시키는 사람이 있다고 하면 천하가 복종하는 것을 서서 기다리기만 하면 될 것이다.

대저 천하에 침략하여 정벌하는 잘못된 일이 있은 지 오래되었으니, 비유컨대 어린아이가 말을 타는 것과 같다. 지금 만약 신의로써 사귀면서 먼저 천하의 제후를 이롭게 할 수 있는 사람이 있다면 큰나라가 의롭지 아니하면 함께 그것을 근심하고, 큰나라가 작은나라를 침략하면 함께 그것을 구원하고, 작은나라의 성곽이 온전하지 못하면 반드시 그것을 수리하도록 하고, 천이나 곡식이 모자라면 그것을 보내주며, 폐백(幣帛)이 모자라면 그것을 공급해 줄 것이다.

이렇게 함으로써 큰나라와 교제를 하면 작은나라의 군주들은 기뻐할 것이다. 남이 수고를 많이 하고 나는 편안하면 우리의 무장한 군사는 강해질 것이다.

너그러움으로써 은혜롭고, 위급한 것을 구제해 준다면 백성들은 반드시 그에게로 돌아가 의지하게 될 것이다. 침략하여 정복하는 정책을 바꾸어 자기 나라를 다스린다면 그 공적이 반드시 몇 배나 될 것이다. 나의 군사를 일으키는 비용을 헤아려서 그것으로써 제후들의 곤경을 구원하기 위해 사용한다면 반드시 많은 이로움을 얻을 수가 있을 것이다.

정의로써 통솔하고, 그 이름을 의(義)롭게 하고, 반드시 나의 백성들에게 너그럽게 대하며, 나의 군사들에게 신임을 받도록 힘써야 한다. 이렇게 함으로써 다른 제후들의 백성들을 돕는다면 천하에 적이 없어질 것이며, 그가 천하를 이롭게 해주는 것은 이루 헤아릴 수가 없게 된다. 이것이 천하의 이로움인데 왕공대인들은 그것을 사용할 줄을 알지 못하고 있으니, 곧 이것은 천하를 이롭게 하는 큰일을 알지 못한다고 말할 수 있다."

묵자가 말하였다.

"지금 천하의 왕공대인들이나 벼슬하는 사람들이 진심으로 천하의 이로움을 일으키고 천하의 해로움을 제거하기를 구하고자 하면 마땅히 번거롭게 침략하여 정벌하는 일같은 것은 실로 천하의 큰 해로움인 것이다.

지금 인(仁)과 의(義)를 행하고 훌륭한 선비를 구하려 하며, 위로 성왕의 도(道)에 맞게 하고 아래로 국가와 백성들의 이로움에

맞게 하고자 하면, 마땅히 침략을 반대하는 이론에 대하여 살피
지 않으면 안 된다는 것은 이 때문인 것이다."

則夫好攻伐之君 又飾其說以非子墨子曰 子以攻伐爲不義 非利物
與 昔者楚熊麗始討[1] 此雎山[2]之間 越王繄虧[3] 出自有遽[4] 始邦於越
唐叔[5]與呂尙[6]邦齊晉 此皆地方數百里 今以幷國之故 四分天下而
有之 是故何也 子墨子曰 子未察吾言之類 未明其故者也 古者天子
之始封諸侯也 萬有餘 今以幷國之故 萬國有餘皆滅 而四國獨立 此
譬猶醫之藥萬有餘人 而四人愈也 則不可謂良醫矣 則夫好攻伐之
君又飾其說曰 我非以金玉子女壤地爲不足也 我欲以義名立於天下
以德求諸侯也 子墨子曰 今若有能以義名立於天下 以德求諸侯者
天下之服可立而待也 夫天下處攻伐久矣 譬若傅子[7]之爲馬然 今若
有能信效[8]先利天下諸侯者 大國之不義也 則同憂之 大國之攻小國
也 則同救之 小國城郭之不全也 必使修之 布粟之絶[9] 則委之 幣帛
不足 則共[10]之 以此效大國 則小國之君說 人勞我逸 則我甲兵强 寬
以惠 緩易急 民必移[11] 易攻伐以治我國 攻[12]必倍 量我師擧之費 以
諍諸侯之斃[13] 則必可得而序[14]利焉 督[15]以正 義其名 必務寬吾衆 信
吾師 以此授[16]諸侯之師 則天下無敵矣 其爲下不可勝數也 此天下
之利 而王公大人不知而用 則此可謂不知利天下之巨務矣 是故子
墨子曰 今且天下之王公大人士君子 中情將欲求興天下之利 除天
下之害 當若繁爲攻伐 此實天下之巨害也 今欲爲仁義 求爲上士 尙[17]
欲中聖王之道 下欲中國家百姓之利 故當若非攻之爲說 而將不可
不察者此也

1) 熊麗始討(웅려시토) : 웅려는 초(楚)나라 조상의 이름. 사기 초세가(楚世
   家)에 의하면 웅려의 손자인 웅역(熊繹)이 주(周)의 성왕(成王) 때에 처음
   으로 초나라 제후로 봉해졌다고 한다. 토(討)는 봉(封)자의 잘못.

2) 雎山(저산) : 초나라의 땅 이름. 지금의 호북성 보강현 서남쪽이다.

3) 繄虧(예휴) : 월(越)나라 왕실의 조상. 무여(無餘)라고도 한다.

4) 有遽(유거) : 월나라 조상의 이름.

5) 唐叔(당숙) : 주왕조(周王朝) 무왕(武王)의 아들이자 성왕(成王)의 동생.

처음 당(唐)에 봉해졌으나 그의 아들이 진(晉)으로 도읍을 옮겼으므로 진후 (晉侯)로 고쳐 불렀다.

6) 呂尙(여상) : 태공망(太公望). 주나라 무왕이 제(齊)나라에 봉했다.

7) 傳子(전자) : 전사지인(傳舍之人). 여관의 어린 심부름꾼을 말하는 것으로 어린아이의 뜻.

8) 信效(신효) : 효(效)는 교(交)와 통하여 신의로 사귀다의 뜻.

9) 之絶(지절) : 지(之)는 핍(乏)의 오자로 모자라다. 부족하다의 뜻.

10) 共(공) : 공(供)과 통하여 공급(供給)하다의 뜻.

11) 移(이) : 돌아가 의지하다. 귀의(歸依)하다.

12) 攻(공) : 공(功)의 오자. 공적.

13) 斃(폐) : 위기에 빠져 어려움을 겪다.

14) 序(서) : 후(厚)의 오자로 두텁다. 많다의 뜻.

15) 督(독) : 이끌다.

16) 授(수) : 원(援)의 오자로 돕다의 뜻.

17) 尙(상) : 상(上)과 같다.

제6권(卷之六)

제20편 아껴쓰다 ㉥(節用上第二十)

I. 사용하기 편리하게 만든다

성인이 정치를 한 국가에 행하면 그 나라의 부(富)를 배로 할 수 있고, 그것을 크게 하여 천하에 정치를 행하면 천하의 부를 배로 할 수 있다. 그가 부를 배로 하는 것은 밖에서 땅을 빼앗아 늘리는 것이 아니다. 그 국가의 형편에 따라서 불필요한 경비를 없앰으로써 배로 늘리기에 족한 것이다.

성왕이 정치를 행함에 있어서 그 정령(政令)을 발하고 사업을 일으켜서 백성들을 부리고 재물을 사용함에는 편리하게 이루어지도록 하지 않는 것이 없다. 그러므로 재물을 사용하는 데에 낭비하는 일이 없고, 백성들의 생활에 고생스러움이 없으며, 이로움을 일으키는 일이 많아지는 것이다.

의복이나 갖옷을 만드는 것은 무엇 때문인가? 그것으로써 겨울에는 추위를 막고, 여름에는 더위를 막기 위해서다. 무릇 옷을 만드는 도(道)는 겨울에는 따뜻함을 더하게 하고, 여름에는 시원함을 더하게 하는 것일 뿐이므로 화려하고 사용하기에 불편한 것은 제거해 버려야 하는 것이다.

집을 짓는 것은 무엇 때문인가? 그것으로써 겨울에는 바람과 추위를 막고, 여름에는 더위와 비를 막으며, 또 도둑을 막기 위해 더 튼튼하게 하는 것이다. 그러므로 화려하고 사용하기에 불편한 것은 제거해 버려야 하는 것이다.

갑옷과 방패와 다섯 가지 병기(兵器)를 만드는 것은 무엇 때문인가? 그것으로써 전란과 도적을 막기 위한 것이다. 전란이 일어

나고 도적이 있으면 갑옷과 방패와 다섯 가지 병기를 가진 자가
이길 것이고, 그것이 없는 자는 이기지 못할 것이다. 그러므로 성
인(聖人)은 갑옷과 방패와 다섯 가지 병기를 만든 것이다. 무릇
갑옷과 방패와 다섯 가지 병기를 만듦에 있어서는 가볍고 편리하
며, 튼튼하여 부러지지 않게 하면 된다. 화려하면서 사용하기에
불편한 것은 제거해 버려야 하는 것이다.

수레와 배를 만드는 것은 무엇 때문인가? 수레는 육지에서 타
고 다니고, 배는 강물에서 타고 다니면서 사방으로 통하기에 편
리하게 하고자 함이다. 무릇 배와 수레를 만드는 이유는 가볍고
도 편리함을 더하는 것으로써 화려하면서 사용하기에 불편한 것
은 제거해 버려야 하는 것이다.

무릇 이러한 것들을 만듦에 있어서는 사용함에 더 편리하도록
하기 위함일 뿐이다.

聖人爲政一國　一國可倍¹⁾也　大之爲政天下　天下可倍也　其倍之
非外取地也　因其國家去其無　足以倍之　聖王爲政　其發令興事　便民
用財也　無不加用而爲者　是故用財不費　民德²⁾不勞　其興利多矣　其
爲衣裘何　以爲冬以圉寒　夏以圉暑　凡爲衣裳之道　冬加溫　夏加淸者
芊鉏³⁾不加者⁴⁾去之　其爲宮室何　以爲冬以圉風寒　夏以圉暑雨　有盜
賊加固者　芊鉏不加者去之　其爲甲盾五兵⁵⁾何　以爲以圉寇亂⁶⁾盜賊
若有寇亂盜賊　有甲盾五兵者勝　無者不勝　是故聖人作爲甲盾五兵
凡爲甲盾五兵加輕以利　堅而難折者　芊鉏不加者去之　其爲舟車何
以爲車以行陵陸　舟以行川谷　以通四方之利　凡爲舟車之道　加輕以
利者　芊鉏不加者去之　凡其爲此物也　無加用而爲者

1) 可倍(가배) : 이가배(利可倍)로 이로움을 배로 할 수 있다.
2) 德(덕) : 득(得)과 통함.
3) 芊鉏(선저) : 화려하다. 지나침. 뜻이 미상하다. 단, 선저는 선(鮮)의 뜻으로
　보는 이도 있으며 소(少)와 같다고 했다.
4) 不加者(불가자) : 실용적이지 못한 것. 더 이상 필요 없는 것.
5) 五兵(오병) : 다섯 가지 병기. 곧 긴 창·모난 창·갈라진 창. 길이가 2장(二

212 묵 자(墨子)

丈)의 창, 길이가 2장 4척(二丈四尺)의 창.
6) 寇亂(구난) : 공격해 오는 적과 싸우는 전란.

2. 갑절로 늘릴 수 있다

재물을 사용하는 데에 낭비가 없고 백성들의 생활은 고생스럽지 않으면, 그 이로움을 일으키는 일이 많아지는 것이다.

또 귀족들이 주옥(珠玉)·조수(鳥獸)·견마(犬馬) 등을 모으기 좋아하는 것을 제거해 버리고, 그것으로써 의상(衣裳)·궁실(宮室)·갑옷·방패·오병(五兵)·주거(舟車) 등의 수를 더하게 하면 그런 것의 수가 갑절이 될 것이다.

이와 같은 일은 어렵지 않다. 갑절로 늘리는 일이 무엇이 어렵겠는가. 오직 사람만을 갑절로 늘리기가 어려운 것이다. 그러나 사람도 갑절로 늘릴 수가 있다.

옛날 성왕들이 법을 만들어서 이르기를 "남자는 나이 20세에 감히 장가들지 않음이 없고, 여자는 나이 15세에 남을 섬기는 일을 하지 않음이 없어야 한다."고 하였다. 이것이 성왕의 법이다.

성왕들이 이미 세상을 떠났으므로 백성들은 멋대로 행동하고 있다. 일찍 장가들고자 하는 사람은 어떤 때는 20세에 장가를 가지만 늦게 장가들고자 하는 사람은 어떤 때는 40세에야 장가를 간다. 이렇게 이른 것과 늦은 것을 평균해 보면 성왕의 법보다 10년이 뒤진다.

만약 모두가 3년만에 한 아이를 낳는다면 그동안에 모두 두세 명의 자식을 낳을 수가 있다. 이것은 백성으로 하여금 일찍 장가들도록 한 것일 뿐 아니라 그렇게 함으로써 사람의 수를 갑절로 늘어나게 하는 것이었다.

是故用財不費 民德不勞 其興利多 有¹⁾去大人之好聚珠玉鳥獸犬馬 以益衣裳宮室甲盾五兵舟車之數於數倍乎 若則不難 故孰爲難倍 唯人爲難倍 然人有可倍也 昔者聖王爲法曰 丈夫年二十毋敢不

處家² 女子年十五 毋敢不事人³⁾ 此聖王之法也 聖王旣沒于民次⁴⁾也
其欲蚤處家者 有所⁵二十年處家 其欲晩處家者 有所四十年處家 以
其蚤與其晩相踐⁶⁾ 後聖王之法十年 若純⁷⁾三年而字⁸⁾ 子生可以二三
年矣 此不惟使民蚤處家 而可以倍興

1) 有(유) : 또, 우(又)와 같다.

2) 處家(처가) : 처를 얻어 가정을 이루다.

3) 事人(사인) : 남을 받들어 섬기다. 곧 시집가다.

4) 次(차) : 자(恣)와 통하여 여기서는 제멋대로 혼사하다.

5) 有所(유소) : 소(所)는 시(時)와 통함. 어떤 때의 뜻.

6) 相踐(상천) : 평균(平均)하다.

7) 純(순) : 개(皆)와 같다. 모두, 다의 뜻.

8) 字(자) : 아이를 낳아서 젖먹여 기른다.

3. 천하의 큰 이로움이란

또한 그런 것만이 아니다. 지금 천하의 정치를 하는 사람들은 그
인구를 줄이는 길을 취하는 일이 많다. 그들은 백성을 부려 수고
롭게 하고 세금을 많이 거둬들이므로 백성들은 재물이 부족하여
추위에 얼어죽고 굶주려서 죽는 사람들의 수를 헤아릴 수가 없다.

또한 귀족들은 군사를 일으켜 이웃 나라를 공격하여 정벌하기
를 좋아하여 오래되면 1년이요, 빨라도 몇 달이 걸린다. 그동안에
남자와 여자가 오랫동안 서로 만나지 못하니 이것이 인구를 적게
하는 원인이 되는 것이다.

생활이 안정되지 못하고 먹고 마시는 일을 제때에 하지 못하게
하므로 병이 들어 죽는 사람과 불과 무기를 가지고 성을 공격하
거나 들에서 싸우다 죽는 사람들도 그 수를 헤아릴 수 없다.

이런 지금의 정치를 하는 사람들이 인구를 적게 만드는 까닭이
되는 길은 그들의 시책 때문에 생기는 것이 아니겠는가.

성인이 정치를 한다면 절대 이런 일이 없다. 성인이 정치를 하
는데 있어서 인구를 많게 하는 길은 또한 그들의 시책에 의하여

생기는 것이 아니겠는가.

그러므로 묵자는 말하기를 "쓸데없는 비용을 없애는 것이 성왕의 도(道)이며 천하의 큰 이로움이다."라고 하였다.

且不然已 今天下爲政者 其所以寡人之道多 其使民勞 其籍斂[1]厚民財不足 凍餓死者不可勝數也 且大人惟毋興師以攻伐隣國 久者終年 速者數月 男女久不相見 此所以寡人之道也 與居處不安 飮食不時 作疾病死者 有與侵就橽橜[2] 攻城野戰死者 不可勝數 此不令爲政者 所以寡人之道數術[3]而起與 聖人爲政特無此 不聖人爲政 其所以衆人[4]之道亦數術而起與 故子墨子曰 去無用之 聖王之道 天下之大利也

1) 籍斂(적렴) : 적(籍)은 세(稅)이니 세금을 거둬들인다는 뜻.
2) 侵就橽橜(침취원탁) : 불을 사용한 무기를 가지고 성(城)을 공격한다는 뜻.
3) 數術(수술) : 일정한 시책(施策). 술수(術數).
4) 衆人(중인) : 사람을 많게 하다. 인구를 늘이다.

제21편 아껴쓰다 ㉄(節用中第二十一)

1. 제후들을 바로잡는 방법

묵자가 말하였다.

"옛날의 밝은 왕이나 성인이 천하의 왕자(王者)가 되어 제후들을 바로잡은 방법은 저들 백성을 사랑하여 삼가 충성되게 하고 백성을 이롭게 하며 삼가 독실(篤實)하게 하여 충성과 신의가 서로 이어지게 하고 또 그들에게 이로움을 보이는 것이었다. 그렇게 함으로써 몸을 마치도록 싫어하는 이가 없고 죽은 뒤에도 싫증을 내는 이가 없었으니, 옛날의 밝은 왕이나 성인이 천하에 왕자로서 제후들을 바로잡은 방법은 이것이었다."

옛날 성왕은 씀씀이를 절약하는 방법을 제정하여 말하였다.

"무릇 천하의 모든 백공(百工)들은 수레나 가죽으로 만드는 물건이나 질그릇이나 쇠를 달궈 만드는 물건이나 가구 등을 만드는 데 있어 각기 그의 능력에 따라 할 수 있는 일에 종사하도록 하라. 그리고 백성들의 사용에 따라 공급하기에 족할 정도로 하고 그친다."

여러 가지 비용만 더하고 백성들의 이로움에는 보탬이 되지 않는 것을 성왕(聖王)은 하지 않았다.

子墨子言曰 古者明王聖人 所以王天下 正諸侯者 彼其愛民謹忠 利民謹厚 忠信相連 又示之以利 是以終身不靨 歿二十而不卷[1] 古者明王聖人 其所以王天下正諸侯者 此也 是故古者聖王 制爲節用之法曰 凡天下群百工 輪車鞼匏[2] 陶冶梓匠[3] 使各從事其所能 曰 凡

足以奉給民用 則止 諸加費不加于民利者 聖王弗爲

1) 二十而不卷(이십이불권) : 이십(二十)은 세(世)가 되어야 마땅하다. 권은
   권(倦)과 통하여 싫증내다. 지치다.
2) 鞼匏(궤포) : 가죽으로 물건을 만드는 공인.
3) 梓匠(재장) : 가래나무로 물건을 만드는 공인. 가구를 만드는 사람.

2. 먹고 입는데 사치하지 않은 성왕

옛날의 성왕이 먹고 마시는 법을 제정하여 말하였다.

"허기(虛氣)를 채워 기운을 차리고, 팔과 다리를 굳세게 하고,
귀와 눈을 총명하고 밝게 하기에 충분한 데서 그치며, 오미(五味)
의 조화와 향긋함의 조화를 지극하게 하지 않고, 먼 나라의 진귀
(珍貴)하고 색다른 것을 쓰지 않는다."

무엇으로써 그러함을 아는가.

옛날 요(堯)임금이 천하를 다스릴 적에 남쪽으로는 교지(交
阯)를 무마(撫摩)하고, 북쪽으로는 유도(幽都)의 항복을 받았으
며, 동과 서쪽으로는 해가 뜨는 데에서 해가 지는 곳에 이르기까
지 복종하지 않는 자가 없었다.

그런데 그가 절약하는 데에 이르러서는 서(黍)와 직(稷)을 한
번에 두 가지로는 밥을 짓지 않았고, 국과 고기를 겹치게 하지 않
았고, 질그릇으로 된 밥그릇에 밥을 담았고, 질그릇으로 된 국그
릇에 국을 담아 마셨으며, 국자로써 술같은 것을 퍼마셨다. 몸을
굽히고 펴고 하면서 위의(威儀)를 갖추는 예(禮)도 성왕들은 하
지 않았다.

옛날의 성왕이 의복에 관한 법을 제정하여 말하였다.

"겨울에는 짙은 쪽빛으로 된 옷을 입어 가볍고 또한 따뜻하게
하고, 여름에는 칡베로 만든 옷을 입어 가볍고 또한 시원하게 하
는 것으로 그쳐라."

모든 백성들의 이로움에 보탬이 되지 않는 비용을 더하는 낭비
를 성왕들은 하지 않았다.

古者聖王制爲飮食之法曰 足以充虛繼氣 强股肱 耳目聰明 則止
不極五味之調 芬香之和 不致遠國珍恢異物 何以知其然 古者堯治
天下 南撫交阯[1] 北降幽都[2] 東西至日所出入 莫不賓服 逮至其厚愛
黍稷不二 羹胾[3]不重 飯於土塯[4] 啜於土形[5] 斗以酌[6] 俛仰[7]周旋[8]威
儀之禮 聖王弗爲 古者聖王制爲衣服之法曰 冬服紺緅[9]之衣 輕且暖
夏服絺綌[10]之衣 輕且淸 則止 諸加費不加於民利者 聖王弗爲

1) 交阯(교지) : 지금의 광동성(廣東省) 서쪽의 땅.

2) 幽都(유도) : 옛 12주의 하나인 유주(幽州). 지금의 하북 요녕 일대.

3) 羹胾(갱자) : 국가 고기반찬.

4) 土塯(토류) : 질그릇으로 된 밥그릇.

5) 土形(토형) : 질그릇으로 된 국그릇.

6) 斗以酌(두이작) : 국자로 술같은 것을 퍼서 마신다. 두(斗)는 여기서 국자를
뜻한다.

7) 俛仰(부앙) : 몸을 굽혔다 폈다 하다. 곧 나아가고 물러남에 예를 갖춰 인사
하는 동작. ※이하의 말은 절약과 검소와는 관계없는 말이나 겉치레의 꾸밈
을 피한다는 뜻.

8) 周旋(주선) : 갖추다. 차리다.

9) 紺緅(감추) : 감은 검은빛을 띤 푸른빛. 추는 붉은빛과 푸른빛의 사이 색.

10) 絺綌(치격) : 치는 가늘게 짠 칡베. 격은 거칠게 짠 칡베. 갈포(葛布).

3. 무기(武器) 쓰는 법을 가르쳤다

옛날의 성인은 사나운 새나 억센 짐승, 포악한 인간들이 백성들
에게 해를 끼치므로 백성들에게 무기 쓰는 법을 가르쳤다.

대검(帶劍)은 찌르면 들어가고 치면 끊어지나 곁에서 쳐도 부
러지지 않는 것이 칼의 이로움이다. 갑옷은 입으면 가볍고 편리
하며 움직이면 몸을 따라 움직이니 이것이 갑옷의 이로움이다. 수
레는 무거운 것을 싣고 멀리 갈 수 있으며 그것을 타면 편안하고
끌면 편리하니, 편안함으로써 사람은 지치지 않고 편리하여 빨리
목적지에 이르는 것이 수레의 이로움이다.

옛날의 성왕이 큰 물과 넓은 골짜기를 건널 수가 없었으므로 이에 이로운 배와 노를 만들었는데 건너가기에 충분한 것으로 그쳤다. 비록 높은 사람인 삼공(三公)이나 제후(諸侯)가 와도 배와 노는 바꾸지 않고, 사공은 배를 장식하지 않았으니, 이것이 배의 이로움이다.

옛날 성왕이 장례의 절제를 위한 법을 제정하여 말하였다.

"수의(襚衣)는 세 벌로 하여 살이 썩기에 충분하게 하고, 관(棺)은 세 치 두께로 하여 뼈가 썩기에 충분하게 하며, 무덤 구덩이의 깊이는 샘이 통하지 않도록 하고, 냄새가 밖으로 새어 나오지 않을 정도에서 그친다. 죽은 이를 장사 지내고는 산 사람이 오래도록 상중(喪中)에 있으면서 슬퍼만 하지 말라."

옛날에 사람이 처음 생겨나서 아직 집이 없었을 때에는 언덕에 굴을 파고 굴속에서 살았다. 성왕은 그것을 염려하여 굴에 대해 생각하기를 '겨울에는 바람과 추위를 피할 수 있지만 여름이 되면 아래는 습기가 차고 위는 무더운 기운이 차서 백성들의 기운이 상할 것이 두렵다.'고 여겼다. 그래서 집을 만들어서 편리하게 하였다. 그러면 집을 짓는 방법은 어떠하였을까.

이에 대하여 묵자가 말하였다.

"옆으로는 바람과 추위를 막을 수 있게 하고, 위로는 눈과 서리와 비와 이슬을 막을 수 있게 하며, 가운데는 정결하게 하여 제사를 지낼 수 있게 하였다. 집의 담장은 남자와 여자의 분별을 하기에 충분할 정도에서 그쳤다."

모든 백성들의 이로움에 보탬이 되지 않는 비용을 더하는 낭비를 성왕은 하지 않았다.

古者聖人爲猛禽狡獸 暴人害民 於是敎民以兵行 曰帶劍 爲剌則入 擊則斷 旁擊而不折 此劍之利也 甲爲衣則輕且利 動則兵且從[1] 此甲之利也 車爲服重致遠 乘之則安 引之則利 安以不傷人 利以速至 此車之利也 古者聖王爲大川廣谷之不可濟 於是利爲舟楫 足以將[2]之則上 雖上者三公諸侯至 舟楫不易 津人不飾 此舟之利也 古

者聖王制爲節葬之法曰 衣³⁾三領 足以朽肉 棺三寸 足以朽骸 堀穴
深不通於泉 流⁴⁾不發洩則止 死者旣葬 生者毋久喪用哀 古者人之始
生 未有宮室之時 因陵邱堀穴而處焉 聖王慮之 以爲堀穴曰 冬可以
辟風寒 逮夏 下潤濕 上熏烝 恐傷民之氣 于是作爲宮室而利 然則
爲宮室之法將奈何哉 子墨子言曰 其旁可以圉風寒 上可以圉雪霜
雨露 其中蠲⁵⁾潔 可以祭祀 宮牆足以爲男女之別則止 諸加費不加民
利者 聖王弗爲

1) 兵且從(병차종) : 몸을 따라 편리하게 움직인다. 병은 변(弁)의 잘못된 글자
   로 편(便)으로 풀이된다.
2) 將(장) : 건너가다.
3) 衣(의) : 죽은 사람에게 입히는 옷을 가리킨다. 수의(襚衣).
4) 流(유) : 취(臭)의 잘못인 듯하다. 즉 냄새.
5) 蠲(견) : 연(涓)과 통함. 정결하다의 뜻.

제22편 아껴쓰다 ㊦(節用下第二十二)
(원문 분실되었음)
제23편 장례는 간략히 ㊖(節葬上第二十三)
(원문 분실되었음)
제24편 장례는 간략히 ㊥(節葬中第二十四)
(원문 분실되었음)

제25편 장례는 간략히 ㊦(節葬下第二十五)

1. 세 가지를 힘써야 한다

묵자가 말하였다.

"어진 사람이 천하를 위하여 꾀하는 것은 비유컨대 효자가 어버이를 위하여 꾀하는 것과 다를 바가 없다."

지금 효자가 어버이를 위하여 꾀한다면 어떻게 해야 할 것인가. 어버이가 가난하면 부(富)하게 해드리는 일에 힘쓰고, 집안의 식구가 적어 쓸쓸해 하면 식구를 많게 하는 일에 힘쓰며, 집안 식구들이 어지러우면 그것을 다스리는 일에 힘써야 한다.

그가 이런 일을 함에 있어서는 힘을 다하고 재력을 다하며 지혜를 다한 뒤에 그만두어야 한다. 감히 힘을 남겨 두고 계책을 감춰두며, 이익을 버리지 않는 것은 어버이를 위하는 것이 아니다. 이 세 가지를 힘쓰는 것은 효자가 어버이를 위하여 헤아리는 것이니 이미 이와 같은 것이다.

비록 어진 사람이라도 천하를 위하여 헤아리는 것은 또한 이와 같다. 곧 천하가 가난하면 부(富)하게 해주는 일에 힘쓰고, 백성이 적으면 그들을 많게 하는 일에 힘쓰며, 백성들이 어지럽게 굴면 그것을 다스리는 일에 힘써야 한다.

그가 이런 일을 함에 있어서는 또한 힘을 다하고 재물을 다하며 지혜를 다한 뒤에 그만두어야 한다. 감히 힘을 남겨두고 계책을 감춰두며 이익을 버리지 않는 것은 천하를 위하는 것이 아니다. 이 세 가지를 힘쓰는 것은 어진 사람이 천하를 위하여 헤아리는 것이니 이미 이와 같은 것이다.

子墨子言曰 仁者之爲天下度也 辟¹⁾之無以異乎孝子之爲親度也
今孝子之爲親度也 將奈何哉 曰 親貧則從事乎富之 人²⁾民寡則從事
乎衆之 衆³⁾亂則從事乎治之 當其於此也 亦有力不足 財不贍⁴⁾ 智不
智 然後已矣 無敢舍餘力 隱謀遺利 而不爲親爲之者矣 若三務者 孝
子之爲親度也 既若此矣 雖仁者之爲天下度 亦猶此也 曰 天下貧則
從事乎富之 人民寡則從事乎衆之 衆⁵⁾而亂 則從事乎治之 當其於此
亦有力不足 財不贍 智不智 然後已矣 無敢舍餘力 隱謀遺利 而不
爲天下爲之者矣 若三務者 此仁者之爲天下度也 既若此矣

1) 辟(비) : 비(譬)와 통하여 비유컨대의 뜻.

2) 人(인) : 집안의 식구.

3) 衆(중) : 집안의 식구들.

4) 贍(섬) : 충분하다. 넉넉하다.

5) 衆(중) : 백성들.

2. 도(道)를 계승한 성왕(聖王)들

지금 옛날 삼대(三代)의 성왕들이 이미 세상을 떠나 천하에 의
(義)가 없어짐에 이르러서는 후세의 군자가 혹은 성대하게 장례
를 치르고 오래도록 상(喪)을 입는 깃을 인(仁)이리 히고 의(義)
라 하며, 그것이 효자의 도리라고 한다.

혹은 성대하게 장례를 치르고 오래도록 상을 입는 것을 인과 의
가 아니라 하며, 그것은 효자의 도리가 아니라고 한다.

이 두 사람은 말로는 서로 그르다 하고, 행동으로는 서로 반대
가 되건만 모두들 말하기를 "내가 위로 요(堯)임금·순(舜)임
금·우왕(禹王)·탕왕(湯王)·문왕(文王)·무왕(武王)의 도
(道)를 계승한 사람이다."라고 한다. 그러나 말로는 서로 그르다
하고 행동으로는 서로 반대가 된다.

이에 후세의 군자는 모두 이 두 사람의 말에 대해 의혹을 품게
되는 것이다.

만약 진실로 이 두 사람의 말에 대해 의혹을 품는다면 잠시 시험

삼아 말을 돌려 국가와 만백성을 다스리는 일을 살펴보기로 하자.

성대하게 장례를 치르고 오래도록 상(喪)을 입는 일을 헤아리면 무엇이 이 세 가지 이로움에 해당하는가.

나의 생각으로는 만약 그 말을 본뜨고 그 계책을 써서 성대하게 장례를 치르고 오래도록 상을 입게 하여 실제로 가난한 것을 부(富)하게 하고 적은 것을 많게 하고 위태로움을 안정시키고 어지러운 것을 다스릴 수 있다면, 이것이 인(仁)이요, 의(義)이며, 효자의 도리가 될 것이다.

남을 위하여 계획하는 사람이라면 권장하지 않아서는 안 될 것이요, 어진 사람이라면 그것을 천하에 일으켜 제도로 정하고 백성들로 하여금 그것을 기려 끝까지 없애는 일이 없도록 하려고 할 것이다.

생각건대 또한 그 말을 본뜨고 그 계책을 써서 성대하게 장례를 치르고 오래도록 상을 입게 하여 실제로 가난한 것을 부하게 하지 못하고 적은 것을 많게 하지 못하고 위태로운 것을 안정시키지 못하고 어지러운 것을 다스릴 수 없다면, 이것은 인(仁)이 아니요, 의(義)가 아니며 효자의 도리가 안 될 것이다.

남을 위하여 계획하는 사람이라면 막지 않아서는 안 될 것이요, 어진 사람이라면 그것을 천하에서 제거하여 없애고 사람들로 하여금 그것을 그르다고 하여 죽을 때까지 그것을 못하게 하려 할 것이다.

그러므로 천하의 이로움을 일으키고 천하의 해로움을 제거하고도 국가와 백성을 다스리지 못했던 일은 예로부터 지금에 이르기까지 일찍이 있지 않았다.

今逮至昔者三代聖王既沒 天下失義 後世之君子 或以厚葬久喪以爲仁也 義也 孝子之事 也 或以厚葬久喪以爲非仁義 非孝子之事也 曰二子者 言則相非 行卽相反 皆曰 吾上祖述[1]堯舜禹湯文武之道者也 而言卽相非 行卽相反 於此乎後世之君子 皆疑惑乎二子者言也 若苟疑惑乎之二子者言 然則姑嘗傳[2]而爲政乎國家萬民而觀

之 計厚葬久喪 奚當此三利者 我意若使法其言 用其謀 厚葬久喪實
可以富貧衆寡 定危治亂乎 此仁也 義也 孝子之事也 爲人謀者不可
不勸也 仁者將興之天下 誰賈而使民譽之 終勿廢也 意亦使法其言
用其謀 厚葬久喪實不可以富貧衆寡 定危理亂乎 此非仁非義 非孝
子之事也 爲人謀者不可不沮也 仁者將求除天下之 相廢而使人非
之 終身勿爲 且故興天下之利 除天下之害 令國家百姓之不治也 自
古及今 未嘗之有也

1) 祖述(조술) : 계승하다.
2) 姑嘗傳(고상부) : 잠시 시험삼아 말을 돌려서. 부는 전(傳)의 잘못으로 전
   (傳)은 전(轉)과 통하여 말머리를 돌린다는 뜻.

3. 장사지내는 것이 이사하는 것과 같다

어떻게 그러함을 아는가. 지금 천하의 벼슬하는 사람들은 모두
성대하게 장례를 치르고 오래도록 상(喪)을 입는 일의 옳고 그름
과 이로움과 해로움이 합당한가에 대하여 의혹을 품는 이가 많다.

그러므로 묵자가 말하였다.

"그러면 잠시 시험삼아 그것을 생각해 보자. 지금 오직 성대하
게 장례를 치르고 오래도록 상을 입기를 주장하는 사람의 말을 따
라서 국가를 위하여 일을 한다고 하자.

이렇게 하여 군주나 대신들 중에 상(喪)을 당한 사람이 있다고
하면, 관(棺)과 곽(槨)은 반드시 여러 겹으로 하고, 매장은 반드
시 깊이 파서 묻어야 하고, 죽은 이의 옷과 덮을 것은 반드시 많
아야 하고, 관곽을 장식하는 무늬와 수(繡)는 반드시 화려해야 하
고, 봉분(封墳)은 반드시 커야 한다고 할 것이다.

보통 사람이나 천한 사람으로 죽은 사람이 있으면 거의 집안의
재산을 다 없애야 할 것이다.

제후로서 죽는 사람은 나라의 창고를 다 비우고, 그러한 뒤에
금과 옥과 여러 가지 구슬로 죽은 이의 몸을 장식하고 아름다운
실과 끈으로 잘 묶으며, 수레와 말도 무덤 속에 묻을 것이다.

그리고 반드시 장막과 포장, 솥과 북, 안석과 깔개, 병과 대야, 창과 칼, 깃과 모우(旄牛)의 꼬리나 상아(象牙)와 가죽으로 만든 물건도 많이 만들어 그것들과 함께 묻어야 만족하게 여긴다. 죽은 이를 장사지내는 것이 마치 이사를 하는 것과 같다.

천자가 죽으면 같이 묻기 위해 죽이는 사람이 많으면 수백 명이요, 적어도 수십 명이다. 장군이나 대부(大夫)가 죽으면 같이 묻기 위해 죽이는 사람이 많으면 수십 명이요, 적어도 몇 명은 된다."

何以知其然也 今天下之士君子 將猶多皆疑惑厚葬久喪之爲中是非利害也 故子墨子言曰 然則姑嘗稽之 今雖毋¹⁾法執²⁾厚葬久喪者 言 以爲事乎國家 此存乎王公大人有喪者 曰棺椁必重 葬埋必厚 衣衾必多 文繡³⁾必繁⁴⁾ 邱隴⁵⁾必巨 存乎匹夫賤人死者 殆竭家室 乎⁶⁾諸侯死者 虛車府⁷⁾ 然後金玉珠璣比乎身 綸組節約⁸⁾ 車馬藏乎壙 又必多爲屋⁹⁾幕 鼎¹⁰⁾鼓几梴壺濫 戈劍羽旄齒革¹¹⁾ 寢而埋之 滿意 若送從¹²⁾ 曰天子殺殉¹³⁾ 衆者數百 寡者數十 將軍大夫殺殉 衆者數十 寡者數人

1) 雖毋(수무) : 수는 유(唯)와 통용되며, 무(毋)와 함께 어조사인 오직의 뜻.
2) 執(집) : 고집하다. 주장하나.
3) 文繡(문수) : 관곽(棺槨)을 장식하는 무늬와 수(繡)를 말한다.
4) 繁(번) : 화려하다.
5) 邱隴(구농) : 봉분(封墳). 무덤 위에 쌓아올린 흙더미.
6) 乎(호) : 호자 앞에 존(存)자가 있어야 함.
7) 車府(거부) : 거(車)는 고(庫)의 잘못이다. 나라의 창고
8) 節約(절약) : 시체를 묶는다.
9) 屋(옥) : 악(幄)과 통하여 포장, 장막의 뜻.
10) 鼎(정) : 솥. 세 개의 발과 두 개의 귀가 달린 부장품(副葬品)으로 쓰는 솥.
11) 齒革(치혁) : 치(齒)는 상아(象牙). 상아와 가죽으로 만든 물건.
12) 若送從(약송종) : 뜻이 미상이다. 많은 학자들이 송사약사(送死若徙)로 보아 장사지내는 일이 이사하는 것 같다는 뜻으로 본다.

13) 殺殉(살순) : 죽은 이와 함께 묻기 위해 신하를 죽이는 일. 순장(殉葬).

4. 상중에 거처하는 방법

상중(喪中)에 거처하는 방법은 어떠한가.

곡(哭)을 할 때 소리내고 흐느끼는 것이 일정한 때도 없으며, 거친 삼베로 만든 상복을 입고 거친 삼베로 만든 띠를 머리와 허리에 두르고 눈물을 흘리며 움막에 거처하면서 거적자리를 깔고 흙덩이를 베고 잔다.

서로 이끌어 억지로 먹지 않고 굶주리며, 얇은 옷을 입고 추위를 견뎌 얼굴이 앙상하게 여위고 얼굴빛은 검어지며, 귀는 잘 들리지 않고 눈은 흐릿해지며, 손과 발은 없어져 쓸 수가 없게 된다.

그러면서 "훌륭한 선비가 상을 입음에 있어서는 반드시 부축을 해야 일어설 수 있고, 지팡이를 짚어야 다닐 수 있다."고 하여, 이렇게 행하면서 3년 동안을 공경하게 지내는 것이다.

만약 이런 말을 따르고 이런 도(道)를 행한다고 하자.

왕공대인들로 하여금 이것을 행하게 하면 반드시 일찍 조회(朝會)를 할 수 없게 될 것이고, 오관육부(五官六府)는 산과 들을 개간하여 창고를 채우지 못하게 될 것이다.

농부들로 하여금 이것을 행하게 하면 반드시 일찍 나가 밤늦게 들어오면서 밭갈고 씨뿌리며 농사를 지을 수 없을 것이다.

온갖 공인(工人)으로 하여금 이것을 행하게 하면 반드시 배와 수레를 수리하거나 그릇이나 접시 따위를 만들 수 없게 될 것이다.

여자들로 하여금 이것을 행하게 하면 반드시 새벽에 일어나고 밤늦게 자면서 실을 뽑거나 천을 짜지 못하게 될 것이다.

성대하게 장례를 치르는 결과를 헤아리면 거둬들인 재산을 많이 땅에 묻어 버리는 것이 된다. 오래도록 상(喪)을 입는 결과를 헤아리면 일하는 것을 오래도록 막는 것이 된다.

이루어 놓은 재물들을 함께 땅에 묻어 버리고, 뒤에 살아남은 사람들은 오래도록 일을 못하게 된다. 이렇게 함으로써 부(富)해지기를 바라는 것은, 비유컨대 농사짓는 일을 금하면서 수확을 바라는 것과 같은 것이므로, 부해진다는 설(說)은 성립될 수 없다. 그러므로 집안을 부하게 하려는 것은 이미 될 수 없다.

또 그것으로써 백성들을 많아지게 하고자 하는 것이 될 수 있는 일이겠는가. 그 설(說) 또한 성립될 수 없는 일이다.

處喪之法將奈何哉 曰哭泣不秩¹⁾ 聲翁²⁾ 縗絰³⁾ 垂涕 處倚廬⁴⁾ 寢苦枕凷 又相率强不食而爲飢 薄衣而爲寒 使面目陷陬⁵⁾ 顏色黧黑 耳目不聰明 手足不勁强 不可用也 又曰上士之操喪也 必扶而能起 杖而能行 以此共三年 若法若言 行若道 使王公大人行此 則必不能蚤朝 五官六府⁶⁾ 辟草木⁷⁾ 實倉廩 使農夫行此 則必不能蚤出夜入 耕稼樹藝 使百工行此 則必不能修舟車爲器皿矣 使婦人行此 則必不能夙興夜寐 紡績織紝 細計厚葬 爲多埋賦之財⁸⁾者也 計久喪 爲久禁從事者也 財以成⁹⁾者 扶而埋之 後得生者 而久禁之 以此求富 此譬猶禁耕而求穫也 富之說無可得焉 是故求以富家 而旣已不可矣 欲以衆人民 意者可邪 其說又不可矣

1) 秩(질) : 상(常)과 같다. 일정한 때.

2) 聲翁(성옹) : 옹(翁)은 흡(翕)의 잘못. 울 때 소리내어 흐느끼는 것.

3) 縗絰(최질) : 최는 거친 베로 만든 상복(喪服). 질은 상복에 갖추는 거친 베로 꼬아 만든 머리와 허리에 두르는 삼으로 만든 띠.

4) 倚廬(의려) : 상중에 있는 사람이 무덤 가까이에 임시로 거처하기 위해 지어 놓은 움막.

5) 陷陬(함최) : 병들어 얼굴이 앙상하게 여위다. 최는 최(顦)자가 되어야 한다.

6) 五官六府(오관육부) : 모든 관청을 통틀어 이르는 말. 오관(五官)은 사도(司徒)·사마(司馬)·사공(司空)·사사(司士)·사구(司寇)의 다섯 관부(官府). 육부(六府)는 사토(司土)·사목(司木)·사수(司水)·사초(司草)·사기(司器)·사화(司貨)의 여섯 관부.

7) 辟草木(벽초목) : 벽은 벽(闢)과 통함. 치우고 개간한다.

8) 賦之財(부지재) : 지(之)는 필요없는 자, 세금으로 거둔 재산.

9) 以成(이성) : 이(以)는 이(已)와 통하여 이미 이루어지다의 뜻.

5. 남자와 여자의 사귐을 폐지시키는 것

이제 성대하게 장례를 치르고 오래도록 상을 입은 자들이 정치를 하면 군주가 죽어도 3년, 부모가 돌아가셔도 3년, 아내와 장자가 죽어도 3년의 상을 하여 다섯 가지 모두 3년의 상을 치룬 연후에 백부와 숙부와 형제와 장자 외의 아들은 1년의 상으로 하고, 일가친척은 5개월의 상으로 하고, 고모와 누이와 생질과 외삼촌은 모두 수개월의 상으로 한다. 몸을 상하게 하고 신체를 훼손시키게 하는 제도가 있다. 얼굴과 눈은 헬쑥해지고 안색이 검어지며 귀와 눈이 총명하지 못하고 손과 발은 힘이 없어져 쓸 수가 없게 된다. 또 이르기를 훌륭한 선비가 상례를 치를 때에는 반드시 붙잡아 주어야 능히 일어서고 지팡이를 짚어야 걸어 다닌다. 이렇듯 공손히 3년의 상을 치러 법을 따르고 말을 따르고 행동이 도를 따르면 굶주리고 고생하는 것이 이와 같다.

그러므로 백성은 겨울에 추위를 견디지 못하고 여름에는 더위를 이기지 못하여 병을 얻어 죽는 자는 가히 헤아릴 수가 없다. 이것은 또 남자와 여자의 사귐을 폐지시키는 것이다. 이러하면서 인구가 많기를 바란다면, 비유컨대 사람이 칼을 등에 지고 오래 살기를 구하는 것과 같아 백성이 많아진다는 말은 성립될 수 없다.

이에 민중이 많기를 바라시만 될 수가 있다. 정치를 히고지 하지만 이루어질 수 있겠는가? 그 말은 불가한 것이다.

지금 성대하게 장례를 치르고 오래도록 상을 입는 자들이 정치를 하면 국가는 반드시 가난해지고 백성은 반드시 적어지며 형정은 반드시 문란해진다. 법을 따르고 말을 따르고 행동이 도를 쫓아서 위에 있는 자가 이것을 행하면 다스림은 들을 수 없고, 아래에 있는 자가 이를 행하면 일에 종사할 수가 없다. 위에서 다스림을 다하지 않으면 형정이 어지러워지고, 아래에서 일에 종사하지 못하면 의식과 재물이 부족하게 된다.

의식과 재물이 진실로 부족하게 되면 남의 아우된 자는 그 형에게 구하나 얻지 못하고 아우가 아우되지 못하여 그 형을 원망할 것이고, 남의 아들된 자는 그 어버이에게 구하나 얻지 못하고 불효자가 되어 그 어버이를 원망할 것이며, 남의 신하된 자는 임금에게 구하지만 얻지 못하고 충성스럽지 못한 신하가 되어 그 위를 문란하게 할 것이다. 이로써 음탕하고 사벽한 백성이 나아가면 입을 옷이 없고 들어가면 먹을 음식이 없으며 안으로 어찌할 수 없고 모두가 음란하고 포악하여 법을 지키지 않는다.

그러므로 도둑이 많아지고 다스리는 자는 적어진다. 많은 도둑이 설치고 다스리는 자가 적어지면 다스림을 구하게 되지만 비유컨대 사람이 빙빙 돌면 자신을 이기지 못하는 것과 같게 되어 다스린다는 말은 얻을 수가 없다. 그러므로 형정으로 다스림을 구하더라도 이미 불가한 것이다.

또 큰 나라가 작은 나라를 침공하는 것을 금지시키고자 하는데 이것이 가능한 것인가. 그 말도 또한 불가하다.

옛날의 성왕(聖王)이 이미 죽고 천하의 의(義)는 유실되었고 제후들은 힘으로 정벌을 일삼는다. 남쪽에는 초나라와 월나라의 왕이 있고 북쪽에는 제나라와 진나라의 임금이 있다. 이들은 다 군대를 연마하여 공벌로써 천하의 정치를 아울렀다. 그러므로 큰 나라가 작은 나라를 침공하지 못하게 하려면 저축을 많이 하고 성곽을 보수하고 위와 아래가 화목해야 큰 나라가 침공을 즐기지 못한다. 저축함이 없고 성곽을 보수하지 않고 위와 아래가 화쟁하지 못하면 큰 나라는 침공을 즐기는 것이다.

이제 성대히 장사를 치루고 오래도록 상을 입는 자가 정치를 하면 국가는 반드시 가난해지고 백성은 반드시 적어지며 형정은 반드시 어지러워진다. 진실로 가난하다는 것은 저축한 것이 없는 것이다. 진실로 백성이 적다는 것은 성곽과 도랑이 적은 것이다. 진실로 어지럽다는 것은 싸움에 나가서 이기지 못하고 성을 지켜도 굳건하게 지키지 못하는 것이다. 큰 나라가 작은 나라를 침공하는 것을 금지하려 하나 이미 할 수 없는 것이다.

상제와 귀신에게 복을 빌려고 하면 뜻하건대 이것이 가능한 것인가. 그 말도 또한 불가하다.

지금 세상에서 성대하게 장사를 지내고 오래도록 상을 입는 자가 정치를 하면 국가는 반드시 가난해지고 백성들은 반드시 적어지며 형정은 반드시 어지러워진다. 진실로 가난하다면 제사밥과 술과 단술이 정결하지 못하다. 진실로 백성이 적어지면 상제와 귀신을 섬기는 자도 적어진다. 진실로 형정이 어지러워지면 제사의 때를 헤아리지 못한다.

지금 또 상제와 귀신 섬기는 일을 금지하고 다스림을 이와 같이 따르면 상제와 귀신이 처음부터 위에서 어루만져 말하기를 '나에게 이런 사람이 있고 더불어 할 이런 사람은 없으니 누가 좋을까' 라고 한다. 그리고 말하기를 '나에게 이런 사람이 있고 더불어 할 이러한 사람이 없는 것은 선택할 것이 없다' 고 한다. 상제와 귀신이 죄와 재앙의 벌칙을 내려보내 이 백성을 버린다면 어찌 그곳으로 또한 돌아가지 않겠는가.

今惟毋以厚葬久喪者爲政 君死 喪之三年 父母死 喪之三年 妻與後子死者 五皆喪之三年 然後伯父叔父兄弟孽子其 族人五月 姑姉甥舅皆有月數 則毀瘠必有制矣 使面目陷陬 顔色黧黑 耳目不聰明 手足不勁强 不可用也 又上士操喪也 必扶而能起杖而能行 以此共三年 若法若言 行若道 苟其飢約 又若此矣 是故百姓冬不仞寒 夏不仞暑 作疾病死者 不可勝計也 此其爲敗男女之交多矣 以此求衆 譬猶使人負劍 而求其壽也 衆之說無可得焉 是故求以衆人民 而旣以不可矣 欲以治刑政 意者可乎 其說又不可矣 今惟毋以厚葬久喪者爲政 國家必貧 人民必寡 刑政必亂 若法若言 行若道 使爲上者行此 則不能聽治 使爲下者行此 則不能從事 上不聽治 刑政必亂 下不從事 衣食之財必不足 若苟不足 爲人弟者 求其兄而不得 不弟弟必將怨其兄矣 爲人子者 求其親而不得 不孝子必是怨其親矣 爲人臣者 求之君而不得 不忠臣必且亂其上矣 是以僻淫邪行之民 出則無衣也 入則無食也 內續奚吾 幷爲淫暴 而不可勝禁也 是故盜賊衆而治者寡 先衆盜賊而寡治者 以此求治 譬猶使人三睘而毋負己也 治之說無可得焉 是故求以治刑政 而旣已不可矣 欲以禁止大國之攻小國也 意者可邪 其說又不可矣 是故昔者聖王旣沒 天下失義 諸

侯力征 南有楚越之王 而北有齊晉之君 此皆砥礪其卒伍 以攻伐幷
兼爲政於天下 是故凡大國之所以不攻小國者 積委多 城郭修 上下
調和 是故大國不耆攻之 無積委 城郭不修 上下不調和 是故大國耆
攻之 今唯毋以厚葬久喪者爲政 國家必貧 人民必寡 刑政必亂 若苟
貧 是無以爲積委也 若苟寡 是城郭溝渠者寡也 若苟亂 是出戰不克
入守不固 此求禁止大國之攻小國也 而旣已不可矣 欲以干上帝鬼
神之福 意者可邪 其說又不可矣 今惟毋以厚葬久喪者爲政 國家必
貧 人民必寡 刑政必亂 若苟貧 是粢盛酒醴不淨潔也 若苟寡 是事
上帝鬼神者寡也 若苟亂 是祭祀不時度也 今又禁止事上帝鬼神 爲
政若此 上帝鬼神 始得從上撫之曰 我有是人也 與無是人也 孰愈 曰
我有是人也 與無是人也 無擇也 則惟上帝鬼神 降之罪厲之禍罰而
棄之 則豈不亦反其所哉

6. 매장(埋葬)할 때의 방법

옛날의 성왕은 매장(埋葬)하는 법을 제정하여 말하였다.

"관은 두께를 세 치로 하여 몸을 썩게 하기에 충분하게 하고, 옷과 이불은 세 벌로써 보기 흉한 것을 가리기에 충분하게 하면 된다. 그것으로써 장사지냄에 있어 밑으로는 샘에 이르도록 깊게 묻지 말고, 위로는 냄새가 새어 나오게 하지 말며, 봉분(封墳)은 세 번 간 밭이랑 정도로만 하여 그친다. 죽은 사람을 장사지내고 산 사람은 반드시 오래도록 곡을 하지 말아야 하며, 빨리 하던 일에 종사해서 사람마다 각기 그 능력을 발휘하여 서로 이롭게 하라."

이것이 성왕의 법이다.

故古聖王制爲葬埋之法 曰 棺三寸 足以朽體 衣衾三領 足以覆惡[1]
以及其葬也 下毋及泉[2] 上毋通臭 壟[3]若參耕之畝[4] 則止矣 死者旣
以葬矣 生者必無久哭 而疾而從事 人爲其所能 以交相利也 此聖王
之法也

1) 惡(오) : 보기 흉한 시체.

2) 泉(천) : 샘. 즉 지하수(地下水).

3) 壟(농) : 봉분(封墳).

4) 參耕之畝(삼경지묘) : 묘지의 면적이 세 번 밭갈이 한 밭이랑. 약 3자의 넓이.

7. 장자를 잡아먹고 형제의 의를 다진다

지금 성대하게 장사를 지내고 오래 상을 입은 자가 말하였다.

"성대하게 장사를 지내고 오래도록 상을 입는 것은 부하고 가난한 백성들에게 위태한 것을 안정시키고 어지러운 것을 다스리는 방법은 아니다. 그러나 이것이 성왕의 도(道)이다."

이에 묵자가 말하였다.

"그렇지 않다. 옛날의 요임금은 북쪽에서 팔방의 오랑캐를 가르치다 길에서 죽었다. 공산(蛩山)의 음지에 장사를 지냈는데 옷과 이불은 3벌로 하고 나무의 관을 칡으로 묶었고 묻고 나서 곡을 하고 구덩이를 메웠으며 봉분은 없이 하였다. 이미 장사지내자, 소와 말을 타고 지나다녔다.

순임금은 서쪽에서 칠융(七戎)을 가르치다 길에서 죽었다. 남이(南己)의 저자에 장사지냈는데 옷과 이불은 3벌로 하고 나무의 관을 칡으로 묶어 장사를 마치자, 저자 사람들이 타고 지니다녔다.

우임금은 동쪽에서 구이(九夷)를 가르치다 길에서 죽었다. 회계의 산에 장사지냈는데 옷과 이불은 3벌로 하고 오동나무관을 세치 두께로 하여 칡으로 묶었으며 묶은 것이 합하지 않았고 통로가 깊지 않았다. 땅의 깊이는 아래로는 샘에 미치지 않고 위로는 냄새가 나지 않을 정도로만 하였다. 장사를 마치고 그 위의 남은 흙을 거두어 세 개의 이랑을 만들고 중지하였다.

이런 것으로 세 사람의 성왕(聖王)이 한 것을 따라 보건대 성대히 장례를 치르고 오래도록 상을 입는 것이 과연 성왕의 도는 아니다. 삼왕(三王)은 귀하기는 천자요, 부하기는 천하를 두었다. 어찌 재물의 사용에 부족함이 있었으랴! 장사지내고 매장하는 법이 이와 같을 뿐이다.

지금의 왕공대인의 장례하고 매장을 하는 것은 이와는 다르다. 반드시 커다란 관(棺)과 중간 크기의 관이 있고 가죽끈과 옥받침에 벽옥을 갖추고 창과 칼과 솥과 북과 술병이 넘치고 문채나는 옷과 흰 옷과 큰 가슴걸이 끈과 모든 옷깃과 수레와 말, 여악(女樂)을 다 갖추고 이르기를 '단단히 쌓아 통함을 막고 무덤이 산이나 언덕과 같아야 한다'라고 하니, 이것은 백성의 일을 철폐하고 백성의 재산을 허비하는 것으로 다 헤아릴 수가 없는 것이다. 이것을 따르겠는가."

그러므로 묵자가 말하였다.

"지난번에 나의 말을 본떠 이르기를 '뜻하건대 그 말을 따르고 그 꾀를 사용하여 성대히 장사하고 오래 상을 입는 것을 계산하면 진실로 부하고 가난한 백성들에게 위태한 것을 안정시키고 어지러운 것을 다스리는 방법인 것인가. 그렇다면 이는 인이며 의이며 효자의 일이다. 남을 위해 꾀하는 자는 권장하지 않을 수 없는 것이다'라고 하였다. 뜻하건대 그 말을 본뜨고 그 꾀를 쓰며 사람들이 후하게 장사하고 오래도록 상을 입는 것을 따르면 진실로 부하고 가난한 백성들에게 위태한 것을 안정시키고 어지러운 것을 다스리는 방법은 아니다. 즉, 인(仁)도 아니고 의(義)도 아니며 효자의 일도 아니다. 남을 위하여 도모하는 자는 저지하지 않을 수 없는 것이다.

그러므로 국가를 부하게 한다 하고는 심히 가난하게 하고, 민중을 많게 한다고 하면서 심히 적게 하며, 형정으로 다스린다고 하면서 심히 어지럽게 한다. 큰나라가 작은나라 공격하는 것을 금지하려 하지만 이미 불가한 것이다. 상제나 귀신의 복을 구한들 또한 재앙만 얻는다. 위로 요(堯)임금·순(舜)임금·우왕(禹王)·탕왕(湯王)·문왕(文王)·무왕(武王)의 도를 상고하고 정치를 거스르며, 아래로 걸왕·주왕·유왕·여왕의 일을 헤아리고 부절을 합한 것과 같은 것이다. 이것으로 보건대 후하게 장사지내고 오래 상을 입는 것은 성왕의 도가 아니다."

이제 성대하게 장사지내고 오래도록 상을 입은 자들이 말하였다.

"성대히 장사지내고 오래도록 상을 입는 것이 과연 성왕의 도가 아니라면 무슨 연유로 중국의 군자라고 말하면서 그 하는 것을 그치지 않으며 잡고 놓지 않는가."

묵자가 말하였다.

"이것은 그 습관에 편안하고 그 풍속을 따르기 때문이다. 옛날 월나라 동쪽에 해목(輆沐)의 나라가 있었다. 장자가 태어나면 사지를 찢어 먹으면서 말하기를 '그 동생에게 좋다'라고 하였다.

할아버지가 죽으면 그 할머니를 업어다 버리며 말하기를 '귀신의 아내와는 함께 살지 않는다'고 하였다. 이것으로 위에서는 정치를 하고 아래에서는 풍속이 되었다. 하는 것을 그치지 않고 잡고 놓지 않았는데, 이것이 어찌 진실한 인과 의(義)의 도이겠는가. 이것도 그 습관에 편안하고 그 풍속을 따르기 때문이다.

초나라의 남쪽에는 염인국(炎人國)이 있었다. 그 친척이 죽으면 시체를 썩혀서 버린 후 그 뼈를 묻어야 이에 효자라고 하였다. 진(秦)나라의 서쪽에는 의거(儀渠)의 나라가 있는데 그 친척이 죽으면 나무를 모아 불사르고 연기가 올라 하늘로 오른 연후에 효자라고 하였다.

이것으로 위에서는 정치를 하고 아래에서는 풍속이 되었다. 하는 것을 그치지 않고 잡고 놓지 않았는데, 이것이 어찌 진실한 인과 의(義)의 도이겠는가. 이것도 이른바 습관에 편안하고 그 풍속을 따르기 때문이다. 이와 같이 세 나라의 풍습을 보건대 또한 빈약한 것과 같고 중국의 군자들을 보면 오히려 후하다. 한쪽은 너무 성대하고 한쪽은 너무 각박하다 이르는데, 그러므로 장사와 매장하는데는 법도가 있다.

의식(衣食)은 사람의 삶을 이롭게 하는 것이나 또 오히려 절도가 있다. 장사지내고 매장하는 것도 사람의 죽음을 이롭게 하는 것인데 어찌 홀로 이에 법도가 없겠느냐."

묵자가 장사 지내고 매장하는 법을 제정하여 말하였다.

"관은 두께를 세 치로 뼈를 썩히기에 족하게 하고 옷은 3벌로 시체를 썩히기에 족하게 하며 땅을 파는 깊이는 아래로는 늪이 없게 하며 썩는 기운이 위로 증발하지 않게 하고 무덤이 이곳이라는 표식에서 그친다. 곡하며 가고 곡하며 오며 돌아와 의식과 재물을 만드는 일에 종사한다. 제사를 도와 어버이에게 효도가 이르게 해야 한다."

그러므로 묵자의 법에 이르기를 "죽음과 삶의 이로움을 잃지 않는 것이 이것이다."라고 하였다.

그러므로 묵자가 일러 말하였다.

"지금 천하의 벼슬하는 사람들 중 진실로 인과 의를 실행하고자 하는 사람은 훌륭한 선비를 구해 위로는 성왕(聖王)의 도에 부합하고 아래로는 국가와 백성의 이로움에 부합하고자 한다. 그러므로 당연히 절상(節喪)으로 정치를 삼는 이것을 살피지 않을 수 없는 것이다."

今執厚葬久喪者之言曰 厚葬久喪雖使不可以富貧衆寡 定危治亂 然此聖王之道也 子墨子曰 不然 昔者堯北教乎八狄 道死 葬蛩山之陰 衣衾三領 穀木之棺 葛以緘之 既沴而後哭 滿垺無封 已葬而牛馬乘之 舜西教乎七戎 道死 葬南已之市 衣衾三領 穀木之棺 葛以緘之 已葬 而市人乘之 禹東教乎九夷 道死 葬會稽之山 衣衾三領 桐棺三寸 葛以緘之 絞之不合 通之不垺 土地之深 下毋及泉 上毋通臭 既葬 收餘壤其上 壟若參耕之畝 則止矣 若以此若三聖王者觀之 則厚葬久喪果非聖王之道 故三王者 皆貴爲天子 富有天下 豈憂財用之不足哉 以爲如此葬埋之法 今王公大人之爲葬埋 則異於此 必大棺中棺 革闠三操 璧玉卽具 戈劍鼎鼓壺濫 文繡素練 大鞅萬領 輿馬女樂皆具 曰必捶垜差通壟雖凡山陵 此爲輟民之事 靡民之財 不可勝計也 其爲毋用若此矣 是故子墨子曰 鄉者 吾本言曰 意亦使法其言 用其謀 計厚葬久喪 誠可以富貧衆寡 定危治亂乎 則仁也 義也 孝子之事也 爲人謀者 不可不勸也 意亦使法其言 用其謀 若人厚葬久喪 實不可以富貧衆寡 定危治亂乎 則非仁也 非義也 非孝子之事也 爲人謀者 不可不沮也 是故求以富國家 甚得貧焉 欲以衆人

民 甚得寡焉 欲以治刑政 甚得亂焉 求以禁止大國之攻小國也 而旣
已不可矣 欲以干上帝鬼神之福 又得禍焉 上稽之堯舜禹湯文武之
道而政逆之 下稽之桀紂幽厲之事 猶合節也 若以此觀 則厚葬久喪
其非聖王之道也 今執厚葬久喪者言曰 厚葬久喪果非聖王之道 夫
胡說中國之君子 爲而不已 操而不擇哉 子墨子曰 此所謂便其習而
義其俗者也 昔者越之東有輆沐之國者 其長子生 則解而食之 謂之
宜弟 其大父死 負其大母而棄之 曰鬼妻不可與居處 此上以爲政 下
以爲俗 爲而不已 操而不擇 則此豈實仁義之道哉 此所謂便其習而
義其俗者也 楚之南有炎人國者 其親戚死 朽其肉而棄之 然後埋其
骨 乃成爲孝子 秦之西有儀渠之國者 其親戚死 聚柴薪而焚之 燻上
謂之登遐 然後成爲孝子 此上以爲政 下以爲俗 爲而不已 操而不擇
則此豈實仁義之道哉 此所謂便其習 而義其俗者也 若以此若三國
者觀之 則亦猶薄矣 若中國之君子觀之 則亦猶厚矣 如彼則大厚 如
此則大薄 然則葬埋之有節矣 故衣食者 人之生利也 然且猶尙有節
葬埋者 人之死利也 夫何獨無節於此乎 子墨子制爲葬埋之法曰 棺
三寸 足以朽骨 衣三領 足以朽肉 掘地之深 下無菹漏 氣無發洩於
上 壟足以期其所 則止矣 哭往哭來 反從事乎衣食之財 佴乎祭祀 以
致孝於親 故曰子墨子之法 不失死生之利者 此也 故子墨子言曰 今
天下之士君子 中誠將欲爲仁義 求爲上士 上欲中聖王之道 下欲中
國家百姓之利 故當若節喪之爲政 而不可不察此也

제 7 권(卷之七)

제26편 하늘의 뜻 ㉑(天志上第二十六)

1. 작은 것으로 큰 것을 안다

묵자가 말하였다.

"지금 천하의 선비와 군자들은 작은 것은 알면서도 큰 것은 알지 못한다.

무엇으로써 그것을 아는가. 그들이 집에서 사는 것으로써 그것을 안다. 만약 집에서 살면서 가장(家長)에게 죄를 지으면 오히려 이웃집으로 도피할 곳은 있다. 그러나 부모나 형제와 그것을 아는 사람들은 모두 서로 경계하여 말하기를 '경계하지 않으면 안 될 일이며, 삼가지 않으면 안 될 일이다. 어찌 집안에 살면서 가장에게 죄를 지을 수 있는 일인가' 라고 할 것이다.

집안에서만 그러할 뿐 아니라 나라에 살고 있다고 해도 또한 그러하다. 나라에 살면서 군주에게 죄를 짓고는 오히려 이웃 나라로 도피할 곳은 있다. 그러나 부모나 형제와 그것을 아는 사람들은 모두 서로 경계하여 말하기를 '경계하지 않으면 안 될 일이며, 삼가지 않으면 안 될 일이다. 그 누가 또한 나라에 살면서 군주에게 죄를 지을 수 있는 일인가' 라고 할 것이다.

이것은 도피할 곳이 있는 것들이건만 서로 이와 같이 엄격하게 경계하는데 하물며 도피할 곳이 없는 것이라면 서로 경계하는 것이 어찌 더욱 엄격해지지 않겠는가.

또한 전하는 말에 이르기를 '이런 밝은 날에 죄를 짓고 장차 어디로 달아날 것인가. 달아날 곳이 없다.' 라고 하였다.

대저 하늘은 숲속이나 깊은 골짜기의 으슥하고, 사람이 없는 곳에서라도 아무것도 할 수 없도록 반드시 그것을 밝게 보고 있는 것이다.

그렇건만 천하의 군자들은 하늘에 대해서는 홀연히 서로 경계해야 할 것을 모르고 있다. 이것이 내가 천하의 선비와 군자들은 작은 것은 알면서도 큰 것은 알지 못한다는 사실을 아는 까닭이다."

子墨子言曰 今天下之士君子 知小而不知大 何以知之 以其處家者知之 若處家得罪於家長 猶有隣家所避逃之 然且親戚¹⁾兄弟所知識 共相儆戒 皆曰 不可不戒矣 不可不愼矣 惡有處家而得罪於家長 而可爲也 非獨處家者爲然 雖處國亦然 處國得罪於國君 猶有隣國所避逃之 然且親戚兄弟所知識 共相儆戒 皆曰 不可不戒矣 不可不愼矣 誰亦有處國得罪於國君 而可爲也 此有所避逃之者也 相儆戒猶若此其厚²⁾ 況無所避逃之者 相儆戒豈不愈厚 然後可哉 且語言³⁾有之曰 焉而晏日⁴⁾焉而得罪 將惡避逃之 曰無所避逃之 夫天不可爲林谷幽門⁵⁾無人 明必見之 然而天下之君子天也 忽然不知以相儆戒 此我所以知天下士君子知小而不知大也

1) 親戚(친척) : 부모를 가리킨다.

2) 厚(후) : 엄격하다.

3) 語言(어언) : 전하는 말.

4) 晏日(안일) : 밝은 날. 청명(淸明)한 날.

5) 幽門(유문) : 으슥하다. 문(門)은 한(閒)으로 보아야 한다.

2. 하늘은 무엇을 바라는가

하늘은 또한 무엇을 바라고 무엇을 싫어하는가. 하늘은 의(義)를 바라고 불의(不義)를 싫어한다.

천하의 백성들을 거느리고 의에 종사하는 것은 내가 이에 하늘이 바라는 것을 행하는 것이 된다. 내가 하늘이 바라는 것을 하면 하늘 또한 내가 바라는 것을 해준다.

나는 무엇을 바라고 무엇을 싫어하는가. 나는 복(福)과 녹(祿)을 바라고 재앙과 천벌을 싫어한다.

만약 내가 하늘이 바라지 않는 것을 한다면 내가 천하의 백성을 거느리고 재앙과 천벌 가운데에서 종사하는 것이 된다.

무엇으로써 하늘이 의(義)를 바라고 불의(不義)를 싫어하는 것을 알 수 있는가. 그것은 천하에 의가 있으면 살고 의가 없으면 죽으며, 의가 있으면 부(富)해지고 의가 없으면 가난해지며, 의가 있으면 다스려지고 의가 없으면 어지러워지기 때문이다.

하늘은 그의 삶을 바라고 그의 죽음을 싫어하며, 그의 부를 바라고 그의 가난함을 싫어하며, 그의 다스려짐을 바라고 그의 어지러워짐을 싫어하는 것이다.

이것이 내가 하늘이 의(義)를 바라고 불의(不義)를 싫어하는 것을 아는 까닭이다.

然則天亦何欲何惡 天欲義而惡[1]不義 然則率天下之百姓以從事於義 則我乃爲天之所欲也 我爲天之所欲 天亦爲我所欲 然則我何欲何惡 我欲福祿而惡禍祟[2] 然則我率天下之百姓 以從事于禍祟中也 然則何以知天之欲義而惡不義 曰天下有義則生 無義則死 有義則富 無義則貧 有義則治 無義則亂 然則天欲其生而惡其死 欲其富而惡其貧 欲其治而惡其亂 此我所以知天欲義而惡不義也

1) 惡(오) : 싫어하다.
2) 祟(수) : 신(神)이 인간에게 내리는 재앙.

3. 모든 것은 천자(天子)가 다스린다

의(義)라는 것은 다스리는 것이라고 한다. 아래를 따라 위가 다스려지는 일은 없고, 반드시 위에서 아래를 다스리는 것이다.

서민(庶民)들은 힘을 다해 자기 일에 종사하지만 자기 마음대로 다스릴 수는 없고, 선비가 있어서 그들을 다스린다. 선비들은 힘을 다해 자기 일에 종사하지만 자기 마음대로 다스릴 수는 없고 장군이나 대부(大夫)가 있어서 그들을 다스린다.

장군이나 대부들도 힘을 다해 다스리지만 자기 마음대로 다스릴 수는 없고 삼공(三公)과 제후(諸侯)가 있어서 그들을 다스린다. 삼공과 제후들도 힘을 다해 다스리지만 자기 마음대로 다스릴 수는 없고 천자가 있어서 그들을 다스린다.

천자도 자기 마음대로 다스릴 수는 없고 하늘이 있어서 그를 다스린다.

천자가 삼공과 제후와 선비와 서민을 다스린다는 것은 천하의 선비와 군자가 본래부터 밝게 알고 있는 일이지만, 하늘이 천자와 천하의 백성을 다스린다는 것은 아직 밝게 알지 못하고 있다.

옛날 삼대(三代)의 성왕들인 우왕(禹王)·탕왕(湯王)·문왕(文王)·무왕(武王)은 하늘이 천자를 다스린다는 것을 천하의 백성들에게 분명히 이야기하려고 하였다.

그래서 소나 양에게 꼴을 먹이고 개나 돼지를 기르며, 제사밥과 술과 단술을 깨끗하게 담아서 하늘과 귀신에게 제사를 드려 하늘에게 복을 빌고 구하였다.

나는 아직 일찍이 하늘이 천자에게 복을 빌었다는 말을 듣지 못하였다. 나는 그런 까닭으로 해서 하늘이 천자를 다스리는 것임을 아는 것이다.

曰且夫義者政也 無從下之政上 必從上之政下 是故庶人竭力從事 未得次¹⁾己而爲政 有士政之 士竭力從事 未得次己而爲政 有將軍大夫政之 將軍大夫竭力從事 未得次己而爲政 有三公諸侯政之 三公諸侯竭力聽治 未得次己而爲政 有天子政之 天子未得次己而爲政 有天政之 天子爲政於三公諸侯士庶人 天下之士君子固明知 天之爲政於天子 天下百姓未得之明知也 故昔三代聖王 禹湯文武 欲以天之爲政於天子 明說天下之百姓 故莫不犓牛羊 豢犬彘 潔爲粢盛酒醴 以祭祀上帝鬼神 而求祈福於天 我未嘗聞天下之所求祈福於天子者也 我所以知天之爲政於天子者也

1) 次(차): 恣(자)를 줄인 글자. 자기 마음대로 하다.

4. 하늘의 뜻에 순종해야 한다

천자는 천하에서 가장 귀하고 천하에서 가장 부유한 사람이다. 부하고도 또한 귀한 사람은 마땅히 하늘의 뜻에 순종하지 않으면 안된다.

하늘의 뜻을 따르는 사람은 아울러 서로 사랑하고 서로 이롭게 하여 반드시 하늘의 상(賞)을 받을 것이다. 하늘의 뜻을 배반하는 자는 사람을 차별하여 서로 미워하고 서로 해롭게 하여 반드시 하늘의 벌을 받을 것이다.

그러면 누가 하늘의 뜻에 순종하여 상을 받았고, 누가 하늘의 뜻을 배반하여 벌을 받았는가.

이에 묵자가 말하였다.

"옛날 삼대의 성왕들인 우왕(禹王)·탕왕(湯王)·문왕(文王)·무왕(武王)이 하늘의 뜻에 순종하여 상을 받았고, 옛날 삼대의 포악한 왕들인 걸왕(桀王)·주왕(紂王)·유왕(幽王)·여왕(厲王)이 하늘의 뜻을 배반하여 벌을 받았다."

그러면 우왕·탕왕·문왕·무왕이 그 상을 받은 것은 무엇 때문인가.

이에 대해 묵자가 말하였다.

"그들이 한 일은 위로 하늘을 높이고 가운데로 귀신을 섬기며 아래로 사람을 사랑하였다. 그러므로 하늘의 뜻은 '이들은 내가 사랑하는 것은 아울러 그것을 사랑하고 내가 이롭게 하려는 것은 아울러 그것을 이롭게 한다. 사람을 사랑함이 넓고, 사람을 이롭게 함이 크다'고 여겼다.

그러므로 그들로 하여금 귀하기로는 천자가 되게 하였고, 부하기로는 천하를 차지하게 하였다. 자손 만대토록 그의 훌륭함을 전하여 기리고 널리 천하에 알려지도록 하여, 지금에 이르기까지도 그들은 칭송되며 성왕이라 이르는 것이다."

그러면 걸왕·주왕·유왕·여왕이 그 벌을 받은 것은 무엇 때문인가.

이에 대해 묵자가 말하였다.

"그들이 한 일은 위로 하늘을 비방하고 가운데로 귀신을 욕하고 아래로 사람을 해롭게 하였다. 그러므로 하늘의 뜻은 '이들은 내가 사랑하는 것은 차별하여 그것을 미워하고, 내가 이롭게 하려는 것은 서로 그것을 해롭게 한다. 사람을 미워함이 넓고 사람을 해롭게 함이 크다'고 여겼다.

그러므로 그들로 하여금 그 수명을 다 마치지 못하게 하였고 그들의 세대를 끝맺지 못하도록 하여 지금에 이르기까지도 그들은 비방을 받으며 폭왕(暴王)이라 이르는 것이다."

故天子者 天下之窮¹⁾貴也 天下之窮富也 故於富且貴者 當天意而不可不順 順天意者 兼相愛 交相利 必得賞 反天意者 別相惡 交相賊 必得罰 然則是誰順天意而得賞者 誰反天意而得罰者 子墨子言曰 昔三代聖王禹湯文武 此順天意而得賞也 昔三代之暴王桀紂幽厲 此反天意而得罰者也 然則禹湯文武其得賞何以也 子墨子言曰 其事上尊天 中事鬼神 下愛人 故天意曰 此之我所愛 兼而愛之 我所利 兼而利之 愛人者此爲博焉 利人者此爲厚焉 故使貴爲天子 富有天子 業萬世子孫²⁾ 傳稱其善 方³⁾施天下 至今稱之 謂之聖王 然則桀紂幽厲得其罰何以也 子墨子言曰 其事上詬天 中詬鬼 下賊人 故天意口 此之我所愛 別而惡之 我所利 交而賊之 惡人者此爲之博也 賊人者此爲之厚也 故使不得終其壽 不歿其世 至今毁之 謂之暴王

1) 窮(궁) : 가장. 최고. 궁극(窮極).
2) 業萬世子孫(업만세자손) : 자손 만대토록. 업(業)은 엽(葉)으로 되어야 한다. 세(世)와 같은 뜻.
3) 方(방) : 널리. 보편적으로.

5. 사나운 왕이라고 일컫는다
무엇으로써 하늘이 천하의 백성들을 사랑한다는 것을 아는가. 그것은 하늘이 아울러 밝혀주기 때문이다. 무엇으로써 하늘이 아울러 밝혀주는 것을 아는가. 하늘이 아울러 가지고 있기 때문이다. 무엇으로써 하늘이 아울러 가지고 있는 것을 아는가. 하늘이 아울러 먹여주기 때문이다. 무엇으로써 하늘이 아울러 먹여주는 것을 아는가. 세상 안의 곡식을 먹는 백성들은 소나 양을 치고 개와 돼지를 기르고 제사밥과 술과 단술을 깨끗하게 담아서 하늘과 귀신에게 제사지내지 않는 사람이 없는 것으로써이다.

하늘이 모든 백성들을 포용하는데 어찌 사랑하지 않겠는가. 그래서 나는 말하기를 "죄없는 한 사람을 죽이면 반드시 하나의 상서롭지 않은 일이 있다."라고 하였다.

죄없는 사람을 죽이는 자는 누구인가. 그것은 사람이다. 상서롭지 않은 일을 주는 자는 누구인가. 그것은 하늘이다.

만약 하늘이 천하의 백성들을 사랑하지 않는다면 무슨 까닭으로 사람과 사람이 서로 죽인다고 해서 하늘이 그들에게 상서롭지 않은 일을 내리겠는가. 이것으로 나는 하늘이 천하의 백성들을 사랑한다는 것을 아는 것이다.

하늘의 뜻에 순종하는 것을 의정(義政)이라 하고, 하늘의 뜻에 반하는 것을 역정(力政)이라 한다.

의정은 어떻게 하는 것인가. 이에 대하여 묵자가 말하였다.

"큰 나라가 작은 나라를 공격하지 않고, 큰 집안이 작은 집안을 약탈하지 않고, 강한 자가 약한 자를 위협하지 않고, 귀한 자가 천한 자에게 오만하지 않고, 약은 자가 어리석은 자를 속이지 않는 것이다. 이것은 반드시 위로 하늘에게 이롭고 가운데로 귀신에게 이롭고 아래로 사람에게 이로운 것이다. 이 세 가지 이로움은 이롭지 않은 데가 없다. 이에 천하에서 가장 아름다운 이름을 들어 거기다가 덧붙여서 성왕(聖王)이라 이른다."

역정(力政)이라는 것은 이와 다르다. 말이 이것과는 배치되고 행동도 이것과 반대되어, 마치 반대 방향으로 달리는 것과 같다.

큰 나라가 작은 나라를 공격하고, 큰 집안이 작은 집안을 약탈하고, 강한 자가 약한 자를 위협하고, 귀한 자가 천한 자에게 오만하고, 약은 자가 어리석은 자를 속인다. 이것은 위로 하늘에게 이

롭지 않고 가운데로 귀신에게 이롭지 않고 아래로 사람에게 이롭
지 않은 것이다. 이 세 가지 이롭지 않은 것은 이로운 데가 없다.
그러므로 천하에서 악한 이름을 들어 거기다가 덧붙여서 사나운
왕(暴王)이라 이른다.

묵자가 말하였다.

"우리에게 하늘의 뜻이 있는 것은, 비유컨대 수레바퀴를 만드
는 사람에게 그림쇠가 있고, 목수에게 곱자가 있는 것과 같다."

수레를 만드는 사람이나 목수는 그림쇠나 곱자를 가지고 천하
의 네모진 것과 원(圓)을 헤아리면서 이르기를 "맞는 것은 바른
것이고 맞지 않는 것은 그른 것이다." 라고 한다.

지금 천하 군자들의 책은 다 들어서 기록할 수가 없을 만큼 많
으며, 그들의 설(說)은 모두 헤아릴 수 없을 만큼 많아서, 위로 제
후를 설득하고 아래로 여러 선비들을 설득하려 하지만 그의 인
(仁)과 의(義)에 있어서는 크게 서로 거리가 멀다.

무엇으로써 그것을 아는가. 그것은 내가 천하의 명백한 법칙을
얻어서 그것으로 그것을 헤아림으로써 아는 것이다.

　然則何以知天之愛天下之百姓 以其兼而明之 何以知其兼而明之
以其兼而有之 何以知其兼而有之 以其兼而食¹⁾焉 何以知其兼而食
焉 曰四海之內 粒食之民 莫不犓牛羊 豢犬彘 潔爲粢盛酒醴 以祭
祀於上帝鬼神 天有邑人²⁾ 何用弗愛也 且吾言殺一不辜者必有一不
祥 殺不辜者誰也 則人也 予之不祥者誰也 則天也 若以天爲不愛天
下之百姓 則何故以人與人相殺 而天予之不祥 此我所以知天之愛
天下之百姓也 順天意者 義政³⁾也 反天意者力政⁴⁾也 然義政將奈何
哉 子墨子言曰 處大國不攻小國 處大家不篡小家 强者不劫弱 貴者
不傲賤 多詐者不欺愚 此必上利於天 中利於鬼 下利於人 三利無所
不利 故擧天下美名加之 謂之聖王 力政者則與此異 言非此 行反此
猶倖馳也 處大國攻小國 處大家篡小家 强者劫弱 貴者傲賤 多詐欺
愚 此上不利於天 中不利於鬼 下不利於人 三不利無所利 故擧天下
惡名加之 謂之暴王 子墨子言曰 我有天志 譬若輪人⁵⁾之有規⁶⁾ 匠人⁷⁾

之有矩[8] 輪匠執其規矩 以度天下之方圓 曰 中者是也 不中者非也
今天下之士君子之書 不可勝載 言語不可盡計 上說[9]諸侯 下說列士
其於仁義則大相遠也 何以知之 曰我得天下之明法[10]以度之

1) 食(사) : 먹이다. 먹여주다.

2) 天有邑人(천유읍인) : 천자포인(天者包人)이 되어야 할 것 같다. 즉 하늘은
   포용하지 않는 백성이 없다.

3) 義政(의정) : 의롭게 하는 정치.

4) 力政(역정) : 힘으로 하는 정치.

5) 輪人(윤인) : 수레바퀴를 만드는 사람.

6) 規(규) : 그림쇠. 원(圓)을 그릴 때 쓰는 자.

7) 匠人(장인) : 공인(工人)으로 여기서는 목수를 가리킨다.

8) 矩(구) : 곱자. 굽은 각도를 잴 때 쓰는 자.

9) 說(세) : 설득(說得). 설복(說服).

10) 天下之明法(천하지명법) : 천하의 명백한 원칙. 즉 천지(天志).

제27편 하늘의 뜻 중(天志中第二十七)

1. 귀한 사람에게서 나오는 것

묵자가 말하였다.

"이제 천하의 군자로서 인(仁)과 의(義)를 행하고자 하는 사람이라면 의(義)가 나오는 곳을 살피지 않으면 안 된다."

의가 나오는 곳을 살피지 않아서는 안된다고 한다면, 의는 어디로부터 나오는 것인가.

묵자가 또 말하였다.

"의는 어리석고 천한 자에게서 나오지 않고 반드시 귀하고 지혜로운 사람에게서 나오는 것이다."

무엇으로써 의가 어리석고 천한 자에게서 나오지 않고 반드시 귀하고 지혜로운 사람에게서 나온다는 것을 아는가. 그것은 의라는 것은 좋은 정치이기 때문이다.

무엇으로써 의가 좋은 정치가 된다는 것을 아는가. 그것은 천하에 의가 있으면 다스려지고, 의가 없으면 어지러워지는 것으로써 의가 좋은 정치가 된다는 것을 아는 것이다.

대저 어리석고 또한 천한 사람은 귀하고 또한 지혜로운 사람들을 다스릴 수가 없다. 귀하고도 지혜로운 사람이 된 뒤에라야 어리석고 또한 천한 사람들을 다스릴 수가 있는 것이다.

이것이 내가 의는 어리석고 또한 천한 사람에게서 나오는 것이 아니요, 반드시 귀하고 또한 지혜로운 사람에게서 나오는 것임을 아는 까닭이다.

그러면 누가 귀하고 누가 지혜로운가. 그것은 오직 하늘이 귀하고 하늘이 지혜로울 뿐이다. 그런즉 의는 과연 하늘로부터 나오는 것이다.

지금 천하의 사람들이 말한다.

"마땅히 천자가 제후보다 귀하고 제후가 대부(大夫)보다 귀하다는 것 같은 것은 명확하게 알고 있다. 그러나 나는 하늘이 천자보다 귀하고 또한 지혜롭다는 것은 알지 못한다."

여기에 대하여 묵자는 말하였다.

"내가 하늘이 천자보다 귀하고 또한 지혜롭다고 하는 것을 아는 데에는 까닭이 있다. 그것은 천자가 선(善)을 행하면 하늘이 상을 줄 수 있고, 천자가 포악한 짓을 하면 하늘이 벌을 줄 수 있다. 또 천자에게 질병이나 재앙 또는 불행한 일이 생기면 반드시 목욕재계(沐浴齋戒)하고 깨끗하게 술과 단술과 제사밥을 담아서 하늘과 귀신에게 제사를 지낸다. 그러면 하늘은 그런 것을 제거해 줄 수가 있다. 그러나 나는 아직 하늘이 천자에게 복을 빌었다는 것은 알지 못한다. 내가 하늘이 천자보다 귀하고 또 지혜로운 것을 아는 까닭은 이것에만 그치는 것은 아니다. 또 선왕의 책 속에는 하늘의 밝고 쉽지 아니한 도(道)로 훈계하고 알리기를 '명철(明哲)한 유천(維天)이 이 세상에 군림한다'고 하였으니 이 말은 하늘이 천자보다 귀하고 지혜롭다는 말이다. 하늘 이외에 귀하고 지혜로운 것이 있는지는 모르겠다. 가로되 하늘이 귀하고 지혜로울 따름이다. 그러므로 의로움이라는 것은 과연 하늘로부터 나오는 것이다."

子墨子言曰 今天下之君子之欲爲仁義者 則不可不察義之所從出 旣曰不可以不察義之所欲出 然則義何從出 子墨子曰 義不從愚且賤者出 必自貴且知者出 何以知義之不從愚且賤者出 而必自貴且知者出也 曰 義者 善政也 何以知義之爲善政也 曰 天下有義則治 無義則亂 是以知義之爲善政也 夫愚且賤者 不得爲政乎貴且知者 然後得爲政乎愚且賤者 此吾所以知義之不從愚且賤者出 而必自貴且知者出也 然則孰爲貴 孰爲知 曰 天爲貴 天爲知而已矣 然則義

果自天出矣 今天下之人曰 當若天子之貴諸侯 諸侯之貴大夫 礄明
[2]知之 然吾未知天之貴且知於天子也 子墨子曰 吾所以知天之貴且
知於天子者有矣 曰 天子爲善 天能賞之 天子爲暴 天能罰之 天子
有疾病禍崇 必齋戒沐浴 潔爲酒醴粢盛 以祭祀天鬼 則天能除去之
然吾未知天之祈福於天子也 此吾所以知天之貴且知於天子者 不止
此而已矣 又以先王之書 馴天明不解之道也 知之 曰 明哲維天 臨
君下土 則此語天之貴且知於天子 不知亦有貴知夫天者乎 曰 天爲
貴 天爲知而已矣 然則義果自天出矣

1) 知(지) : 지혜. 지(智)와 같다.

2) 礄明(확명) : 명확하게. 호는 확(確)과 통한다.

2. 하늘의 뜻을 살피지 않을 수 없다

묵자가 말하였다.

"지금 천하의 군자가 진실로 도를 따르고 백성을 이롭게 하고
자 한다면 인과 의의 근본을 똑바로 살펴 하늘의 뜻을 삼가 살피
지 않을 수 없는 것이다."

이미 하늘의 뜻을 살피지 않을 수 없는 것이라면, 곧 하늘은 장
차 무엇을 하고자 하고 무엇을 미워하는가?

묵자가 말하었다.

"하늘의 뜻은 큰 나라가 작은 나라를 침공하고, 큰 집안이 작은
집안을 어지럽히고, 강한 것이 적은 것에 횡포하고, 거짓이 어리
석은 것을 속이고, 귀한 것이 천한 것에 오만한 것을 하늘은 하고
자 하지 않는다. 이것에만 국한된 것은 아니다. 사람에게 힘이 있
으면 서로 협력하고, 도가 있으면 서로 가르치고, 재물이 있으면
서로 나누어 갖고자 한다. 또 위에서는 강력한 정치를 시행하고
아래에서는 열심히 일에 종사하도록 하는 것이다. 위에서 열심히
정치를 하면 국가는 다스려지며, 아래에서 열심히 일에 종사하면
재물의 쓰임이 넉넉해진다. 국가가 다스려지고 재물의 쓰임이 넉
넉하면 안으로는 깨끗하게 술과 단술과 제사밥을 담아서 하늘과

귀신에게 제사를 지내고 밖으로는 옥과 구슬을 만들어 사방으로 돌려 제후들의 원망을 없애고 변방의 병난도 없앨 수 있는 것이다.

안으로 굶주린 자를 먹이고 피로한 자를 쉬게 하며 천하의 백성을 부양하게 되면 임금과 신하 및 위와 아래가 은혜롭고 충성할 것이고 아버지와 아들과 형과 아우가 사랑하고 효도하는 것이다."

그러므로 하늘의 뜻을 따라 받들고 천하에 널리 베풀면 형정이 다스려지고 모든 백성이 화목해지고 국가가 부유해지고 재물의 쓰임이 넉넉해지고 온 백성이 다 따뜻한 옷에 배불리 먹고 편안하며 근심이 없어지는 것이다. 그러므로 묵자는 말하였다.

"지금 천하의 군자가 진실로 도를 따르고 백성을 이롭게 하고자 한다면 인과 의의 근본을 똑바로 살펴 하늘의 뜻을 삼가 살피지 않을 수 없는 것이다."

대저 천자가 천하를 둔 것은 비유하건대 나라의 임금이나 제후가 사방의 경계 안을 둔 것과 다른 것이 없다. 지금 나라의 임금과 제후가 사방의 경계 안에 있는 것은 어찌 그 신하와 만민의 도움에 이롭지 아니한 것이 될 것인가? 지금 만약 큰 나라에 처하여 작은 나라를 공격하고 큰 집안에 처하여 작은 집안을 어지럽히고 이것으로 상과 명예를 구하고자 한다면 그것을 끝내 얻지 못하고 형벌만이 반드시 돌아올 것이다.

대저 하늘이 천하를 둔 것은 이와 다름이 없다. 지금 큰 나라에 살면서 작은 나라를 공격하고 큰 도시에 살면서 작은 도시를 공격하고 이것으로써 하늘에 복록을 구한다면, 복록은 끝내 얻지 못하고 마침내 반드시 재앙만이 돌아올 것이다. 이것은 사람이 하늘이 하고자 하는 것을 하지 않은 것이고, 하늘이 하지 않고자 하는 것을 하는 것이다. 또 하늘 역시 사람이 하고자 하는 것을 하지 않고 사람이 싫어하는 것을 하는 것과 같은 것이다.

사람이 하고자 하지 않는 것이 무엇인가. 그것은 질병이나 재앙이다. 자신이 하늘의 즐겨하는 것을 하지 않고 하늘이 싫어하는 것을 하는 것은 천하의 온백성을 거느려 재앙의 속으로 쫓아가는 것이 아니랴.

그러므로 옛날의 성왕(聖王)은 하늘과 귀신의 복된 것을 밝게 알고 하늘과 귀신의 미워하는 것을 피하여 천하의 이로움을 일으키고 천하의 해로움을 제거하였다. 이로 말미암아 하늘의 찬 기운과 더운 기운을 만들어서 네 계절을 절도있게 하고, 음과 양과 비와 이슬을 고르게 하고, 제때에 오곡이 잘 여물게 하고, 집에서 기르는 가축이 번성하게 하고, 병과 재앙과 역질과 흉년과 기근이 이르지 않게 하였다.

그러므로 묵자는 말하였다.

"지금 천하의 군자가 진실로 도를 따르고 백성을 이롭게 하고자 한다면 인과 의의 근본을 똑바로 살펴 하늘의 뜻을 삼가 살피지 않을 수 없는 것이다."

是故子墨子曰 今天下之君子 中實將欲遵道利民 本察仁義之本 天之意不可不愼也 旣以天之意以爲不可不愼已 然則天之意將何欲 何憎 子墨子曰 天之意不欲大國之攻小國也 大家之亂小家也 强之 暴寡 詐之謀愚 貴之傲賤 此天之所不欲也 止此而已 欲人之有力相 營 有道相敎 有財相分也 又欲上之强聽治也 下之强從事也 上强聽 治 則國家治矣 下强從事 則財用足矣 若國家治 財用足 則內有以 潔爲酒醴粢盛 以祭祀天鬼 外有以爲環璧珠玉 以聘撓[1] 四隣 諸侯之 冤不興矣 邊境兵甲不作矣 內有以食飢息勞 持養其萬民 則君臣上 下惠忠 父子弟兄慈孝 故惟毋明乎順天之意 奉而光施之天下 則刑 政治 萬民和 國家富 財用足 百姓皆得煖衣飽食 便寧無憂 是故子 墨子曰 今天下之君子 中實將欲遵道利民 本察仁義之本 天之意不 可不愼也 且夫天子之有天下也 辟[2]之無以異乎國君諸侯之有四境 之內也 今國君諸侯之有四境之內也 夫豈欲其臣國萬民之相爲不利 哉 今若處大國則攻小國 處大家則亂小家 欲以此求賞譽 終不可得 誅罰必至矣 夫天之有天下也 將無已異此 今若處大國則攻小國 處 大都則伐小都 欲以此求福祿於天 福祿終不得 而禍崇必至矣 然有 所不爲天之所欲 而爲天之所不欲 則夫天亦且不爲人之所欲 而爲

人之所不欲矣 人之所不欲者何也 曰疾病禍崇也 若己不爲天之所
欲 而爲天之所不欲 是率天下之萬民以從事乎禍崇之中也 故古者
聖王明知天鬼之所福 而辟天鬼之所憎 以求興天下之利 而除天下
之害 是以天之爲寒熱也 節四時調陰陽雨露也 時五穀孰 六畜逐 疾
災戾疫凶饑則不至 是故子墨子曰 今天下之君子 中實將欲遵道利
民 本察仁義之本 天意不可不愼也

1) 撓(요) : 요는 교(交)의 뜻.
2) 辟(피) : 비(譬)와 같다. 비유하다.

3. 불인(不仁)과 불상(不祥)이 있는가

대저 천하에는 어질지 아니하고 상서롭지 아니한 것이 있다.

이르기를 "자식이 아버지를 섬기지 않고 동생이 형을 섬기지
않고 신하가 임금을 섬기지 않는 것으로 천하의 군자가 다 '상서
롭지 않다' 라고 이른다. 이제 대저 하늘은 천하를 더불어 사랑하
고 만물을 성장시켜 이롭게 한다. 터럭의 끝이라도 하늘이 하지
않은 것은 없으며 백성이 얻어서 이로운 것 중에 아닌 것은 없다.
그러나 홀로 하늘에 갚음이 없고 그 어질지 않고 상서롭지 않은
것을 알지 못한다. 이것은 내가 말하는 군자는 미세한 것에 밝고
큰 것에는 밝지 못한 것이다."라고 하였다.

또 나는 하늘이 백성을 사랑하기를 후하게 하는 것을 알고 있
다. 말하기를 "해와 달과 별을 만들어 밝게 비추고, 네 계절인 봄·
여름·가을·겨울을 만들어 기강으로 삼고, 눈과 서리와 비와 이
슬을 내려 오곡과 마사(麻絲)를 자라게 하여 백성들이 얻어 이
롭게 하였다. 그리고 산과 시내와 계곡을 열거하여 모든 일을 진
행하게 하고, 백성의 착하고 착하지 아니한 것을 사찰하고, 왕과
공과 후작과 백작을 만들어 어진이를 포상하고 포악한 자를 벌주
게 하고, 금과 나무와 새와 짐승을 부여하여 오곡과 마사에 종사
하게 함으로써 백성의 의식(衣食)의 재물로 삼게 하였으니 예로
부터 지금까지 일찍이 이것이 있지 않은 적이 없다." 라고 하였다.

지금 여기에 사람이 있어 그의 자식 사랑을 즐거워하고 힘을 다하여 이로움에 힘을 쓴다. 그런데 그의 자식이 자라서 그 자식이 아버지에게 보답이 없으면 천하의 군자들은 모두 어질지 않고 상서롭지 않다고 이를 것이다. 지금 하늘은 천하를 더불어 사랑하고 만물을 성장시켜 이롭게 한다. 터럭 끝이라도 하늘이 하지 않는 것은 없으며 백성이 얻어서 이로운 것 중에 가히 아닌 것이 없다. 그러나 홀로 하늘에 갚음이 없고 그 어질지 않고 상서롭지 않은 것을 알지 못한다. 이것은 내가 말하는 군자는 미세한 것에 밝고 큰 것에는 밝지 못한 것이다.

또 내가 하늘이 백성을 사랑하는 두터움을 아는 것이란 여기에 그치지 않는다. 이르기를 "죄없는 자를 죽이면 하늘이 상서롭지 아니한 것을 주는데 죄없는 자란 누구인가? 사람이라고 이른다. 상서롭지 않은 것을 주는 사람은 누구인가? 하늘이라 이른다. 하늘이 백성을 두텁게 사랑하지 않는다면 어찌 어떤 사람이 죄없는 사람을 죽였다고 하늘이 상서롭지 않은 것을 줄 것인가. 이것으로 나는 하늘이 백성을 두텁게 사랑하는 것을 아는 것이다."라고 하였다.

또 내가 하늘이 백성을 사랑하는 두터움을 아는 것이란 여기에 그치지 않을 따름이다. 이르기를 "사람을 사랑하고 사람을 이롭게 하는 것은 하늘의 뜻을 따르는 것으로 하늘의 상을 얻는 자가 있다. 사람을 미워하고 사람을 해친 것은 하늘의 뜻에 반하는 것으로 하늘의 죄를 얻는 자도 또한 있다.

대저 사람을 사랑하고 사람을 이롭게 하여 하늘의 뜻을 따라 하늘의 상을 받은 자는 누구인가. 옛날의 삼대(三代) 성왕인 요임금·순임금·우왕·탕왕·문왕·무왕이시다.

요임금·순임금·우왕·탕왕·문왕·무왕은 무슨 일에 종사하였는가. 사람들을 더불어 사랑하는 일을 하셨으며 사람들을 차별하여 대우하지는 않으셨다. 큰 나라에 살면서 작은 나라를 공격하지 않고, 큰 집안에 살면서 작은 집안을 어지럽게 하지 않으며, 강자가 약자를 위협하지 않고, 많은 것으로 적은 것에 횡포하지 않으며, 거짓으로 어리석은 이를 속이지 않고, 귀한 이가 천한 이에게 오만하지 않았다."라고 하였다.

그 일을 관찰하면 위로는 하늘에 이롭게 하고 가운데로는 귀신에게 이롭게 하며 아래로는 사람에게 이롭게 하여 세 곳의 이로움이 이롭지 않은 것이 없는 것으로, 이것을 하늘의 덕이라 이른다. 천하의 아름다운 이름을 다 모아 더하는 것으로 이르기를 인(仁)이며 의(義)라고 한다.

사람을 사랑하고 사람을 이롭게 하는 것은 하늘의 뜻을 따르는 것으로 하늘의 상을 받은 것이며 이에 그치지 않았다. 대나무와 비단에 기록하고, 쇠와 돌에 새기고, 항상 사용하는 식기와 욕조에 새겨 후세의 자손에게 전하여 이르기를 "장차 무엇으로 할 것인가. 사람을 사랑하고 사람을 이롭게 하는 것을 알아 하늘의 뜻을 따르면 하늘의 상을 얻을 것이다."라고 하였다.

'시경(詩經)' 황의(皇矣)편에 이르기를

"하늘이 문왕께 이르기를 나는 생각하니 밝은 덕은

소리와 얼굴빛은 크게 말며 하(夏)와 혁(革)을 길게 하지 말며 알건 모르건 하늘의 법칙을 따르라 하셨네."

라고 하였다. 이는 하늘이 그 법칙을 잘 따른 것을 아름답게 여긴 것이다. 이에 문왕에게 은(殷)나라를 상으로 주어서 귀하기로는 천자가 되었고, 부유하기로는 천하를 두었으며, 명예는 지금까지도 그치지 않는다. 그러므로 사람을 사랑하고 사람을 이롭게 하여 하늘의 뜻을 따르면 하늘의 상을 받아 가히 머무를 곳을 얻는 것이다.

且夫天下蓋有不仁不祥者 曰當若子之不事父 弟之不事兄 臣之不事君也 故天下之君子 與¹⁾謂之不詳者 今夫天兼天下而愛之 撽遂²⁾萬物以利之 若豪³⁾之末 非天之所謂也 而民得而利之 則可謂否矣 然獨無報夫天 而不知其爲不仁不祥也 此吾所謂君子明細 而不明大也 且吾所以知天之愛民之厚者有矣 曰磨爲日月星辰 以昭道之 制爲四時 春秋冬夏 以紀綱之 雷降雪霜雨露 以長遂五穀麻絲 使民

得而財利之 列爲山川谿谷 播賦[4]百事 以臨司[5]民之善否 爲王公諸
伯 使之賞賢而罰暴 賊金木鳥獸 從事乎五穀麻絲 以爲民衣食之財
自古及今 未嘗不有此也 今有人於此 驩若愛其子 竭力單務以利之
其子長 而無報子求父 故天下之君子與謂之不仁不祥 今夫天兼天
下而愛之 撒遂萬物以利之 若豪之末 非天之所爲 而民得而利之 則
可謂否矣 然獨無報夫天 而不知其爲不仁不祥也 此吾所謂君子明
細而不明大也 且吾所以知天愛民之厚者 不止此而足矣 曰殺不辜
者 天予不祥 不辜者誰也 曰人也 予之不祥者誰也 曰天也 若天不
愛民之厚 天胡說人殺不辜 而天予之不祥哉 此吾以知天之愛民之
厚也 且吾所以知天之愛民之厚者 不止此而已矣 曰愛人利人 順天
之意 得天之賞者有矣 憎人賊人 反天之意 得天之罰者亦有矣 夫愛
人利人 順天之意 得天之賞者誰也 曰若昔三代聖王 堯舜禹湯文武
者是也 堯舜禹湯文武焉所從事 曰從事兼 不從事別 兼者處大國不
攻小國 處大家不亂小家 强不劫弱 衆不暴寡 詐不謀愚 貴不傲賤 觀
其事 上利乎天 中利乎鬼 下利乎人 三利無所不利 是謂天德 聚斂
天下之美名而加之焉 曰 此仁也 義也 愛人利人 順天之意 得天之
賞者也 不止此而已 書於竹帛 鏤之金石 琢之槃盂 傳遺後世子孫 曰
將何以爲 將以識夫愛人利人 順天之意 得天之賞者也 皇矣道之曰
帝謂文王 予懷明德 不大聲以色 不長夏以革 不識不知 順帝之則 帝
善其順法則也 故擧殷以賞之 使賞爲天子 富有天下 名譽至今不息
故夫愛人利人 順天之意 得天之賞者 旣可得留而已

1) 與(여) : 여는 거(擧)와 같다.
2) 撒遂(격수) : 뜻이 미상(未詳).
3) 豪(호) : 호는 호(毫)의 잘못.
4) 播賦(파부) : 파부는 파포(播布)와 같다.
5) 司(사) : 사는 사(伺)와 같다.

4. 사람을 미워하고 사람을 해치면

대저 사람을 미워하고 사람을 해쳐서 하늘의 뜻을 거스르는 것으로 하늘의 죄를 받은 자는 누구인가.

　옛날 삼대(三代)의 사나운 임금인 걸왕·주왕·유왕·여왕이 그들이다. 걸왕·주왕·유왕·여왕은 무슨 일에 종사하였는가? 분별하여 일을 하고 더불어 일을 하지 않았다. 분별한 것이란 큰 나라에 살면서 작은 나라를 침략하고, 큰 집안에 살면서 작은 집안을 어지럽히고, 강한 자가 약한 자를 위협하고, 많은 것으로 적은 것을 횡포하였으며, 거짓으로 어리석은 자를 속이고, 귀한 이가 천한 이를 업신여겼다.

　그 일을 관찰하면 위로는 하늘에 이롭지 않고 가운데로는 귀신에게 이롭지 않고 아래로는 사람에게 이롭지 않아 세 가지 모두가 이로운 것이 없었으니, 이것을 대적(大賊)이라 이른다.

　천하의 더러운 이름을 다 모아 더하는 것으로, 이르기를 어질지 않고 의가 아니라고 한다. 사람을 미워하고 사람을 해롭게 하는 것은 하늘의 뜻을 거역하는 것으로 하늘의 벌을 받은 것이며 이에 그치지 않았다. 또 그 일을 대나무와 비단에 기록하고, 쇠와 돌에 새기고, 항상 쓰는 식기와 욕조에 새겨 후세의 자손에게 전하여 이르기를 "장차 무엇을 할 것인가? 앞으로 사람을 미워하고 사람을 해롭게 하여 하늘의 뜻을 거스르면 하늘의 죄를 얻을 것이다."라고 하였다.

　'대서(大誓)'에 이르기를 "주(紂)가 오만하고 공순하지 않아 상제 섬기기를 즐겨하지 아니하고 그의 선조와 종묘를 버려 제사를 받들지 않는다."라고 하고, 또 이르기를 "나는 하늘의 명을 받았다고 말하고 남을 업신여겨 마음을 고치지 않았다."라고 하였다.

하늘은 또한 주(紂)를 버리고 보호하지 않았다. 하늘이 주를 버리고 보호하지 않은 것은 하늘의 뜻을 거역하였기 때문이다. 그러므로 사람을 미워하고 사람을 해치는 것은 하늘의 뜻을 거역하는 것이며, 하늘의 벌을 받는다는 것을 이미 알 수 있는 것이다.

夫憎人賊人 反天之意 得天之罰者誰也 曰若昔者三代暴王桀紂幽

屬者是也 桀紂幽厲焉所從事 曰從事別 不從事兼 別者 處大國則攻
小國 處大家則亂小家 强劫弱 衆暴寡 詐謀愚 貴傲賤 觀其事 上不
利乎天 中不利乎鬼 下不利乎人 三不利無所利 是謂天賊 聚斂天下
之醜名而加之焉 曰此非仁也 非義也 憎人賊人 反天之意 得天之罰
者也 不止此而已 又書其事於竹帛 鏤之金石 琢之槃盂 傳遺後世子
孫 曰將何以爲 將以識夫憎人賊人 反天之意 得天之罰者也 大誓[1]
之道之曰 紂越厥夷居 不肯事上帝 棄厥先神祇不祀 乃曰吾有命 無
廖僇務[2] 天下[3] 天亦縱棄紂而不葆 察天以縱棄紂而不葆者 反天之
意也 故夫憎人賊人 反天之意 得天之罰者 旣可得而知也

1) 大誓(대서) : '서경' 태서의 편. 이곳의 내용과 조금 다르다.

2) 無廖僇務(무료비무) : 무징기모(無懲其侮)의 오자(誤字).

3) 天下(천하) : 불필요한 글자.

5. 사법과 행정을 행하는 법도

목자가 말하였다.

"하늘이 있는 것은 비유컨대 수레바퀴 만드는 사람이 그림쇠를
가지고, 목수가 곱자를 가지는 것과 다른 것이 없다."

지금 수레바퀴 만드는 사람은 그 그림쇠를 들고 천하의 능근 것
과 둥글지 않은 것을 헤아리면서 이르기를 "나의 그림쇠에 맞는
것은 둥근 것이고 나의 그림쇠에 맞지 않는 것은 둥근 것이 아니
다."라고 한다. 그래서 둥근 것과 둥글지 않은 것을 모두 알 수 있
게 되는 것이다. 그 까닭은 무엇인가. 그것은 둥근 것의 법도가 분
명하기 때문이다.

목수도 또한 그 곱자를 들고 천하의 모진 것과 모지지 않은 것
을 헤아리면서 이르기를 "나의 곱자에 맞는 것은 모진 것이고, 나
의 곱자에 맞지 않는 것은 모진 것이 아니다."라고 한다. 그래서
모진 것과 모지지 않은 것을 모두 알 수 있게 되는 것이다. 그 까
닭은 무엇인가. 그것은 모진 것의 법도가 분명하기 때문이다.

그러므로 목자가 말하기를 "하늘의 뜻이 있다고 하는 것은 위

로는 천하의 왕공대인들이 사법과 행정을 행하는 법도가 되고, 아래로는 천하의 만백성이 공부하고 말을 하는 기준이 되는 것이다."라고 하는 것이다.

是故子墨子之有天之 辟無以異乎輪人之有規 匠人之有矩也 今夫輪人操其規 將以量度天下之圓與不圓也 曰 中吾規者謂之圓 不中吾規者謂之不圓 是以圓與不圓 皆可得而知也 此其故何則圓法明也 匠人亦操其矩 將以量度天下之方與不方也 曰 中吾矩者謂之方 不中吾矩者謂之不方 是以方與不方 皆可得而知之 此其故何 則方法明也 故子墨子之有天之意也 上將以度天下之王公大人爲刑政也 下將以量天下之萬民爲文學[1]出言談也

1) 文學(문학) : 공부한다.

6. 하늘의 뜻에 순응하면 된다

그 행동을 보고 그것이 하늘의 뜻에 순종하면 그것을 선(善)한 덕행(德行)이라 이르고, 하늘의 뜻에 반(反)하면 그것을 선하지 않은 덕행이라 이른다.

그의 말하는 것을 보고 그것이 하늘의 뜻에 순종하면 그것을 선한 말이라 이르고, 하늘의 뜻에 반하면 그것을 선하지 않은 말이라 이른다.

그 사법과 행정을 행하는 것을 보고 그것이 하늘의 뜻에 순종하면 그것을 선한 사법과 행정이라 이르고, 하늘의 뜻에 반하면 그것을 선하지 못한 사법과 행정이라고 이른다.

그러므로 이것을 두고 법도로 삼고, 이것을 세워 준칙으로 삼아 장차 천하의 왕공대인(王公大人)들과 경(卿)과 대부(大夫)들의 어질고 어질지 않음을 헤아리는 것이다. 이것을 비유컨대 검은 것과 흰 것을 분별하는 것과 같다.

묵자가 말하였다.

"지금 천하의 왕공대인들과 벼슬하는 사람들이 진심으로 도

(道)를 따라 백성을 이롭게 하고자 하면 근본적으로 인(仁)과 의 (義)의 근본을 살펴야 하며, 하늘의 뜻에 순종하지 않을 수 없다. 하늘의 뜻에 순종하는 것이 의(義)의 법도다."

觀其行 順天之意 謂之善意行[1] 反天之意 謂之不善意行 觀其言 談 順天之意 謂之善言談 反天之意 謂之不善言談 觀其刑政 順天 之意 謂之善刑政 反天之意 謂之不善刑政 故置此以爲法 立此以爲 儀[2] 將以量度天下之王公大人卿大夫之仁與不仁 譬之猶分黑白也 是故子墨子曰 今天下之王公大人士君子[3] 中實[4]將欲遵[5]道利民 本 察仁義之本 天之意不可不順也 順天之意者 義之法也

1) 意行(의행) : 의(意)는 덕(德)의 오자(誤字)로 덕행(德行).

2) 儀(의) : 준칙.

3) 士君子(사군자) : 벼슬하는 사람들.

4) 中實(중실) : 진실로, 충심으로.

5) 遵(준) : 따르다.

제28편 하늘의 뜻 ㉻(天志下第二十八)

1. 하늘의 죄는 도망갈 곳이 없다

묵자가 말하였다.

"천하를 어지럽게 하는 까닭은 그 근거가 무엇인가. 천하의 벼슬하는 사람들이 모두 작은 것에 대해서는 밝으면서 큰 것에 대해서는 밝지 못하기 때문이다.

무엇으로써 그들이 작은 것에 대해서는 밝으면서 큰 것에 대하여는 밝지 못하다는 것을 아는가. 그것은 그들이 하늘의 뜻에 대하여 밝지 않은 것으로써 알 수 있다. 무엇으로써 그들이 하늘의 뜻에 대하여 밝지 않다는 것을 아는가. 사람들이 집안에서 처신하는 것으로써 그것을 알 수 있다.

지금 사람들이 그 집안에 거처하다가 죄를 지으면 오히려 다른 집안으로 도피할 수는 있다. 그러나 아버지가 아들을 경계하고 형이 아우를 경계하여 말하기를 '경계하고 근신하여라. 남의 집안에 처신함에 있어 경계하지 않고 근신하지 않으면서 남의 나라에서 처신할 수 있는 자가 있겠는가' 라고 할 것이다.

지금 사람들이 그 나라에 거처하다가 죄를 지으면 다른 나라로 도피할 수 있다. 그러나 아버지가 아들을 경계하고 형이 아우를 경계하여 말하기를 '경계하고 근신하여라. 남의 나라에 처신하는 자가 경계하고 근신하지 않으면 안 된다' 라고 할 것이다.

지금 사람들은 모두 천하에 거처하면서 하늘을 섬기는데, 그러다가 하늘에 죄를 지으면 거기서 도피할 수 있는 곳이 없다. 그렇건만 서로 공경하고 경계할 것을 아는 자가 없다.

나는 이것으로써 큰 것에 대하여 알지 못한다는 것을 알고 있다."

묵자가 말하였다.

"경계하고 근신하라. 반드시 하늘이 바라는 것을 행하고 하늘이 싫어하는 것을 버려라."

그러면 하늘이 바라는 것은 무엇이고 싫어하는 것은 무엇인가. 하늘은 의(義)를 바라고 불의(不義)를 싫어한다.

무엇으로써 그러함을 아는가. 의는 바른 것이기 때문이다. 무엇으로써 의가 바른 것임을 아는가. 천하에 의가 있으면 다스려지고 의가 없으면 어지러워진다. 나는 이것으로써 의가 바르다는 것을 안다.

바른 것은 아래에서 위를 바르게 하는 일이 없고 반드시 위에서 아래를 바르게 한다. 서민은 자기 뜻대로 바르게 될 수가 없고 선비가 있어 그들을 바르게 하며, 선비는 자기 뜻대로 바르게 될 수가 없고 대부가 있어 그들을 바르게 하며, 대부는 자기 뜻대로 바르게 될 수가 없고 제후가 있어 그들을 바르게 하며, 제후는 자기 뜻대로 바르게 될 수가 없고 삼공(三公)이 있어 그들을 바르게 하며, 삼공은 자기 뜻대로 바르게 될 수가 없고 천자가 있어 그들을 바르게 하며, 천자는 자기 뜻대로 바르게 될 수가 없고 하늘이 있어 그를 바르게 힌다.

子墨子言曰 天下之所以亂者 其說將何哉 則是天下士君子 皆明於小而不明於大 何以知其明於小不明於大也 以其不明於天之意也 何以知其不明於天之意也 以處人之家者知之 今人處若家得罪 將猶有異家所 以避逃之者 然且父以戒子 兄以戒弟 曰 戒之愼之 處人之家 不戒不愼之 而有處人之國者乎 今人處若國得罪 將猶有異國所 以避逃之者矣 然且父以戒子 兄以戒弟 曰 戒之愼之 處人之國者 不可不戒愼也 今人皆處天下而事天 得罪於天 將無所以避逃之者矣 然而莫知以相極[1]戒也 吾以此知大物則不知者也 是故子墨子言曰 戒之愼之 必爲天之所欲 而去天之所惡 曰天之所欲者何也

所惡者何也 天欲義而惡其不義者也 何以知其然也 曰義者正也 何
以知義之爲正也 天下有義則治 無義則亂 我以此知義之爲正也 然
而正者 無自下正上者 必自上正下 是故庶人不得次己而爲正 有士
正之 士不得次己而爲正 有大夫正之 大夫不得次己而爲正 有諸侯
正之 諸侯不得次己而爲正 有三公正之 三公不得次己而爲正 有天
子正之 天子不得次己而爲政 有天正之

1) 極(극) : 공경하다. 경계하다. 경(儆)의 잘못임.

2. 하늘이 상을 주는 것이란

천하의 벼슬하는 사람들은 모두 천자가 천하를 바르게 한다는
것은 밝게 알고 있으면서 하늘이 천자를 바르게 한다는 것은 밝
게 알지 못하고 있다.

옛날의 성인이 이것을 밝혀 사람들에게 말하였다.

"천자에게 선(善)함이 있으면 하늘은 그에게 상을 줄 수 있고,
천자에게 잘못이 있으면 하늘은 그에게 벌을 줄 수 있다."

천자의 상과 벌이 마땅하지 못하고, 옥사(獄事)를 처리함에 있
어서 공정하지 못하면 하늘은 질병(疾病)과 재화(災禍)를 내리
고, 서리와 이슬을 때맞춰 내리지 않는다.

천자는 반드시 소와 양과 개와 돼지를 잘 기르고 정결하게 제
사밥과 제물과 술과 단술을 장만해서 기도와 제사를 드리며 하늘
에 복을 빈다. 나는 일찍이 하늘이 천자에게 복을 빌기 위해 기도
드렸다는 말을 듣지 못하였다. 나는 이것으로써 하늘이 천자보다
소중하고 또한 귀하다는 것을 안다.

의(義)는 어리석고 천한 사람들에게서 나오는 것이 아니고 반
드시 귀하고 지혜로운 사람에게서 나오는 것이다.

그러면 누가 귀한가. 하늘이 귀하다. 누가 지혜로운가. 하늘이
지혜롭다. 그러므로 의는 과연 하늘에서 나오는 것이다.

지금 천하의 벼슬하는 사람으로서 의를 행하고자 하는 사람은
하늘의 뜻에 순종하지 않으면 안 된다.

今天下之士君子 皆明於天子之正天下也 而不明於天正也 是故古
者聖人 明以此說人曰 天子有善 天能賞之 天子有過 天能罰之 天
子賞罰不當 聽獄不中¹⁾ 天下疾病禍福 霜露不時 天子必且犓豢其牛
羊犬彘 潔爲粢盛酒醴以禱祠 祈福於天 我未嘗聞天之禱 祈福於天
子也 吾以此知天之重且貴於天子也 是故義者不自愚且賤者出 必
自貴且知者出 曰誰爲貴 天爲貴 誰爲知 天爲知 然則義果自天出也
今天下之士君子之欲爲義者 則不可不順天之意矣

1) 不中(부중) : 공정하지 않다.

3. 천하의 사람을 더불어 사랑하는 것

하늘의 뜻을 따르는 것은 어떤 것인가? 천하의 사람을 더불어
사랑하는 것이다. 어떻게 천하의 사람들을 더불어 사랑하는 것을
알겠는가? 더불어 먹기 때문이다. 어떻게 그 더불어 먹는 것을 알
수 있겠는가?

옛날부터 지금까지 멀리 있는 신령이나 외로운 나라도 다 소와
양과 개와 돼지를 기르고 정결하게 제사밥과 술과 단술을 장만해
서 공경스럽게 상제와 산천과 귀신에게 제사지냈다. 이것으로 더
불어 먹는 것을 알 수 있다. 진실로 더불어 먹으면 반드시 더불어
사랑하니 비유건대 초(楚)나라와 월(越)나라의 임금과 같다.

지금 초나라 왕은 초나라의 사방의 경계 안에서 먹는 것으로 초
나라 사람을 사랑하고, 월나라 왕은 월나라에서 먹는 것으로 월
나라 사람을 사랑하는 것이다. 이제 하늘이 천하와 더불어 먹는
것으로 나는 이로써 그 천하 사람들을 더불어 사랑한다는 것을 알
고 있다.

또 하늘이 백성을 사랑하는 것은 사물에 다하지 않고 그친다.
이제 천하의 나라에서 쌀밥을 먹는 백성이 죄없는 한 사람을 죽
이면 반드시 하나의 상서롭지 않은 것이 있다. 누가 죄 없는 사람
을 죽이는가? 사람이다. 누가 그대의 죄 없는 것을 아는가? 하늘
이다. 하늘이 진실로 이 백성을 사랑하지 않는다면 무슨 까닭으

로 사람이 죄 없는 한 사람을 죽인다고 하늘이 그에게 상서롭지 아니한 것을 내리랴!

또 하늘이 백성을 두텁게 사랑하고 하늘이 백성을 편애하는 것은 이미 체험으로 알 수 있다.

무엇으로 하늘이 백성을 사랑하는 것을 알겠는가? 우리의 어진이가 반드시 선한 것에는 상을 내리고 사나운 것에는 벌하는 것으로써다. 무엇으로 어진이가 선을 상주고 사나운 것을 벌주는 것을 알 것인가. 우리의 옛날 삼대 성왕(聖王)으로써 아는 것이다.

옛날의 삼대 성왕인 요임금·순임금·우왕·탕왕·문왕·무왕은 천하를 더불어 사랑하고 쫓아서 이롭게 하여 그 백성들의 뜻을 옮겨 거느리고 상제와 산천과 귀신을 공경하였다. 하늘이 그 사랑하는 것을 따르고 사랑하였으며, 그 이로운 것도 따라 이롭게 하여 이에 그 상을 더하였다.

높은 지위에 있게 하여 세워서 천자를 삼아 법도로 삼고 이름하여 성인(聖人)이라 하여, 이것으로 그 선한 것에 상을 내리는 증거를 알 수 있는 것이다.

옛날 삼대의 사나운 임금인 걸왕·주왕·유왕·여왕은 천하를 더불어 미워하고 쫓아서 해롭게 하였으며 그 백성의 뜻을 옮겨 거느리고 상제와 산천과 귀신을 꾸짖고 능멸하였다. 또 하늘이 사랑하는 것을 따르지 않고 미워하였으며 또 그 이로운 것을 따라하지 않고 해롭게 하였다. 이에 그 벌을 내려 부자(父子)가 흩어지고 국가가 멸망하고 사직을 잃어버리고 우환이 그 몸에 미쳤다. 이로써 천하의 서민이 모여 비방하고 만세의 자손이나 후계자까지 이어 비방하는 것이 크고 폐지되지 않았으며, 이름하여 실왕(失王)이라 하였다. 이것으로 그 포악한 것을 벌한 증거를 알 수 있다.

曰順天之意何若 曰兼愛天下之人 何以知兼愛天下之人也 以兼而食之也 何以知其兼而食之也 自古及今無有遠靈[1] 孤夷之國 皆犓豢其牛羊犬彘潔爲粢盛酒醴 以敬祭祀上帝山川鬼神 以此知兼而食

之也 苟兼而食焉 必兼而愛之 譬之若楚越之君 今是楚王食於楚之
四境之內 故愛楚之人 越王食於越 故愛越之人 今天兼天下而食焉
我以此知其兼愛天下之人也 且天之愛百姓也 不盡物而止矣 今天
下之國 粒食之民 殺不一罪者 必有一不祥 曰誰殺不辜 曰人也 孰
予之不辜 曰天也 若天之中實不愛此民也 何故而人有殺不辜 而天
予之不祥哉 且天之愛百姓厚矣 天之愛百姓別矣 旣可得而知也 何
以知天之愛百姓也 吾以賢者之必賞善罰暴也 何以知賢者之必賞善
罰暴也 吾以昔者三代之聖王知之 故昔也三代之聖王堯舜禹湯文武
之兼愛之天下也 從而利之 移其百姓之意焉 率以敬上帝山川鬼神
天以爲從其所愛而愛之 從其所利而利之 於是加其賞焉 使之處上
位 立爲天子以法也 名之曰聖人 以此知其賞善之證 是故昔也三代
之暴王桀紂幽厲之兼惡天下也 從而賊之 移其百姓之意焉 率以詬
侮上帝山川鬼神 天以爲不從其所愛而惡之 不從其所利而賊之 於
是加其罰焉 使之父子離散 國家滅亡 扤²⁾失社稷 憂以及其身 是以
天下之庶民 屬而毀之 業萬世子孫繼嗣 毀之賁不之廢也 名之曰失
王 以此知其罰暴之證

1) 無有遠靈(무유원령) : 무유는 소유적 의사. 원령은 뜻이 없다.
2) 扤(운) : 운은 실(失)과 같으며 잃어버린 것이 있다.

4. 하늘의 뜻에 순종하는 것이다

지금 천하의 벼슬하는 사람으로서 의(義)를 행하고자 하는 사
람은 하늘의 뜻에 순종하지 않으면 안 된다.

하늘의 뜻에 순종하는 것은 더불어 함이요, 하늘의 뜻에 반하는
것은 차별이다. 더불어 하는 도(道)는 의(義)로 다스리는 것이
요, 차별하는 도는 힘으로 다스리는 것이다.

그러면 의로 다스리는 것은 어떤 것인가. 그것은 큰 사람이 작
은 사람을 공격하지 않고, 강한 자가 약한 자를 업신여기지 않고,
많은 것이 적은 것을 해롭게 하지 않고, 약은 자가 어리석은 자를
속이지 않고, 귀한 자가 천한 자에게 오만하지 않고, 부(富)한 자

가 가난한 자에게 교만하지 않으며, 젊은 사람이 늙은 사람의 것을 약탈하지 않는 일이다.

그리하여 천하의 여러 나라는 물이나 불과 독약이나 무기로써 서로 해롭게 하지 않는다. 만약 일을 함에 있어서 위로 하늘을 이롭게 하고, 가운데로 귀신을 이롭게 하고, 아래로 사람을 이롭게 한다면, 이 세 가지 이로움은 이롭지 않은 데가 없으니 이것을 천덕(天德)이라 이른다.

이렇게 모든 일에 종사하는 사람은 거룩하고 지혜로우며, 인자하고 의로우며, 충성스럽고 은혜로우며, 자애롭고 효성스럽다. 천하의 좋은 이름을 다 모아서 여기에 덧붙인다. 그 까닭은 무엇인가. 하늘의 뜻에 순종하는 것이기 때문이다.

그러면 힘으로 다스린다는 것은 어떤 것인가. 그것은 큰 자가 작은 자를 공격하고, 강한 자가 약한 자를 업신여기고, 많은 것이 적은 것을 해롭게 하고, 약은 자가 어리석은 자를 속이고, 귀한 자가 천한 자에게 오만하고, 부유한 자가 가난한 자에게 교만하며, 젊은 사람이 늙은 사람의 것을 약탈한다.

그리하여 천하의 여러 나라는 널리 물이나 불과 독약이나 무기로써 서로 해롭게 한다. 만약 일을 함에 있어서 위로 하늘에 이롭지 않게 하고, 가운데로 귀신에게 이롭지 않게 하며, 아래로 사람에게 이롭지 않게 한다면, 이 세 가지 이롭지 않음은 이로운 데가 없으니, 이것을 천적(天賊)이라 이른다.

이렇게 모든 일에 종사하는 자들은 반란과 혼란을 일삼으며, 도둑질하고 남을 해치며, 불인(不仁)하고 불의(不義)하며, 충성스럽지 않고 은혜롭지 않으며, 자애롭지 않고 효성스럽지 않다.

천하의 악한 이름을 다 모아서 여기에 덧붙인다. 그 까닭은 무엇인가. 하늘의 뜻에 반하는 것이기 때문이다.

今天下之士君子 欲爲義者 則不可不順天之意矣 曰順天之意者 兼也 反天之意者 別也 兼之爲道也 義正¹⁾ 別之爲道也 力正 曰義正者何若 曰大不攻小也 強不侮弱也 衆不賊寡也 詐不欺愚也 貴不傲

賤也 富不驕貧也 壯不奪老也 是以天下之庶國 莫以水火毒藥兵刃[2]
以相害也 若事上利天 中利鬼 下利人 三利而無所不利 是謂天德 故
凡從事此者 聖知也 仁義也 忠惠也 慈孝也 是故聚斂天下之善名而
加之 是其故何也 則順天之意也 曰力正者何若 曰大則攻小也 强則
侮弱也 衆則賊寡也 詐則欺愚也 貴則傲賤也 富則驕貧也 壯則奪老
也 是以天下之庶國 方[3]以水火毒藥兵刃以相賊害也 若事上不利天
中不利鬼 下不利人 三不利而無所利 是謂之賊[4] 故凡從事此者 寇
亂也 盜賊也 不仁不義 不忠不惠 不慈不孝 是故聚斂天下之惡名而
加之 是其故何也 則反天之意也

1) 正(정) : 정(政)과 통하여 다스린다는 뜻.
2) 兵刃(병인) : 무기(武器).
3) 方(방) : 방(旁)과 통하여 널리의 뜻.
4) 之賊(지적) : 천적(天賊)으로 해야 마땅하다. 하늘의 도적.

5. 하늘의 뜻을 세웠다

묵자가 하늘의 뜻을 세워 의법(儀法)을 삼은 것은 수레바퀴를
만드는 사람에게 규(規)가 있고 목수에게 구(矩)가 있는 것과 같
다. 이제 수레바퀴를 만드는 사람이 그림쇠로써 하고 목수가 곱
자로써 하여 이로써 둥글고 모난 것의 분별을 아는 것이다.

그러므로 묵자가 하늘의 뜻을 세워 의법(儀法)을 삼았으므로
나는 천하의 벼슬하는 선비들이 의를 버려 멀어진 것을 아는 것이
다.

무엇으로 천하의 벼슬하는 선비가 의를 버려 멀어진 것을 알 수
있는가. 지금 대국의 군주가 말하기를 (※ 뜻이 자세하지 않다)
"내가 큰 나라에 살면서 작은 나라를 침략하지 않으면 내 무엇으
로 크다고 하랴."라고 한다. 이로써 용감한 선비를 가려 뽑고 그
배와 수레의 군졸을 진열하여 죄없는 나라를 공벌하고 그 국경에
들어가 그 곡식을 베고 수목을 자르고 성곽을 부수고 성의 도랑
과 못을 메우고 조상의 사당을 불사르고 그 희생물을 훔치고 죽

인다. 백성이 반항하는 자는 베어 죽이고 반항하지 않는 자는 포로로 잡아 돌아온다. 대부(大夫)는 종이나 죄수로 삼고 부인들은 방아 찧는 종으로 삼는다.

공벌을 좋아하는 군주는 이것이 불인(不仁)과 불의(不義)가 되는 것을 알지 못하고 사방의 제후에게 고하여 이르기를 "내가 나라를 공격하고 군대를 전복시키고 장수 약간 명을 죽였다."라고 한다.

그 이웃 나라의 군주도 또한 이것이 불인이고 불의인 것을 알지 못하고 그 가죽과 폐백을 갖추고 수레를 이끌고 이르러 사람들과 함께 연회를 베풀어 준다.

대저 공벌을 좋아하는 군주는 거듭거듭 이것이 불인이요, 불의가 되는 것을 알지 못하여 대나무와 비단에 기록하고, 창고에 감추고, 그의 후세의 자손들도 반드시 그 앞서 행한 군주의 행동을 따르도록 권하면서 이르기를 "어찌 나의 창고를 열어보지 않고 우리 선군(先君)의 법이 아름답다는 것을 볼 수 있겠는가? 반드시 문왕과 무왕의 올바른 것도 이와 같지는 못할 것이다."라고 한다. 또 "내가 나라를 공격하고 군대를 전복시키고 장수 약간 명을 죽였다."라고 말한다. 공벌을 좋아하는 군주가 불인과 불의가 되는 것을 알지 못하고, 그 이웃 나라의 군주가 또 불인과 불의를 알지 못하여 이로써 공벌이 대대로 이어져 그치지 않는다. 이것이 내가 말하는 큰 일을 알지 못하는 것이다.

작은 일을 안다고 하는 것은 무엇을 말하는 것인가? 지금 여기에 사람이 있는데 남의 정원에 들어가 남의 과일과 채소를 취하면 관청에서는 벌을 내리고 모든 사람이 듣고 그것을 그르다고 한다. 이것은 어째서인가? 그 노동을 함께하지 않고 그 열매를 얻는 것은 이미 그가 가져갈 연고가 없는 것이다. 하물며 남의 담을 넘어서 남의 자녀(子女)를 취하고 빼앗는데 있어서랴! 남의 창고를 뚫고 남의 금은과 비단을 도둑질하는데 있어서랴! 남의 외양간을 넘어 남의 소와 말을 도둑질하는데 있어서랴! 하물며 한 사람의 죄없는 이를 죽임에 있어서랴!

　이제 왕공대인의 정치를 하는 것이 죄 없는 한 사람을 죽이는 것에서부터 남의 담을 넘어 남의 자녀를 빼앗는 자와 남의 창고를 뚫고 남의 금은과 비단을 도둑질한 자와 남의 외양간을 넘어 남의 소와 말과 과일과 채소를 도둑질한 자들을 이제 왕공대인이 벌을 가한 것이다. 비록 옛날의 요임금·순임금·우왕·탕왕·문왕·무왕이 정치를 하더라도 이와 다를 것이 없다.

　지금 천하의 제후가 장차 침략하고 공벌하고 병합한다 하여 한 죄 없는 사람을 죽이기 위한 것이 수천만명이다. 이와 같이 남의 담장을 넘어 남의 자녀를 잡아간 자와 남의 창고를 뚫고 남의 금은과 비단을 도둑질한 자 역시 수천만명이다. 남의 외양간을 넘어 남의 소와 말을 도둑질한 자나 남의 정원에 들어가 남의 오얏과 과실을 도둑질한 자도 수천만명이다. 그런데 그들 모두가 스스로 의롭다고 한다.

　그러므로 묵자가 말하였다.

　"의(義)를 꾸짖는 자가 어찌 검고 희고 달고 쓴 것의 분별을 책망하는 것과 다름이 있겠는가. 지금 여기에 사람이 있어 적은 수에게 검은 것을 보였는데 검다고 말하고 많은 수에게 검은 것을 보였는데 희다고 말하면 반드시 자신의 눈이 현란하여 흑백의 분별을 알지 못한다고 할 것이다. 또 여기에 사람이 있는데 적은 수에게 단 것을 맛보였는데 달다고 말하고 많은 수가 맛보고는 쓰다고 말하면 반드시 내 입맛이 이상하여 달고 쓴 것의 맛을 알지 못한다고 할 것이다.

　이에 왕공대인의 정치는 혹은 사람을 죽이는 것을 그 국가에서는 금지하고, 그 나라 밖에서는 이웃 나라의 사람을 많이 죽임으로써 의를 빛냈다고 한다면 이것은 어찌 검고 희고 달고 쓴 것의 분별을 책망하는 것과 다른 것이 있는가."

　그러므로 묵자가 하늘의 뜻을 의법으로 삼았다. 독단적으로 묵자가 하늘의 뜻을 법으로 삼은 것은 아니다.

　선왕의 글인 '서경' 대하(大夏:大雅)에서 이르기를

　"하늘이 문왕께 이르시기를 나는 생각하니 밝은 덕은

소리와 얼굴빛을 크게 말며

하(夏)와 혁(革)을 길게 하지 말며

알건 모르건 하늘의 법칙을 따르라 하셨네."

라고 하였다. 이것은 문왕이 하늘의 뜻으로 법을 삼아 아뢴 것이
며, 하늘의 법칙을 따른 것이다.

또 이제 천하의 벼슬하는 선비가 진실로 인과 의를 행하고 훌
륭한 선비가 되기를 구한다면 위로는 성왕의 도에 합하고자 하고,
아래로는 국가와 백성의 이로움에 적중하고자 할 것이며, 하늘의
뜻을 따라 가히 살피지 않을 수 없는 것이다. 하늘의 뜻이라는 것
은 옳은 것의 길인 것이다.

故子墨子置立天之[1] 以爲儀法 若輪人之有規 匠人之有矩也 今輪
人以規 匠人以矩 以此知方圓之別矣 是故子墨子置立天之 以爲儀
法 吾以此知天下之士君子之去義遠也 何以知天下之士君子之去義
遠也 今知氏大國之君 寬者然曰[2] 吾處大國而不攻小國 吾何以爲大
哉 是以差論蚤牙之士 此列其舟車之卒 以攻罰無罪之國 入其溝境
刈其禾稼 斬其樹木 殘其城郭 以御其溝池 焚燒其祖廟 攘殺其犧牷
民之格者 則勁拔之 不格者 則係操而歸 大夫以爲僕圉胥靡[3] 婦人
以爲舂酋[4] 則夫好攻伐之君 不知此爲不仁義 以告 四隣諸侯曰 吾
攻國覆軍殺將若干人矣 其隣國之君亦不知此爲不仁義也 有具其皮
幣 發其緫處[5] 使人饗賀焉 則夫好攻伐之君 有重不知此爲不仁不義
也 有書之竹帛 藏之府庫 爲人後子者 必且欲順其先君之行 曰 何
不當發吾府庫 視吾先君之法美 必不曰文武之爲正者若此矣 曰吾
攻國覆軍殺將若干人矣 則夫好攻伐之君 不知此爲不仁不義也 其
隣國之君不知此爲不仁不義也 是以攻伐世世而不已者 此吾所謂大
物則不知也 所謂小物則知之者何若 今有人於此 入人之場圍 取人
之桃李瓜薑者 上得且罰之 衆聞則非之 是何也 曰不與其勞 獲其實
已非其有所取之故 而況有踰於人之牆垣 抯格人之子女者乎 與角
人之府庫 竊人之金玉蚤絫者乎 與踰人之欄牢 竊人之牛馬者乎 而
況有殺一不辜人乎 今王公大人之爲政也 自殺一不辜人者 踰人之

牆垣 挏格人之子女者 與角人之府庫 竊人之金玉蚕粢者 與踰人之
欄牢 竊人之牛馬桃李瓜薑者 今王公大人之加罰此也 雖古之堯舜
禹湯文武之爲政 亦無以異此矣 今天下之諸侯 將猶皆侵凌攻伐兼
幷 此爲殺一不辜人者 數千萬矣 此爲踰人之牆垣 格人之子女者 與
角人府庫 竊人金玉蚕粢者 數千萬矣 踰人之欄牢 竊人之牛馬者 與
入人之場園 竊人之桃李瓜薑者 數千萬矣 而自曰義也 故子墨子言
曰 是責義者 則豈有以異是責黑白甘苦之辯者哉 今有人於此 少而
示之黑謂之黑 多示之黑謂白 必曰吾目亂 不知黑白之別 今有人於
此 能少嘗之甘 謂甘 多嘗謂苦 必曰吾口亂 不知其甘苦之味 今王
公大人之政也 或殺人 其國家禁之 此蚕越有能多殺其隣國之人 因
以爲文義 此豈有異責黑白苦之別者哉 故子墨子置天之 以爲儀法
非獨子墨子以天之志爲法也 於先王之書 大夏⁶⁾之道之然 帝謂文王
予懷明德 毋大聲以色 毋長夏以革 不識不知 順帝之則 此誥文王之
以天志爲法也 而順帝之則也 且今天下之士君子 中實將欲爲仁義
求爲上士 上欲中聖王之道 下欲中國家百姓之利者 當天之志 而不
可不察也 天之志者 義之經也

1) 之(지) : 지는 지(志)의 오자이거나 그 밑에 지(志)자가 빠졌다.

2) 今知氏大國之君寬者然曰(금지씨대국지군관자연왈) : 뜻이 미상(未詳).

3) 僕圉胥靡(복어서미) : 복어는 종이나 하인. 서미는 죄를 다스리는 죄인.

4) 舂餔(용추) : 방아를 찧는 종.

5) 緆處(인처) : 무슨 뜻인지 알 수 없다.

6) 大夏(대하) : '서경' 대아(大雅) 황의(黃矣)에 있는 시구.

제8권(卷之八)

제31편 귀신을 밝히다 ⓗ(明鬼下第三十一)

1. 귀신은 현명한 사람에게 상을 준다

묵자가 말하였다.

"옛날 삼대의 성왕(聖王)들이 이미 세상을 떠남에 이르러 천하는 의(義)를 잃고 제후들은 힘으로 정치를 하게 되었다.

그래서 군주와 신하 사이와 윗사람과 아랫사람 사이에 은혜롭고 충성스럽지 않은 사람이 있게 되었으며, 아비와 자식 사이가 자애롭고 효성스럽지 않고, 형과 아우 사이에 공경하고 사랑하는 우애로움이 없게 되었으며, 지도자들은 정사를 처리하는 데 힘쓰지 않고, 천한 사람들은 종사하는 일에 힘쓰지 않게 되었다.

백성들이 난폭하고 반란을 일삼고 도둑질을 하며, 무기와 독약과 물과 불로써 큰 길이나 골목길에서 죄없는 사람을 가로막고 남의 수레와 말과 그리고 의복 따위를 약탈함으로써 자기의 이로움으로 삼는 자들이 함께 생겨난 것은 이로부터 비롯되었다. 이로써 천하는 어지러워졌다. 이것은 무슨 까닭으로 그렇게 되었는가. 곧 모두가 귀신이 있는가 없는가 하는 분별에 의혹을 품어 귀신이 현명한 사람에게는 상을 주고, 난폭한 자에게는 벌을 줄 수 있다는 것을 밝게 알지 못하였기 때문이다.

지금 만약 천하 사람들로 하여금 진실로 귀신이 현명한 사람에게는 상을 주고 난폭한 사람에게는 벌을 줄 수 있다는 것을 믿게 한다면, 천하가 어찌 어지러워지겠는가.

지금 귀신이 없다고 고집하는 사람들은 말하기를 "귀신은 본래부터 없는 것이다."라고 한다.

아침과 저녁으로 그런 말로써 천하의 사람들을 가르치고 깨우쳐서 천하의 사람들을 의심하게 하고, 천하의 사람들로 하여금 모두 귀신이 있는가 없는가의 분별에 대하여 의혹을 품게 한다. 그렇게 함으로써 천하는 어지러워지는 것이다.

그러므로 묵자가 말하였다.

"지금 천하의 왕공대인들과 벼슬하는 사람들은 참으로 천하의 이로움을 일으키고 천하의 해로움을 제거하고자 한다. 그러므로 마땅히 귀신이 있는가 없는가 하는 분별에 대하여 분명히 살피지 않으면 안 된다고 하는 것은 이것이다."

子墨子言曰 逮至昔三代聖王旣沒 天下失義 諸侯力正 是以存夫爲人君臣上下者之不惠忠也 父子弟兄之不慈孝弟長貞良也 正長之不强於聽治 賤人之不强於從事也 民之爲淫暴寇亂盜賊 以兵刃毒藥水火 退¹⁾無罪人乎道路率徑²⁾ 奪人車馬衣裘以自利者 幷作 由此始 是以天下亂 此其故何以然也 則皆以疑惑鬼神之有與無之別 不明乎鬼神之能賞賢而罰暴也 今若使天下之人 借若信鬼神之能賞賢而暴罰也 則夫天下豈亂哉 今執無鬼者曰 鬼神者 固無有 旦暮以爲敎誨乎天下之人 疑天下之衆 使天下之衆皆疑惑乎鬼神有無之別 是以天下亂 是故子墨子曰 今天下之王公大人士君子 實將欲求興天下之利 除天下之害 故當鬼神之有與無之別 以爲將不可以不明察此者也

1) 退(퇴) : 아(迓)의 잘못. 아(迓)는 어(御)와 통함. 막다의 뜻.
2) 率徑(솔경) : 큰 길과 좁은 길.

2. 귀신이 있는 것인가 없는 것인가

귀신이 있고 없다는 것의 분별을 살피지 않을 수 없다. 그러면 내가 이것을 밝게 살펴 그 설을 어떻게 해야 옳을 것인가?

묵자가 말하였다.

"이것은 천하의 있다고 하고 없다고 하는 자들의 앎을 살펴 반드시 모든 이의 눈과 귀의 진실로써 있다고 하고 없다고 하는 것을 알아 모범을 삼는 것이다. 듣고 보는 것이 미혹되면 반드시 없는 것이다. 이와 같으면 어떻게 한 고을이나 한 마을에 들어가지 않고 물어볼 수가 있는가? 옛날부터 지금까지 백성이 태어난 이래로 또한 일찍이 귀신의 실체를 보고 귀신의 소리를 들었다는 것이 있는데 귀신이 어찌 없다고 하는가? 만약 듣지도 못하고 보지도 못했다면 귀신이 있다고 할 것인가?"

지금 귀신이 없다고 고집하는 자는 말한다.

"천하에서 귀신의 실체를 듣고 보았다고 하는 자는 이루 헤아릴 수가 없다고 한다. 그렇다면 또한 누가 귀신이 있고 없다는 실체를 보고 들었는가?"

묵자가 말하였다.

"많은 사람이 함께 보고 많은 사람이 함께 들었는데 옛날의 두백(杜伯)이란 사람이 증인이다. 주(周)나라의 선왕(宣王)이 그의 신하인 두백을 죽였는데 죄가 없었다. 두백이 말하기를 '우리 임금이 나를 죽이려는데 죄가 없다. 만약 죽은 자가 이러한 일을 알지 못한다면 아무런 것이 없겠지만 죽었는데도 죄 없는 것을 앎이 있다면 3년이 지나지 않아 우리 임금이 알게 하리라' 라고 하였다.

그 후 죽은 지 3년에 주나라 선왕이 제후를 규합하고 포(圃)땅에서 사냥하는데 사냥 수레가 수백대이고 따르는 사람이 수천명이었으며 많은 사람이 들을 가득 메웠다. 정오가 되었을 때 두백이 백마(白馬)가 끄는 흰 수레를 타고 붉은 의관에 붉은 활을 가지고 붉은 화살을 끼고 주나라 선왕을 추적하여 수레 위에서 활을 쏘았다. 한 중심을 맞춰 척추가 끊어지고 수레안에 쓰러져 활 옷 위에서 엎드려 죽었는데, 이때에 있어 주나라 사람으로 따라간 자는 보지 못한 사람이 없었고 멀리 있는 자는 소문을 듣지 못한 자가 없었으며 주나라의 춘추(春秋)에도 나타나 있다.

임금이 된 자는 그 신하를 가르치고 아버지된 자는 그 자식을 경계하여 이르기를 '경계하고 삼갈지어다. 무릇 죄없는 자를 죽이면 상서롭지 못한 것을 얻고 귀신에게 벌을 받나니 이와 같이 비참하다' 라고 하였다. 이같이 글에 써있는 말을 보면 귀신이 있다는 것을 의심할 수 있겠는가?"

旣以鬼神有無之別 以爲不可不察已 然則吾爲明察此 其說將奈何而可 子墨子曰 是與天下之所以察知有與無之道者 必以衆之耳目之實知有與亡爲儀者也 請惑聞之見之 則必以爲無 若是何不嘗入一鄕一里而問之 自古以及今 生民以來者 亦有嘗見鬼神之物 聞鬼神之聲 則鬼神何謂無乎 若莫聞莫見 則鬼神可謂有乎 今執無鬼者言曰 夫天下之爲聞見鬼神之物者 不可勝計也 亦執爲聞見鬼神有無之物哉 子墨子言曰 若以衆之所同見 與衆之所同聞 則若昔者杜伯[1]是也 周宣王[2]殺其臣杜伯而不辜 杜伯曰 吾君殺我而不辜 若以死者爲無知則止矣 若死而有知 不出三年 必使吾君知之 其[3]三年 周宣王合諸侯而田於圃[4] 田車[5]數百乘從數千 人滿野 日中 杜伯乘白馬素車 朱衣冠 執朱弓 挾朱矢 追周宣王 射之車上 中心折脊 殪車中 伏弢而死 當是之時 周人從者莫不見 遠者莫不聞 著在周之春秋 爲君者以敎其臣 爲父者以警其子 曰 戒之愼之 凡殺不辜者 其得不詳 鬼神之誅 若此之憯遬[6]也 以若書之說觀之 則鬼神之有 豈可疑哉

1) 杜伯(두백) : 주(周)나라 시대 사람으로 춘추(春秋)에 사적이 실려 있다.
2) 周宣王(주선왕) : 주나라 임금.
3) 其(기) : 기(期)와 같다.
4) 圃(포) : 주나라 땅 이름.
5) 田車(전거) : 사냥에서 쓰는 수레.
6) 憯遬(참속) : 비통해 하다. 비참하다.

3. 책에만 귀신이 있는 것은 아니다
책 속의 이야기만 그러한 것은 아니다. 옛날에 정(鄭)나라의 목공(穆公)이 한낮에 사당에 있었다. 이때 귀신이 문으로 들어와 왼쪽에 있는데 몸은 새와 같고 소복을 하고 얼굴은 바르고 모났다.

정나라 목공이 보고서 두려워 달아나려 하니 귀신이 말하였다.

"두려워하지 말라. 상제가 너의 명덕(明德)을 흠향하여 너에게 19년의 수명을 주고 국가를 번창하게 하고 자손을 무성하게 할 것이니 실덕(失德)을 하지 말라."

정나라 목공이 재배하고 머리를 조아려 말하였다.

"감히 귀신이 누구신지를 묻겠습니다."

이에 말하였다.

"나는 구망(句芒)이다."

정나라 목공이 귀신의 몸체를 보고 본보기로 삼았는데 귀신이 있다는 것을 어찌 의심할 수 있겠는가.

책속의 이야기만 그러한 것은 아니다. 옛날 연(燕)나라의 간공(簡公)이 그의 신하 장자의(莊子儀)를 죽였는데 죄가 없었다. 장자의가 말하기를 "우리 임금이 나를 죽이려는데 나는 죄가 없다. 죽은 사람이 알 수 없다면 또한 아무일이 없겠지만 죽은 사람이라도 아는 것이 있다면 3년이 지나지 않아 반드시 우리 임금이 알게 하리라."라고 하였다.

죽은 지 1년이 되어 연나라 장수가 조(祖)땅에서 달렸다. 연나라의 조땅은 제(齊)나라의 사직이나 송(宋)나라 상림(桑林)이나 초(楚)나라의 운몽(雲蒙)이 있는 것과 같다. 이곳은 남자와 여자가 모두 모이면 관람한다. 한낮에 연나라 간공이 바야흐로 장수와 조도(祖途)에서 말을 달렸다. 이때에 장자의가 붉은 지팡이로 간공을 내리치니 수레 위에서 죽었다. 이때 연나라 사람으로 수행한 사람은 보지 못한 사람이 없었고 멀리 있는 사람은 소문을 듣지 못한 자가 없었으며 연나라의 춘추에도 나타나 있다.

제후들이 전하여 이르기를 "죄 없는 사람을 죽이는 자는 상서롭지 못한 것을 얻어 귀신에게 죽음을 당하는 것이니 이와 같이 처참하다."라고 하였다. 이 글의 말로 관찰하면 귀신이 있다는 것을 어찌 의심할 것인가.

책 속의 이야기만 꼭 그러한 것은 아니다. 옛날에 송(宋)나라 문군 포(文君鮑)의 시대에 신하가 있어 이르기를 후관고라고 하였는데 일찍이 사당에서 일을 보았다. 축사(祝士)가 지팡이를 짚고 나가면서 말하기를 "관고는 어찌하여 규벽이 규격에 맞지 아니한가. 술과 단술과 제사밥과 제물이 왜 정결하지 아니한가. 희생은 왜 순일한 것이 아닌가. 봄·여름·가을·겨울의 시기를 선택하는 것은 어찌 너의 임무가 아닌가. 포(鮑:文君)의 하는 것인가."라고 하였다.

관고가 대답하였다.

"포는 어리고 약하여 포대기에 있는데 또 무엇을 알겠는가. 신하인 관고가 일일이 하는 것이다."

축사가 지팡이를 들어 내리치니 단상에서 죽었다. 이때에 송나라의 시종들은 보지 않은 사람이 없었고 멀리 있는 자들은 소문을 듣지 않은 자가 없었으며 송나라의 춘추에도 기록되어 있다.

제후들이 전하여 이르기를 "모든 제사에 공경하지 않는 자는 귀신의 형벌이 이르는 것이니 이와 같이 처참하다."라고 하였다. 이와 같이 책에 있는 말로 관찰하면 귀신이 있다는 것을 어찌 가히 의심할 것인가.

책 속의 이야기민 그러한 깃은 아니나. 옛날에 제(齊)나라 장군(莊君)의 신하 중에 왕리국과 중리요가 있었다. 이 두 사람은 3년 동안 송사를 하여 옥사(獄事)가 그치지 않았다. 제나라 임금이 두 사람을 죽이자니 죄가 없을 것이 두려웠고 두 사람을 함께 석방하자니 죄있는 자를 풀어주는 것이 두려웠다. 이에 두 사람에게 한 마리 양을 가지고 와서 제나라의 신사(神社)에서 맹세를 하게 하였는데 두 사람이 다 좋다고 하였다.

이에 도랑을 파고 양의 목을 베어 그 피를 받아 씻고 왕리국에게 먼저 할 말을 하라고 하였다. 왕리국은 자신의 말을 다하였다. 다음 중리요에게 할 말을 하라고 하였다. 중리요가 이야기를 절반쯤 하였을 때 목이 없는 양이 일어나 중리요를 들이받고 그 다리를 부러뜨려서 축사(祝士)를 받고 맹세하는 장소에서 죽었다.

이때에 제나라 사람으로 이곳에 간 자는 보지 못한 자가 없고 멀리 있던 자라도 소문을 듣지 못한 자가 없었으며 제나라의 춘추에도 나타나 있다.

제후들이 전하여 말하기를 "맹세하는 자리에서 진실을 말하지 않는 자는 귀신의 형벌이 이와 같이 처참함에 이른다."라고 하였다. 글 속에 있는 내용을 관찰하면 귀신이 있다는 것을 어떻게 의심하랴.

그러므로 묵자가 말하였다.

"비록 깊은 계곡이나 넓은 임야(林野)나 깊은 산골이나 사람들이 없는 곳이라도 행동하는 것을 바르게 하지 아니치 못할 것이다. 귀신이 모든 것을 다 보고 있는 것이다."

非惟若書之說爲然也 昔者鄭穆公[1] 當書日中處乎廟 有神入門而左 鳥身[2] 素服三絶 面狀正方 鄭穆公見之 乃恐懼犇 神曰無懼 帝享女明德 使予錫女壽十年有九 使若國家蕃昌 子孫茂 毋失 鄭穆公再拜稽首曰 敢問神明 曰 予爲句芒[3] 若以鄭穆公之所身見爲儀 則鬼神之有 豈可疑哉 非惟若書之說爲然也 昔者 燕簡公[4] 殺其臣莊子儀[5] 而不辜 莊子儀曰 吾君王殺我而不辜 死人毋知亦已 死人有知 不出三年 必使吾君知之 期年 燕將馳祖 燕之有祖 當齊之社稷 宋之有桑林 楚之有雲夢也 此男女之所屬而觀也 日中 燕簡公方將馳於祖 塗 莊子儀荷朱杖而擊之 殪之車上 當是時 燕人從者莫不見 遠者莫不聞 著在燕之春秋 諸侯傳而語之曰凡殺不辜者 其得不祥 鬼神之誅 若此其憯遫也 以若書之說觀之 則鬼神之有 豈可疑哉 非惟若書之說爲然也 昔者宋文君鮑[6]之時 有臣曰 祏觀辜[7] 固嘗從事於屬[8] 祏[9]子杖揖出與言曰 觀辜是何圭璧之不滿度量 酒醴粢盛之不淨潔也 犧牲之不全[10]肥 春秋冬夏選[11]失時 豈女爲之與 意鮑爲之與 觀辜曰 鮑幼弱在荷繈之中 鮑何與識焉 官臣觀辜特爲之 祏子擧揖而槁之 殪之壇上 當是時 宋人從者莫不見 遠者莫不聞 著在宋之春秋 諸侯傳而語之曰 諸不敬愼祭祀者 鬼神之誅至 若此其憯遫也 以若書之說觀之 鬼神之有 豈可疑哉 非惟若書之說爲然也 昔者 齊莊君[12]

之臣 有所謂王里國¹³⁾中里徽¹⁴⁾者 此二子者 訟三年而獄不斷 齊君由
謙殺之恐不辜 猶謙釋之 恐失有罪 乃使之¹⁵⁾人共一羊 盟齊之神社¹⁶⁾
二子許諾 於是泏洫瘗羊而漉¹⁷⁾其血 讀王里國之辭旣已終矣 讀中里
徽之辭未半也 羊起而觸之 折其脚 祧神之而槁之 殪之盟所 當是時
齊人從者莫不見 遠者莫不聞 著在齊之春秋 諸侯傳而語之曰 請品
¹⁸⁾先不以其請¹⁹⁾者 鬼神之誅 至若此其憯遬也 以若書之說觀之 鬼神
之有 豈可疑哉 是故子墨子言曰 雖有深溪博林 幽澗毋人之所 施行
不可以不董 見有鬼神視之

1) 鄭穆公(정목공) : 진(秦)나라 목공의 잘못이라고 한다.

2) 鳥身(조신) : 새의 몸에 사람의 얼굴을 함.

3) 句芒(구망) : 소호금천(少昊金泉)씨의 아들로 목덕(木德)의 임금을 돕는 신
이며, 나무를 다스리는 신(神).

4) 燕簡公(연간공) : 평공(平公)의 아들. 주경왕(周敬王)의 제후국.

5) 莊子儀(장자의) : 간공 때의 신하.

6) 宋文君鮑(송문군포) : 송(宋)나라의 문군(文君). 포(鮑)는 이름.

7) 祈觀辜(축관고) : 축은 없는 글자이며 축(祝)의 오자(誤字)이다. 관고는 송
나라 문군시대의 신묘(神廟) 관리.

8) 厲(여) : 신사(神社)의 이름.

9) 袾(주) : 주는 축(祝)과 같다.

10) 全(전) : 전은 순색(純色). 즉 전(牷)과 동일.

11) 選(선) : 산(算)과 같다.

12) 齊莊君(제장군) : 제나라 장공(莊公).

13) 王里國(왕리국) : 제나라 장공의 신하.

14) 中里徽(중리요) : 제나라 장공의 신하.

15) 之(지) : 이(二)의 잘못이다.

16) 神社(신사) : 제나라의 신사.

17) 泏洫瘗羊而漉(굴혁아양이록) : 굴혁은 굴을 파다. 아는 옥편에 없는 글자로
아(挜)의 오자. 혹은 쇄(灑)의 잘못이다.

18) 請品(청품) : 청맹(請盟)의 잘못이다.

19) 請(청) : 정(情)의 잘못. 진실의 뜻.

4. 귀신이 없다고 고집하는 자들

지금 귀신이 없다고 고집하는 자가 말하였다.

"대저 모든 사람들의 눈과 귀의 실정으로 어찌 족히 의심을 없앨 수 있을까? 어찌하여 천하의 고귀한 군자가 되고자 하면서 많은 사람들의 눈과 귀의 정상(情狀)을 믿으려 하겠는가."

묵자가 말하였다.

"만약 모든 사람의 눈과 귀의 진실을 족히 믿지 못하고 의심을 지울 수가 없다면 이것은 옛날의 삼대(三代)의 성왕인 요임금·순임금·우임금·탕임금·문왕·무왕이 족히 법이 되는 것도 알지 못하는 것 아닌가."

이런 까닭으로 중인(中人) 이상이 다 말한다.

"옛날의 삼대 성왕을 족히 법도로 삼았다."

만약 진실로 옛날의 삼대 성왕들을 법도로 삼는다면 진실로 위로 성왕들의 글을 볼 것이다.

옛날 무왕이 은나라의 주(紂)를 처벌함에 제후들에게 그 제사를 나누어주며 말하였다.

"친한 자는 은나라 선왕의 제사를 받고 소원한 자는 산천과 사방의 제사를 받아라."

이것은 무왕이 귀신이 있다고 한 까닭이다. 그러므로 은나라를 공벌하고 주를 토벌하여 제후로 하여금 그 제사를 나누어 갖게 하였다. 만약 귀신이 있지 않다면 무왕이 어찌 제사를 나누어 주었겠는가?

무왕의 일만이 그러한 것은 아니다. 옛날의 성왕(聖王)들은 그 상(賞)은 반드시 조상에게 하고 죄인은 사직에 고하였다. 조상에게 상을 올리는 것은 무슨 뜻인가? 분류하는 것이 고른 것을 고하는 것이요, 죄인을 사직에 고하는 것은 듣는 것이 합당한 것을 고하는 것이다.

책에 있는 이야기만 그러한 것은 아니다. 옛날 우(虞)나라·하(夏)나라·상(商)나라·주(周)나라의 3대의 성왕은 처음 나라를 세우고 도읍을 정하고 기후를 맞추는 것도 반드시 나라의 정단

(正壇)을 가려 종묘를 세웠으며, 나무의 무성한 것을 가려 상하의 지위의 표찰을 세웠으며, 반드시 나라의 부형들이 사랑하고 효도하고 곧고 어진 자를 가려 종축(宗祝)을 삼았다.

반드시 집에서 기르는 가축도 살찌고 털이 좋은 것을 가려 희생으로 삼았고, 홀과 옥과 옥홀과 패옥은 재물의 헤아림을 삼았으며, 반드시 오곡이 잘익은 것을 가려 술과 단술과 제삿밥을 만들었다. 그러므로 술과 단술과 제삿밥은 해의 풍년과 흉년에 따라 오르고 내리는 것이 다르다.

옛날의 성왕이 천하를 다스리는데 반드시 귀신에게 먼저하고 사람에게 후에 한 것이 이와 같은 연유에서이다. 그러므로 관청에서 비치하는 것은 제기와 제복을 먼저하고, 창고에다 보관하고, 축종과 유사가 조정에 다 모이고, 희생이 밤에 무리지어 참여하지 않는 것으로 옛날의 성왕이 정치를 하는 것이 이와 같았다.

今執無鬼者曰 夫衆人耳目之請[1] 豈足以斷疑哉 奈何其欲爲高君子於天下 而有復信衆之耳目之請哉 子墨子曰 若以衆之耳目之請 以爲不足信也 不以斷疑 不識若昔者三代聖王堯舜禹湯文武者 足以爲法乎 故於此乎 自中人以上皆曰 若昔者三代聖王 足以爲法矣 若苟昔者三代聖王足以爲法 然則姑嘗上觀聖王之事 昔者 武王之攻殷誅紂也 使諸侯分其祭曰 使親者受內祀 疏者受外祀 故武王必以鬼神爲有 是故攻殷伐紂 使諸侯分其祭 若鬼神無有 則武王何祭分哉 非惟武王之事爲然也 故聖王其賞也必於祖 其僇[2]也必於社 賞於祖者何也 告分之均也 僇於社者何也 告聽之中也 非惟若書之說爲然也 且惟昔者虞夏商周三代之聖王 其始建國營都日[3] 必擇國之正壇 置以爲宗廟 必擇木之脩茂者 立以爲菆[4]位 必擇國之父兄慈孝貞良者 以爲祝宗 必擇六畜之勝 腯肥倅毛[5] 以爲犧牲 珪璧琮璜[6] 稱財爲度 必擇五穀之芳黃 以爲酒醴粢盛 故酒醴粢盛 與歲上下也 故古聖王治天下也 故必先鬼神而後人者此也 故曰官府選效 必先祭器祭服 畢藏於府 祝宗有司 畢立於朝 犧牲不與昔聚群[7] 故古者聖王之爲政若此

1) 請(청) : 정(情)의 잘못. 이하 청이 이와 같다.

2) 僇(육) : 치욕(恥辱). 나쁜 일.

3) 都日(도일) : 도읍과 기후.

4) 菆(추) : 절(蕝)의 오자. 띠를 묶어 준비의 등급을 표시함.

5) 脂肥倅毛(순비쉬모) : 살이 찌고 털이 순박한 것.

6) 珪璧琮璜(규벽종황) : 홀과 옥과 옥홀과 패옥.

7) 昔聚群(석취군) : 석은 야(夜)의 오자. 취군은 무리.

5. 책에도 귀신은 나온다

옛날의 성왕들은 반드시 귀신이 있다고 하였고, 그 귀신을 위하
여 독실(篤實)하게 힘썼다. 그리고 후세의 자손들이 그것을 알지
못하게 될 것을 두려워 하였다. 그래서 그것을 대쪽이나 비단에
기록하여 후세의 자손들에게 전해 주었다. 혹은 그 기록이 썩거
나 좀이 먹어 없어져 후세의 자손들에게 기록이 전해지지 않을 것
을 두려워하여 그것을 항상 사용하는 그릇이나 쟁반에 새기거나
쇠나 돌에 새겨 소중하게 하였으며 그리고도 후세의 자손들이 공
경하고 두려워하지 않아 그 복을 받지 못할 것을 두려워 하였다.

선왕(先王)의 책이나 성인의 말을 보면 한 자 정도의 비단이나
한 편의 책을 보아도 귀신의 존재를 인정하는 말이 자주 나오며,
그것을 소중히 하고 또 소중히 하고 있다. 이것은 무슨 까닭인가.
성왕들이 그것을 힘썼기 때문이다.

지금 귀신이 없다는 것을 고집하는 사람들은 말하기를 "귀신은
본래 있지 않은 것이다."라고 한다. 이것은 성왕들이 힘쓰던 일에
반(反)하는 것이다. 성왕이 힘쓰던 일에 반하는 것은 군자의 도
가 될 수 없는 것이다.

지금 귀신이 없다는 것을 고집하는 사람들은 말하기를 "선왕
(先王)의 책이나 성인의 한 자 정도의 비단이나 한 편의 책에 귀
신이 있다는 말이 자주 나오고 그것을 소중히 다루고 또 소중히
다룬다고 하는데 또한 어느 책에 그것이 있다는 것이냐."고 할 것

이다. 이에 대하여 묵자가 말하였다.

"'주서(周書)' 대아(大雅)에 그것이 있다. 대아에 이르기를
'문왕이 위에 계시니, 아! 하늘에 빛나도다.
주나라 비록 오래된 나라지만 그 천명을 새롭게 하였네.
주나라 밝지 아니한가. 하늘의 명이 때 맞추었네.
문왕이 오르고 내리셔 하느님의 좌우에 계시었네.
힘쓰시고 힘쓰신 문왕의 어진 소문이 그치지 않았네'
라고 하였다. 만약 귀신이 있지 않다면 문왕은 이미 세상을 떠났
으니, 어찌 상제의 곁에 있을 수 있겠는가. 이것이 내가 '주서(周
書)'에 귀신이 있다는 것을 아는 까닭이다."

古者聖王必以鬼神爲 其務鬼神厚矣 又恐後世子孫不能知也 故書
之竹帛 傳遺後世子孫 咸恐其腐蠹絶滅 後世子孫不得而記 故琢之
盤盂 鏤之金石 以重之 有恐後世子孫不能敬箸[1]以取羊[2] 故先王之
書 聖人一尺之帛 一篇之書 語數鬼神之有也 重有重之 此其故何 則
聖王務之 今執無鬼者曰 鬼神者 固無有 則此反聖王之務 反聖王之
務 則非所以爲君子之道也 今執無鬼者之言曰 先王之書 一尺之帛
一篇之書 語數[3]鬼神之有 重有重之 亦何書之有哉 子墨子曰 周書[4]
大雅[5]有之 大雅曰 文王在上 於昭[6]于天 周雖舊邦 其命維新 有周
不顯[7] 帝命不時[8] 文王陟降[9] 在帝左右 穆穆[10]文王 令問不已 若鬼
神無有 則文王旣死 彼豈能在帝之左右哉 此吾所以知周書之鬼也

1) 箸(군) : 두려워하다.

2) 羊(양) : 상(祥)과 통하여 상서롭다의 뜻.

3) 數(삭) : 자주.

4) 周書(주서) : '서경(書經)'의 한 부분인데 '서경'에는 대아(大雅)가 없고
   대아는 '시경(詩經)'의 한 부분이다.

5) 大雅(대아) : '시경' 제3권의 전체가 대아이며 그 가운데 문왕장(文王章)에
   나오는 구절이다.

6) 於昭(오소) : 어는 오로 발음하며 아아! 하는 감탄사. 소는 밝다, 드러나다.

7) 不顯(불현) : 불은 비(丕)와 통하여 크게 빛나다.

8) 不時(불시) : 어찌 때가 아닌가.

9) 陟降(척강) : 하늘과 땅을 오르내리다.

10) 穆穆(목목) : 힘쓰는 모양.

6. 귀신은 주나라 글이나 상나라 글에도 있다

'주서(周書)'에만 귀신이 있고 '상서(商書)'에는 귀신이 없다면 족히 법으로 삼을 수가 없다. 그러니 잠시 시험삼아 '상서(商書)'를 올려다 관찰해 보자.

이르기를 "오호라. 옛날 하(夏)나라가 바야흐로 재앙이 있지 않았을 때에는 모든 짐승과 벌레와 나는 새까지도 따르지 않는 것이 없었는데 하물며 사람의 얼굴을 하고 어찌 다른 마음을 가지랴? 산천과 귀신도 또한 편안하지 않는 것이 없으며 공순하고 진실하여 천하의 화합에 안주하고 이 세상을 보호하였네."라고 하였다. 산천과 귀신의 있는 곳을 보살피되 편안하지 않는 것이 없다는 것은 우임금을 보좌하게 한 것이다. 이것으로 나는 '상서'에 귀신이 있다는 것을 아는 것이다.

또 '상서'에만 홀로 귀신이 있고 '하서(夏書)'에는 귀신이 없다면 족히 법으로 삼을 수가 없다. 그러니 잠시 시험삼아 '하서' 우서(禹誓)를 올려다 관찰해 보자.

이르기를 "감(甘)땅에서 크게 싸울 때 왕이 좌우 6명에게 명하여 아래로 중군(中軍)에게 맹세하여 이르기를 '유호(有扈)씨가 다섯가지 행실을 멸시하고 세 가지 올바른 도리를 태만히 하여 저버리니 하늘이 그들의 천명을 끊으려 하고 있다.' 또 이르기를 '서약할 것이다. 이제 나는 유호씨와 하루의 운명을 다투게 되었으니 너희 경대부 서인들아. 내가 너희들의 전답과 보옥을 가지려고 하는 것이 아니다. 너희에게 공순히 하늘의 벌을 내리는 것이다. 왼쪽이 왼쪽에 공순하지 않고 오른쪽이 오른쪽에 공순하지 않으면 명령에 복종하지 않는 것이며 너희의 말들을 바르게 몰지 않으면 명령에 복종하지 않는 것이다' 하였다." 라고 하였다. 이에 상은 조상에게 바치고 죄는 사직에 고하는 것이다.

상을 조상에게 바치는 것은 어째서인가. 명령이 고루게 분배된다는 것을 뜻하는 것이다. 죄를 사직에 고하는 것은 어째서인가. 옥사가 합당하다는 것을 말하는 것이다.

이것이 옛날의 성왕이 귀신으로써 어진이는 상을 받게 하고 사나운 자는 죄를 준 까닭이다. 그러므로 상은 반드시 조상에게 바치고 죄는 반드시 사직에 고하는 것으로, 이것으로 나는 '하서'에도 귀신이 있다는 것을 아는 것이다.

'상서(尙書)'인 하서나 그 다음 상주(商周)의 글에도 누누이 귀신이 있다고 말하였으며 두 번 세 번 거듭 말한 것은 무슨 까닭인가? 이것은 성왕이 힘쓰기 때문이다. 만약 책의 이야기로 관찰해보면 귀신이 있다는 것을 어찌 가히 의심할 것인가.

옛날에 이르기를 길한 날 정묘(丁卯)에 주나라 시대 토지신과 사방의 신에게 제사지내고 새해에는 사직의 선고에게 제사지내며 수명을 연장시키고자 한다고 하였다. 만약 귀신이 없다면 저들이 어찌 수명을 연장할 수 있으랴.

그러므로 묵자가 말하였다.

"당연히 귀신이 어진이를 상주고 사나운 자를 벌주는 것과 같다."

대개 근본적으로 국가를 은혜롭게 하고 만민을 은혜롭게 하는 것은 국가를 다스리고 온백성을 이롭게 하는 도리이다.

만약 그렇지 않으면 관리가 관청을 다스리되 청렴결백하지 못하고, 남녀가 분별이 없는 것을 귀신이 보는 것이다. 백성이 폭도들에게 물들고 도적들 때문에 어지러워지며, 병기와 독약과 물과 불로 길거리에서 죄없는 사람이 쫓기며, 사람들의 마차와 말과 의복을 빼앗아 이익을 취하는 자를 귀신이 있어 보는 것이다. 그러므로 관리가 관청을 다스리면 청렴결백하지 않을 수 없고 착한 것을 보고 상을 내리지 않을 수 없고 포악한 것을 보고 죄를 내리지 않을 수 없다.

백성이 폭도에 물들고 도적들 때문에 문란해지고 병기와 독약과 물과 불로 길거리에서 죄없는 사람이 쫓기며 마차와 말과 의

복을 빼앗아 스스로 이득을 얻는 것을 이것으로 중지시킨다. 이
로써 음침한 곳을 지적하지 않아도 귀신의 밝고 명철한 것에 의
지하여 한 사람의 밝음으로 위로 주벌을 두려워하는 것이다. 이
것으로 천하는 다스려지는 것이다.

且周書獨鬼 而商書不鬼 則未足以爲法也 然則姑嘗上觀乎商書[1]
曰 嗚呼 古者有夏 方未有禍之時 百獸貞蟲 允及飛鳥 莫不比方 矧
佳[2] 人面 胡敢異心 山川鬼神 亦莫敢不寧 若能共允 佳天下之合 下
土之葆 察山川鬼神之所以莫敢不寧者 以佐謀禹也 此吾所以知商
書之鬼也 且商書獨鬼 而夏書不鬼 則未足以爲法也 然則姑嘗上觀
乎夏書禹誓[3]曰 大戰于甘 王乃命左右六人[4] 下聽誓于中軍 曰 有扈
氏[5]威侮五行 怠棄三正 天用剿絶其命 有曰 日中 今予與有扈氏 爭
一日之命 且爾卿大夫庶人 予非爾田野葆士之欲也 予共行天之罰
也 左不共于左 右不共于右 若不共命 御非爾馬之政 若不共命 是
以賞於祖而僇於社 賞於祖者何也 言分命之均也 僇於社者何也 言
聽獄之事也 故古聖王必以鬼神爲賞賢而罰暴 是故賞必於祖而僇必
於社 此吾所以知夏書之鬼也 故尙書夏書 其次商周之書 語數鬼神
之有也 重有重之 此其故何也 則聖王務之 以若書之說觀之 則鬼神
之有 豈可疑哉 於古曰 吉日丁卯 周代祝社方 歲于社者考 以延年
壽 若無鬼神 彼豈有所延年壽哉 是故子墨子曰 嘗若鬼神之能賞賢
如[6]罰暴也 蓋本施之國家 施之萬民 實所以治國家利萬民之道也 若
以爲不然 是以吏治官府之不潔廉 男女之爲無別者 鬼神見之 民之
爲淫暴寇亂盜賊 以兵刃毒藥水火 退無罪人乎道路 奪人車馬衣裘
以自利者 有鬼神見之 是以吏治官府 不敢不潔廉 見善不敢不賞 見
暴不敢不罪 民之爲淫暴寇亂盜賊 以兵刃毒藥水火 退無罪人乎道
路 奪車馬衣裘以自利者 由此止 是以莫放幽閒 擬乎鬼神之明顯 明
有一人畏上誅罰 是以天下治

1) 商書(상서) : ‘서경’ 상서 이훈(伊訓)의 말로 내용이 조금 다르다.
2) 佳(가) : 가는 유(唯)의 오자(誤字).
3) 夏書禹誓(하서우서) : ‘서경’의 하서감서(夏書甘誓)에 나오는 말인데 이곳

의 내용과 조금 다르다.

4) 六人(육인) : 좌우 육경(六卿)이나 또는 장수들.

5) 有扈氏(유호씨) : 유호는 나라 이름이며 하(夏)나라와 동성으로 감(甘)이라는 강(江)의 북쪽을 다스리던 제후.

6) 如(여) : 여(與)와 같다.

7. 귀신의 벌은 막을 수 없다

귀신의 밝음은 그윽한 산속의 시내나 넓은 못이나 산림 속 깊은 골짜기라 해도 숨겨지는 데가 없다. 귀신의 밝음은 반드시 그것을 안다. 귀신의 벌은 부(富)하고 귀하거나 사람이 많고 굳세거나 용맹하고 힘이 있거나 튼튼한 갑옷과 날카로운 무기로도 막을 수가 없는 것이다. 귀신의 벌은 반드시 이런 것들을 이겨낸다.

만약 그렇지 않다고 한다면 옛날 하왕조(夏王朝)의 걸왕(桀王)은 귀하기로는 천자였고, 부(富)하기로는 천하를 차지하고 있었으나 위로 하늘을 비방하고 귀신을 업신여기며, 아래로 천하 만백성을 해치고 죽였다. (※원문 구절 해석 미상)

이에 하늘은 탕왕(湯王)을 시켜 밝은 벌을 주도록 하였다.

탕왕은 아홉 량(九輛)의 전차(戰車)를 새가 나는 형태의 진형(陣形)으로 펼치고, 기러기가 나는 모양으로 대열을 펴나갔다. 탕왕은 대찬산(大贊山)에 올라가 하(夏)의 군사들을 공격하여 몰아내고 하의 도읍 근교까지 들어가 손수 추치(推哆)와 대희(大戲)를 사로잡았다.

옛날 하왕조의 걸왕은 귀하기로는 천자였고 부하기로는 천하를 차지하였으며, 용감하고 힘이 센 사람인 추치와 대희는 외뿔소와 범을 산 채로 잡아 찢고 손가락으로 사람을 죽일 수 있었으며, 백성들이 많기로는 억조(億兆)에 달하여 택지(澤地)와 언덕에까지 가득하였으나 그런 것으로도 귀신의 주벌(誅罰)을 막을 수는 없었던 것이다. 이것이 내가 이른바 귀신의 벌은 부하고 귀하거나 사람이 많고 힘이 세거나 무력이 강하거나 튼튼한 갑옷과 날카로운 무기로도 막을 수 없다고 하는 것으로 이것을 말한다.

故鬼神之明 不可爲幽澗廣澤 山林深谷 鬼神之明必知之 鬼神之
罰 不可恃富貴衆强 勇力强武 堅甲利兵 鬼神之罰必勝之 若以爲不
然 昔者夏王桀 貴爲天子 富有天下 上詬天侮鬼 下殃傲[1]天下之萬
民 祥上帝伐元山帝行[2] 故於此乎 天乃使湯至明罰焉 湯以車九兩[3]
鳥陳[4]鴈行 湯乘大贊[5] 犯遂[6]下衆[7] 人之蟜遂 王乎禽[8]推哆大戲[9] 故
昔夏王桀 貴爲天子 富有天下 有勇力之人推哆大戲 主別[10]兕虎 指
畵[11]殺人 人民之衆兆億 侯[12]盈厥澤陵 然不能以此圉鬼神之誅 此吾
所謂鬼神之罰 不可爲富貴衆强勇力强武 堅甲利兵者此也

1) 殃傲(앙오) : 앙살(殃殺)의 잘못. 화(禍)를 입히고 죽이다.
2) 祥…帝行(상…제행) : 이 구절은 미상(未詳)이라 했음.
3) 九兩(구량) : 양(兩)은 양(輛)과 통하여 전차(戰車) 아홉 대.
4) 鳥陳(조진) : 진은 진(陣)과 통하여 새가 나는 형태로 벌인 진형.
5) 大贊(대찬) : 산의 이름.
6) 犯遂(범수) : 수(遂)는 축(逐)의 잘못. 적진에 돌입하다.
7) 下衆(하중) : 하(下)는 하(夏)의 잘못. 하(夏)의 군사들.
8) 乎禽(호금) : 호(乎)는 수(手)의 잘못. 손으로 직접 사로잡다.
9) 推哆人戲(추치대희) : 추치와 대희는 나 걸왕(桀王)의 신하로서 힘이 센 사
    람들이었다.
10) 別(별) : 열(列)의 잘못. 열(裂)과 통하여 찢다의 뜻.
11) 指畵(지획) : 손가락질하다.
12) 侯(후) : 어조사(語助詞).

8. 하늘의 귀신, 산천의 귀신이 있다

또한 걸왕만 그러한 것은 아니다.

옛날 은나라 왕 주(紂)는 귀하기로는 천자였고 부하기로는 천
하를 차지하였는데 위로는 하늘을 꾸짖고 귀신을 모독하고 아래
로는 천하의 만민을 학살하고 늙은이는 버리고 돌보지 아니하고

어린아이는 죽이고 죄없는 자를 태워 죽이고 임신부의 배를 갈라 보았으며 모든 홀아비와 과부는 원통해도 하소연할 곳이 없었다. 이런 이유로 하늘이 무왕을 시켜 밝은 벌을 주도록 하였다.

무왕이 수레 백량을 가려뽑고 용감한 군졸 4백명에 여러 제후들보다 앞장 서서(※의미 미상) 은나라 군사와 목(牧)의 들에서 싸워 왕과 비중(費仲)과 악래(惡來)를 사로잡으니, 모든 병사가 배반하여 달아났다. 무왕이 추격하여 궁으로 들어가 만년의 재주(梓株)에서 주(紂)를 죽이고 붉은 수레바퀴에 매달아 흰 깃발을 꽂아 천하 제후들의 치욕을 삼았다.

옛날의 은나라 왕 주는 귀하기로는 천자였고 부하기로는 천하를 차지하였으며, 손가락을 그어 사람을 죽일 수 있을 정도의 용감하고 힘이 센 사람들인 비중·악래·숭후호 등이 있었고, 백성의 수는 억만이었고, 제후가 택릉에 가득하였는데도 주는 귀신의 형벌을 막지 못하였다.

이것은 내가 이른바 귀신의 벌은 부하고 귀하고 사람이 많고 힘이 세거나 무력이 강하거나 튼튼한 갑옷이나 날카로운 병기로도 막을 수 없다고 하는 것을 말한 것이다.

또 금예(禽艾)에 이르기를 "상서로움을 얻는 것은 작은 것이 없고 종족을 멸망시키는 것은 큰 것이 없다."고 하였다. 이 말은 귀신이 상을 내리는 것은 작은 것에도 반드시 상을 내리고 귀신이 벌을 내리는 것은 큰 것에도 반드시 벌하는 것이다.

지금 귀신이 없다고 고집하는 자가 말하였다.

"부모의 이로움에 맞지 않는 것은 효자에게 해로움이 있습니까."

묵자가 말하였다.

"옛날이나 지금이나 귀신이란 다른 것이 없다. 하늘의 귀신이 있으면 산천의 귀신이 있고 또한 사람이 죽으면 귀신이 된다. 이제 아들이 그 아버지보다 먼저 죽고 동생이 형보다 먼저 죽는 것도 있다. 그러나 죽음이란 그러한 것 같으나 천하의 사물의 이치는 먼저 태어나면 먼저 죽는다.

이러한 것으로 볼 때 먼저 죽는 자는 아버지 아니면 어머니요,

형 아니면 누나이다. 지금 술과 단술과 제삿밥을 깨끗이 하여 정성스레 제사를 모시고 귀신에게 정성을 드리면 이것은 부모와 형과 누나가 먹는 것이다. 어찌 이로움을 두텁게 하는 것이 아니랴.

만약 귀신에게 정성을 드리지 않는다고 하더라도 이것은 술과 단술과 제삿밥의 재물만 낭비하는 것이며 스스로도 낭비이고 쓸데없이 수채 도랑에 쏟아버리는 것은 아닐 것이다. 안으로는 종친이고 밖으로는 고을과 마을로 다 함께 먹고 마실 수 있는 것이다. 비록 귀신에게 정성들이지 않는다 하더라도 즐거움을 합하고 무리를 모아 고을과 마을 친목을 도모하는 것이다."

이제 귀신이 없다고 고집하는 자가 말하였다.

"귀신이란 진실로 없는 것이다. 그 술과 단술과 제삿밥과 희생의 제물을 장만하지 않을 것이다.

내가 이제 그 술과 단술과 제삿밥과 희생의 재물을 아껴서가 아니라 그 얻는 것이 장차 무엇인가? 이것은 위로 성왕의 글에 역행되고 안으로 백성들의 효자들의 행동에 역행된다. 상사(上士)는 천하를 위하는 것인데 이는 상사의 도가 아닌 것이다."

그러므로 묵자가 말하였다.

"이제 우리가 제사를 모시는 것은 그것들을 수채도랑에 쏟아버리는 것만은 아니다. 위로는 귀신에게 복을 빌고 아래로는 모든 사람과 즐거움을 함께 하여 고을과 마을에 친함을 가져온다. 또 만약 귀신이 있다면 이것은 우리의 부모 형제가 먹는 것으로 어찌 천하의 이로운 일이 아니겠는가."

또 묵자가 말하였다.

"지금 천하의 왕공대인과 벼슬하는 선비는 진실로 천하의 이로움을 일으키고 천하의 해로움을 제거하고자 한다면 마땅히 귀신이 있어야 할 것이며 장차 밝혀 존경하지 않을 수 없는 것이다. 이것은 성왕의 도리인 것이다."

且不惟此爲然 昔者殷王紂 貴爲天子 富有天下 上詬天侮鬼 下殃傲天下之萬民 播棄黎老 賊誅孩子 楚毒無罪 刳剔孕婦 庶舊鰥寡 號

咷無告也 故於此乎天乃使武王至明罰焉 武王以擇車百兩 虎賁之
卒四百人 先庶國節窺戎[1] 與殷人戰乎牧之野 王乎禽費中惡來 衆畔
百走 武王逐[2] 奔入宮 萬年梓株[3] 折紂而繫之赤環[4] 載之白旗 以爲
天下諸侯僇 故昔者殷王紂 貴爲天子 富有天下 有勇力之人費中惡
來崇侯虎指寡[5]殺人 人民之衆兆億 侯盈厥澤陵 然不能以此圉鬼神
之誅 此吾所謂鬼神之罰 不可爲富貴衆强勇力强武 堅甲利兵者 此
也 且禽艾[6]之道之曰 得璣[7]無小 滅宗無大 則此言鬼神之所賞 無小
必賞之 鬼神之所罰 無大必罰之 今執無鬼者曰 意不忠親之利 而害
爲孝子乎 子墨子曰 古之今之爲鬼 非他也 有天鬼 亦有山水鬼神者
亦有人死而爲鬼者 今有子先其父死 弟先其兄死者矣 意雖死然 然
而天下之陳物曰先生者先死 若是 則先死者非父則母 非兄而姒也
今絜爲酒醴粢盛 以敬愼祭祀 若使鬼神誠有 是得其父母姒兄而飮
食之也 豈非厚利哉 若使鬼神誠亡 是乃費其所爲酒醴粢盛之財耳
自夫費之 特注之[8]汚壑而棄之也 內者宗族 外者鄕里 皆得如具飮食
之 雖使鬼神誠亡 此猶可以合驩聚衆 取親於鄕里 今執無鬼者言曰
鬼神者固誠無有 是以不共其酒醴粢盛犧牲之財 吾非乃今愛其酒
醴粢盛犧牲之財乎 其所得者臣將何哉 此上逆聖王之書 內逆民人
敎子之行 而爲上士於天下 此非所以爲上士之道 是故子墨子曰 今
吾爲祭祀也 非直注之汚壑而棄之也 上以交鬼之福 下以合驩聚衆
取親乎鄕里 若鬼神有 則是得吾父母弟兄而食之也 則此豈非天下
利事也哉 是故子墨子曰 今天下之王公大人士君子 中實將欲求興天
下之利 除天下之害 當若鬼神之有也 將不可不尊明也 聖王之道也

1) 先庶國節窺戎(선서국절규융) : 무슨 뜻인지 미상(未詳)하다.

2) 逐(축) : 축은 수(遂)의 잘못임.

3) 梓株(재주) : 뜻이 미상하다.

4) 赤環(적환) : 주윤(朱輪)의 뜻.

5) 寡(과) : 획(畵)의 잘못이다. 긋다.

6) 禽艾(금예) : '주일서(周逸書)'의 금예후(禽艾侯)의 말이라는 뜻.

7) 璣(기) : 기는 상(祥)의 뜻.

8) 特注之(특주지) : 다른 저본에는 '비직주지(非直注之)'로 되어 있다.

제32편 음악을 반대한다 ㉠(非樂上第三十二)

1. 즐거움을 행하는 것은 그른 일이다

묵자는 말하였다.

"어진 사람이 하는 일은 반드시 천하의 이로움을 일으키고 천하의 해로움을 없애는 일에 힘쓰는 것이다. 그렇게 함으로써 천하의 법도를 삼아 사람들에게 이로움이 되면 행하고 사람들에게 이로움이 되지 않으면 그만둔다.

또한 어진 사람이 천하를 위하는데 있어서는 그 눈에 아름다운 것, 귀에 즐거운 것, 입에 단 것, 몸에 편안한 것을 위하여 하지 않는다. 이런 것으로써 백성들이 입고 먹는 것의 재물을 축내고 빼앗는 짓은 어진 사람은 하지 않는다."

그러므로 묵자가 음악을 반대하는 것은 큰 종과 울리는 북이나 금(琴)과 슬(瑟)이나 우(竽)나 생(笙)같은 악기의 소리가 즐겁지 않아서가 아니다. 조각한 무늬와 색채가 아름답지 않아서가 아니고, 짐승의 고기를 볶고 구운 맛이 달지 않아서가 아니며, 높은 누대(樓臺)나 큰 정자나 넓은 집에서 사는 것이 편안하지 않아서가 아니다.

비록 몸은 그 편안한 것을 알고, 입은 그 단맛을 알고, 눈은 그 아름다운 것을 알고, 귀는 그 즐거운 것을 안다고 하더라도 위로 생각해 보아 성왕들의 일과 합치되지 않고 아래로 헤아려서 만백성의 이로움과 합치되지 않아서다.

그러므로 묵자는 말하기를 "즐거움을 행하는 것은 그른 일이다."라고 하였다.

지금 왕공대인들은 오직 악기를 만들어 국가의 음악 연주를 일삼게 한다. 그것은 다만 고인물을 푸거나 흙을 긁어모아 만드는 것이 아니다. 반드시 많은 세금을 만백성들에게서 거둬 큰 종과 울리는 북이나 금(琴)과 슬이나 우(竽)와 생의 소리를 만드는 것이다.

비유컨대 성왕이 배나 수레를 만든 것과 같다면 나는 감히 그르다고 하지 않을 것이다.

옛날 성왕들도 또한 일찍이 만백성에게서 많은 세금을 거둬서 배와 수레를 만들었는데 이미 다 이루고 나서는 말하기를 "나는 장차 이것을 어디다가 쓸 것인가."라고 하고는, 다시 말하기를 "배는 그것을 물에서 쓰고, 수레는 그것을 뭍에서 쓰리라. 그러면 군자들은 그 발을 쉬고 낮은 백성들은 그 어깨와 등을 쉬게 할 수 있으리라."라고 하였다.

만백성은 재물을 내주면서도 감히 원망하거나 한스럽게 여기지 않았으니 어째서일까. 그것이 도리어 백성들의 이로움에 합치되었기 때문이다. 악기를 만드는 일이 도리어 백성들의 이로움에 합치됨이 또한 이와 같다면 나는 감히 그르다고 하지 않을 것이며 그러면 악기를 사용하는 것이 마땅하다고 할 것이다.

백성들에게는 세 가지 근심거리가 있다. 굶주리는 사람이 먹을 것을 얻지 못하고, 추위에 떠는 사람이 입을 것을 얻지 못하며, 수고하는 사람이 쉬지 못하는 일이다.

이 세 가지는 백성들에게 큰 근심거리이다. 그렇건만 만약 큰 종을 두드리고 북을 치고 거문고와 비파를 뜯고 피리와 생황을 불면서 방패나 도끼를 들고 춤을 춘다면, 백성들이 입고 먹을 재물은 장차 어디서 얻을 수 있겠는가.

나는 반드시 그렇게 되지 않을 것이라고 생각한다. 잠시 이 이야기를 바꾸어보자.

子墨子言曰 仁之事者 必務求興天下之利 除天下之害 將以爲法乎天下 利人乎 卽爲 不利人乎 卽止 且夫仁者之爲天下度也 非爲

其目之所美 耳之所樂 口之所甘 身體之所安 以此虧奪[1]民衣食之財
仁者弗爲也 是故子墨子之所以非樂者 非以大鐘鳴鼓琴瑟竽笙之
聲 以爲不樂也 非以刻鏤華文章之色 以爲不美也 非以犓豢煎炙之
味 以爲不甘也 非以高臺厚榭邃野[2]之居 以爲不安也 雖身知其安也
口知其甘也 目知其美也 耳知其樂也 然上考之不中聖王之事 下度
之不中萬民之利 是故子墨子曰 爲樂非也 今王公大人 雖無[3]造爲樂
器 以爲事乎國家 非直掊潦水[4]拆壤垣[5]而爲之也 將必厚措斂乎萬
民 以爲大鐘鳴鼓琴瑟竽笙之聲 譬之若聖王之爲舟車也 卽我弗敢
非也 古者聖王亦嘗厚措斂乎萬民 以爲舟車 旣以成矣 曰 吾將惡許[6]
用之 曰 舟用之水 車用之陸 君子息其足焉 小人休其肩背焉 故萬
民出財齋而予之 不敢以爲慼恨者 何也 以其反中民之利也 然則樂
器反中民之利亦若此 卽我弗敢非也 然則當用樂器 民有三患 飢者
不得食 寒者不得衣 勞者不得息 三者民之巨患也 然卽當爲之撞巨
鐘擊鳴鼓彈琴瑟吹竽笙而揚干戚[7] 民衣食之財將安可得乎 卽我以
爲未必然也 意舍此

1) 虧奪(휴탈) : 손해를 입히고 빼앗다.

2) 邃野(수야) : 야는 우(宇)와 통함. 넓은 집.

3) 雖無(수무) : 유무(唯無)와 같은 말이며 어조사로 쓰임.

4) 掊潦水(부요수) : 부는 물같은 것을 푸다의 뜻으로 취하다. 요수는 비온 후
   땅에 고인물. 또는 빗물.

5) 拆壤垣(탁양원) : 탁은 적(摘)과 통하여 긁어서 모으다의 뜻. 원은 탄(坦)의
   뜻. 양원(壤垣)은 땅의 흙이라는 뜻.

6) 惡許(오허) : 어디. 어디에.

7) 揚干戚(양간척) : 도끼와 방패를 들고 춤을 추다. 곧 무무(武舞).

2. 음악을 하는 것은 그른 일이다

지금 큰 나라가 작은 나라를 공격하고 큰 집안이 작은 집안을
치고 강한 자가 약한 자를 협박하고 많은 사람이 적은 사람을 난
폭하게 대하고 약은 자가 어리석은 자를 속이고 귀한 자가 천한

자에게 오만하여 반란과 도둑질이 아울러 일어나고 있어 막을 길이 없다. 그렇건만 만약 큰 종을 두드리고 북을 치고 거문고와 비파를 뜯고 피리와 생황을 불면서 방패와 도끼를 들고 춤을 춘다면 천하의 어지러움이 어떻게 다스려지겠는가. 내 생각으로는 반드시 그렇게 되지 않을 것이다.

묵자가 말하였다.

"잠시 시험삼아 많은 세금을 만백성에게서 거둬 큰 종과 울리는 북과 거문고와 비파와 피리와 생황과 같은 악기를 만들어서 천하의 이로움을 일으키고 천하의 해로움을 없애려고 해도 보탬이 되지 않을 것이다."

이 때문에 묵자는 말하기를 "음악을 하는 것은 그른 일이다."라고 하였다.

지금의 왕공대인이 높은 누대와 좋은 정자에 올라 내려다 보면 종은 엎어져 있는 솥과 같을 것이다. 당겨 치지 않으면 무슨 즐거움을 얻을 수 있으랴. 이 말은 장차 반드시 당겨 친다는 것이다. 당겨 치는 데는 늙은이와 어린아이를 부리지 않는다. 늙은이와 어린아이는 귀와 눈이 밝지 아니하고 다리와 팔이 굳세지 못하여 소리가 조화롭지 못하며 밝게 눈동자를 돌리지 못한다. 장차 반드시 장년을 부리는데, 귀와 눈이 총명하고 팔과 다리가 다 굳세어 소리가 조화롭고 밝게 눈동자를 돌리기 때문이다.

장부(丈夫)로 하여금 종을 치게 하면 장부는 밭갈고 씨뿌리며 농사짓는 시기를 놓치게 된다. 부인으로 하여금 하게 하면 부인이 옷을 만들고 비단을 짜는 일을 하지 못하게 된다.

이제 왕공대인이 음악을 하므로 백성의 입고 먹는 시기를 빼앗게 된다. 음악을 즐기므로 그 폐단이 이와 같이 많다. 그러므로 묵자가 말하기를 "음악을 즐기는 것은 그르다."라고 하였다.

지금 큰 종과 울리는 북과 금(琴)과 슬(瑟)과 우(竽)와 생(笙)의 소리가 들리고 또 갖추어져 있다. 대인(大人)이 숙연히 연주하고 홀로 들으면 장차 무슨 즐거움을 얻을 것인가? 이 말은 장차 천한 사람과 함께하고 군자와는 함께하지 않는다는 것이다. 군

자와 함께 들으면 군자는 다스림을 폐지하게 되고 천한 사람과 함
께 들으면 천한 사람들의 생업을 폐하는 것이다.

　지금의 왕공대인이 음악을 즐기면 백성의 의식과 재산을 약탈
하는 것이며 음악을 어루만지면 이와 같은 폐단이 많은 것이다.
그러므로 묵자는 말하기를 "음악을 즐기는 것은 그르다."라고 하
였다.

　今有大國卽攻小國 有大家卽伐小家 强劫弱 衆暴寡 詐欺愚 貴傲
賤 寇亂盜賊幷興 不可禁止也 然卽當爲之撞巨鐘擊鳴鼓彈 琴瑟吹
竽笙而揚干戚 天下之亂也 將安可得而治與 卽我未必然也 是故子
墨子曰 姑嘗厚措斂乎萬民 以爲大鐘鳴鼓琴瑟竽笙之聲 以求興天
下之利 除天下之害而無補也 是故子墨子曰 爲樂非也 今王公大人
惟毋處高臺厚榭之上而視之 鐘猶是延鼎也 弗撞擊將何樂得焉哉
其說將必撞擊之 惟勿[1]撞擊 將必不使老與遲[2]者 老與遲者 耳目不
聰明 股肱不畢强 聲不和調 明不轉朴 將必使當年 因其耳目之聰明
股肱之畢强 聲之和調 眉[3]之轉朴 使丈夫爲之 廢丈夫耕稼樹藝之時
使婦人爲之 廢婦人紡績織紝之事 今王公大人惟毋爲樂 虧奪民衣
食之時 以拊樂如此多也 是故子墨子曰 爲樂非也 今大鐘鳴鼓琴瑟
竽笙之聲旣已具矣 大人鏽然[4]奏而獨聽之 將何樂得焉哉 其說將必
與賤人不與君子 與君子聽之廢君子聽治 與賤人聽之 廢賤人之從
事 今王公大人惟毋爲樂 虧奪民之衣食之財 以拊樂如此多也 是故
子墨子曰 爲樂非也

1) 惟勿(유물) : 유무(惟毋)와 같은 어조사.
2) 遲(지) : 어린아이. 치(穉)의 오자.
3) 眉(미) : 명(明)과 통한다.
4) 鏽然(수연) : 장중히. 숙연히.

3. 음악을 부흥시킨 제(齊)나라의 강공(康公)

　옛날 제(齊)나라의 강공(康公)은 음악과 무용을 부흥시키고는

무인(舞人)들은 거친 옷을 입어서는 안되고, 험한 음식을 먹어도 안된다고 하였다.

말하기를 "먹고 마시는 것이 좋지 않으면 얼굴과 안색이 볼품 없어지고, 입는 옷이 아름답지 않으면 신체와 거동이 볼품없게 된다."라고 하였다.

그래서 춤을 추는 사람들은 반드시 좋은 곡식과 고기를 먹고, 옷은 반드시 무늬가 있고 수를 놓은 것을 입었다. 이들은 항상 입고 먹는 재물을 위한 일에 종사하지 않고 남에 의해서 먹고 사는 사람들이었다.

묵자가 말하였다.

"지금 왕공대인들은 오직 음악을 즐겨 백성들이 입고 먹을 재물을 축내고 빼앗아서 음악을 연주함이 이와 같이 많다."

또 묵자는 말하였다.

"음악을 일삼는 일은 그르다."

지금 사람은 본래부터 새와 짐승이나 고라니와 사슴이나 나는 새나 기어다니는 벌레들과는 다른 것이다. 지금의 새와 짐승이나 고라니와 사슴이나 나는 새나 기어다니는 벌레들은 그 깃털로써 옷을 삼고, 그 발꿈치와 발톱으로써 행전과 신을 삼으며, 물과 풀로써 음식을 삼는다.

수놈은 밭갈고 씨뿌리며 농사짓지 않아도 되고, 암놈 또한 옷을 만들고 비단을 짜는 일을 하지 않아도 된다. 입고 먹는 재물이 본래부터 이미 갖춰져 있기 때문이다.

지금 사람들은 이것들과는 다른 것이다. 그 힘에 의지하는 자는 살고, 그 힘에 의지하지 않는 자는 살지 못한다. 군자는 정사를 처리하여 다스리는데 힘쓰지 않으면 사법과 행정이 어지러워지고, 천한 사람들은 일에 종사하는데 힘쓰지 않으면 써야 할 재물이 모자라게 된다.

昔者齊康公興樂萬[1] 萬人[2]不可衣短褐[3] 不可食糠糟[4] 曰食飲不美 面目顏色不足視也 衣服不美 身體從容[5]醜羸不足觀也 是以食必

梁[6]肉 衣必文繡 此掌[7]不從事乎衣食之財 而掌食乎人者也 是故子
墨子曰 今王公大人惟毋爲 虧奪民衣食之財 以拊[8]樂如此多也 是故
子墨子曰 爲樂非也 今人固與禽獸麋鹿蜚鳥[9]貞蟲[10]異者也 今之禽
獸麋鹿蜚鳥貞蟲 因其羽毛以爲衣裘 因其蹄蚤[11]以爲絝屨[12] 因其水
草以爲飮食 故唯使雄不耕稼樹藝 雌亦不紡績織紝 衣食之財固已
具矣 今人與此異者也 賴其力者生 不賴其力者不生 君子不强聽治
卽刑政亂 賤人不强從事 卽財用不足

1) 萬(만) : 춤의 총칭.

2) 萬人(만인) : 춤을 추는 사람. 무인(舞人).

3) 短褐(단갈) : 일하기에 편하도록 천으로 만든 짧은 옷으로 거친 옷을 말한다.

4) 糠糟(강조) : 술지기미와 겨라는 뜻으로, 거칠고 험한 음식을 말한다.

5) 從容(종용) : 거동(擧動).

6) 梁(양) : 기장, 기장밥. 여기서는 좋은 곡식으로 만든 음식이라는 뜻.

7) 掌(장) : 상(常)과 통하여 항상.

8) 拊(부) : 치다. 곧 음악을 연주한다.

9) 蜚鳥(비조) : 비는 비(飛)와 통하여, 나는 새.

10) 貞蟲(정충) : 기어다니는 벌레. 정은 정(征)과 통하여 다닌다.

11) 蹄蚤(제조) : 조(蚤)는 조(爪)와 통하여 발꿈치와 발톱.

12) 絝屨(고구) : 고는 고(袴)와 통하여 정강이에 감은 천인 행전. 구는 신발.

4. 음악의 해로움을 살펴보자

지금 천하의 벼슬하는 사람들이 나의 말을 그렇지 않다고 한다
면, 잠시 시험삼아 천하의 나뉘어진 각자의 일을 헤아려서 음악
의 해로움을 살피기로 하자.

왕공대인들은 일찍 조회에 나가 늦게 퇴궐하며 옥사(獄事)를
처리하고 정사를 다스리는 것이 나뉘어진 각자의 일이다.

벼슬하는 사람들은 그의 팔과 다리의 힘을 다하고 그가 생각하
는 지혜를 다하여 안으로 관청의 일을 다스리고 밖으로 관소(關
所)와 시장과 산림과 연못의 어살에서 이로움을 거두어들여 곡

식 창고와 나라의 곳간을 채우는데, 이것이 나뉘어진 각자의 일이다.

농부는 아침 일찍 나가고 저녁 늦게 들어오면서 밭갈고 씨뿌리며 농사지어 콩과 곡식을 많이 거두는데, 이것이 나뉘어진 각자의 일이다.

여자는 일찍 일어나고 밤 늦게 자면서 실을 뽑고 옷감을 짜서 많은 베와 실과 칡과 모시를 다스려 천이나 비단을 짜는데, 이것이 그 나뉘어진 각자의 일이다.

지금 왕공대인들이 음악을 즐겨 그것을 듣는다면 반드시 일찍 조회(朝會)에 나가 늦게 퇴궐하면서 옥사를 처리하고 정사를 다스릴 수 없게 될 것이다. 그러므로 국가는 어지러워지고 사직(社稷)은 위태로워질 것이다.

지금 벼슬하는 사람들이 음악을 즐겨 그것을 듣는다면 반드시 팔과 다리의 힘을 다하고 그 생각하는 지혜를 다하여 안으로 관청의 일을 다스리고 밖으로 관소(關所)와 시장과 산림과 연못의 어살에서 이로움을 거두어들여 곡식 창고나 나라의 곳간을 채울 수 없게 될 것이다. 그러므로 곡식 창고나 나라의 곳간이 채워지지 않을 것이다.

지금 농부들이 음악을 즐겨 그것을 듣는다면 반드시 아침 일찍 나가고 저녁 늦게 들어오면서 밭갈고 씨뿌리며 농사지어 콩과 곡식을 많이 거둘 수 없을 것이다. 그러므로 콩과 곡식이 부족해질 것이다.

지금 여자들이 음악을 즐겨 그것을 듣는다면 반드시 일찍 일어나고 밤늦게 자면서 실을 뽑고 옷감을 짜면서 많은 베와 실과 칡과 모시를 다스려 천이나 비단을 짤 수 없을 것이다. 그러므로 천과 비단이 풍성해지지 않을 것이다.

그러면 누가 대신들이 정치를 다스리고 천한 사람들이 일에 종사하는 것을 못하게 하는 것인가. 그것은 음악이다. 이에 묵자는 말하기를 "음악을 즐기는 것은 그르다."라고 하였다.

무슨 연유로 그러한 것을 알 것인가? 선왕의 글, 탕임금의 관형

(官刑)에 이런 말이 있다.

"그 궁 안에서 춤추는 것을 무당의 바람이라 이른다. 그 형벌이 군자는 실의 두 날줄을 내고 소인은 갑절을 한다. 이백(二伯)은 황경(黃徑 : 미상)을 같이 한다."

라고 하고, 또 말하기를

"오호라. 춤추는 것이 양양(佯佯)하도다. 그 훌륭한 말씀은 밝다. 상제(上帝)께서는 항상 하지 아니하니 구주의 땅을 잃게 하셨도다. 상제께서 순일하지 않으셔 온갖 재앙을 내리셨도다. 그 집안이 반드시 멸망하였다네. 구주에 망한 자 있는가 살피신 것은 쓸데없는 음악을 따랐는가였네."

라고 하고, 또 무관(武觀)에 이르기를

"계(啓)는 이에 음란하고 강락(康樂)에 탐닉하여 항상 야외에서 음식을 하며 장장하고 황황한 관악기와 경쇠를 힘으로 하며 술에 빠지고 들에서 음식이 넘치며 모든 춤이 익익하고 성대함이 하늘에 들리니 하늘이 기뻐하지 않았네."

라고 하였다. 그러므로 위로는 하늘과 귀신을 무서워하지 않고 아래로는 백성에게 이로움이 없다.

이에 묵자가 말하였다.

"지금 천하에서 벼슬하는 사람은 진실로 천하의 이로움을 일으켜 세우고자 한다면 천하의 해로움을 제거해야 할 것이다. 천하의 해로움은 음악을 즐기는 데에 있으니 금지시키지 않을 수 없는 것이다."

今天下之士君子 以吾言不然 然卽姑嘗數天下分事[1] 而觀樂之害 王公大人蚤朝晏退 聽獄治政 此其分事也 士君子竭股肱之力 亶其思慮之智 內治官府 外收斂關市山林澤梁[2]之利 以實倉廩府庫 此其分事也 農夫蚤出暮入 耕稼樹藝 多聚叔粟 此其分事也 婦人夙興夜寐 紡績織紝 多治麻絲葛緖[3] 絤[4]布縿[5] 此其分事也 今惟毋在乎王公大人說樂而聽之 卽必不能蚤朝晏退 聽獄治政 是故國家亂而社稷危矣 今惟毋在乎士君子說樂而聽之 卽必不能竭股肱之力 亶其思

慮之智 內治官府 外收斂關市山林澤梁之利 以實倉廩府庫 是故
倉廩府庫不實 今惟母在乎農夫說樂而聽之 即必不能蚤出暮入 耕
稼樹藝 多聚升粟 不足 今惟母在乎婦人說樂而聽之 即不必能夙興
夜寐 紡績織紝 多治麻絲葛緒綑布縿 是故布縿不興 曰 孰爲大人之
聽治而廢國家之從事 曰 樂也 是故子墨子曰 爲樂非也 何以知其然
也 曰先王之書 湯之官刑⁶⁾有之 曰 其恒舞于宮 是謂巫風 其刑君子
出絲二衛⁷⁾ 小人否⁸⁾ 似二伯黃徑⁹⁾ 乃言曰 鳴乎 舞佯佯 黃言孔章 上
帝弗常 九有以亡 上帝不順 降之百殃 其家必壞喪 察九有之所以亡
者 徒從飾樂也 於武觀¹⁰⁾曰 啓乃淫溢康樂 野于飮食 將將銘莧磬以
力 湛濁于酒 渝食于野 萬舞翼翼 章聞于大 天用弗式 故上者天鬼
弗戒 下者萬民弗利 是故子墨子曰 今天下士君子 誠將欲求興天下
之利 除天下之害 當在樂之爲物 將不可不禁而止也

1) 分事(분사) : 나뉘어진 각자의 일.

2) 梁(양) : 어살. 물을 막고 가운데만 틔워 발을 쳐 고기를 잡는 장치.

3) 緒(서) : 저(紵)와 통하여 모시를 말한다.

4) 綑(곤) : 옷감을 짜다.

5) 布縿(포초) : 포(布)는 무명이나 베로 된 천이요, 초는 명주실.

6) 官刑(관형) : '서경'의 이훈(伊訓)편에 있는데, 내용은 비슷하다.

7) 二衛(이위) : 위는 위(緯)와 통한다.

8) 否(부) : 배(倍)의 오자.

9) 似二伯黃徑(사이백황경) : 무슨 뜻인지 미상(未詳)하다.

10) 武觀(무관) : 무관은 오관(五觀)과 같다.

제33편 음악을 반대한다 ⊛(非樂中第三十三)
　(목록만 있고 원문이 없음)

제34편 음악을 반대한다 ⊛(非樂下第三十四)
　(목록만 있고 원문이 없음)

제9권(卷之九)

제35편 운명은 없다 ㊖(非命上第三十五)

1. 인간의 운명이란 없다

묵자가 말하였다.

"옛날의 왕공대인들이 국가를 다스리는데 있어서는 모두가 국가가 부유해지고, 백성이 많아지고, 사법과 행정이 잘 다스려지기를 바랬다.

그러나 그들은 부유함을 얻지 못하고 가난해졌으며, 백성이 많아지지 않고 도리어 적어졌으며, 잘 다스려지지 않고 더 어지러워졌다. 이것은 근본적으로 그들이 바라는 것을 잃고 그들이 싫어하는 것을 얻은 것이다."

그 까닭은 무엇인가. 묵자는 또 말하였다.

"운명이라는 것을 주장하는 사람들이 사람들 사이에 많이 섞여 있기 때문이다."

운명이 있다는 것을 주장하는 사람들은 말한다.

"운명이 부(富)하게 되어 있으면 부해지고, 운명이 가난하게 되어 있으면 가난해지고, 운명이 백성들이 많게 되어 있으면 많아지고, 운명이 백성들이 적게 되어 있으면 적어지고, 운명이 잘 다스려지게 되어 있으면 잘 다스려지고, 운명이 어지럽게 되어 있으면 어지러워지고, 운명이 오래 살게 되어 있으면 오래 살고 운명이 일찍 죽게 되어 있으면 일찍 죽는 것이다. 힘이 비록 굳세다 하더라도 무슨 유익함이 있겠는가."

이런 말로써 위로는 왕공대인들을 설득하고, 아래로는 백성들이 자기 일에 종사하는 것을 방해한다. 운명을 주장하는 사람은 어질지 못하므로 마땅히 운명이 있다고 주장하는 사람의 말은 밝게 분별하지 않으면 안 되는 것이다.

子墨子言曰 古者王公大人 爲政國家者 皆欲國家之富 人民之衆 刑政之治 然而不得富而得貧 不得衆而得寡 不得治而得亂 則是本失其所欲 得其所惡 是故何也 子墨子言曰 執[1]有命者以襍[2]於民間者衆 執有命者之言曰 命富則富 命貧則貧 命衆則衆 命寡則寡 命治則治 命亂則亂 命壽則壽 命夭則夭 命雖强勁何益哉 以上說王公大人 下以駆百姓之從事 故執有命者不仁 故當執有命者之言 不可不明辯

1) 執(집) : 주장하다.
2) 襍(잡) : 잡(雜)과 통하여 섞이다.

2. 세 가지 표준이란 무엇인가

이것을 밝게 분별해야 한다는 말은 어떻게 해야 한다는 것인가. 묵자는 말하기를 "반드시 표준을 세워야 한다."고 하였다.

말을 함에 있어서 표준이 없으면 비유컨대 돌림대 위에 서서 돌면서 동쪽과 서쪽을 가리키는 것과 같다. 그것이 옳은지 그른지 이로운 것인지 해로운 것인지의 분별을 분명하게 알 수가 없을 것이다. 그러므로 말에는 반드시 세 가지 표준이 있어야 한다.

그러면 무엇을 세 가지 표준이라고 하는가.

이에 묵자가 말하였다.

"근본이 되는 것이 있어야 하고 근원을 살피는 것이 있어야 하며, 실용성이 있어야 한다. 무엇에다가 근본을 두는가. 위로 옛날 성왕들의 일에 근본을 둔다. 무엇에서 근원을 따지는가. 아래로 백성들이 귀로 듣고 눈으로 본 사실에서 근원을 살펴야 한다. 무엇에다 쓸모를 찾는가. 그것을 발휘하여 사법과 행정을 행하고 국가와 백성의 이로움에 부합되는가를 보는 것이다. 이것이 이른바 말의 세 가지 표준인 것이다."

然則明辯此之說將奈何哉 子墨子言曰 必立儀[1] 言而毋儀 譬猶運
鈞之上[2]而立朝夕[3]者也 是非利害之辨 不可得而明知也 故言必有
三表 何謂三表 子墨子言曰 有本之者 有原之者 有用之者 於何本
之 上本之於古者聖王之事 於何原之 下原察百姓耳目之實 於何用
之 廢[4]以爲刑政 觀其中國家百姓人民之利 此所謂言有三表也

1) 儀(의) : 표준.
2) 運鈞之上(운균지상) : 돌림대 위에 서서 돌다. 운은 전(轉)과 같은 뜻으로 돌
   다. 균은 도공들이 도기를 만들 때 사용하는 돌림대.
3) 立朝夕(입조석) : 아침에 해가 뜨는 쪽과 저녁에 해가 지는 쪽을 측정하여 가
   리킨다.
4) 廢(폐) : 발(發)과 통하여 발휘하다. 시행하다.

3. 탕왕과 무왕이 천하를 넘겨받다

그렇건만 지금 천하의 벼슬하는 사람들이 혹 운명이라는 것이
있는 것이라고 한다. 시험삼아 위로 성왕들의 일을 살펴보자.

옛날 걸왕(桀王)의 어지러운 세상은 탕왕(湯王)이 넘겨받아
다스렸고, 주왕(紂王)의 어지러운 세상은 무왕(武王)이 넘겨받
아 다스렸다.

이것은 세상이 바뀌지도 않았고 백성이 달라진 것도 아니건만
걸왕이나 주왕이 있을 때는 천하가 어지러웠고, 탕왕이나 무왕이
넘겨 받아서는 천하가 다스려졌다. 어찌 이것을 운명이 있는 것
이라고 할 것인가.

그런데 지금 천하의 벼슬하는 선비들이 혹은 운명이 있다고 한
다. 시험삼아 위로 선왕의 글을 관찰해 보자. 선왕의 글에 국가에
서 내고 백성에게 반포하는 것은 법이다.

선왕의 법은 일찍부터 있었다. 이르기를 "복은 가히 청하지 못
하고 재앙은 가히 숨기지 못하며 공경하는 것은 더할 수 없고 사
나운 것은 몸을 다치지 않겠느냐?"라고 하였다.

옥사를 듣고 죄를 단죄하는 것은 형벌이다. 선왕의 형벌도 또한

일찍부터 있었다. 이르기를 "복은 가히 청하지 못하고 재앙은 가히 숨기지 못하며 공경하는 것은 더할 수 없고 사나운 것은 몸을 다치지 않겠느냐?"라고 하였다.

군대를 정리하고 훈련하며 군대를 나아가고 물러나게 하는 것은 맹세이다. 선왕의 맹세가 또한 일찍부터 있었다. 이르기를 "복은 가히 청하지 못하고 재앙은 가히 숨기지 못하며 공경하는 것은 더할 수 없고 사나운 것은 몸을 다치지 않겠느냐?"라고 하였다.

그러므로 묵자가 말하였다.

"내가 다 셀 수는 없다. 천하의 좋은 책을 다 헤아리지 못한다. 대강 수를 헤아린다면 세 가지가 이것이다. 이제 운명이라는 것이 있다고 주장하는 자는 얻는 것이 없을 것이다. 또한 그르지 아니하랴! 이제 운명이 있다고 주장하는 자는 이것이 천하의 옳은 것을 누르는 것이다. 천하의 옳은 것을 누르는 것은 이것 또한 운명을 주장하는 것으로 백성에게 알리는 것이다. 백성에게 알리는 것을 즐거워하는 자는 이 또한 천하의 사람들을 멸망하게 하는 것이다."

그렇다면 위에 있는 자가 옳은 일을 하고자 한다면 어떻게 해야 하는가? 이르기를 의인(義人)이 위에 있으면 천하는 다스려지고 상제와 산천과 귀신이 의지할 주인이 있어 온 백성이 큰 혜택을 받는다. 무엇으로 알 것인가?

묵자가 말하였다.

"옛날에 탕임금이 박(亳)땅에 봉해졌는데 그 긴 곳을 잘라 짧은 곳에 붙이면 사방 백리에 불과하였다. 그 백성을 더불어 사랑하고 서로 이로움을 함께 하여 많아지면 분배하였다. 그 백성을 거느리고 위로는 하늘을 높이고 귀신을 섬겼다. 이로써 하늘과 귀신이 부자가 되게 하고 제후가 참여하고 백성들이 따랐으며 어진 선비가 귀의해 와 한 세대가 다하지 아니하여 천하의 왕자가 되어 제후를 다스렸다.

또 옛날의 문왕은 기주(岐周)에 봉해졌는데 그 긴 곳을 잘라 짧은 곳에 보태면 사방 백리의 땅에 불과하였다. 그 백성을 더불어 사랑하고 서로 이로움을 함께 하였는데 이로써 가까이 있는 자는 그 정치에 편안하였고 멀리 있는 자는 그 덕에 감화되었다.

문왕의 소문을 들은 자는 다 일어나 따랐으며 팔다리가 피로하고 불편한 자들도 그곳에 살기를 원하여 이르기를 '어찌하랴! 문왕의 땅에 우리도 가자! 우리도 우리에게 이롭게 하자. 어찌 문왕의 백성과 같지 않으랴!' 라고 했다.

이로써 하늘과 귀신이 부자가 되게 하고 제후가 참여하고 백성이 따랐으며 어진 선비가 귀의해 와 한 세대가 다하지 아니하여 천하의 왕자가 되어 제후를 다스렸다.

앞에서 말하기를 '의인이 위에 있으면 천하가 반드시 다스려지고 상제와 산천과 귀신이 반드시 의지할 주인이 있어 온 백성이 그 큰 혜택을 받는다.' 는 것은 내 이것으로써 알 수 있다."

然而今天下之士君子 或以命爲有 益蓋嘗尙[1] 觀於聖王之事 古者桀之所亂 湯受而治之 紂之所亂 武王受而治之 此世未易民未渝[2] 在於桀紂 則天下亂 在於湯武 則天下治 豈可謂有命哉 然而今天下之士君子 或以命爲有 益嘗尙觀於先王之書 先王之書 所以出國家布施百姓者 憲也 先王之憲亦嘗有曰 福不可請 而禍不可諱 敬無益 暴無傷者乎 所以聽獄制罪者 刑也 先王之刑亦嘗有曰 福不可請 禍不可諱 敬無益 暴無傷者乎 所以整設師旅 進退師徒者 誓也 先王之誓亦嘗有曰 福不可請 禍不可諱 敬無益 暴無傷者乎 是故子墨子言曰 吾當未鹽[3]數 天下之良書不可盡計數 大方論數 而五者[4]是也 今雖毋求執有命者之言 不必得 不亦可錯乎 今用執有命者之言 是覆天下之義 覆天下之義者 是立命者也 百姓之誶[5]也 說百姓之誶者 是減天下之人也 然則所爲欲義在上者 何也 曰 義人在上 天下必治 上帝山川鬼神 必有幹[6]主 萬民被其大利 何以知之 子墨子曰 古者湯封於亳 絶長繼短 方地百里 與其百姓兼相愛 交相利 移[7]則分 率其百姓 以上尊天事鬼 是以天鬼富之 諸侯與之 百姓親之 賢士歸之 未歿其世 而王天下 政諸侯 昔者文王封於岐周[8] 絶長繼短 地方百

里 與其百姓兼相愛 交相利 則是以近者安其政 遠者歸其德 聞文王
者 皆起而趨之 罷不肖股肱不利者 處而願之曰 奈何乎 使文王之地
及我 吾則吾利 豈不亦猶文王之民也哉 是以天鬼富之 諸侯與之 百
姓親之 賢士歸之 未歿其世 而王天下 征諸侯 鄕者言曰 義人在上
天下必治 上帝山川鬼神 必有幹主 萬民被其大利 吾用此知之

1) 尙(상) : 상(上)과 통하여 위로라는 뜻.

2) 渝(투) : 달라지다. 변하다.

3) 鹽(염) : 진(盡)의 오자(誤字).

4) 五者(오자) : 삼자(三者)의 오자(誤字).

5) 誶(수) : 고(告)와 같다.

6) 幹(간) : 알(斡)과 같다.

7) 移(이) : 다(多)와 같다.

8) 岐周(기주) : 주(周)나라의 수도 땅 이름.

4. 운명이 있다고 주장하는 사람

옛날의 성왕들이 법령을 발하고 명령을 내림에 있어 상과 벌의
제도를 설정하여 그것으로써 현명한 것을 권장하였다.

들어가서는 부모에게 효도하고 사애로웠고, 나가서는 마을 어
른들에게 공손하게 하고 어른 노릇을 하였으며, 집에 앉아 있어
도 법도가 있었고, 드나들 때에도 절도가 있었으며, 남자와 여자
의 분별이 있었다.

관청을 다스림에는 도둑질을 하지 않았고 성을 지킴에 있어서
는 배반하지 않았으며, 군주에게 어려운 일이 있으면 목숨을 바
쳤고 군주가 망명(亡命)을 하게 되면 행동을 함께 하였다. 이것
은 윗사람으로서는 상을 주어야 할 일이며, 백성들은 그것을 칭
송해야 할 일이다.

운명이라는 것이 있다고 주장하는 사람들은 말한다.

"윗사람의 상을 받는 것은 본래 상을 받을 운명을 타고 나서이
지 현명하기 때문에 상을 받는 것이 아니다. 윗사람의 벌을 받는

것은 본래 벌 받을 운명을 타고 나서이지 포악하기 때문에 벌을
받는 것은 아니다."

들어와서는 부모에게 자애롭고 효도하지 않고, 나가서는 마을
사람들을 공경하거나 어른 노릇을 하지 못하며, 집에 앉아 있어
도 법도가 없고, 드나들 때에도 절도가 없으며, 남자와 여자의 분
별도 없게 되었다.

관청을 다스리면 도둑질을 하고, 성을 지키면 배반하고, 군주에
게 어려운 일이 있으면 목숨을 바치지 않고, 군주가 외국으로 망
명을 하면 행동을 함께 하지 않는다. 이것은 윗사람으로서는 벌
을 주어야 할 일이며, 백성들은 그것을 욕하고 비방해야 할 일이
다.

운명이라는 것이 있다고 주장하는 사람들은 말한다.

"윗사람의 벌을 받는 것은 본래 벌을 받을 운명을 타고 나서이
지 포악하기 때문에 벌을 받는 것이 아니다. 윗사람의 상을 받는
것은 본래 상을 받을 운명을 타고 나서이지 현명하기 때문에 상
을 받는 것은 아니다."

이런 생각으로써 군주가 되면 의(義)롭지 않고 신하가 되면 충
성스럽지 않을 것이며, 아비가 되면 자애롭지 않고 자식이 되면
효성스럽지 않을 것이며, 형이 되면 윗사람답지 않고 아우가 되
면 공경하지 않을 것이다.

그래도 이것을 굳이 주장하는 것은 특히 흉악한 말이 생기는 원
인이 되며, 포악한 자의 도(道)가 되는 것이다.

是故古之聖王發憲出令 設以爲賞罰以勸賢 是以入則孝慈於親戚
出則弟長於鄕里 坐處有度 出入有節 男女有辨 是故使治官府則不
盜竊 守城則不崩叛[1] 君有難則死 出亡則送[2] 此上之所賞 而百姓之
所譽也 執有命者之言曰 上之所賞 命固且賞 非賢故賞也 上之所罰
命固且罰 不暴故罰也 是故入則不慈孝於親戚 出則不弟長於鄕里
坐處不度 出入無節 男女無辨 是故治官府則盜竊 守城則崩叛 君有
難則不死 出亡則不送 此上之所罰 百姓之所非毁也 執有命者言曰

上之所罰 命固且罰 不暴故罰也 上之所賞 命固且賞 非賢故賞也 以
此爲君則不義 爲臣則不忠 爲父則不慈 爲子則不孝 爲兄則不良 爲
弟則不弟 而强執此者 此特凶言之所自生 而暴人之道也

1) 崩叛(붕반) : 붕(崩)은 배(背)와 통하여 배반하다.

2) 送(송) : 행동을 함께 한다.

5. 운명이 있다는 것은 거짓이다

무엇으로 운명적으로 포악한 사람이 된다는 것을 알 것인가?

옛날의 궁핍한 백성이 먹고 마시는 것을 탐내고 일을 하는 것
에는 게으름을 피워 그로 인하여 음식과 옷이 부족하고 굶주리고
춥고 하는 근심이 있었다. 이들은 '자신이 나태하고 어리석어 일
을 하는데 부지런하지 못하다는 것'을 알지 못하고 반드시 이르
기를 '나의 운명이 진실로 가난하다'고 한다.

윗대의 사나운 임금이 귀와 눈의 음란한 것과 마음의 사벽한 것
을 참지 못하고 그 친척에게 순일하지 않아 마침내 국가를 잃고
사직을 전복시켰다. 그들은 '자신이 나태하고 어리석어 정치가
잘못된 것'을 알지 못하고 반드시 이르기를 '이것은 나의 운명이
진실로 잃어버리게 되어 있다'고 한다.

'서경' 중훼의 고(仲虺之誥)에 이르기를 (※현재의 서경 내용과
조금 다르다)

"내가 하(夏)나라 사람에게 들으니 하늘의 명을 바로잡는다고
속이고 명령을 백성에게 내렸다. 상제께서 그 악을 공벌하게 하
여 그의 백성을 잃게 하였다."

라고 하였다. 이것은 탕임금이 걸(桀)이 운명이 있다고 고집한 것
을 그르다고 말한 것이다.

또 '서경' 태서(太誓)편에 이르기를 (※서경 태서편의 내용과 조
금 다르다)

"주(紂)는 안일한 일만 일삼고 상제와 귀신 섬기는 것을 즐기
지 않고 그 선조와 신령의 제사를 받들지 않았다. 말하기를 '나의

백성은 천명을 받았다. 일에 힘쓰지 말라' 고 하니, 하늘이 또한 버리고 보호하지 않았다."라고 하였다. 이것은 무왕(武王)이 주(紂)가 운명이 있다고 고집한 것을 그르다고 말한 것이다.

然則何以知命之爲暴人之道 昔上世之窮民 貪於飮食 惰於從事 是以衣食之財不足 而飢寒凍餒之憂至 不知曰我罷不肖 從事不疾 必曰我命固且貧 若上世暴王不忍其耳目之淫 心涂¹⁾之辟 不順其親戚 遂以亡失國家 傾覆社稷 不知曰 我罷²⁾不肖 爲政不善 必曰吾命固失之 於仲虺之告³⁾曰 我聞于夏人 矯天命布命于下 帝伐之惡 襲⁴⁾喪厥師 此言湯之所以非桀之執有命也 於太誓曰 紂夷處 不肯事上帝鬼神 禍厥先神禔不祀 乃曰吾民有命 無廖排漏⁵⁾ 天亦縱棄之而弗葆 此言武王所以非紂執有命也

1) 涂(도) : 도는 술(術)과 같다.
2) 罷(피) : 파는 피로 발음하며 게으르다, 나태하다.
3) 仲虺之告(중훼지고) : '서경' 중훼지고(仲虺之告)편을 말하며 내용이 조금 다르다.
4) 襲(습) : 용(用)과 같다.
5) 無廖排漏(무료배루) : 무료배루 4자는 중편의 '무료기무(無廖其務)'의 오자인 것 같으며 일에 노력하지 말라의 뜻으로 본다.

6. 포악한 사람이 되는 것은

지금 운명이라는 것이 있다고 주장하는 사람의 말에 따르면 위에서는 정사를 다스리지 않고, 아래에서는 일에 종사하지 않게 된다. 위에서 정사를 다스리지 않으면 사법과 행정이 어지러워지고, 아래에서 일에 종사하지 않으면 재물로 써야 할 것들이 모자라게 된다.

위에서는 제사밥과 제물과 술과 단술을 올려 상제(上帝)와 귀신에게 제사지낼 것이 없게 되고, 아래에서는 천하의 현명하고 훌륭한 선비를 길러 편안하게 해줄 것이 없게 되며, 밖으로는 제후

의 빈객(賓客)들을 대접할 것이 없게 되고 안으로는 굶주리는
사람들을 먹이고 추위에 떠는 사람들을 입혀 주며 늙은이와 약한
자를 도와 길러줄 것이 없게 된다.

운명이라는 것은 위로 하늘에 이롭지 못하고 가운데로 귀신에
게 이롭지 못하며, 아래로 사람에게 이롭지 못한 것이다. 그래도
굳이 이것을 주장하는 것은 특히 흉악한 말이 생기는 원인이며,
포악한 자의 도(道)가 되는 것이다.

묵자가 말하였다.

"지금 천하의 벼슬하는 사람들은 충실하게 천하의 부(富)를 바
라고 그 가난한 것을 싫어하며, 천하가 다스려지기를 바라고 그
것이 어지러워지는 것을 싫어하고 있으므로 운명이라는 것이 있
다고 주장하는 사람의 말을 그르다고 하지 않을 수 없다. 이것은
천하의 큰 해로움이다."

今用¹⁾執有命者之言 則上不聽治 下不從事 上不聽治 則刑政亂
下不從事 則財用不足 上無以供粢盛酒醴 祭祀上帝鬼神 降綏²⁾天下
賢可之士 外無以應待諸侯之賓客 內無以食飢衣寒 將養老弱 故命
上不利於天 中不利於鬼 下不利於人 而强執此者 此特凶言之所自
生 而暴人之道也 是故子墨子言曰 今天下之士君子 忠實欲天下之
富而惡其貧 欲天下之治而惡其亂 執有命者之言 不可不非 此天下
之大害也

1) 用(용) : 이용한다. 즉 따른다는 뜻.
2) 降綏(강수) : 길러주고 편안하게 해주다.

제36편 운명은 없다 중(非命中第三十六)

1. 말의 세 가지 법도

묵자가 말하였다.

"무릇 말로 표현하거나 문자에 의한 방법이라고 하는 것은 먼저 표준을 세우지 않으면 안 된다."

말을 하되 표준이 없다면 비유컨대 하루종일 돌림판 위에 서서 동쪽과 서쪽을 가리키는 것과 같다. 비록 재주 있는 공장(工匠)이라 하더라도 반드시 그것을 바르게 할 수는 없다.

지금 천하의 실정은 알 수가 없게 되어 있다. 그러므로 말에 세 가지 표준이 있게 한 것이다. 세 가지 표준은 무엇인가. 그 근본이 있고, 그 근원이 있고, 그 실용성이 있는 것이다.

그 근본에 있어서는 하늘과 귀신의 뜻과 성왕의 일을 고찰하는 것이고, 그 근원에 있어서는 선왕(先王)들의 책을 이용하여 증명하는 일이다. 그 실용은 어떻게 하는 것인가. 그것을 시행하여 정치를 행하는 것이다. 이것이 말의 세 가지 표준이다.

子墨子言曰 凡出言談 由文學[1]之爲道也 則不可而不先立義法[2] 若言而無義 譬猶立朝夕於員鈞[3]之上也 則雖有巧工 必不能得正焉 然今天下之情僞 未可得而識也 故使言有三法 三法者何也 有本之者 有原之者 有用之者 於其本之也 考之天鬼之志 聖王之事 於其原之也 徵以先王之書 用之奈何 發而爲刑 此言之三法也

1) 文學(문학) : 문자(文字)의 뜻.
2) 義法(의법) : 의(義)는 의(儀)와 통한다. 표준을 말한다.

3) 員鈞(원균) : 돌림판. 운균(運鈞)과 같다.

2. 운명의 실체를 본 사람이 있는가

지금 천하의 벼슬하는 사람들은 어떤 이는 운명이라는 것이 있다고 하고 어떤 이는 운명이라는 것이 없다고 한다. 우리가 운명이 있다든가 없다든가 하는 것을 알 수 있는 것은 많은 사람의 귀와 눈의 감각으로써 있다든가 없다든가 하는 것을 알 수 있는 것이다. 그것을 들은 일이 있고 그것을 본 일이 있으면 그것을 있다고 할 것이고, 그것을 들은 일이 없고 그것을 본 일이 없으면 그것을 없다고 할 것이다.

그렇다면 어찌하여 시험삼아 백성들의 실정을 생각해 보지 않을 것인가. 예로부터 지금에 이르기까지 사람이 생겨난 이래 또한 일찍이 운명이라는 것을 보고 운명이라는 소리를 들어본 사람이 있는가. 아직 일찍이 있은 일이 없다.

만약 백성은 어리석고 못났으므로 그들의 귀와 눈의 감각이 법도로 삼기에 부족하다 한다면 어찌하여 시험삼아 그것을 제후들이 전하는 말이나 흐르는 이야기들로 생각해 보지 않는가.

예로부터 지금에 이르기까지 사람이 생겨난 이래 또한 일찍이 운명의 소리를 듣고 운명의 실체를 본 사람이 있는가. 아직 일찍이 있은 일이 없다.

그러면 어찌하여 시험삼아 그것을 성왕들의 일에서 생각해보지 않는가. 옛날의 성왕들은 효자를 들어 그것으로 백성들에게 어버이 섬기기를 권장하였고, 현명하고 훌륭한 사람을 높여 그것으로 백성들에게 좋은 일 하기를 권장하였으며, 법을 발하고 영(令)을 펴서 그것으로 백성들을 깨우쳐 주었고, 상과 벌을 밝힘으로써 권장할 것은 권장하고 금할 것은 금하였다.

이와 같이 하면 어지러운 것을 다스릴 수 있고, 위태로운 것을 편안하게 할 수 있다. 그렇지 않다고 생각하는가.

옛날의 걸왕(桀王)이 어지럽힌 것을 탕왕(湯王)이 다스렸고 주왕(紂王)이 어지럽힌 것을 무왕(武王)이 다스렸다. 이것은 세상이 변하지 않고 백성이 바뀌지 않고도 위의 정치가 변하고 백성들의 교화가 바뀐 것이다.

탕왕과 무왕이 있으면 다스려지고 걸왕과 주왕이 있을 때는 어지러워졌다. 편안해짐과 위태로워짐이나 다스려짐과 어지러워짐이 위에서 정령(政令)을 발하기에 달려 있는 것이다. 어찌 운명이 있다고 말할 수 있겠는가. 대저 운명이 있다고 말하는 자도 또한 그렇다고는 하지 않을 것이다.

今天下之士君子或¹⁾以命爲亡 我所以知命之有與亡者 以衆人耳目之情 知有與亡 有聞之 有見之 謂之有 莫之聞 莫之見 謂之亡 然胡不嘗²⁾考之百姓之情 自古以及今 生民以來者 亦嘗見命之物 聞命之聲者乎 則未嘗有也 若以百姓爲愚不肖 耳目之情 不足因而爲法 然則胡不嘗考之諸侯之傳言流語乎 自古以及今 生民以來者 亦嘗有聞命之聲 見命之體者乎 則未嘗有也 然胡不嘗考之聖王之事 古之聖王 擧孝子而勸之事親 尊賢良而勸之爲善 發憲布令以敎誨 明賞罰以勸沮 若此 則亂者可使治 而危者可使安矣 若以爲不然 昔者桀之所亂 湯治之 紂之所亂 武王治之 此世不渝而民不改 上變政而民易敎 其在湯武則治 其在桀紂則亂 安危治亂 在上之發政也 則豈可謂有命哉 夫曰有命云者亦不然矣

1) 或(혹) : 앞에 '유혹이명위(有或以命爲)'의 다섯 자가 있어야 함.
2) 嘗(상) : 시험삼아, 일찍이.

3. 운명을 주장하는 자는 크나큰 해악이다

이제 운명이 있다고 하는 자는 말한다.

"내가 후세에 지어낸 것이 아니라, 옛 삼대(三代) 때부터 전해 내려온 것이다."

운명이 있다고 하는 자는 옛날 삼대시대에 성왕과 선인(善人)이 있는 것을 알지 못하고 삼대시대에 사납고 어리석은 자가 있다는 것을 알지 못하는가.

무엇으로 알 것인가. 태초의 열사(列士)나 걸출한 대부(大夫)들은 말을 삼가고 행동을 살펴 이로써 위로 그의 임금에게 바르게 간하고 아래로는 그 백성을 가르쳐 이끌었다. 위로 그 임금에게 바르게 간하고 아래로 그 백성을 가르쳐 이끌어 위에서는 그 임금의 상을 받고 아래로는 그 백성에게 명예로움을 얻었다.

열사와 걸출한 대부는 그의 명성이 그치지 않고 흘러내려 지금에까지 이르렀는데 천하가 다 그들의 노력이라고 말한다.

한번도 그의 국가와 백성의 정치에 관심을 가지지 않고 쓸데없는 일에 번거롭게 하고 백성에게 포악스럽게 하고 아랫사람이 윗사람에게 다정하게 하지 못하여 이런 까닭으로 국가에 후사가 없게 했는데 몸은 형벌을 받아 죽은 자는 말하기를 "반드시 나는 운명을 타고나지 못하였다."라고 한다. 그러므로 옛날의 삼대(三代)의 사나운 왕은 귀와 눈의 음탕한 것을 뉘우치지 않고, 그 마음속의 사벽한 것을 삼가지 않고, 밖으로 말을 달리고 사냥하고 그물질과 활 쏘는 일을 하고, 안으로는 술과 음악에 탐닉하고 말하기를 "게으르고 어리석어 내가 형정을 시행하는 것이 불선하다."라고 자인하지 않고 "운명이 진실로 망하게 되어 있다."라고 한다.

또한 삼대(三代)의 궁핍한 백성들도 이와 같이 말한다. 안으로는 친척을 돌보는 것을 잘하지 못하고 밖으로는 그 군주 섬기기를 잘하지 못하고 검소한 것을 미워하고 간편한 것을 좋아하고 먹고 마시는 것을 탐내고 일하는 것을 게을리하였다. 이에 옷과 먹을 것이 부족하여 자신이 굶주리고 추위에 떠는 근심에 이른 것이다. 그런 다음 반드시 "내가 게으르고 어리석어 부지런히 일하지 않은 결과"라고 하지 않고, 반드시 "나의 운명이 진실로 궁하게 되어 있다."라고 한다.

옛날의 삼대(三代)의 거짓된 백성 또한 이와 같이 말한다. 꾸미는 것을 번거롭게 하는 것도 운명이 있다고 하며 순박한 백성을 속인 것이 오래 되었다.

성왕(聖王)들은 이것을 근심한 것이다. 그러므로 대나무와 비단에 쓰고 쇠와 돌에 새겼다.

선왕의 글인 중훼의 고(仲虺之告)에 이르기를 "내 하(夏)나라에 있어 들으니 사람이 하늘의 명을 바로잡는다고 속이고 백성에게 명령을 내렸다. 상제께서 미워하여 그 백성을 잃게 하였구나." 라고 하였다. 이것은 하나라 왕 걸(桀)이 운명이 있다고 주장한 것을 탕임금과 중훼가 똑같이 그르다고 한 것이다.

선왕의 글인 태서(太誓)의 말도 또한 그러하다. 이르기를 "주(紂)는 안일만 일삼고 상제를 즐겨 섬기지 아니하고 그의 선조를 버리고 제사를 받들지 않았다. 말하기를 '나의 백성은 천명을 받았다. 임무에 충실하지 않아도 된다' 고 하니 하늘이 또한 버리고 보호하지 않았다." 라고 하였다. 이것은 주(紂)가 운명이 있다고 주장한 것을 무왕이 태서에서 그르다고 한 것이다.

삼대(三代)시대에 모든 나라를 가진 자들이 이르기를 "너는 하늘의 명이 있다고 숭상하지 말라."고 하였다. 모든 나라에 명령한 것도 또한 운명이 없다고 말한 것이다.

주나라 소공(召公)이 운명을 주장한 것이 이와 같다. 이르기를 "공경하라! 하늘의 명은 없다. 우리 두 사람은 말을 지어내지 말자. 하늘에서 내려 주지 않고 얻는 것이다." 라고 하였다. 또한 상나라와 하나라의 시서(詩書)에 이르기를 "운명이라는 것은 사나운 왕이 지어내는 것이다." 라고 하였다.

지금 천하의 벼슬하는 선비가 시비와 이해의 까닭을 분별하려고 한다면 운명이 있다고 하는 자는 참으로 그르다고 할 것이다. 운명이 있다고 주장하는 자는 천하의 커다란 해를 끼치는 것이다. 그러므로 묵자가 그르다고 하였다.

今夫有命者言曰 我非作之後世也 自昔三代有若言以傳流矣 今故
先生對之[1]曰 夫有命者 不志昔也三代之聖善人與 意亡昔三代之暴
不肖人也 何以知之 初之列士桀大夫 愼言知行 此上有以規諫其君
長 下有以敎順[2]其百姓 故上有以規諫其君長 下有以敎順其百姓[3]

故上得其居長之賞 下得其百姓之譽 列士桀大夫聲聞不廢 流傳至
今 而天下皆曰其力也 一不顧其國家百姓之政 繁爲無用 暴逆百姓
使下不親其上 是故國爲虛厲[4] 身在刑僇之中 必不能曰我見命焉 是
故昔者三代之暴王 不繆其耳目之淫 不愼其心志之辟 外之歐騁田
獵畢弋 內沈於酒樂 不曰我罷不肖 我爲刑政不善 必曰我命故且亡
雖昔也三代之窮民 亦由此也 內之不能善事其親戚 外不能善事其
君長 惡恭儉而好簡易 貪飮食而惰從事 衣食之財不足 使身至有飢
寒凍餒之憂 必不能曰 我罷不肖 我從事不疾 必曰 我命固且窮 雖
昔也三代之僞民 亦猶此也 繁飾有命 以敎衆愚朴人久矣 聖王之患
此也 故書之竹帛 琢之金石 於先王之書仲虺之告曰 我聞有夏 人矯
天命 布命于下 帝式是惡 用闕師 此語夏王桀之執有命也 湯與仲虺
共非之 先王之書太誓之言然曰 紂夷之居 而不肯事上帝 棄闕其先
神而不祀也 曰 我民有命 毋僇其務 天亦不棄縱而不葆 此言紂之執
有命也 武王以太誓非之 有於三代不[5]國有之曰 女毋崇天之有命也
命三不國 亦言命之無也 於召公之執令於然 且敬哉 無天命 惟予二
人 而無造言 不自降天之哉得之 在於商夏之詩書曰 命者暴王作之
且今天下之士君子 將欲辯是非利害之故 當天[6]有命者 不可不疾非
也 執有命者 此天下之厚害也 是故子墨子非也

1) 今故先生對之(금고선생대지) : 뜻이 미상하다. 생(生)은 미망히 왕(王)이
　되어야 한다 했다.
2) 順(순) : 순은 훈(訓)과 같다.
3) 故上~百姓(고상~백성) : 위의 17자가 필요없는 글자라 했다.
4) 厲(여) : 후사가 없는 것.
5) 不(불) : 백(百)의 오자.
6) 天(천) : 부(夫)의 오자.

제37편 운명은 없다 ㉥(非命下第三十七)

1. 말에 표준이 없다면…

묵자가 말하였다.

"말로 표현하는 데는 반드시 표준을 세우지 않고 말을 한다. 만약 표준을 세우지 않고 말을 하는 것은 비유컨대 돌아가는 돌림판 위에서 동쪽과 서쪽을 정하는 것과 같다. 비록 동쪽과 서쪽을 구분할지라도 아무런 소득없이 정해지는대로 따라가는 것이다. 그러므로 말에는 세 가지 법도가 있는 것이다."

세 가지 법도란 무엇인가. 고찰하는 것이 있고 근본이 있고 실용성이 있는 것이다. 어찌하여 고찰하는가? 먼저 간 성대왕(聖大王)의 일을 고찰하는 것이다. 어찌하여 근본하는가? 모든 사람의 귀와 눈의 실정을 살피는 것이다. 어찌하여 쓰이는가? 행하여 나라를 다스리고 온 백성을 살피고 관찰하는 것이다. 이것을 세 가지 법도라고 하는 것이다.

그러므로 옛날 삼대의 성왕인 우왕(禹王)·탕왕(湯王)·문왕(文王)·무왕(武王)이 바야흐로 천하에 정치를 시행할 때 반드시 효자를 천거하며 어버이 섬기기를 권장하고 어진 이를 존경하여 착한 것을 가르쳤다. 그러므로 정치를 하고 가르침을 베풀고 착한 이를 상주고 포악한 것을 벌주었다. 이와 같이 하는데도 천하가 어지러워지면 만족한 것을 따라 다스리고, 사직이 위태하면 만족한 것을 따라 안정시켰다.

만약 그러하지도 못할 경우 옛날 걸왕이 어지럽힐 때에는 탕왕이 다스렸고 주왕(紂王)이 어지럽힐 때에는 무왕이 다스렸다. 이

때에는 세상도 변하지 않았고 백성도 바뀌지 않았지만 위에서 정
치가 변하면 백성은 풍속을 바꾸었다. 걸왕과 주왕이 있으므로 천
하가 어지러워졌고 탕왕과 무왕이 있으므로 천하가 다스려졌다.
천하가 다스려진 것은 탕왕과 무왕의 힘에 의해서였고 천하가 어
지러워졌던 것은 걸과 주의 죄 때문이었다. 이것으로 보면 편안
하고 위태하고 다스려지고 어지러워졌던 것은 위에 있는 자가 정
치를 하는데 있는 것으로 어찌 가히 운명이 있다고 이를 것인가?

그러므로 우왕·탕왕·문왕·무왕이 바야흐로 천하에 정사를 펼
때에는 반드시 배고픈 자는 먹을 것을 얻었고 추운 자는 옷을 얻
었고 피곤한 자는 휴식을 얻고 어지러운 자는 다스림을 얻되 광
명된 명예와 아름다운 소문을 천하에 얻어 이루었는데 어찌 가히
운명이라고 하겠는가? 그 힘에 의해서 된 것이다.

이제 어질고 우수한 사람이 어진 이를 높이고 도술(道術)을 좋
아한 것으로 위로는 왕공대인의 상을 받고 아래로는 온 백성의 부
러움을 얻어 드디어 광명된 명예와 아름다운 소문을 얻은 것이 또
한 어찌 그 운명에 있으랴! 그의 힘으로 된 것이다.

그러나 이제 운명이 있다고 하는 자는 옛날 삼대(三代)의 성왕
과 선인이 있고 옛날의 삼대에 사나운 임금과 어리석은 자가 있
었다는 것을 알지 못하는가? 이것으로 본다면 반드시 옛 삼대에
성왕과 선인만 있는 것이 아니라 옛 삼대에 사나운 왕과 어리석
은 자도 있었다.

지금 운명이 있다고 하는 자는 옛 삼대의 포악한 걸왕·주왕·
유왕·여왕이 귀하기로는 천자가 되었고 부하기로는 천하를 둔 것
이 이와 같다.

그 귀와 눈과 욕심을 교정하지 않고 그 마음 속의 사벽을 따르
고 밖으로는 말을 달리고 사냥하고 그물질과 활쏘기를 일삼고 안
으로는 술과 음악에 탐닉하고 그 국가와 백성의 정치를 돌보지 않
고 쓸데없는 일에 번거롭게 하고 백성에게 포악스럽게 굴어서 그
종묘를 잃어버렸다.

그는 "내가 게으르고 어리석어 정치에 힘쓰지 않아서 온 것이

다."라고 생각하지 않고 반드시 "나의 운명이 진실로 잃게 되어
있었다."라고 말한다.

옛 삼대의 게으르고 어리석은 백성도 또한 이와 같이 생각한다.
부모와 임금과 어른을 잘 섬기지 않고 심히 검소한 것을 미워하
고 간편한 것만 좋아하고 먹고 마시는 것을 탐내고 일하는 것에
태만하여 옷과 음식의 재물이 부족해지고 자신이 굶주리고 추위
에 떠는 근심에 빠졌다. 그들은 말하기를 "내가 게으르고 어리석
어 내가 일을 하는데 힘쓰지 않아서 그렇다."라고 하지 않고, 또
한 "나의 운명이 진실로 궁핍하게 되어 있다."라고 한다.

옛 삼대의 거짓된 백성들도 이와 같다.

子墨子言曰 凡出言談 則必可而不先立儀[1]而言
譬之猶運鈞之上而立朝夕焉也 我以爲雖有朝夕之辯 必將終未可得
而從定也 是故言有三法 何謂三法 曰 有考之者 有原之者 有用之
者 惡乎考之 考先聖大王之事 惡乎原之 察衆之耳目之請 惡乎用之
發而爲政乎國 察萬民而觀之 此謂三法也

故昔者三代聖王禹湯文武方爲政乎天下之時 曰 必務擧孝子而勸
之事親 尊賢良之人而敎之爲善 是故出政施敎 賞善罰暴 且以爲若
此 則天下之亂也 將屬可得而治也 社稷之危也 將屬可得而定也 若
以爲不然 昔桀之所亂 湯治之 紂之所亂 武王治之 當此之時 世不
渝而民不易 上變政而民改俗 存乎桀紂而天下亂 存乎湯武而天下
治 天下之治也 湯武之力也 天下之亂也 桀紂之罪也 若以此觀之 夫
安危治亂存乎上之爲政也 則夫豈可謂有命哉 故昔者禹湯文武方
爲政乎天下之時 曰必使飢者得食 寒者得衣 勞者得息 亂者得治 遂
得光譽令問於天下 夫豈可以爲命哉 故以爲其力也 今賢良之人 尊
賢而好功道術 故上得其王公大人之賞 下得其萬民之譽 遂得光譽
令問於天下 亦豈以爲其命哉 又以爲力也 然今夫有命者 不識昔也
三代之聖善人與 意亡昔三代之暴不肖人與 若以說觀之 則必非昔
三代聖善人也 必暴不肖人也

然今以命爲有者 昔三代暴王桀紂幽厲 貴爲天子 富有天下 於此

乎 不而矯其耳目之欲 而從其心意之辟 外之歐騁田獵畢弋 內湛於
酒樂 而不顧其國家百姓之政 繁爲無用 暴逆百姓 遂失其宗廟 其言
不曰吾罷不肖 吾聽治不强 必曰吾命固將失之 雖昔也三代罷不肖
之民 亦猶此也 不能善事親戚君長 甚惡恭儉而好簡易 貪飮食而惰
從事 衣食之財不足 是以身有陷乎飢寒凍餒之憂 其言不曰吾罷不
肖 吾從事不强 又曰吾命固將窮 昔三代僞民亦猶此也

1) 儀(의) : 의는 의(義)로 되어 있는 것도 있다.

2. 하늘이 죄를 줄 것이다

옛날 폭왕(暴王)이 탄생하면 가난한 백성이 이어받는데 이는
다 순박하고 진실한 백성이나 앞선 성왕(聖王)들의 근심이 진실
로 앞에 있다.

이로써 대나무나 비단에 쓰고 쇠와 돌에 새기고 반우에 새겨 전
하여 후세 자손에게 준다. 어떤 글에 있는가.

우왕의 총덕(總德)에 이르기를 "진실로 나타나지 않았는가. 오
직 하늘의 백성을 보호하지 못하고 이미 그릇된 마음을 막아 하
늘이 죄를 가할 것이다. 그 덕을 삼가지 않으면 하늘이 보호하겠
는가?" 라고 하였다.

'서경' 중훼의 고(仲虺之告)에 이르기를 (※현재의 '서경' 내용과
다르다)

"내 하(夏)나라 사람에게 들으니 하늘의 명을 아래로 속여 명
령하므로 상제께서 이에 미워하여 그 백성을 잃어버리게 하였다."
고 하였다. 저들이 가질 수 없는 것으로 '속인 것' 이라고 말하였
다. 만약 가질 수 있었다면 '두었다' 고 이를 것인데 어찌 '속이
는 것' 이 되랴. 옛날 걸왕이 운명이 있다고 주장하고 행한 것을
탕왕이 '중훼의 고' 로 그르다고 한 것이다.

태서(太誓)의 말은 태자(太子) 발(發) 이 (※뜻이 미상(未詳)함)
말하기를 "오호라 군자여! 하늘이 밝은 덕을 주어 그 행동이 심
히 빛난다. 멀지 않은 곳에서 거울을 삼아라! 저기 은나라 왕에게

있다. 사람에게 명이 있다고 한다면 공경은 가히 행하지 못할 것이라 이르고, 제사가 보탬이 되지 않는다 이르고, 사나운 것이 또한 해로움이 없다 이를 것이다. 상제께서는 항상 하지 아니하여 구주가 다 망하였고, 상제께서 못마땅하게 여겨 명을 끊어 그를 망하게 하였다. 오직 우리 주(周)나라가 대제(大帝) 자리를 받았도다."라고 하였다. 이것은 옛날의 주왕이 운명이 있다고 주장하고 행동한 것을 무왕이 태서의 내용으로 그르다고 한 것이다. 그대는 어찌 상주우하(商周虞夏)의 기록을 참고하지 않고 십간(十簡)의 편을 따르는가. 모두 없는 것이다. 장차 무엇하는 자들인가.

그러므로 묵자가 말하였다.

"지금 천하의 군자가 학문을 하는 것이나 말로 표현하는데는 혀로 노동하는 것이요, 그 입술을 이롭게 하는 것이 아니다. 진실로 그 국가와 고을과 마을과 온 백성의 형벌과 정치를 위하는 것이다.

지금 왕공대인들이 조회는 일찍하고 늦게 퇴근하여 옥사를 듣고 정치를 다스리며 조회를 마치고 시간을 고르게 하는 것을 게을리 하지 않는 것은 어째서인가? 저들이 힘을 쓰면 반드시 다스려지고 힘쓰지 않으면 어지러워지며, 힘쓰면 편안하고 힘쓰지 않으면 위태해지는 것으로 감히 게을리 하지 않는 것이다.

지금 경대부들이 팔과 다리의 힘을 다하고 그의 사고의 지혜를 다하고 안으로 관청을 다스리고 밖으로 관시(關市)와 산림과 연못과 어살의 이익을 거두어 관청의 창고를 채우고 감히 게을리 하지 않는 것은 어째서인가? 저들이 힘을 쓰면 반드시 귀해지고 힘쓰지 않으면 반드시 천해지며 힘쓰면 영화롭고 힘쓰지 않으면 반드시 욕됨이 있는 것으로 감히 게을리 하지 않는 것이다.

지금 농부가 일찍 나가 늦게 들어오면서 밭갈고 씨뿌리고 농사를 짓는데 힘쓰고 곡식을 많이 모으고 감히 게을리하지 않는 것은 어째서인가? 저들이 힘을 쓰면 반드시 부자가 되고 힘쓰지 않으면 가난해지며, 힘을 쓰면 배가 부르고 힘쓰지 않으면 굶주리는 것으로 감히 게을리 하지 않는 것이다.

지금 부인들이 일찍 일어나고 늦게 자면서 길쌈하고 방적하는
데 힘을 쓰며 삼실과 갈포와 옷감을 많이 다스리며 감히 게을리
하지 않는 것은 어째서인가? 저들이 힘을 쓰면 부자가 되고 힘쓰
지 않으면 가난해지며 힘을 쓰면 따뜻하고 힘을 쓰지 않으면 춥
기 때문에 감히 게을리 하지 않는 것이다.

지금 비록 왕공대인들 자신이 귀하게 된 것을 진실로 운명이 있
다고 한다면 행동하는데 반드시 옥사를 듣고 정치를 다스리는 것
을 게을리 할 것이며 경대부도 반드시 관청 다스리는 일을 게을
리 할 것이며 농부들도 밭갈고 씨뿌리고 농사 짓는데에 게을리 할
것이며 부인들도 길쌈하고 방적하는데 게을리 할 것이다. 왕공대
인들이 옥사를 듣고 정치를 다스리는 것을 게을리 하고 경대부가
관청 다스리는 일을 게을리 하면 우리의 천하는 반드시 어지러워
질 것이고, 농부가 밭갈고 씨뿌리고 농사 짓는 일을 게을리 하고
부인들이 길쌈하고 방적하는데 게을리 하면 우리의 천하의 옷과
음식의 재물이 반드시 부족하게 될 것이다.

昔者暴王作之 窮人術[1]之 此皆疑衆遲樸[2] 先聖王之患也 固在前
矣 是以書之竹帛 鏤之金石 琢之盤盂 傳遺後世子孫 曰何書焉存 禹
之總德[3]有之曰 允不著 惟大民不而保 旣防凶心 天加之咎 不愼厥
德 天命焉葆 仲虺之告曰 我聞有夏 人矯天命于下帝式是增[4] 用爽
厥師 彼用無爲有 故謂矯 若有而謂有 夫豈曰矯哉 昔者 桀執有命
而行 湯爲仲虺之告以非之 太誓之言也 於去發[5]曰 惡乎君子 天有
顯德 其行甚章 爲鑒不遠 在彼殷王 謂人有命 謂敬不可行 謂祭無
益 謂暴無傷 上帝不常 九有以亡 上帝不順 祝降其喪 惟我有周 受
之大帝 昔紂執有命而行 武王爲太誓去發以非之 曰 子胡不尙考之
乎商周虞夏之記 從十簡之篇以尙 皆無之 將何若者也

是故子墨子曰 今天下之君子之爲文學出言談也 非將勤勞其惟舌
而利其脣呡也 中實將欲其國家邑里萬民刑政者也 今也王公大人
之所以蚤朝晏退 聽獄治政 終朝均分 而不敢怠倦者何也 曰 彼以爲
强必治 不强必亂 强必寧 不强必危 故不敢怠倦 今也卿大夫之所以

328 묵 자(墨子)

竭股肱之力 殫其思慮之知 內治官府 外斂關市山林澤梁之利 以實
官府 而不敢怠倦者 何也 曰 彼以爲强必貴 不强必賤 强必榮 不强
必辱 故不敢怠倦 今也農夫之所以蚤出暮入强乎耕稼樹藝 多聚升
粟 而不敢怠倦者 何也 曰 彼以爲强必富不强必貧 强必飽 不强必
飢 故不敢怠倦 今也婦人之所以夙興夜寐 强乎紡績織紝 多治麻絲
葛緒 綑布縿 而不敢怠倦者 何也 曰 彼以爲强必富 不强必貧 强必
煖 不强必寒 故不敢怠倦 今雖毋在乎王公大人 謷若信有命而致行
之 則必怠乎聽獄治政矣 卿大夫必怠乎治官府矣 農夫必怠乎耕稼
樹藝矣 婦人必怠乎紡績織紝矣 王公大人怠乎聽獄治政 卿大夫怠
乎治官府 則我以爲天下必亂矣 農夫怠乎耕稼樹藝 婦人怠乎紡績
織紝 則我以爲天下衣食之財將必不足矣

1) 術(술) : 술(述)의 오자.
2) 疑衆遲樸(의중지박) : 순박하고 순진한 사람.
3) 總德(총덕) : 일서(逸書)의 편명.
4) 增(증) : 오(惡)자가 되어야 한다.
5) 於去發(어거발) : 뜻이 미상하다. 태자(太子) 발(發)이라고 보면 발은 무왕
  의 이름.

  3. 숙명론으로 천하를 다스리면…
  만약 숙명론으로써 천하를 다스리면 위로 하늘과 귀신을 섬겨
도 하늘과 귀신이 편하지 않을 것이고, 아래로 백성들을 부양(扶
養)하여도 백성들에게 이로움이 되지 않아 반드시 서로 흩어지
고 이용할 수 없게 될 것이다.
  그리하여 들어가 나라를 지키면 굳게 지키지 못하고, 나가서 외
국을 주벌(誅罰)하면 이기지 못할 것이다.
  옛날 삼대(三代)의 폭왕(暴王)인 걸왕(桀王)·주왕(紂王)·
유왕(幽王)·여왕(厲王)이 그의 국가를 잃고 그의 사직(社稷)을
멸망하게 하였던 까닭이 바로 이것이었다.
  묵자가 말하였다.

"지금 천하의 벼슬하는 사람들이 진실로 천하의 이로움을 일으
키고 천하의 해로움을 제거하고자 한다면 마땅히 운명이라는 것
이 있다고 하는 사람들의 말을 가지고 이르기를 '운명이라는 것
은 포악한 왕이 만들어낸 것이며, 궁한 사람들의 이야기이지 어
진 사람의 말은 아니다'라고 해야 한다.

지금의 인(仁)과 의(義)를 행하는 사람들이 살펴 힘써 부정하
지 않으면 안되는 것이 이것이다."

若以爲政乎天下 上以事天鬼 天鬼不使¹⁾ 下以待養百姓 百姓不利
必離散不可得用也 是以入守則不固 出誅則不勝 故雖昔者三代暴
王桀紂幽厲之所以共扰²⁾其國家 傾覆其社稷者 此也 是故子墨子言
曰 今天下之士君子 中實將欲求興天下之利 除天下之害 當若有命
者之言也 曰 命者 暴王所作 窮人所術 非仁者之言也 今之爲仁義
者 將不可不察而强非者 此也

1) 使(사) : 편(便)과 통하여 편하다.
2) 扰(운) : 잃어버리다.

제38편 유가를 비난하다 ㉠(非儒上第三十八)
(원문이 분실됨)

제39편 유가를 비난하다 ㉔(非儒下第三十九)

1. 죽은 사람을 찾는다

유자(儒者)는 말하기를 "친척들을 사랑하는 것도 차등이 있고, 현명한 사람을 존경하는 것도 등급이 있다."고 하였다.

그것은 친하고 소원한 사람과 높고 낮은 사람은 달라야 함을 말하는 것이다.

그들의 예(禮)에 이르기를 "죽은 이의 상(喪)을 입는 데에도 부모에게는 3년, 아내와 맏아들에게도 3년, 백부와 숙부·형제간·맏아들 이외의 아들에게는 만 1년, 그밖의 친척에게는 5개월이다."라고 하였다.

만약 친하고 소원한 관계로써 기간의 수를 정하였다면 친한 사람에게는 많게, 소원한 사람에게는 적게 될 것이다. 여기에서 아내와 맏아들은 부모와 같게 정하였다. 만약 높고 낮은 관계로써 기간의 수를 정하였다면 그들은 그의 아내와 자식을 부모와 같게 높이면서 백부나 집안의 형을 작은 아들들과 같게 보는 것이다. 거꾸로 됨이 이보다 더 클 수가 있겠는가.

그 부모가 죽으면 시체를 염습하지 않은 채 뉘어 두고 지붕에 올라가기도 하고 우물을 들여다 보기도 하고, 쥐구멍을 쑤시기도 하고, 손씻는 그릇을 뒤집어 보기도 하면서 죽은 사람을 찾는다. 정말로 있는 것이라고 여긴다면 어리석기 이를 데 없는 짓이다. 없는 것을 알면서 반드시 찾아보는 것이라면 거짓 또한 이보다 큰 것이 없다.

아내를 맞이할 때 신랑이 신부를 친히 마중하러 가는데 검은 옷을 입고 마부가 되어 말고삐를 잡고 수레에 오르는 손잡이를 친히 쥐어주며 친부모를 맞이하듯이 한다. 혼례의 위엄있는 의식은 제사를 받드는 것과 같다.

위아래가 뒤바뀌고 부모에게 거슬리는 것이다. 부모는 아래로 처자를 따르고, 처자들은 위로 부모 섬기는 일을 침해한다. 이와 같은 것을 효도라 이를 수 있겠는가.

儒者曰 親親[1]有術 尊賢有等 言親疏尊卑之異也 其禮曰 喪父母三年 其妻 後子[2]三年 伯父叔父弟兄庶子其[3] 戚族人五月 若以親疏爲歲月之數 則親者多而疏者少矣 是妻後子與父同也 若以尊卑爲歲月數 則是尊其妻子與父母同 而親伯父宗兄而卑子也 逆執大焉 其親死 列尸弗[4] 登屋[5]窺井[6] 挑鼠穴 探滌器 而求其人焉 以爲實在 則戇愚甚矣 如其亡也必求焉 僞亦大矣 取妻 身迎 祇裯[7]爲僕 秉轡授綏[8] 如仰嚴親 昏禮威儀 如承祭祀 顚覆上下 悖逆父母 父母下則妻子 妻子上侵事親 若此可謂孝乎

1) 親親(친친) : 앞의 친(親)은 동사로 사랑하다. 뒤의 친(親)은 친척.

2) 後子(후자) : 뒤를 이을 아들. 장자(長子).

3) 其(기) : 기(期). 만 1년. 기년(期年).

4) 列尸弗(열시불) : 시체를 염(斂)하지 않고 그대로 뉘어놓다. 사흘이 지나면 염한다.

5) 登屋(등옥) : 지붕에 올라가서 죽은 이의 영혼을 불러들이는 의식.

6) 窺井(규정) : 우물을 들여다 보며 죽은 이의 영혼을 찾는 의식.

7) 祇裯(지단) : 지는 현(衵)의 잘못. 검은 색깔의 단정한 예복.

8) 綏(수) : 수레를 탈 때 잡는 끈.

2. 크게 간사한 것이란

유자(儒者)는 말하기를 "아내를 맞이하는 것은 그와 함께 제사를 받들기 때문이고, 자식은 조상의 사당을 지키게 되는 것이므로 그들을 소중히 여기는 것이다."라고 하였다.

이에 대하여 대답하겠는데, 그것은 거짓말이다. 그 종족의 형들은 그 조상의 사당을 수십년이나 지키건만 죽으면 그를 위하여 상을 입는 기간은 만 1년이다. 그리고 형제의 아내는 그 조상의 제사를 받들지만 술잔을 올리지는 못한다. 그러고도 아내나 자식의 상은 3년을 입는다. 그것은 반드시 조상 사당의 제사를 지키고 받들기 때문만은 아닌 것이다. 대저 아내와 자식을 중시하는 것은 이미 큰 잘못을 저지르는 것인데도, 또 말하기를 "어버이를 소중히 여기기 때문이다."라고 하였다.

지극히 사사로운 것을 소중히 하고자 하여 지극히 소중한 것을 가볍게 다루는 것이다. 어찌 크게 간사한 짓이 아니겠느냐.

또 굳이 운명이라는 것이 있다고 주장하는 사람은 말하기를 "오래 살고 일찍 죽으며, 가난하고 부(富)하며, 편안하고 위태로우며, 다스려지고 어지러운 것은 본래 천명(天命)으로 줄이거나 더할 수가 없는 것이다. 궁색하고 영달(榮達)하는 일도, 상을 받고 벌을 받는 일도, 행복하거나 불행한 일도 정해진 운명으로서 사람의 지혜나 힘으로는 어쩔 수가 없는 것이다."라고 하였다.

많은 관리들이 이것을 믿으면 담당한 직분을 태만히 하게 되고, 일반 백성들이 이것을 믿으면 종사하는 일을 태만히 하게 된다. 관리들이 다스리지 않으면 어지러워지고, 농사일을 게을리 하면 가난해진다. 가난하고 또한 어지러워지는 것은 정치의 근본에 위배되는 것이다. 그렇건만 유자(儒者)들은 도(道)라고 가르친다. 이것은 천하 사람들을 천하게 여기는 것이다.

儒者 迎妻 妻之奉祭祀 子將守宗廟 故重之 應之曰 此誣言也 其宗兄守其先宗廟數十年 死喪之其 兄弟之妻奉其先之祭祀弗散[1] 則喪妻子三年 必非以守奉祭祀也 夫憂[2]妻子以[3]大負絫[4] 有曰所以重親也 爲欲厚所至私 輕所至重 豈非大姦也哉 有强執有命以說議曰 壽夭貧富 安危治亂 固有天命 不可損益 窮達賞罰幸否 有極[5] 人之知力 不能爲焉 群吏信之 則怠於分職 庶人信之 則怠於從事 吏不治則亂 農事緩則貧 貧且亂政之本[6] 而儒者以爲道敎 是賊天下之人

者也

1) 弗散(불산) : 술잔을 올리지 않는 것.

2) 憂(우) : 우(優)의 옛 글자. 우대하다. 중시하다.

3) 以(이) : 이(已)와 통하여 이미의 뜻.

4) 粂(누) : 누(累)와 통하여 잘못의 뜻.

5) 有極(유극) : 정해진 수(數). 여기서는 운명의 뜻.

6) 政之本(정지본) : 배정지본(倍政之本)이라고 해석해야 한다.

3. 상가집에서 배를 채운다

예의를 번거롭게 꾸며 그것으로써 사람들을 미혹(迷惑)되게 하고, 오랜 기간 상(喪)을 입고 거짓 슬퍼함으로써 부모를 속이고, 운명임을 내세워 가난하면서도 고상(高尙)한 듯이 버티며, 근본에 위배되고 할 일을 포기하면서 편안히 게으르고 오만하며, 먹고 마시는 것을 탐하면서 힘써야 할 일에는 게으르다.

굶주림과 추위에 빠져 있고, 얼어죽고 굶어죽을 위험에 놓이면서도 거기서 벗어날 수가 없다.

이것은 거지와 같은 것으로 두더지처럼 음식을 저장하며 숫양처럼 먹을 것을 찾고, 발견되면 멧돼지처럼 떠처나온다. 군자가 그것을 비웃으면 도리어 성내며 말하기를 "변변치 못한 것들아, 어찌 훌륭한 유자(儒者)를 알 것인가."라고 한다.

대저 여름에 보리와 벼를 구걸하다가 모든 곡식이 다 거두어 들여지면 큰 상가(喪家)를 따라 다니면서 자손들도 다 거느리고 가서 음식을 실컷 먹는다. 몇 집 상가를 거치고 나면 족히 견딜 수가 있다. 남의 집으로 인하여 살찌고, 남의 들을 의지하여 높임을 받는다. 부자집의 상가가 있으면 크게 기뻐하면서 말하기를 "이것은 입고 먹을 단서로구나."라고 한다.

유자는 말하기를 "군자는 반드시 옛날 옷을 입고 옛날 말을 해야 인(仁)이다."라고 한다.

여기에 대해 말하겠다.

"이른바 옛날 말이나 옷이라는 것은 모두 그 당시에는 새것이
었다. 옛 사람들이 그것을 말하고 그것을 입었다면 그들은 군자
가 아닌 것이다. 그러면 반드시 군자의 옷이 아닌 것을 입고 군자
의 말이 아닌 것을 말해야 인(仁)이라는 것인가."

且夫繁飾禮樂以淫人 久喪僞哀以謾親[1] 立命緩貧而高浩居[2] 倍
本[3]棄事而安怠傲 貪於飮酒 惰於作務 陷於飢寒 危於凍餒 無以違
之 是若人氣 繩鼠[4]藏 而羝羊視[5] 賁彘起 君子笑之 怒曰 散人[6] 焉
知良儒 夫夏乞麥禾 五穀旣收 大喪是隨 子姓[7]皆從 得厭飮食 畢治
數喪 足以至矣 因人之家翠[8] 以爲 恃人之野以爲尊 富人有喪 乃大
說 喜曰 此衣食之端也 儒者曰 君子必服古言然 後仁 應之曰 所謂
古之者 皆嘗新矣 而古人言之服之 則非君子也 然則必服非君子之
服 言非君子之言 而後仁乎

1) 謾親(만친) : 이미 죽은 부모를 속이다.

2) 浩居(호거) : 잘난 듯이 버티다. 오거(傲倨).

3) 倍本(배본) : 배는 배(背)와 통하여 근본을 위배하다. 곧 본업을 버린다는 뜻.

4) 繩鼠(함서) : 두더지.

5) 羝羊視(저양시) : 숫양이 먹을 것을 찾다.

6) 散人(산인) : 변변치 않은 사람.

7) 子姓(자성) : 자손(子孫).

8) 翠(취) : 살찌다.

4. 소인(小人)의 도가 되는 것

또 말하기를 "군자는 옛것을 따르기만 하지 새로 만들지는 않
는다."고 한다.

여기에 대해 말하겠다.

"옛날의 예(羿)는 활을 만들었고, 여(仔)는 갑옷을 만들었고,
해중(奚仲)은 수레를 만들었으며, 교수(巧垂)는 배를 만들었다.

그러면 지금 가죽을 다루는 사람이나 갑옷을 만드는 사람이나

수레와 배를 만드는 사람은 모두 군자이고, 예(羿)와 여(仔)와 해중(奚仲)과 교수(巧垂)는 모두 소인(小人)이란 말인가.

그들이 따르는 것은 반드시 어떤 사람이 만든 것이다. 그러면 그들이 따르는 것은 모두 소인의 도(道)가 되는 것이다."

또 말하기를 "군자는 승리하면 도망자를 쫓지 아니하고 갑옷으로 가린 곳을 쏘지 아니하며 굳세면 불행한 이를 도와준다."고 하였다.

여기에 대해 말하겠다.

"다 어진 사람이다. 말없이 서로 도우고, 어진 이는 그 취하고 놓고 옳고 그른 것의 이치를 서로 알리고, 이유가 없으면 이유 있는 것을 따르며, 알지 못하면 아는 것을 따른다. 말이 없어도 반드시 복종하고 선한 것을 보면 반드시 실천하는데 무엇을 도울까? 만약 포악한 두사람이 서로 다투는데 그 승리한 자가 도망치는 자를 쫓지 아니하고 갑옷으로 가린 곳은 쏘지 아니하며 굳세면 불행한 이를 보고 도와준다면 군자가 되지 않는 것이 더 나을 일이 될 것이다. 뜻하건대 포악한 나라를 성인이 세상을 위하여 해로움을 없애려고 군사를 일으켜 죄를 처벌하는데, 승리하고나서 장차 선비의 술을 사용하여 사졸에게 명령하여 이르기를 '도망자는 추격하지 말고 갑옷으로 가린 곳을 쏘지 말며 굳세한 불행한 이를 보고 도와주라' 고 하면 난폭한 사람은 살아날 수 있고 천하의 해로움은 없어지지 않는다. 이것은 부모를 해치고 세상을 해롭게 하는 것이다. 옳지 않은 것이 이보다 더 큰 것이 없다."

또 말하기를 "군자는 종(鍾)과 같아서 치면 울고 치지 않으면 울지 않는다."라고 하였다.

여기에 대해서 말하겠다.

"대저 어진 사람이 위를 섬길 때는 충성을 다하고 어버이를 섬길 때는 효도에 힘쓴다. 착한 것을 얻으면 아름답게 여기고 허물이 있으면 간한다. 이것이 사람의 신하된 도리이다. 이제 치면 울리고 치지 않으면 울리지 않는 것은 지혜를 숨기고 힘을 쌓아 편안하고 조용히 질문을 기다린 뒤에 대답하는 것이다. 비록 군주나 어버이의 큰 이로움이 있더라도 묻지 않으면 말하지 않는다.
이는 어지럽히는 도둑들과 같다. 도둑이 장차 일어나면 함정을 파
대비함과 같다. 타인은 알지 못하고 자신만이 홀로 알아 비록 그
의 임금과 어버이가 다 있어도 묻지 않으면 말하지 않는다. 이것
은 큰 난리를 일으킬 도둑이다. 이로 말미암아 사람의 신하된 자
가 충성하지 않고 자식이 효도하지 않으며 형을 섬기되 공손하지
않으며 교제하는데 사람을 만나 바르게 하지 않는 것이다.

　대저 뒷말이 없는 조물(朝物 : 재물)을 고집하고 이로움을 보고
자신이 뒷탈이 있을까 두려워하며 군주의 말씀에 이로움이 있지
아니하면 높은 곳에서 팔장을 끼고 아래를 보고 말하지 않는 것
이 심오함이 되어 이르기를 '배우지 못할 것이다' 라고 한다. 무
슨 급한 것을 써서 행동이 멀어지는 것이다. (※뜻이 잘 연결되지 않
음) 대저 도술(道術)과 학업과 인의(仁義)는 하나인 것이다.

　옛날에는 큰 것으로 사람을 다스리고, 작은 것으로 관리를 임명
하고, 멀리 베풀어 두루 사용하여 몸에 따르는 것을 가까이 하고,
불의에 처하지 않으며, 도리가 아닌 것은 행하지 않고, 천하의 이
익을 힘써 일으켜 굽히고 펴고 주선하는 것이 이로우면 멈추었다.
이것이 군자의 도이다. 공모(孔某)의 행동을 들어보면 근본적으
로 이것과 서로 반대되는 것이다."

　又曰 君子循而不作[1] 應之曰 古者羿[2] 作弓 伃[3] 作甲 奚仲[4] 作車 巧
垂[5] 作舟 然則今之鮑函車匠[6] 皆君子也 而羿伃奚仲巧垂皆小人邪
且其所循人必或作之 然則其所循皆小人道也
　又曰 君子勝不逐奔 揜函[7] 弗射 施則助之胥車[8] 應之曰 若皆仁人
也 則無說而相與 仁人以其取舍是非之理相告 無故從有故也 弗知
從有知也 無辭必服 見善必遷 何故相 若兩暴交爭 其勝者欲不逐奔
揜函弗射 施則助之胥車 雖盡能猶且不得爲君子也 意暴殘之國也
聖人將爲世除害 興師誅罰 勝將因用傳術令士卒 曰毋逐奔 揜函勿
射 施則助之胥車 暴亂之人也得活 天下害不除 是爲群殘父母 而深
賤世也 不義莫大焉 又曰 君子若鍾 擊之則鳴 弗擊不鳴 應之曰 夫

仁人事上竭忠 事親得孝 務善則美 有過則諫 此爲人臣之道也 今擊
之則鳴 弗擊不鳴 隱知豫力 恬漠⁹⁾待問而後對 雖有君親之大利 弗
問不言 若將有大寇亂 盜賊將作若機辟¹⁰⁾將發也 他人不知 已獨知
之 雖其君親皆在 不問不言 是夫大亂之賊也 以是爲人臣不忠 爲子
不孝 事兄不弟 交遇人不貞良 夫執後不言之朝物 見利使己雖恐後
言¹¹⁾君若言而未有利焉 則高拱下視 會噎¹²⁾爲深 曰 惟其未之學也
用誰急 遺行遠矣 夫一道術學業仁義也 昔大以治人 小以任官 遠施
用徧 近以循身 不義不處 非理不行 務興天下之利 曲直周旋 利則
止 此君子之道也 以所聞孔某¹³⁾之行 則本與此相反謬也

1) 君子循而不作(군자순이부작) : 순은 술(述)과 같다. 군자는 옛것을 따를 뿐
   새로운 것은 만들지 않는다.

2) 羿(예) : 요(堯)임금 때의 전설적인 활의 명인(名人).

3) 仔(여) : 하왕조(夏王朝) 때 사람으로 최초로 갑옷을 만들었다고 한다.

4) 奚仲(해중) : 하왕조 때 사람으로 최초로 수레를 만들었다고 한다.

5) 巧垂(교수) : 요임금 때의 유명한 나무를 다루는 공인(工人).

6) 鮑函車匠(포함거장) : 포는 가죽을 다루는 사람. 함은 갑옷을 만드는 사람.
   거장은 수레를 만드는 사람.

7) 揜函(엄함) : 갑옷으로 몸을 가리다.

8) 施則助之胥車(시즉조지서거) : 뜻이 미상(未詳)하다. 단, 시는 상(强)과 같
   다 했다. 굳세면 약자를 돕는다는 뜻.

9) 恬漠(염막) : 편안하고 조용함.

10) 機辟(기벽) : 피할 수 있는 함정과 같다.

11) 夫執後~恐後言(부집후~공후언) : 뜻이 자세하지 않다.

12) 會噎(회열) : 말을 하지 않는 상태. 침묵.

13) 孔某(공모) : 공 아무개. 공자를 가리킨다.

5. 공자와 백공이 같다는 것을 깨달은 경공

제(齊)나라의 경공(景公)이 안자(晏子)에게 공자(孔子)의
사람됨이 어떠하냐고 물었으나 안자는 대답하지 않았다. 그래서

경공이 재차 물었지만 안자는 역시 대답하지 않았다.

이에 경공이 말하였다.

"공모(孔某 : 공자)에 대하여 과인에게 말하는 사람이 많았는데 모두 그를 현명한 사람이라고 하였건만 지금 과인의 그에 관한 물음에 대하여 그대는 대답을 하지 않으니 어찌된 일인가?"

안자가 대답하였다.

"저 영(嬰)은 못나서 현명한 사람을 알아 보기에는 부족합니다. 비록 그러하지만 제가 듣기로는 이른바 현명한 사람은 남의 나라에 들어가서는 반드시 그 나라의 군주와 신하 사이의 친한 관계와 합치되도록 해서 그 나라 위와 아래의 원망을 없게 하는데 힘쓰는 것이라고 하였습니다. 그런데 공모는 초(楚)나라에 가서 백공(白公)의 모의(謀議)를 알고도 그에게 석걸(石乞)을 추천함으로써 군주의 몸은 거의 죽을 뻔하게 하였고, 백공이 죽음을 당함에 이르게 하였습니다.

제가 듣기로 현명한 사람은 윗사람을 대함에 허망하지 않고 아랫사람을 다루는데 있어서는 위태롭지 않으며, 말은 군주에게 받아들여지도록 하여 반드시 사람들을 이롭게 하고 교화(敎化)를 아랫사람들에게 행하여 반드시 군주를 이롭게 한다고 하였습니다. 그리하여 말은 분명하고도 알아듣기 쉬우며, 행동은 분명하고도 따르기 쉽게 하며, 의(義)를 행하여 백성들에게 밝힐 수 있으며, 계획과 생각은 군주와 신하에게 통할 수 있게 합니다.

지금 공모는 깊은 생각과 주도(周到)한 계획으로써 역적을 받들어 생각을 수고롭게 하고 지혜를 다하여 사악한 짓을 행하면서 아랫사람들을 권하여 위를 어지럽게 하고, 신하가 군주를 죽이도록 가르쳤으니, 현명한 사람의 행동이 아닙니다.

남의 나라에 들어가서 그 나라의 역적과 함께 하였으니, 의(義)에 속하는 사람이 아닙니다. 그 사람이 충성스럽지 않은 것을 알면서 그를 재촉하여 혼란을 일으키게 하였으니 어질고 의로운 사람이 아닙니다.

사람을 피하여 뒤에서 모의하고, 사람을 피하여 뒤에서 말하며,

의를 행하여 백성들에게 밝히지 못하고, 생각을 꾀하여 군주와 신하에게 통하지 못합니다. 저 영(嬰)은 공모가 백공과 다른 점이 있다는 것을 알지 못합니다. 그래서 대답하지 못한 것입니다."

안자의 대답을 들은 경공이 말하였다.

"아아, 과인에게 깨우쳐 준 것이 많도다. 선생이 아니었더라면 나는 몸을 마칠 때까지 공모와 백공이 같다는 것을 알지 못하였을 것이다."

공모(孔某)가 제(齊)나라로 가 경공(景公)을 배알하였다. 경공이 기뻐하고 이계(尼谿)의 땅에 봉하고자 안자(晏子)에게 통고하였다.

안자가 말하였다.

"불가합니다. 대저 선비는 오만하고 스스로 즐기는 자로 가히 아래를 교화하지 못하며, 음악을 좋아하고 너무 지나쳐 다스림에 친밀하지 못하며, 운명을 세워 일을 게을리 하여 가히 직책을 맡지 못하며, 상례를 높이고 슬픔을 따라 가히 백성을 어여삐 여기지 못하며, 틀에 맞는 의복에 용모를 세워 가히 민중을 인도하지 못합니다. 공모는 용모를 꾸미고 복장을 가꾸고 세상을 미혹되게 하고, 현악기를 타고 춤을 추며 무리를 모으고, 오르고 내리는 예절을 번거로이 하여 위의를 보이고, 기거둥직의 예를 힘써 내중에게 권하는 것입니다. 이것으로 선비의 학문은 가히 세상을 의논할 수가 없으며, 생각을 수고롭게 하여 백성을 돕지 못하고, 오래도록 능히 그 학문을 다하지 못하며, 한 해에 능히 그 예절을 행하지 못하며, 재물을 쌓아도 그 즐거움이 넉넉하지 못하고, 사특한 술수를 번거롭게 꾸며 대대로 군주를 현혹하고, 성대히 음악을 시행하고 어리석은 백성을 음탕하게 하여 그 도를 가히 세상에 기약하지 못하고 그 학문은 가히 백성을 이끌지 못합니다. 이제 임금께서 봉하시면 제나라의 풍속은 이롭게 할 수 있으나, 나라를 이끌고 백성에게 먼저 할 수는 없을 것입니다."

경공이 이르기를 "옳은 말이다."라고 하며, 이에 예를 두텁게 하고 그 봉하는 것을 보류한 채 공경히 만나보고 그의 도는 묻지 않았다.

공모가 마음 속으로 화를 내고 경공과 안자에게 화가 나서 이에 치이자피(鴟夷子皮)를 전상(田常)의 문하에 소개하고 남곽혜자(南郭惠子)가 하고자 하는 것을 고하고 노(魯)나라로 돌아갔다.

그 후 얼마 지나자 제나라가 장차 노나라를 침공하려 하였다.

공모가 자공(子貢)에게 이르기를 "사(賜)야. 큰 일을 할 때는 지금이다!"라고 하고 자공을 제나라로 보내 남곽혜자를 통해 전상을 배알하게 하고 오(吳)나라를 침략하라 권하고 고씨·국씨·포씨·안씨를 가르쳐서 전상의 난리의 피해가 없게 하였으며 월(越)나라를 권하여 오나라를 정벌하도록 권하였다.

3년 동안 제나라와 오나라가 멸망하는 난(難)을 겪고 죽은 시체가 이루 헤아릴 수 없었으니 이것이 공모의 책임이다.

齊景公問晏子[1]曰 孔子爲人何如 晏子不對 公又復問 不對 景公曰 以孔某語寡人者衆矣 俱以賢人也 今寡人問之 而子不對何也 晏子對曰 嬰不肖 不足以知賢人 雖然 嬰聞所謂賢人者 入人之國必務合其君臣之親 而弭其上下之怨 孔某之荊 知白公[2]之謀 而奉之以石乞[3] 君身幾滅 而白公僇[4] 嬰聞賢人得上不虛 得下不危 言聽於君必利人 敎行下必於上 是以言明而易知也 行易而從也 行義可明乎民 謀慮可通乎君臣 今孔某深慮同謀[5]以奉賊 勞思盡知以行邪 勸下亂上 敎臣殺君 非賢人之行也 入人之國而與人之賊 非義之類也 知人不忠 趣[6]之爲亂 非仁義之也 逃人而後謀 避人而後言 行義不可明於民 謀慮不可通於君臣 嬰不知孔某之有異於白公也 是以不對 景公曰 嗚呼 貺[7]寡人者衆矣 非夫子[8] 則吾終身不知孔某之與白公同也

孔某之齊見景公 景公說 欲封之以尼谿[9] 以告晏子 晏子曰 不可 夫儒浩居[10]而自順者也 不可以敎下 好樂而淫人 不可使親治 立命而怠事 不可使守職 宗[11]喪循哀 不可使慈民 機服勉容[12] 不可使導衆 孔某盛容修飾以蠱世 弦歌鼓舞以聚徒 繁登降之禮以示儀 務趨翔之節以觀衆 儒學不可使議世 勞思不可以補民 絫壽[13]不能盡其學 當年不能行其禮 積財不能贍其樂 繁飾邪術以營[14]世君 盛爲聲樂以

淫遇民 其道不可以期世 其學不可以導衆 今君封之 以利齊俗 非所
以導國先衆 公曰 善 於是厚其禮 留其封 敬見而不問其道 孔乃恚
怒於景公與晏子 乃樹鴟夷子皮於田常之門 告南郭惠子[15]以所欲爲
歸於魯 有頃 聞齊將伐魯 告子貢曰 賜乎 擧大事 於今之時矣 乃遣
子貢之齊 因南郭惠子以見田常 勸之伐吳 以敎高國鮑晏[16] 使毋得
害田常之亂 勸越伐吳 三年之內 齊吳破國之難 伏尸以言術數[17] 孔
某之誅[18]也

1) 晏子(안자) : 춘추시대 제(齊)나라의 재상(宰相). 이름은 영(嬰).

2) 白公(백공) : 초(楚)나라 평왕(平王)의 손자로 이름은 승(勝). 혜왕(惠王)
   때 석걸(石乞)과 반란을 일으켰다가 실패하여 모두 죽음.

3) 石乞(석걸) : 백공(白公)의 난에 가담했다가 죽음을 당한 사람.

4) 僇(육) : 육(戮)과 통함. 죽음을 당하다.

5) 同謀(동모) : 동(同)은 주(周)의 잘못. 빈틈이 없는 모의(謀議).

6) 趣(취) : 촉(促)과 통하여 재촉하다의 뜻.

7) 貺(황) : 사(賜)와 같다. 깨우쳐주다.

8) 夫子(부자) : 선생. 여기서는 안자(晏子)를 가리킨다.

9) 尼谿(니계) : 제나라 땅 이름.

10) 浩居(호거) : 호거(浩倨)의 잘못이며 거만하다의 뜻.

11) 宗(종) : 숭(崇)과 같다.

12) 機服勉容(기복면용) : 복장을 다르게 하고 용모에 힘쓰다.

13) 籸壽(누수) : 오래도록. 몇 십년.

14) 營(영) : 혹(惑)의 뜻.

15) 南郭惠子(남곽혜자) : 제나라 사람으로 기록이 없다.

16) 高國鮑晏(고국포안) : 제나라의 유명한 4대 성씨.

17) 術數(술수) : 술은 수(遂)의 오자. 많은 숫자를 말한다.

18) 誅(주) : 책(責)과 같다.

6. 공모가 노나라의 사구가 되다

공모가 노(魯)나라의 사구(司寇)가 되어 공가(公家)를 버리고 계손(季孫)을 받들었다.

계손은 노나라 군주의 재상을 지내다가 도망을 하게 되었는데, 계손이 고을 사람들과 관문을 통과할 때 다투게 되었다. 이때 공모가 관문의 기둥을 들어올려 그를 도망가게 하였다.

공모가 채(蔡)나라와 진(陳)나라 사이에서 궁지에 빠져 있을 때 명아주국만으로 싸라기도 없이 열흘 동안을 지내는데 자로가 그를 위하여 돼지를 구해다가 삶아 주었다. 공모는 그 고기가 어떻게 해서 생겼냐고 물어보지도 않고 먹었다.

또 남의 옷을 빼앗아 그것으로 술을 사다 주었다. 공모는 그 술이 어떻게 해서 생겼냐고 물어보지도 않고 마셨다.

노(魯)나라 애공(哀公)이 공자를 맞아들였는데, 방석이 반듯하지 않으면 앉지 않았고, 고기가 반듯하게 썰어져 있지 않으면 먹지 않았다. 자로가 나아가 물었다.

"어찌하여 진나라와 채나라에 계실 때와는 반대로 하십니까?"

이에 공모가 말하였다.

"이리 오너라. 내 너에게 말해 주겠노라. 전날에는 너와 함께 구차히 살았지만 지금은 너와 함께 진실로 의(義)를 행하려고 한다."

대저 굶주리고 곤궁하면 함부로 가져다가 자신을 살리는 짓을 사양하지 않으며, 여유가 생기고 배가 부르면 거짓된 행동으로라도 스스로를 꾸며야 하는 것인가. 더럽고 간사하고 거짓됨이 이보다 큰 것이 어디 있겠는가.

孔某爲魯司寇[1] 舍公家[2]而奉季孫[3] 季孫相魯君而走 季孫與邑人爭門關 決植[4] 孔某窮於蔡陳之間 藜羹不糂 十日 子路[5]爲享[6]豚 孔某不問肉之所由來而食 號[7]人衣以酤酒 孔某不問酒之所由來而飲 哀公迎孔某 席不端弗坐 割不正弗食 子路進 請曰 何其與陳蔡反也 孔某曰 來 吾與女 曩[8]與女爲苟生 今與女爲苟義 夫飢約則不辭忘妄取 以活身 贏飽僞行以自飾 汚邪詐僞 孰大於此

1) 司寇(사구) : 법을 다스리는 관리.

2) 舍公家(사공가) : 공가(公家)를 버리다. 즉 노(魯)나라에 대한 충성을 포기
했다는 말.

3) 季孫(계손) : 춘추 후기 노나라의 정권을 장악한 귀족.

4) 決植(결식) : 식(植)은 문의 빗장. 빗장을 들어올려서 계손씨를 도망치게 하
였다는 말.

5) 子路(자로) : 공자의 제자. 성은 중(仲). 이름은 유(由).

6) 享(향) : 팽(烹)의 잘못. 삶다의 뜻.

7) 虢(호) : 치(摛)의 잘못. 빼앗다의 뜻.

8) 囊(낭) : 종전. 전날.

7. 공모의 행동이 이와 같다

공모가 그 문하의 제자들과 한가롭게 앉아 있다가 말하였다.

"대저 순(舜)임금은 그의 아버지인 고수(瞽叟)를 만나면 불안
해 하였는데, 이때 천하는 위태로웠다. 주공단(周公旦)은 그 사
람됨이 좋지 않았던 것인가. 왜 그 가족과 집을 버리고 남에게 붙
어 살았는가."

공모가 행한 것은 이러한 마음씨에서 나온 것이다. 그를 따르던
제자들은 모두 공모를 본받았다.

사공(子貢)과 계로(季路)는 공회(孔悝)를 도와 위(衛)나라
를 어지럽혔고, 양화(陽貨)는 노(魯)나라를 어지럽혔고, 필힐
(佛肸)은 중모(中牟)에서 반란을 일으켰으며, 칠조(漆雕)는 처
형되었으니, 어지러움이 이보다 더 클 수가 없다.

대저 후생이 제자가 되면 스승을 목표로 하여 반드시 그의 말
을 닦고 그의 행동을 본받으며, 힘이 모자라고 지혜가 미치지 못
한 뒤에라야 그만둔다. 지금 공자의 행동이 이와 같은 것을 볼 때
유가(儒家)의 선비는 의심스럽다 할 것이다.

孔某與其門弟子間坐 曰 夫舜見瞽叟[1] 就然[2] 此時天下圾乎[3] 周公
旦非其人也邪 何爲亦舍家室而託寓也 孔某所行 心術所至也 其徒

屬弟子皆效孔某 子貢⁴⁾季路⁵⁾輔孔悝⁶⁾亂乎衛 陽虎⁷⁾亂乎魯 佛肸⁸⁾以
中牟⁹⁾叛 柒雕¹⁰⁾刑殘 莫大焉 夫爲弟子後生 其師 必脩其言 法其行
力不足 知弗及而後已 今孔某之行如此 儒士則可以疑矣

1) 瞽叟(고수) : 순(舜)임금의 아버지. 장님으로 소견이 좁았다고 한다.

2) 就然(취연) : 취는 축(蹴)의 잘못. 공경하여 불안해 하는 모양.

3) 圾乎(급호) : 급은 급(岌)과 통하여 위태로운 모양.

4) 子貢(자공) : 공자의 제자. 성은 단목(端木), 이름은 사(賜).

5) 季路(계로) : 공자의 제자인 자로(子路)를 달리 이르는 말. 위(衛)나라의 대
   부(大夫)인 공회(孔悝)의 읍재(邑宰)로 있다. 그를 도우러 갔다 살해되었
   다. 자공(子貢)은 이 일에 참여하지 않았다. 아마 공자의 제자인 자고(子羔)
   인 것 같다.

6) 孔悝(공회) : 위(衛)나라의 대부(大夫).

7) 陽虎(양호) : 양화(陽貨)라고도 하며, 춘추시대 후기 노(魯)나라 계손씨(季
   孫氏)의 가신(家臣)으로 반란을 일으켰다가 실패했다.

8) 佛肸(필힐) : 진(晉)나라 중모(中牟)의 장관.

9) 中牟(중모) : 진(晉)나라의 한 지방. 지금의 하남성에 있었다.

10) 柒雕(칠조) : 칠조(漆雕). 칠조는 성이요, 이름은 개(開).

제 10권 (卷之十)

제40편 경 상(經上第四十)

1. 믿음이란, 말이 뜻과 합치되는 것이다

이유(故 : 원인)라는 것은 얻은 뒤에 이루어지는 것이다. 중지(止)한 것은 오래도록 하는 것이다. 체(體)라는 것은 전체에서 나누어진 것이다. 필(必)이란 그치지 아니하는 것이다. 앎(知)이란 재주와 지혜이다. 평탄(平)한 것은 높은 것이 동일한 것이다. 생각(慮)이란 구하는 것이다. 동일(同)이란 길고 바른 것이 서로 다한 것이다. 지혜란 물을 접하는 것이다. 중(中)이란 길이가 같은 것이다. 서(恕)란 밝은 것이다. 두터운(厚) 것은 거대한 것이 있는 것이다. 인(仁)이란 사랑의 몸체인 것이다. 날이 중앙(日中)에 한 것은 정남쪽이다. 의(義)는 이로움이다. 곧은 것(直)은 나란히 한 것이다. 예(禮)는 공경하는 것이다. 둘레(圓)는 한가운데의 길이가 같은 것이다. 행동(行)은 하는 것이다. 모난(方) 것은 기둥의 동서남북의 각 모퉁이를 말한다. 열매(實)는 영광스러운 것이다. 배(倍)는 둘이 되는 것이다. 충성(忠)이란 이로움을 삼아 굳센 것을 낮추는 것이다. 단(端 : 실마리)이란 몸체가 차서가 없고 가장 앞선 것이다. 효(孝)란 어버이를 이롭게 하는 것이다. 사이가 있는(有間) 것은 가운데 한 것이다. 믿음(信)이란 말이 뜻에 합치된 것이다. 틈(間)이란 곁에 미치지 못하는 것이다. 잇는 것(侶)은 스스로 일어나는 것이다. (※ 의미 미상) 여막(纑)이란 틈이 비어있는 것이다. 연(詘)이란 겸손한 것이다. (※ 연자가 없음) 가득찬 것(盈)은 있지 않은 것이 없는 것이다. 청렴이라는 것은 옳지 않은 것을 일으킨 것이다. 견백(堅白)이라는 것은 서로 밖에 하지 않는 것이다. 명령이라는 것은 일어난 것을 하지 않는 것이다. 맺는 것(攖)은 서로 얻는 것이다. 임(任)이란 선비가 자신을 덜어 하는 것을 보태는 것이다. 같은 것(似)은 서로 가까운 것도 있고 서로 가깝지 아니한 것도 있는 것이다. 용맹(勇)이란 뜻이 구태여 하는 것이다. 차(次)라는 것은 틈이 없고 매달리지 않는 것이다. 힘(力)이란 형상이 분노하는 것이다. 법(法)이란 따르는 것이 그러한 것이다. 생(生)이란 형상과 지혜가 처해진 것이다. 이어진 것(佴)은 그러하는 것이다. 누운 것(臥)은 알기도 하고 앎이 없기도 한 것이다. 말하는(說) 것은 밝히는 것이다. 꿈(夢)이라는 것은 누워서 그렇게 되는 것이다. 불가한 것(攸不可)은 둘다 불가한 것이다. 평(平)이라는 것은 아는 것이 나쁘게 되는 것이 없는 것이다.

　말 잘하는 것(辯)은 저 사람과 다투는 것이다. 말로써 이기는 것은 마땅한 것이다. 이로움(利)이란 얻는 것을 기뻐하는 것이다. 하는 것(爲)은 아는 것이 궁하여 욕심에 매달린 것이다. 해로움(害)이란 얻은 것이 나쁜 것이다. 이미(已)라는 것은 없는 것을 이루는 것이다. 다스림(治)은 얻는 것을 구하는 것이다. 부리는 것(使)은 까닭을 이른 것이다. 명예(譽)는 밝고 아름다운 것이다. 이름(名)이란 것은 무리들의 사사로움에 통달한 섯이다. 헐뜯는 것(誹)은 나쁜 것을 밝히는 것이다. 이른다(謂)는 것은 이름을 들어 옮기는 것이다. 들어 올리는 것(擧)은 진실을 헤아리는 것이다. 앎(知)이란 것은 어버이의 말을 듣고 이름과 진실이 합해져 된 것이다.

　말(言)이란 드러내는 것이다. 듣는 것(聞)은 어버이에게 전하는 것이다. 장차(且)라는 것은 그러한 것을 말한 것이다. 보는 것(見)은 몸체가 다한 것이다. 임금과 신하의 이름(君臣名)은 언약이 통한 것이다. 합(合)한 것은 바른 것이 반드시 마땅한 것이다. 공(功)이란 것은 백성을 이롭게 하는 것이다. 욕심은 저울의 이로운 것을 바르게 하고 사나운 것은 저울의 해로움을 바르게 한다. 상(賞)이라는 것은 위에서 아래의 공로에 보답하는 것이다.

위(爲)하는 것은 존재하고 없어지고 바뀌고 방탕하고 다스리고
변화하는 것이다. 죄(罪)라는 것은 금지된 것을 범한 것이다. 한
가지(同)인 것은 거듭된 몸체가 무리와 합치된 것이다. 벌(罰)이
라는 것은 위에서 아래의 죄에 보답하는 것이다. 다르다(異)는 것
은 두 가지 몸체가 합하지도 않고 무리짓지도 않는 것이며 한 가
지인 것은 다른 것이 하나에 함께한 것이며 한 가지와 다른 것이
서로 얻고 있고 없는 것을 놓는 것이다. 오래(久)하는 것은 다른
때까지 오래하는 것이다. 지키는(守) 것은 다른 곳에서도 오래 하
는 것이다. 듣는 것(聞)은 귀의 총명한 것이다. 궁(窮)이라는 것
은 혹 앞의 한 자도 용납하지 못하는 것이다. 따르는 것(循)은 듣
는 것이 그의 뜻을 얻어 마음으로 살피는 것이다. 진(盡)이란 것
은 그러하지 않은 것이 없는 것이다. 말(言)이란 것은 입의 이로
움이다.
　처음(始)이란 것은 마땅한 때인 것이다. 고집(執 : 주장)이란 것
은 말하는 것이 뜻의 나타냄을 얻어 마음을 변론하는 것이다. 화
(化)라는 것은 변화가 이루어진 것이다. 허락(諾)이라는 것은 하
나도 이용하지 아니한 것이다. 덜어낸 것(損)이란 두루 버린 것
이다. (※복집리(服執說) 뜻이 미상하다) 재주를 부리는 것은 그 까
닭을 구하는 것이 크게 이익이 되는 것이다. (※ 환구지(儇倛柢)
뜻이 미상하다) 법이란 동일하면 그 동일한 것을 보는 것이다. 막
는 것(庰)은 쉬운 것이다. 법이란 다르면 그 마땅한 것을 관찰하
는 것이다. 움직이는(動) 것은 혹 따르는 것이다. 그치는 것(止)
은 인하여 길을 분별하는 것이다. 이 글을 읽고 곁들여 행동하면
바르게 되고 잘못은 없을 것이다.

　故 所得而後成也 止 以久也 體 分於兼也 必 不已也 知 材也 平
同高也 慮 求也 同 長以缶相盡也 知 接也 中 同長也 恕 明也 厚 有
所大也 仁 體愛也 日中 缶南也 義 利也 直 參也 禮 敬也 圓 一中同
長也 行 爲也 方 柱隅四讙也 實 榮也 倍 爲二也 忠 以爲利而强低
也 端 體之無序而最前者也 孝 利親也 有間 中也 信 言合於意也 間

不及旁也 佴自作也 纑 間虛也 謂作嗛也 盈 莫不有也 廉 作非也 堅
白 不相外也 令 不爲所作也 攖 相得也 任 士損已而益所爲也 似 有
以相攖 有不相攖也 勇 志之所以敢也 次 無閒而不攖攖也 力 刑之
所以奮也 法 所若而然也 生 刑與知處也 佴所然也 臥 知無知也 說
所以明也 夢 臥而以爲然也 攸不可 兩不可也 平 知無欲惡也 辯 爭
彼也 辯勝 當也 利 所得而喜也 爲 窮知而縣於欲也 害 所得而惡也
已 成亡 治 求得也 使 謂故 譽 明美也 名 達類私 誹 明惡也 謂 移
擧加 擧 擬實也 知 聞說親 名實合爲 言 出擧也 聞 傳親 且言然也
見 體盡 君臣萌 通約也 合 缶宜必 功 利民也 欲缶權利 且惡缶權害
賞 上報下之功也 爲 存亡易蕩治化 罪 犯禁也 同 重體合類 罰 上報
下之罪也 異 二體不合不類 同 異而俱於之一也 同異交得放有無 久
彌異時也 守 彌異所也 聞 耳之聰也 窮 或有前不容尺也 循 所聞而
得其意 心之察也 盡 莫不然也 言 口之利也 始 當時也 執所言而意
得見 心之辯也 化 徵易也 諾 不一利用 損 偏去也 服執說巧轉則求
其故 大益 儇秪秪 法 同則觀其同 庫[1] 易也 法 異則觀其宜 動 或從
也 止因以別道 讀此書旁行 缶無非

1) 庫(고) : 장(庫)의 잘못.

제41편 경 하(經下第四十一)

1. 오행(五行)은 항상 이기는 것이 없다

중지(止)한 것이란 행인(行人:길을 가는 사람)이 똑같이 중지한 것으로써 밝은 것이 함께 있다는 말이다. 살피는 것을 함께 했다는 것은 살피는 것을 누구와 함께 살핀 것인가? 네 마리 말(馬四)이 설명이 다른 것은 같은 것들을 미루어 보기 어려운 것으로 그의 밝은 것이 크고 작은데 있는 것이다.

오행(五行)은 항상 이기는 것이 없는 것은 밝은 것이 적당함에 있다. 물(物)이 다하면 이름을 함께 한다. 둘이 더불어 다투는 것이다. 사랑(愛)이란 먹는 것을 불러서 함께 하고 흰 것을 함께 보고 아름다운 것을 함께 하는 것이다. 지아비와 신발은 하나이다. 한쪽만을 버리는 것을 일러서 고루한 것이라고 하는 것이, 이것이며 밝은 것이 말미암는데 있는 것이다. 한쪽만을 버리지 않는 것이 둘(二)이며 밝은 것이 보는 것을 함께 한데 있는 것이다. 하나는 둘과 함께 한다. 넓은 것은 따르는 것이 함께 한 것이다. 미워하고자 하는 것이 없는 것은 더하고 덜어내는 것이 되는 것이며 밝은 것이 적당함에 있다. 능하지도 않고 해롭지도 않다는 것은 밝은 것이 해로운 데 있는 것이다. 덜어내도 해가 되지 않는 것은 밝은 것이 넉넉한데 있다. 다른 부류인데도 헐뜯지 않는 것은 밝은 것이 도량에 있는 것이다. 아는데 오로(五路)로써 아니하는 것은 밝은 것이 오래함에 있다.

한편을 버리면 조금의 보탬이 없는 것은 밝은 것이 일(故:일)에 있다. 반드시 열이 나는 것은 밝은 것이 꺾이는데 있다. 빌려주는 것은 반드시 망가뜨리는데 밝은 것이 그렇지 않다는데 있다. 그 알지 못하는 것을 알게 하는 것은 설명이 취하는 이름에 있는 것이다. 물(物)이 그렇게 된 까닭으로써 함께 하여 까닭을 알게 되면 함께 한 까닭으로써 사람을 시켜 알게 하여도 반드시 동일하지가 않으며 밝은 것이 괴로움에 있는 것이다. 없다(無)라는 것은 반드시 있다라는 것을 기다리지 않는 것이며 밝은 것이 이르는 바에 있다. 다르다(異)는 것의 밝은 것은 만나는데 있다.

우연이 지나가다 따르는 것은 생각을 뽑아서 의심하지 않는 것이며 밝은 것이 있고 없는 것이 합하여 함께 하나가 된데 있는 것이다. 혹은 다시 아니하는 것은 밝은 것이 막아서 또 그러한 곳에 있는 것이다. 가히 바르지 아니하면 밑에서 공인(工人)을 써서 해치는데 밝은 것이 마땅히 치는데 있다. 물(物)은 한몸이라는 것은 밝은 것이 하나로 갖추는데 있다. 오직 이 균등한 것이 끊기지 않았다는 것은 밝은 것이 고른데 있다.

집을 혹은 이사한다는 것은 밝은 것이 길게 집에 오랫동안 있는 것이다. 요임금의 의(義)는 오늘날에 태어나거나 옛날에 처하여도 때가 다른 것은 밝은 것이 의로운 바에 있다. 둘은 거울 앞에 다달아 서 있는 것이며 그림자가 이르른 것이다. 많은 것이 적은 것을 따르는 것은 밝은 것이 작은 것에 있다.

구(狗)는 견(犬)인네 개는 죽이고 견(犬)은 죽이지 않는다고 하는 것이 옳다는 것은 밝은 것이 무거운데 있는 것이다. 거울이 서 있으면 하나의 작은 것은 헤아리기가 쉬우나 하나의 큰 것은 질장구가 되는데 밝은 것은 가운데 있는 것이다.

외내(外內 : 밖과 안)란 크게 아름답게 하는 것인데 밝은 것은 사(使)에 있는 것이다. 거울이 둥글면 하나로 비친다. 단단하고 흰 것은 동일한 것이 아니라는 것은 밝은 것이 형(荊)나라의 거대한 것에 있다. 그 가라앉은 것이 얕은 것은 밝은 것이 갖춘데 있는 것이다. 집과 함께 오래하지 않아서 단단하고 흰 것이 다르게 느끼는 것은 밝은 것이 말미암는데 있는 것이다. 우리로써 둥근 것을 만드는데 아는 것이 없다고 하는 것은 밝은 것이 의(意)에

있는 것이다. 모든 것이 그러하다는 것은 그러하지 아니할 것이
그러한데 있는 것이니 밝은 것은 이것을 미루어 보는데 있는 것
이다. 뜻하는 것을 가히 알지 못하는 것은 밝은 것이 지나치게 검
사하는 것을 사용하는데 있다. 그림자가 따르지 않는 것은 밝은
것이 고쳐 만드는데 있다. 하나는 둘보다는 적고 다섯보다는 많
다는 것은 밝은 것이 굳세다는데 있다. 그림자가 정지하면 둘인
데 밝은 것은 겹친데 있다. 반쪽이 아닌 것은 파괴하지 않으면 움
직이지 않는 것은 밝은 것이 끝에 있는 것이다. 그림자가 이르면
정오가 있고 끝이 있는 것인데 그림자가 길어지는 것은 밝은 것
이 끝에 있는 것이다. 가히 없다가 있게 되면 가히 버리지 못하는
데 밝은 것이 그러한 것을 맛본데 있는 것이다. 그림자는 해를 맞
이하는데 밝은 것은 동그란데 있는 것이다. 장군(缶)은 가히 메
지 못하는데 밝은 것은 둥글다는데 있다. 그림자의 작고 큰 것은
밝은 것이 땅의 나무 울타리가 멀리하고 가까이 하는데 있다.

止 類以行人[1] 說在同 所存與者 於存與孰存 駟[2]異說 推類之難
說在之大小 五行母常勝 說在宜 物盡同名 二與鬪 愛食與招 白與
視 麗與 夫與履 一偏棄之 謂而固是也 說在因 不可偏去而二 說在
見與俱 一與二 廣與循 無欲惡之爲益損也 說在宜 不能而不害 說
在害 損而不害 說在餘 異類不吡[3] 說在量 知而不以五路 說在久 偏
去莫加少 說在故 必熱 說在頓 假必誖[4] 說在不然 知其所以不知 說
在以名取 物之所以然 與所以知之 與所以使人知之 不必同 說在病
無不必待有 說在所謂 異 說在逢 循遇過 擇慮[5]不疑 說在有無 合與
一 或復否 說在拒 且然 不可正 而不害用工 說在宜歐 物一體也 說
在俱一 惟是 均之絶不 說在所均 宇或徙 說在長宇久 堯之義也 生
於今而處於古 而異時 說在所義 二 臨鑑而立 景到 多而若少 說在
寡區 狗 犬也 而殺狗非殺犬也可 說在重 鑑位 量一小而易 一大而
缶 說在中之 外內 使殷美 說在使 鑑團景一 不堅白 說在 荊之大 其
沈淺也 說在具 無久與宇 堅白 說在因 以檻爲摶[6] 於以爲無知也 說
在意 在諸其所然 未者然 說在於是推之 意未可知 說在可用過仵[7]

景不從說在改爲 一少於二 而多於五 說在建 住景二 說在重 非半
弗斵 則不動 說在端 景到 在午有端與景長 說在端 可無也 有之而
不可去 說在嘗然 景迎日 說在搏 缶而不可擔 說在搏 景之大小 說
在地缶[8]遠近

1) 行人(행인) : 일설에는 행작(行作)이라고 했다.
2) 駟(사) : 수레를 끄는 네 마리의 말. 즉 네 마리의 말의 명칭이 다르다. 바깥
   쪽의 말은 참(驂) 또는 비(騑)라 하고 안쪽의 두 말은 복(服)이라고 한다.
3) 吡(비) : 헐뜯다.
4) 誖(패) : 어지럽다.
5) 擢慮(탁려) : 생각을 빼내다. 즉 생각하다.
6) 搏(단) : 둥글다.
7) 仵(오) : 검시하다. 검사하다.
8) 地缶(지부) : 일설에 이부(杝缶)이며 울타리와 장군.

2. 집으로 가는데 가까워지는 것이 없는 것은…

집으로 나아가는데 가까워지지 않는 것은 밝은 것이 헤아리는
데 있는 것이다. 하늘은 반드시 장군이 있는데 밝은 것은 얻는다
는데 있는 것이다. 오래도록 따라 행한다는 것은 밝은 것이 먼저하고 뒤
에 하는데 있는 것이다. 곧아서 요동하지 않는 것은 밝은 것이 한
결같이 이기는데 있는 것이다. 본받는다는 것은 서로 더불어 다
하는 것이며 모난 것이 서로 부르는 것과 같은 것으로 밝은 것이
모난데 있는 것이다. 계약하고 함께 판(板)을 거두는 것은 밝은
것이 장부에 있는 것이다. 미치광이가 드는 것은 가히 다른 것을
알지 못하는 것이니 밝은 것이 불가(不可)한데 있는 것이다. 소
와 말은 소가 아닌데 더불어 가히 한가지로 하는 것은 밝은 것이
겸하는데 있는 것이다.

기대는 것은 머무르는 것이 아니라는 것은 밝은 것이 사다리에
있는 것이다. 이를 따르다. 이를 따르는 것은 피차(彼此)와 동일
한데 밝은 것은 다른 것에 있는 것이다. 기둥이란 반드시 가는 것

인데 밝은 것은 재목을 없애는데 있는 것이다. 창화(唱和)는 함께 조심하는 것인데 밝은 것은 공(功)에 있는 것이다. 사는데 귀함이 없는 것은 밝은 것이 그 사는 것을 빌리는데 있는 것이다. 알지 못하는 것을 듣고 아는 바와 같이 하면 양쪽에서 아는데 밝은 것은 고하는데 있는 것이다. 사는 것이 적당하면 갚는 것은 밝은 것이 다한데 있는 것이다. 말로써 모두 어지러워지게 되는데 어지러워지는 것의 밝은 것은 그 말에 있는 것이다. 밝은 것이 없으면 두려워 하는 것은 밝은 것이 마음에 있지 않기 때문이다.

오직 내가 일러서 이름이 아니면 불가한 것은 밝은 것이 빌린데 있는 것이다. 혹은 과분한 명예라는 것은 밝은 것이 진실에 있는 것이다. 다함이 없는 것은 겸한 것이 해롭지 않은 것이니 밝은 것이 가득하고 그렇지 않은가를 아는데 있는 것이다.

알기도 하고 모르기도 하는 것은 사용하는 것이 족하여 두터운 것으로 밝은 것이 쓰는 것이 없는데 있는 것이다. 그 수량을 알지 못하고 그 다함을 아는 것은 밝은 것이 밝은데 있는 것이다. 말을 잘한다고 하여 승리하지 못하면 반드시 마땅하지 않은 것은 밝은 것이 변론에 있는 것이다. 그 처한 바를 알지 못해도 사랑하는 것이 해롭지 않은 것은 밝은 것이 자식을 잃은 자에 있다. 사양하지 아니함이 없는데도 불가한 것은 밝은 것이 비롯함이 있는 것이다. 인과 의는 밖과 안이 된다. 내(內 : 안)는 밝은 것이 얼굴을 검사하는데 있다. 하나는 아는 것이 있고 알지 못하는 것도 있는 것은 밝은 것이 살피는데 있다. 배우는데 이익은 밝은 것이 비방하는 자에게 있다.

둘을 손가락질 함이 있는데 가히 도망하지 않는 것은 밝은 것이 둘이 포개진 곳에 있다. 비방의 옳고 그른 것을 많고 적은 것으로써 아니하는 것은 밝은 것이 가히 그른 것에 있는 것이다. 아는 것을 능히 가르키지 않는 것은 밝은 것이 봄에 있는 것이다. 도망한 신하와 구견(狗犬 : 개)이 귀한 것과 비방하지 않는 자가 도움이 되는 것은 밝은 것이 그르지 않다는데 있는 것이다. 구(狗)는 알고 스스로 이르기를 견(犬)은 알지 못한다는 것을 과오라고

하는데 밝은 것은 중요함에 있는 것이다. 물(物)은 기(箕 : 키)가
심하지 않은데 밝은 것은 이와 같은데 있는 것이다. 뜻이 통한 뒤
에 대답하는데 밝은 것은 그 누구를 이르는지 알지 못하는데 있
는 것이다. 아래에서 취하여 위에서 구하는 것은 밝은 것이 연못
에 있는 것이다. 옳은 것이란 옳은 것과 옳은 것이 함께 한 것이
며 밝은 것은 나라를 함께 하지 않은데 있다.

宇進無近 說在敷[1] 天而必缶 說在得 行循以久 說在先後 貞而不
撓 說在勝一 法者之相與也盡 若方之相召也 說在方 契與枝[2]板 說
在薄[3] 狂擧不可以知異 說在有不可 牛馬之非牛 與可之同 說在兼
倚者不可正[4] 說在剃[5] 循此 循此與彼此同 說在異 推[6]之必往 說在
廢材 唱和同患 說在功 買無貴 說在假其買 聞所不知若所知 則兩
知之 說在告 買宜則讐 說在盡 以言爲盡詩 詩說在其言 無說而懼
說在弗心 惟吾謂 非名也 則不可 說在假 或過名也 說在實 無窮不
害兼 說在盈否知 知之否之 足用也 諄[7] 說在無以也 不知其數 而知
其盡也 說在明者 謂辯無勝必不當 說在辯 不知其所處 不害愛之 說
在喪子者 無不讓也 不可 說在始 仁義之爲外內也 內 說在仵顔 於
一有知焉 有不知焉 說在存 學之益也 說在誹者 有指於二 而不可
逃 說在以二參 誹之可否 不以衆寡 說在可非 所知而弗能指 說在
春也 逃臣狗人貴者 非誹者諄 說在弗非 知狗而自謂不知犬 過也 說
在重 物箕不甚 說在若是 通意後對 說在不知其誰謂也 取下以求上
也 說在澤 是 是與是同 說在不州[8]

1) 敷(부) : 수(數)의 잘못.
2) 枝(지) : 수(收)의 뜻.
3) 薄(박) : 부(簿)의 뜻.
4) 正(정) : 지(止)의 뜻.
5) 剃(체) : 제(梯)의 뜻.
6) 推(추) : 주(柱)의 뜻.
7) 諄(순) : 정성스러운 것. 두텁다.
8) 州(주) : 나라. 국(國)과 같다.

제42편 경설 상(經說上第四十二)

1. 이유란 반드시 그럴지도 않고 안그럴기도 하다

이유는 작은 것으로부터 하며 있으면 반드시 그렇지 않기도 하고 없어도 반드시 그렇지 않은 것이다. 몸체에 단서가 있는 것과 같다. 큰 이유가 있으면 반드시 그런 것이 없어서 보면 보는 것이 성취된 것과 같다.

둘이 하나와 같은 것은 한 자(尺)의 끝마침이다.

재주를 안다는 아는 것이란 깨달은 것이니 반드시 아는 것이 밝아진 것과 같은 것이다.

생각의 생각하는 것이란 그 아는 것을 구하는 것이니 반드시 언지 못하게 되면 흘겨보는 것과 같은 것이다.

아는 것의 앎이란 그 아는 것으로써 사물을 만나게 하여 능히 모양을 본 것과 같은 것이다.

서(恕)란 어진 것이다. 그 아는 것으로써 사물을 논하여 그 아는 것이 나타나면 밝아지는 것과 같은 것이다.

인(仁)이란 자신을 사랑하는 것이며 자기를 사용하기 위한 것은 아니므로 말(馬)을 사랑하는 것을 나타내는 것과는 같지 않은 것이 명백함과 같은 것이다.

의(義)란 뜻이 천하로써 향내나는 것을 삼아 능히 이로운 것을 능하게 하는 데도 반드시 사용되지는 않는다.

예(禮)란 귀한 자는 공(公)으로 하고 천한 자는 이름으로 하여 함께 공경하고 업신여기는 것이 있으니 등급이 다른 것을 논한 것이다.

행동은 하는 것이 명성을 좋게 하지 않아야 행동하는 것이다. 하는 것이 이름을 좋게 하는 것은 꾸미는 것이요, 도적이 되는 것과 같은 것이다.

열매는 그의 지기(志氣)가 보이는 것이니 사람으로 하여금 자기와 같게 하는 것이다. 쇠소리나 옥을 복용하는 것과는 같지 않은 것이다.

충(忠)이란 약한 자식의 어리석은 것에는 이롭지 않지만 족히 나아가서 예모를 갖추는데 들어가는 것이다.

효(孝)란 어버이로써 향기를 삼아서 능히 어버이를 이롭게 하는 것에 능하여도 반드시 얻어지는 것은 아니다.

신(信)이란 그의 말이 마땅한 것으로 하는 것이 아니고 사람을 시켜서 성을 살피면 금(金)을 얻는다고 하는 것이다.

이(佴 : 잇다)는 사람과 함께 하고 사람을 만나면 모든 사람이 따르는 것이다.

연(誢)은 옳은 것만을 위하고 옳은 것을 위해서는 저를 속이는 것을 하지 않는 것이다.

청렴(廉)이란 자신이 오직 하는 것인데 그 생각할 줄을 아는 것이다.

명령하는 것은 자신이 아니면 행하지 않는 것이다.

임무(任)란 자신이 싫어하는 것을 행하여 남의 급한 바를 이루어 주는 것이다.

용(勇)이란 이곳에서 명령한 것을 과감하게 하는 것이요, 그 저곳의 해로운 것이라도 과감하게 하지 아니치 못하는 것이다.

힘(力)이란 무거운 것이 아래로 하는 것을 이르는데, 무거운 것과 함께 하여 일어나는 것을 말한다.

생(生)이란 형체가 생겨나는 것이며 헤아려보면 반드시 하지는 않는 것이다.

눕는 것은 꿈을 꾸는 것이다. 〔臥와 夢〕을 별도로 해석한다.

평(平)은 담연(恬然 : 편안함)한 것이다.

이익(利)이란 옳은 곳에서 얻었으면 기쁜 것이며 곧 옳은 이로움이고 그것이 해롭다고 하는 것은 옳은 것이 아니다.

해(害)란 옳은 것에서 얻었더라도 나쁜 것이며 곧 해롭다는 것이 옳고 그것이 이롭다고 하는 것은 옳은 것이 아니다.

다스림(治)이란 나의 일을 다스리고 남도 또한 남과 북을 다스리는 것이다.

명예(譽)란 반드시 그가 행동한 것을 그에게 말하여 기쁘게 하고 사람으로 하여금 독려토록 하는 것이다.

비방(誹)이란 반드시 그가 행동한 것을 그에게 말하여 기뻐하게 하는 것이다.

천거(擧)함이란 글을 잘한다는 이름으로 고하여 저의 진실을 천거하는 것이다.

이유를 말한다는 것은 모든 입에서 능히 백성들이 나오는 것이다. 백성들이 수레 바퀴를 그리는 것과 같다. 말한다는 것은 돌이 이르른 것과 같은 말을 이른 것이다.

장차(且)란 앞으로부터 하는 것을 장차(且)라고 하고 뒤로부터 하는 것을 이미(已)라고 하고 바야흐로 그러할 것도 또한 장차이다.

돌과 같다는 것은 군주란 명분과 같은 것이다.

공(功)이란 때를 기다릴 것이 없이 갖옷을 입는 것과 같다.

공(功)이란 때를 기다릴 것이 없이 갖옷을 입는 것과 같다. 〔중복된 연문이라 했다.〕

상(賞)이나 죄(罪)란 금지하는 데 있지 않게 되면 오직 해로워서 죄가 없어도 위태함이 잠시한다. 〔무슨 뜻인지 자세하지 않다.〕 위에서 아래의 공로를 보답하는 것이다.

벌(罰)이란 위에서 아래의 죄에 보답하는 것이다.

미련한 두 사람이 함께 이 기둥을 보고 이는 임금이 오래된 것과 같이 여긴다. 〔무슨 뜻인지 자세하지 않다.〕

옛날이나 지금이나 또 없는 것이다.

우(宇：집)란 동과 서로 하고 가(家)는 남과 북으로 한다.

궁(窮)이란 혹은 I자도 용납하지 못한다면 궁함이 있으나 I자라도 용납하지 아니치 못한다면 궁함이 없는 것이다.

진(盡 : 보루)이란 다만 머무르고 활동하는 것이다.

시(始 : 시작)란 시간이 혹은 오래함이 있고 혹은 오래함도 없는 것이나 시작이란 당연히 오래함이 없는 것이다.

화(化 : 변화)란 개구리가 메추리가 되는 것과 같은 것이다.

손(損 : 덜다)이란 한쪽을 버리는 것이다. 겸한 몸체에서 그의 몸체를 혹은 버리고 혹은 보존시키는 것이니 그 보존한 것에서 덜어내는 것을 이른 것이다.

현(儇)은 후민(昫民)이다. 〔뜻이 자세하지 않다〕

창고(庫)란 구혈(區穴 : 묘지의 속)이며 이 모양과 같이 항상 있는 것이다.

움직임이란 제사 지낼 때 따라서 모두 하는 것이다. 문의 지도리가 엄숙함을 면한 것이다.

중지(止 : 멈추다)란 오래도록 멈추지 않는 것이 없다. 소가 마땅한데 말이 아니라고 한 것은 지나치는 기둥과 같은 것이다. 오래도록 중지하지 않는 것이 있으면 말이 마땅해도 말이 아니어서 사람이 끊어진 곳을 지나가는 것과 같은 것이다. 〔뜻이 자세하지 않다.〕

반드시(必)란 쥐어서 잡은 것이다. 만약 아우와 형이 한번은 그렇게 한다고 하고 한번은 그러하지가 않다고 하는 것은 반드시 하고 반드시 하지 않는 것과도 같으니 이는 반드시가 아닌 것이다.

동첩(同捷) 여광(與狂)은 동장(同長)이다. 〔뜻이 자세하지 않다.〕

故 小故 有之不必然 無之必不然 體也若有端 大故 有之必無然 若見之成見也 若二之一 尺之端也 知材 知也者所以知也 而必知 若明 慮 慮也者以其知有求也 而不必得之若睨 知 知也者以其知過[1] 物而能貌之若見 恕[2] 恕也者以其知論物 而其知之也著 若明 仁愛己者 非爲用己也 不若愛馬 著若明 義 志以天下爲芬 而能能利之 不必用 禮 貴者公 賤者名 而俱有敬僈焉 等異論也 行 所爲不善名

行也 所爲善名 巧也 若爲盜 實 其志氣之見也 使人如己 不若金聲
玉服 忠 不利弱子亥 足將入止³⁾容 孝以親爲芬⁴⁾ 而能能利親 不必
得 信 不以其言之當也 使人視城得金 佴 與人遇人衆惛 謂爲是爲
是之台彼也 弗爲也 廉 己惟爲之 知其也題也 所令 非身弗行 任 爲
身之所惡 以成人之所急 勇 以其敢於是也命之 不以其不敢於彼也
害之 力 重之謂下 與重奮也 生 楹之生 商不可必也 臥 夢 平惔⁵⁾然
利 得是而喜 則是利也 其害也 非是也 害 得是而惡 則是害也 其利
也 非是也 治 吾事治矣 人有治南北 譽之 必其行也其言之忻 使人
督之 誹 必其行也 其言之忻 舉 告以文名 舉彼實也 故言也者 諸口
能之 出民者也 民若畵俿也 言也 謂言猶石致也 且 自前曰且 自後
曰已 方然亦且 若石者也 君以若名者也 功 不待時若衣裘 功 不待
時若衣裘賞 罪不在禁 惟害無罪 殆姑 上報下之功也 罰上報下之罪
也 佋二人而俱見是楹也 若是君今久 古今且莫 宇東西家南北 窮 或
不容尺有窮 莫不容尺無窮 盡 但止動 始 時或有久 或無久 始當
無久 化 若蟲爲鶉 損偏去者 兼之體也 其體或去或存 謂其存者損
償 昫民也 庫 區穴 若斯貌常 動 偏祭從者 戶樞免瑟 止 無久之不止
當牛非馬 若夫過楹 有久之不止 當馬非馬 若人過斷 必 謂臺執者
也 若弟兄 一然者一不然者 必不必也 是非必也 同捷與狂之同長也

1) 過(과) : 우(遇)의 뜻.
2) 恕(서) : 지(智)와 같다.
3) 止(지) : 정(正)의 뜻.
4) 芬(분) : 애(愛)의 뜻.
5) 惔(담) : 담(淡)의 뜻.

2. 이름이란 물(物)에 통달한 것이다

심중(心中)이란 이로부터 가서 서로 같은 것이다.

두텁다는 오직 크게 하는 바가 없는 것이다.

환(圓 : 둥글다)이란 그림쇠로 가지를 그리는 것이다.

방(方 : 모나다)이란 굽은 자로 가지를 나타내는 것이다.

갑절이란 두자가 한자와 더불어 한 것이며 하나를 버린 것이다. 끝이란 이는 함께 한 것이 없는 것이다.

사이가 있다는 것은 끼어 있다는 것을 이른 것이다.

사이(間)란 끼어 있는 것을 이른 것이다. 자(尺)가 구멍의 앞에 하고 끝이 뒤에 한 것이다. 끝과 공간 속에 이르러 끼어 있는 것이 아니며 이르러 가지런하게 이르른 것은 아니다.

여막의 틈이 비어있는 것이란 두 나무의 사이에 그 나무가 없는 것을 이른 것이다.

가득 찬 것(盈)이란 가득 찬 것도 없고 두터운 것도 없는 것이며 자(尺)로 가는 바가 없어서 얻지 못한 것이다.

단단하고 흰 것의 두가지는 다른 곳을 얻어 서로 가득하고 서로 다르더라도 이것은 서로 밖에 하는 것이 아니다.

맺는 것(攖)은 자(尺)와 자(尺)가 함께 다하지 않지만 끝은 끝이 없어서 다만 다하는 것이다. 자(尺)가 혹은 다하기도 하고 혹은 다하지 않기도 하여 단단하고 흰 것의 맺는 것이 서로 다하여 몸체가 맺는 것은 서로 다하지 않고 끝난 것이다.

같은 것은 두 개의 끝이 있은 뒤에 가한 것이다.

차(次)란 두터움이 없은 뒤에 가한 것이다.

법(法)이란 뜻과 그림쇠와 동그라미의 세 가지를 갖추어야 가히 법이 되는 섯이다.

이어진 것(佴)이 그러한 것이란 백성들이 법을 쫓는 것과 같다.

저것은 무릇 우추(牛樞)로 소와 둘은 아니다. 틀린 것도 없다. 변론하는 이들 혹은 소(牛)라고 이르고 소가 아니라고도 일러서 이들이 저들과 다투는데, 이것은 합당함을 갖추지 못한 것이다. 합당한 것을 갖추지 못하였으니 반드시 혹은 부당하다고 하는데 개와 합당한 것만 같지 못한 것이다.

한다는 것은 그 손가락을 어렵게 하고자 하는 것이다. 지혜가 그 해로운 것을 알지 못하면 이것은 지혜의 죄이다. 만약 지혜가 조심하는 글로써 하면 그 해로운 것을 버리는 것이 없고 어렵게만 하고자 한다면 곧 떠나서 이것은 말린 육포를 먹는 것과 같아질 것이다. 누린내가 이로운가 해로운가는 가히 알지 못하면서 먹고자 하면 누린내는 이들이 의심하면서도, 더 하고자 하는 것을 중지시키지 못하는 것이다. 담장 밖의 이로운 것과 해로운 것을 가히 알지 못하면서 달려가다 힘을 얻게 되면 달려가지 않을 것이다. 이것이 의심하는 것으로써 하고자 하는 것을 중지시킨 것이다.

한다는 것이 아는 것을 다하고 하고자 하는 이치를 꿰달아 관찰해 보면 육포를 먹는 것이 어렵다고 하여 지혜가 아니며 손가락을 어렵게 한다고 하여 어리석은 것은 아니다. 하는 것과 하지 않는 것을 서로 의심하여 도모하지 않는 것이다.

이미(已)란 옷을 만들어 이루어진 것이고 병을 다스려서 없어진 것이다.

사(使:부리다)란 이르라고 명령한 것이요, 이르는 것은 반드시 추락시켜서 이르는 것은 아니다. 그러므로 반드시 하는 바를 기다려서 성취시키는 것이다.

이름(名)이란 물(物)에 통달한 것이다. 실상이 있으면 반드시 꾸밈의 많은 것을 기다린다. 말(馬)이라고 명하는 종류이다. 똑같은 실상에는 반드시 이의 이름으로써 한다. 장(臧)이라고 명하는 것은 사사로운 것이다. 이 이름은 이의 실상에 머무른다. 소리는 입에서 나와 함께 이름이 있다. 성과 자(字)와 같다.

사슴을 큰 개나 작은 개라고 이르고, 옮겨서 큰개와 작은 개라고 하고, 들어서는 짖는 개로 보태는 것이다.

앎(知)이란 받은 것을 전하여 듣는 것으로 바야흐로 막힘이 없는 말이며 몸으로 살피는 것을 몸소하는 것이다. 이르는 바는 이름이고 이른 바는 실상이며, 이름과 실상이 짝하여 합하면 뜻과 행동이 만들어지는 것이다.

듣는 것(聞)이란 혹은 고하여 전하고 자신이 관찰하는 것을 몸소하는 것이다.

보는 것(見)이란 특별한 것의 몸체이며 두 가지를 다하는 것이다.

합하는 것이란 바른 것이 반드시 마땅히 하여 속뜻이 바르게 돌아가 바르게 된 것이다. 의가 되는 것도 마땅하다. 더욱 반드시 필요한 것이 있지 않는 것은 아니다. 의(義)라는 것은 사용해서도 반드시 하지 않는다. 반드시란 가히 의심하는 것이 없는 것이다.

권세란 두 가지가 치우치지 않는 것이다.

하는 것은 갑옷과 누대가 존재하고 병이 없게 하는 것이다. 사고 파는 것은 바꾸는 것이다. 녹여 다하는 것은 방탕한 것이다. 어른을 따르게 하는 것은 다스리는 것이다. 개구리가 메추리가 되는 것은 변화하는 것이다.

동일(同)이란 두 개의 이름인데 실상은 하나로써 거듭됨이 동일한 것이다. 밖에서 겸하지 않으면 몸체가 동일한 것이며 함께 방안에 살아서 동일하게 합한 것이다. 동일한 것이 있으면 종류도 동일하다.

다른 것이 둘이란 반드시 달라서 둘이다. 연속되지 아니하며 전체가 아니다. 장소를 함께 하지 않으면 합한 것이 아니다. 함께 하는 것이 있지 아니하면 종류가 아니다.

같은 것과 다른 것이 사귀어 얻으면 복받은 집안의 먹는 것이 없고 있는 것을 알 수 있는 것이다.

비교한다는 것은 많고 적은 것을 헤아리는 것이다.

뱀과 지렁이기 꿈틀거리는 것을 얻고 거취(去就)를 아는 것이다.

나무인형을 오동나무로 만드는 것은 단단하고 부드럽기 때문이다.

검(劍)이란 더욱 죽음과 사는 것을 일찍 하게 하는 것이다.

아내와 딸과 딸이나 어머니의 거처로 어른과 젊은이를 아는 것이다.

두가지가 끝까지 이기는 것은 흰 것과 검은 색이다. 중앙(中央)은 사방의 곁이다.

논란과 행동과 학문의 실상은 옳고 그른 것을 아는 것이다.

어려운 것은 묵어서 이루어지지 않는 것이다.

형과 아우는 함께 작한 것이다.

몸은 처했는데 뜻이 가는 것은 존재하기도 하고 없기도 하는 것이다.

곽(霍)이 성씨가 된 것은 예로부터이다.

가격이란 귀하고 천한데 따라 마땅하게 되는 것이다. 허락(諾)이란 성(城)을 뛰어서 바른 것을 짊어진 것이다. 〔뜻이 미상하다〕서로 따르고 서로 떠나서 먼저 이른 것이 이에 가한 것이며 다섯 가지 색과 길고 짧은 것과 앞과 뒤와 가벼운 것과 무거운 것을 당기는 것이다. 〔뜻이 자세하지 않다〕

고집스럽게 복종하는 것은 성공하기가 어렵다. 말로써 힘을 써서 이루려는 것은 아홉가지를 구하는 것을 집착하는 것이다. 〔뜻이 자세하지 않다〕

법(法)이란 법이 함께 하게 하는 것을 취하는 것이다. 교묘한 것을 관찰하여 법을 전하고 이것을 취하여 저것을 놓는 것이다. 그러므로 마땅한 것을 관찰하는 것이다.

사람에게는 검은 자가 있고 검지 않는 자도 있는데 검은 사람만을 중지시키려 한다. 사람을 사랑하는 이가 있고 사람을 사랑하지 않는 이가 있는데 마음으로 사람을 사랑한다면 이는 무엇으로 마음에 마땅하다고 하겠는가? 저 그러한 것을 들어 올려서 이것이 그렇다고 한다면 그렇치 않은 것을 들어서 질문할 것이다. 만일 성인(聖人)에게는 그른 것이 있어도 그른 것이 아니다. 다섯 가지의 허락을 바르게 하면 모든 사람들이 알아서 기뻐할 것이다. 다섯 가지의 허락이 잘못하면 둥근 것과 같아서 곧은 것도 없고 설명도 없을 것이다. 다섯 가지의 허락을 사용하는 것은 자연과 같을 것이다. 〔무슨 뜻인지 잘 통하지 않는다.〕

心中 自是往相若也 厚 惟無所大 圓 規寫支也 方 矩見支也 倍 二尺與尺 但去一 端 是無同也 有閒 謂夾之者也 閒 謂夾者也 尺前於區穴 而後於端 不夾於端與區內及 及非齊之及也 纑虛也者 兩木之閒 謂其無木者也 盈 無盈無厚 於尺無所往而不得 得二 堅異處不

相盈相非 是相外也 攖 尺與尺俱不盡 端無端俱盡 尺與或盡或不盡
堅白之攖相盡 體攖不相盡 端 似 兩有端而后可 次無厚而後可 法
意規員三也 俱可以爲法 佴然也者 民若法也 彼凡牛樞非牛兩也 無
以非也 辯 或謂之牛 謂之非牛 是爭彼也 是不俱當 不俱當 必或不
當 不若當犬 爲 欲難其指 智不知其害 是智之罪也 若智之慎文也
無遺於其害也 而猶欲難之 則離之 是猶食脯也 騷之利害 未可知也
欲而騷是不以所疑止所欲也 廧外之利害 未可知也 趨之而得力 則
弗趨也 是以所疑止所欲也 觀爲窮知而縣於欲之理 難脯而非智也
難指而非愚也 所爲與不 所與爲相疑也 非謀也 已 爲衣 成也 治病
亡也 使 令謂 謂也 不必成濕 故也 必待所爲之成也 名 物達也 有實
必待文多也 命之馬類也 若實也者必以是名也 命之臧 私也 是名也
止於是實也 聲出口 俱有名 若姓字 灑謂狗犬 命也 狗犬 舉也 叱狗
加也 知 傳受之 聞也 方不㢓說也 身觀焉親也 所以謂名也 所謂實
也 名實耦合也 志行爲也 聞 或告之 傳也 身觀焉親也 見 特者體也
二者盡也 古兵立反中志正正也 義之爲宜也 非愈必不有必也 義者
用而勿必 必去者可勿疑 權者兩而勿偏 爲 甲臺存也病亡也 買鬻 易
也 霄盡蕩也 順長治也 䖵鶉化也 同 二名一實重同也 不外於兼 體
同也 俱處於室 合同也 有以同 類同也 異二必異二也 不連屬不體
也 不同所不合也 不有同不類也 同異交得 於福家良恕有無也 比度
多少也 免蚔還圜去就也 鳥折用桐 堅柔也 劍尤早 死生也 處室子
子母長少也 兩絕勝 白黑也 中央 旁也 論行行行學實 是非也 難宿
成未也 兄弟俱適也 身處志往 存亡也 霍爲姓 故也 賈宜 貴賤也 諾
超城員止也 相從 相去 先知 是可 五色 長短前後輕重援 執服難成
言務成之 九則求執之 法 法取同 觀巧傳法 取此擇彼 問故觀宜 以
人之有黑者有不黑者也 止黑人 與以有愛於人有不愛於人 心愛人
是執宜心 彼舉然者 以爲此其然也 則舉不然者而問之 若聖人有非
而不非 正五諾 皆人於知有說 過五諾 若貝 無直無說 用五諾 若自
然矣

제43편 경설 하(經說下第四十三)

1. 고운 것은 반드시 곱지 않게 되는데...

중지(止)한 것이란 저것이 이것으로써 그것을 그렇게 한 것이요, 그렇게 한 것이 옳은 것을 말한 것이다. 나는 이로써 그것이 그렇지 않다고 하여 그것이 그러한 것이 옳은 것인가를 의심한 것이다. 네발 짐승이라고 이른것은 살아있는 새와 더불어 다르고, 물건을 다하는 것이 다르고, 큰 것과 작은 것이 다르다. 〔뜻이 자세하지 않다〕

이것이 그러한 것은 이것은 반드시 그러하다면 곧 함께 한 것이다. 순록은 암수가 같은 이름이 된다. 함께 다투는 것은 둘이 함께 하는 것이 아니다. 둘이 함께 다투는 것이다.

태(包 : 胎)와 간(肝)과 폐(肺)를 아끼는 것이다. 귤과 띠풀은 먹기도 하고 부르기도 하는 것이다.

흰 말은 흰 것이 많은 말이지만 말을 본다는 것은 많이 보지 않는 것이니 흰 것과 다만 보는 것 뿐이다.

고운 것은 반드시 곱지 않게 되는데 반드시 곱지 않게 되면 함께 사나워지는 것이다. 사람이 족함으로써 그른 것을 삼는다면 그른 것이 되지 않는 것이다.

지아비가 용맹스럽게 된다면 지아비가 되지 않고 신발은 신발이 될 것이다. 사는 것으로 옷과 신발을 만들면 지아비가 신발과 함께 한 것이다. 둘이 하나와 함께 하면 없어지고 하나와 함께 하지 않으면 있게 되는 것이다.

치우쳐서 가는 것은 아니다. 글이 있으면 진실하다고 하고 뒤에는 글이 없다고 이른다. 진실하다면 이를 것이 없다.

거짓과 의는 같지 않고 이를 이른 것은 이는 진실한 의이다. 이르게 되면 이는 의가 아니지만 이르지 않게 되면 가지는 것이다.

보이다 보이지 않는 것은 떠난 것이다. 하나와 둘이란 서로 차지 않은 것이다.

널리 단단하고 흰 것을 따른다는 것은 중요하지 않은 것을 든 것이며 바다로 들지 못하는 것이다.〔뜻이 통하지 않는다〕

힘에 맡기는 것이 아닌 것은 손으로 잡고 있는 것이 소의 뿔을 갑절로 하는 것이요, 지혜에 맡기는 것이 아닌 것은 귀와 눈이 달리하는 것과 같은 것이다.

나무와 밤(夜)은 누가 더 긴가? 지혜와 조알은 누가 더 많은가? 작위(爵位)와 친척과 행실과 가격의 네 가지는 무엇이 더 귀한가? 순록과 호랑이는 누가 더 높은 것이며 순록과 호랑이는 무엇이 호랑이인가?〔뜻이 미상〕지렁이와 이는 누가 편편(偏偏)한가? 하나를 갖추면 변함이 없는 것이다.

거짓이란 반드시 나쁘다는 것을 꾸민 뒤에 거짓이 되는 것이다. 개가 호랑이를 빌려 보아야 씨(氏)만 호랑이와 같은 것이다.

물건이 혹 손상된 것은 그러한 것이다. 보면 지혜로워진다. 길한 것은 지혜를 부린 것이다.

의심하고 만나서 부구를 쓰면 사(士)인가 한다. 소 외양간을 만드는 자는 여름의 추위를 만난 것이다. 들어올리면 가볍고 못쓰게 되면 무거운 것은 힘이 있어서가 아니다. 잡초는 자르는 데 따르는 것은 교묘함이 아니다.〔뜻이 미상하다〕

돌과 깃털 같은 것은 방패이다. 싸우는 자가 가리는 것이다. 술을 마신 것을 한낮과 같이 하는 것은 이는 가히 지혜롭지 못한 것이다. 만난 것을 지혜와 함께 하면 이미 그러한 것과 함께 하여 만난 것이다.

함께 한다는 것은 하나로 함께 한 것이다. 곧 소나 말이 네 개의 발을 가진 것과 같다. 오직 이는 소나 말에 해당하여 소를 헤아리고 말을 헤아리면 소나 말은 둘이 되고 소와 말을 함께 헤아리면

소와 말이 하나가 된다. 손가락을 헤아리는 것과 같아서 손가락
이 다섯 개지만 다섯 개는 하나인 것이다.

긴 집은 옮기면 처할 집이 있다. 집은 남과 북으로 하고 아침부
터 있어서 저녁까지 있는 것이다. 집은 옮기면 오래하는 것이다.
〔뜻이 자세하지 않다〕 단단한 것이 없고 흰 것만을 얻으면 반드시
서로 채우는 것이다.

요(堯)임금이 잘 다스리고 있었다는 것은 지금으로부터 옛날
까지 맡은 것이다. 옛날부터 지금까지 맡았다면 요임금은 능히 다
스리지 못할 것이다.

그림자란 광채가 이르면 그림자는 없어진다. 만약 존재한다면
모두 예로부터 머물렀을 것이다.

그림자란 두 광채가 하나의 광채를 끼고 있는 것으로 하나의 광
채란 그림자이다. 그림자에 빛이 사람에게 비치는 것은 화살을 쏘
는 것과 같아 아래에서 사람과 함께 하면 높아지고 높은 곳에서
사람과 함께 하면 낮아진다. 발로 아래의 광채를 가리면 짐짓 그
림자는 위에서 이루어지고 머리로 위에 있는 빛을 가리게 되면 짐
짓 그림자는 아래에서 이루어진다. 멀고 가까운 것이 있고 끝이
있어 빛과 함께 한다. 그러므로 그림자는 안에서 막는 것이다.

그림자란 태양의 빛이 반사하여 사람을 비치면 그림자가 되어
태양과 사람을 사이에 두고 그림자가 되는 것이다.

나무가 기울면 그림자는 짧고 크다. 나무가 바르면 그림자는 길
고 작다. 나무보다 크거나 작게 되면 그림자는 나무보다 커서 홀
로 적은 것이 아니다. 〔뜻이 잘 통하지 않는다〕 멀고 가까운 것은 바
른 거울 앞에 임한 것이다. 그림자가 적고, 얼굴 모양이 희고 검
고, 멀고 가까운 것, 기울어지고 바른 것은 빛이 나는 거울에서는
달라진다. 그림자는 마땅히 함께 나아가고 떠나가는 것이 또한 마
땅히 갖추어 함께 견주어 사용한다. 거울이 갖추면 거울에는 비
추지 않는 것이 없다. 그림자를 갖추는 것도 헤아릴 수가 없으나
반드시 바르게 지나간다. 그러므로 함께 처한다. 그 형체는 그러
한 것을 갖추어도 거울은 분리한다. 거울 속의 안에서 거울을 한

자는 중(中)에 가까우면 비치는 것이 크고 그림자도 또한 크다. 안에서 멀어지면 비치는 것도 작고 그림자도 또한 작다. 반드시 바르게 안에서 일어나 바른 것을 인연하여 그 곧은 것을 길게 하는 것이다. 속에서 밖을 비추는 것도 중(中)에 가까우면 비추는 것도 크게 되어 그림자도 또한 크고, 중에서 멀면 비추는 것도 작아서 그림자도 또한 작아진다. 그리고 쉽게 합하여 그 곧은 것을 길게 한다. 거울에 비추는 것이 가까우면 비추는 것이 커지고 그림자도 커진다. 또한 멀리서 작은 것을 비추게 되면 그림자가 또한 작아도 반드시 바르며 그림자도 바르게 지나간다.

다리에서 저울을 지고 나무를 더하여 무겁게 하고 흔들지 않으면 모두 무거운 것을 이긴다. 오른쪽의 저울추를 노끈으로 묶어서 올리지 않고 흔들면 모두 무거운 것을 이기지 못한다. 저울대에 그 한쪽의 물건을 가중시키면 반드시 저울추와 무게가 서로 같아진다. 저울을 보면 근본은 짧고 표(標)는 길어서 양쪽에 더하여 무게가 서로 같아지면 표(標)는 반드시 아래로 한다. 표(標)가 평형을 이루어야 한다.

당기는 것은 힘이 있어야 한다. 늘어뜨리는 것은 힘이 없어도 된다. 당기는 것이 바르지 않게 되면 풀어지는데 머무르는 것이다. 노끈으로 당기는 것을 제재하는 것은 송곳으로 찌르는 깃과 같다. 긴 것을 당기면 무거운 것은 내려가고 짧은 것을 당기면 가벼운 것이 올라간다. 올라가는 것은 더욱함을 얻고 아래하는 것은 더 아래하여 더욱 없어진다.

먹줄이 곧아 저울대와 같으면 무거운 것이 서로 같아져서 바른 것이다. 위에서 거두는 자는 더욱 상실되고 아래로 하는 것은 더욱 얻는 것이다. 올라간 것이 저울대가 다하게 되면 드디어 당겨지는 것이다.〔뜻이 자세하지가 않다〕

두 개의 수레바퀴가 높고 두 개의 수레바퀴는 낮은 것이 수레 사다리이다. 그의 앞은 무겁고 그의 앞은 곧다. 그 앞쪽을 곧게 꾸미고 그의 호(軲)로 곧게 꾸며서, 그 앞쪽에 무거운 것을 달면 이것이 사다리가 되어 당기게 되고 또 당기면 가게 된다. 모든 무거운 것은 위에서는 당기지 못하고 아래에서는 거두지 못한다. 곁에서 당기지 않으면 곧 아래로 떨어져서 끌어도 혹은 방해가 되어서 사다리가 내려가는데 있어 내려가는 것을 곧바로 얻지 못하게 된다. 지금 자(尺)를 평평한 땅에 내려 놓으면 무거운 것이 내려가지 못하고 기울어지지도 않는다. 만약 먹줄로 수레를 당기면 이것은 배 가운데로부터 가로된 나무를 당기는 것과 같게 된다.

의배거견친(倚倍拒堅軶)은 의지하는 것은 바르지 않은 것이다. 오직 돌을 나란히 하고 돌을 포개는 것이다. 〔뜻이 미상하다〕

침실을 끼고 있는 것은 법이다. 모난 돌은 땅에서 한 자를 떠난다. 그 아래에는 돌이 관계한다. 실은 그 위에다 매어 단다. 하여금 적당하게 방석(方石)이 이르도록 하고, 기둥을 내리지는 않는다. 실에 아교를 붙여 돌을 버리고 당겨서 실이 끊어지면 당긴다.

변화하지 않았는데 이름이 바꾸어지면 거두는 것이다. 〔뜻이 자세하지 않다〕

사는 데는 돈과 사들이는 곡식이 서로 값을 비교하여 돈이 가벼우면 사들이는 곡식이 귀하지 않고 돈이 무거우면 사들이는 곡식이 쉽지가 않게 된다. 나라의 돈은 변화가 없는데 사들이는 곡식은 변함이 있다. 해마다 사들이는 곡식값이 변하면 해마다 돈의 값이치도 변하는 것이다. 만약에 물건을 파는 자의 값이 다한 것은 다 팔린 것이니 그가 갚지 않고 떠난 것이다. 그가 떠나면서 갚지 않은 것은 갚은 것이 가격과 정당한 것이다. 마땅한가 마땅하지 않는가는 하고자 하는 것과 하고자 하지 않는 것이 바른 것이다. 이는 패망한 나라에서 집을 팔고 시집간 여자가 아들이 없는 것과 같은 것이다. 〔뜻이 통하지 않는다〕

군대에 있으면 그의 죽고 사는 것을 반드시 하지 못한다. 전쟁이 일어났으면 그의 살아있는 것을 반드시 하지 못한다. 앞에서는 두려워하지 않지만 지금에는 두려워한다.

止 彼以此其然也 說是其然也 我以此其不然也 疑是其然也 謂四足獸 與[1]生鳥 與物盡 與 大小也 此然是必然則俱 爲靡同名 俱鬪不

俱二 三[2]與鬪也 包肝 肺子 愛也 橘茅食與招也 白馬多白 視馬不多
視 白與視也 爲麗不必麗 不必麗與暴也 爲非以人是[3]不爲非 若爲
夫勇不爲夫爲屨 以買爲衣屨 夫與屨也 二與一亡 不與一在 偏去 未
有文實也 而後謂之無文 實也則無謂也 不若敷[4]與美[5] 謂是 則是固
美也 謂也則是非美 無謂則報[6]也 見不見離 一二不相盈 廣循堅白
擧不重 不與箴[7] 非力之任也 爲握者之䫌倍 非智之任也 若耳目異
木與夜孰長 智與粟孰多 爵親行賈 四者孰貴 麋與霍[8]孰高 麋與霍
孰霍 蚓與瑟[9]孰偏偏 俱一無變 假 假必非也而後假 狗假霍也 猶氏
霍也 物或傷之然也 見之智也 吉之使智也 疑逢爲務則士 爲牛廬者
夏寒逢也 擧之則輕 廢之則重 非有力也 沛從削非巧也 若石羽楯也
鬪者之蔽也 以飮酒若以日中是 不可智也 遇也智與 以已爲然也與
遇也 俱俱一 若牛馬四足 惟是當牛馬 數牛數馬則牛馬二 數牛馬則
牛馬一 若數指 指五而五一 長宇徙而有處宇 宇南北 任旦 有任莫
宇徙久 無堅得白必相盈也 任堯善治 自今在諸古也 自古在之今 則
堯不能治也 景光至景亡 若在 盡古止 景 二光夾一光 一光者景也
景光與人煦若射 下者之人也 高 高者之人也下 足敝下光 故成景於
上 首敝上光 故成景於下 在遠近有端與於光 故景庫內也 景 日之
光反燭人 則景在日與人之間景 木杝景短大 木正景長小 大小於木
則景大於木非獨小也 遠近臨正鑑 景寡 貌態白黑 遠近柂[10]正 異於
光鑑 景當俱就去小當俱俱用北 鑑者之臭[11] 於鑑無所不鑑 景之臭
無數 而必過正 故同處 其體俱然鑑分 鑑中之內 鑑者近中 則所鑑
大 景亦大 遠中 則所鑑小 景亦小 而必正起於中 緣正而長其直也
中之外鑑者近中 則所鑑大景亦大 遠中則所鑑小 景亦小 而必易合
於而長其直也 鑑鑑者近 則所鑑大 景亦大 亦遠所鑑小景亦小 而必
正 景過正 故橋負衡 木加重焉 而不撓 極勝重也 右校交繩 無加焉
而撓 極不勝重也 衡加重於其一旁 必捶權重相若也 相衡則本短標
長 兩加焉重相若 則標必下 標得權也 挈有力也 引無力也 不正所
挈之止於施也 繩制挈之也 若以錐刺之 挈長重者下 短輕者上 上者
愈得 下下者愈亡 繩直權重相若 則正矣 收上者愈喪 下者愈得 上
者權重盡 則遂挈 兩輪高 兩輪爲輲車梯也 重其前弦其前 載弦其前

載弦其軲 而縣重於其前 是梯 挈且挈則行 凡重 上弗挈 下弗收 旁
弗劫 則下直 拖或害之也 流梯者不得流直也 今也廢[12]尺於平地 重
不下無旁也 若夫繩之引軲也 是猶自舟中引橫也 倚偘拒堅躯倚焉
則不正 唯屛石累石耳 夾寢者法也 方石去地尺 關石於其下 縣絲於
其上 使適至方石不下柱也 膠絲去石挈也 絲絶引也 未變而名易收
也 買 刀糴[3]相爲賈 刀輕則糴不貴 刀重則糴不易 王刀[14]無變 糴有
變 歲變糴 則歲變刀 若鬻子賈盡也者盡 去其以不讐也 其所以不讐
去 則讐缶賈也 宜不宜缶欲不欲 若敗邦鬻室 嫁子無子 在軍不必其
死生 聞戰亦不必其生 前也不懼 今也懼

1) 與(여) : 이(異)의 잘못. 아래 두 여(與)도 같다.

2) 三(삼) : 이(二)와 같다.

3) 是(시) : 족(足)과 같다.

4) 敷(부) : 가(假)와 같다.

5) 美(미) : 의(義)와 같다. 아래 두 미(美)도 같다.

6) 報(보) : 집(執)과 같다.

7) 不與筬(불여잠) : 불거성(不擧筬)과 같다.

8) 霍(곽) : 호(虎)와 같다. 아래의 곽(霍)도 호와 같다.

9) 瑟(슬) : 슬(蝨)과 같다.

10) 柂(이) : 기울다.

11) 臭(취) : 구(具)의 뜻.

12) 廢(폐) : 치(置)와 같다.

13) 刀糴(도적) : 돈과 사들이는 곡식.

14) 王刀(왕도) : 나라의 돈.

2. 지혜를 논하면 지혜가 아니다

의혹이란 이것이 이것이 아니라는 것을 알고 이것의 아래에 이
것이 있다는 것의 앎이 있기 때문이다. 그러나 이 남쪽을 일러서
북쪽으로 가는 것이라고 하여 이미 그러하게 여기는 것이다. 〔뜻
이 통하지 않는다〕 처음에도 이를 남방(南方)이라고 이르고 짐짓

이제도 이를 남방(南方)이라고 이르는 것이다.

지혜는 논하면 지혜가 아니며 중지됨이 없는 것이다.

이른다 이르지 않는다라고 한 것은 동일한 것이 아니라면 곧 다른 것이다. 같은 것을 혹은 구(狗)라고 이르고 혹은 견(犬)이라고 이르는 것이다. 다른 것은 혹은 소(牛)라고 이르고 소를 혹은 말(馬)이라고 이르는 것이다. 모두가 이기지 못한다. 이것은 변론이 아니다. 변론이란 혹은 옳다고 이르고 혹은 그르다고 일러서 합당한 것이 이기는 것이다.

사양하는 것이 없는 것은 술이다. 사양하지 않아서 위태하더라도 가히 사양하지 못하는 것이다.

돌이란 하나인데 단단하고 흰 것은 둘이며 돌에 있는 것이다.

예로부터 앎이 있다거나 알지 못한 것이 있다고 이른 것은 옳은 것이다. 가리키는 것이 있는 것은 그대의 앎이 이것이고 아는 것이 있는 것이 이 아는 것은 내가 늙어서 드는 것이다. 중복되면 그대의 아는 것이 이것이며 알지 못하는 것은 내가 늙어서 들게 되는 것인바 이것은 하나이다. 〔뜻이 자세하지 않다〕 이것을 아는 것이 있다고도 하고 알지 못한 것이 있다고 이르는 것이다. 만약 알고 있다면 마땅히 가르킬 것이다. 아는 것도 나에게 고하면 나는 알게 되는 것이니 겸하여 가리키는 것은 두 가지이다. 가로질리시 가리기게 되면 셋이서 가리키는 것이다. 만약 이르기를 '반드시 홀로 내가 거론한 것을 가리키고 내가 거론하지 않는 것을 들지 않는다면 진실로 능히 홀로 가리켜도 보고자 하는 것이 전해지지 아니치 못할 것이다. 뜻은 바로 잡지 못할 것과 같다. 또 그것은 이에 아는 것이다. 이에 알지 못한다면 이 아는 것은 여기서는 알지를 못하는 것이니 어떻게 하나가 되는 것을 얻겠는가? 이것을 아는 것이 있다고도 하고 알지 못하는 것이 있다고 이르는 것은 봄인 것이다. 〔뜻이 미상하다〕

그 고집스러운 것은 가히 지시하지 못하는 것이다. 도망가는 신하는 그 곳을 알지 못하는 것이다. 구(狗)와 견(犬)은 그의 이름을 알지 못하는 것이다. 잃어버린 자는 재주를 능히 둘로 하지 못한다.

안다함은 구(狗)를 알고 거듭 견(犬)을 알라고 하면 지나친 것이다. 중복되지 않으면 지나친 것이 아니다.

통하다는 질문하는 자가 '그대는 노새를 압니까?' 하면 응대하여 '노새란 무엇을 이릅니까?'라고 하면, 내가 말하기를 '저것이 노새요'하고 아는 것이다. 만약 노새란 무엇을 이르는 것이라 묻지 않고 곧바로 응대하여 알지 못한다고 하면 잘못인 것이다. 또 응대하면 반드시 대응해야 한다. 질문할 때에는 응답하게 되지만 그 응대하는 데는 깊고 엷은 것이 있게 되는 것이다.

큰 집에 있다는 것은 그 사람과 그 장소가 방과 당(堂)에 있다는 것이며 그의 아들도 있다는 것이다. 있는 곳에 의거하여 실당(室堂)이 어디에 가히 존재하는가를 묻는 것이다. 실당(室堂)을 주관하여 존재하는 자를 묻는 것은 누가 존재하고 있는 가이다. 이것은 하나는 존재하는 자를 주관하여 존재하는 곳을 물은 것이요, 하나는 존재하는 곳에서 존재하는 자를 물은 것이다.

오합(五合)이란 수(水)와 토(土)와 화(火)와 목(木)과 금(金)이 서로 합하는 것이다. 화(火)는 붙어서 불탄다. 화(火)가 금(金)을 녹이는 것은 화(火)가 많기 때문이다. 금(金)이 불에 타지 않는 것은 금(金)이 많기 때문이다. 이것이 합해지면 수(水)가 이루어진다. 목(木)이 목(木)과 붙는다.

만약 고라니와 물고기의 수를 안다면 오직 이로운 것이요, 싫어하고자 하지 않을 것이다. 삶을 손상시키고 수명을 덜어서 설사 젊음이 적당해진다면 이것을 누가 아끼랴!

일찍이 곡식이 많은 것을 어떤 이는 능히 손상시킴이 있지 않으려고 한다고 한다. 술이 사람에게 하는 것과 같이 또 사람을 화나게도 하고 사람을 이롭게도 하는 것이다. 사랑이다. 곧 오직 화가 나면 다스려지지 않는다.

배부른 것을 덜어내는 자는 남은 것을 제거하고 적당히 만족하여 해롭지 않은 것이다. 능히 해로운 것은 배부른 것이다. 마치 죽 때문에 비장이 없어져서 손상되는 것과 같은 것이다. 또 덜어냄

이 있은 뒤에 더욱 지혜로운 것은 마치 학질의 병은 학질에서 가는 것과 같다.

아는 것은 눈으로 보고 눈은 불로써 보는데 불은 보지 못하는 것이다. 오직 오로(五路：五官)을 통하여 아는데 오래되면 마땅하지가 않다. 눈으로 보는 것은 불을 통해서 보는 것과 같다. 불(火)이란 불이 뜨거운 것을 이른 것이요, 불로써 뜨거운 것은 아니다.

내가 본 것 같은 것이 있는 것을 안다고 이르는데, 알고 있는 것과 알지 못하는 것을 섞어 놓고 묻는다면 반드시 이것은 아는 것이요, 이것은 알지 못한다고 이를 것이다. 취하고 버리는 것은 모두가 능하다. 이것은 두가지를 아는 것이다.

무(無)란 말(馬)이 없는 것과 같으며 있어도 없는 것이다. 하늘이 무너질 까닭이 없는 것을 없다고 한즉 없는 것은 없는 것이다.

뽑는 것은 말할 것이 없을까 의심하는 것이다. 노비가 지금 죽었는데 봄에는 문서를 얻었다. 문서가 죽은 것은 가한 것이다.

차(且)는 이와 같은 것이다. 또또 반드시 그러한 것이다. 또 그치려는 것은 반드시 그친다. 또 기술자를 사용한 뒤에 중지하고 반드시 기술자를 사용한 뒤에 그치는 것이다.

균(均：고르다)은 머리털과 같은 것이며 고르게 달려 있는 것이다. 가볍고 무거운 것이 있으면 머리털은 끊어져서 고르지 않게 된다. 고르게 되면 그것을 끊으려 해도 끊을 수가 없게 된다.

요(堯)임금은 고깃국과 같다. 어떤 이는 이름으로써 사람을 보고 어떤 이는 실상으로써 사람을 본다. 친구를 들먹일 때는 부자인 상인(商人)이라고 하면 이것은 이름으로써 사람을 본 것이요, 여기서 고깃국이라 가리킨 것은 이것은 실상으로써 사람을 본 것이며 요임금을 뜻한 것이다. 이 명성은 지금에 하고 의로운 바의 실상은 옛날에 처하여 성문에서 노비와 함께 하는 위태로움과 같다. 〔뜻이 자세하지 않다〕

개(狗)란 큰 개와 작은 개다. 견(犬)을 죽였다고 이르는 것은 가하며 양쪽의 넓적다리와 같은 것이다.

사(使)는 명령하여 부리는 것이다. 의(義)로 의(義)를 부리는 것이며, 의는 시키지는 못하여도 의로는 부리는 것이다. 창을 빌리는 것은 또한 시켜도 아름답지 못한 것을 빌리는 것이며 시키는 것은 거짓이다. 〔뜻이 자세하지는 않다〕

형(荊)나라의 원(沅)수는 형(荊)에 있는데 원(沅)수가 얕은 것은 형(荊)이 얕다는 것은 아니다.

다섯으로 하나와 바꾸는 것과 같은 것이란 기둥의 둥근 것으로 보는 것이다. 그 뜻에는 쉽지 않으나 아는 것이 없으면 뜻을 보는 것이다. 만약에 기둥이 가을보다 가볍다면 그 뜻하는 것이 양연(洋然)할 것이다.

비단과 망치와 송곳은 함께 신발을 만드는데 가히 쓴다. 비단신이 만들어져서 망치를 만나고 망치에서 이루어져서 비단신을 만나 함께 하는 것은 어긋나는 것을 만나는 것과 함께 한다. 〔뜻이 자세하지가 않다〕

或 知是之非此也 有知是之下在此也 然而謂此南 北過而以已爲然 始也謂此南方 故今也謂此南方 智論之非智無以也 謂非謂非同也 則異也 同則或謂之狗 其或謂之犬也 異則或謂之牛 牛或謂之馬也 俱無勝 是不辯也 辯也者或謂之是 或謂之非 當也者勝也 無讓者酒 未讓始[1]也 不可讓也 於石一也 堅白二也 而在石 故有智焉有不智焉可 有指子智是 有智是吾所老擧 重則子智是 而不智吾所老擧也是一 謂有智焉 有不智焉也 若智之則當指之 智告我則我智之 兼指之以二也 衡指之參指之也 若曰必獨指吾所擧毋擧吾所不擧 則者固不能獨指所欲相不傳 意若未校 且其所智是也 所不智是也 則是智是之不智也 惡得爲一 謂而有智焉有不智焉 所春也 其執固不可指也 逃臣不智其處 狗犬不智其名也 遺者巧弗能兩也 智智狗重智犬 則過 不重則不過 問者曰 子智贏乎 應之曰 贏何謂也 彼曰贏施則智之 若不問贏何謂 徑應以弗智 則過 且應必應 問之時若應 長應有深淺 大常中在 其人其所 室堂所存也 其子存者也 據在者而問

室堂惡可存也 主室堂而問存者孰存也 是一主存者以問所存 一主
所存以問存者 五合 水土火[2] 火離[3]然 火鑠金火多也 金靡炭金多也
合之成水 木離木 若識麋與魚之數 惟所利 無欲惡 傷生損壽 設以
少適是誰愛也 嘗多粟 或者欲不有能傷也 若酒之於人也 且怒人利
人愛也 則惟智[4]弗治也 損飽者去餘適足不害 能害飽 若傷麋之無脾
也 且有損而後益智者 若瘧病之之於瘧也 智以目見 而目以火見而
火不見 惟以五路智久不當 以目見若以火見火 謂火熱也 非以火之
熱 我有若視曰智 雜所智與所不智而問之 則必曰 是所智也 是所不
智也 取去俱能之 是兩智之也 無 若無馬則有之而無 無天陷則無之
而無 擢疑無謂也 臧也今死 而春也得文 文死也可 且 猶是也 且且
必然且已 必已 且用工而後已者 必用工後已 均 髮均縣 輕重而髮
絶不均也 均其絶也莫絶 堯霍[5] 或以名視人 或以實視人 擧友富商
也 是以名視人也 指是臛也 是以實視人也 堯之義也 是聲也於今 所
義之實處於古 若殆於城門與於臧也 狗 狗犬也 謂之殺犬可 若兩脾
使令使也 義使義 義不使亦使義 假戈亦使假不美亦使假 荊沅 荊之
有也 則沅淺非荊淺也 若易五之一以楹之摶也見之 其於意也不易
無智意相也 若楹輕於秋其於意也洋然 段椎錐 俱事於履可用也 成
繪屢遇椎 與成椎遇繪屢同 遇仵也

1) 始(시) : 태(殆)의 오자.

2) 水土火(수토화) : 이 뒤에 목금(木金)이 빠졌다.

3) 離(리) : 붙다.

4) 智(지) : 서(恕)와 같다.

5) 霍(곽) : 고깃국.

3. 오래란 다함이 있지만 다함이 없는 것

일(一)은 오(五)에 하나가 있고 일(一)은 오(五)를 두었으니
합하면 열둘(十二)이 된다.

반을 쪼개는 것이 아니라는 것은 앞에서 취하여 나아가기 때문
이다. 앞에서 하면 가운데는 반이 되는 것이 없는 것은 끝과 같은

것이다. 앞이나 뒤에서 취하면 중앙이 끝이다. 쪼개는 것을 반드시 반에서 반이 아닌 것이 없으면 가히 쪼개지 못하는 것이다.

가히 없었는데 이미 넉넉하면 넉넉한 것을 당연하게 여겨서 가히 없지 아니한 것이다. 오래란 다함도 있고 다함도 없는 것이다.

정환(正丸 : 바르게 둥근 것)이란 처하는 곳이 없고 중앙을 매달지 않고 뭉치는 것이다.

구우(偃宇 : 굽은 집)는 가히 집을 들어서 한쪽으로 하지 못하는 것이다. 나아가 행하는 자는 먼저 가까운 곳을 펴고 뒤에 먼곳을 펴는 것이다.

가고 간다는 것은 반드시 먼저 가까이 하고 뒤에 멀리하는 것이다. 멀고 가까운 것은 거리이다. 먼저하고 뒤에 하는 것은 오래하는 것이다. 백성들이 행하는 거리는 반드시 오래하는 것이다.

일방(一方)의 종류를 다한 것은 함께 법이 있는데 다르다. 혹은 나무이고 혹은 돌이라도 그 모난 것의 같은 종류를 해치지 않는 것이다. 종류를 다한 것은 모난 것과 같은 것이다.

물(物)은 함께 그러하다. 소(牛)의 성(性)은 말과 오직 다르다. 소에게는 이빨이 있고 말은 꼬리가 있는데 소는 말이 아니라고 하는 것이 불가하다고 말한다. 이것은 함께 가지고 있고 한쪽만이 있는 것도 아니고 한쪽만 있는 것도 없다. 이르기를 소는 말과 더불어 같은 것이 아니며 소는 뿔이 있어서 사용하고 말은 뿔이 없으니 이는 종류가 같지 않은 것이다. 만약 소는 뿔이 있고 말은 뿔이 없는 것을 들어서 이로써 종류가 동일하지 않다고 한다면 이것은 미치광이가 거론한 것이다. 오히려 소에게는 이빨이 있고 말에는 꼬리가 있다는 것과 같은 것이다.

혹은 소가 아닌 것을 소가 아니지 않느냐고 하면 옳다. 곧 혹은 소가 아닌 것이라도 혹은 소라고 하면 소가 가하다. 그러므로 소와 말은 소가 아닌 것은 가하지 않다. 소와 말을 소라고 하면 가하지 않는데 혹은 가하다고 하고 혹은 불가하다고 한다. 말하기를 소와 말은 소라는 것이 가하지 않기도 하다. 또한 가하지 않으면 또 소는 둘이 아니다. 말도 둘이 아니다. 소와 말이 둘이면 소는 소가 아닌 것이 아니고, 말도 말이 아닌 것이 아니며, 소와 말이 소가 아닌 것도 어려운 것이 없는 것이다.

저것의 바른 이름은 저것과 이것이다. 저것과 이것이 옳은 것이다. 저것의 저것은 저것에서 그치고 이것의 이것은 이것에서 그친다. 이는 저것과 이것이 옳지 않은 것이다. 저것이 또 다음하면 또한 옳다. 저것과 이것은 저것과 이것에 머무는데 이와 같은 것은 저것과 이것이란 곧 저것은 또한 이것의 이것이기도 한 것이다.

노래를 부르는데 짝이 없으면 쓸모가 없어 쭉정이와 같은 것이다. 화(和)하는 데도 노래부르는 짝이 없는데 시키면 부득이 할 뿐이다. 노래 부르는데 화답하지 않는 것은 배우지 못한 것이다. 아는 것이 있는데 배우지 않으면 반드시 적어질 것이다. 화답하는데 노래를 부르지 않는 것은 이것은 가르치지 않는 것이다. 아는 것이 적은데 가르치지 않으면 공로는 적당히 휴식할 것이다.

사람으로 하여금 남의 옷을 빼앗도록 하면 죄는 혹 가볍기도 하고 혹은 무겁기도 할 것이다. 사람을 시켜서 남에게 술을 주도록 하면 혹은 두텁기도 하고 혹은 박하기도 할 것이다.

밖에 있으면서 듣는 자는 알지 못하는 것이다. 어떤 이가 말하기를 '실(室)에 있는 색(色), 그 색이 이와 같다'라고 한 것은 이것은 알지 못하는 것이 아는 것과 같은 것이다. 흰 것도 같고 검은 것도 같다고 하면 누가 이길 것인가? 이것이 그의 색과 같다고 하면 흰것 같은 것은 반드시 흰것이며 지금 그의 색이 흰 것과 같이 아는 것이다. 그러므로 그것이 희다는 것을 아는 것이다.

대저 이름은 밝은 것으로써 하여 알지 못하는 것을 바르게 하는 것이다. 까닭을 알지 아니치 못하며 의심나는 것을 밝히는 것이다. 자로 재서 알지 못하는 것과 같은 것이다. 장외(長外)는 몸소 아는 것이요, 실중(室中)은 말하여 아는 것이다. 〔뜻이 자세하지 않다〕

어그러진 것은 불가한 것이다. 그 사람의 말은 가한 것이다. 이것이 어그러지지 않았으면 이것은 가함이 있다. 그 사람은 말로

말하지 않았으니 불가하며 합당하다고 하면 합당하지 않은 것이다. 〔뜻이 자세하지 않다〕

오직 이것이 호랑이라고 하는 것이 옳다고 일러도 오히려 호랑이가 아닐 수도 있다.

저것이나 이것을 일러 이것이라 한다. 가히 이르지 못한 것은 그것을 이르는데 오직하지 말 것인져! 저것이 그 이른 것에 오직함 같으면 내가 일러서 행하지 않을 것이다. 저것이 그것을 이를 겨를이 없는 것과 같으면 행하지 않게 되는 것이다.

어려움이 없는 자는 궁한 것이 있게 되면 가히 다하게 되고 궁한 것이 없게 되면 가히 다하지 않는 것이다. 궁한 것이 있고 궁한 것이 없는 것을 가히 알 수가 없으면 가히 다하고 가히 다하지 않는 것을 가히 알지 못하는 것이다. 사람이 가득찼는지 그렇지 않는지를 가히 알지 못하면 반드시 사람이 가히 다했는지 가히 다하지 않았는지를 또한 가히 알지 못하는 것이다. 또 반드시 사람의 사랑하는 것을 다할 수 있다고 하는 것은 사리에 어긋나는 것이다. 사람에게 궁함이 없는 것을 가득 채우지 않는 것과 같으면 사람에게 궁한 것이 있게 된다. 궁한 것이 있는 것을 다하는 것은 어려움이 없는 것이다. 가득 차서 궁한 것이 없게 되면 궁한 것이 없는 것을 다한 것이며 궁한 것이 있는 것을 다하여도 어려움이 없는 것이다.

그 수(數)를 아는 것은 둘이 아닌데 어떻게 백성 사랑하는 것을 모두 알겠는가? 혹자(或者)는 그의 묻는 것에 빠진다. 모두를 사람에게 물어서 그 묻는 것을 모두 사랑한다고 하면 그 수를 알지 못하더라도 사랑한다는 모든 것을 알기는 어려운 것이 없는 것이다. 〔뜻이 자세하지 않다〕

인(仁)이란 인(仁)은 사랑이요, 의(義)는 이로운 것이다. 사랑하고 이로운 것이 이것이고, 사랑하는 바와 이로운 바는 저것이다. 사랑하고 이로운 것은 서로 안과 밖이 되는 것이 아니고 사랑을 하는 바와 이로운 바도 또한 서로 밖과 안이 되는 것은 아니다. 그런데 그 인(仁)은 안이 되고 의(義)는 밖이 된다고 하여 사랑하는 것과 이로운 바를 함께 거론하는 것은 이것은 미치광이가 거론하는 것으로 마치 왼쪽 눈에서 나와 오른쪽 눈으로 들어간다는 것과 같은 것이다.

배우는 것은 배우는 것이 보탬이 없다는 것을 깨닫지 못하게 만들었다고 고하였다면 옳은 것이다. 배우는 것이 보탬이 없는 것을 깨닫게 하였다면 이것은 가르치는 것이다. 배우는 것으로써 보탬이 되지 않는다고 하면 가르치는 것이 사리에 어긋난 것이다.

비방을 논한 것은 비방하는 것이 옳은가 옳지 않은가를 논하는 것이다. 이치로써 가히 비방한다면 비록 많이 비방한다고 하더라도 그 비방이 옳은 것이다.

그 이치가 가히 옳지 아니한 것으로 비난하면 비록 조금만 비방한다고 하더라도 그른 것이다. 지금 많이 비방하는 것을 불가하다고 이르는 것은 긴 것으로써 짧은 것을 논하는 것이나 같은 것이다.

비난이 아닌 것은 자기의 비난이 그른 것이다. 비난이 그르지 않다는 것은 그른 것을 가히 그르다고 하는 것이며 그것은 가히 그른 것이 아니다. 옳은 것을 비난해도 그르지 않은 것이다.

물건은 매우 길기도 하고 매우 짧을 수도 있는 것이다. 이것보다 긴 것이 없기도 하고 이보다 짧은 것이 없기도 한 것이다.

옳은 것은 옳은 것이나 옳지 않다는 것은 옳은 것보다 심한 것이 없는 것이다.

높고 낮은 것을 취하는데는 선하고 불선(不善)한 것으로써 법도를 삼는데는 산과 연못같은 것이 없는 것이다. 아래에 처하는 것이 위에 처하는 것보다 좋은 것은 아래에서는 위에 청할 수 있기 때문이다.

옳지 않은 것을 옳게 여겨도 옳은 것은 또 옳은 것이 되는 것이다. 지금의 옳은 것을 옳게 꾸미면 옳게 되지 않는 것이다.〔뜻이 자세하지 않다〕

예로부터 옳은 것은 꾸미지 않았다. 옳은 것은 꾸미지 않는 것이며 옳은 것은 꾸며지지 않는 것이다. 지금의 옳은 것을 옳다고 꾸미지 않게 되면 옳다고 꾸미는 것이다. 그러므로 꾸미는 것과 옳은 것을 꾸미지 않는 것은 설명이 같은 것이다.

一五有一焉 一有五焉 十二焉 非斲半進前取也 前則中無爲半 猶端也 前後取則端中也 斲必半毋與非半 不可斲也 可無也已給 則當給不可無也 久有窮無窮 正丸無所處而不中縣摶也 偏宇不可偏擧字也 進行者先敷近 後敷遠 行者行者 必先近而後遠 遠近脩¹⁾也 先後久也 民行脩必以久也 一方盡類俱有法而異 或木或石 不害其方之相類也 盡類猶方也 物俱然 牛性與馬惟異 以牛有齒 馬有尾 說牛之非馬也不可 是俱有 不偏有偏無有 曰之²⁾與馬不類 用牛有角馬無角 是類不同也 若擧牛有角馬無角 以是爲類之不同也 是狂擧也 猶牛有齒 馬有尾 或不非牛而非牛也可 則或非牛或牛而牛也可 故曰牛馬非牛也未可 牛馬牛也未可 則或可 或不可 而曰牛馬牛也未可 亦不可 且牛不二 馬不二 而牛馬二 則牛不非牛 馬不非馬 而牛馬非牛無難 彼正名者彼此 彼此可 彼彼止於彼 此此止於此 彼此不可 彼且次也 亦可 彼此止於彼此 若是而彼此也 則彼亦且此此也 唱無遇 無所周³⁾若粹 和無遇使也不得已 唱而不和 是不學也 智少而不學必寡 和而不唱 是不教也 智而不教功適息 使人奪人衣 罪或輕或重 使人予人酒 或厚或薄 聞在外者 所不知也 或曰 在室者之色 若是其色 是所不智 若所智也 猶白若黑也 誰勝 是若其色也 若白者必白 今也智其色之若白也 故智其白也 夫名以所明 正所不智不以所不智 疑所明 若以尺度所不智 長外親智也 室中 說智也 以詩不可也 出入之言可 是不詩 則是有可也 之人之言不言 不可 以當必不審⁴⁾ 惟謂是霍可 而猶之非夫霍也 謂彼是是也 不可謂者 毋惟乎其謂 彼猶惟乎其謂 則吾謂不行 彼若不惟其謂 則不行也 無難者有窮則可盡 無窮則不可盡 有窮無窮未可智 則可盡不可盡不可盡⁵⁾未可智 人之盈之否未可智 而必人之可盡 不可盡亦未可智 而必人之可盡愛也 詩 人若不盈無窮 則人有窮也 盡有窮無難 盈無窮則無窮盡也 盡有窮無難 不二智其數 惡智愛民之盡之也 或者遺乎其問也 盡問人則盡愛其所問 若不智其數 而智愛之盡之也無難 仁 仁愛

也 義利也 愛利此也 所愛所利彼也 愛利不相爲內外 所愛利亦不相
爲外內 其爲仁內也義外也 舉愛與所利也 是狂舉也 若左目出右目
入 學也以爲不知學之無益也 故告之也是 使智學之無益也 是敎也
以學爲無益也 敎詩 論誹 誹之可不可 以理之可誹 雖多誹 其誹是
也 其理不可非 雖少誹非也 今也謂多誹者不可是猶以長論短 不誹
非己之誹也 不非誹非可非也 不可非也 是不非誹也 物甚長甚短 莫
長於是 莫短於是 是之是也 非是也者 莫甚於是 取高下 以善不善
爲度 不若山澤 處下善於處上 下所請上也 不是是則是且是焉 今是
文於是 而不於是 故是不文 是不文 則是而不文焉 今是不文於是 而
文與是 故文與是不文同說也

1) 脩(수) : 거리
2) 曰之(왈지) : 중간에 우(牛)자가 빠졌다.
3) 周(주) : 용(用)의 뜻.
4) 審(심) : 당(當)의 뜻.
5) 不可盡(불가진) : 연문(衍文)이라 했다.

※이상의 경설(經說) 상(上)과 하(下)편은 억설을 붙여서 꾸며본 것임.

제 1 1 권(卷之十一)

제44편 크게 취하다(大取第四十四)

1. 소인(小人)이 사랑하는 것은 얇다

하늘이 사람을 사랑하는 것은 성인이 사람을 사랑하는 것보다 넓고, 하늘이 사람을 이롭게 하는 데 있어서는 성인이 사람을 이롭게 하는 것보다 두텁다.

대인(大人)이 소인(小人)을 사랑하는 것은 소인이 대인을 사랑하는 것보다 넓고, 그 대인이 소인을 이롭게 하는 데 있어서는 소인이 대인을 이롭게 하는 것보다 두텁다.

天之愛人也 薄¹⁾於聖人之愛人也 其利人也 厚於聖人之利人也 大人之愛小人也 薄於小人之愛大人也 其利小人也 厚於小人之利大人也.

1) 薄(박) : 부(溥)의 잘못으로 보인다. 넓다의 뜻.

2. 자식을 이롭게 하는 것이 아니다

장사지내는 것으로써 그 어버이를 위하고 사랑한다는 것은 그 어버이를 사랑하는 것이 아니요, 장사지내는 것으로써 그 어버이를 위하고 이롭게 하는 것은 그 어버이를 이롭게 하는 것이 아니다.

음악으로써 그 자식을 사랑하고자 하는 것은 그 자식도 그것을 연주하고자 하는 것으로 그 자식을 사랑하는 것이 아니요, 음악으로써 그 자식을 이롭게 하고자 하는 것은 그 자식도 그것을 구하는 것으로 그 자식을 이롭게 하는 것이 아니다.

以臧[1]爲其親也而愛之 非愛其親也 以臧爲其親也而利之 非利其
親也 以樂[2]爲愛其子 而爲其子欲[3]之 愛[4]其子也 以樂爲利其子 而
爲其求之 非利其子也

1) 臧(장) : 장(葬)과 통하여 장사지내다.

2) 樂(악) : 음악.

3) 欲(욕) : 하고자 하다. 즉 음악을 연주하려고 하다.

4) 愛(애) : 애(愛)자 앞에 비(非)자가 빠져 있다.

3. 권(權)은 바른 것이다

사물을 나누는 가운데 그 가벼움과 무거움을 재는 것을 저울이
라고 한다. 저울은 옳은 일을 행하는 것이 아니요, 또한 그른 일을
행하는 것도 아니다. 다만 저울은 바르게 할 뿐이다.

손가락을 끊음으로써 팔을 남게 하는 것은 이로움 가운데서 큰
것을 취하고 해로움 가운데서 작은 것을 취하는 것이다. 해로움
가운데서 작은 것을 취하는 것은 해로움을 취하는 것이 아니라 이
로움을 취하는 것이다. 그 취하는 것은 남이 집착하는 것이기 때
문이다.

도둑놈을 만나서 손가락을 잘림으로써 몸의 해로움을 모면하
였다면 그것은 이로움이지만 그 도둑놈을 만났다는 것은 해로움
이다. 손가락을 자르는 것이나 팔을 자르는 것이 천하에 주는 이
로움이 서로 똑같다면 선택의 여지가 없는 것이요, 죽는 것과 사
는 것의 이로움이 똑같다면 한 번의 선택할 여지도 없는 것이다.

於所體之中 而權輕重之謂權 權非爲是也 亦非爲非也 權 正也 斷
指以存擘[1] 利之中取大 害之中取小也 害之中取小也 非取害也 取
利也 其所取者 人之所執[2]也 遇盜人 而斷指以免身 利也 其遇盜人
害也 斷指與斷腕 利於天下相若 無擇也 死生利若 一無擇也

388 묵 자(墨子)

1) 擘(완) : 완(腕)과 통하여 팔, 팔뚝.
2) 所執(소집) : 집착하는 바.

4. 자기를 죽여 천하를 이롭게 한다

한 사람을 죽임으로써 천하를 존속시킨다 하더라도 한 사람이
라도 죽이는 것으로 천하를 이롭게 하는 것은 그른 것이다. 자기
를 죽여 그것으로써 천하를 존속시킨다면 자기를 죽여 그것으로
써 천하를 이롭게 하는 것은 옳은 것이다.

일을 하는 가운데 가벼움과 무거움을 재는 것을 구한다고 한다.
구하기 위하여 하는 것은 그른 것이다.

해로움 가운데에서 작은 것을 취하는 것은 의를 위하여 구하는
것인데 의로움이 되지 않는다.

포악한 사람을 위하여 하늘의 옳은 것이 된다고 말하는 것은 본
성이고 포악한 사람을 위하여 하늘이 그른 것이라고 노래하는 것
이다.

모든 집착은 다 하고자 하는 것이다. 자신의 모든 집착을 위해
고집스럽게 하는 것은 자신이 나를 위하는 것에서 기인한다. 만
약 모든 집착이 이루어지지 않더라도 자신은 모든 집착을 위하는
것이다. 모든 집착은 자신을 위하는 것에서 기인하기 때문이다.

포악한 사람이 자신을 위하면서 이르기를 하늘은 사람이 옳다
고 여기지 않는다고 한다. 그 본성이 바르지 않는 것을 바르다고
한다.

이로움 가운데에서 큰 것을 취하는 것은 마지 못해서가 아니요,
해로움 가운데서 작은 것을 취하는 것은 마지 못해서이다.

있지 않은 데서 무엇을 취한다는 것은 이로움 가운데서 큰 것
을 취하는 것이요, 이미 있는 데에서 무엇을 버린다는 것은 해로
움 가운데에서 작은 것을 취하는 것이다.

殺一人以存¹⁾天下 非殺一人以利天下也 殺己以存天下 是殺己以

利天下 於事爲之中 而權輕重之謂求 求爲之非也 害之中取小 求爲
義 非爲義也 爲暴人語天之爲是也 而性 爲暴人歌天之爲非也 諸陳
執旣有所爲 而我爲之陳執 執之所爲 因吾所爲也 若陳執未有所爲
而我爲之陳執 陳執因吾所爲也 暴人爲我曰天之以人非爲是也 而
性 不可正而正之 利之中取大 非不得已也 害之中取小 不得已也 所
未有而取焉 是利之中取大也 於所旣有而棄焉 是害之中取小也

1) 存(존) : 보존되다. 존속시키다.

5. 도적을 죽이는 것은 죽이는 것이 아니다

　의를 두텁게 할 때는 두텁게 하고 의를 박하게 할 곳은 박하게
한다. 이것은 차례를 말한 것이다. 덕행과 군상(君上)과 노장(老
長)과 친척은 다 두텁게 하는 것이다.

　어른에게 두텁게 하고 어린아이에게 박하게 하지 않는다. 부모
에게 두텁게 하면 두터운 것이요, 부모에게 박하게 하면 박하게
되는 것이다. 부모에게 이르면 박한 것은 이르지 않는 것이다. 의
(義)는 부모에게 두텁게 하는 것은 행동을 일컫지 아니하고 행동
을 뒤돌아 보는 것이다. 천하가 두터운 우임금을 위한 것은 우임
금을 위한 것이다. 천하가 두텁게 사랑한 우임금을 위한 것은 우
임금이 사람들을 사랑한 것을 위한 것이다. 우임금이 천하에 보
태는 것을 두텁게 했으나 우임금이 천하에 보태지 않았어도 두터
워졌을 것이다. 이것은 도둑이 천하에 보탬이 되어서 사나워졌으
나 도둑이 천하에 보태지 않았어도 사나워진 것과 같다.

　남을 사랑하고 자신을 멀리하지 않는 것은 자신을 사랑하는 가
운데 있는 것이며 자신이 사랑하는 것이 있으면 사랑이란 자신에
게 더해지는 것이다. 차례는 자신을 사랑하고 남을 사랑하는 것
이다.

　성인(聖人)이 질병을 미워하고 위태하고 어려운 것을 미워하
지 않으며 몸을 바르게 하고 요동하지 않는 것은 사람의 이로움
을 위한 것이요, 사람의 해로움을 미워한 것은 아니다.

성인이 자신의 아내를 위하지 않는 것은 종의 일이고 종이 있기 때문이다. (※ 뜻이 미상)

성인은 자식의 일을 위하여 얻지 아니한다. 성인의 법은 부모가 사망하여도 천하를 위하는 것이다. 부모에게 두텁게 하는 것은 본분이다. 죽으면 잊고 몸을 다하여 이로움을 일으키는 것이다. 두텁게 하고 박하게 함이 있고 차례는 없는 것이다. 이로움을 일으키는 것은 자신을 위한 것이라고 경(經)에서 말하였다.

경에서 말한 것은 흰 말은 아니다. 망아지를 가진 것은 구하는 것을 말하고 춤추는 것을 설명한 것은 아니다. 크게 물고기를 낚는 것이 춤추는 큰 것은 아니다. 세 가지 물건이 반드시 갖춰진 연후에 족히 사는 것이다. 종이 자신을 사랑하는 것은 자신을 사랑하는 사람을 위하는 것은 아니다.

두텁게 하고 자신을 멀리하지 않는 것은 사랑이란 두텁고 박한 것이 없는 것이다. 자신을 자랑하는 것은 현명한 것이 아니다. 의로움과 이로움과 불의와 해로운 것은 공로의 변명이 되는 것이다.

진(秦)나라 말(馬)을 가진 사람이 있으므로 말을 가진 사람이 있는 것이며 지혜롭게 오는 것은 말이다.

모든 이가 모든 이를 사랑하는 것은 적은 것을 사랑하는 것과 서로 같은 것이다. 더불어 사랑하고 서로 따르는 것이, 상세(上世)의 사랑과 후세의 사랑하는 것이 이제의 세상 사람과 하나로 같은 것이다.

귀신은 사람이 아니다. 형의 귀신은 형이다. 천하의 이로운 것은 기쁜 것이다. 성인은 사랑이 있고 이로운 것이 없는 것은 남을 엿보는 말이며 손님의 말이다. 천하에 사람이 없다는 것은 묵자의 말이 있는 것과 같다. 마지 못하여 하고자 하는 것은 하고자 하는 것이 아니다. 하고자 하지 않는 것은 종을 죽이는 것이 아니다. 오로지 도적을 죽이는 것은 도적을 죽이는 것은 아니다. 무릇 사람 사랑하는 것을 배우는 것이다.

義可厚 厚之 義可薄 薄之 謂倫列 德行君上老長親戚 此皆所厚也

為長厚 不為幼薄 親厚 厚 親薄 薄 親至 薄不至 義 厚親不稱行而顧
行 為天下厚禹 為禹也 為天下厚愛禹 乃為禹之人愛也 厚禹之加於
天下 而厚禹不加於天下 若惡盜之為加於天下 而惡盜不加於天下
愛人不外己 己在所愛之中 己在所愛 愛加於己倫列之愛己 愛人也
聖人惡疾病 不惡危難 正體不動 欲人之利也 非惡人之害也 聖人不
為其室 臧之故 在於臧 聖人不得為子之事 聖人之法 死亡親 為天
下也 厚親 分也 以死亡之 體渴興利 有厚薄而毋倫列 之興利為己
語經 語經也 非白馬焉 執駒焉說求之 舞說非也 漁大之舞大 非也
三物必具 然後足以生 臧之愛己 非為愛己之人也 厚不外己 愛無厚
薄 舉己 非賢也 義利不義害 之功為辯 有有於秦馬 有有於馬也 智
來者之馬也 愛衆衆世 與愛寡也相若 兼愛之有相若 愛尚世與愛後
世 一若今之世人也 鬼 非人也 兄之鬼 兄也 天下之利驩 聖人有愛
而無利 倪日之言也 乃客之言也 天下無人 子墨子言也猶在 不得已
而欲之 非欲之 非欲之也 非殺臧也 專殺盜 非殺盜也 凡學愛人

6. 남을 부(富)하게 하면

작은 원(圓)의 둥글기와 큰 원의 둥글기는 같은 것이다. 한 자
의 거리를 이르지 못한 것이나 64말(斗)의 양에 이르지 못한 것
은 이르지 못한 점에서는 다르지 않다.

그 이르는 것이 동일하지 않은 것은 멀고 가까운 것을 이른 것
이다. 하나는 패옥이요, 하나는 옥일 뿐이다.

기둥이 뜻하는 것은 나무가 아니다. 기둥이 되는 나무를 뜻한
다. 사람을 가리키는 것은 사람을 뜻하는 것은 아니다. 획득한다
는 것은 이에 사로잡는 것을 뜻한다. 마음의 공로는 서로 따르지
못하는 것이다.

남을 이롭게 하는 것은 타인을 위하는 것이지만 부자인 사람은
남을 위하는 것이 아니다. 위하는 것이 있는 것은 남을 부자로 만
든다. 부자인 사람은 사람을 다스리고 귀신을 위하는 것이다.

상과 명예를 위하는 것은 한 사람을 이롭게 하는 것이요, 상과

명예를 위하는 일이 사람을 이롭게 하는 것은 아니다. 또한 귀함
이 없는 사람에게 이르지 아니한다.

어버이를 아는 것이 한 가지 이로움이지만 효도가 되지는 않으
며 또한 알지 못하는 데에 미치더라도 자신이 어버이에게 이로움
이 되지는 않는다.

이 세상에는 도둑이 있다는 것을 알면서도 사람들은 모두 이 세
상을 사랑한다. 이 집에 도둑이 있다는 것을 알면서도 사람들은
모두 집을 위하여 힘을 다하지 않는다.

그 중의 한 사람이 도둑인 줄을 알면서도 그 한 사람을 위하여
힘을 다할 수 없는 것이다. 비록 그중의 한 사람이 도둑이라 하더
라도 진실로 그가 누구인가를 알지 못하면 그의 제일 약자를 미
워하게 된다.

小圓[1]之圓 與大圓之圓同 方至尺之不至也 與不至鍾之至不異 其
不至同者 遠近之謂也 是璜也 是玉也 意楹 非意木也 意是楹之木
也 意指之人也 非意人也 意獲也 乃意禽也 志功 不可以相從也 利
人也 爲其人也 富人 非爲其人也 有爲也以富人 富人也 治人有爲
鬼焉 爲賞譽利一人 非爲賞譽利人也 亦不至無貴於人 智[2]親之一利
未爲孝也 亦不至於智不爲己之利於親也 智是之世之有盜也 盡愛
是世 智是室之有盜也 不盡是室也 智其一人之盜也 不盡是人 雖其
一人之盜 苟不智其所在 盡惡其弱也

1) 圓(환) : 원(圓)과 통함. 둥글다.
2) 智(지) : 지(知)와 통함. 알다.

7. 이름과 실상을 위한 것이다

모든 성인(聖人)이 먼저 하는 것은 사람들의 이름과 실상을 위
한 것인데 이름과 실상은 반드시 일치하지 않는다. (※뜻이 미상)
진실로 돌은 흰 것이요, 파손된 것도 돌이요, 다 흰 것과 동일하
다. 이 돌은 오직 큰 것인데 큰 것들과 동일하지 않다. 이것은 편

리한대로 말한 것이며 형상과 모양을 이름 지은 것이다.

지혜는 아무 이름이 없는데 지혜가 이름이 없는 것은 형체와 모양으로 이름을 지은 것이 아니다. 오직 지혜롭지 아니한 것도 명칭이 없고 지혜로운 것도 명칭이 없는 것이 옳은데 모든 운명 속에서 사는 자는 진실로 그 가운데 들어간다고 하는 것은 다 옳고 버린다고 하는 것은 그른 것이다.

모든 운명 속에서 사는 자는 마을이나 고을이나 제나라나 초나라와 같은 것도 다 이와 같을 것이다. 모든 형상과 모양으로 이름 지은 것도 산의 언덕이나 집의 사당같은 것도 다 이와 같은 것이다.

지혜와 뜻과 중동(重同)이나 구동(具同)이나 연동(連同)은 종류가 같은 동일한 것이며 이름이 같은 동일한 것이나 구동(邱同)과 부동(鮒同:附同) 등 이것의 동일한 것이나 그러한 것의 동일한 것이나 동근(同根)의 동일한 것이나 그른 것이 있는 다른 것이나 그렇지 아니한 것이 있는 다른 것이나 그 다른 것에 있어서는 그 동일한 것이 되고 그 동일한 것이 되는 것은 다른 것이다.

하나는 옳고 그러한 것이고, 둘은 옳고 그러하지 아니하고, 셋은 옮겨진 것이요, 넷은 굳세서 그러한 것이다.

〔그대가 말하는 것은 그 깊은 것은 깊은 것이나. 그 얕은 것은 얕은 것이다. 그 유익한 것은 유익한 것이다. 그 높은 것은 높은 것이다. 다음은 근본과 친밀함과 원인을 살피고 넉넉함에 이르고 아름다움으로 되돌아오며 다음으로 명예의 끝을 살펴 다시 말하여 말이 사나운 자를 바르게(※ 문맥이 통하지 않고 오탈자가 심하다) 하여 사람이 그 청함을 돕는다.(※ 문맥이 미상하다.)〕

어질면 사랑의 이로움은 없다. 사랑의 이로움은 생각에서 태어나는 것이다. 옛날의 생각이란 금일의 생각은 아니다. 옛날의 사람을 사랑한 것은 금일의 사람을 사랑하는 것은 아니다.

종을 사랑하는 것은 사람을 사랑하는 것이며 그 종의 이로움에서 나오는 것이다. 종의 이로움을 생각하는 것은 아니다. 여종을 사랑하는 것도 사람을 사랑하는 것이요, 남자종을 사랑하는 것도 사람을 사랑하는 것이다. 그 사랑을 버리면 천하가 이롭더라도 능히 버리지 않는 것이다.

옛날의 담장을 안 것은 오늘날의 담장을 아는 것은 아니다. 귀하기로는 천자가 되었다는 것은 일반의 지아비에게는 두텁지 아니한 것이다. 두 아들이 부모를 섬김에 혹은 풍년을 만나고 혹은 흉년을 만났더라도 그 부모를 사랑하는 것은 서로 같다. 저 사람이 행하는 것은 보탬이 있지 아니하고 더함도 아니다. 외물(外物)이 나의 이로움에 도움이 되지 아니한다면 종이 죽는 것은 천하가 해로운 것이다. 내가 종을 양성하는 것을 만배로 하면 내가 종을 사랑하는 것은 두텁게 하지 못하는 것이다. (※의미 미상)

장인(長人)의 다른 것과 작은 사람의 동일함은 그 모양이 동일한 것으로 동일한 것이다. 손가락이 있는 사람이나 머리가 있는 사람이나 다른 것은 사람의 몸체요, 모양은 균일하지 아니한 것으로 다른 것이다. 장수의 칼이나 뽑은 칼은 다른데 칼은 형상과 모양으로 이름한 것이다. 그 형체가 균일하지 아니한 것으로 다르다. 버드나무의 나무나 복숭아나무의 나무는 한 가지이다. 모든 것이 질량이나 수를 이름한 것이 아니라면 무너진 것이 다 이와 같다. 그러므로 한 사람의 손가락은 한 사람은 아니다. 이것은 한 사람의 손가락이 이 한 사람이다. 모난 것의 한쪽 면은 모난 것은 아니다. 모난 나무의 한쪽 면은 모난 나무이다. 까닭으로 태어나고 이치로 길어지고 무리로 행하는 자는 말을 세우면 그 태어난 곳이 분명하지 않고 없어지는 것이다. (※이하는 의미가 통하지 않는다)

지금 사람은 도가 아니면 행하지 않고 오직 팔과 다리를 강제함이 있어도 도에 밝지 못하고 또 곤궁하여 서서 기다린다. 대저 말이란 무리지어 행동하는 것이며 말의 출처를 세우면 그 무리가 밝혀지지 않고 반드시 곤궁해진다. 그러므로 음탕한 말은 그 대개가 고율(鼓栗)에 있다. 성인(聖人)이 천하를 위한다고 하는 것은 그 대개가 의심을 추방하는데 있다. 혹은 오래 살고 혹은 마치는 것은 그 천하를 이롭게 하는 것은 가리키는 것이 서로 같은 것

이며 그의 대개는 명예에 있는 것이다. 하루에 백만명이 태어나
도 사랑은 더 두텁게 할 수 없으며 그의 대개는 악해(惡害)에 있
는 것이다. 2세(二世 : 上世, 下世)를 사랑하는 것이 두텁고 박함이
있으며 2세(二世)를 사랑하는 것이 서로 같은 것은 그 대개가 사
문(蛇文)에 있는 것이다. 사랑하는 것이 서로 같으면서 선택하여
그 한 사람을 죽이는 것은 그 종류가 담장 아래의 쥐와 같은데 있
기 때문이다. 작게 어진 이나 대인(大人)은 행동을 두텁게 하는
것은 서로 같지만 그 종류는 펴는데 있는 것이다.

　대저 이로움을 일으키고 해를 제거하는 것은 그 종류가 집에 물
이 새는데 있다. 친한 이에게 두텁게 하는 것이 행동에 알맞지 않
고 종류에게 행한다면 그것들은 강위의 우물과 있는 것으로 친히
가히 배울 수 있는 것이 아니다. 종류가 사냥에 달리는 것에 있다
면 사람을 사랑하는 것이 명예를 위한 것은 아니다. 그 종류가 나
그네를 맞이하는데 있다면 사람을 사랑한다는 친함이 그 어버이
를 사랑하는 것과 같은 것으로 그 종류가 관리가 구차함에 있다.
겸애함이 서로 같은 것은 한번 사랑함도 서로 같은 것으로 그 종
류는 죽음에 있는 것이다.〔무슨 말인지 뜻이 연결되지 않는다.〕

　諸聖人所先爲 人欲名實 名實不必名 苟是石也白 敗是石也 盡與
白同 是石也唯大 不與大同 是有便謂焉也 以形貌命者 必智是之某
也 爲智某也 不可以形貌命者 唯不智是之某也 智某可也 諸以居運
命者 苟人[1]於其中者 皆是也 去之 因非也 諸以居運命者 若鄕里齊
荊者 皆是 諸以形貌命者 若山邱室廟者 皆是也 智與意 重同 具同
連同 同類之同 同名之同 邱同 鮒同 是之同 然之同 同根之同 有非
之異 有不然之異 有其異也 爲其同也 爲其同也異 一日乃是而然 二
日乃是而不然 三日遷 四日强
　〔子深其深 淺其淺 益其益 尊其尊 察次山比因至 優指復 次察聲
端名 因請復 正夫辭惡者 人右以其請得焉 諸所遭執 而欲惡生者 人
不必以其請得焉 聖人之附潰也〕仁而無利愛 利愛生於慮 昔者之慮
也 非今日之慮也 昔者之愛人也 非今之愛人也 愛獲[2]之愛人也 生

於盧獲之利 非盧臧之利也 而愛臧之愛人也 乃愛獲之愛人也 去其
愛而天下利 弗能去也 昔之知牆 非今日之知牆也 貴爲天子 其利人
不厚於正夫 二子事親 或遇孰[3] 或遇凶 其親也相若 非彼其行益也
非加也 外孰無能厚吾利者 藉臧也死而天下害 吾持養臧也萬倍 吾
愛臧也不加厚 長人之異 短人之同 其貌同者也 故同 指之人也與首
之人也異 人之體 非一貌者也 故異 將劍與挺劍異 劍以形貌命者也
其形不一 故異 楊木之木 與桃木之木也 同 諸非以擧量數命者 敗
之盡是也 故一人指 非一人也 是一人之指 乃是一人也 方之一面 非
方也 方木之面 方木也 以故生 以理長 以類行也者 立辭而不明於
其所生 忘也 今人非道無所行 唯有强股肱 而不明於道 其困也 可
立而待也 夫辭以類行者也 立辭而不明於其類 則必困矣 故浸淫之
辭 其類在鼓栗 聖人也 爲天下也 其類在于追迷 或壽或卒 其利天
下也指若 其類在譽石 一日而百萬生 愛不加厚 其類在惡害 愛二世
有厚薄 而愛二世相若 其類在蛇文 愛之相若 擇而殺其一人 其類在
院下之鼠 小仁與大人 行厚相若 其類在申 凡興利除害也 其類在漏
雍 厚親不稱行而類行 其類在江上井 不爲己之可學也 其類在獵走
愛人非爲譽也 其類在逆旅 愛人之親若愛其親 其類在官苟 兼愛相
若 一愛相若 一愛相若 其類在死也

1) 人(인) : 입(入)의 뜻.
2) 獲(획) : 종.
3) 孰(숙) : 숙(熟)의 뜻. 풍년.

제45편 작은 것을 취한다(少取第四十五)

I. 옳고 그른 것을 분명히 하는 변론

변론이라는 것은 그것으로써 옳고 그른 분별을 분명히 하고, 다스려지고 어지러워지는 것은 근원을 자세히 살펴 드러내고, 같은 점과 다른 점을 밝히고, 이름과 실제의 이치를 살피고, 이로운 것과 해로운 것에 대처하며, 의심을 두는 일에 대하여 결단을 내리는 일이다.

여기에 각종 사물의 현상을 요약하여 나타내고 여러 가지 말의 종류를 논하여 추구하고, 이름으로써 사실을 드러내고, 말로써 그 개념을 펴고, 설(說)로써 그 원인을 나타내고, 한 종류의 것으로써 비유를 취하고, 한 종류의 것으로써 유추(類推)한다.

자기가 그것을 터득해 가지고 있다고 해서 모든 사람을 그르다고 하지 않고, 자기가 그것을 터득해 가지지 못했다고 해서 모든 사람에게서 그것을 구하지 않는다.

夫辯者 將以明是非之分 審[1]治亂之紀[2] 明同異之處 察名實之理 處利害 決嫌疑 焉[3]摹略[4]萬物之然[5] 論求群言之比[6] 以名擧實 以辭[7] 抒意 以說出故 以類取 以類予[8] 有諸己不非諸人 無諸己不求諸人

1) 審(심) : 자세히 살피다.
2) 紀(기) : 근원, 본원(本源).
3) 焉(언) : 여기에, 이에.
4) 摹略(모략) : 현상의 대강을 요약하여 나타내다.
5) 然(연) : 그러한 현상.

6) 比(비) : 종류.

7) 辭(사) : 명(名)과 실(實)의 말.

8) 予(여) : 단안(斷案)을 내리다. 결론을 유추(類推)한다는 뜻.

2. 법도로 삼는 근거가 되는 것

혹(或)이라고 하는 것은 다하지 않는 것이고 가(假)라고 하는 것은 지금은 그렇지 않은 것을 말한다. 효(效)라고 하는 것은 그 것을 법칙으로 한다는 것이요, 본뜨는 것이라고 하는 것은 법칙 으로 시행하는 것이다.

그러므로 본뜨는 것이 들어맞으면 옳은 것이고 본뜨는 것이 들 어맞지 않으면 그른 것으로 이것을 본뜬다고 하는 것이다.

비(譬)라고 하는 것은 다른 사물을 들어서 그것으로써 어떤 일 을 밝히는 것이다.

모(侔)라고 하는 것은 말을 같게 하여 함께 행하는 것이다.

원(援)이라고 하는 것은 그대가 그렇게 말하는데 내가 어찌 홀 로 그렇지 않을 수 있겠느냐고 하는 것과 같은 것이다.

추(推)라고 하는 것은 그가 취하지 않은 바의 것을 그가 취하 는 바의 것과 함께하여 주는 것이다. 모든 것을 말미암는 까닭이 한 가지인데 나는 어찌 까닭이 다른 것인가.

대저 사물에는 같은 것이 있으나 모두가 같은 것으로 기록하지 는 않는다. 말이 같다고 할 때에는 그쳐야 할 곳에서 그쳐야 하는 것이다.

그것이 그러함에는 그러한 까닭이 있게 마련인데, 그것이 그러 함이 같다고 해서 그것이 그렇게 된 까닭도 반드시 같은 것은 아 니다. 그것을 취함에는 그 취한 까닭이 있게 마련인데, 그것을 취 한 것이 같다고 해서 그것을 취한 까닭도 반드시 같은 것은 아니 다.

그러므로 비유하는 것과 같은 것과 당기는 것과 미루는 것이라 고 하는 말은 진행시켜 나가면서 달라지고 돌려 버리면 궤변(詭

辯)이 되고, 멀리 가면 그 참됨을 잃고, 흩어져 버리면 근본을 잃어버리게 되니 자세히 살피지 않으면 안 되며 항상 사용할 수도 없는 것이다.

그러므로 말에는 기교가 많지만 사물의 종류가 다르고 원인이 다르게 짜여져 있기에 편견으로 보아서는 안 되는 것이다.

或也者 不盡也 假者 今不然也 效者 爲之法也 所效者[1] 所以爲之法也 故中效[2] 則是也 不中效 則非也 此效也 辟[3]也者 擧也物而以明之也 侔[4]也者 比辭而俱行也 援[5]也者 曰子然 我奚獨不可以然也 推也者 以其所不取之 同於其所取者 予之也 是猶謂也者同也 吾豈謂也者異也 夫物有以同而不率遂[6]同 辭之侔也 有所止而止 其然也 有所以然也 其然也同 其所以然不必同 其取之也 有以取之 其取之也同 其所取之不必同 是故辟侔援推之辭 行而異 轉而危[7] 遠而失 流而離本 則不可不審也 不可常用也 故言多方 殊類異故 則不可偏觀也

1) 所效者(소효자) : 본뜬 것. 효(效)는 본뜬다.
2) 中效(중효) : 본뜨는 것이 들어맞다.
3) 辟(비) : 비(譬)와 통함. 비유(譬諭).
4) 侔(모) : 같은 것. 상등(相等).
5) 援(원) : 어떤 것을 끌어다 이것의 예(例)로 삼는 것.
6) 率遂(솔수) : 솔은 모두. 수는 술(述)과 통용된다.
7) 危(위) : 궤(詭)와 통하여 궤변(詭辯)의 뜻.

3. 옳으면서 그러하지 않은 것

대저 사물은 혹은 옳으면서 그러하기도 하고, 혹은 옳으면서 그러하지 않기도 하다. 혹은 한 번은 해롭고 한 번은 해롭지 않다. 혹은 한 경우에는 옳은 것이나 한 경우에는 옳지 않은 것이다. 항상 써서는 안 되는 것이다.

그러므로 말에는 기교가 많지만 사물의 종류가 다르고 원인이 다르게 짜여져 있기에 편견으로 보아서는 안 된다. 그르다.

흰 말은 말이다. 흰 말에 타는 것은 말을 타는 것이다. 검은 말은 말이다. 검은 말을 타는 것은 말을 타는 것이다.

여자 노예는 사람이다. 여자 노예를 사랑하는 것은 사람을 사랑하는 것이다. 남자 노예는 사람이다. 남자 노예를 사랑하는 것은 사람을 사랑하는 것이다.

이런 것들이 옳은 것이며 그러한 것이다.

여자 노예의 부모는 사람이다. 여자 노예가 그 부모를 섬기는 것은 사람을 섬기는 것이 아니다. 그의 동생은 미인이다. 동생을 사랑하는 것은 미인을 사랑하는 것이 아니다.

수레는 나무로 만든 것이다. 수레를 타는 것은 나무를 타는 것이 아니다. 배는 나무로 만든 것이다. 배를 타는 것은 나무를 타는 것이 아니다.

도둑은 사람이다. 도둑이 많은 것은 사람이 많은 것이 아니며, 도둑이 없는 것은 사람이 없는 것이 아니다.

무엇으로써 그것을 밝힐 수 있는가. 도둑이 많은 것을 싫어함은 사람이 많은 것을 싫어함이 아니며, 도둑이 없기를 바라는 것은 사람이 없기를 바라는 것은 아니다.

세상 사람들은 서로 더불어 함께 그것을 그렇다고 한다. 만약 그렇다고 하면 비록 도둑도 사람이기는 하더라도 도둑을 사랑하는 것은 사람을 사랑하는 것이 아니며, 도둑을 사랑하지 않는 것이 사람을 사랑하지 않는 것도 아니다. 도둑을 죽이는 것은 사람을 죽이는 것은 아니며 도둑의 어려움도 없으면 어려움도 없다. 이러한 것과 저러한 것은 같은 종류이다.

세상에서는 저것이 있으면서 스스로 그릇되다고 하지 않는다. 묵자(墨子)가 이러한 것이 있다고 하면 그것을 그르다고 한다.

그것은 다름이 아니라 이른바 안으로는 고집이 세고 밖으로는 감각기관이 닫혀 있기 때문에 마음에 생각할 빈 자리가 없어서이다. 마음 속의 고집이 풀리지 않는 것이다. 이런 것이 옳으면서도 그렇지 않은 것이다.

夫物或乃是而然¹⁾ 或是而不然 或一害而一不害 或一是而一不是
也 不可常用也 故言多方 殊類異故 則不可偏觀也 非也 白馬馬也
乘白馬 乘馬也 驪馬²⁾馬也 乘驪馬 乘馬也 獲 人也 愛獲³⁾ 愛人也
臧⁴⁾ 人也 愛臧 愛人也 此乃是而然者也 獲之親 人也 獲事其親 非
事人也 其弟美人也 愛弟 非愛美人也 車 木也 乘車 非乘木也 船 木
也 人⁵⁾船 非人木也 盜人 人也 多盜 非多人也 無盜 非無人也 奚以
明之 惡多盜 非惡多人也 欲無盜 非欲無人也 世相與共是之若 若
是 則雖盜人人也 愛盜非愛人也 不愛盜非不愛人也 殺盜人非殺人
也 無難盜無難矣 此與彼同類 世有彼而不自非也 墨者有此而非之
無故也焉 所謂內膠⁶⁾外閉 與心毋空⁷⁾乎 內膠而不解也 此乃是而不
然者也

1) 是而然(시이연) : 옳으면서 그러하다.

2) 驪馬(여마) : 검은 말.

3) 獲(획) : 여자 노예를 천하게 부르는 말.

4) 臧(장) : 남자 노예를 천하게 부르는 말.

5) 人(인) : 인은 승(乘)의 오자(誤字).

6) 膠(교) : 마음 속의 고집.

7) 毋空(무공) : 빈 자리가 없다.

4. 책을 읽는 것은 책을 좋아하는 것이 아니다

책을 읽는 것은 책을 좋아하는 것이 아니다. 닭은 닭싸움이 아
니다. 닭싸움을 좋아하는 것은 닭을 좋아하는 것이다.

우물에 들어가려 하는 것은 우물에 들어가는 것이 아니다. 우물
에 들어가려 하는 것을 멈추게 하는 것은 우물에 들어가는 것을
멈추게 하는 것이다.

문을 나서려 하는 것은 문을 나서는 것이 아니다. 문을 나서려
하는 것을 멈추게 하는 것은 문을 나서는 것을 멈추게 하는 것이
다. 만약 이와 같다면 일찍 죽을 것이라는 것은 일찍 죽는 것이 아
니며, 오래 살고 일찍 죽는 것이, 운명이 있다는 것은 운명이 아니

다. 운명이 있는 것을 잡지 않는 것은 운명이 아니다. 어려움이 없
는 것이다.

이것은 앞의 판단과 같은 종류의 것이다. 세상에서는 앞의 판단
은 행하여도 스스로 그르다고 하지 않는다. 묵자(墨子)가 이러한
판단을 내리면 그것을 그르다고 하고 벌한다.

그것은 다름이 아니고 이른바 안으로는 고집이 세고 밖으로는
감각기관이 닫혀 있기 때문에 마음에 생각할 빈 자리가 없어서이
다. 마음 속의 고집이 풀리지 않는 것이다. 이것이 옳으면서도 그
러한 것이다.

사람을 사랑한다는 것은 두루 모든 사람을 사랑하게 되는 것을
기다려서 그런 뒤에라야 사람을 사랑하는 것이 된다. 사람을 사
랑하지 않는다는 것은 두루 모든 사람을 사랑하지 않게 되는 것
을 기다리지 않는다.

모든 사람을 두루 사랑하지 않으면 그로 인하여 사람을 사랑하
지 않는 것이 된다.

말을 타는 것은 두루 모든 말을 타는 것을 기다려서 그런 뒤에
라야 말을 타는 것이 되지 않는다. 말에 탔던 일이 있으면 그로 인
하여 말을 타게 된다.

말을 타지 않는데에 이르러서는 두루 모든 말을 타지 않은 것
을 기다린 뒤에야 말을 타지 않는 것이 된다. 이것이 한 쪽은 두
루하고 다른 한 쪽은 두루하지 않는 것이다.

且夫讀書 非好書也[1] 且鷄非鬪鷄也 好鬪鷄也 好鷄也 且入井 非入
井也 止且入井 止入井也 且出門 非出門也 止且出門 止出門也 若
若是 且夭 非夭也 壽夭也 有命 非命也 非執有命 非命也 無難矣 此
與彼同 世有彼而不自非也 墨者有此而罪非之 無故焉也 所謂內膠
外閉 與心毋空乎 內膠而不解也 此乃是而然者也 愛人 待周愛人 而
後爲愛人 不愛人 不待周不愛人 不失周愛 因爲不愛人矣 乘馬 待
周乘馬 然後爲乘馬也 有乘於馬 因爲乘馬矣 逮至不乘馬 待周不乘
馬 而後不乘馬 此一周而一不周者也

1) 且夫讀書 非好書也(차부독서비호서야) : 부차독서 비독서야 호독서 호서야
(夫且讀書 非讀書也 好讀書 好書也)로 고쳐야 될 것 같다. 책을 읽으려 하
는 것은 책을 읽는 것이 아니다. 책 읽는 것을 좋아하는 것이 책을 좋아하는
것이다로 된다.

5. 하나는 옳고 하나는 그른 것

그 나라에 살고 있으면 그 나라에 사는 것이 되지만 그 나라에
한 집을 가지고 있으면 그 나라를 가지고 있는 것이 되지 않는다.
복숭아나무의 열매는 복숭아이지만 가시나무의 열매는 가시가
아니다.

사람의 병을 위문하는 것은 사람을 위문하는 것이지만 사람의
병을 미워하는 것은 사람을 미워하는 것이 아니다.

사람의 귀신은 사람이 아니지만 형의 귀신은 형이다. 귀신을 제
사지내는 것은 사람을 제사지내는 것이 아니지만 형의 귀신을 제
사지내는 것은 곧 형을 제사지내는 것이다.

이 말(馬)의 눈이 애꾸라면 이 말이 애꾸라는 뜻이 되지만 이
말의 눈이 크다는 것을 가지고 이 말을 크다고는 말하지 않는다.
이 소의 털이 누렇다면 이 소는 황소라고 말하지만 이 소의 털이
많다는 깃을 이 소가 많다고는 말하지 않는다.

한 마리의 말도 말이요, 두 마리의 말도 말이다. 말에게 네 발이
있다고 하는 것은 한 마리 말에게 네 발이 있다는 것이요, 두 마
리 말에게 네 발이 있다는 것은 아니다.

한 마리 말은 말이다. 말이 혹 희다고 하는 것은 두 마리 말 중
혹 한 마리가 흰 것이지 한 마리 말 중 한 마리가 혹 흰 것이 아니
다. 이것이 곧 한쪽은 옳으면서 다른 한쪽은 그르다는 것이다.

居於國 則爲居國 有一宅於國 而不爲有國 桃之實 桃也 棘之實[1]
非棘也 問人之病 問人也 惡人之病 非惡人也 人之鬼 非人也 兄之
鬼 兄也 祭人鬼 非祭人也 祭兄之鬼 乃祭兄也 之[2]馬之目盼[3] 則爲

之馬盼 之馬之目大 而不謂之馬大 之牛之毛黃 則謂之牛黃 之牛之
毛衆 而不謂之牛衆 一馬 馬也 二馬 馬也 馬四足者 一馬而四足也
非兩馬而四足也 一馬馬也 馬或白者 二馬而或白也 非一馬而或白
此乃一是而一非者也

1) 棘之實(극지실) : 가시나무의 열매. 곧 대추.

2) 之(지) : 이. 이것.

3) 盼(반) : 묘(眇)의 잘못. 애꾸눈.

제46편 제자 경주(耕柱第四十六)

1. 저는 기를 몰겠습니다

묵자가 경주자(耕柱子)를 꾸짖으니, 경주자가 말하였다.

"저는 남보다 나은 것이 없습니다."

묵자가 말하였다.

"우리가 장차 대행산(大行山)에 오르려고 하는데 명마(名馬)인 기(驥)와 양(羊)에게 수레를 끌게 한다면 너는 어느 것을 몰겠느냐?"

이에 경주자가 대답하였다.

"저는 기를 몰겠습니다."

묵자가 말하였다.

"무슨 까닭으로 기를 몰겠다는 것이냐?"

경주자가 말하였다.

"기는 그 일을 잘 해낼 수 있겠기 때문입니다."

이에 묵자가 말하였다.

"나 또한 네가 그 일을 해낼 수 있다고 여긴다."

무마자(巫馬子)가 묵자에게 물었다.

"귀신과 성인은 누가 더 밝고 지혜롭습니까."

묵자가 대답하였다.

"귀신이 성인보다 밝고 지혜롭다. '총명한 귀와 밝은 눈에 대해 귀머거리와 맹인' 같은 차이가 있다. 옛날에 하(夏)나라의 임금인 계(啓)가 비렴(蜚廉)이란 신하로 하여금 산천에서 금을 캐게하고 곤오(昆吾)에서 질그릇과 주물을 만들게 하였으며 이에 옹

난치을(翁難雉乙)로 하여금 목약(目若)의 거북으로 점치게 하
였다.

점괘에 이르기를 '솥은 세 발로 만들어져 모났다. 불을 때지 않
아도 스스로 삶아지고 열지 않아도 스스로 닫혀지고 이동하지 않
아도 스스로 행한다. 곤오의 터에 제사를 받드나니 흠향하십시오'
라고 하였다. 또 점괘에 이르기를 '흠향하시오. 성대한 백운(白
雲)은 한번은 남쪽에서 한번은 북쪽에서 한번은 서쪽에서 한번
은 동쪽에서 구정(九鼎)이 이미 이루어졌다. 세 나라에 옮길 것
이다' 라고 하였다.

하후(夏后)가 한번 잃어버리고 은나라 사람이 받았으며 은나
라 사람이 한번 잃고 주나라 사람이 받았다. 하후은주(夏后殷周)
가 서로 받은 것이 수백세다. 성인으로 하여금 어진 신하와 걸출
한 재상을 모아 함께 도모함이 어찌 능히 수백세 뒤에 할 것을 알
았으라. 귀신만이 알고 있었다. 그러므로 이르기를 귀신이 성인보
다 밝고 지혜롭다는 것은 귀 밝고 눈 밝은 이와 귀 먹고 눈먼 사
람과의 차이가 있는 것과 같은 것이다."

치도오(治徒娛)와 현자석(縣子碩)이 묵자에게 물었다.

"의를 행함에는 어느 것을 크게 힘써야 할 일입니까."

묵자가 말하였다.

"비유컨대 담장을 쌓는 일과 같다. 쌓기를 잘하는 사람은 쌓고,
흙을 날라다 넣기를 잘하는 사람은 흙을 날라다가 넣고, 감독을
잘하는 사람은 감독을 하고, 그러한 뒤에라야 담장이 이루어지는
것이다.

의를 행하는 것도 이와 같다. 말을 잘하는 사람은 말로 하고, 책
을 잘 설명하는 사람은 책을 설명하고, 일을 잘 따라서 하는 사람
은 일을 따라서 하고, 그러한 뒤에라야 의(義)로운 일이 이루어
지는 것이다."

子墨子怒耕柱子[1] 耕柱子曰 我毋愈[2]於人乎 子墨子曰 我將上大
行[3] 駕驥與羊 子將誰驅 耕柱子曰 將驅驥[4]也 子墨子曰 何故驅驥

也 耕柱子曰 驥足以責 子墨子曰 我亦以子爲足以責

　巫馬子[5]謂子墨子曰 鬼神孰與聖人明智 子墨子曰 鬼神之明智於
聖人 猶聰耳明目之與聾瞽也 昔者夏后開[6]使蜚廉[7]採金於山川 而
陶鑄之於昆吾[8] 是使翁難乙[9] 卜於目若之龜[10] 龜曰 鼎成三足而方
不炊而自烹 不擧而自臧 不遷而自行 以祭於昆吾之墟 上鄉乙又言
兆之由[11]曰 饗矣 逢逢[12]白雲 一南一北 一西一東 九鼎旣成 遷於三
國 夏后氏失之 殷人受之 殷人失之 周人受之 夏后殷周之相受也 數
百歲矣 使聖人聚其良臣與其桀相[13]而諫 豈能智數百歲之後哉 而鬼
神智之 是故曰 鬼神之明智於聖人也 猶聰耳明目之與聾瞽也

　治徒娛[14]縣子碩[15]問於子墨子曰 爲義孰爲大務 子墨子曰 譬若築
牆然 能築者築 能實壤[16]者實壤 能欣[17]者欣 然後牆成也 爲義猶是
也 能談辯者談辯 能說書者說書 能從事者從事 然後義事成也

1) 耕柱子(경주자) : 묵자의 제자.

2) 兪(유) : 유(愈)와 통한다. 낫다.

3) 大行(대행) : 산의 이름. 태행(太行)이라고도 하며, 지금의 산서성(山西省)
　과 하남성(河南省)의 경계에 있다.

4) 驥(기) : 명마(名馬)의 종류.

5) 巫馬子(무마자) : 묵자를 비판한 자. 유가(儒家)쪽의 사람인 것 같다.

6) 夏后開(하후개) : 하(夏)나라의 임금 계(啓)를 말한다.

7) 蜚廉(비렴) : 하나라 계(啓)의 신하.

8) 陶鑄之於昆吾(도주지어곤오) : 곤오에서 질그릇과 주물을 만들다. 도는 질
　그릇. 주는 철물. 곤오는 땅이름.

9) 翁難乙(옹난을) : 사람 이름이며 옹난치을(翁難雉乙)이라고 한다.

10) 目若之龜(목약지구) : 뜻이 미상하다. 목약의 거북이라고 한다.

11) 乙又言兆之由(을우언조지유) : 을은 이(已)의 잘못이다. 이미 또 점괘에서
　말하기를과 같다.

12) 逢逢(봉봉) : 성대한 모양.

13) 桀相(걸상) : 걸출한 재상. 걸은 걸(傑)의 잘못.

14) 治徒娛(치도오) : 묵자의 제자.

15) 縣子碩(현자석) : 묵자의 제자.

16) 實壤(실양) : 흙을 날라다가 넣는 일.

17) 欣(흔) : 희(睎)와 같은 뜻으로 기구를 가지고 담 쌓는 것을 감독하는 일.

2. 그대의 뜻은 그르다

무마자(巫馬子)가 묵자에게 말하였다.

"당신께서는 천하를 아울러 사랑하지만 아직 이로움이라고 말할 수 없습니다. 나는 천하를 사랑하지 않지만 아직 해로움이라 말할 수 없습니다. 결과는 모두 아직 나타나지 않았는데, 당신께서는 어찌하여 홀로 스스로는 옳다고 하고 나더러는 그르다고 하십니까?"

묵자가 말하였다.

"지금 여기에 불을 놓은 자가 있다. 한 사람은 물을 들고 거기다가 부으려 하고, 한 사람은 불을 들고 그것을 더 타게 하려 한다. 결과는 모두 나타나지 않았지만 그대는 두 사람 중 누구를 귀하게 여기는가?"

이에 대해 무마자는 대답하였다.

"나는 저 물을 들고 있는 사람의 뜻을 옳게 여기고 불을 들고 있는 사람의 뜻을 그르다고 여깁니다."

이에 묵자가 말하였다.

"나 또한 나의 뜻을 옳게 여기고 그대의 뜻을 그르다고 여긴다."

巫馬子謂子墨子曰 子兼愛天下 未云利也 我不愛天下 未云賊也 功皆未至 子何獨自是而非我哉 子墨子曰 今有燎者[1]於此 一人奉水將灌[2]之 一人摻[3]火將益之 功皆未至 子何貴於二人 巫馬子曰 我是彼奉水者之意 而非夫摻火者之意 子墨子曰 吾亦是吾意 而非子之意也

1) 燎者(요자) : 불을 놓은 사람. 방화자(防火者).

2) 灌(관) : 물을 붓다.

3) 摻(삼) : 조(操)와 통한다. 잡다.

3. 과연 알 수가 없구나

묵자가 경주자(耕柱子)로 하여금 초(楚)나라에 가서 벼슬하게 하였는데 두세 사람의 친구가 초나라를 지나다가 들렀다. 그는 하루 석 되의 곡식으로 먹여만 주고 손님으로 후하게 대접하지 않았다.

두세 사람이 묵자에게 돌아와서 보고하였다.

"경주자는 초나라에 있으면서 유익(有益)함이 없습니다. 저희 두세 사람이 들렀는데 하루 석 되의 곡식으로 우리를 먹여만 주면서 손님으로 후하게 대접하지 않았습니다."

이에 묵자가 말하였다.

"아직 알 수 없느니라."

얼마 지나지 않아 경주자는 묵자에게 10금(十金)의 돈을 보내면서 '제자는 감히 죽지 않고 있습니다. 여기 10금이 있으니 바란건대 선생님께서 써주십시오.' 라고 하였다.

이것을 받고 묵자는 말하기를 "과연 알 수가 없구나."라고 하였다.

子墨子游[1]耕柱子於楚 二三子過之 食之三升[2] 客之不厚 二三子復於子墨子曰 耕柱子處楚無益矣 二三子過之 食之三升 客之不厚 子墨子曰 未可智也 毋幾何而遺十金[3]於子墨子曰 後生[4]不敢死 有十金於此 願夫子之用也 子墨子曰 果未可智也

1) 游(유) : 다른 나라에 보내 벼슬살이 하게 하는 일.
2) 三升(삼승) : 석 되. 하루에 먹는 곡식의 분량. 한 사람의 분량으로는 부족함을 말한다.
3) 十金(십금) : 십금은 천금(千金)의 오자(誤字).
4) 後生(후생) : 제자.

4. 귀신이 도와주는 것을 못보았다

무마자(巫馬子)가 묵자에게 말하였다.

"당신께서 의를 행하시는데 사람이 도와주는 것을 보지 못하였고, 귀신이 부(富)하게 해주는 것을 보지 못하였습니다. 그래도 당신께서는 그것을 행하시니 미친 병이 있으시군요"

이 말에 대해 묵자는 말하였다.

"지금 그대가 여기에 두 사람의 신하를 부린다고 하자. 그중 한 사람은 그대를 보면 일을 하고 그대를 보지 않으면 일을 하지 않으며, 그중 한 사람은 그대를 보아도 일을 하고 그대를 보지 않아도 또한 일을 한다. 그대는 이 두 사람중에서 누구를 귀하게 여기는가"

무마자가 대답하였다.

"나는 나를 보아도 또한 일을 하고, 나를 보지 않아도 또한 일을 하는 사람을 귀하게 여깁니다."

묵자가 대답하였다.

"그러면 이것은 그대도 또한 미친 병이 있는 것을 귀하게 여기는 것이다."

巫馬子謂子墨子曰 子之爲義也 人不見而耶[1] 鬼不見而富 而子爲之 有狂疾 子墨子曰 今使子有二臣於此 其一人者見子從事 不見子則不從事 其一人者見子亦從事 不見子亦從事 子誰貴於此二人 巫馬子曰 我貴其見我亦從事 不見我亦從事者 子墨子曰 然則是子亦貴有狂疾也

1) 耶(야) : 조(助)의 뜻.

5. 군자도 싸우는 일이 있습니까

자하(子夏)의 제자들이 묵자에게 물었다.

"군자도 싸우는 일이 있습니까?"

묵자는 대답하였다.

"군자는 싸우는 일이 없다."

자하의 제자들이 또 물었다.

"개나 돼지에게도 싸움이 있는데 어찌 선비라고 해서 싸움이 없을 수 있겠습니까?"

묵자는 대답하였다.

"마음 아프도다. 말로는 탕왕(湯王)과 문왕(文王)을 일컬으면서 행동은 개나 돼지에게 비유하다니 참으로 마음 아픈 일이로구나."

子夏之徒[1]問於子墨子曰 君子有鬪乎 子墨子曰 君子無鬪 子夏之徒曰 狗豨猶有鬪 惡有士而無鬪矣 子墨子曰 傷矣哉 言則稱於湯文 行則譬於狗豨 傷矣哉

1) 子夏之徒(자하자도) : 자하는 공자의 제자. 도는 무리. 여기서는 자하의 제자를 뜻함.

6. 선왕(先王)들을 추모하는 것은

무마자가 묵자에게 말하였다.

"지금의 사람들을 버려두고 선왕(先王)들을 기리는 것은 마른 뼈를 기리는 것입니다. 비유컨대 목수(木手)가 마른 나무는 알면서 살아 있는 나무는 모르는 것과 같습니다."

이 말에 대하여 묵자는 말하였다.

"천하가 살아 가는 까닭은 선왕들의 도(道)로써 가르치기 때문이다. 지금 선왕들을 기리는 것은 바로 천하가 살아 가는 까닭을 기리는 것이다. 기려야 할 것을 기리지 않는 것은 인(仁)이 아니다."

巫馬子謂子墨子曰 舍今之人而譽先王 是譽槁[1]骨也 譬若匠人[2]然 智槁木也 而不智生木 子墨子曰 天下之所以生者 以先王之道敎也 今譽先王 是譽天下之所以生也 可譽而不譽 非仁也

1) 槁(고) : 고(枯)와 통하여 마르다.

2) 匠人(장인) : 여기서는 목수(木手)를 뜻한다.

7. 그것은 될 수 없는 일이다.

묵자가 말하였다.

"화씨(和氏)의 구슬이나 수후(隋侯)의 진주나 주왕실(周王室)의 세 개의 솥과 여섯 개의 그릇은 제후가 이른바 좋은 보배라고 하는 것이다.

그러나 그것으로써 국가를 부(富)하게 하고, 백성을 많게 하고, 사법과 행정을 다스리며, 사직(社稷)을 편안하게 할 수 있는 것인가. 그것은 될 수 없는 일이다.

이른바 좋은 보배를 귀하게 여기는 것은 그것으로써 이로움이 될 수 있기 때문이다. 그런데 화씨의 구슬이나 수후의 진주나 주왕실의 세 개의 솥과 여섯 개의 그릇은 사람들을 이롭게 할 수가 없는 것이며, 이것은 천하의 좋은 보배가 될 수 없는 것들이다.

지금 의(義)를 써서 국가의 정치를 행하면 백성들은 반드시 많아지고, 사법과 행정은 반드시 다스려지며, 사직은 반드시 안정이될 것이다. 이른바 좋은 보배를 귀중하게 여기는 것은 그것이 백성들을 이롭게 할 수 있기 때문이다. 그런데 의(義)가 사람들을 이롭게 할 수 있으므로 의는 천하의 보배라고 말하는 것이다."

子墨子曰 和氏之璧[1] 隋侯之珠[2] 三棘六異[3] 此諸侯之所謂良寶也 可以富國家 衆人民 治刑政 安社稷乎 曰不可 所謂貴良寶者 爲其 可以利也 而和氏之璧隋侯之珠三棘六異不可以利人 是非天下之良 寶也 今用義爲政於國家 人民必衆 刑政必治 社稷必安 所爲貴良寶 者 可以利民也 而義可以利人 故曰 義天下之良寶也

1) 和氏之璧(화씨지벽) : 초(楚)나라 화씨의 구슬. 화씨(和氏)가 좋은 구슬을 얻어 초(楚)나라 여왕(厲王)에게 바치니, 왕은 그 진가(眞價)를 몰라보고 왕을 속였다고 하여 그의 한쪽 다리를 잘라 버렸다. 화씨는 다음 무왕(武王) 때 다시 그 구슬을 바쳤으나 이번에도 왕을 속였다고 하여 남은 한쪽 다리마저 잘렸다. 화씨가 또 다음 문왕(文王)에게 그 구슬을 바치고서야 마침내 훌륭한 구슬임이 밝혀졌다고 한다.

2) 隋侯之珠(수후지주) : 수는 수(隨)가 맞으며 수나라 제후(諸侯)의 진주. 수

나라 제후가 죽어가는 뱀을 살려 주었는데 그 뱀이 살려 준 은혜를 갚는다고
준 진주.

3) 三棘六異(삼극육이) : 주왕실(周王室)에 전해 내려오는 동기(銅器)들로 세
가지 솥과 여섯 가지 그릇.

8. 공자는 질문의 핵심을 잘 몰랐다.

섭공자고(葉公子高)가 중니(仲尼)에게 정치에 대해 물었다.

"정치를 잘한다는 것은 어떻게 하는 것입니까?"

중니가 대답하였다.

"정치를 잘한다는 것은 멀리 있는 자를 가까이하고 낡은 것을
새롭게 하는 것입니다."

이 이야기를 들은 묵자가 말하였다.

"섭공자고는 그 질문이 미숙(未熟)하였고, 중니 또한 그 답변
의 요점을 터득하지 못하였다. 섭공자고가 어찌 정치를 잘한다는
것이 멀리 있는 자를 가까이하고 낡은 것을 새롭게 하는 것임을
알지 못하였겠는가. 그것은 그렇게 하는 데에는 어떻게 하면 되
는가 하는 물음이었다. 남이 알지 못하는 것을 남에게 알려 주지
못하고 알고 있는 것을 알려 준 것이다. 그러므로 섭공자고는 그
질문이 미숙하였고, 중니 또한 그 답변의 요점을 터득하지 못한
것이다."

葉公子高[1]問政於仲尼[2]曰 善爲政者若之何 仲尼對曰 善爲政者
遠者近之 而舊者新之 子墨子聞之曰 葉公子高未得其問也 仲尼亦
未得其所以對也 葉公子高豈不知善爲政者之遠者近也 而舊者新是
哉 問所以爲之若之何也 不以人之所不智告人 以所智告之 故葉公
子高未得其問也 仲尼亦未得其所以對也

1) 葉公子高(섭공자고) : 초(楚)나라의 대부(大夫). 이름은 저량(諸梁), 자고
(子高)는 그의 자(字).

2) 仲尼(중니) : 공자의 자. 여기에서 공자의 존칭을 쓴 것은 묵자가 공자를 가

벼이 여기지 않는다는 것을 뜻함. 다른 편에서는 공자를 비판하고 유가(儒家)를 배척했으나 공자를 폄하하지는 않았다. 묵자의 문인들의 잘못인 것 같다.

9. 어린아이가 말놀이하는 것과 같다

묵자가 노양(魯陽)의 문군(文君)에게 일러 말하였다.

"큰나라가 작은나라를 공격하는 것은 비유컨대 어린아이가 말놀이하는 것과 같습니다. 어린아이가 말놀이를 하다가는 모두 힘을 써서 지치기에 족합니다.

지금 큰나라가 작은나라를 공격하면 공격당하는 편의 농부들은 농사를 지을 수 없고, 여자들은 길쌈을 하지 못하면서 나라를 지키는 일에 매달리게 됩니다.

남을 공격하는 편에서도 또한 농부들은 농사를 지을 수 없고, 여자들은 길쌈을 하지 못하면서 공격을 일삼게 됩니다.

그러므로 큰나라가 작은나라를 공격하는 것은 어린아이가 말놀이하는 것과 같은 것입니다."

子墨子謂魯陽文君[1]曰 大國之攻小國 譬猶童子之爲馬[2] 童子之爲馬 足用而勞[3] 今大國之攻小國也 攻者農夫不得耕 婦人不得織 以守爲事 攻人者 亦農夫不得耕 婦人不得織 以攻爲事 故大國之攻小國也 譬猶童子之爲馬也

1) 魯陽文君(노양문군) : 초(楚)나라 노양(魯陽)땅의 문군(文君).
2) 爲馬(위마) : 말놀이하다. 한 편은 말이 되고 다른 한 편은 말을 타는 쪽이 되어 노는 어린아이들의 장난.
3) 足用而勞(족용이로) : 양편이 다 힘을 써서 지치기에 족하다.

10. 어찌하여 마음이 아픈 일이겠느냐

묵자가 말하였다.

"말을 하고 곧바로 행동하는 사람은 떳떳하고, 행동하지 못하

는 사람은 떳떳치 못하며, 행동하지 못하면서도 떳떳한 것은 방
자한 입이라고 한다."

묵자가 관금오(管黔敖)로 하여금 고석자(高石子)를 위(衛)나
라에 보내 벼슬하도록 하게 하였다. 이에 위나라 군주는 그에게
매우 후한 녹(祿)을 주고, 그를 경(卿)의 지위에 앉혔다.

고석자는 세 번 조회(朝會)에 나아가 반드시 성의를 다하여 진
언(進言)하였으나 그의 말은 실행되지 않았다. 그래서 그는 위나
라를 떠나 제(齊)나라로 가서 묵자를 만나 보고 말하였다.

"위나라 군주는 선생님으로 인해 제게 매우 두터운 녹을 주고
저를 경의 지위에 앉혔습니다. 이에 저 석(石)이 세 차례나 조회
에 나아가 반드시 성의를 다해 진언하였건만 그 말이 실행되는 일
이 없었습니다. 그래서 위나라를 떠나왔습니다. 위나라 군주는 저
석을 미친 사람이라고 하지 않겠습니까?"

이 말에 대해 묵자는 이렇게 말하였다.

"위나라를 떠나는 것이 진실로 바른 도(道)라면 미쳤다는 소
리를 듣는 것이 어찌 마음 아픈 일이겠느냐. 옛날의 주공단(周公
旦)은 관숙(管叔)에게 배척을 받게 되자 삼공(三公)의 자리마
저 사양하고 동쪽 상엄(商奄)이라는 곳에 피해 있었는데 사람들
은 모두 그를 미쳤다고 했지만 후세에는 그의 덕(德)을 칭송하고
그의 이름을 찬양하게 되어 지금에 이르기까지 그치지 않는다.

또한 나 적(翟)은 듣건대 '의(義)를 행하는 것은 비방을 피하
고 명예를 위한 것이 아니다'라고 하였다. 위나라를 떠나는 것이
진실로 바른 도라면 미쳤다는 소리를 듣는 것이 어찌하여 마음 아
픈 일이겠느냐."

이 말을 듣고 고석자는 말하였다.

"저 석이 위나라를 떠난 일이 어찌 감히 도(道)가 아니겠습니
까. 지난날에 선생님께서 말씀하시기를 '천하에 도가 행하여지지
않으면 어진 선비는 두터운 대우를 받으면서 살지 않는다'고 하
셨습니다. 지금 위나라 군주는 도를 행하지 않는데, 그의 녹과 벼
슬만을 탐한다면 그것은 제가 구차히 남의 곡식만을 먹고 사는 것

이 되는 것입니다.”

이에 묵자는 기뻐하며 자금자(子禽子)를 불러서 말하였다.

“잠시 이 말을 들어라. 대저 의(義)를 배반하고 녹을 따르는 사람들의 이야기는 내가 늘 들어왔으나, 녹을 배반하고 의를 따르는 사람은 고석자에게서 그것을 보았다.”

묵자가 말하였다.

“세속적인 군자는 가난한데 부자라고 이르면 화를 내고 의로운 행동이 없는데 의로운 사람이라고 하면 기뻐한다. 어찌 거슬리는 것이 아니냐.”

공맹자가 말하였다.

“선인(先人)들은 법칙이 세 가지가 있다고 했습니다.”

묵자가 말하였다.

“어떤 선인이 법칙이 세 가지가 있다고 했느냐. 그대가 말한 선인을 알 수 없느니라.”

제자 가운데 묵자를 배반했다가 다시 돌아온 자가 말하였다.

“제가 무슨 죄가 있습니까. 다시 돌아오지 않았습니까?”

묵자가 말하였다.

“이것은 삼군(三軍)이 전쟁에서 패배하고 뒤에 남은 낙오자들이 상을 청하는 것과 같다.”

子墨子曰 言足以復行[1]者 常之 不足以擧行者 勿常 不足以擧行而常之 是蕩口[2]也

子墨子使管黔敖游[3]高石子[4]於衛[5] 衛君致祿甚厚 設之於卿[6] 高石子三朝必盡言 而言無行者 去而之齊 見子墨子曰 君以夫子之故 致祿甚厚 設我於卿 石三朝必盡言 而言無行 是以去之也 衛君無乃以石爲狂乎 子墨子曰 去之苟道 受狂何傷[7] 古者周公旦非關叔[8] 辭三公東處於商蓋[9] 人皆謂之狂 後世稱其德 揚其名 至今不息 且翟[10] 聞之爲義非避毀就譽 去之苟道 受狂何傷 高石子曰 石去之 焉敢不道也 昔者夫子有言曰 天下無道 仁士不處厚焉 今衛君無道 而貪其祿爵 則是我爲苟陷[11]人長[12]也 子墨子說 而召子禽子[13]曰 姑聽此乎

夫倍[14]義而鄕[15]祿者 我常聞之矣 倍祿而鄕義者 於高石子焉見之也
　子默子曰 世欲之君子 貧而謂之富 則怒 無義而謂之有義 則喜 豈
不悖哉 公孟子曰 先人有則三而已矣 子默子曰 孰先人而曰有則三
而已矣 子未智人之先有 後生有反[16]子墨子而反者 我豈有罪哉 吾
反後 子墨子曰 是猶三軍北[17] 失後之人求賞也

1) 復行(부행) : 이행(履行)의 뜻. 실천.

2) 蕩口(탕구) : 방자한 입. 즉 구설에 오르는 입.

3) 管黔敖游(관금오유) : 관금오는 묵자의 제자. 유(游)는 없어야 함.

4) 高石子(고석자) : 묵자의 제자.

5) 衛(위) : 주(周)의 제후국. 지금의 호남성 황하 이북지역이다.

6) 卿(경) : 대신(大臣)에 해당하는 관직(官職).

7) 傷(상) : 마음 아파하다.

8) 關叔(관숙) : 관숙(管叔). 주왕조(周王朝) 무왕(武王)의 동생으로 무왕이
　　죽은 뒤에 주공단(周公旦)이 어린 조카인 성왕(成王)을 보필하는 것을 시기
　　하여 천자의 지위를 엿본다고 모함하였다.

9) 商蓋(상개) : 상엄(商奄)을 말한다. 노(魯)나라의 지명. 지금의 산동성 곡부
　　부근이다.

10) 翟(적) : 묵자의 이름으로 묵자가 자신을 지칭한 것.

11) 陷(함) : 담(啗)으로 되어야 한다. 먹다.

12) 長(장) : 장(粻)의 줄인 자. 양식.

13) 子禽子(자금자) : 묵자의 제자. 자(子)를 하나 더 얹은 것은 묵자를 자묵자
　　(子墨子)라 하는 것과 같이 존경을 나타내는 것.

14) 倍(배) : 배(背)와 통하여 배반(背反).

15) 鄕(향) : 향(向)과 통하여 향하다. 따르다.

16) 反(반) : 배반하다.

17) 北(패) : 패(敗)와 뜻이 같다.

II. 군자답지 못한 사람이란…

공맹자(公孟子)가 말하였다.

"군자는 새로 만들지 않고 옛것을 따를 뿐입니다."

묵자가 말하였다.

"그렇지 않습니다. 사람으로서 매우 군자답지 못한 사람은 옛날의 좋은 것을 따르지도 않고, 지금의 좋은 것을 새로 만들어내지도 않습니다. 그 다음으로 군자답지 못한 사람은 옛날의 좋은 것을 따르지 않으면서 자기에게 좋은 것이 있으면 새로 만들어냅니다. 그것은 좋은 것이 자기에게서 만들어져 나오게 하고자 해서입니다.

지금 옛것을 따르면서 새로 만들어내지 않는 것은 옛것을 따르기를 좋아하지 않으면서 새로 만들어내는 것과 다르지 않습니다.

나는 생각건대 옛날의 좋은 것을 따르고 지금의 좋은 것은 새로 만들어내야 한다고 여기는데, 이것은 좋은 것이 더욱 많아지기를 바라기 때문입니다."

무마자(巫馬子)가 묵자에게 말하였다.

"나는 당신의 생각과 다릅니다. 나는 아울러 사랑할 수 없습니다. 나는 우리 이웃인 추(鄒)나라 사람을 먼 월(越)나라 사람보다 사랑하고, 우리 노(魯)나라 사람을 추나라 사람보다 사랑하며, 우리 고향 사람을 노나라 사람보다 사랑하며, 내 집안 사람을 고향 사람보다 사랑하며, 나의 어버이를 내 집안 사람보다 사랑하며, 나 자신을 나의 어버이보다 사랑합니다.

그것은 생각건대 나에게서 가깝기 때문입니다. 나를 때리면 아프고, 남을 때리면 나보다 아프지 않습니다. 내 무슨 까닭으로 나의 아픔을 제거하려 하지 않고 아프지 않은 남의 아픔을 제거하려 하겠습니까?

그러므로 나는 남을 죽임으로써 나를 이롭게 할지언정 나를 죽임으로써 남을 이롭게 하지 않을 것입니다."

이 말을 듣고 묵자가 말하였다.

"그대의 의(義)를 숨기려는가. 아니면 남에게 알리려는가."

무마자가 말하였다.

"내 무슨 까닭으로 나의 의를 숨기겠습니까? 나는 남에게 알리겠습니다."

이에 대하여 묵자가 말하였다.

"그러면 한 사람이 그대의 생각을 좋아한다면 그 한 사람이 그대를 죽임으로써 자기를 이롭게 하고자 할 것이고, 열 사람이 그대의 생각을 좋아한다면 열 사람이 그대를 죽임으로써 자기를 이롭게 하고자 할 것이며, 천하의 사람들이 그대의 생각을 좋아한다면 천하의 사람들이 그대를 죽임으로써 자기를 이롭게 하고자 할 것이다.

한 사람이 그대의 생각을 좋아하지 않는다면 그 한 사람이 그대를 죽이고자 할 것이다. 그것은 그대를 상서롭지 못한 말을 퍼뜨린 사람이라고 여기기 때문이다. 열 사람이 그대의 생각을 좋아하지 않는다면 열 사람이 그대를 죽이고자 할 것이다. 그것은 그대를 상서롭지 못한 말을 퍼뜨린 사람이라고 여기기 때문이다. 천하의 사람들이 그대의 생각을 좋아하지 않는다면 천하의 사람들이 그대를 죽이고자 할 것이다. 그것은 그대를 상서롭지 못한 말을 퍼뜨린 사람이라고 여기기 때문이다.

그대의 생각을 좋아하는 사람도 또한 그대를 죽이고자 하고, 그대의 생각을 좋아하지 않는 사람도 또한 그대를 죽이고자 할 것이다. 이것은 이른바 입을 사납게 놀리는 것으로 자신을 죽이는 것이다."

묵자가 말하였다.

"그대의 말이 무슨 이로움이 되겠는가. 만약 이로울 바가 없는데도 꼭 말을 한다면 그것은 방자한 입이라 하는 것이다."

公孟子[1]曰 君子不作[2] 術[3]而已 子墨子曰 不然 人之其[4]不君子者 古之善者不述 今也善者不作 其次不君子者 古之善者不遂[5] 已有善 則作之 欲善之自己出也 今述而不作 是無所異於不好遂而作者矣 吾以爲古之善者則述之 今之善者則作之 欲善之益多也 巫馬子謂 子墨子曰 我與子異 我不能兼愛 我愛鄒[6]人於越[7]人 愛魯人於鄒人 愛我鄕人於魯人 愛我家人於鄕人 愛我親於我家人 愛我身於吾親

以爲近我也 擊我則疾[8] 擊彼則不疾於我 我何故疾者之不拂[9] 而不
疾者之拂 故有我有殺彼以我 無殺我以利 子墨子曰 子之義將匿邪
意[10]將以告人乎 巫馬子曰 我何故匿我義 吾將以告人 子墨子曰 然
則 一人說子[11] 一人欲殺子以利己 十人說子 十人欲殺子以利己 天
下說子 天下欲殺子以利己 一人不說子 一人欲殺子 以子爲施不祥
言者也 十人不說子 十人欲殺子 以子爲施不祥言者也 天下不說子
天下欲殺子 以子爲施不祥言者也 說亦欲殺子 不說子亦欲殺子
是所謂經[12]者口也 殺常之身者也 子墨子曰 子之言惡[13]利也 若無所
利而必言 是蕩口也

1) 公孟子(공맹자) : 증자(曾子)의 제자인 공명의(公明儀)를 말한다. 맹(孟)
   은 명(明)과 통함.

2) 作(작) : 만들어내다. 즉 새로 만들어낸다는 말.

3) 術(술) : 술(述)과 통하여 따르다. 즉 옛것을 따른다는 말.

4) 其(기) : 심(甚)의 오자(誤字).

5) 遂(수) : 술(述)의 오자.

6) 鄒(추) : 노(魯)나라 이웃에 있던 작은 제후국(諸侯國).

7) 越(월) : 양자강 하류 남쪽에 있던 나라의 이름.

8) 疾(질) : 통(痛)과 통하여 아프다.

9) 拂(불) : 없애다. 제거하다.

10) 意(의) : 억(抑)과 통하여 아니면. 그렇지 않으면.

11) 說子(열자) : 그대의 생각을 좋아하다.

12) 經(경) : 경(輕)과 통하여 가볍다.

13) 惡(오) : 하(何)와 같다. 어찌.

12. 도둑질하는 버릇이 있어서

묵자가 노양(魯陽)의 문군(文君)에게 말하였다.

"지금 여기에 한 사람이 있어 양과 소의 희생함으로 요리를 만
들었는데 그것이 이루 다 먹을 수 없을 만큼 많이 있습니다.

그런데 남이 떡을 만드는 것을 보고는 그것을 슬그머니 훔치면

서 말하기를 '나에게도 먹을 것을 주어야 하지 않느냐' 고 합니다.
　이는 해와 달을 구별하는 것이 부족한 것입니까? 아니면 그에
게 도둑질하는 버릇이 있어서입니까?"
　이에 노양의 문군이 대답하였다.
　"도둑질하는 버릇이 있어서입니다."
　묵자는 또 말하였다.
　"초(楚)나라는 사방에 밭이 널리 펼쳐져 있어 이루 다 개척할
수 없을 만큼 많으며, 빈 땅이 수천 곳에 있어 이루 다 들어가서
살 수 없을 만큼 많습니다. 그런데도 송(宋)나라나 정(鄭)나라의
빈 고을을 보면 슬그머니 도둑질을 하니 이것은 앞에서 말한 것
과 다릅니까."
　노양의 문군이 대답하였다.
　"그것은 앞에서 말한 것과 같이 실로 도둑질하는 버릇이 있어
서입니다."

　子墨子謂魯陽文君曰 今有一人於此 羊牛犓豢[1] 維人[2]但割而和
之[3] 不可勝食也 見人之作餠 則還然[4]竊之 曰 舍余[5]食 不知日月安
不足乎 其有竊疾[6]乎 魯陽文君曰 有竊疾也 子墨子曰 楚四竟之田
曠蕪而不可勝牌[7] 訏靈[8]數千 不可勝 見宋鄭之閒邑[9] 則還然竊之
此與彼異乎 魯陽文君曰 是猶彼也 實有竊疾也

1) 犓豢(추환) : 가축의 고기.
2) 維人(유인) : 유는 옹(饔)의 잘못. 요리 만드는 사람.
3) 但割而和之(단할이화지) : 짐승의 털과 가죽을 벗겨낸 재료로 맛있는 요리
　를 만든다.
4) 還然(환연) : 환연(睘然)과 같아 주위를 두리번거리며 살피는 모양. 슬그머니.
5) 舍余(사여) : 사는 서(舒)와 통함. 나를 만족시켜 주다.
6) 竊疾(절질) : 도둑질하는 버릇. 도벽(盜癖).
7) 牌(벽) : 벽(闢)과 통하여 개척하다.
8) 訏靈(호령) : 호허(呼盧)로 고쳐야 함. 빈 땅.
9) 閒邑(한읍) : 빈 고을.

13. 용감한 사람을 미워하는 것

묵자가 말하였다.

"계손소(季孫紹)와 맹백상(孟伯常)이 노(魯)나라의 국정을 담당하면서 서로 믿지 못하고 총사(叢社)에 기원하여 이르기를 '진실로 나와 화해하게 하여 주십시오'라고 하였다 하니, 이것은 그 눈을 가리고 총사에 빈 것과 같다. 만약에 자신이 다 볼 수 있다면 어찌 어긋난 것이 아니랴!"

묵자가 낙골리(駱滑氂)에게 말하였다.

"내가 들으니 당신은 용감한 것을 좋아한다더군요."

낙골리는 대답하였다.

"그렇습니다. 나는 어느 고을에 용사가 있다는 말을 들으면 반드시 찾아가서 그를 죽입니다."

이에 대하여 묵자가 말하였다.

"천하의 사람들은 그가 좋아하는 것을 함께하고 그가 싫어하는 것을 없애고자 하지 않는 자가 없습니다. 그런데 지금 당신은 어느 고을에 용사가 있다는 말을 들으면 반드시 찾아가 그를 죽인다고 하니, 그것은 용감한 사람을 좋아하는 것이 아니라 용감한 사람을 미워하는 것입니다."

子墨子曰 季孫紹[1]與孟伯常[2]治魯國之政 不能相信 而祝於禁社[3] 曰 苟使我和 是猶弇其目 而祝於禁社也 若使我皆視 豈不繆哉

子墨子謂駱滑氂[4]曰 我聞子好勇 駱滑氂曰 然 我聞其鄕有勇士焉 吾必從而殺之 子墨子曰 天下莫不欲與其所好 度[5]其所惡 今子聞其鄕有勇士焉 必從而殺之 是非好勇也 是惡勇也

1) 季孫紹(계손소) : 노나라의 권세가 집안의 세력가.

2) 孟伯常(맹백상) : 노나라의 권세가 집안의 세력가.

3) 禁社(금사) : 총사(叢社). 숲속에 있는 사당.

4) 駱滑氂(낙골리) : 묵자의 제자로 보인다. 낙골리(駱滑釐).

5) 度(도) : 도거(渡去)로 보아 찾아가 없애다, 제거하다.

제12권(卷之十二)

제47편 의를 귀하게 여긴다(貴義第四十七)

I. 의보다 귀(貴)한 것이 없다

묵자가 말하였다.

"모든 일에서 의(義)보다 귀한 것은 없다. 지금 어떤 사람이 말하기를 '그대에게 관(冠)과 신을 줄 것이니 그대의 손과 발을 끊으라' 라고 한다면 그대는 그렇게 하겠느냐. 반드시 그렇게 하지 않을 것이다. 무슨 까닭이냐 하면 관과 신은 손과 발의 귀함만 같지 못하기 때문이다.

또 말하기를 '그대에게 천하를 줄 것이니 그대의 몸을 죽이라' 고 한다면 그대는 그렇게 할 것인가. 반드시 그렇게 하지 않을 것이다. 무슨 까닭이냐 하면 천하는 자기 몸의 귀함만 같지 못하기 때문이다.

한 마디의 말을 다투다가 그것으로써 서로 죽이기도 하는데, 그것은 의(義)가 그의 몸보다 귀하기 때문이다.

그러므로 말하기를 '모든 일은 의보다 귀한 것이 없다' 고 하는 것이다."

子墨子曰 萬事莫貴於義 今謂人曰 予[1]子冠履[2] 而斷子之手足 子爲之乎 必不爲 何故 則冠履不若手足之貴也 又曰 予子天下 而殺子之身 子爲之乎 必不爲 何故 則天下不若身之貴也 爭一言以相殺 是貴義於其身也 故曰 萬事莫貴於義也

1) 予(여) : 주다.
2) 冠履(관리) : 관(冠)과 신발.

2. 농사짓는 사람이 적기 때문이다

묵자가 노(魯)나라에서 제(齊)나라로 가서 친구의 집에 들리자, 친구가 묵자에게 말하였다.

"지금 천하에 의(義)를 행하는 사람이 없는데 그대 홀로 스스로를 괴롭히면서 의를 행하고 있으니 그대도 그만두느니만 같지 못하오"

이 말에 대해 묵자가 말하였다.

"지금 여기 사람이 있어 자식 열명을 두었는데 한 사람이 농사를 짓고 아홉 사람이 들어앉아 있다면 농사를 짓는 사람은 더욱 부지런히 하지 않을 수 없을 것이네. 무슨 까닭이냐 하면 먹는 사람은 많고 농사짓는 사람은 적기 때문일세. 지금 천하에 의를 행하는 사람이 없으니 그대는 마땅히 나에게 의를 권장해야 할 것이거늘 어찌하여 나에게 그만두라고 하는가."

子墨子自魯卽[1]齊 過[2]故人[3] 謂子墨子曰 今天下莫爲義 子獨自若而爲義 子不若已 子墨子曰 今有人於此 有子十人 一人耕而九人處[4] 則耕者不可以不益急矣 何故 則食者衆 而耕者寡也 今天下莫爲義 則子如[5]勸我者也 何故止我

1) 卽(즉) : 나아가다.

2) 過(과) : 찾아보다. 방문하다.

3) 故人(고인) : 친구.

4) 處(처) : 가만히 있다.

5) 如(여) : 의(宜)와 통함. 마땅히, 응당.

3. 나라를 잘 다스릴 수 있는 것은

묵자가 남쪽 초(楚)나라에 가서 유세(遊說)하기 위해 초나라 혜왕(惠王)을 만나려 하자, 혜왕은 늙었다는 이유로 사양하고 목하(穆賀)로 하여금 묵자를 만나게 하였다.

묵자가 목하에게 자신의 주장을 설(說)하니 목하는 크게 기뻐

하면서도 묵자에게 말하기를

"그대의 이론은 진실로 훌륭합니다만 군주는 천하의 대왕(大王)이시니 미천(微賤)한 사람이 하는 것이라 하여 쓰지 않을 것 같습니다."

하는 것이었다. 이에 묵자가 말하였다.

"오직 실행할 수 있습니다. 비유컨대 약과 같은 것입니다. 풀의 뿌리라 하더라도 천자가 그것을 먹어서 병을 고칠 수 있다면 어찌 한낱 풀의 뿌리라고 하여 먹지 않을 수 있겠습니까?

지금 농부들은 그의 대신들에게 세금을 바치고 대신들은 그것으로 술과 단술과 제삿밥과 제물을 장만하여 상제(上帝)와 귀신에게 제사를 지내니, 어찌 천한 사람이 만든 것이라고 하여 제사를 받지 않는다고 하겠습니까. 그러므로 비록 천한 사람이라고 하더라도 위로 농부에게 견주고, 아래로 약에다가 견주어 본다면 일찍이 한낱 풀뿌리와 같지 못하겠습니까.

또한 주군(主君)께서도 일찍이 탕왕(湯王)의 이야기를 들으셨을 것입니다. 옛날의 탕왕은 장차 이윤(伊尹)을 찾아가서 만나고자 팽씨(彭氏)의 아들로 하여금 수레를 몰게 하였습니다. 팽씨의 아들이 중도에서 묻기를 '주군께서는 어디로 가시려는 것입니까?'라고 하니, 탕왕이 말하기를 '이윤을 만나러 간다.'고 하였습니다. 그랬더니 팽씨의 아들은 말하기를 '이윤은 천하의 천한 사람입니다. 주군께서 만약 그를 만나고자 하신다면 불러들여 물으셔도 그는 명령을 받들 것입니다.'라고 하였습니다.

이 말에 탕왕이 말하기를 '그대는 알지 못하는 일이다. 지금 여기 약이 있는데 그것을 먹으면 귀가 더욱 총명해지고 눈이 더욱 밝아진다고 하면 나는 반드시 기뻐하면서 억지로라도 그것을 먹을 것이다. 지금 저 이윤은 우리 나라에 있어 비유컨대 훌륭한 의사이며 좋은 약과 같다. 그런데도 그대는 내가 이윤을 만나는 것을 바라지 않으니, 이것은 그대가 내가 훌륭해지는 것을 바라지 않는 것이다.'라고 하였습니다. 그러고는 팽씨의 아들을 수레에서 내리게 하여 그로 하여금 수레를 몰지 못하게 하였습니다.

탕왕은 진실로 그러하였으므로 그러한 뒤에 나라를 잘 다스릴
수 있었던 것입니다."

子墨子南游¹⁾於楚 見楚獻惠王 獻惠王以老辭 使穆賀²⁾見子墨子
子墨子說穆賀 穆賀大說 謂子墨子曰 子之言則誠善矣 而君王 天下
之大王也 毋乃曰賤人之所爲 而不用乎 子墨子曰 唯其可行 譬若藥
然 草之本 天子食之以順³⁾其疾 豈曰一草之本而不食哉 今農夫入⁴⁾
其稅於大人⁵⁾ 大人爲酒醴粢盛 以祭上帝鬼神 豈曰賤人之所爲而不
享哉 故雖賤人也 上比之農 下比之藥 曾不若一草之本乎 且主君亦
嘗聞湯之說乎 昔者 湯將往見伊尹⁶⁾ 令彭氏之子御 彭氏之子中道而
問曰 君將何之 湯曰 將往見伊尹 彭氏之子曰 伊尹 天下之賤人也
若君欲見之 亦令召問焉 彼受賜⁷⁾矣 湯曰 非女所知也 今有藥此 食
之則耳加聰 目加明 則吾必說而强食之 今夫伊尹之於我國也 譬之
良醫善藥也 而子不欲我見伊尹 是子不欲吾善也 因下彭氏之子 不
使御 彼苟然⁸⁾ 然後可也

1) 游(유) : 유세(遊說)의 뜻.
2) 穆賀(목하) : 초(楚)나라의 대부(大夫).
3) 順(순) : 다스리다. 여기서는 병이 낫다.
4) 入(입) : 납부하나. 바치다.
5) 大人(대인) : 대신(大臣).
6) 伊尹(이윤) : 탕왕(湯王)의 재상(宰相). 재상이 되기 전에 궁정에서 주방일
   을 하고 있었으므로 천한 사람이라 한 것이다.
7) 賜(사) : 명령을 고맙게 받들다.
8) 苟然(구연) : 진실로 그러하다.

4. 여섯 가지의 편벽된 것을 버려야 한다

묵자가 말하였다.

"말과 행동이 하늘과 귀신과 백성에게 이로움이 있으면 실천하
고, 말과 행동이 하늘과 귀신과 백성에게 해로움이 있으면 버리

는 것이다. 또 말과 행동이 삼대(三代)의 성왕(聖王)인 요임금·
순임금·우왕·탕왕·문왕·무왕의 일과 합치되면 행동하고, 말과
행동이 삼대의 폭왕(暴王)인 걸(桀)왕·주(紂)왕·유(幽)왕·여
(厲)왕과 합치되면 버리는 것이다."

묵자가 말하였다.

"말을 족히 실천할 수 있으면 떳떳한 것이요, 족히 실천할 수 없
으면 떳떳치 못한 것이다. 족히 실천할 수 없는데도 떳떳한 것은
방자한 입이다."

묵자가 말하였다.

"반드시 여섯 가지 편벽한 것을 버려야 한다. 잠잠하면 생각하
고, 말하면 뉘우치고, 움직이면 일하는 것의 세 가지를 대용하여
쓰는 것은 성인(聖人)이 하는 것이다. 기쁨도 버리고 성냄도 버
리고 즐거움도 버리고 슬픔도 버리고 사랑도 버리며 인(仁)과 의
(義)만 쓰고 손과 발과 입과 코와 귀가 의에만 종사하는 것은 반
드시 성인만이 하는 것이다."

　子墨子曰 凡言凡動 利於天鬼百姓者爲之 凡言凡動 害於天鬼百
姓者舍之 凡言凡動 合於三代聖王堯舜禹湯文武者爲之 凡言凡動
合於三代暴王桀紂幽厲者舍之
　子墨子曰 言足以遷行者 常之 不足以遷行者 勿常 不足以遷行而
常之 是蕩口也
　子墨子曰 必去六辟[1] 嘿則思 言則誨 動則事 使者三代御[2] 必爲聖
人 必去喜 去怒 去樂 去悲 去愛 而用仁義 手足口鼻耳 從事於義 必
爲聖人

1) 辟(벽) : 벽은 벽(僻)과 같으며 편벽하다.
2) 代御(대어) : 대어는 대용(代用)과 같다.

5. 목수는 먹줄을 버릴 수 없다
묵자가 2~3명의 제자에게 말하였다.

"의(義)를 행하는데 있어 할 수 없다고 하더라도 반드시 그 바른 도(道)를 어기지는 말라. 비유컨대 목수가 나무를 깎다가 잘 되지 않는다고 하여 그 먹줄을 어기지 않는 것과 같다."

목자가 말하였다.

"세상의 군자들은 그로 하여금 한 마리의 돼지를 요리하게 하면 할 줄을 모른다고 그것을 사양한다. 그러나 그로 하여금 한 나라의 재상을 하게 하면 할 줄을 모르면서도 그 일을 한다. 어찌 어긋나는 짓이 아닌가."

子墨子謂二三子曰 爲義而不能 必無排[1]其道 譬若匠人之斲 [2] 而不能 無排其繩

子墨子曰 世之君子 使之爲一彘之宰[3] 不能則辭之 使爲一國之相 不能而爲之 豈不悖哉

1) 排(배) : 배(背)와 통하여 어기다.

2) 斲(착) : 깎다.

3) 宰(재) : 요리한다.

6. 흰 깃과 검은 깃을 일지 못하는 것

목자는 말하였다.

"지금 장님이 말하기를 '흰 것은 희다'고 하고 '검은 것은 검다'고 한다면 비록 눈이 밝은 사람이라 하더라도 그렇지 않다고 할 수는 없다. 흰 것과 검은 것을 아울러 놓고 장님으로 하여금 그것을 가려서 집으라고 한다면 알지 못한다.

그러므로 내가 장님은 흰 것과 검은 것을 알지 못한다고 말한 것은 그 명칭을 말하는 것이 아니라 그 가려서 집는 것을 말하는 것이다.

지금 천하의 군자들이 인(仁)이라는 명칭을 쓰는데 비록 우왕(禹王)이나 탕왕(湯王)이라 하더라도 그렇지 않다고 할 수는 없다. 인(仁)과 불인(不仁)을 아울러 두고 천하의 군자로 하여금 그것을 가려서 취하라고 한다면 알지 못한다.

그러므로 내가 천하의 군자들은 인(仁)을 알지 못한다고 말한 것은 그 명칭을 말하는 것이 아니라 또한 그 취하는 것을 말하는 것이다."

子墨子曰 今瞽曰 鉅[1]者白也 黔[2]者黑也 雖明目者無以易[3]之 兼白黑 使瞽取焉 不能知也 故我曰瞽不知白黑者 非以其名也 以其取也 今天下之君子之名仁也 雖禹湯無以易之 兼仁與不仁 而使天下之君子取焉 不能知也 故我曰天下之君子不知仁者 非以其名也 亦以其取也

1) 鉅(거) : 거(鉅)자에는 희다는 뜻이 없다. 애(皚)의 착오인 듯하며 희다의 뜻.
2) 黔(검) : 검다. 검은 것.
3) 易(역) : 바꾸다. 즉 그렇지 않다고 한다.

7. 장사꾼의 물건 다루는 것만 못하다
묵자가 말하였다.

"지금 선비들이 그 자신의 몸을 처신하는 태도는 장사꾼들이 한 필의 천을 다루는데 있어 신중하게 하는 것만도 못하다. 장사꾼이 시장에서 한 필의 천을 다룸에 있어서는 감히 가볍게 팔지 않고 반드시 좋은 것을 가려서 판다.

그런데 지금 선비들이 자신의 몸을 처신하는 태도는 그렇지 못하다. 자기 뜻이 하고자 하는 것이면 그것을 행하여 크게는 형벌을 받고 작게는 비방을 받는다. 선비들이 자신의 몸을 처신하는 태도가 장사꾼들이 한 필의 천을 다루는 데 있어 신중하게 하는 것만도 못한 것이다."

子墨子曰 今士之用身[1] 不若商人之用[2]一布之愼也 商人用一布布 不敢繼苟[3]而讐[4]焉 必擇良者 今士之用身則不然 意之所欲則爲之 厚者入刑罰[5] 薄者[6]被毀醜[7] 則士之用身不若商人之用一 布之愼也

1) 用身(용신) : 처신(處身)하다.

2) 用(용) : 다루다.

3) 繼苟(계구) : 계자는 경(輕)의 잘못인 듯하다. 가볍게, 함부로.

4) 讐(수) : 수(售)와 통하여 물건을 팔다.

5) 入刑罰(입형벌) : 형벌에 들다. 즉 형벌을 받는다.

6) 薄者(박자) : 작게는.

7) 毁醜(훼추) : 비방, 비난.

8. 남쪽지방에서 유세한 묵자

묵자가 말하였다.

"세상의 군자가 그 의를 성취하고자 할 때 그 자신을 닦는데 도와주고자 하면 화를 내는데 이것은 그 자신의 집 담장을 쌓는데 남이 와서 도와주면 화를 내는 것과 같다. 어찌 그르지 아니한가."

묵자가 말하였다.

"옛날의 성왕은 그의 도를 후세에 전하고자 대나무 조각이나 비단에 글을 쓰고 쇠나 돌에 새겨 후세의 자손들에게 전달하여 후세의 자손들이 법칙으로 삼도록 하고자 하였다. 그런데 지금 선왕의 도를 듣고도 시행하지 않는 것은 이것은 선왕이 전한 깃을 폐지하는 것이다."

묵자가 남쪽지방을 유세하다가 위(衛)나라를 찾아가는데 수레 속에 책을 매우 많이 싣고 있었다. 현당자(弦唐子)가 그것을 보고 이상히 여겨 물었다.

"선생님께서 공상과(公尙過)에게 가르쳐 말씀하시기를 '굽고 곧은 것을 헤아릴 따름이다'라고 하셨는데, 지금 선생님께서는 싣고 가시는 책이 매우 많으니 어찌된 까닭입니까?"

이에 묵자가 말하였다.

"옛날의 주공단(周公旦)은 아침에 책 백편을 읽고 저녁에 칠십 명의 선비를 만났다. 그러므로 주공단은 천자를 돕는 재상이 되었고, 그의 이름은 지금까지 전해지고 있다.

나 적(翟)은 위로 군주를 받들어야 할 일도 없고 아래로 밭 갈고 농사짓는 어려움도 없으니, 내 어찌 감히 책 읽는 일을 버리겠는가.

나는 듣건대 모든 것은 한 가지 진리로 전해지지만 말에는 잘못되는 것이 있고, 백성들의 듣는 것은 고르지 못한 것이다. 그래서 책이 많은 것이다.

지금 만약 마음에 걸리는 것들을 정미(精微)하게 그 이치를 되돌아 생각해 보면 모든 것은 한 가지 진리로 전해지는 요점을 이미 알게 될 것이다. 그래서 책으로써 가르치지 않았던 것이다. 그런데 자네는 무엇을 이상하게 여기는가."

子墨子曰 世之君子欲其義之成 而助之脩其身則慍 是猶欲其牆之成 而人助之築則慍也 豈不悖哉

子墨子曰 古之聖王 欲傳其道於後世 是故書之竹帛 鏤之金石 傳遺後世子孫 欲後世子孫法之也 今聞先王之遺而不爲 是廢先王之傳也

子墨子南游使[1]衛 關中[2]載書甚多 弦唐子[3]見而怪之 曰 吾夫子敎公尙過[4]曰 揣[5]曲直而已 今夫子載書甚多 何有也 子墨子曰 昔者周公旦朝讀百篇 夕見漆十[6]士 故周公旦佐相天子 其脩至於今 翟上無君上之事 下無耕農之難 吾安敢廢此 翟聞之 同歸[7]之物 信[8]有誤者 然而民聽不鈞 是以書多也 今若過之心者 數逆於精微 同歸之物 旣已知其要矣 是以不敎以書也 而子何怪焉

1) 使(사) : 어(於)자의 잘못.
2) 關中(관중) : 관은 경(扃)과 같다. 수레에 물건을 싣도록 만들어 놓은 난간.
3) 弦唐子(현당자) : 묵자의 제자.
4) 公尙過(공상과) : 묵자의 제자.
5) 揣(취) : 재다. 헤아리다. 속음(俗音)은 췌.
6) 漆十(칠십) : 칠은 칠(七). 칠십(七十).
7) 歸(귀) : 전(傳)의 잘못인 것 같다. 전해지다.
8) 信(신) : 언(言)의 뜻.

9. 선비를 양성하면 안전하다

묵자가 공량환자(公良桓子)에게 말하였다.

"위(衛)나라는 작은 나라로서 제(齊)나라와 진(晉)나라 사이에 처(處)하여 있어 마치 가난한 집이 부자집 사이에 끼여 있는 것과 같습니다. 가난한 집이 부자집의 먹고 입는 것을 배워서 소비를 많이 하면 빨리 망하는 것은 필연적입니다.

지금 대부(大夫)의 집안을 보건대 장식한 수레가 수백 대가 있고 콩과 조를 먹는 말이 수백 필이 되며, 무늬 있고 수놓은 옷을 입은 여자들이 수백 명입니다.

만약 수레를 장식하고 말을 먹이는 비용과 수놓은 옷을 입는데 쓰이는 재물로써 선비들을 양성한다면 반드시 천여 명을 양성할 수 있을 것입니다.

만약 근심거리와 어려운 일이 생긴다면 백 명의 선비로 하여금 앞에 있게 하고 수백 명의 선비를 뒤에 있게 하는 것과 수백 명의 여자들을 앞과 뒤에 있게 하는 것 중 어느 쪽이 안전하겠습니까.

나는 생각건대 선비를 양성하는 것만큼 안전한 것이 없다고 생각합니다."

子墨子謂公良桓子[1]曰 衛 小國也 處於齊晉之間 猶貧家之處於富家之間也 貧家而學富家之衣食多用 則速亡必矣 今簡子之家[2] 飾車數百乘 馬食菽粟者數百匹 婦人衣文繡者數百人 吾取飾車食馬之費 與繡衣之財以畜士 必千人有餘 若有患難 則使百人處於前 數百於後 與婦人數百人處前後 孰安 吾以爲不若畜士之安也

1) 公良桓子(공량환자) : 위(衛)나라의 대부(大夫). 공량이 성이다.
2) 簡子之家(간자지가) : 대부의 집안을 보다. 간은 보다, 살피다. 자는 그대라는 뜻이나 공량환자를 가리키는 말이므로 대부(大夫)로 번역하였다.

10. 군자가 의로운 선비를 보는 것

묵자가 어느 한 사람을 위나라에서 벼슬하도록 하였다. 벼슬하러 간 사람이 갔다가 되돌아 왔다.

이에 묵자가 말하였다.

"무슨 이유로 되돌아 왔는가?"

대답하여 말하였다.

"나와 더불어 약속한 것을 지키지 아니하였습니다. 말하기를 '너를 천금으로 대우하겠다'고 하면서 나에게 오백금만을 주기에 떠나온 것입니다."

묵자가 말하였다.

"그대가 받는 것이 천금이 넘으면 그대는 떠났을 것인가?"

대답하였다.

"떠나지 않았을 것입니다."

묵자가 말하였다.

"그러면 그 약속을 지키지 않는 것이 아니라 받는 것이 적은 것이 되는 것이다."

묵자가 말하였다.

"세속(世俗)의 군자들은 의(義)로운 선비 보기를 곡식을 지고 가는 사람만 같지 못하게 여긴다.

지금 여기에 사람이 있어 곡식을 지고 가면서 길가에서 쉬었다가 다시 일어서려고 하는데 일어설 수가 없는 것을 군자가 보면, 그가 늙었거나 젊었거나 귀하거나 천하거나를 가리지 않고 반드시 그를 일으켜 줄 것이다.

무슨 까닭인가. 그것이 의(義)이기 때문이다.

지금 의를 행하는 군자가 있어 선왕(先王)들의 도(道)를 받들어 그것을 이야기한다. 그러나 기쁘게 실행하지 않을 뿐더러 그것을 좇아 비방한다.

그것은 세속의 군자가 의로운 선비를 보기를 곡식을 지고 가는 사람만 같지 못하게 보는 것이다."

子墨子仕人¹⁾於衛 所仕者至而反 子墨子曰 何故反 對曰 與我言而不當²⁾ 曰待女以千盆³⁾ 授我五百盆 故去之也 子墨子曰 授子過千

益 則子去之乎 對曰 不去 子墨子曰 然則 非爲其不審也 爲其寡也
子墨子曰 世俗之君子 視義士不若負粟者 今有人於此 負粟息於
路側 欲起而不能 君子見之 無長少貴賤 必起之 何故也 曰義也 今
爲義之君子 奉承先王之道以語之 縱¹⁾不說⁵⁾而行 又從而非毁之 則
是世俗之君子之視義士也 不若視負粟者也

1) 仕人(사인) : 한사람을 추천하여 벼슬하게 하다.
2) 當(당) : 당은 심(審)의 잘못이다.
3) 益(익) : 일(鎰). 저축의 의미가 있으며 봉록의 수를 나타냄.
4) 縱(종) : 비록 ~ 할뿐더러.
5) 說(열) : 열(悅)과 통하여 기쁘다.

11. 도둑의 위험도 없는 것
목자가 말하였다.

"장사하는 사람은 사방으로 다니면서 장사를 하는데 가격이 몇
곱이 된다면 비록 관소(關所)를 통과하고 다리를 건너는 어려움
이 있고 도둑의 위험이 있다고 하더라도 반드시 그곳에 가 장사
를 한다.

지금 선비들은 앉아서 의(義)를 말하는데 관소를 통과하거나
다리를 건너는 어려움도 없고 도둑의 위험도 없다. 이것은 몇 곱
의 장사가 되는지 들어서 가히 헤아릴 수도 없다. 그렇건만 그것
을 행하지 않는 것은 선비들의 이익을 헤아림이 장사하는 사람들
이 살피는 것만 같지 못한 것이다."

子墨子曰 商人之四方 市賈信徙¹⁾ 雖有關梁之難²⁾ 盜賊之危 必爲
之 今士坐而言義 無關梁之難 盜賊之危 此爲倍徙 不可勝計 然而
不爲 則士之計利不若商人之察也

1) 賈信徙(가신사) : 가는 가(價)와 통하고 신은 배(倍)자의 잘못이며 사는 사
(蓰)와 통하여 다섯 배. 가격이 갑절이나 다섯 곱이 된다.
2) 關梁之難(관량지난) : 관소(關所)나 다리를 통과하는 어려움. 관소나 다리

를 통과할 때는 반드시 통과세를 내야 한다.

12. 계란으로 돌을 치는 것과 같다

묵자가 북쪽에 있는 제(齊)나라를 가는데 기후를 점치는 자가 지나가고 있었다.

기후를 점치는 자가 말하였다.

"상제(上帝)께서 오늘은 흑룡(黑龍)을 북쪽에서 도살하시니 선생의 얼굴빛이 검은지라. 북쪽으로 가지 마시오"

묵자가 듣지 않고 북쪽의 치수(淄水)까지 가다가 제나라에 가지 못하고 되돌아 왔다.

기후를 점치는 자가 말하였다.

"선생은 북쪽으로 가지 못한다고 했잖습니까?"

이에 묵자가 말하였다.

"남쪽의 사람은 북쪽으로 가지 못하고 북쪽의 사람은 남쪽을 얻지 못하며 그의 낯빛은 검은 사람도 있고 흰 사람도 있는데 무슨 연고로 다 이루지 못할 것인가? 또 상제(上帝)께서 갑을(甲乙)의 날에는 청룡(靑龍)을 동쪽에서 도살하고, 병정(丙丁)일에는 적룡(赤龍)을 남쪽에서 도살하고, 경신(庚申)일에는 백룡(白龍)을 서쪽에서 도살하고, 임계(壬癸)일에는 흑룡(黑龍)을 북쪽에서 도살하고, 무기(戊己)일에는 황룡(黃龍)을 중앙에서 도살한다는 그대의 말과 같다면 이것은 천하의 행동을 금지하는 것이다. 이것이야말로 마음을 두렵게 하여 천하를 공허하게 하는 것으로 그대의 말은 아무짝에도 쓸모없는 것이다."

묵자가 말하였다.

"나의 말은 족히 실행해야 할 것이건만 나의 말을 버리고 생각을 바꾸는 것은 수확할 것을 버려두고 떨어진 이삭을 줍는 것과 같다. 다른 말로써 나의 말을 그르다고 하는 것은 계란으로 돌을 치는 것과 같다. 천하의 계란을 다하더라도 그 돌은 오히려 그대로 있어 훼손되지 않을 것이다."

子墨子北之齊 遇日者[1] 日者曰 帝以今日殺黑龍於北方 而先生之
色黑 不可以北 子墨子不聽 遂北 至淄水[2] 不遂而反焉 日者曰 我謂
先生不可以北 子墨子曰 南之人不得北 北之人不得南 其色有黑者
有白者 何故皆不遂也 且帝以甲乙殺靑龍於東方 以丙丁殺赤龍於
南方 以庚辛殺白龍於西方 以壬癸殺黑龍於北方 以戊己殺黃龍於
中方 若用子之言 則是禁天下之行者也 是圍心[3]而虛天下也 子之言
不可用也

子墨子曰 吾言足用矣 舍言革思者 是猶舍穫[4]而攗粟也 以其言非
吾言者 是猶以卵投石也 盡天下之卵 其石猶是也 不可毀也

1) 遇日者(우일자) : 우는 과(過)의 뜻. 일자는 기후를 점치는 사람.

2) 淄水(치수) : 물의 이름.

3) 圍心(위심) : 미신적인 것으로 마음을 묶어놓다. 행동을 제약하다.

4) 舍穫(사확) : 사(舍)는 사(捨)와 같다. 수확할 것을 버려두다. 즉 추수(秋收)
를 하지 않는다.

제48편 공맹자(公孟第四十八)

1. 그대가 말하는 것은 군자가 아니다

공맹자(公孟子)가 묵자에게 말하였다.

"군자는 두 손 잡고 기다리다가 물으면 말을 하고 묻지 않으면 말을 하지 않습니다. 비유컨대 종과 같아서 치면 울고 치지 않으면 울지 않는 것입니다."

이 말에 대해 묵자가 말하였다.

"그 말에는 세 가지 경우가 있는데 그대는 지금 그 한 가지만을 알고 있으나 그것도 아직 그 뜻하는 바는 알지 못하는 것입니다.

만약 대신들이 국가를 포악하게 다스릴 때 나아가서 간(諫)하면 불손(不遜)하다고 말할 것이고, 좌우의 측근을 통하여 말하면 그것을 논란(論難)이라고 할 것입니다. 그래서 군자는 의혹(疑惑)을 품는 것입니다. 만약 대신들이 정치를 함에 있어 국가에 환난(患難)을 초래할 형편이라면, 비유컨대 쇠뇌가 발사되려는 형편과 같은 경우라면 군자는 반드시 그것을 간할 것입니다. 그리하여 대신들에게 이로움이 되게 합니다. 이와 같은 경우는 비록 치지 않아도 반드시 우는 것입니다.

만약 대신들이 의(義)가 아닌 이상한 일을 일으켜 행하기 위해 비록 교묘한 병법을 적은 책을 구해서 군사를 일으켜 죄없는 나라를 공격하려 하고, 군주가 듣고 반드시 등용하여 이로써 영토를 넓혀 개척하고 세금과 재물을 거두어 들이고자 한다면 나가서는 반드시 욕을 먹게 됩니다.

공격을 당하는 쪽도 이롭지 않고 공격을 하는 쪽도 이롭지 않

을 것이니, 그것은 양쪽이 다 이롭지 않은 것입니다. 이와 같은 경
우는 비록 치지 않아도 반드시 우는 것입니다. 또한 그대가 말하
기를 '군자는 두 손 잡고 기다리다가 물으면 말하고 묻지 않으면
말하지 않는다. 비유컨대 종과 같은 것이어서 치면 울고 치지 않
으면 울지 않는다' 라고 하였습니다. 지금 그대는 아직 두드리지
않았건만 말을 한 것으로, 이것은 그대가 이른바 치지 않아도 운
것이니 그대가 이르는 바의 군자가 아니지 않습니까."

公孟子[1]謂子墨子曰 君子共[2]己以待 問焉則言 不問焉則止 譬若
鍾然 扣[3]則鳴 不扣則不鳴 子墨子曰 是言有三物[4]焉 子乃今知其一
身也 又未知其所謂也 若大人行淫暴[5]於國家 進而諫 則謂之不遜
因左右而獻諫 則謂之言議 此君子之所疑惑也 若大人爲政 將因於
國家之難 譬若機[6]之將發也然 君子之必以諫 然而大人之利 若此者
雖不扣必鳴者也 若大人擧不義之異行 雖得大巧之經[7] 可行於軍旅
之事 欲攻伐無罪之國 有之也 君得之 則必用之矣 以廣辟[8]土地 著
稅僞材[9] 出必見辱 所攻者不利 而攻者亦不利 是兩不利也 若此者
雖不扣必鳴者也 且子曰 君子共己待 問焉則言 不問焉則止 譬若鍾
然 扣則鳴 不扣則不鳴 今未有扣 子而言 是子之謂不扣而鳴邪 是
子之所謂非君子邪

1) 公孟子(공맹자) : 유가(儒家)의 한 사람.
2) 共(공) : 공(拱)과 통하여 두 손을 잡고 공손하게 있는 것.
3) 扣(구) : 두드리다. 치다.
4) 三物(삼물) : 세 가지의 경우.
5) 行淫暴(행음폭) : 음란하고 포악한 정치를 행하다.
6) 機(기) : 옛날에 기계로 활을 쏘는 장치중의 발동 기관. 쇠뇌.
7) 大巧之經(대교지경) : 교묘한 병법을 적은 책.
8) 廣辟(광벽) : 넓혀 개척하다.
9) 著稅僞材(저세위재) : 저세위재는 세금과 재물을 거두어 들이다의 뜻.
   저는 적(籍)의 잘못. 세는 세금. 위는 귀(贋)로 되어야 하는데, 귀(贋)는 화(貨)
   의 고자(古字)이고 재는 재(財)이므로 위재는 재물의 뜻.

2. 다니면서 선을 행해야 한다

공맹자가 묵자에게 말하였다.

"진실한 선인(善人)이 되면 누구인들 알아주지 않겠습니까. 비유컨대 훌륭한 옥과 같아서 그 옥이 집안을 지키고 밖을 나가지 않더라도 신비로운 광채가 남아돕니다. 비유컨대 아름다운 미인과 같아서 미인이 집안에만 있어도 사람들이 다투어 구하려고 합니다. 그런데 나가서 스스로를 자랑하게 되면 사람들은 아무런 관심도 없습니다. 지금 그대는 두루 사람들을 찾아 다니면서 선(善)을 설득하시는데, 왜 그런 수고를 하십니까?"

이에 대해 묵자는 말하였다.

"지금 세상은 어지러워 미녀를 구하는 사람이 많으며 미녀가 비록 나오지 않아도 미녀를 구하려 하는 사람은 많습니다. 그러나 지금 선(善)을 구하는 사람은 적습니다. 힘써 사람들에게 선(善)을 설(說)하지 않으면 사람들은 그것을 알지 못합니다. 또한 여기 두 사람이 있는데, 둘다 별점을 잘 칩니다. 한 사람은 돌아다니면서 별점을 쳐주고 한 사람은 집안에 앉아 밖을 나가지 않고 점을 칩니다. 그의 정성이 누가 더 많습니까?"

이에 대해 공맹자가 대답하였다.

"다니면서 사람들을 위하여 점을 쳐주는 사람의 정성이 많을 것입니다."

묵자가 말하였다.

"인(仁)과 의(義)가 같은 것이라면 다니면서 사람들에게 설(說)하는 것이 그 공과 선을 행함이 역시 많을 것입니다. 무슨 까닭으로 다니면서 사람들에게 말하지 않겠습니까."

公孟子謂子墨子曰 實爲善人 孰不知 譬若良玉 處而不出 有餘精 譬若美女 處而不出 人爭求之 行而自衒 人莫之取也 今子徧從人而 說之 何其勞也 子墨子曰 今夫世亂 求美女者衆 美女雖不出 人多 求之 今求善者寡 不强說人 人莫之知也 且有二生 於此善星 一行 爲人筮[1]者 與處而不出者 其精孰多 公孟子曰 行爲人筮者其精多

子墨子曰 仁義鈞²⁾ 行說人者 其功善亦多 何故不行說人也

1) 筮(서) : 산가지. 점치다.
2) 鈞(균) : 균(均)과 통함. 같다의 뜻.

3. 행동은 복장에 있는 것이 아니다

공맹자가 장보(章甫)라는 관(冠)을 쓰고 홀(笏)을 띠에다 꽂는 등 유자(儒者)의 복장을 갖추고 나서 묵자를 보고 말하였다.

"군자는 복장을 갖춘 뒤에 행동을 해야 합니까. 아니면 행동을 하고 나서 복장을 갖추어야 합니까?"

묵자가 대답하였다.

"행동은 복장에 있는 것이 아닙니다."

이에 공맹자가 또 물었다.

"무엇으로써 그러함을 아십니까?"

묵자가 말하였다.

"옛날 제(齊)나라의 환공(桓公)은 높은 관을 쓰고 넓은 띠를 두르고, 금으로 만든 칼을 차고 나무로 만든 방패를 들고서 그 나라를 다스렸는데 그 나라는 잘 다스려졌습니다.

옛날 진(晉)니리의 문공(文公)은 거친 전으로 만든 옷과 암양의 갖옷을 입고 가죽 끈으로 칼을 띠에 차고 그 나라를 다스렸는데 그 나라는 잘 다스려졌습니다.

옛날 초(楚)나라의 장왕(莊王)은 화려한 관에다가 색실로 짠 관의 끈을 달고 붉은 웃옷에 넓은 용포(龍袍)를 입고 그 나라를 다스렸는데 그 나라가 잘 다스려졌습니다.

옛날 월(越)나라의 왕 구천(句踐)은 머리를 깎고 몸에 문신을 하고서 그 나라를 다스렸는데 그 나라가 잘 다스려졌습니다.

이 네 군주는 그 복장이 같지 않았건만 그들의 행(行)은 오히려 일치하였습니다. 나 적(翟)은 이것으로써 행동은 복장에 있는 것이 아니라는 것을 압니다."

이 이야기를 듣고 공맹자가 말하였다.

"좋습니다. 나는 듣건대 선(善)을 행하지 않는 것은 상서롭지 않다고 하였습니다. 청컨대 홀을 버리고 관을 바꿔 쓰고서 다시 선생님을 뵙고자 하는데 괜찮겠습니까?"

묵자가 말하였다.

"청컨대 그대로 만납시다. 만약 반드시 홀을 버리고 관을 바꿔 쓰고 난 뒤에 서로 만난다면 그 행동은 과연 복장에 있는 것이 되는 것입니다."

公孟子戴章甫[1] 搢忽[2] 儒服 而以見子墨子曰 君子服然後行乎 其行然後服乎 子墨子曰 行不在服 公孟子曰 何以知其然也 子墨子曰 昔者 齊桓公高冠博帶 金劍木盾 以治其國 其國治 昔者 晉文公大布[3]之衣 牂羊之裘 韋以帶劍 以治其國 其國治 昔者 楚莊王鮮[4]冠組纓[5] 絳衣博袍[6] 以治其國 其國治 昔者 越王句踐剪髮[7]文身 以治其國 其國治 此四君者 其服不同 其行猶一也 翟以是知行之不在服也 公孟子曰 善 吾聞之曰宿善[8]者不祥 請舍忽 易章甫 復見夫子可乎 子墨子曰 請因以相見也 若必將舍忽易章甫 而後相見 然則行果在服也

1) 章甫(장보) : 은(殷)나라 때 유자(儒者)들이 예(禮)를 갖추기 위해 쓰던 모자.
2) 搢忽(진홀) : 진홀은 홀을 띠에 꽂다. 홀은 홀(笏)로 신분을 밝히는 물건으로 띠에 꽂기도 하고 조정에서 손에 들기도 한다.
3) 大布(대포) : 거칠게 짠 천.
4) 鮮(선) : 화려하다.
5) 組纓(조영) : 색실로 짜서 만든 관(冠)의 끈.
6) 袍(포) : 군주가 입는 용포(龍袍).
7) 剪髮(전발) : 머리를 깎다.
8) 宿善(숙선) : 숙은 정지(停止)의 뜻. 선(善)을 행하지 않는다.

4. 복장이나 언어가 같다고 어진 것은 아니다

공맹자가 말하였다.

"군자는 반드시 옛날의 말을 하고 옛날의 의복을 입은 연후에
인(仁)한 것입니다."
묵자가 말하였다.

"옛날 상(商)나라 왕 주(紂)의 경사(卿士)인 비중(費仲)은 천
하의 포악한 사람이 되었으며 기자(箕子)와 미자(微子)는 천하
의 성인이 되었다. 이들은 왕을 위해 똑같이 말하였으나 혹은 어
질고 혹은 어질지 않은 사람이 되었다.

주공단(周公旦)은 천하의 성인(聖人)이 되고 관숙(關叔)은
천하의 포악한 사람이 되었다. 이들의 복장은 동일하였으나 혹은
어질고 혹은 어질지 않은 사람이 되었다.

이런즉, 옛날의 의복이나 옛날의 말을 쓰는데 있지 않은 것이
다. 또한 그대는 주(周)나라는 법도로 삼고 더 먼 하(夏)나라는
법도로 삼지 않고 있으니 그대의 옛날이라고 하는 것은 진실로 옛
날이 아닌 것이다."

公孟子曰 君子必古言服然後仁 子墨子曰 昔者 商王紂 卿士費仲[1]
爲天下之暴人 箕子微子爲天下之聖人 此同言而或仁不仁也 周公
旦爲天下之聖人 關叔爲天下之暴人 此同服或仁或不仁 然則不在
古服與古言矣 且子法周而未法夏也 子之古非古也

1) 卿士費仲(경사비중) : 은나라의 관리인 비중. 주왕의 간신.

5. 남의 장부로 부자된 것과 같은 것

공맹자가 묵자에게 말하였다.

"옛날 성왕들의 차례는 가장 높은 성인은 천자 지위에 오르고
그 다음은 경대부(卿大夫)가 되었습니다.

지금 공자는 '시경(詩經)'과 '서경(書經)'을 널리 알고, 예
(禮)와 악(樂)에 밝으며, 그 밖의 모든 것에 대하여 자세히 압니
다. 만약 공자로 하여금 성왕의 시대에 있게 한다면 어찌 공자가
천자가 되지 않았겠습니까."

목자가 말하였다.

"대저 지혜 있는 사람은 반드시 하늘을 존경하고 귀신을 섬기고 사람을 사랑하며 비용을 절약하는 것이니 이것들이 합쳐져 지혜라고 합니다.

지금 그대는 말하기를 '공자는 '시경'과 '서경'을 널리 알고 예와 악에 밝고 그밖의 모든 것에 대하여 자세하다고 하면서 천자가 될 사람이다' 라고 하였습니다. 이것은 남의 장부를 계산하면서 부자가 되었다고 하는 것과 같은 것입니다."

공맹자가 말하였다.

"가난하고 부유하고 오래 살고 일찍 죽는 것은 확실히 하늘에 달려 있는 것이므로 줄이거나 더할 수 없는 것입니다."

또 말하였다.

"군자는 반드시 배워야 하는 것입니다."

목자가 말하였다.

"사람에게 학문을 가르쳐 운명이 있다고 주장하는 것은 오히려 사람에게 머리를 싸매게 하고는 그 관을 버리라고 하는 것과 같은 것입니다."

公孟子謂子墨子曰 昔者聖王之列[1]也 上聖立爲天子 其次立爲卿大夫 今孔子博於詩書 察於禮樂 詳於萬物 若使孔子當聖王[2] 則豈不以孔子爲天子哉 子墨子曰 夫知者 必尊天事鬼 愛人節用 合焉爲知矣 今子曰 孔子博於詩書 察於禮樂 詳於萬物 而曰可以爲天子 是數人之齒[3] 而以爲富

公孟子曰 貧富壽夭 齰然[4]在天 不可損益 又曰 君子必學 子墨子曰 敎人學而執有命 是猶命人葆[5] 而去丌冠也

1) 列(열) : 차례. 서열(序列).
2) 當聖王(당성왕) : 성왕시대에 있게 하다.
3) 數人之齒(수인지치) : 남의 장부를 헤아린다. 치(齒)는 장부라는 뜻으로 옛날 사람들은 자기의 재물을 기록하기 위해 대나무에다 칼로 이빨처럼 새겨서 숫자를 표시하였다고 한다.

4) 齰然(색연) : 색은 착(鑿)과 같다. 확실히. 확연하게.

5) 幧(보) : 관(冠)을 쓰기 위해 머리를 천으로 싸매는 일.

6. 막힌 곳에 우물을 파는 것과 같다

공맹자가 묵자에게 말하였다.

"의로움과 의롭지 않은 것이 있고 상서로움과 상서롭지 않은 것이 있습니까?"

묵자가 말하였다.

"옛날의 성왕은 다 귀신으로써 신명(神明)을 삼고 재앙과 복을 삼아 상서로움과 상서롭지 않은 것이 있는 것을 가지고 나라의 정치를 다스려 나라가 편안하였습니다.

걸(桀)과 주(紂) 아래로부터 귀신을 신명으로 여기지 않고 재앙과 복을 삼지도 않았으며 상서로움과 상서롭지 않은 것도 가지지 않고 나라의 정치를 어지럽혀서 국가를 위태롭게 했습니다. 그러므로 선왕(先王)의 글에 기자가 이르기를 '또한 오만하다. 그대에게서 나오는 것이 상서롭지 않다' 라고 했는데, 이 말은 불선(不善)을 저지르면 죄가 있고 선을 행하면 상이 있다는 것을 말한 것입니다."

묵자가 공맹자에게 말하였다.

"상례(喪禮)에 임금과 부모와 아내와 장자(長子)가 죽으면 3년의 상복을 입습니다. 그리고 백부와 숙부와 형제는 1년, 족인(族人)은 5개월, 고모와 누이와 외삼촌과 생질은 모두 수개월의 상복이 있습니다. 상을 치르지 않는 사이에는 송시(誦詩) 3백편이요, 현시(弦詩)가 3백편이요, 가시(歌詩) 3백편이요, 무시(舞詩) 3백편이라고 하였습니다. 만약 그대의 말에 따르면 군자가 언제 정치를 할 수 있겠습니까? 또 서인은 어느날에 농사에 종사하겠습니까?"

공맹자가 말하였다.

"나라가 어지러우면 다스리고 다스려지면 예와 악을 하는 것이요, 나라가 다스려지면 일에 종사하며 나라가 부유해지면 예와 음악을 시행하는 것입니다."

이에 묵자가 말하였다.

"나라의 다스림은 다스림이라는 일을 다스리는 것입니다. 다스림이 폐지되면 나라의 다스림도 또한 폐지됩니다. 나라의 부강한 것은 일에 종사하여 부강해지는 것인데 일에 종사함이 폐지되면 나라의 부강도 또한 폐지되는 것입니다. 그러므로 비록 나라를 다스리는 것도 권면하여 싫증이 없어야 하는 것입니다.

지금 그대가 이르기를 '나라가 다스려지면 예와 악을 하고 어지러우면 다스린다' 고 하였는데 이것은 비유컨대 막힌 곳에 우물을 파는 것과 죽은 뒤에 의사를 구하는 것과 같습니다. 옛날 삼대(三代)의 사나운 왕들인 걸주유려(桀紂幽厲)는 성대하게 음악을 소리 높이고 그 백성을 돌아보지 않았습니다. 이로써 자신은 형륙을 당하고 나라는 폐허가 되었으니 다 이와 같은 도를 따랐기 때문입니다."

公孟子謂子墨子曰 有義不義 有祥不祥 子墨子曰 古聖王皆以鬼神爲神明 而爲禍福 執有祥不祥 是以政治而國安也 自桀紂以下 皆以鬼神爲不神明 不能爲禍福 執無祥不祥 是以政亂而國危也 故先王之書 子亦[1]有之曰 亓敖也 出於子 不祥 此言爲不善之有罰 爲善之有賞

子墨子謂公孟子曰 喪禮 君與父母妻後子死 三年喪服 伯父叔父兄弟期 族人五月 姑姊舅甥皆有數月之喪 或以不喪之間 誦詩三百 弦詩三百 歌詩三百 舞詩三百 若用子之言 則君子何日以聽治 庶人何日以從事 公孟子曰 國亂則治之 治則爲禮樂 國治則從事 國富則爲禮樂 子墨子曰 國之治[2] 治之廢 則國之治亦廢 國之富也 從事 故富也 從事廢 則國之富亦廢 故雖治國 勸之無饜 然後可也 今子曰 國治 則爲禮樂 亂則治之 是譬猶噎而穿井也 死而求醫也 古者三代暴王桀紂幽厲 蒭爲聲樂 不顧其民 是以身爲刑僇 國爲戻虛者 皆從此道也

1) 子亦(자역) : 기자(箕子)의 뜻.
2) 治(치) : 아래에 '치지고치야(治之故治也)'의 5자가 있어야 한다.

7. 귀신은 없다고 한다

공맹자가 말하였다.

"귀신은 없는 것입니다."

또 말하였다.

"군자는 반드시 제사의 예법을 배워야 합니다."

이에 묵자가 말하였다.

"귀신이 없다고 주장하면서 제사지내는 예법을 배워야 한다는 것은 손님이 없는데 손님 대접하는 예법을 배우는 것과 같고, 물에 고기가 없는데 그물을 만드는 것과 같은 것입니다."

공맹자가 묵자에게 말하였다.

"그대는 3년상(三年喪)을 그릇된 것이라고 하였는데 그러면 그대의 3월상(三月喪)도 또한 그릇된 것입니다."

묵자가 말하였다.

"그대가 3년상을 가지고 3월상도 그릇된 것이라고 하는 것은 알몸뚱이로 있는 사람이 옷자락을 걷어올리는 사람에게 공손하지 못하다고 말하는 것과 같은 것입니다."

公孟子曰 無鬼神 又曰 君子必學祭祀 子墨子曰 執¹⁾無鬼而學祭禮 是猶無客而學客禮也 是猶無魚而爲魚罟也

公孟子謂子墨子曰 子以三年之喪爲非 之三日²⁾之喪亦非也 子墨子曰 子以三年之喪非三日之喪 是猶果³⁾謂撅⁴⁾者不恭也

1) 執(집) : 고집하다. 주장하다.
2) 三日(삼일) : 삼월(三月)을 말한다. '한비자' '회남자' '한서' 등의 기록에 의하면 묵자(墨子)의 상기(喪期)는 3개월이라 했다.
3) 果(과) : 과(裸)의 잘못으로 알몸뚱이의 뜻.
4) 撅(궤) : 옷자락을 걷어올리다.

8. 부모 흠모함을 배우는 3년의 상(喪)

공맹자가 묵자에게 말하였다.

"아는 것이 다른 사람보다 현명함이 있으면 가히 지혜롭다 이를 것입니까?"

묵자가 말하였다.

"어리석은 자의 아는 것이 남보다 현명할 수는 있으나 그 어리석은 자를 어찌 가히 지혜롭다고 할 수 있겠습니까."

공맹자가 말하였다.

"3년의 상(喪)은 내 부모를 흠모하는 것을 배우는 것입니다."

묵자가 말하였다.

"대저 어린아이의 지혜는 홀로 부모를 사모할 따름이요. 부모를 가히 얻지 못할지라도 울부짖고 그치지 않습니다. 이것은 어찌 된 것입니까. 곧 어리석음이 이른 것입니다. 유자(儒者)들의 지혜가 어찌 어린아이보다 현명하다고 하겠습니까."

公孟子謂子墨子曰 知有賢於人 則可謂知[1]乎 子墨子曰 愚之知有以賢於人 而愚豈可謂知矣哉

公孟子曰 三年之喪 學吾之慕父母 子墨子曰 夫嬰兒子之知 獨慕父母而已 父母不可得也 然號而不止 此亓故何也 卽愚之至也 然則儒者之知 豈有以賢於嬰兒子哉

1) 知(지) : 지(智)와 같다.

9. 무엇 때문에 음악을 좋아하는가

묵자가 유자(儒者)에게 물었다.

"무엇 때문에 음악을 하는 것입니까?"

유자가 대답하였다.

"음악을 즐기는 것입니다."

이에 묵자가 말하였다.

"그대는 나에게 바른 대답을 못하였습니다. 지금 내가 묻기를

'무엇 때문에 집을 짓는 것이냐'고 한 데 대하여 '겨울에 추위를 피하고 여름에 더위를 피하며 집을 지음으로써 남자와 여자를 분별하려는 것이다'라고 했다면, 그대가 나에게 집을 짓는 까닭을 말해 준 것이 됩니다. 그런데 지금 내가 묻기를 무엇 때문에 음악을 하는 것이냐고 하니, 그대는 음악을 즐기려는 것이라고 하였습니다. 이것은 무엇 때문에 집을 짓느냐고 물은 데 대하여 집을 짓기 위해 집을 짓는 것이라고 대답한 것과 같은 것입니다."

子墨子曰 問於儒者 何故爲樂[1] 曰 樂以爲樂[2]也 子墨子曰 子未我應也 今我問曰 何故爲室 曰 冬避寒焉 夏避暑焉 室以爲男女之別也 則子告我爲室之故矣 今我問曰 何故爲樂 曰 樂以爲樂也 是猶曰 何故爲室 曰室以爲室也

1) 爲樂(위악) : 음악에 종사하다.
2) 樂以爲樂(악이위락) : 음악은 즐기기 위해서 한다.

10. 네 가지 정치하는 방법이란

묵자가 정자(程子)에게 말하였다.

"선비의 도에는 천하를 잃을 수 있는 네 가지 정치 방법이 있습니다. 선비가 하늘을 밝지 않다고 하고 귀신을 신비롭지 않다고 하며 하늘과 귀신을 기뻐하지 않으니 이로써 천하를 상실하는 것입니다.

또 장례를 후히 하고 상례를 오래 끌며 관곽을 무겁게 하고 많은 의복을 함께하여 죽음 보내는 것을 이사하는 것과 같이 합니다. 3년 동안 곡하고 울며 붙잡아 줘야 일어나고 지팡이를 짚은 후에야 걸을 수 있고 귀로는 듣지 않고 눈으로는 보지 않으니 이로써 천하를 상실하는 것입니다.

또 현악기를 타면서 노래하고 북치고 춤추며 음악을 익히는 것도 또한 천하를 상실하는 요인입니다.

또 가난하고 부하고 오래 살고 단명한 것을 운명으로 돌리고,

다스리고 어지럽고 편안하고 위태한 것은 다함이 있어 가히 덜고 더하지 못하며, 윗사람을 위하여 행하더라도 다스림을 쫓지 아니하고 아랫사람을 위하여 행하더라도 반드시 일에 종사하지 않으니 이로써 천하를 상실하는 것입니다."

정자가 말하였다.

"지나치십니다. 선생이 선비를 비방하는 것이!"

묵자가 말하였다.

"선비가 진실로 이와 같은 네 가지 정치 방법이 없다면 내가 말하는 것은 진실로 비방하는 말입니다. 지금 선비들이 진실로 이와 같은 네 가지 정치 방법이 있다면 나의 말하는 것은 비방하는 것이 아닙니다. 말하면 듣겠습니다."

이에 정자가 아무 말도 없이 밖으로 나갔다.

묵자가 말하였다.

"혼란스러울 것입니다."

돌아와서 뒤에 앉았다가 앞으로 나아가 말하였다.

"지난번에 선생의 말씀을 들은 자가 있습니다. 선생의 말씀과 같다면 이것은 우임금이 명예롭지 못하고 걸주(桀紂)를 비방하지 못합니다."

묵자가 말하였다.

"그렇지 않다면 응당히 말꼬투리를 잡고 민첩하게 의논을 벌이겠습니다. 공격을 두터이 하면 나도 두터워지는 것이요, 가볍게 공격하면 나도 가볍게 하는 것이 응당히 말을 막고 의논을 헤아리는 것이며 이것은 끌채를 들어서 개미를 치는 것과 같습니다."

子墨子謂程子[1]日 儒之道足以喪天下者 四政焉 儒以天爲不明 以鬼爲不神 天鬼不說 此足以喪天下 又厚葬久喪 重爲棺槨 多爲衣衾 送死若徙 三年哭泣 扶後起 杖後行 耳無聞 目無見 此足以喪天下 又弦歌鼓舞 習爲聲樂 此足以喪天下 又以命爲有 貧富壽夭 治亂安危有極矣 不可損益也 爲上者行之 不必聽治矣 爲下者行之 必不從事矣 此足以喪天下 程子曰 甚矣 先生之毀儒也 子墨子曰 儒固無

此若四政者 而我言之 則是毀也 今儒固有此四政者 而我言之 則非
毀也 告聞也 程子無辭而出 子墨子曰 迷之 反 後坐 進復曰 鄕者先
生之言有可聞者焉 若先生之言 則是不譽禹 不毀桀紂也 子墨子曰
不然 夫應孰²⁾辭 稱議而爲之 敏也 厚攻則厚吾 薄攻則薄吾 應孰辭
而稱議 是猶荷轅而擊蛾³⁾也

1) 程子(정자) : 유가(儒家)의 한 사람인 정번(程繁).

2) 孰(숙) : 집(執)의 오자(誤字).

3) 蛾(아) : 의(蟻)와 같다.

11. 그래서 공자를 끌어들였다

묵자가 정자(程子)와 토론하다가 공자를 칭찬하니 정자가 말
하였다.

"유가(儒家)를 비방하면서 무슨 까닭에 공자를 칭찬합니까?"
이에 묵자가 말하였다.

"그것은 그가 이치에 합당하여 바꿀 수 없어서입니다.

지금 새는 가뭄이 심하여 땅이 뜨거워진 것을 알아 걱정이 되
면 높이 날아 오르고, 물고기는 가물어 땅이 뜨거워진 것을 알아
걱정이 되면 아래로 깊이 잠깁니다.

이와 같은 일은 비록 우왕(禹王)이나 탕왕(湯王)이 도모(圖
謀)하더라도 반드시 그 이치를 바꿀 수 없습니다. 새나 물고기는
어리석다고 말할 수 있건만 우왕이나 탕왕도 오히려 그것을 따릅
니다. 지금 적(翟)이 공자를 그래서 칭찬하는 것이 아닙니까."

子墨子與程子辯¹⁾ 稱²⁾於孔子 程子曰 非儒 何故稱於孔子也 子墨
子曰 是亦當³⁾而不可易者也 今鳥聞⁴⁾熱旱之憂則高 魚聞熱旱之憂
則下 當此雖禹湯爲之謀 必不能易矣 鳥魚可謂愚矣 禹湯猶云因焉⁵⁾
今翟曾無稱於孔子乎

1) 辯(변) : 토론하다.

2) 稱(칭) : 칭찬하다.

3) 當(당) : 이치에 마땅하다. 합리적이다.

4) 聞(문) : 알다.

5) 因焉(인언) : 그대로 따르다.

12. 그대가 벼슬하지 못했느냐!

묵자의 문하에 배우러 온 사람이 있었다. 신체가 건장하고 생각도 깊고 두루 통달했는데, 묵자를 따라 배우고자 하였다.

묵자가 말하였다.

"진실로 배우겠는가. 내가 그대를 벼슬자리에 천거해 주겠다."

선언(善言)을 권장하여 배우기 1년이 지나서 묵자에게 벼슬에 나가도록 책임져 달라고 하자, 묵자가 말하였다.

"그대 벼슬하지 못하였느냐? 그대 또한 노(魯)나라 말을 들었는가. 노나라에 다섯 형제가 있었는데 그의 아버지가 죽었다. 그런데 그 장자(長子)가 술만 즐기고 장사를 지내지 않았다. 이에 네 명의 동생들이 이르기를 '형이 우리와 장사를 치르면 마땅히 형을 위하여 술을 사주겠습니다' 라고 하고, 선언을 권장하여 장사를 지냈다. 이미 장사를 끝마치고 네 명의 동생들에게 술을 책임지게 하니 네 명의 동생들이 이르기를 '우리는 형의 술을 대지 못하겠습니다. 형은 형의 아버지를 장사지내고 우리는 우리의 아버지를 장사지냈는데 어찌 우리의 아버지만 되겠습니까. 자식이 장사를 치르지 않으면 남들이 장차 자식을 비웃을 것이니 자식을 권하여 장사를 치른 것입니다. 이제 형은 의를 위했고 우리 또한 의를 위했으니 어찌 우리의 의만 되겠습니까' 라고 하였다. 그대가 배우지 않으면 남들이 장차 그대를 비웃을 것이므로 그대에게 배우기를 권한 것이다."

有游[1]於子墨子之門者 身體强良 思慮徇通[2] 欲使隨而學 子墨子曰 姑學乎 吾將仕子 勸於善言而學 其年 而責仕於子墨子 子墨子曰 不仕子 子亦聞夫魯語乎 魯有昆弟五人者 丌父死 丌長子嗜酒而

不葬 丌四弟曰 子與我葬 當爲子沽酒 勸於善言而葬 已葬 而責酒
於其四弟 四弟曰吾末予子酒矣 子葬子父 我葬吾父 豈獨吾父哉 子
不葬 則人將笑子 故勸子葬也 今子爲義 我亦爲義 豈獨我義也哉 子
不學 則人將笑子 故勸子於學

1) 游(유) : 배우다
2) 徇通(순통) : 두루 통함.

13. 배움에 있어 어찌 남의 눈치를 볼 것인가

　묵자의 문하(門下)에 배우러 온 사람이 있었는데, 묵자가 물었
다.
　"어찌하어 배우지 않았는가?"
　그 사람이 대답하였다.
　"저의 집 사람 중에 배운 사람이 없어서입니다."
　이에 대하여 묵자가 말하였다.
　"그렇지 않다. 대저 아름다운 것을 좋아하는 사람이 어찌 우리
집안 사람중에 그것을 좋아하는 사람이 없다고 해서 그것을 좋아
하지 않는다고 말할 수 있겠느냐. 대저 부(富)하고 귀해지고자 하
는 사람이 어찌 우리 집안 사람 중에 그것을 바리는 사람이 없다
고 해서 그렇게 되고자 하지 않는다고 말할 수 있겠느냐.
　아름다운 것을 좋아하고 부하고 귀해지고자 하는 사람은 남이
어떻게 하나 보지 않고 오히려 힘써 그것을 가지고자 한다. 대저
의(義)는 천하의 큰 그릇이니 어찌 반드시 남의 눈치를 볼 것인
가. 힘써서 그것을 행하라."

　有游於子墨子之門者 子墨子曰 盍學乎[1] 對曰 吾族人無學者 子
墨子曰 不然 夫好美者 豈曰吾族人莫之好 故不好哉 夫欲富貴者 豈
曰我族人莫之欲 故不欲哉 好美欲富貴者 不視人[2]猶强爲之 夫義
天下之大器也 何以視人必强爲之

1) 盍學乎(합학호) : 어찌 배우지 아니하는가. 합은 어찌~하지 않는가로 하불

(何不)의 합자(合字)다.

2) 視人(시인) : 남이 어떻게 하는가 살펴보다.

14. 열 배가 낫다면 열 배로 칭찬할 것인가

　묵자의 문하에 배우러 온 사람이 있어 묵자에게 말하였다.

　"선왕(先王)들은 귀신을 신령스럽게 여기고, 밝은 지혜로 사람에게 재앙을 만들어서 선을 행한 자에게는 복을 주고 포악한 일을 행한 자에게는 재앙을 준다고 하였습니다. 지금 우리는 선생님의 일을 오랫동안 관여해왔는데 복이 이르지 않습니다. 생각건대 선생님의 말씀이 선하지 않아서 입니까, 귀신이 밝지 못해서입니까. 우리는 무슨 까닭으로 복을 얻지 못합니까?"

　묵자가 말하였다.

　"비록 그대가 복을 얻지 못했더라도 나의 말이 어찌 선하지 않겠느냐? 귀신이 어찌 밝지 않겠느냐? 그대는 또한 죄의 무리를 숨기는 것도 죄가 되는 것을 들어 보았느냐."

　대답하였다.

　"들은 적이 없습니다."

　묵자가 말하기를

　"지금 이곳에 사람이 있는데 그대보다 열 배나 낫다면 그대는 열 배로 칭찬하고 한 번은 스스로를 칭찬할 것인가?"

　대답하였다.

　"그러하지 않습니다."

　"이곳에 사람이 있는데 그대보다 백 배나 낫다면 그대는 종신토록 그 선한 것을 칭찬하고 그대는 한 번도 없게 할 것인가?"

　대답하였다.

　"그러하지 않습니다."

　묵자가 말하였다.

　"한 사람을 숨겨도 죄가 있는 것과 같은데 지금 그대가 숨기는 것은 이와 같이 또한 많다. 장차 죄가 두터워질 것이다. 어찌 복을 구할 것인가."

有游於子墨子之門者 謂子墨子曰 先王以鬼爲神明知 能爲禍人哉
爲善者富之 暴者禍之 今吾事先生久矣 而福不至 意者先生之言有
不善乎 鬼神不明乎 我何故不得福也 子墨子曰 雖子不得福 吾言何
遽不善 而鬼神何遽不明 子亦聞乎匿徒之刑[1]之有刑乎 對曰 未之得
聞也 子墨子曰 今有人於此 什子[2]子能什譽之 而一自譽乎 對曰 不
能 有人於此 百子[3]子能終身譽丌善 而子無一乎 對曰 不能 子墨子
曰 匿一人者猶有罪 今子所匿者若此丌多 將有厚罪者也 何福之求

1) 匿徒之刑(익도지형) : 형벌에 함익된 무리.
2) 什子(십자) : 너보다 열 배 나은.
3) 百子(백자) : 너보다 백 배 나은.

15. 성인이신데 어찌 병이 났나

묵자가 병이 드니 질비(跌鼻)가 와서는 물었다.

"선생님께서는 귀신은 밝아서 능히 화(禍)와 복(福)을 주고,
선(善)한 사람에게는 상을 주고, 선하지 않은 자에게는 벌을 준
다고 하셨습니다.

지금 선생님께서는 성인이신데 어찌하여 병이 나셨습니까. 생
각건대 선생님의 말씀이 선하지 않은 것입니까, 아니면 귀신이 밝
게 알지 못하는 것입니까?"

이에 대하여 묵자가 말하였다.

"비록 나로 하여금 병이 나게 하였더라도 귀신이 어찌 갑자기
밝지 않아졌겠느냐. 사람이 병을 얻는 데에는 여러 가지 원인이
있으니 추위나 더위로 해서 얻을 수도 있고, 수고나 괴로움으로
해서 생길 수도 있는 것이다. 백 개의 문 중에서 하나의 문을 닫
았다 하여 도둑이 어찌 좇아 들어갈 데가 없겠느냐."

2~3명의 제자들이 묵자에게 활 쏘는 것을 배우겠다고 하였다.
묵자가 말하였다.

"안된다. 대저 지혜로운 자는 반드시 자신의 힘이 미치는 것을 헤아려 일을 따르는 것이다. 국사(國士)도 전쟁을 하고 또 사람을 돕는 두 가지 일을 함께하지 못한다. 지금 그대들은 국사도 아닌데 어찌 학문을 배워 이루고 또 활쏘기도 성취하려 하는가?"

子墨子有疾 跌鼻[1]進而問曰 先生以鬼神爲明 能爲禍福 善者賞之 爲不善者罰之 今先生聖人也 何故有疾 意者先生之言有不善乎 鬼神不明知乎 子墨子曰 雖使我有病 何遽不明 人之所得於病者多方[2] 有得之寒暑 有得之勞苦 百門而一門焉 則盜何遽無從

二三子有復於子墨子學射者 子墨子曰 不可 夫知者必量亓力 所能至而從事焉國士戰且扶人 猶不可及也 今子非國士也 豈能成學 又成射哉

1) 跌鼻(질비) : 묵자의 제자.
2) 多方(다방) : 여기서는 여러 가지 원인.

16. 비방은 없는 것보다 낫다

2~3명의 제자들이 묵자에게 말하였다.

"고자(告子)가 말하는데 '묵자는 의(義)를 말하지만 행동은 매우 악하니 그를 버리기 바란다'고 하였더랍니다."

이에 대하여 묵자가 말하였다.

"옳지 않다. 나의 말에 찬성하면서 나의 행동을 비방하는 것은 없는 것보다 낫다. 여기 어떤 사람이 있는데 나 적(翟)이 매우 어질지 않는다고 하더라도 하늘을 높이고 귀신을 섬기고 사람을 사랑한다면 매우 어질지 않다 하더라도 없는 것보다는 낫다.

지금 고자는 변설(變說)을 매우 잘하는데 인(仁)과 의(義)를 말하면서 나를 비방조차 하지 않는 것보다는 오히려 고자의 비방은 없는 것보다 나은 것이다."

2~3명의 제자가 묵자에게 말하였다.

"고자(告子)는 인(仁)을 행하면 승리한다고 합니다."

묵자가 말하였다.

"반드시 그렇지 않다. 고자의 인이라고 하는 것은 비유컨대 발 뒤꿈치를 들고 선 사람을 어른이라 하고 드러누운 것을 넓다고 하는 것과 같아 오래 가지 못할 것이다."

고자(告子)가 묵자에게 말하였다.

"나는 나라를 다스려서 정치를 할 수 있습니다."

이에 대하여 묵자가 말하였다.

"정치라는 것은 입으로 말한 것을 몸으로 반드시 실행해야 하는 것입니다. 지금 그대는 입으로 그것을 말하면서 몸으로는 실행하지 않으니, 그것은 그대의 몸이 어지러운 것입니다. 그대는 그대의 몸도 다스리지 못하면서 어떻게 나라의 정치를 다스릴 수 있겠습니까. 그대는 그대의 몸까지 어지럽게 하지 마십시오."

二三子復[1]於子墨子曰 告子[2]曰 言義而行甚惡 請棄之 子墨子曰 不可 稱[3]我言以毀我行 愈於亡[4] 有人於此 翟甚不仁 尊天事鬼愛人 甚不仁 獨愈於亡也 今告子言談甚辯 言仁義而不吾毀 告子毀 猶愈 亡也

二三子復於子墨子曰 告子勝爲仁 子墨子曰 未必然也 告子爲仁 譬猶跂[5]以爲長 隱[6]以爲廣 不可久也

告子謂子墨子曰 我治國爲政 子墨子曰 政者 口言之 身必行之 今 子口言之 而身不行 是子之身亂也 子不能治子之身 惡能治國政 子 姑亡子之身亂之矣

1) 復(복) : 아뢰다.

2) 告子(고자) : 유가(儒家)와 묵가(墨家)의 학문을 아울러 공부한 것으로 보인다. '맹자'에는 성무선악설(性無善惡說)을 주장한 사람으로 되어 있다.

3) 稱(칭) : 찬성하다.

4) 亡(망) : 없다. 무(無)와 같다.

5) 跂(기) : 발뒤꿈치를 들다.

6) 隱(은) : 언(偃)과 같다.

제13권(卷之十三)

제49편 노군이 질문하다(魯問第四十九)

1. 나라를 구제하는 방법이 있습니까

노군(魯君)이 묵자에게 말하였다.

"나는 제(齊)나라가 우리 나라를 공격할 것이 두렵습니다. 가히 구제하는 방법이 있겠습니까?"

묵자가 말하였다.

"구제할 수 있습니다. 옛날 3대의 성왕(聖王)인 우(禹)왕·탕(湯)왕·문왕(文王)·무왕(武王)은 백리의 땅을 가진 제후였습니다. 충성을 이야기하고 의를 행하여 천하를 얻었습니다. 또 3대의 폭군인 걸왕(桀王)·주왕(紂王)·유왕(幽王)·여왕(厲王)은 남들의 충언(忠言)을 미워하고 사나운 일만 행하여 천하를 잃었습니다. 원컨대 군주께서는 위로는 하늘을 높이고 귀신을 섬기며, 아래로는 모든 백성을 사랑하고 이롭게 하시며, 폐백을 두텁게 하고 언사를 낮추시며, 속히 사방의 제후에게 두루 예를 갖추고 나라를 이끌고 제나라를 섬기시면 환난을 가히 구제할 수 있습니다. 원컨대 가히 할 수 없는 것이 아닙니다."

제나라가 장차 노나라를 치려고 하였다. 묵자가 항자우(項子牛)에게 말하였다.

"노나라를 치는 것은 제나라의 큰 과실이다. 옛날에 오(吳)나라의 왕이 동으로 월나라를 정벌하여 회계땅에 머물렀고 서쪽으로 초나라를 정벌하여 소왕(昭王)을 수(隨)에서 보호하고, 북으로 제나라를 정벌하여 제나라 태자를 인질로 잡아 오나라로 돌아가니 제후들이 그 원수를 갚고자 하였다. 그러므로 제후들의 공

격을 받아 백성들이 그 수고로움을 괴로워하여 쓰임이 되지 못하
고 이로써 나라가 쇠약해지고 결국 그 자신도 형벌을 받았다.

또 옛날에 지백(智伯)이 범씨(范氏)와 중항씨(中行氏)을 정
벌하고 삼진(三晉)의 땅을 겸하므로 제후들이 그 원수를 갚았다.
백성들은 그 수고로움에 괴로워하여 쓰임이 되지 못하고 이로써
나라가 쇠약해지고 결국 그 자신도 형벌을 받았다.

큰나라가 작은나라를 공격하면 서로가 서로를 해치게 되는 것
으로 그 과실은 반드시 그 나라로 돌아오게 된다.”

魯君[1]謂子墨子曰 吾恐齊之攻我也 可救乎 子墨子曰 可 昔者三
代之聖王禹湯文武 百里之諸侯也 說忠行義 取天下 三代之暴王桀
紂幽厲 讐怨[2]行暴 失天下 吾願主君 之上者尊天事鬼 下者愛利百
姓 厚爲皮幣 卑辭令 亟徧禮四隣諸侯 敺國而以事齊 患可救也 非
願無可爲者 齊將伐魯 子墨子謂項子牛曰 伐魯 齊之大過也 昔者 吳
王東伐越 棲諸會稽 西伐楚 葆昭王於隨 北伐齊 取國太子以歸於吳
諸侯報其讐 百姓苦其勞 而弗爲用 是以國爲虛戾 身爲刑戮也 昔者
智伯伐范氏與中行氏 兼三晉之地 諸侯報其讐 百姓苦其勞 而弗爲
用 是以國爲虛戾 身爲刑戮 用是也 故大國之攻小國也 是交相賊也
過必反於國

1) 魯君(노군) : 노(魯)나라의 임금인데 누구인지 확실하지 않다.
2) 讐怨(수원) : 원은 충(忠)의 잘못. 충언을 미워하다.

2. 상서롭지 않은 응보(應報)

묵자가 제(齊)나라 대왕(大王)을 만나 말하였다.

“지금 여기에 칼이 있어 그것을 사람의 목에 시험해 보니 졸연
(倅然)히 끊어졌습니다. 날카롭다고 말할 수 있겠습니까.”

대왕이 대답하였다.

“날카롭다.”

묵자가 또 말하였다.

"여러 사람의 목에 시험해 보아도 모두 졸연히 끊어졌습니다. 그래도 날카롭다고 할 수 있겠습니까."

대왕이 대답하였다.

"날카롭다."

이에 묵자가 말하였다.

"칼은 날카롭습니다만 누가 사람을 죽인 상서롭지 못한 응보 (應報)를 받겠습니까."

대왕이 말하였다.

"칼은 그 날카로움이 증명되었으니 그것을 시험한 사람이 상서롭지 못한 응보를 받을 것이다."

이에 묵자가 말하였다.

"남의 나라를 빼앗고, 군대를 전멸시키고, 백성들을 해치고 죽게 한다면 누가 그 상서롭지 않은 응보를 받겠습니까."

그러자 대왕이 고개를 떨구다 들고서 생각하다가 말하였다.

"내가 그 상서롭지 못한 재앙을 받을 것이다."

子墨子見齊大王[1]曰 今有刀於此 試之人頭 倅然[2]斷之 可謂利[3]乎 大王曰 利 子墨子曰 多試之人頭 倅然斷之 可謂利乎 大王曰 利 子墨子曰 刀則利矣 孰將受其不祥 大王曰 刀受其利 試者受其不祥 子墨子曰 幷國覆軍 賊敖[4]百姓 孰將受其不祥 大王俯仰而思之曰 我受其不祥

1) 大王(대왕) : 제(齊)나라의 태공(太公) 전화(田和)를 가리킨다. 제(齊)나라를 찬탈했다.

2) 倅然(졸연) : 졸은 졸(猝)과 같다. 단번에 잘라지는 모양.

3) 利(이) : 날카롭다. 예리하다.

4) 賊敖(적오) : 오(敖)는 살(殺)의 잘못. 괴롭히고 죽이다.

3. 하늘의 뜻을 따르는 것

노양문군(魯陽文君)이 정(鄭)나라를 공격하려고 하자 묵자가 그 말을 듣고 그것을 말리기 위해 노양문군에게 말하였다.

"지금 노양땅 사방 경계 안에서 큰 도읍이 그 작은 도읍을 공격하고 큰 집안이 그 작은 집안을 토벌하여 그 백성을 죽이고 그들의 소·말·개·돼지 따위의 가축과 무명 비단 따위의 천과 쌀·조 따위의 곡식 등 재물을 빼앗는다면 어떻게 하시겠습니까."

노양문군이 말하였다.

"노양의 사방 경계 안은 모두가 과인의 신하들입니다. 지금 큰 도읍이 그 작은 도읍을 공격하고 큰 집안이 그 작은 집안을 토벌하여 그들의 재물을 빼앗는다면 과인은 반드시 그들을 무겁게 처벌할 것입니다."

이에 대하여 묵자가 말하였다.

"대저 하늘이 천하를 아울러 보유하는 것도 또한 주군께서 사방의 경계 안을 보유하고 있는 것과 같습니다. 지금 군사를 동원하여 정나라를 공격하신다면 하늘의 주벌(誅罰)이 내려지지 않겠습니까?"

노양문군이 말하였다.

"선생은 어찌하여 내가 정나라를 공격하는 것을 막으려고 하십니까? 내가 정나라를 공격하는 것은 하늘의 뜻에 따르는 것입니다. 정나라 사람늘은 여러 대(代)에 걸쳐 그들의 군주를 죽였습니다. 그래서 하늘은 그들에게 주벌을 내려 3년 동안 농사를 온전하게 짓지 못하도록 하였으니, 나는 하늘의 주벌을 도우려는 것입니다."

이에 대하여 묵자가 말하였다.

"정나라 사람들이 여러 대에 걸쳐 그 군주를 죽였으므로 하늘이 주벌을 내려 3년 동안 농사를 온전히 짓지 못하게 한 것이며 이것으로 하늘의 주벌은 족한 것입니다. 지금 또 군사를 동원하여 정나라를 공격하려고 하면서 '내가 정나라를 공격하려고 하는 것은 하늘의 뜻에 따르는 것이다.' 라고 하시는 것은 비유컨대 여기 사람이 있어 그 아들이 성질만 부리고 사람 구실을 제대로 못하므로 그 아비가 그에게 매질을 하니, 그 이웃집 아비가 와서

몽둥이를 들어 그를 때리면서, '내가 그를 때리는 것은 그 아비의
뜻에 따르는 것이다.' 라고 말하는 것과 같습니다. 어찌 어긋나는
일이 아니겠습니까."

　魯陽文君將攻鄭 子墨子聞而止之 謂陽文君曰 今使魯四境之內
大都攻其小都 大家伐其小家 殺其人民 取其牛馬狗豕布帛米粟貨
財 則何若 魯陽文君曰 魯四境之內 皆寡人之臣也 今大都攻其小都
大家伐其小家 奪之貨財 則寡人必將厚[1]罰之 子墨子曰 夫天之兼有
天下也 亦猶君之有四境之內也 今舉兵將以攻鄭 天誅兀不至乎 魯
陽文君曰 先生何止我攻鄭也 我攻鄭 順於天之志 鄭人三世殺其父[2]
天加誅焉 使三年不全 我將助天誅也 子墨子曰 鄭人三世殺其父而
天加誅焉 使三年不全 天誅足矣 今又舉兵將以攻鄭 曰吾攻鄭也 順
於天之志 譬有人於此 其子强梁[3]不材[4] 故其父笞之 其隣家之父舉
木而擊之 曰吾擊之也 順於其父之志 則豈不悖哉

1) 厚(후) : 무겁다.
2) 三世殺其父(삼세살기부) : 삼세는 수대(數代)를 말하며, 부는 군(君)의 잘
　못인 것 같다. 즉 정나라 사람들이 수대에 걸쳐 그 군주를 죽이다의 뜻.
3) 强梁(강량) : 힘이 세다. 흉폭하다.
4) 不材(부재) : 사람 구실을 제대로 하지 못하다.

4. 이웃 나라를 공격하고 약탈하는 것은 나쁘다

묵자가 노양문군에게 말하였다.
"그 이웃 나라를 공격하고 그 백성을 살상하며 소와 말과 곡식
과 재물을 빼앗고는 대나무조각이나 비단에 기록하고 쇠붙이나
돌에 새기며 종이나 솥에 새겨 후세의 자손에게 전하여 이르기를
'나보다 많이 가지고 있는 사람이 없다' 라고 하고, 이제 천한 사
람이 또 그 이웃 집안을 공격하고 그 집안 사람들을 살상하고 그
개와 돼지와 식량과 의복을 빼앗고는 또한 대나무조각이나 비단
에 기록하고 변두(籩豆)에 새겨 후세의 자손에게 전하여 이르기

를 '나보다 많이 가지고 있는 사람은 없다' 라고 한다면 이것이 옳은 것입니까?"

노양문군이 말하였다.

"그러면 내가 그대의 말로 살피건대 천하에서 소위 옳다고 하는 것은 반드시 그러하지 않은 것입니다."

子墨子謂魯陽文君曰 攻其隣國 殺其民人 取其牛馬粟米貨財 則書之於竹帛 鏤之於金石 以爲銘於鍾鼎 傳遺後世子孫曰 莫若我多 今賤人也 亦攻其隣家 殺其人民 取其狗豕食糧衣裘 亦書之竹帛 以爲銘於席豆¹⁾ 以遺後世子孫曰 莫若我多 丌可乎 魯陽文君曰 然吾以子之言觀之 則天下之所謂可者 未必然也

1) 席豆(석두) : 변두(邊豆).

5. 자식을 잡아 먹는 오랑캐들

묵자가 노양문군에게 말하였다.

"세속의 군자는 하찮은 물건은 알고 커다란 물건은 알지 못합니다. 지금 여기 사람이 있는데 개 한 마리와 돼지 한 마리를 도둑질하면 어질지 못하다고 하고 한 나라와 한 도시를 도둑질하면 의롭다고 합니다. 비유컨대 이것은 적게 보면 흰 것을 희다고 하지만 크게 보면 흰 것이 검다고 하는 것과 같습니다. 그러므로 세속의 군자는 하찮은 물건은 알고 커다란 물건은 알지 못한다고 한 것은 이와 같은 것을 이르는 것입니다."

노양문군이 묵자에게 말하였다.

"초(楚)나라의 남쪽에는 사람을 잡아먹는 교(橋)나라가 있는데, 그 나라에서는 누구나 맏아들을 낳으면 잡아 그를 먹으면서 그 동생에게 좋다고들 말합니다. 그리고 맛이 좋으면 그 임금에게 바치는데 임금을 기쁘게 하면 그 아비에게 상을 준다고 합니다. 어찌 나쁜 풍습이 아니겠습니까."

묵자가 말하였다.

"중국의 풍속이라 하더라도 또한 그와 같은 것이 있습니다. 전쟁에서 그 아비를 죽게 하고 그 아들에게 상을 주는 것이 그 자식을 잡아먹고 그 아비에게 상을 주는 것과 무엇이 다릅니까. 진실로 인(仁)과 의(義)를 쓰지 않는다면 무엇으로써 오랑캐들이 그 자식을 잡아먹는 것을 그르다고 할 수 있겠습니까."

노군(魯君)이 총애하는 사람이 죽어 노군이 뇌사를 만들었는데, 노나라 사람들이 기뻐하며 사용하였다.

묵자가 그 내용을 듣고 말하였다.

"뇌사는 죽은 사람의 뜻을 이르는 것이다. 이제 즐거워하며 사용하는 것은 이는 머리로 와서 복종하는 것이다." (※ 뜻이 통하지 않음)

子墨子爲魯陽文君曰 世俗之君子 皆知小物而不知大物 今有人於此 竊一犬一彘則謂之不仁 竊一國一都則以爲義 譬猶小視白謂之白 大視白則謂之黑 是故世俗之君子 知小物而不知大物者 此若言之謂也

魯陽文君語子墨子曰 楚之南有啖人[1]之國者橋[2] 其國之長子生則鮮而食之 謂之宜弟 美 則以遺其君 君喜則賞其父 豈不惡俗哉 子墨子曰 雖中國之俗 亦猶是也 殺其父而賞其子 何以異食其子而賞其父者哉 苟不用仁義 何以非夷人食其子也

魯君之嬖人死 魯君爲之誄[3] 魯人因說而用之 子墨子聞之曰 誄者 道死人之志也 今因說而用之 是猶以來首從服也

1) 啖人(담인) : 사람을 잡아먹다.
2) 橋(교) : 나라 이름으로 보인다.
3) 誄(뇌) : 죽은 사람의 공적을 칭송하는 말.

6. 그림자와 울림에서 무엇을 얻을까

노양문군이 묵자에게 말하였다.

"나에게 충성된 신하라고 말하는 사람이 있는데 그로 하여금

몸을 굽히라고 하면 굽히고 젖히라고 하면 젖히며, 가만히 두면
조용하고 부르면 대답합니다. 이런 사람을 충성된 신하라고 말할
수 있겠습니까?"

묵자가 말하였다.

"그로 하여금 몸을 굽히라고 하면 몸을 굽히고 몸을 젖히라고
하면 몸을 젖힌다면 그것은 그림자와 같습니다. 가만히 두면 조
용하고 부르면 대답한다면 그것은 울림과 같습니다. 주군께서는
그림자와 울림에서 무엇을 얻겠습니까.

적(翟)이 충성된 신하라고 말할 것 같으면 주군에게 잘못이 있
으면 틈을 보아 그것을 간(諫)하고, 자기에게 선(善)함이 있으면
주군에게 그것으로 어떤 일을 모색하게 하되 감히 그것을 말하지
않으며, 밖으로 사악(邪惡)한 것을 바로잡으면서 선한 것을 들여
오고, 주군과 한 마음이 되어 아랫사람과 친하게 어울리지 않습
니다. 이것으로써 아름다움과 선함은 주군에게로 돌아가고 원망
과 원수는 신하가 책임지며, 편안하고 즐거운 것은 주군에게 돌
리고 근심과 걱정거리는 신하가 책임지는 것입니다. 이것이 제가
말하는 바 충성된 신하인 것입니다."

魯陽文君謂子墨子曰 有語我以忠臣者 令之[1]俯則俯 令之仰則仰
處則靜 呼則應 可謂忠臣乎 子墨子曰 令之俯則俯 令之仰則仰 是
似景[2]也 處則靜 呼則應 是似響也 君將何得於景與響哉 若以翟之
所謂忠臣者 上有過則微[3]之以諫 己有善 則訪[4]之上 而無敢以告 外
匡其邪 而入其善 尙[5]同而無下比[6] 以美善在上 而怨讐在下 安樂在
上 而憂慼在臣 此翟之所謂忠臣者也

1) 令之(영지) : 그로 하여금. 영(令)은 사(使)와 같다.
2) 景(경) : 영(影)과 통하여 그림자.
3) 微(미) : 기회를 살피다.
4) 訪(방) : 모색하다.
5) 尙(상) : 상(上)과 통하여 군주, 임금.
6) 下比(하비) : 아랫사람들과 패거리가 되다.

7. 뜻과 공을 합쳐 관찰하라

노군이 묵자에게 말하였다.

"나에게 두 아들이 있는데 한 아들은 학문을 좋아하고 한 아들은 남에게 재물 나눠주기를 좋아합니다. 누구를 태자로 삼는 것이 좋겠습니까."

묵자가 말하였다.

"알 수 없습니다. 혹은 상(賞)을 받기 위해서 그렇게 하는지도 모릅니다. 낚시질하는 사람이 공손한 것은 고기에게 먹을 것을 주기 위해서가 아니며, 쥐에게 독이 든 음식을 먹이는 것은 쥐를 사랑해서가 아닙니다.

저는 바라건대 주군께서는 그들의 뜻과 공(功)을 합쳐 관찰하십시오."

노나라 사람이 그의 아들을 묵자에게 보내 배우도록 하였다. 그 뒤 그의 아들이 전쟁에 나가 죽었다. 그의 아버지가 묵자를 책망하니 묵자가 말하였다.

"그대가 그대의 자식을 가르치고자 하여 이제 학문이 이루어졌다. 전쟁에서 아들이 죽어 그대가 화를 내는데 이것은 쌀을 팔러 갔다가 쌀을 사가는 것이 다 끝나자 화를 내는 것과 같은 것이다. 어찌 낭비하는 것이 아니냐."

魯君謂子墨子曰 我有二子 一人者好學 一人者好分人財 孰以爲太子而可 子墨子曰 未可知也 或所爲賞與是也 釣者之恭 非爲魚賜也 餌鼠以蟲[1] 非愛之也 吾願主君之合其志功而觀焉

魯人有因子墨子而學其子者 其子戰而死 其父讓[2]子墨子 子墨子曰 子欲學子之子 今學成矣 戰死而子慍 是猶欲糶糴讐[3]則慍也 豈不費哉

1) 蟲(충) : 고(蠱)와 뜻이 통하여 독이 든 음식.
2) 讓(양) : 책망하다.
3) 欲糶糴讐(욕조적수) : 쌀을 팔고자 하는데 파장이 되었다는 뜻. 수는 수(售)와 같다.

8. 삼군(三軍)을 막아낼 수 없는 것

노(魯)나라 남쪽 시골에 오려(吳慮)라는 사람이 있었는데 겨울에는 질그릇을 굽고, 여름에는 농사를 지으면서 스스로를 순(舜)임금에게 비기고 있었다. 묵자가 그 말을 듣고 그를 찾아가 만났다.

오려가 묵자에게 말하였다.

"의(義)가 있을 뿐이로다. 의가 있을 뿐이로다. 어찌 이것을 말로 할 수가 있을 것인가."

묵자가 말하였다.

"당신이 말씀하시는 의(義)라는 것은 또한 있는 힘으로써 남을 위해 수고하고, 있는 재물로써 남에게 나눠주는 것입니까?"

오려가 말하였다.

"그렇소"

이에 묵자가 말하였다.

"나 적(翟)은 일찍이 그것을 헤아려 보았습니다.

내가 농사를 지어 천하의 사람들을 먹이겠다고 생각해 보았는데 잘 지었다고 하더라도 한 농부가 농사 지은 것에 해당합니다. 이것을 천하에 나눈다면 한 사람에게 한 되의 곡식도 돌아갈 수가 없습니다. 실사 한 되의 곡식을 얻는다 히더라도 그것이 천하의 굶주리는 사람들을 배부르게 해줄 수 없다는 것은 이미 알 수 있는 것입니다.

내가 옷감을 짜서 천하의 사람들을 입히겠다고 생각해 보았으나 잘 짰다고 해도 한 여자가 옷감을 짠 것에 해당합니다. 이것을 천하에 나눈다면 한 사람에게 한 자의 옷감도 돌아갈 수가 없습니다. 설사 한 자의 옷감을 얻는다고 하더라도 그것이 천하의 추위에 떠는 사람들을 따뜻하게 해줄 수 없다는 것은 이미 알 수 있는 것입니다.

내가 견고한 갑옷을 입고 예리한 무기를 잡고 제후(諸侯)의 환난(患難)을 구원하겠다고 생각해 보았으나 잘 싸웠다 하더라도 한 남자가 싸운 것에 해당합니다. 한 남자가 싸워서 삼군(三軍)

을 막아낼 수 없다는 것은 이미 알 수 있는 것입니다.

　나 적(翟)은 생각건대 선왕들의 도를 외고 그들의 설(說)을 구하며 성인들의 말에 통달하여 그들의 말한 것을 살펴서, 위로 왕공대인들을 설득하고 다음에는 일반인과 걸어서 다니는 선비들을 설득하는 것만 같지 못할 것입니다.

　왕공대인들이 나의 말을 이용하면 나라는 반드시 다스려지고 일반인이나 걸어서 다니는 선비들이 나의 말을 이용하면 행동이 반드시 닦여질 것입니다. 그러므로 나는 비록 농사를 지어 굶주린 사람들을 먹여주지 않고 옷감을 짜 추위에 떠는 사람들을 입혀주지 않더라도 공(功)은 농사 지어서 먹여주고 옷감을 짜 입혀주는 사람보다 크다고 생각합니다. 그러므로 나 적(翟)의 생각으로는 비록 농사를 짓고 옷감을 짜지 않는다고 하더라도 그 공은 농사 짓고 옷감 짜는 것보다 큰 것입니다."

　魯之南鄙人[1]有吳慮者 冬陶夏耕 自比於舜 子墨子聞而見之 吳慮謂子墨子 義耳[2]義耳 焉用言之哉 子墨子曰 子之所謂義者 亦有力以勞人 有財以分人乎 吳慮曰 有 子墨子曰 翟嘗計之矣 翟慮耕而食天下之人矣 盛[3] 然後當一農之耕 分諸天下 不能人得一升粟 籍[4]而以爲得一升粟 其不能飽天下之飢者 卽可睹矣 翟慮織而衣天下之人矣 盛 然後當一婦人之織 分諸天下 不能人得尺布 籍而以爲得尺布 其不能煖天下之寒者[5] 旣可睹矣 翟慮被堅執銳救諸侯之患 盛 然後當一夫之戰 一夫之戰其不御[6]三軍 旣可睹矣 翟以爲不若誦先王之道 而求其說 通聖人之言 而察其辭 上說王公大人 次匹夫徒步之士 王公大人用吾言 國必治 匹夫徒步之士用吾言 行必脩 故翟以爲雖不耕而食飢 不織而衣寒 功賢[7]於耕而食之織而衣之者也 故翟以爲雖不耕織乎 而功賢於耕織也

1) 鄙人(비인) : 시골 사람.
2) 義耳(의이) : 의(義)일 뿐이로다.
3) 盛(성) : 잘 되어 보아야.
4) 籍(적) : 설혹. 그렇다 하더라도

5) 寒者(한자) : 추위에 떠는 사람.
6) 御(어) : 어(禦)와 통하여 막아내다.
7) 賢(현) : 여기서는 크다의 뜻.

9. 의도 또한 더욱 발전할 것이다

오려(吳慮)가 묵자에게 말하였다.

"의(義)가 있을 뿐이로다. 의가 있을 뿐이로다. 어찌 그것을 말로 할 수 있을 것인가."

묵자가 물었다.

"만약 천하의 사람들이 농사를 지을 줄 모르는데 사람들에게 농사짓는 일을 가르쳐 농사 짓게 하는 것과 사람들에게 농사짓는 일을 가르쳐 주지 않고 혼자만 농사 짓는 것 중, 그 공이 어느 쪽이 많겠습니까?"

이에 대하여 오려가 대답하였다.

"농사 짓는 일을 가르쳐 주는 사람의 공이 많습니다."

묵자가 또 물었다.

"만약 의(義)롭지 않은 나라를 공격할 때 북을 두드려서 많은 사람으로 하여금 진격하여 싸우게 하는 것과 북을 두드려 많은 사람으로 하여금 진격하여 싸우게 하지 않고 홀로 나아가 싸우는 것 중, 그 공이 어느 쪽이 많겠습니까?"

오려가 대답하였다.

"북을 두드려 많은 사람을 진격하게 하는 편의 공로가 많습니다."

이에 묵자는 말하였다.

"천하의 일반 사람이나 걸어서 다니는 선비들은 의(義)를 아는 이가 적으니 천하를 가르침에 있어 의로써 하는 사람의 공이 또한 많을 것인데, 어찌하여 말을 하지 않는 것입니까. 만약 북을 두드려 의로 나아가게 한다면 나의 의 또한 어찌 더욱 발전하지 않겠습니까."

吳慮謂子墨子曰 義耳義耳 焉用言之哉 子墨子曰 籍設[1]而天下不
知耕 敎人耕 與不敎人耕而獨耕者 其功孰多 吳慮曰 敎人耕者 其
功多 子墨子曰 籍設而攻不義之國 鼓而使衆進戰 與不鼓而使衆進
戰 而獨進戰者 其功孰多 吳慮曰 鼓而進衆者其功多 子墨子曰 天
下匹夫徒步之士 少知義而敎天下以義者 功亦多 何故弗言也 若得
鼓而進於義 則吾義豈不益進哉

1) 籍設(적설) : 만약. 가령.

10. 과인을 가르치게 할 수 있습니까

묵자가 공상과(公尙過)를 월(越)나라에 보냈는데 공상과가 월
나라 왕을 설득하자, 월나라 왕은 크게 기뻐하여 공상과에게 말
하였다.

"선생께서 진실로 묵자를 우리 월나라에 오게 하여 과인을 가
르치게 하실 수 있다면, 청컨대 옛 오(吳)나라의 땅 5백리를 떼
어 그것으로써 묵자를 봉(封)하겠습니다."

이에 공상과는 그것을 허락하였다. 마침내 공상과를 위하여 수
레 5십대를 묶어 가지고 노(魯)나라에 가서 묵자를 맞이하여 오
게 하였다. 이에 공상과는 묵자를 찾아가 말하였다.

"제가 선생님의 도(道)로써 월나라 왕을 설득하자, 월나라 왕
은 크게 기뻐하여 저 과(過)에게 말하기를 '진실로 묵자를 월나
라에 오게 하여 과인을 가르치게 할 수 있다면 청컨대 옛 오나라
의 땅 5백리를 떼어 그것으로써 선생님을 봉하겠습니다' 라고 하
였습니다."

이 말에 대하여 묵자가 말하였다.

"너는 월나라 왕의 뜻을 어떻게 보느냐. 생각건대 월나라 왕이
나의 말을 받아들여 나의 도(道)를 따른다면 나는 가서 배에 차
도록 헤아려 먹고 몸에 맞도록 재어 입으며 스스로 여러 신하들
과 친하게 지낼 것이니 어찌 땅을 봉하여 줄 수가 있겠느냐. 만약
월나라 왕이 나의 말을 받아들이지 않고 나의 도를 따르지 않는

데도 내가 간다면 그것은 나의 의(義)를 파는 것이 된다. 의를 누구에게나 고루 팔 것이라면 또한 중원(中原)에서 할 뿐이지 무엇 때문에 월나라에까지 가겠느냐.”

子墨子游¹⁾公尙過²⁾於越 公尙過說越王 越王大說³⁾ 謂公尙過曰 先生苟能使子墨子於越而敎寡人 請裂故吳之地方五百里 以封子墨子 公尙過許諾 遂爲公尙過束車五十乘 以迎子墨子於魯 曰 吾以夫子之道說越王 越王大說 謂過曰 苟能使子墨子至於越 而敎寡人 請裂故吳之地方五百里以封子 子墨子謂公尙過曰 子觀越王之志何若 意越王將聽吾言 用我道 則翟將往 量腹而食⁴⁾ 度身而衣⁵⁾ 自比於群臣 奚能以封爲哉 抑⁶⁾越不聽吾言 不用吾道 而我往焉 則是我以義糶⁷⁾也 鈞之糶 亦於中國耳 何必於越哉

1) 游(유) : 파견하다. 추천하다.
2) 公尙過(공상과) : 묵자의 제자. 성은 공상(公尙), 이름은 과(過).
3) 說(열) : 기뻐하다.
4) 量腹而食(양복이식) : 배에 차도록 헤아려 먹다. 잘 먹고 지낸다는 뜻.
5) 度身而衣(탁신이의) : 몸에 맞도록 재서 입다. 잘 입고 지낸다는 뜻.
6) 抑(억) : 만약.
7) 糶(조) : 팔다. 본래는 곡식을 내다 판다는 뜻.

11. 어떤 사람을 제일 먼저 천거하겠습니까

묵자가 유력하는데 위월(魏越)이 말하였다.
“이미 사방의 여러 군자(君子)들을 보셨으니 어떤 말씀을 먼저 하시겠습니까.”
묵자가 말하였다.
“무릇 나라에 들어가면 반드시 힘쓸 일을 선택하여 일에 종사해야 한다. 국가가 혼란하면 어진이를 높이고 화동함을 높이라고 말하고, 국가가 빈약하면 절용(節用)과 절장(節葬)을 말하고, 국가가 음악을 즐기고 주색에 빠졌으면 음악이 그르고 정해진 운명

은 없다는 것을 말하고, 국가가 음탕하고 무례하면 하늘을 존경
하고 귀신을 섬기라고 말하고, 국가가 약탈에 힘쓰고 침공을 일
삼으면 아울러 사랑하고 공격이 그르다는 것을 말하는 것으로써
'힘쓸 일을 선택하여 종사하는 것' 이라 한다."

子墨子游 魏越曰 旣得見四方之君子 則將先語 子墨子曰 凡入國
必擇務而從事焉 國家昏亂 則語之尙賢尙同 國家貧 則語之節用節
葬 國家憙¹⁾音湛湎 則語之非樂非命 國家淫僻無禮 則語之尊天事鬼
國家務奪侵凌 卽語之兼愛非 曰擇務而從事焉
1) 憙(희) : 희는 기뻐하다.

12. 귀신에게 복을 구한들 구할 수 있겠는가

묵자는 조공자(曹公子)를 송(宋)나라에 보내 벼슬하게 하였
는데 3년만에 돌아와서 묵자를 보고 말하였다.
"제가 처음 선생님 문하(門下)로 배우러 왔을 때에는 짧고 거
친 옷을 입고 콩잎국을 먹고 지냈는데 그것도 아침에 먹으면 저
녁에는 먹을 것을 얻지 못하여 귀신에게 제사를 지낼 수도 없었
습니다. 지금은 선생님의 덕분에 집안은 처음보다 넉넉해졌고 또
집안에서는 삼가 귀신에게 제사지내는 것을 누릴 수 있게 되었습
니다. 그러나 집안 사람들이 많이 죽고, 가축들은 번성하지 않으
며, 몸에는 병이 들었습니다. 저는 아직 선생님의 도(道)를 따를
만한 것인지 알 수 없습니다."
이 말에 대해 묵자가 말하였다.
"그렇지 않다. 대저 귀신이 사람에게 바라는 것은 사람이 높은
자리에 벼슬하고 녹봉(祿俸)을 받으면 그것을 현명한 사람에게
양보하고, 재물이 많으면 그것을 가난한 사람에게 나눠주기를 많
이 바란다. 귀신이 어찌 다만 기장을 뽑고 허파를 빼내 바쳐 제사
지내 주기만을 바라겠느냐.
지금 그대는 높은 자리에 벼슬하고 녹봉을 받는데도 그것을 현

명한 사람에게 양보하지 않으니 첫째로 상서롭지 않은 일이고, 재물이 많으면서도 가난한 사람에게 나눠주지 않았으니 둘째로 상서롭지 않은 일이다.

지금 그대는 귀신을 섬기되 오직 제사만 드릴 뿐이면서 그러고도 '병이 어디로부터 왔는가' 라고 말하는 것인가. 그것은 백개의 문 중에서 하나의 문만을 닫고 도둑이 어디로부터 들어온 것이냐고 말하는 것과 같다. 이와 같이 정도에 맞지 않는 일을 가지고 귀신에게 복을 구한들 어찌 될 수 있는 일이겠느냐."

노(魯)나라의 축관이 한 마리의 돼지로 제사를 지내면서 귀신에게 백 가지 복을 빌었다.

묵자가 그 말을 듣고 말하였다.

"그것은 옳지 않다. 지금 남에게 적게 베풀고 남에게 많은 것을 바란다면 사람들은 오직 자기에게 무엇을 주는 것을 두려워할 것이다. 지금 한 마리의 돼지로써 제사를 지내면서 귀신에게는 백 가지 복을 빌었으니, 귀신은 오직 그가 소나 양으로써 제사지낼까봐 두려워할 것이다. 옛날 성왕들은 귀신을 섬기는데 제사를 지냈을 뿐이다. 지금 돼지로서 제사를 지내면서 백 가지 복을 빌었으니 그런 제물(祭物)로 많은 것은 적은 것만 같지 못하다."

子墨子曰出[1] 曹公子[2] 而於宋 三年而反 睹子墨子曰 始吾游於子之門 短褐之衣[3] 藿羹[4] 朝得之則夕弗得祭祀鬼神 而以夫子之政 家厚於始也 有家厚謹祭祀鬼神 然而人徒多死 六畜不蕃 身湛於病 吾未知夫子之道之可用也 子墨子曰 不然 夫鬼神之所欲於人者多 欲人之處高爵祿則以讓賢也 多財則以分貧也 夫鬼神豈唯擢季[5] 拑肺[6] 之爲欲哉 今子處高爵祿而不以讓賢 一不祥也 多財而不以分貧 二不祥也 今子事鬼神唯祭而已矣 而曰 病何自[7] 哉 是猶百門而閉一門焉 曰盜何從入 若是而求福於有怪之鬼 豈可哉

魯祝[8] 以一豚祭 而求百福於鬼神 子墨子聞之曰 是不可 今施人薄而望人厚 則人唯恐其有賜於己也 今以一豚祭 而求百福於鬼神 唯恐其以牛羊祀也 古者聖王事鬼神 祭而已矣 今以豚祭而求百福 則

其富不如其貧也

1) 出(출) : 사(士)의 잘못. 사(仕)와 통하여 벼슬하다.

2) 曹公子(조공자) : 묵자의 제자.

3) 短褐之衣(단갈지의) : 짧고 거친 옷.

4) 藿羹(곽갱) : 콩잎으로 끓인 국. 형편없는 음식을 뜻한다.

5) 擢季(탁계) : 계(季)는 서(黍)의 잘못. 기장을 뽑다.

6) 拑肺(겸폐) : 허파를 빼내다. 즉 허파를 제물로 바친다는 뜻.

7) 何自至(하자지) : 어디로부터 오는가.

8) 祝(축) : 축관(祝官).

13. 어떤 것을 타고 가겠습니까

팽경생자(彭輕生子)가 말하였다.

"과거의 일은 알 수 있지만 미래의 일은 알 수 없다."

이 말에 대해 묵자가 말하였다.

"가령 부모가 백 리 밖에서 어려운 일을 당하였는데 하루를 기약하여 거기에 도착하면 살 수가 있고 도착하지 못하면 죽는다고 하자. 지금 여기에 견고(堅固)한 수레와 좋은 말이 있고 또 여기에 둔한 말과 네 개의 바퀴가 있는 졸렬한 수레가 있는데 그대로 하여금 선택하게 한다면 그대는 어떤 것을 타고 가겠는가."

그가 대답하였다.

"좋은 말과 견고한 수레를 타면 속히 도착할 수 있습니다."

이에 묵자가 말하였다.

"그렇다면 어찌하여 미래의 일은 알 수 없다고 하는가."

彭輕生子[1]曰 往者可知 來者不可知 子墨子曰 籍設而親在百里之外 則遇難焉 期以一日也 及之則生 不及則死 今有固車良馬於此 又有奴馬[2]四隅之輪[3]於此 使子擇焉 子將何乘 對曰 乘良馬固車 可以速至 子墨子曰 焉在矣來

1) 彭輕生子(팽경생자) : 묵자의 제자.

2) 奴馬(노마) : 능력이 떨어지는 말. 노마(駑馬).

3) 四隅之輪(사우지륜) : 네 개의 바퀴가 달린 졸렬한 수레.

I4. 왕자 여(閭)는 어진 사람이겠습니까

맹산(孟山)이 초나라의 왕자인 여(閭)를 기려 말하였다.

"옛날 백공(白公)의 난(亂)에 백공이 왕자 여를 잡아 도끼로 허리를 겨냥하고 창끝을 가슴에 대고서 말하기를 '왕이 되겠다면 살고 왕이 되지 않겠다면 죽을 것이다'라고 했는데 왕자 여가 말하기를 '어찌하여 나를 모욕하는가. 나의 부모를 죽이고 초(楚)나라를 맡김으로써 나를 기쁘게 하려는 것인가. 나는 천하를 얻는다 해도 의(義)가 아니면 하지 않을 터인데 하물며 초나라이겠는가'라고 하면서 드디어 왕이 되지 않았으니, 왕자 여는 어찌 어진 사람이 아니겠습니까?"

이에 묵자는 말하였다.

"어렵다면 어려운 일이었지만 아직 어질다고는 할 수 없다. 만약 왕이 무도(無道)했다면 무엇 때문에 물려받아서 다스리지 아니하였는가? 만약 백공이 불의(不義)를 저질렀다면 무엇 때문에 왕의 지리를 받아 백공을 처벌하고 나서 왕의 자리를 돌려주지 아니하였는가? 그러므로 어렵다면 어려운 일이었지만 아직 어질다고는 할 수 없는 것이다."

孟山[1]譽王子閭[2]曰 昔白公之禍[3] 執王子閭斧鉞鉤要[4] 直兵[5]當心[6] 謂之曰 爲王則生 不爲王則死 王子閭曰 何其侮我也 殺我親而喜我以楚國 我得天下而不義 不爲也 又況於楚國乎 遂而不爲 王子閭豈不仁哉 子墨子曰 難則難矣 然而未仁也 若以王爲無道 則何故不受而治也 若以白公爲不義 何故不受王 誅白公然而反王[7] 故曰難則難矣 然而未仁也

1) 孟山(맹산) : 묵자의 제자.

2) 王子閭(왕자여) : 초(楚)나라 평왕(平王)의 아들.

3) 白公之禍(백공지화) : 백공은 초나라의 왕족으로서 이름은 승(勝). 아버지
   의 원수를 갚고자 난을 일으켰다가 실패하였다.

4) 鉤要(구요) : 도끼를 허리에 겨냥하여 대고 있는 것. 요는 요(腰)와 통함.

5) 直兵(직병) : 칼이나 창과 같은 찌를 수 있는 무기.

6) 當心(당심) : 무기를 심장 즉 가슴에다 대는 일.

7) 反王(반왕) : 왕의 자리를 되돌려 주다.

15. 선생님을 속이고 있습니다

묵자가 승작(勝綽)으로 하여금 항자우(項子牛)를 섬기게 하
였는데, 항자우가 세 번이나 노(魯)나라의 땅을 침범하니 승작이
세 번 다 그를 따랐다.

묵자가 이 일을 듣고는 고손자(高孫子)를 시켜 그를 물러나게
해달라고 다음과 같은 말로 청하게 하였다.

"내가 승작으로 하여금 선생에게 가도록 한 것은 장차 선생의
교만한 것을 막고 편벽된 것을 바로잡게 하려는 것이었습니다. 그
런데 지금 승작은 후한 녹(祿)을 받으면서 선생을 속이고 있습니
다. 선생께서는 세 번 노나라를 침략하셨는데 승작이 세 번 다 따
랐으니, 이것은 달리는 말의 가슴걸이에 채찍질을 하는 것입니다.

적(翟)이 듣기로는 의(義)를 말하면서 실행하지 않는 것은 분
명한 사리를 범하는 것입니다. 승작은 이것을 알지 못하는 것이
아니라 녹(祿)이 의를 앞지르고 있는 것입니다."

子墨子使勝綽[1]事項子牛[2] 項子牛三侵魯地 而勝綽三從 子墨子
聞之 使高孫子[3]請而退之 曰 我使綽也 將以濟驕[4]而正嬖[5]也 今綽
也祿厚而謾夫子 夫子三侵魯 而綽三從 是鼓鞭[6]於馬勒[7]也 翟聞之
言義而弗行 是犯明也 綽非弗之知也 祿勝義也

1) 勝綽(승작) : 묵자의 제자.

2) 項子牛(항자우) : 제(齊)나라의 장군.

3) 高孫子(고손자) : 묵자의 제자.

4) 濟驕(제교) : 교만한 것을 구제하다.

5) 正躄(정폐) : 편벽된 행동을 바로잡다. 폐는 벽(僻)과 통해 편벽되다.

6) 鼓鞭(고편) : 채찍으로 치다. 채찍질하다. 고는 치다. 두드리다.

7) 馬勒(마륵) : 가죽으로 된 말의 가슴걸이. 말을 빨리 달리게 하기 위해 가슴
걸이에 채찍질을 한다.

16. 그대의 것보다 나의 것이 더 낫다

옛날에 초(楚)나라 사람과 월(越)나라 사람이 배로 강에서 싸
움을 하였다. 초나라 사람은 그 물살을 타서 나아가고 역류하여 물
러나며 이로움을 보면 나아가고 불리하면 그 퇴각하는 것을 어려
워하였다. 월나라 사람은 역류하여 나아가고 물살을 타고 퇴각하
며 이로우면 나아가고 불리하면 그 퇴각함이 신속하였다. 이 싸움
에서 월나라 사람이 승세를 잡아 누차 초나라 사람을 패배시켰다.

공수반이 노(魯)나라 남쪽에서 초나라를 유력하였다. 처음으
로 배로 싸움하는 기구를 만들었는데 끌어당기고 막는 장치를 갖
췄다. 퇴각할 때는 끌어당기고 나아갈 때는 방어를 철저히 할 수
있었다. 끌어당기고 방어하는 정점을 헤아려 병사를 제어하니 초
나라의 병사는 설노가 있고 월나라의 병사는 전도가 없었다. 초
나라 사람은 이로 인하여 기선을 잡았고 누차 패배하는 것은 월
나라 사람이었다.

공수반이 자신의 기술을 자랑하며 묵자에게 물었다.

"나의 배로 싸움하는 기구에는 끌어당기고 방어하는 것이 있는
데, 알지 못하겠지만 그대의 의(義)에도 또한 끌어당기고 방어하
는 방법이 있습니까?"

묵자가 말하였다.

"내가 의(義)를 끌어당기고 방어하는 것은 그대의 배싸움하는
기구의 끌어당기고 방어하는 장치보다 좋은 것입니다. 나는 사랑
으로써 끌어당기고 공손함으로 방어합니다. 사랑으로써 끌어당
기지 않으면 친애하지 아니하고, 공손함으로 방어하지 않으면 너

무 빨리 가까워지고, 너무 가까워지면 친애하지 않고 빨리 떠나
게 되는 것입니다. 그러므로 서로서로 사랑하고 서로서로 공손함
이 오히려 서로 이로운 것입니다. 지금 그대가 끌어당기면 남은
오지 않고 남이 끌어당기면 그대가 가지 않으며 그대가 방어하면
남이 막고 남이 또한 방어하면 그대가 막습니다. 서로서로 당기
고 서로서로 방어하면 오히려 서로 해치는 것입니다. 그러므로 내
가 의를 끌어당기고 방어함이 그대의 배싸움하는 기구의 당기고
방어하는 것보다 더 나은 것입니다."

昔者楚人與越人舟戰於江 楚人順流而進 迎流而退 見利而進 見
不利其退難 越人迎流而進 順流而退 見利進 見不利則其退速 越人
因此若執 亟敗楚人 公輸子[1]自魯南游楚 焉始爲舟戰之器 作爲鉤强
[2]之備 退者鉤之 進者强之 量其鉤强之長 而制爲之兵 楚之兵節 越
之兵不節 楚人因此若執 亟敗越人 公輸子善其巧 以語子墨子曰 我
舟戰有鉤强 不知子之義亦有鉤强乎 子墨子曰 我義之鉤强 賢於子
舟戰之鉤强 我鉤强 我鉤之以愛 揣[3]之以恭 弗鉤以愛 則不親 弗揣
以恭 則速狎 狎而不親則速離 故交相愛 交相恭 猶若相利也 令子
鉤而止人 人亦鉤而止子 子强而距人 人亦强而距子 交相鉤 交相强
猶若相害也 故我義之鉤强 賢子舟戰之鉤强

1) 公輸子(공수자) : 노(魯)나라의 기술자. 이름은 노반(魯般). 공수(公輸)는
   그의 호이다.
2) 强(강) : 거(拒)의 잘못인 것 같다.
3) 揣(췌) : 거(拒)의 오자(誤字).

17. 천하도 드릴 수 있습니다
공수자(公輸子)가 대와 나무를 깎아서 까치를 만들었는데 날
려보니 사흘 동안이나 내려앉지 않았다. 공수자는 스스로 지극히
교묘(巧妙)하다고 생각하였다.
이에 대하여 묵자가 공수자에게 말하였다.

"당신이 만든 까치는 장인(匠人)이 수레바퀴의 빗장을 만든 것
만도 못한 것입니다. 장인은 잠깐 동안에 세 치의 나무를 깎아서
50석(石)의 무게를 실을 수 있는 수레에 쓰이게 합니다.

그러므로 사람이 이루어낸 공이 사람들에게 이로운 것을 교묘
하다 말하고, 사람들에게 이롭지 않은 것을 졸렬(拙劣)하다 말하
는 것입니다."

공수자(公輸子)가 묵자에게 말하였다.

"내가 선생을 만나지 않았을 때에 나는 송(宋)나라를 얻고자
하였으나, 내가 선생을 만나본 뒤에는 나에게 송나라를 준다고 하
여도 그것이 의(義)가 아니면 나는 차지하지 않겠습니다."

이에 묵자가 말하였다.

"나 적(翟)이 당신을 만나지 않았을 때에는 당신이 송나라를
얻고자 하였으나 적이 당신을 만나게 된 뒤로는 당신에게 송나라
를 준다고 해도 그것이 의가 아니면 당신은 차지하지 않게 되었
다고 하셨습니다. 그렇다면 나는 당신에게 송나라를 드리겠습니
다. 당신께서 힘써 의를 행하신다면 적은 또 장차 당신에게 천하
라도 드릴 수 있습니다."

公輸子削竹木以爲䧿[1] 成而飛之 三日不下 公輸子自以爲至巧 子
墨子謂公輸子曰 子之爲䧿也 不如匠之爲車轄[2] 須臾劉[3]三寸之木
而任五十石[4]之重 故所爲巧 利於人謂之巧 不利於人謂之拙

公輸子謂子墨子曰 吾未得見之時 我欲得宋 自我得見之後 予我
宋而不義 我不爲 子墨子曰 翟之未得見之時也 子欲得宋 自翟得見
子之後 予子宋而不義 子弗爲 是我予子宋也 子務爲義 翟又將予子
天下

1) 䧿(작) : '태평어람(太平御覽)'에 따라 작(鵲)으로 써서 까치의 뜻.
2) 車轄(거할) : 수레의 바퀴통 옆 굴대 끝에 끼워서 수레바퀴가 빠지지 않게 하
   는 빗장. 철이나 나무로 만들었다.
3) 劉(유) : 깎다.
4) 五十石(오십석) : 약 6백근.

제50편 공수반(公輸第五十)

1. 일어나 두 번이나 절을 한 묵자

공수반(公輸盤)이 초(楚)나라를 위하여 운제(雲梯 : 구름 사다리)라는 기계를 만들었는데, 그것이 완성되자 그것으로써 송(宋)나라를 공격하려고 하였다.

묵자가 그 사실을 듣고 제(齊)나라에서 출발하여 열흘 낮과 열흘 밤을 걸어 초나라의 도읍인 영(郢)에 이르러 공수반을 만났다.

공수반이 물었다.

"선생께서는 무슨 일로 오셨습니까."

묵자가 대답하였다.

"북쪽 나라에 나를 업신여기는 자가 있어 선생의 힘을 빌어서 그를 죽이기 원합니다."

이에 공수반은 기쁘지 않은 기색이었다. 묵자가 또 말하였다.

"청컨대 10금(十金)을 드리겠습니다."

공수반이 말하였다.

"나의 의(義)는 본래 사람을 죽이지 않습니다."

이에 묵자가 일어나 두 번 절하고 말하였다.

"청컨대 말씀을 드리겠습니다. 나는 북쪽에서 선생께서 운제(雲梯)를 만들어 그것으로써 장차 송(宋)나라를 공격하려고 하신다는 말을 들었습니다. 송나라에 무슨 죄가 있습니까?

초나라는 영토가 남아돌고 있으나 백성은 부족합니다. 부족한 백성을 죽여가면서 남아도는 영토를 위하여 싸운다는 것은 지혜롭다고 말할 수 없습니다. 죄 없는 송나라를 공격하는 것을 어질다고 말할 수 없습니다.

알면서도 쟁간(爭諫)하지 않는 것은 충성되다고 말할 수 없습니다. 쟁간하여 뜻을 이루지 못하는 것은 강하다고 말할 수 없습니다. 의(義)로 적은 사람을 죽이지 않으면서 많은 사람을 죽이는 것은 일의 유추(類推)를 안다고 말할 수 없습니다."

묵자의 말에 공수반은 설복(說服)되었다.

묵자가 또 말하였다.

"그런데 어찌하여 그만두지 않으십니까."

공수반이 말하였다.

"안 됩니다. 나는 이미 왕에게 그렇게 하겠다고 말하였습니다."

이에 묵자가 말하였다.

"어찌하여 나에게 왕을 만나도록 해주지 않으십니까."

이에 공수반은 그렇게 하겠다고 대답하였다.

公輸盤爲楚造雲梯¹⁾之械 成 將以攻宋 子墨子聞之 起於齊 行十日十夜而至於郢²⁾ 見公輸盤 公輸盤曰 夫子何命焉爲 子墨子曰 北方有侮臣 願藉³⁾子殺之 公輸盤不說 子墨子曰 請獻十金 公輸盤曰 吾義固不殺人 子墨子起 再拜曰 請說之 吾從北方 聞子爲梯 將以攻宋 宋何罪之有 荊國有餘於地 而不足於民 殺所不足 而爭所有餘 不可謂智 宋無罪而攻之 不可謂仁 知而不爭 不可謂忠 爭而不得 不可謂强 義不殺少而殺衆 不可謂知類 公輸盤服 子墨子曰 然 乎不已乎 公輸盤曰 不可 吾旣已言之王矣 子墨子曰 胡不見我於王 公輸盤曰 諾

1) 雲梯(운제) : 성(城)을 공격할 때 성을 오르기 편리하게 만든 기계.
2) 郢(영) : 초나라 도읍의 이름. 지금의 호복성(湖北省) 강릉현(江陵縣).
3) 藉(자) : 힘을 빌다.

2. 도둑질하는 버릇이 있는 사람

묵자가 왕을 만나서 말하였다.

"지금 여기에 한 사람이 있어 무늬가 새겨진 좋은 수레를 버려두고 이웃 집에 있는 낡은 수레를 훔치고자 하고, 수놓은 비단옷을 버려두고 이웃 사람의 짧고 거친 옷을 훔치고자 하며, 자기 집 기장과 고기를 버려두고 이웃 집의 겨와 지게미를 훔치고자 한다면, 이런 사람을 어떠한 사람이라고 하시겠습니까."

왕이 대답하였다.

"그런 사람은 반드시 도둑질하는 버릇이 있는 사람이지요"

이에 묵자는 말하였다.

"초나라 영토는 사방 5천리요, 송나라 영토는 사방 5백리이니, 이것은 무늬가 새겨진 좋은 수레와 낡은 수레의 차이와 같은 것입니다.

초나라에는 운몽(雲夢)이라는 호수가 있어 그 근처에서는 무소와 외뿔소와 고라니와 사슴같은 짐승들이 가득하고 장강(長江)과 한수(漢水)에서는 물고기와 자라와 큰 자라와 악어 따위가 나오기에 천하의 부(富)를 이루고 있는데, 송나라에는 이른바 꿩이나 토끼나 여우같은 것도 변변하게 나지 않는 나라이니, 이것은 기장과 고기에 겨와 지게미같은 것입니다.

초나라에는 장송(長松)과 문재(文梓)와 편남(楩柟)과 예장(豫章)같은 좋은 목재가 나는데 송나라에는 긴 나무가 없으니, 이것은 수놓은 비단옷에 짧고 거친 옷과 같은 것입니다.

신(臣)은 왕의 신하가 송나라를 공격하려고 하는 것도 앞에서 말한 도둑질하는 버릇이 있는 사람과 같은 종류라고 생각합니다. 신의 생각으로는 대왕께서는 반드시 의(義)만 손상시키고 얻는 것은 없을 것이라고 여깁니다."

이에 대하여 왕이 말하였다.

"좋은 말입니다. 비록 그러하나 공수반(公輸盤)이 나를 위하여 운제(雲梯)를 만들었으니 꼭 송나라를 빼앗아야 하겠소"

子墨子見王 曰 今有人於此 舍¹⁾其文軒 隣有敝轝²⁾而欲竊之 舍其錦繡 隣有短褐而欲竊之 舍其粱肉 隣有糠糟而欲竊之 此爲何若人

王曰 必爲竊疾³⁾矣 子墨子曰 荊之地 方五千里 宋之地 方五百里 此
猶文軒之與敝轝也 荊有雲夢⁴⁾ 犀兕麋鹿滿之 江漢之魚鼈黿鼉爲天
下富 宋所爲無雉兎狐狸者也 此猶梁肉之與糠糟也 荊有長松文梓
⁵⁾楩柟⁶⁾豫章⁷⁾ 宋無長木 此猶錦繡之與短褐也 臣以三事⁸⁾之攻宋也
爲與此同類 臣見大王之必傷義而不得 王曰 善哉 雖然 公輸盤爲我
爲雲梯 必取宋

1) 舍(사) : 사(捨)와 통하여 버려두다.

2) 敝轝(폐여) : 낡은 수레.

3) 疾(질) : 병. 고치지 못하는 버릇.

4) 雲夢(운몽) : 호수의 이름.

5) 文梓(문재) : 가래나무의 일종. 결의 무늬가 아름답다.

6) 楩柟(편남) : 남쪽지방에서 나는 큰 나무.

7) 豫章(예장) : 크게 자라는 나무로 좋은 재목이 된다.

8) 三事(삼사) : 왕리(王吏)의 잘못. 즉 초나라 왕의 신하. 공수반을 가리킨다.

3. 공수반이 굴복하였다

공수반(公輸盤)을 만난 묵자는 허리띠를 풀어 성으로 삼고 작
은 나무조각으로 기계를 삼았다. 공수반은 성을 공격하는 기계를
변화시켜 아홉 번이나 공격을 시도하였으나 묵자는 아홉 번을 다
막아내었다. 공수반의 기계로 성을 공격하는 방법은 다하였으나
묵자의 수비에는 여유가 있었으니, 결국 공수반이 굴복하였다.

그가 말하였다.

"나는 선생을 막을 방법을 알고 있지만 말하지 않겠습니다."

이에 묵자도 또한 말하였다.

"나도 선생이 나를 막아낼 방법이 있는 것을 알고 있지만 또한
말하지 않겠습니다."

듣고 있던 초나라 왕이 그 까닭을 물으니, 묵자가 말하였다.

"공수자의 뜻은 신(臣)을 죽이고자 하는데 지나지 않습니다.
신을 죽이면 송나라는 막아낼 능력이 없으니 공격할 수가 있습니

다. 그러나 신의 제자 금활리(禽滑釐) 등 300명이 이미 수비하는
기계를 가지고 송나라 성에서 초나라의 공격군을 기다리고 있으
니, 비록 신을 죽인다고 하더라도 그것을 없게 할 수는 없습니다."

이 말을 들은 초나라 왕이 말하였다.

"좋습니다. 나는 송나라를 공격하지 않을 것입니다."

묵자는 돌아가는 길에 송나라를 지나게 되었는데 마침 비가 내
려 그곳 마을 문 안으로 들어가 비를 피하려고 하였다. 그러나 마
을 문을 지키는 사람이 그를 들여보내지 않았다. 이에 그는 탄식
하여 말하였다.

"신묘(神妙)하게 일을 다스리는 사람에 대해서 많은 사람들은
그 공을 모르고 드러내어 싸운 사람만을 많은 사람들은 알아주는
것이로구나."

於是見公輸盤 子墨子解帶爲城 以牒¹⁾爲械 公輸盤九設攻城之機
變 子墨子九距之 公輸盤之攻械盡 子墨子之守圉²⁾有餘 公輸盤詘³⁾
而曰 吾知所以距子矣 吾不言 子墨子亦曰 吾知子之所以距我 吾不
言 楚王問其故 子墨子曰 公輸子之意 不過欲殺臣 殺臣 宋莫能守
可攻也 然臣之弟子禽滑釐等三百人 已持臣守圉之器 在宋城上而
待楚寇矣 雖殺臣 不能絶也 楚王曰 善哉 吾請無攻宋矣 子墨子歸
過宋 天雨 庇⁴⁾其閭中 守閭者不內也 故曰 治於神者 衆人不知其功
爭於明者 衆人知之

1) 牒(첩) : 첩(牒)으로 작은 나무조각.
2) 圉(어) : 어(禦)와 통하여 방어하다.
3) 詘(굴) : 굴(屈)과 통하여 굴복하다.
4) 庇(비) : 가리다. 즉 비를 피하다.

제51편 분실(缺)

제14권(卷之十四)

제52편 성문을 지키다(備城門第五十二)

1. 공격을 막으려면 어떻게 해야 하나.

금활리(禽滑釐)가 묵자에게 물었다.

"성인의 말에 의하면 세상이 평화로울 때에 나타난다는 봉황새는 나타나지 않고, 제후(諸侯)들은 은왕조(殷王朝)와 주왕조(周王朝)를 배반하였으며, 천하에는 바야흐로 전쟁이 일어났습니다. 큰 나라는 작은 나라를 공격하고 강한나라는 약한 나라를 빼앗고 있습니다. 저는 작은 나라를 지키고 싶은데 어떻게 하면 되겠습니까?"

묵자가 되물었다.

"어떠한 공격에서 지키겠다는 것이냐?"

금활리가 대답하였다.

"지금 세상에서 보통으로 쓰이는 공격은 임공(臨攻)·구공(鉤攻)·충공(衝攻)·제공(梯攻)·인공(堙攻)·수공(水攻)·혈공(穴攻)·돌공(突攻)·공동공(空洞攻)·의부공(蟻附攻)·분온공(轒轀攻)·헌거공(軒車攻) 등이 있습니다. 감히 여쭈어 보겠습니다. 이 12가지 방법의 공격에서 지키려면 어떻게 해야 하겠습니까."

禽滑釐問於子墨子曰 由聖人之言 鳳鳥之不出 諸侯畔[1] 殷周之國 甲兵[2] 方起於天下 大攻小 强執[3]弱 吾欲守小國 爲之奈何 子墨子曰 何攻之守 禽滑釐對曰 今之世常所以攻者 臨鉤衝梯堙水穴突[4]空洞[5] 蟻傳[6] 轒轀[7] 軒車[8] 敢問守此十二者奈何

1) 畔(반) : 반(叛)과 통하여 배반하다.

2) 甲兵(갑병) : 무장을 갖춘 병사. 여기서는 전쟁을 뜻한다.

3) 執(집) : 빼앗다.

4) 臨鉤衝梯堙水穴突(임구충제인수혈돌) : 임은 임공(臨攻)으로 흙을 높이 쌓아올리고 공격하는 것. 구는 구공(鉤攻)으로 갈고리를 성 위에 걸고 기어올라 공격하는 것. 충은 충공(衝攻)으로 쇠뭉치를 단 수레로 성을 쳐부수고 공격하는 것. 제는 제공(梯攻)으로 사다리가 달린 수레로써 성을 공격하는 것. 인은 인공(堙攻)으로 성 둘레의 못을 메우고 공격하는 것. 수는 수공(水攻)으로 물로 공격하는 것. 혈은 혈공(穴攻)으로 땅에 구멍을 파고 들어가 공격하는 것. 돌은 돌공(突攻)으로 성벽을 뚫고 들어가 공격하는 것.

5) 空洞(공동) : 공동공(空洞攻)으로 성안으로 구멍을 통하게 하고 공격하는 것.

6) 蟻傅(의부) : 의부공(蟻附攻)으로 군사들로 하여금 개미떼처럼 일제히 성벽에 달라붙어 기어오르게 하면서 공격하는 것. 인해전술. 부는 부(附)와 통함.

7) 轒轀(분온) : 분온공(轒轀攻)으로 여러 가지 기구로 성을 공격하게 만든 수레에 여러 사람이 타고 공격하는 것.

8) 軒車(헌거) : 헌거공(軒車攻)으로 사람이 탄 판을 올렸다 내렸다 할 수 있는 수레로 공격하는 것.

2. 성을 지키는 조건이란...

묵자가 말하였다.

"우리 성과 해자가 잘 수리되고 수비하는 기구들이 다 갖추어지고 땔감과 식량이 충분하고 위 아래가 서로 친하게 지낸다. 또 사방 이웃 제후들의 도움도 받는다. 이는 성을 지키는 조건인 것이다. 또한 지키는 사람이 비록 훌륭하다 하더라도 군주가 그를 등용하지 않으면, 곧 마치 지킬 수 없는 것과 같게 된다. 만약 군주가 지킬 사람을 등용할 적에는 또한 반드시 수비할 능력이 있는 사람을 써야만 한다. 능력이 없는데도 군주가 그를 등용한다면, 곧 마치 지킬 수 없는 것과 같이 된다. 그러므로 지키는 사람은 반드시 훌륭하고 군주는 그를 존중하여 등용해야만 지킬 수 있게 되는 것이다.

무릇 수비하는 방법은 성은 두텁고 높아야 하며 해자나 못은 깊고 넓어야 하며 망루(望樓)가 잘 수리되고 지킬 기구들이 잘 수리되어 있어야 한다. 연료와 식량은 석달 이상을 지탱하기에 충분하며 인원은 많고 잘 갖추어져 있고 관리와 백성들이 잘 어울리고 대신에는 군주에게 공로가 있는 대신들이 많아야 한다. 군주는 믿음과 의로움을 지니고 있어야 하고 만민들은 무한히 즐기고 있어야 한다.

그렇지 못하다면 부모의 무덤이 있으면 좋다. 그렇지 못하다면 산과 숲과 들과 못에서 풍부한 산물이 나면 좋다. 그렇지 못하다면 지형이 공격하기는 어렵고 지키기는 쉽게 되어 있으면 좋다. 그렇지 못하다면 곧 적에게 깊은 원한이 있거나 임금에게 큰 공이 있으면 좋다. 그렇지 못하다면 곧 시상(施賞)이 분명하여 신용이 있고 형벌이 엄하여 두려워하기에 족하면 좋다.

이상의 14가지가 갖추어져 있으면 곧 백성들도 그들의 윗사람을 의심치 않을 것이며 그런 다음엔 성은 지킬 수가 있는 것이다. 14가지 가운데 하나도 갖추어져 있지 못했다면, 곧 비록 훌륭한 사람이라 하더라도 성을 견고히 지킬 수가 없을 것이다."

子墨子曰 我城池¹⁾修 守器具 推粟²⁾足 上下相親 又得四隣諸侯之救 此所以持也 且守者雖善³⁾ 則猶若不可以守也 若君用之守者 又必能乎守者 不能而君用之 則猶若不可以守也 然則守者必善而君尊用之 然後可以守也

凡守圍城之法 厚以高 壕池深以廣 樓斯⁴⁾修 守備繕利 薪食足以支三月以上 人衆以選 吏民和 大臣有功勞於上者多 主信以義 萬民樂之無窮 不然父母墳墓在焉 不然山林草澤之饒足利 不然地形之難攻而易守也 不然則有深怨於敵 而有大功於上 不然則賞明可信而罰嚴足畏也

此十四者具 則民亦不疑上矣 然後城可守 十四者無一 則雖善者不能守矣

1) 池(지) : 못. 성 둘레에 파놓은 못. 해자(垓字).

2) 推粟(추속) : 추(推)는 초(樵)의 잘못. 땔나무와 곡식. 연료와 식량.

3) 雖善(수선) : 이 아래에 '이군불용지(而君不用之)'의 5자가 빠졌다고 했다.

4) 樓撕(누시) : 망루(望樓). 뒤의 수(修)는 보통 순(揗)으로 되어 있다.

3. 참호의 깊이는 15자로 해야 한다

그러므로 무릇 성을 수비하는 방법은 성문을 완비하고 성문에
는 이를 들어 올렸다 내렸다 하는 장치를 갖춘다. 매다는 문은 길
이 2장(丈)에 넓이는 8자(尺)이며, 이런 것을 두 장 똑같게 만든
다. 문짝의 수는 딱 맞고 세 치(三寸)가 서로 포개어지도록 한다.

문짝 위에는 불에 대비하여 진흙을 바르는데 두 치(二寸)가 넘
는 두께여서는 안된다. 참호(塹壕)속은 깊이가 15자에 넓이는 문
짝과 같게 하며 참호의 길이는 군사력에 따라 적절히 조절한다. 참
호 끝에 현문을 만들어 한 사람이 들어갈 만한 장소를 마련한다.

적이 쳐들어오면 모든 문짝에는 모두 구멍을 뚫게 하고 구멍에
포장을 쳐 놓는데 문마다 두 개의 막을 치고 한 구멍에는 길이 네
자 되는 줄을 달아 놓는다. 성의 사방과 네 모퉁이에는 모두 높은
망루(望樓)를 만들어 놓고 귀족의 자식들로 하여금 그 위에 올
라가서 적을 관찰하게 한다. 적의 상태와 적이 전진하고 후퇴하
는 것과 좌우로 이동하는 것을 관찰한다. 관찰을 잘못하면 처형
한다.

적군이 구멍을 파고서 공격해 오면 우리편은 급히 혈사(穴師)
로 하여금 군사들을 선발하여 적을 맞아 구멍을 파게 하며 이런
일에 대비하여 짧은 쇠뇌를 준비하여 두었다가 이들에게 응전(應
戰)해야만 한다. 백성들 집의 재목이나 기왓장과 돌 같은 성의 수
비에 도움이 될 만한 것들은 모두 바치도록 한다. 명령에 따르지
않는 자가 있으면 처형한다.

예로부터 성을 쌓으면 7척마다 한 개의 거촉(鉅欘)을 두고, 5
보(步)마다 한 개의 토루(土壘)를 두고, 5축(築)마다 낫을 둔다.

긴 도끼는 자루의 길이가 8척이다. 10보마다 한 개의 긴 낫을 두
는데, 그 자루의 길이는 8척이다. 10보마다 한 개의 손도끼를 둔
다. 긴 쇠망치는 자루의 길이가 6척이고 머리의 길이는 1척이며,
그 양편 끝은 도끼모양이다. 3보마다 한 개의 큰 화살대를 두는
데, 화살대 끝의 길이가 1척이고 손잡이 길이가 5촌이다. 두 개의
화살대를 교차시켜서 평평하게 보이도록 세워 놓는다. 평평하지
않으면 불리하며, 그 양편 끝이 모이도록 한다.

　　故凡守城之法 備城門 爲縣門[1] 沈機[2] 長二丈廣八尺 爲之兩相如
門扇[3]數 令相接三寸 施土[4]扇上 無過二寸 塹[5]中深丈五 廣比扇 塹
長以力爲度 塹之末爲之縣 可容一人所
　　客至 諸門戶皆令鑿 而慕孔之 各爲二慕 一鑿而繫繩[6]長四尺 城
四面四隅 皆爲高磨䧈[7] 使重室子[8]居丌上 候適 視丌能狀[9] 與其進
退左右所移處 失候 斬
　　適人爲穴而來 我亟使穴師[10]選士 迎而穴之 爲之具內弩[11]以應之
民室材木瓦石 可以益城之備者 盡上之 不從令者 斬
　　昔築 七尺一居屬[12] 五步一壘 五築有鍗 長斧柄長八尺 十步一長
鎌 柄長八尺 十步一斸 長椎柄長六尺 頭長尺 斧丌兩端 三步一大
鋌[13] 前長尺 蚤長五寸 兩鋌交之 置如平 不如平不利 兌丌兩末

1) 縣門(현문) : 적이 쳐들어오면 급히 여닫을 수 있도록 한편을 달아 올리도록
　　만든 문.
2) 沈機(침기) : 침은 완(浣)의 잘못. 완은 관(管)·관(關)과 통하여 문을 여닫
　　도록 하는 기관장치.
3) 門扇(문선) : 문짝.
4) 施土(시토) : 문짝에 진흙을 발라 붙여 대비하는 것.
5) 塹(참) : 참호(塹壕).
6) 繫繩(계승) : 새끼줄을 매달아 둔다. 문을 꼭 단속하기 위한 것이라 한다.
7) 磨䧈(마서) : 망루(望樓).
8) 重室子(중실자) : 귀족 집안 출신의 아들.
9) 能狀(태상) : 태는 태(態)와 통하고 상태의 뜻.

10) 穴師(혈사) : 구멍 속에서의 싸움을 지휘하는 사람.

11) 內弩(내노) : 좁은 장소에서 쓰기에 편리하도록 만든 짧은 쇠뇌.

12) 居屬(거촉) : 거촉(鋸欘)이다. 괭이 종류의 일종.

13) 鋋(정) : 사냥하는데 쓰는 화살대.

4. 충수(衝隧)와 같은 땅굴을 파게 한다

충수(衝隧) 같은 땅굴을 파는 데는 반드시 공격하려는 땅굴의 너비를 잘 알아낸 다음 땅굴을 파나가도록 하여 그것을 넓혀 틀림없이 적의 땅굴이 무너지도록 한다.

나무를 성글게 묶어서 시단(柴搏)을 잘 만들도록 하고, 앞쪽의 나무와도 연관시키며 길이 1장 7척을 한 단위로 하여 성 외면에 두되, 그 시단을 종횡으로 쌓아둔다. 그 외면은 진흙을 바르되 그 흙이 흘러내리지 않도록 해야 한다. 그 넓이와 두께는 3장 5척 이상의 성에도 견딜 수 있도록 하고, 장작과 나무와 흙으로 차츰차츰 막아둔다. 급할 때 쓰기 위해서 앞쪽의 길고 짧은 것들은 일찌감치 손질을 하고 진흙을 잘 바름으로써 성가퀴가 될 수 있도록 한다. 그 외면에 흙을 잘 발라 불에 타도 뽑혀지지 않도록 해야 한다.

큰 성은 1장 5척 높이의 규문(閨門)을 만드는데, 그 넓이는 4척이다. 곽문(郭門)을 만드는데, 곽문은 성 바깥쪽에 자리잡으며, 두 개의 나무를 옆으로 문에 대어놓고 그 나무에 구멍을 뚫어 줄을 통하게 해 가지고 위 성가퀴에 매어 놓는다.

참호(塹壕)에는 매달아 올리는 다리를 놓는다. 참호를 파 성으로부터 떨어지도록 하고 나무판으로 다리를 삼는다. 성밖에 비딱하게 참호를 파고 나무판으로 그곳을 다니도록 하고, 그 모양은 성의 형세를 따라 비딱하게 늘어지도록 한다.

성안에는 부첩(傅堞)을 두고 그곳을 따라서 내첩(內堞)이 그 밖에 있게 한다. 그 사이를 깊이 1장 5척으로 판 다음 그곳에는 땔나무를 채워놓고 불을 붙여 적을 막을 수 있도록 한다.

영이(令耳)를 성에 붙여 만들고 이중의 누(樓)가 되도록 한다.

그 아래 성의 외첩(外堞) 안을 깊이는 1장 5척 넓이는 1장 2척으로 판다. 누는 영이같게 하고 모두 힘있는 자들이 대적하도록 하는데 활을 잘 쏘는 사람으로 활 쏘는 것을 주관하게 하고 수레에서 화살을 보급하게 한다. 울타리를 만드는 자들에게 성가퀴를 높이 6척으로 연장시키도록 하며, 부(部)에는 넓이 4척, 어디에나 무기와 쇠뇌를 얹어놓을 시렁을 마련해 놓는다.

전사기(轉射機)가 있는데, 그 길이는 6척이고 1척은 땅에 묻어둔다. 두 개의 목재를 합쳐 온(轀)을 만들되, 온의 길이는 2척이며, 받침대 중간에 구멍을 뚫어 거기에 가로나무를 통해 놓는데, 가로나무의 길이는 세로로 세운 나무에 닿아야 한다.

20보(步)마다 한 개의 전사기를 놓고, 활을 잘 쏘는 자로 하여금 그 사용을 돕도록 하되, 한 사람은 언제나 떠나지 않도록 한다.

성 위에는 백 보(步)마다 한 누(樓)를 세우는데 누에는 네 기둥이 있게 하며, 기둥은 두 기둥이 한 주춧돌 위에 세워지게 한다. 아래 누는 높이가 1장이고 위 누는 높이가 9척이며, 넓이와 길이는 각각 1장 6척이고, 어디에나 망보는 곳을 만든다.

30보마다 연돌을 하나씩 내는데 길이 9척, 넓이 10척, 높이 8척이다. 넓이 3척, 길이 2척의 땅을 파서 망보는 곳을 만든다.

성 위에는 불을 피워두는 곳을 만드는데, 그 대(臺)의 길이는 성의 높고 낮음을 헤아려서 만들며 그 끝쪽에 불을 놓아둔다.

穴隊若衝隊¹⁾ 必審如攻隧之廣狹 而令邪穿²⁾丌穴 令丌廣 必夷³⁾客隊 疏束樹木 令足以爲柴摶 丗前面樹 長丈七尺 一以爲外面 以柴摶縱橫施之 外面以强塗 毋令土漏 令丌廣厚 能任三丈五尺之城以上 以柴木土稍杜之 以急爲故 前面之長短 豫蚤接之 令能任塗 足以爲堞 善塗丌外 令毋可燒拔也

大城丈五爲閨門 廣四尺 爲郭門 郭門在外 爲衡以兩木當門 鑿丌木 維敷⁴⁾上堞

爲斬縣梁⁵⁾ 酚穿斷城 以板橋 邪穿外 以板次之 倚殺⁶⁾如城報 城內有傳堞⁷⁾ 因以內堞⁸⁾爲外 鑿丌間 深丈五尺 室以樵 可燒之以待適

令耳屬城 爲再重樓 下鑿城外堞內 深丈五 廣丈二 樓若令耳[9] 皆
令有力者主敵 善射者主發 佐以廣矢 治裾諸[10] 延堞高六尺 部廣四
尺 皆爲兵弩簡格

轉射機[11] 機長六尺 貍一尺 兩材合而爲之轀[12] 轀長二尺 中鑿夫[13]
之爲通臂[14] 臂長至桓[15] 二十步一 令善射者佐 一人皆勿離

城上百步一樓 樓四植 植皆爲通舄[16] 下高丈 上九尺 廣喪[17]各丈
六尺 皆爲寧 三十步一突 九尺 廣十尺 高八尺 鑿廣三尺 表二尺 爲
寧 城上爲攅火[18] 夫長 以城高下爲度 置火丌末

1) 衝隊(충대) : 여러 가지 목적으로 사방으로 파놓은 땅굴. 대는 수(隧)와 통함.

2) 邪穿(사천) : 옆으로 굴을 뚫다. 삐딱하게 굴을 뚫다.

3) 夷(이) : 무너뜨리다.

4) 維敷(유부) : 구멍에 줄을 통한 다음 그것을 매어놓는 것.

5) 縣梁(현량) : 매달아 올리는 문.

6) 倚殺(의쇄) : 비딱하게 밑으로 처지게 하는 것.

7) 傅堞(부첩) : 가장 성 안쪽에 있는 성가퀴.

8) 內堞(내첩) : 성 바로 안, 부첩보다는 바깥쪽에 있는 성가퀴.

9) 令耳(영이) : 무엇인지 알 수 없다. 성 위에 누각처럼 설치되어 있는 것인 듯.

10) 裾諸(거제) : 거는 거(椐)의 잘못. 울타리. 제는 자(者)와 통함.

11) 轉射機(전사기) : 돌리면서 많은 화살을 쏠 수 있도록 만든 무기인 듯.

12) 轀(온) : 전사기의 뒤편을 눌러 안정시키도록 하는 부품.

13) 夫(부) : 부(跗)와 통하여 대좌(臺座). 받침대.

14) 臂(비) : 팔처럼 옆으로 벌리어 전사기를 안정시키는 것. 가로나무.

15) 桓(환) : 전사기의 안정을 위하여 세로로 세워놓는 나무.

16) 通舄(통석) : 두 기둥이 한 개의 주축돌 위에 세워지는 것.

17) 廣喪(광상) : 상은 무(袤)의 잘못. 넓이와 길이.

18) 攅火(찬화) : 적의 공격에 대비하기 위하여 불을 모아두는 곳.

5. 돌과 쇠가시를 쌓아두다

성 위에는 9척마다 한 개의 쇠뇌와 한 개의 창 끝이 갈래진 창과 한 개의 쇠망치와 한 개의 도끼와 한 개의 낫을 놓아두고, 어디에나 던질 돌과 쇠 가시를 쌓아둔다.

거(渠)는 길이가 1장 6척이고, 그 대(臺)의 길이는 1장 2척이며 그 가로 나무의 길이는 6척, 그것이 묻혀있는 길이는 3척이다. 이 거는 성가퀴로부터 5촌 정도 떨어져 있어야 한다.

자막(藉莫)은 길이가 8척이고 넓이는 7척이며, 그 나무를 5척 넓이로 세우고, 자막의 중간은 다리처럼 되도록 하며, 그 끝에 줄을 매어놓아 적이 공격해 오면 한 사람으로 하여금 그것을 내렸다 올렸다 하면서 그곳을 떠나지 않도록 한다.

성 위에는 20보마다 한 개의 자거(藉車)를 둔다. 땅굴 공격에 대비할 경우에는 이 숫자를 따르지 않는다.

성 위에는 30보마다 한 곳의 이동 취사장을 둔다. 물을 운반하는 자는 반드시 포마두(布麻斗)나 가죽 동이를 써야 하고, 10보마다 하나씩 배치해야 하며 자루의 길이는 8척이고, 그릇의 크기는 두 말 이상 세 말까지 들어갈 수 있어야 한다.

해진 옷이나 새 천은 길이 6척으로 하고 중간에 길이 1장의 굽은 자루를 달아 10보마다 하나씩 놓아두며, 반드시 긴 줄에 매어 달아 화살로 삼게 한다.

성 위에는 10보마다 한 개의 침(銑)을 둔다. 물 항아리는 세 섬(石) 이상 들어가는 것이어야 하며, 작은 것 큰 것이 섞여 있어야 한다. 물뜨는 그릇은 각각 두 개씩 있어야 한다.

병졸들을 위하여 마른 밥을 준비하고, 한 사람당 두 말(斗) 정도로 하며, 흐리고 비 오는 날에 대비하여 보이는 건조한 곳에 쌓아두어야 한다. 그리고 성안이나 성가퀴 밖에서 성을 지키는 자들에게도 식사를 할 수 있도록 해야 한다.

기구 저장소를 마련한다. 자갈 모래와 쇳가루를 모두 배두(坏斗)에 담아둔다. 질그릇 만드는 사람에게 얇은 항아리를 만들게 하고 크기는 한 말 이상 두 말에 이르도록 하며, 곧 세 개를 꽉 붙여 함께 단단히 묶어 배두로 쓰는 것이다.

성 위에는 격잔(隔棧)을 만들어 놓는데 그 높이는 1장 2척이며, 그 한쪽 끝을 깎아 예리하게 한다.

규문(閨門)을 만들고, 규문은 두쪽으로 만들며 각자가 닫혀지
도록 한다.

해자를 메우려는 적을 물리치려면 불로써 그들과 싸우되 풀무
를 쓸 수 있어야 한다. 성가퀴 밖의 빙원(憑垣) 안쪽에는 나무로
울타리를 만들어 놓는다.

영정(靈丁)은 3장마다 하나씩 세우고, 개 이빨이 맞물리듯이
해놓아야 한다. 10보마다 한 사람이 나무 울타리 안에서 쇠뇌를
가지고 지키게 하며, 그 반 거리인 5보마다 삥 돌려 담장 가에 개
구멍을 만들어 놓는데, 7보마다 하나씩 만들어 놓는다.

城上九尺一弩 一戟 一椎 一斧 一艾[1] 皆積參石[2] 蒺藜 渠[3] 長丈六
尺 夫長丈二尺 臂長六尺 刀貍者三尺 樹渠毋傅[4] 堞五寸 藉莫[5] 長八
尺 廣七尺 刀木也廣五尺 中藉苴[6]爲之橋 索刀端 適攻 令一人下上
之 勿離

城上二十步一藉車[7] 當隊[8]者不用此數 城上三十步一壟竈[9] 持水
者必以布麻斗[10] 革盆[11] 十步一 柄長八尺 斗大容二斗以上到三斗
敝裕新布[12]長六尺 中拙[13]柄長丈 十步一 必以大繩爲箭 城上十步一
銚 水瓵 容三石以上 小大相雜 盆蠹[14]各二 財 爲卒乾飯 人二斗 以
備陰雨 面使積燥處 令使守爲城內堞外行餐[15]

置器備 殺沙[16] 礫鐵[17] 皆爲坏斗[18] 令陶者爲薄瓵[19] 大容一斗以上
至二斗 即用取二祕合束堅 爲斗 城上隔棧[20] 高丈二 剡刀一末 爲閨
門 閨門爲扇 令可以各自閉也

救閨池[21]者 以火與爭 鼓橐[22] 憑埴[23]外內 以柴爲燔 靈丁[24]三丈一
火耳[25]施之 十步一人 居柴內弩 弩半[26] 爲狗犀[27]者環之牆 七步而一

1) 艾(애) : 겸(鎌). 낫. 무기의 일종.
2) 參石(삼석) : 누석(絫石)의 잘못. 공격해 오는 적에게 던질 돌.
3) 渠(거) : 성을 지키는 데 쓰는 무기의 일종.
4) 毋傅(무부) : 붙지 않도록 하다. 즉 거리를 두다.
5) 藉莫(자막) : 성을 지키는 장치인 듯하나 분명치 않다. 막은 막(幕)의 뜻으

로 보고, 일종의 장막으로 흔히 풀이하나 역시 석연치 않다.

6) 藉苴(자저) : 저는 막(莫)의 잘못.

7) 藉車(자거) : 성을 수비하는 데 쓰는 무기의 일종.

8) 當隊(당대) : 수도(隧道)에 대한 방위를 하는 것. 땅굴 공격에 대비하는 것.

9) 壟竈(농조) : 이동 취사장(炊事場).

10) 布麻斗(포마두) : 삼베에 기름칠을 하여 물이 새지 않도록 조치하여 만든
물을 담는 그릇.

11) 革盆(혁분) : 짐승가죽으로 만든 물을 담는 그릇.

12) 敝裕新布(폐유신포) : 해진 옷과 새 천.

13) 中拙(중졸) : 좁은 굴(詘)의 가차자(假借字). 따라서 가운데가 굽은 것.

14) 盆蠡(분려) : 물을 푸는 그릇.

15) 行餐(행찬) : 식사를 공급하는 것.

16) 㲉沙(살사) : 자갈모래, 모래.

17) 礫鐵(역철) : 쇳가루. 모두 공격해 온 적에게 뿌릴 것임.

18) 环斗(배두) : 배는 진흙을 빚어 만든 굽지 않은 그릇. 두는 자루가 달린 그릇.

19) 薄瓴(박부) : 부는 부(缶)여서, 얇은 항아리.

20) 隔棧(격잔) : 나무를 엮어 만든 성 위아래를 오르내리게 하는 사다리 길인 듯.

21) 闉池(인지) : 적이 공격을 위해서 성의 해자를 메우는 것.

22) 鼓橐(고탁) : 풀무를 돌려 바람을 내는 것.

23) 憑埴(빙식) : 식은 원(垣)의 잘못. 빙원(憑垣)은 성가퀴 밖에 낮은 담처럼
만들어 놓은 여장(女牆).

24) 靈丁(영정) : 확실히 어떤 것인지 알 수 없다.

25) 火耳(화이) : 견아(犬牙)의 잘못. 개 이빨처럼 맞물리도록 하는 것.

26) 弩半(노반) : 쇠뇌를 배치한 거리의 반이 되는 거리. 즉 5보를 뜻함.

27) 狗犀(구서) : 뒤에 보이는 구시(狗屍)·구주(狗走)와 같은 것으로, 일종의
개구멍인 듯하다.

6. 화공(火攻)을 막아내는 것

화공(火攻)을 막아야 한다. 적이 불화살을 성문 위로 쏘아보내

면 문짝 위를 파고 잔교를 만들어 그곳을 진흙으로 발라놓는다. 그리고 마두(麻斗)와 가죽 부대로 물을 날라다 불을 끈다. 문짝이나 벽 쪽의 기둥 또는 문기둥에 모두 반자(尺) 크기의 구멍을 뚫고, 한 치(寸)마다 한 개의 막대기를 박는데, 막대기의 길이는 2치이고, 그것들 사이는 한 치이며, 이렇게 만드는 거리는 7치이며, 그 위에 두터이 진흙을 발라 불에 대비한다.

성문 위에 구멍을 뚫어 문에 불이 붙는 것을 막도록 해 놓은 곳에 각각 3섬(石) 이상 드는 한 항아리의 물을 준비해 놓도록 하고 크고 작은 그릇들을 섞어 준비해 놓는다.

문짝을 만든 세로나무와 가로나무는 반드시 쇠붙이로 둘러싸고 구리나 쇠로 그것을 씌워야 한다. 문의 가로나무는 이중(二重)이어야 하고, 쇠로 그것을 씌워 반드시 견고하게 한다.

문빗장은 가로 2척의 나무로 만들고, 빗장에는 한 개의 자물쇠로 하고 지키는 사람의 도장으로 봉해놓고, 때때로 사람을 보내어 봉한 것을 살피고 빗장이 세로나무에 제대로 들어가 있는가 보도록 한다. 문지기는 모두 짜귀·손도끼·끌·톱·망치 같은 것을 휴대할 수 없게 한다.

성 위에 2보마다 한 개의 거(渠)를 둔다. 거는 기둥 1장 3척 되는 것을 세우고, 머리의 길이는 10척이며, 가로나무의 길이는 6척이다. 2보마다 한 개의 답(蒿)을 두는데, 넓이는 9척이고, 길이는 12척이다.

2보마다 연정과 긴 도끼와 긴 쇠망치 각 한 개씩을 둔다. 창 20자루를 2보마다 두루 놓아둔다.

2보마다 한 개의 나무 쇠뇌를 배치하는데, 반드시 50보 이상의 거리를 쏠 수 있어야 한다. 그리고 많은 화살을 준비하는데 대화살을 마련하지 못할 적에는 싸리나무·복숭아나무·산뽕나무·느릅나무로 만든 것도 좋다. 쇠 화살을 더욱 많이 준비하고, 사금(射箭)과 농종(櫳樅)을 널리 늘어놓는다.

2보마다 돌을 쌓아놓되 돌의 무게는 천 균(鈞) 이상이 되는 것들 5백 개를 준비해야 하는데, 적어도 1백 개는 넘어야 한다. 쇠

가시와 함께 쓰면 성벽을 모두 잘 방위할 수가 있다.

2보마다 횃불을 쌓아놓고 그 굵기는 한아름이고 길이는 1장이
며, 20개를 준비한다.

5보마다 한 개의 물독을 두고, 물을 뜨는 표주박을 두는데 표주
박의 크기는 한 말 정도이다.

5보마다 올가미 5백 개를 쌓아두는데, 올가미의 길이는 3척이
며, 창 끝을 숨겨놓되 그 끝은 예리해야 하며, 말뚝에 단단히 매어
놓는다.

10보마다 나뭇단을 쌓아놓고 굵기는 두아름 이상, 길이는 8척
되는 것 20개를 준비한다.

25보마다 한 개의 아궁이를 마련하고 아궁이에는 큰 쇠솥을 두
며 한 섬 이상 용량의 것 하나에 물을 끓여놓고 대비한다. 그리고
모래를 준비하는 것도 1천 섬 이하가 되어서는 안된다.

30보마다 망을 보는 누(樓)를 마련하고 누는 성가퀴보다 4자
가 튀어 나와야 하며, 너비는 3척, 길이는 4척, 나무판으로 삼면을
두르고 빈틈없이 진흙을 바르고, 여름에는 그 위를 덮도록 한다.

50보마다 자거 한 대를 두고 자거는 반드시 바퀴 굴대를 쇠로
만든다.

50보마다 한 개의 변소를 두고 그 주위는 담을 두르고, 그 높이
는 8척으로 한다.

50보마다 한 개의 쉴 방을 마련하되, 방의 위쪽을 반드시 자물
쇠로 채우고 그곳을 지키도록 한다.

50보마다 나무다발을 쌓아놓고 3백 석(石)의 무게 아래로 해
서는 안되며, 그 위를 진흙으로 잘 바르고 덮어 밖으로부터 불이
날아와 손상시키지 못하게 해야 한다.

救車火[1] 爲煙矢[2] 射火城門上 鑿扇上爲棧 塗之持水麻斗[3] 革盆救
之 門扇薄植[4] 皆鑿半尺 一寸一涿弋[5] 弋長二寸 見一寸 相去七寸
厚塗之以備火 城門上所鑿以救門火者 各一垂水火三石[6]以上 小大
相雜

門植關[7] 必環鋼[8] 以鋼金若鐵[9] 鍱之 門關再重 鍱之以鐵 必堅

梳關[10] 關二尺 梳關一莧 封以守印[11] 時令人行貌封 及視關入桓
淺深 門者皆無得挾斧斤鑿鋸椎

城上二步一渠 渠立程丈三尺 冠長十丈 辟長六尺 二步一荅[12] 廣
九尺 袤十二尺

二步置連梴[13] 長斧 長椎各一物 槍二十枚 周置二步中 二步一木
弩 必射五十步以上 及多爲矢 節毋以竹箭 以楛[14] 趙[15] 披[16] 楡 可
蓋求齊[17] 鐵夫 播以射衛[18] 及櫓樅

二步積石 石重千鈞以上者 五百枚 毋百 以亢疾犁[19] 壁皆可善方
二步積芰 大一圍 長丈 二十枚 五步一罌 盛水有奚 奚蠡大容一斗
五步積狗屍[20] 五百枚 狗屍長三尺 喪以弟 瓷亓端 堅約弋 十步積摶
大二圍以上 長八尺者 二十枚 二十五步一竈 竈有鐵鐕[21] 容石以上
者一 戒以爲湯 及持沙 毋下千石

三十步置坐候樓[22] 樓出於堞四尺 廣三尺 長四尺 板周[23]三面 密
傅[24]之 夏蓋亓上 五十步一藉車 藉車必爲鐵纂 五十步一井屛 周垣
之 高八尺 五十步一方[25] 方尙必爲關籥[26]守之 五十步積薪 毋下三
百石 善蒙塗 毋令外火能傷也

1) 車火(거화) : 거는 훈(熏)의 잘못. 불로 공격하는 것.

2) 煙矢(연시) : 불화살.

3) 麻斗(마두) : 삼베 천에 기름을 먹여 만든 삼베 자루.

4) 薄植(박식) : 박은 벽에 붙어있는 기둥, 식은 문기둥.

5) 涿弋(탁익) : 탁은 탁(椓)과 통하여, 말뚝을 박는 것, 여기서는 보다 작은 막
대기를 박는 것.

6) 火三石(화삼석) : 화는 용(容)의 잘못, 세 섬이 들어가는 것.

7) 植關(식관) : 식은 문을 지탱하는 세로나무, 관은 문 위아래의 가로나무.

8) 環鋼(환고) : 삥 둘러 쇠를 입히는 것, 쇠붙이로 둘러싸는 것.

9) 金若鐵(금약철) : 구리나 쇠. 옛날에는 동(銅)도 흔히 금(金)이라 하였다.

10) 梳關(소관) : 소는 광(桄)의 잘못. 광관(桄關)은 문빗장.

11) 守印(수인) : 성을 지키는 사람의 도장. 태수(太守)의 도장.

12) 荅(답) : 성을 지키는 무기의 일종, 거(渠)와 관련이 있는 듯.

502   묵 자(墨子)

13) 連梃(연정) : 성벽을 기어오르는 적을 치는 데 쓰는 무기.

14) 楛(호) : 싸리나무.

15) 趙(조) : 도(桃)의 잘못인 듯. 복숭아나무.

16) 掾(도) : 자(柘)의 잘못. 산뽕나무.

17) 蓋求齊(개구제) :   더욱 많이 구해 오는 것. 개는 익(益)의 잘못. 제는 재
    (齎)의 잘못.

18) 射箾(사금) : 농종(欐樅)과 함께 역시 성을 지키는 데 쓰는 무기 이름.

19) 疾犁(질리) : 질려(蒺藜), 쇠 가시.

20) 狗屍(구시) : 올가미나 함정의 일종. 앞에 보임.

21) 鐕(잠) : 큰 솥.

22) 坐候樓(좌후루) : 성 위의 망을 보는 누각.

23) 板周(판주) : 나무판으로 두르는 것.

24) 密傳(밀부) : 빈틈없이 진흙을 바르는 것.

25) 方(방) : 방(房)의 뜻.

26) 關籥(관약) : 약은 약(鑰)과 통하여 자물쇠로 잠가두는 것.

7. 성을 수비하는 무기들

1백 보마다 한 개의 농종(欐樅)을 두고 땅으로부터의 높이는
50자에 3층으로 하며 아래쪽은 넓이가 앞은 8척 뒤는 13척이며,
그 위는 알맞게 어울리도록 줄여간다.

1백 보마다 한 나무 누각을 세우고 누각의 넓이는 앞쪽이 9척
높이는 7척이다. 누거(樓車)를 성벽 가까이에 두고 성밖 12척 되
는 거리에 있게 한다.

1백 보마다 한 우물을 파고, 우물에는 10개의 독을 두며, 나무
로 두레박을 만들고, 물그릇은 4말(斗)에서 6말들이 1백 개를 준
비한다.

1백 보마다 한더미의 볏짚단을 쌓아놓고 둘레는 두아름 이상되
는 것 50단으로 한다.

1백 보마다 큰 방패를 두고 방패의 너비는 4척, 높이는 8척이다.

적들이 찌르는 것을 대비한다.

1백 보마다 숨겨진 도랑을 파놓는데 그 너비는 3척, 높이는 4척되는 것 1천 개로 한다.

2백 보마다 한 개의 누각을 세우는데, 성가퀴 안에 넓이 2장 5척, 길이 2장, 성밖으로 5척이 나와야 한다.

성 위는 넓이가 3보에서 4보는 되어야 하며 이에 병졸들이 행동을 하고 싸울 수가 있다.

밖을 내다보는 성가퀴는 너비가 3척, 높이 2척 5촌이며, 올라가는 계단은 높이 2척 5촌, 너비와 길이는 각각 3척이며, 밖으로 나가는 길의 너비는 각각 6척이다.

성 위의 네 모퉁이에는 이중의 누각이 있는데, 높이 5척이며, 네 명의 위(尉)가 거기에 머무른다.

성 위에는 7척마다 한 개의 거답(渠答)을 두고 그 길이는 1장 5척이며, 3척을 땅에 묻고, 성가퀴로부터 5촌 떼어놓으며, 받침대의 길이는 1장 2척, 가로나무의 길이는 6척이다. 세워진 기둥 반쯤에 한 개의 구멍을 뚫고, 거기에 달린 손잡이의 직경은 5촌이다. 받침대에는 두 개의 구멍을 뚫고 거답의 받침대 앞쪽 끝은 성가퀴보다는 4촌이 낮아야 적당하다. 거답에 구멍을 뚫고 거답 구덩이를 파서 그곳을 기와로 덮어놓는다. 겨울에는 말똥을 채워놓고 언제나 명령을 기다리도록 해야 한다. 기와 같은 것으로 구덩이를 덮어놓는다.

성 위에는 10보마다 한 표(表)를 만들어 놓는데, 길이는 1장(丈)이며 물을 버리는 자가 표를 잡고 흔들게 한다. 50보마다 한 개의 변소를 두고 아래의 변소와 같이 연결되게 한다. 변소에 가는 자는 손에 물건을 가지지 않는다.

성 위에는 30보마다 한 개의 자거(藉車)를 두고 땅굴 공격에 대비하고 쓰지 않는다.

성 위에는 50보마다 하나의 다니는 계단을 두고 높이는 2척 5촌, 길이는 10보로 한다. 성 위에는 50보마다 하나의 망루(望樓)를 두고 망루는 반드시 이중(二重)으로 한다.

토루(土樓)는 1백 보마다 하나씩 두고 밖의 문은 들어 매어다
는 문이며, 그 좌우에는 도랑을 판다. 그 토루에 자막(藉幕) 시설
을 할 때에는 그것이 잔교 위로 나오도록 하고 밖으로부터의 공
격을 막는다.

성 위에는 모두 방이 있어서는 안되며, 만약 사람이 숨을 만한
곳이 있다면 그런 곳은 모두 없애 버린다.

성 밑의 둘려있는 길 안에는 1백 보마다 하나의 나무다발 더미
를 만들어 놓고 3천 석(石)이 되지 않게 하며, 그 위를 진흙으로
잘 싸발라 놓는다.

성 위에는 10명마다 한 명의 십장(什長)을 임명하며, 그에게 한
명의 이사(吏士)와 한 명의 백위(帛尉)를 소속시킨다.

1백 보마다 정자를 하나 만들어 놓고 그 담은 높이가 1장 4척
이고, 그 두께는 4척이다. 두 쪽으로 된 작은 문을 만들어 놓아 각
각 따로 달도록 한다.

정자에는 한 명의 위관(尉官)을 두고 위관은 중후하고 충실하
고 신용이 있으며 일을 책임질 만한 사람을 임명한다.

百步一櫳樅[1] 起地高五丈 三層 下廣前面八尺 後十三尺 卅上稱
議衰殺之 百步一木樓 樓廣前面九尺 高七尺 樓軷[2]居坫[3] 出城十二
尺 百步一井 井十罋 以木爲繫連 水器容四斗到六斗者百 百步一積
雜秺 大二圍以上者五十枚 百步爲櫓 櫓廣四尺 高八尺 爲衝術 百
步爲幽臆[4] 廣三尺 高四尺者千 二百步一立樓 城中廣二丈五尺二[5]
長二丈 出樞五尺

城上廣三步到四步 乃可以爲使鬪 坫俾倪[6]廣三尺 高二尺五寸 陛
高二尺五 廣長各三尺 遠廣各六尺 城上四隅童異[7] 高五尺 四尉舍
焉 城上七尺一渠 長丈五尺 貍[8]三尺 去堞五寸 夫長丈二尺 臂長六
尺 半植一鑿 內後長五寸 夫兩鑿 渠夫前端 下堞四寸而適 鑿渠 鑿
坎 覆以瓦 冬日以馬夫寒 皆待命 若以瓦爲坎

城上千步一表 長丈 棄水者操表搖之 五十步一厠 與下同圂 之厠
者 不得操 城上三十步一藉車 當隊者不用 城上五十步一道陛 高

二尺五寸 長十步 城上五十步一樓扤[9) 扤勇勇必重[10) 土樓百步一 外門發樓 左右渠之 爲樓加藉幕 棧上之出之 以救外 城上皆毋得有室 若也可依匿者 盡除去之 城下州道[11)內 百步一積薪 毋下三千石 以上善塗之

城上十人一什長[12) 屬一吏士[13) 一帛尉 百步一亭 高垣丈四尺 厚四尺 爲閨門[14)兩扇 令各可以自閉 亭一尉 尉必取有重厚忠信可任事者

1) 櫳樅(농종) : 성을 지키는 무기.
2) 樓軳(누문) : 문은 팽(軿)의 잘못. 즉 누거(樓車).
3) 坫(고) : 점(坫)의 잘못. 담벽, 성벽.
4) 幽牘(유독) : 독은 두(竇)의 잘못. 물공격에 대비하기 위한 암거(暗渠). 숨겨진 도랑.
5) 五尺二(오척이) : 뒤의 이(二)는 잘못 붙은 것이다.
6) 俾倪(비예) : 밖을 내다볼 수 있는 성가퀴.
7) 童異(동이) : 중루(重婁)의 잘못. 루는 루(樓)와 통하여, 이중누각.
8) 貍(리) : 매(埋)와 통하여, 땅에 묻다.
9) 樓扤(루공) : 누시(樓撕)의 잘못. 망루(望樓).
10) 扤勇勇必重(공용용필중) : 누시필재중(樓撕必再重)의 잘못.
11) 州道(주도) : 주도(周道), 성을 둘러서 난 길.
12) 什長(십장) : 10명을 인솔하는 사람.
13) 吏士(이사) : 손이양은 졸병의 뜻으로 해석하고, 일(一)은 십(十)의 잘못이라 하였다. 그러나 이사는 뒤의 백위(帛尉)와 함께 십장을 돕는 낮은 관리로 봄이 좋을 듯 하다. 이사는 인사관계, 백사는 재정관계를 보좌했을 것이다.
14) 閨門(규문) : 성의 작은 문.

8. 두 막사가 하나의 우물을 쓰게 한다

두 막사가 함께 한 개의 우물과 취사장을 쓴다. 재·겨·쭉정이·왕겨·말똥 등을 모두 삼가 거두어 저장해 놓는다.

성 위의 비품은 거답(渠荅)·자거(藉車)·행잔(行棧)·행루

(行樓) · 작도(斫刀) · 도르래 · 연정(連梃) · 긴 도끼 · 긴 쇠망치 · 장자(長茲) · 거(距) · 비충(飛衝) · 매다는 다리 · 비굴(批屈) 등 이 있다.

성루(城樓)는 50보마다 하나를 만들고, 성가퀴 아래에는 작은 구멍을 3척마다 하나씩 뚫는다. 도르래를 만들되 그 굵기는 두아 름, 길이는 4척 반이고 반드시 손잡이가 있게 한다.

기왓장과 돌은 무게 2되 이상을 모래와 함께 성 위에 50보마다 한 무더기씩 쌓아놓는다. 취사장에는 큰 무쇠솥을 걸어놓고 모래 와 같은 곳에 있게 한다.

나무의 굵기 두아름, 길이 1장 2척 이상의 것을 그 밑동을 잘 연 결시키는데 그것을 장종(長從)이라 부르며 50보마다 30개를 놓 아둔다.

나무다리는 길이가 3장이며, 50개 이하여서는 안된다. 다시 졸 병들을 시켜 급히 누벽(壘壁)을 만들게 하고, 그것을 기와로 덮 게 한다.

기와와 나무로 만든 독은 용량이 10되 이상인 것들을 50보마다 10개씩 준비하여 물을 담아놓고 쓸 것이며, 또 5말 짜리를 10보 마다 2개씩 준비해 둔다.

성 아래 마을 중 민가의 사람들도 각각 그의 좌우와 앞뒤를 수 비하기를 성 위와 같이 한다. 성은 작은데 사람들은 많을 경우 고 향을 떠나 온 늙은이와 병약자들을 나라 안이나 다른 큰 성으로 보내어 보호한다.

적이 와서 반드시 공격할 거라고 여겨지면 성을 지키는 사람은 먼저 성에 붙어 있는 쓸데없는 시설물들을 제거하며, 특히 불이 나는 일이 없도록 해야 한다. 적이 성 아래로 오면 때때로 장교와 졸병들의 근무 부서를 바꾸되, 그 중 취사병만은 바꾸지 않으며, 취사병은 성 위로 올라오는 일이 없어야 한다. 적이 성 아래로 오 면 모든 대야와 항아리를 거두어 성 아래쪽에 쌓아놓고 1백 보마 다 한 무더기씩 5백 개의 무더기를 쌓아 놓는다.

성문 안에는 방이 있어서는 안되며, 주궁(周宮)을 만들어 놓고

거기에 장교를 배치하는데, 주궁은 4척 높이의 성가퀴이다. 행잔
안의 문에는 두 개의 빗장과 한 개의 쇠고리를 달아놓는다.

성 둘레의 길을 제외하고 해자로부터 1백 보 떨어진 거리 안에
있는 담이나 산 나무 같은 것은 크고 작은 것을 막론하고 모두 부
수고 베어 없애버려야 한다. 적이 진격해 올 환한 길이나 지름길
또는 성 둘레의 길에는 모두 큰 누각을 세우고 또 대화살을 물속
에 세워놓아야 한다.

성의 수장(守將)이 있는 당 아래는 큰 누각을 만들어서 성을
내려다보게 하고, 당 아래 성 둘레에는 사방으로 통하는 길을 낸
다. 그 안에서 적을 상대하며 적이 나타나기를 기다리는 동안, 때
마다 보궁(保宮) 중에 있는 삼로를 불러 그와 더불어 일의 득실
을 헤아려 행동과 계책이 맞아떨어지면 곧 보궁으로 들어간다.

보궁으로 들어가 성을 수비하게 되면 성안을 돌아다니지도 못
하고 머무는 곳으로부터 떠나지도 않아야 한다. 여러 성을 지키
는 사람은 성이 낮은 곳과 해자가 얕은 곳을 잘 알아 가지고 빈틈
없이 지키도록 해야 한다. 아침 저녁으로 졸병이 북을 두드려 시
각을 알리게 한다. 쓰는 사람이 젊을수록 지키기는 쉬워진다.

二舍[1]共一井纍灰康粃杯馬矢皆謹收藏之城上之備渠譫[2]藉
車行棧[3]行樓到[4]頡皐[5]連梃長斧長椎長兹距飛衝[6]縣□批
屈[8]樓五十步一堞下爲爵穴[9]三尺而一爲薪皐[10]二圍長四尺半必
有潔瓦石重二升以上上城上沙五十步一積竈置鐵錯[11]焉與沙同
處木大二圍長丈二尺以上善耿丌本名曰長從五十步三十木橋
長三丈毋下五十復使卒急爲壘壁[12]以蓋瓦復之用瓦木罌[13]容十
升以上者五十步而十盛水且用之五十二[14]者十步而二
城下里中家人客葆丌左右前後如城上城小人衆葆離鄉老弱國
中及也大城寇至度心攻主人先削城編[15]唯勿燒寇在城下時換吏
卒署而毋換丌養養毋得上城寇在城下收諸盆甕[16]耕積[17]之城下
百步一積積五百城門內不得有室爲周官桓吏[18]四尺爲倪[19]行棧
內閈二關一堞[20]除城場[21]外去池百步牆垣樹木小大俱壞伐除去

之 寇所從來若昵道 僕近 若城場 皆爲扈樓 立竹箭天中[22]

守堂下爲大樓 高臨城 堂下周散道 中應客 客待見 時召三老[23]在
葆宮[24]中者 與計事得先 行德計謀合 乃入葆 葆入守 無行城 無離舍
諸守者 審知卑城淺池 而錯守焉 晨暮卒歌 以爲度 用人少 易守

1) 二舍(이사) : 사는 십장(什長)과 위(尉)가 있는 군대의 단위(單位).

2) 渠譫(거섬) : 앞에 보인 거답(渠荅). 섬은 답(荅)의 가음(假音)의 글자인 듯.

3) 行棧(행잔) : 격잔(隔棧)과 비슷한 글자인 듯. 나무를 엮어 만든 성 위 아래
   를 오르내리는 사다리 길.

4) 到(도) : 착(剄)의 잘못. 작도

5) 頡皐(힐고) : 길고(桔橰). 도르래.

6) 飛衝(비충) : 충거(衝車)의 일종인 듯. 비는 빠른 것을 뜻함.

7) 縣□(현□) : 현 다음의 글자는 양(梁)자인 듯. 따라서 현량(縣梁)과 같은
   것, 즉 매어 달 수 있는 다리.

8) 批屈(비굴) : 어떤 물건인지 알 수 없다.

9) 爵穴(작혈) : 작은 굴, 작은 구멍.

10) 薪皐(신고) : 힐고(頡皐)의 잘못인 듯. 길고(桔橰).

11) 鐵鐕(철잠) : 큰 무쇠솥.

12) 壘壁(누벽) : 보루(堡壘)가 되는 벽.

13) 瓦木罌(와목앵) : 기와와 나무로 만든 독.

14) 五十二(오십이) : 십이(十二)는 두(斗)의 잘못. 5말.

15) 先削城編(선삭성편) : 먼저 성에 붙어있는 쓸데없는 시설들을 철거하는 것.

16) 盆甕(분옹) : 대야와 항아리. 여러 가지 물을 담는 그릇.

17) 耕積(경적) : 경은 구(冓)의 잘못. 잘 쌓아놓는 것.

18) 周官桓吏(주관환리) : 주궁식리(周宮植吏)의 잘못. 주궁은 성안의 간단한
   망을 보는 곳, 식리는 치리(置吏), 곧 관리를 두는 것.

19) 倪(예) : 비예(俾倪), 낮은 성가퀴.

20) 二關一堞(이관일첩) : 두 개의 빗장과 한 개의 쇠고리. 첩은 섭(鍱)의 잘못
   으로, 쇠고리.

21) 城場(성장) : 장은 도(道)의 뜻. 따라서 성 둘레로 난 길.

22) 天中(천중) : 수중(水中)의 잘못.

23) 三老(삼로) : 한 고을의 장로(長老)로서 그 고을의 교화(教化)를 맡았다.
마을에도 삼로가 있었으니 여기서는 성안의 삼로인 듯하다.

24) 葆宮(보궁) : 보궁(保宮), 삼로가 거처하는 곳.

9. 성을 수비하는 방법

성을 수비하는 법은 50보마다 장정 10명, 부녀자 20명, 노인과
아이들 10명 등 도합 50보에 40명으로 한다. 성 위 누각의 졸병은
모두 1보마다 1명으로 하며 20보에 20명이다. 성이 작고 크다 하
더라도 이 비율로 조종하면 곧 수비하기에 충분하다.

적이 성벽에 개미떼처럼 붙어 기어오를 때, 수비하는 쪽에서 그
것을 먼저 알았으면 수비자들이 유리하고 적은 괴롭게 된다. 적
이 땅굴로 공격해 올 때 10만의 많은 군사라 하더라도 공격은 네
개의 땅굴을 넘지는 않는다. 상급의 땅굴이라면 너비 5백보, 중급
의 땅굴이라면 너비 3백보, 하급의 땅굴은 너비 50보이다. 모두
105보도 못되는 땅굴이라면 수비자가 유리하고 공격자는 괴롭다.
너비 5백보의 땅굴이라면 장정 1천 명, 부녀자 2천 명, 노인과 아
이 1천 명, 모두 4천 명으로 그들을 대응하기에 충분하다. 이것이
땅굴 공격 대비에 필요한 사람 수이다. 노인과 아이들 중 일을 하
시 않는 사람늘은 땅굴에 대비하지 않고 성 위에서 수비를 하게
하면 된다.

성의 장수가 나갈 적에는 반드시 신분을 밝히는 깃발을 들게 하
여, 관리와 백성들이 모두 그를 알아보도록 한다. 10명 또는 1백
명 이상을 따르게 하고 장수가 성을 나설 적에는 신분을 밝히는
깃발을 들지 않도록 한다. 따르는 사람들이 그곳의 오래 있던 사
람들이 아니고 또 그의 깃발이 제것이 아닐 때에는 1천명을 거느
리는 장수 이상의 신분이라 하더라도 그를 멈추게 하여 가지 못
하게 해야 한다. 그래도 가거나 하면 그를 따르는 장교와 졸병들
은 모두 목을 자르고 상황을 임금에게 보고한다. 이것이 성을 지
키는 데 있어서의 중한 금령(禁令)이다. 간사한 일이 생겨나는

근원이므로 잘 살피지 않으면 안되는 것이다.

　성 위에 작혈이라는 작은 구멍을 내되, 성가퀴 밑으로 3척 되는 곳에 내고, 바깥쪽 구멍을 넓게 내며, 5보마다 하나씩 낸다. 작혈의 크기는 횃불을 넣을 정도이고, 높은 것은 6척, 낮은 것은 3척 높이에 내며, 그 소밀도(疏密度)는 성에 알맞도록 한다.

　성 밖에 참호를 파는데, 격(格)으로부터 7척 떨어져 있어야 하며, 들어 올리는 다리를 놓는다. 성이 좁아서 참호를 팔 수가 없을 경우에는 파지 않아도 된다. 성 위에는 30보마다 한 곳의 이동취사장이 있어야 하고, 사람들은 길이 5척의 횃불을 준비하고 있어야 한다. 적이 성 아래 이르러 북소리가 들리면 횃불에 불을 붙이고, 다시 북소리가 나면 횃불을 작혈 가운데 넣어 밖을 밝힌다.

　여러 자거는 모두 쇠로 둘러씌운다. 자거의 기둥은 길이가 1장 7척, 그것이 묻혀있는 깊이는 4척으로 하고 받침대는 길이가 3장 이상에서 3장 5척이 되어야 하며, 양편으로 뻗은 마협(馬頰)은 길이가 2척 8촌이다. 자거의 힘을 시험하여 그 밑바탕을 만들어야 한다. 받침대의 4분의 3은 위에 나와 있다. 자거의 밑바탕은 길이 3척, 4분의 3이 위로 나와 있다. 마협은 그것을 셋으로 나눈 중간에 나와 있는데, 마협의 길이는 2척 8촌이다. 받침대의 길이가 24척 이하의 것은 쓰지 않는다. 밑바탕은 큰 수레바퀴로 만든다. 자거의 세워진 나무기둥은 길이가 1장 2척 반이며, 여러 자거는 모두 쇠로 둘러씌우며, 후거(後車)가 있어 그 기능을 돕는다.

　적이 해자를 메우고 공격해 올 때에는 수통(水桶)을 만드는데, 깊이 4척으로 단단히 덮어서 묻는다. 10척에 하나씩 묻고 기와를 덮은 다음 명령을 기다린다. 큰 아름이 되는 나무로 길이 2척을 넷으로 나눈 다음 중간을 깎아내고 그 안에 숯불을 넣은 다음 이것들을 합쳐 싸 가지고 자거로 그것을 던지게 한다. 쇠 가시도 만들어 던지는데, 그 길이는 2척 5촌, 굵기는 두아름 이상이 되어야 한다. 또 말뚝을 박아놓는데, 말뚝의 길이는 7촌이고 말뚝 사이는 6촌이며, 그 끝을 깎아 뾰족하게 해놓는다. 개구멍의 넓이가 7촌, 길이는 8촌, 발톱의 길이는 4촌, 개 이빨처럼 물리는 견아(犬牙)

도 만들어 놓는다.

守法 五十步丈夫十人 丁女二十人 老小十人 計之五十步四十人 城上樓卒 率一步一人 二十步二十人 城小大以此率之 乃足以守圉[1] 客馮面[2]而蛾傅[3]之 主人則先之知 主人利 客適 客攻以遂 十萬物之衆 攻無過四隊[4]者 上術[5]廣五百步 中術三百步 下術五十步 諸不盡百五步者 主人利而客病 廣五百步之隊 丈夫千人 丁女子二千人 老小千人 凡四千人 而足以應之 此守術之數也 使老小不事者 守於城上不當術者

城持出必爲明塡[6] 令吏民皆智知之 從十人百人以上 持出操塡章 從人非丌故人 乃丌積章也[7] 千人之將以上止之 勿令得行 行及吏卒從之 皆斬 具以聞於上 此守城之重禁之 夫姦所生也 不可不審也

城上爲爵穴[8] 下堞三尺 廣丌外 五步一 爵穴大容苴[9] 高者六尺 下者三尺 疏數自適爲之 塞外塹 去格[10]七尺 爲縣梁[11] 城溓陜[12]不可塹者 勿塹 城上三十步一聾竈[13] 人擅苴[14]長五節[15] 寇在城下 聞鼓音燔苴[16] 復鼓 內苴爵穴中 照外

諸藉車皆鐵什[17] 藉車之柱 長丈七尺 丌狸者四尺 夫長三丈以上至三丈五尺 馬頰[18]長二尺八寸 試藉車之力 而爲之困 失四分之三在上 藉車 夫長三尺 四之三在上 馬頰在三分中 馬頰長二尺八寸 夫長二十四尺以下不用 治困以大車輪 藉車桓 長丈二尺半 諸藉車皆鐵什 復[19]車者在之

寇闉池來 爲作水甬[20] 深四尺 堅慕貍[21]之 十尺一 覆以瓦而待令 以木大圍 長二尺 四分而早鑿[22]之 置炭火丌中 而合慕之 而以藉車投之 爲疾犁投 長二尺五寸 大二圍以上 涿弋 弋長七寸 弋閒六寸 剡丌末 狗走 廣七寸 長尺八寸 蚤長四寸 犬耳施之

1) 守圉(수어) : 수어(守禦), 지키다.

2) 馮面(빙면) : 성면을 의지하다. 성면으로

3) 蛾傅(아부) : 의부(蟻傳), 개미떼처럼 성벽을 기어오르는 것.

4) 隊(대) : 수도(隧道), 땅굴.

5) 術(술) : 역시 수도(隧道), 땅굴.

6) 塡(진) : 기(旗)의 잘못. 깃발. 명진(明塡)은 신분을 밝히는 깃발.

7) 乃丌積章也(내기진장야) : 급비기기장야(及非丌旗章也)의 잘못. 그리고 그
의 신분을 밝히는 깃발이 제것이 아닐 때의 뜻.

8) 爵穴(작혈) : 성가퀴 아래 뚫는 작은 구멍.

9) 苴(저) : 거(苣)의 잘못. 횃불.

10) 格(격) : 적병이 성벽에 기어오르는 것을 막기 위하여 세워놓는 나무.

11) 縣梁(현량) : 들어 올리는 다리.

12) 莑陝(책협) : 좁은 것.

13) 壟竈(농조) : 농조(壟竈), 이동취사장.

14) 擅苣(천거) : 횃불에 불을 붙이는 것.

15) 五節(오절) : 5척(尺)의 잘못인 듯.

16) 燔苣(번거) : 횃불에 불을 붙이는 것.

17) 鐵什(철십) : 십은 탑(錔)과 통하여, 쇠를 씌우는 것.

18) 馬頰(마협) : 말의 양편 볼. 말의 양편 볼처럼 양편으로 나와 있는 자거의 부
속품.

19) 復(복) : 후(後)의 잘못.

20) 水甬(수용) : 용은 통(桶)과 통하여, 일종의 수통으로 적을 거기에 빠지게
하는 장치인 듯함.

21) 慕貍(모리) : 막매(幕埋)의 뜻. 천 같은 것으로 싸 가지고 묻는 것.

22) 罘鑿(조착) : 조는 중(中)의 잘못. 중간을 텅 비도록 깎아내는 것.

10. 성 안의 나무 수를 헤아려야 한다

묵자가 말하였다.

"성을 지키는 법은 반드시 성안의 나무의 수를 세어 놓는다. 10
명이 드는 것이 10계(挈)이고, 5명이 드는 것이 5계이다. 무겁고
가벼움은 계를 바탕으로 하고 필요한 인원수를 정한다. 땔나무를
나르는 계에 있어서는, 장정에 해당하는 계가 있고, 약한 자에게
해당하는 계가 있는데, 모두 그들의 능력에 어울리는 것으로 한
다. 모든 계의 무겁고 가벼움에 따라 일을 하는 것은 관리와 사람

들이 각각 그들의 능력에 따라 일을 하게 하기 위한 것이다. 성안
에 먹을 것이 없을 때에는 양을 크게 줄인다.

성문에서 5보되는 거리에 큰 참호를 판다. 그 높이는 땅으로부
터 1장 5척, 아래로는 지하수가 나오는 3척 정도에서 멈춘다. 그
속에는 뾰족한 말뚝을 박아놓고, 위에는 들어올렸다 내렸다하는
다리를 만들어 기계장치로 끌어올릴 수 있게 하며, 그 위를 나무
와 흙으로 발라놓아 길처럼 다닐 수 있게 한다. 그 곁에는 해자와
보루(堡壘)가 있어 뛰어 건널 수가 없도록 한다. 나가서 적에게
도전을 한 뒤 짐짓 패한 척 돌아온다. 적들이 마침내 들어오면 기
계장치로 끌어 다리를 떨어뜨리면 적들을 사로잡을 수 있게 된다.
적이 두려워하고 의심을 갖게 되면, 그로 말미암아 떨어져 가까
이 오지 못한다.

子墨子曰 守成之法 必數城中之木 十人之所舉爲十挈[1] 五人之所
舉爲五挈 凡輕重 以挈爲人數 爲薪樵[2]挈 壯者有挈 弱者有挈 皆稱
丌任[3] 凡挈輕重所爲 吏人各得丌任 城中無食 則爲大殺[4]

去城門五步 大塹之 高地三丈下地至[5] 施賊[6]丌中 上爲發梁[7] 而
機巧之 比傳薪土 使可道行 旁有溝壘 毋可蹦越 而出佻且比 適人
逕入 引機發梁 適人可禽 適人恐懼而有疑心 因而離

1) 挈(계) : 사람이 들어올리는 양을 가리키는 단위로 쓰인 듯하다.
2) 薪樵(신초) : 땔나무.
3) 稱丌任(칭기임) : 그의 소임에 어울리다. 그의 능력에 어울리다.
4) 大殺(대쇄) : 크게 감량하다. 사람들이 나무를 나르는 책임량을 크게 줄여 준
   다는 뜻일 것이다.
5) 高地三丈下地至(고지삼장하지지) : 다른 곳의 기록을 참고할 때 이 구절은
   '고지장오척 하지지천삼척이지(高地丈五尺 下地至泉三尺而止)'로 되어
   있어야 한다.
6) 施賊(시적) : 적은 익(杙)의 잘못. 떨어지는 적이 다치도록 뾰족한 말뚝을 속
   에 박아놓는 것.
7) 發梁(발량) : 들어올렸다 내렸다 하는 것.

제53편 높은 곳의 적을 대비하다
(備高臨第五十三)

1. 공격은 실패할 것이다

금자(禽子)가 두 번 절하면서 말하였다.

"감히 여쭈어 보겠습니다. 적군이 흙을 높이 쌓아올리고 우리 성을 내려다 보면서 나무와 흙을 함께 올려다 발판을 만들고, 큰 방패로 가리면서 한꺼번에 전진하여 마침내 성에다가 발판을 붙이고서 군사와 쇠뇌를 함께 올려다 공격해 온다면 어떻게 해야 하겠습니까?"

묵자가 말하였다.

"너는 발판에 의한 공격에 대한 수비를 묻는 것이냐. 발판에 의한 공격은 장수로서 졸렬한 짓이다. 그것으로는 병졸들을 피로하게 만들기에 족하지만 성을 해롭게 하기에는 부족하다. 수비하는 쪽에서도 성 위에다 높은 대(臺)를 쌓고 적의 발판을 내려다 보고 공격하며, 좌우에다 큰 나무로 엮어서 짠 틀을 각각 20척(尺)씩 나오게 한다. 이렇게 임시로 만든 성의 높이는 30척이다. 여기서 강한 쇠뇌를 쏘고 여러 가지 기계의 힘을 빌리고 특수한 무기로 공격한다. 그렇게 하면 발판으로써 하는 공격은 실패할 것이다."

禽子[1]再拜再拜曰 敢問適人[2]積土爲高 以臨吾城 薪土俱上 以爲羊黔[3] 蒙櫓俱前 遂屬之城 兵弩俱上 爲之奈何 子墨子曰 子問羊黔者 將之拙者也 足以勞本 不足以害城 守爲臺城[4] 以臨羊黔 左右出

巨⁵⁾ 各二十尺 行城⁶⁾ 三十尺 强弩之 技機⁷⁾藉之 奇器□□之 然則羊黔之攻敗矣

1) 禽子(금자) : 금활리(禽滑釐)를 가리킨다.

2) 適人(적인) : 적군(敵軍). 적(適)은 적(敵)과 통한다.

3) 羊黔(양검) : 발판. 적을 공격하기 위한 발판으로 풀이된다.

4) 臺城(대성) : 성 위에다 높이 쌓아올린 대(臺).

5) 巨(거) : 큰 나무로 엮어서 짠 틀.

6) 行城(행성) : 임시로 만든 성.

7) 技機(기기) : 기(技)는 교(校)의 잘못. 여러 가지 기계로 풀이된다.

2. 사방 세 치의 나무로 만든다

임공(臨攻)에는 여러 개의 쇠뇌를 장치한 수레로써 대비하는데 수레의 재목은 큰 각목(角木)으로 한 쪽의 각진 부분이 한 자의 넓이이고 길이는 성의 폭의 넓고 좁음에 따라 알맞게 하며, 두 개의 굴대와 네 개의 바퀴가 있다.

바퀴는 수레의 몸통 안에 들어가 있고 위와 아래 두 겹으로 몸통이 되어 있다. 몸통의 좌우 옆에는 두 개의 빗장 기둥이 서 있고, 좌우에 가로댄 빗장나무가 있다. 가로댄 빗장나무의 좌우에는 모두 둥근 빗장이 끼워져 있는데, 빗장은 직경이 네 치(寸)이다. 그 좌우 빗장 기둥에는 모두 쇠뇌가 매어져 있는데, 활줄의 걸이로써 줄을 걸어 당겨서 큰 쇠뇌의 줄에 이른다.

쇠뇌의 활채는 앞뒤로 수레의 몸통과 가지런하게 되어 있다. 수레 몸통의 높이는 여덟 자이고, 쇠뇌의 굴대는 아래의 수레 몸통에서 석 자 다섯 치가 떨어져 있다. 여러 쇠뇌의 살통은 구리로 만드는데, 150근(斤)의 구리로 만든다.

줄을 당길 때에는 도르래로 켠다. 수레 몸통의 크기는 세 아름 반의 것을 쓰며, 좌우에 활줄걸이가 있는데 사방 세 치의 나무로 만든다. 바퀴의 두께는 한 자 두 치이다. 활줄걸이의 채는 넓이가 한 자 네 치요, 두께가 일곱 치, 길이가 여섯 자다.

516 묵 자(墨子)

備矣臨¹⁾ 以連弩之車²⁾ 杖³⁾ 大方一方一尺 長稱城之薄厚⁴⁾ 兩軸四輪
輪居筐⁵⁾中 重下上筐 左右旁二植⁶⁾ 左右有衡植⁷⁾ 衡植左右皆圜內⁸⁾
內徑四寸 左右縛弩皆於植 以弦鉤弦⁹⁾ 至於大弦 弩臂¹⁰⁾前後與筐齊
筐高八尺 弩軸去下筐三尺五寸 連弩機郭¹¹⁾同銅 一石三十斤¹²⁾ 引弦
鹿長奴 筐大三圍¹³⁾半 左右有鉤距 方三寸 輪厚尺二寸 鉤距臂博尺
四寸 厚七寸 長六尺

1) 臨(임) : 흙을 높이 쌓고 성을 공격하는 방법. 임공(臨攻).

2) 連弩之車(연노지거) : 여러 개의 쇠뇌를 장치한 전차(戰車).

3) 杖(장) : 재(材)로 고쳐야 한다. 수레에 쓰이는 재목.

4) 薄厚(박후) : 엷고 두터움. 즉 성의 폭의 좁음과 넓음.

5) 筐(광) : 수레의 몸통.

6) 植(식) : 빗장을 끼울 수 있도록 세워놓은 나무기둥.

7) 衡植(횡식) : 수레의 가로댄 빗장나무.

8) 內(내) : 예(柄)와 통하여 빗장의 뜻.

9) 鉤弦(구현) : 쇠뇌의 활줄을 걸어서 당기는 것.

10) 弩臂(노비) : 쇠뇌의 활채.

11) 機郭(기곽) : 쇠뇌의 활통.

12) 一石三十斤(일석삼십근) : 근(斤)으로 환산하면 150근에 해당한다.

13) 圍(위) : 둘레를 나타내는 단위로서 아름. 한 아름은 여덟 자다.

3. 성 위에서는 답라시(荅羅矢)를 쓴다

가로로 된 팔뚝은 수레의 짐틀과 길이가 같고 밖으로는 갈퀴 같은 것이 있는데 길이가 1자 5치이다.

거(距)가 있으며 넓이 6치(寸), 두께 3치, 길이는 수레의 짐 신는 틀과 같다. 가늠자가 있고 굴승(詘勝)이 있으며 거를 올렸다 내렸다 할 수 있다. 받침대가 있는데, 무게가 1석(石)이며 굵기는 5치의 목재로 만든다. 화살의 길이는 10자이다. 줄을 화살 끝에 주살처럼 매어놓는다. 주살을 쏘는 것 같이 하여 도르래로 말아 거둬들인다. 화살은 쇠뇌의 팔보다 3자 높이 있고 쇠뇌를 사용해서 무수히 쏜다. 그 화살은 1인당 60개를 배당하고, 작은 화살은 수없이 쓸 수 있게 한다. 10명이 이 쇠뇌 수레를 조작하여 적을 막는 것이다. 높은 누각을 만들어 적을 그 위에서 활을 쏜다. 성 위에서는 답라시(苔羅矢)도 쓴다.

橫臂齊筐[1] 外蚤[2]尺五寸 有距[3] 博六寸 厚三寸 長如筐 有儀[4] 有詘勝[5] 可上下 爲武[6] 重一石 以材大圍五寸 矢長十尺 以繩□□[7]矢端 如如[8]戈射[9] 以磨鹿卷收 矢高弩臂三尺 用弩無數 出人六十枚 用小矢無留 十人主此車 遂具寇 爲高樓以射道 城上以苔羅矢[10]

1) 筐(광) : 평상과 같은 것. 곧 수레 위의 짐 싣는 틀.

2) 蚤(조) : 갈퀴처럼 생긴 것.

3) 距(거) : 앞에서 설명한 연노지거(連弩之車)에 달린 부속품.

4) 儀(의) : 쇠뇌의 가늠자.

5) 詘勝(굴승) : 쇠뇌를 올렸다 내렸다 하는 장치.

6) 武(무) : 부(趺)의 잘못. 받침대.

7) □□ : 글자를 알 수 없으나 아마도 매어둔다의 뜻일 것이다.

8) 如如(여여) : 한 글자는 잘못 들어간 것임.

9) 戈射(과사) : 과는 익(弋)의 잘못. 새를 잡을 적에 쓰는 주살.

10) 苔羅矢(답라시) · 알 수 없다 아마도 화살 대신 성 위에서 적에게 던질 수 있는 돌 같은 것일 것이다.

제54편 분실

제55편 분실

제56편 사다리 공격을 대비하다
(備梯第五十六)

1. 금자가 묵자를 섬긴 지 3년

금활리자(禽滑釐子)가 묵자를 섬기기 3년이 되었다. 손과 발에는 못이 박히고 얼굴이 까맣게 타도록 몸을 혹사하면서 스승을 위하여 일하였으나 감히 하고자 하는 일에 대하여 물어보지 않았다.

묵자는 그것을 매우 가엾게 여겨 술을 맑게 거르고 포육(脯肉)을 말려 가지고 태산으로 가 띠풀을 뉘어 깔고 앉아 금자(禽子)에게 술을 권하였다. 금자(禽子)가 두 번 절하면서 탄식하니 묵자가 말하였다.

"또 무엇을 바라는 것이냐."

이에 금자가 두 번 절하고는 말하였다.

"감히 나라를 지키는 방도를 여쭙고자 합니다."

묵자가 말하였다.

"잠깐 말하지 말자. 잠깐 말하지 말자. 옛날에 그 재주를 가진 사람이 있었는데 안으로 백성들과 친화(親和)하지 못하고 밖으로 나라를 잘 다스리지 못하였으며, 적은 백성으로써 많은 백성을 업신여기고 약한 나라로써 강한 나라를 가볍게 여겼다.

그리하여 자신은 죽임을 당하고 나라는 멸망하여 천하의 웃음거리가 되었다. 너는 그것을 신중히 생각해야 한다. 아마도 자신이 더 군세질까 두렵구나."

禽滑釐子事子墨子三年 手足胼胝[1] 面目黧黑 役身給使 不敢問欲

子墨子其²⁾哀之 乃管酒塊脯³⁾ 寄于大山⁴⁾ 昧萊⁵⁾坐之 以樵⁶⁾禽子 禽
子再拜而嘆 子墨子曰 亦何欲乎 禽子再拜再拜曰 敢問守道 子墨子
曰 姑亡 姑亡 古有丌術者 內不親民 外不約治 以少閒⁷⁾衆 以弱輕强
身死國亡 爲天下笑 子丌愼之 恐爲身薑

1) 胼胝(변지) : 일을 많이 하여 손과 발에 못이 박히는 것.

2) 其(기) : 심(甚)과 통하여 매우, 심히의 뜻.

3) 管酒塊脯(관주괴포) : 관주는 술을 맑게 거르는 것. 괴포는 포육(脯肉)을 잘
   펴서 말리다.

4) 大山(대산) : 태산(泰山).

5) 昧萊(매모) : 띠풀을 뉘어서 깔다.

6) 樵(초) : 초(醮)와 통하여 술을 따라서 권하다.

7) 閒(한) : 업신여기다.

2. 구름사다리에 대한 수비 방법은

금자(禽子)가 두 번 절하고 머리를 조아리며, 마칠 때까지 나
라를 지키는 방도를 묻기를 원하면서 말하였다.

"감히 여쭈어 보겠습니다. 많은 수의 용감한 적이 우리 성 둘레
의 못을 메우고 군졸들이 한꺼번에 진격해 와서 사다리를 장치한
수레인 구름사다리를 늘어놓고 공격할 장비들도 이미 갖춥니다.
그리고 나서 많은 무사들이 또 우리 성으로 다투어 오른다면 그
것을 어떻게 해야 하겠습니까."

이에 묵자가 말하였다.

"구름사다리에 대한 수비의 방법을 묻는 것인가. 구름사다리는
무거운 기구이니 그것을 이동시키는 일은 매우 어렵다. 수비하는
쪽에서는 임시로 성 위에 성을 만들고 임시로 누각을 만들어 적
당한 간격을 두어 성을 중심으로 둘러싸는데, 성의 폭이 넓고 좁
은 것의 정도에 맞게 한다. 임시로 만든 성과 누각이 둘러싼 가운
데에 막을 쳐야 하는 것이므로, 그 장소는 너무 넓게 하지 말 것
이다."

禽子再拜頓首¹⁾ 願遂問守道 曰 敢問客²⁾衆而勇 煙資吾池 軍卒幷
進 雲梯旣施 攻備已具 武士又多 爭上吾城 爲之奈何 子墨子曰 問
雲梯之口邪 雲梯者重器也 丌動移甚難 守爲行城³⁾ 雜樓⁴⁾相見⁵⁾ 以
環丌中⁶⁾ 以適廣陜爲度 環中藉幕 毌廣丌處

1) 頓首(돈수) : 머리를 조아리다.
2) 客(객) : 여기서는 적(敵)을 뜻한다.
3) 行城(행성) : 임시로 성 위에 또 성을 만드는 것.
4) 雜樓(잡루) : 임시로 성 위에 만들어 세운 누각.
5) 相見(상견) : 상간(相間)과 뜻이 통하여 서로 적당한 간격을 두는 일.
6) 環丌中(환기중) : 성을 중심으로 하여 그 가에다가 임시로 만든 성과 임시로
만든 누각을 둘러서 세우는 것.

3. 도끼와 칼을 배치한다

임시로 성을 만드는 방법은 성보다 스무 자를 높게 하고, 그 성
위에다 담을 두르는데 담의 넓이는 열 자로 한다. 그리고 그 좌우
에는 큰 나무로 짠 틀이 나오도록 하는데, 각각 스무 자씩이 나오
도록 해야 하고, 임시 누각의 높이와 넓이는 임시 성의 방법과 같
게 한다.

위의 담에는 참새구멍이라고 하는 구멍과 쥐그을름이라고 하
는 구멍을 뚫으며, 그 구멍 밖은 가려 놓는다. 기계와 충거(衝車),
징검다리와 임시 성을 만듬에 있어 그 넓이는 적의 대열과 같아
야 하며, 그 사이사이에 도끼와 칼을 배치한다.

충거를 다루는 사람 열 사람과 칼을 잡은 사람 다섯 명이 한패
가 되는데 모두 힘이 있는 사람이라야 한다. 그리고 깜박거리지
않는 눈을 가진 사람으로 하여금 적의 동정을 살피게 하고, 북으
로써 명령을 발하여 양편에서 끼고 활을 쏘는데 몇 겹으로 활을
쏘고 여러 가지 기계로 공격을 돕는다.

성 위에서는 화살과 돌과 모래와 재를 비처럼 퍼부으며, 섶을
태우는 불과 끓는 물을 내리 부어서 그것을 돕는다. 자세히 살펴

상이나 벌을 주고, 조용히 지나가다가도 상황에 따라 급하게 움
직이되 사고가 생기지 않도록 해야 한다. 이와 같이 하면 구름사
다리로 하는 공격은 실패할 것이다.

行城之法 高城二十尺 上加堞[1] 廣十尺 左右出巨[2]各二十尺 高廣
如行城之法 爲爵穴[3]煇鼠[4] 施荅[5]开外 機衝錢城[6] 廣與隊等 雜开間
以鑛劍 持衝十人 執劍五人 皆以有力者 令案目者[7]視適 以鼓發之
夾而射之 重而射 披機藉之 城上繁下矢石沙炭以雨之 薪火水湯以
濟之 審賞行罰 以靜爲故 從之以急 毋使生慮 若此 則雲梯之攻敗
矣

1) 堞(첩) : 성 위에 쌓는 담장. 성 위에서 적을 공격하기에 편리하도록 쌓아올
   린 담장.
2) 巨(거) : 큰 통나무를 짜 만든 틀.
3) 爵穴(작혈) : 작은 작(雀)과 통하여 참새구멍. 성 위에서 성 밖을 내다보기
   위해 뚫어놓은 구멍.
4) 煇鼠(휘서) : 휘는 훈(燻)과 통하여 쥐를 그을린다는 쥐그을림.
5) 施荅(시답) : 구멍 밖을 물건으로 가리는 것.
6) 機衝錢城(기충전성) : 기는 화살, 돌 따위를 쏘아내는 기계. 충은 돌격하는
   수레인 충기(衝車). 전은 긴(橪)으로 높은 데를 말하며 높은 데를 뛰어 건너
   가는 징검다리. 성은 임시로 쌓아올린 성.
7) 案目者(안목자) : 눈을 깜박이지 않고 대상을 주시(注視)하는 사람.

4. 참새구멍은 석 자에 하나씩 만든다

지키는 사람은 임시 성 위에 임시로 담을 만드는데 담의 높이
는 여섯 자에 한 계단이 있고, 그 가에는 도끼를 배치했다가 기계
로 내치도록 만들어 놓는다.

충거(衝車)가 오면 그것을 해치우고, 오지 않으면 그대로 배치
해 둔다. 참새구멍은 석 자에 하나씩 만든다.

쇠나 나무로 만든 가시를 깔 적에는 반드시 적의 대열 앞에 세

워지도록 하는데, 수레를 밀며 끌고 가서 성의 울타리 밖에 배치한다. 성의 울타리는 성에서 열 자 떨어지게 하고 열 자의 두께로 만든다. 울타리의 나무를 베는 방법은 크거나 작거나 통나무인 채로 자르는데, 열 자의 길이로 잘라서 뒤섞어 깊게 묻고 단단하게 땅을 다져서 뽑히지 않도록 해야 한다.

20보에 하나의 적진에 뛰어들 조를 두고 한 조마다 하나의 방어벽을 두고 방어벽의 두께는 열 자로 한다. 적진에 뛰어들 조에는 양쪽에 문을 두고 문의 넓이는 다섯 자로 하고 거문(裾門)은 하나로 하며 얕게 묻어 다지지 않고 쉽게 뽑히도록 한다. 성에서 보도록 거문을 드문드문 세워 표식을 설치해 둔다.

守爲行堞 堞高六尺而一等 施斷刂面 以機發之 衝至則去之 不至則施之 爵穴三尺而一 蒺藜[1]投必逮而立 以車推引之 裾[2]城外 去城十尺 裾厚十尺 伐裾 小大盡本斷之 以十尺爲傳 雜而深埋之 堅築[3] 毋使可拔

二十步一殺 殺有一鬲 鬲厚十尺 殺有兩門 門廣五尺 裾門一施淺埋 勿築 令易拔 城希裾門而直桀

1) 蒺藜(질려) : 공격해 오는 적을 상하게 하기 위해 땅바닥에 깔아두는 쇠나 나무로 만든 가시.
2) 裾(거) : 성 밖에다가 다시 나무를 세워서 만들어 놓은 울타리.
3) 築(축) : 땅을 다진다.

5. 군사를 이끌고 물러갈 것이다

달아두는 횃불은 넉 자마다 한 기둥에 갈고리를 달아 준비한다. 5보(五步)마다 한 아궁이를 준비하는데 아궁이 문에는 화로에 숯불을 담아둔다. 적군으로 하여금 들어오게 하고 나서 불을 붙여 문을 태우고, 달아둔 횃불이 그 다음에 실려 나가서 세워진다. 그 넓이는 적의 대열과 같아야 하며, 두 수레 사이에 하나의 불을 두고 모두 서서 기다린다. 북이 울리면 불을 붙여서 일시에 그것을 적에게 던진다. 적군이 불을 제거하고 다시 공격해 오면 달아둔 횃불로 다시 내리친다.

적군이 많이 상할 것이므로 군사를 이끌고 물러갈 것이다. 그러면 우리 결사대로 하여금 좌우의 결문으로 나가 남은 군사들을 치게 한다. 용감한 군사들과 주장(主將)으로 하여금 모두 성에서 치는 북소리를 듣고는 나가고, 성에서 치는 북소리에 따라 들어오게 하며, 본래대로 군사를 매복(埋伏)시킨다.

한밤에 성 위 사면에서 시끄럽게 북을 치면 적군은 반드시 당황할 것이다. 이에 반드시 적군을 격파하고 적의 장수를 죽이게 될 것이니 흰 옷을 입고 자기 편을 구별하며, 암호로써 서로 뜻이 통하게 한다. 이와 같이 하면 구름사다리로 하는 공격은 실패할 것이다.

縣火 四尺一鉤樴 五步一竈 竈有鑪炭 令適人盡入 煇火燒門 縣火次之 出載而立 丌廣終隊 兩載之間一火 皆立而待 鼓而擽¹⁾火 卽具發之 適人除火而復攻 縣火復下 適人甚病 故引兵而去 則令我死士左右出穴門²⁾擊遺師 令賁士³⁾主將皆聽城鼓之音而出 又聽城鼓之音而入 因素出兵施伏 夜半城上四面鼓噪 適人必或⁴⁾ 有此必破軍殺將 以白衣爲服 以號⁵⁾相得 若此 則雲梯之攻敗兵

1) 擽(연) : 연(燃)과 통하여 불을 지른다.
2) 穴門(혈문) : 결문.
3) 賁士(분사) : 용감한 군사.
4) 或(혹) : 혹(惑)과 통하여 당혹하다. 당황하다.
5) 號(호) : 암호(暗號).

제57편 분실(缺)

제58편 물 공격을 대비하다(備水第五十八)

I. 20척의 배로 한 부대를 만든다

성 안과 참호(塹壕) 밖에 둘러싸여 있는 길의 넓이는 팔보(八步)로 물을 갖춰둔다. 삼가 사방의 높고 낮은 것을 헤아려서 성안의 땅이 모두 낮으면 그 안에다 도랑을 판다. 낮은 땅에는 땅을 깊이 파 물이 흘러나오는 샘을 만들며, 우물 안에는 물통을 준비해 둔다. 밖의 물이 깊이 한 길 이상되는 높이를 보아 성 안에 물길을 낸다. 그리고 거기에 배 열 척을 띄워 높은 곳에서 공격할 무기로 삼으며, 배 한 척에는 30명이 타는데, 사람들은 쇠뇌를 가지지만 그 열의 넷은 긴 창을 든다.

반드시 배는 잘 수리하여 분온(轒轀)의 전차처럼 여러 가지 공격 무기를 갖추어야 하며, 20척의 배로 한 부대를 만든다. 재능이 있고 힘이 있는 군사 30명을 선택해서 배에 태우는데 그 중 12명은 긴 창을 들고 칼을 차고 갑옷을 입고 가죽신을 신고 투구를 쓰며, 18명은 쇠뇌를 든다.

먼저 재능이 있는 군사들을 양성하여 다른 곳에서 살게 하고 그들의 부모와 처자들을 먹여 살리면서 그들을 인질(人質)로 삼는다. 물을 터야 할 때가 되면 여러 가지 무기를 갖춘 분온을 내세워 바깥 제방을 트며, 성 위에서는 쏘는 기계로 빠르게 그들을 돕는다.

城內塹外周道¹⁾ 廣八步 備水 謹度四旁高下 城地中偏下 令耳丌內 及下地 地深穿之令漏泉²⁾ 置則瓦³⁾井中 視外水深丈以上 鑿城內

水耳 幷船以爲十臨[4] 臨三十人 人擅弩計四[5]有弓 必善[6]以船爲
轒轀[7] 二十船爲一隊 選材士[8]有力者三十人共船 亓十二人 人擅有
弓 劍甲鞮瞀[9] 十八人擅苗 先養材士爲異舍 食亓父母妻子以爲質[10]
視水可決 以臨轒轀 決外隄 城上爲射機[11] 疾佐之

1) 周道(주도) : 성 안에 둘려 있는 큰 길.
2) 漏泉(누천) : 도랑. 물길.
3) 則瓦(칙와) : 칙(則)은 측(側)과 통하고 와(瓦)는 영(瓴)과 통하여 한편으
   로 기울어져 물 퍼내기 편리하도록 만들어진 물통.
4) 臨(임) : 높은 곳에서 공격할 수 있는 기구로 배를 뜻함.
5) 計四(계사) : 십사(什四)의 뜻. 10분의 4
6) 善(선) : 선(繕)과 통하여 손질을 잘하다.
7) 轒轀(분온) : 적을 공격하기 위한 여러 가지 기계를 갖춘 전차(戰車).
8) 材士(재사) : 재능이 있는 군사.
9) 劍甲鞮瞀(검갑제무) : 칼과 갑옷과 가죽신과 투구.
10) 質(질) : 인질(人質).
11) 射機(사의) : 화살이나 돌같은 것을 쏘아내는 기계.

제59편 문실(缺)
제60편 분실(缺)

제61편 돌공을 대비하다(備突第六十一)

1. 아궁이에 불과 연기를 내뿜는다

성에는 100보(步)에 돌문(突門)이 하나씩 있다. 돌문에는 각
각 질그릇 굽는 가마와 같은 아궁이를 만들어 놓는다. 들어가는
문은 너덧 자 넓이로 뚫어놓고 그 문 위는 기와로 지붕을 하여 물
이 새지 않게 한다. 문 안으로 들어가서 관리가 돌문 막는 일을 주
관한다. 두 바퀴가 달린 수레를 사용해 나무로써 수레를 묶어놓
고 그 위는 흙으로 바르며, 문에 달린 줄은 돌문 안에 놓아둔다.
문의 넓고 좁은 것의 기준은 사람이 문 안으로 들어갈 수 있도록
너덧 자가 되게 한다. 그 안에다 질그릇 굽는 가마같이 생긴 아궁
이를 만들어놓고 문 옆에 풀무를 마련해 놓으며, 아궁이에는 나
무와 쑥을 채워둔다. 적군이 들어오면 바퀴를 돌려 돌문을 막고,
풀무를 돌려 바람을 내면서 아궁이의 불과 연기를 내뿜게 한다.

城百步一突門 突門 各爲窯竈¹⁾ 寶入門四五尺 爲爪門上瓦屋 毌
令水潦 能入門中 吏主塞突門 用車兩輪 以木束之 塗其上 維²⁾置突
門內 使度門廣狹 令人入門中四五尺 置窯竈門旁爲橐 充竈伏柴艾
寇卽入 下輪而塞之 鼓橐³⁾而熏之

1) 窯竈(요조) : 질그릇 굽는 가마처럼 생긴 아궁이.
2) 維(유) : 줄. 끈. 수레바퀴에 줄을 연결하여 한쪽 끝을 문에다 매둔다.
3) 鼓橐(고탁) : 풀무질하여 바람을 내다. 탁은 바람을 내는 기구.

제62편 혈공을 대비하다(備穴第六十二)

1. 굴을 파고 적을 대비하는 것

금자(禽子)가 두 번 절을 올리고 말하였다.

"감히 묻겠습니다. 옛사람 가운데 공격을 잘하는 사람이 있어서 땅에 구멍을 파고 성안으로 들어와 기둥에 장작을 동여매고 불을 질러 우리 성을 파괴합니다. 성이 파괴되면 성안의 사람들은 당황할 것입니다. 어떻게 해야 하는 것입니까?"

묵자가 대답하였다.

"토굴을 뚫어 방비하는 방법을 묻는 것이냐? 굴을 뚫고 오는 적에 대비하는 사람은 성안에 높은 누각을 만들어 놓고 적군을 잘 관찰해야만 한다. 적군에 변화가 생기어 담을 쌓고 흙을 모으는 게 보통과 다르거나 만약 널리 불이 흐려신 게 보통과 나틀 적에는 이것은 땅에 굴을 뚫고 있는 것이다. 급히 성안에도 참호를 파고 땅에 굴을 뚫어 이에 대비하여야 한다.

성안에 우물을 파되 5보마다 1개의 우물을 파서 성벽 바로 밑에까지 닿도록 한다. 높은 땅이면 1장(丈) 5척(尺)을 파고 낮은 땅은 샘물이 솟아나면 석 자만 파고 중지한다. 옹기장이를 시켜서 큰 독을 만들게 하는데 40두(斗) 이상이 드는 것으로 한다. 그 독을 얇고 부드러운 가죽끈으로 단단히 싼 다음 우물 속에 넣어 둔다. 그리고 귀가 밝은 사람을 시켜 독에 들어가 엎드려 듣게 하면 적이 파는 굴이 있는 장소를 자세히 알게 될 것이니 이 편에서 그를 맞아 굴을 파 간다.

옹기장이를 시켜 질그릇 독을 만들게 하는데 길이는 2척(尺) 5

촌(寸), 굵기는 여섯 아름으로 한다. 그 가운데를 둘로 쪼개어 합쳐 굴 안에 설치하는데 하나는 위를 보게 하고 하나는 그것을 덮게 한다. 기둥 바깥쪽은 두루 진흙을 잘 발라서 그 기둥에 붙여 놓은 것들이 타지 않도록 해야 한다. 기둥의 이은 구멍은 고운 진흙으로 잘 발라서 공기가 새지 않게 한다. 굴 양편을 모두 이와 같이 하여 굴을 파 나감에 따라 함께 이것도 연장시켜 가는데 아래편은 땅에 잘 닿도록 한다. 그 속에는 겨와 재를 넣되 가득 채우면 안된다. 겨와 재는 굴의 길이대로 모두 뿌려 놓는데 좌우 굴에도 모두 섞어서 이와 같이 한다.

굴 안쪽 입구에는 아궁이를 만들고 질그릇 굽는 가마와 같이 해서 일곱이나 여덟 다발의 쑥이 들어갈 수 있도록 한다. 좌우의 굴들도 모두 이와 같이 한다. 가마에는 네 개의 풀무를 쓸 수 있도록 하여 둔다.

굴이 서로 만날 때가 되면 큰 공이로 쳐서 깨뜨리고는 급히 풀무질을 하며 쑥에 불을 붙여 연기로 그을린다. 이 때엔 반드시 풀무질을 잘 익힌 자를 시켜 풀무질을 하게 하고 아궁이 곁을 떠나는 일이 없도록 한다.

여러 개의 나무쪽을 합쳐 만든 연판(連版)은 굴의 높이와 넓이를 표준으로 삼고 굴과 함께 연판을 앞에 구비시킨다. 그 연판에는 구멍을 뚫어 창을 들이밀 수 있도록 하며, 그 구멍의 수는 3분의 1 정도를 써서 굴을 방어할 수 있게 한다. 굴에서 만약 적과 마주치면 연판으로써 적을 막고 창으로써 굴을 방어하며 한편 굴이 막히지 않도록 한다. 굴이 만약 막히면 연판을 끌고 퇴각한다. 만약 한 굴만이 막히면 그 굴을 뚫고서 그곳에 연기가 통하도록 한다. 연기가 통하면 급히 풀무질을 하여 적을 연기로 그을린다.

굴 안에서는 굴의 좌우에 귀를 기울이며 파 가다가 급속히 적의 전진을 끊어 적이 나올 수 없게 만든다. 만약 적의 굴에 모이게 되면 그것을 나무와 흙으로 틀어막을 것이며 연판을 태우는 일이 없도록 해야 한다. 그렇게 하면 땅에 굴을 뚫고 침입해 오는 공격은 실패로 돌아가고 말 것이다."

禽子-再拜再拜曰 敢問古人有善攻者 穴土而入 縛柱[1]施火 以壞吾
城 城壞或中人 爲之奈何

子-墨子曰 問穴土之守邪 備穴者 城內爲高樓 以謹候望適人 適人
爲變 築垣聚土 非常者 若彭[2]有水濁 非常者 此穴土也 急塹城內 穴
丌土直之 穿井城內 五步一井 傅城足[3] 高地 丈五尺 下地得泉三尺
而止 令陶者爲罌[4] 容四十斗以上 固幎[5]之以薄鞈[6]革 置井中 使聰
耳者 伏罌[7]而聽之 審知穴之所在 鑿穴迎之

令陶者爲瓦罌[8] 長二尺五寸 大六圍 中判[9]之 合而施之穴中 偃一
覆一 柱之外善周塗 丌傅柱者勿燒[10] 柱者 勿燒 柱善塗丌寶際 勿令
泄 兩旁皆如此 與穴俱前 下迫地[11] 置康若灰[12]丌中 勿滿 灰康長五
寶[13] 左右俱雜 相如也 穴內口爲竈 令如窯 令容七八員艾 左右寶皆
如此 竈用四彙 穴且遇 以頡皐衝之 疾鼓彙熏之 必令明習彙事者 勿
令離竈口 連版 以穴高下廣陜爲度 令容者與版俱前 鑿丌版 令容矛
參分丌疏數 令可以救寶 穴則遇 以版當之 以矛救寶 勿令塞寶 寶
則塞 引版而卻 遇一寶而塞之 鑿丌寶 通丌煙 煙通 疾鼓彙以熏之
從穴內 聽穴左右 急絶丌前 勿令得行 若集客穴 塞之以柴 塗 令無
可燒版也 然則穴土之攻 敗矣

1) 縛柱(박주):기둥에 장작을 붙들어 매는 것.

2) 彭(방):방(旁)과 통하니 널리의 뜻.

3) 城足(성족):성 바로 밑 토대(土臺).

4) 罌(앵):큰 독.

5) 幎(멱):천 같은 것으로 싸는 것. 덮는 것.

6) 鞈(락):부드러운 가죽 끈.

7) 伏罌(복앵):큰 독 안으로 들어가 엎드려서 귀를 독에 대는 것.

8) 瓦罌(와앵):질그릇 독. 보통 월명(月明)으로 되어 있으나 잘못인 듯 하다.

9) 中判(중판):독의 밑바닥을 없애고 가운데를 쪼개어 합쳐서 원통형(圓筒形)
   이 되게 하는 것.

10) 柱者勿燒(주자물소):이 네 글자가 잘못 들어가 중복되어 있음.

11) 迫地(박지):원통형으로 된 독의 아래쪽은 땅에 딱 달라붙도록 하는 것.

12) 康若灰(강약회):강은 강(糠)과, 약은 여(與)와 통하여 겨와 재. 겨와 재를

그 속에 넣는 것은 풀무질을 하여 연기를 적 편으로 보낼 때 재와 겨까지도
함께 날아가 적의 눈을 뜨지 못하도록 하려는 것이다.

13) 五寶(오두) : 오는 긍(亙)의 잘못. 굴의 길이대로 뜻.

2. 적이 공격하면 비상을 발령한다

적이 공격해 오면 우리 성은 급하게 비상사태를 발동한다. 조심
해서 굴을 파고 대비하는데 굴에는 적이 굴로 응하는 것도 의심
해야 한다. 급히 굴을 파나가다 적의 굴을 발견 못하더라도 신중
히 하고 추격하지 말아야 한다.

대저 굴로써 공격해 오는 적을 분쇄하려면 20보 간격으로 하나
의 굴을 판다. 굴은 높이 10자에 넓이도 10자로 굴을 파나가는 데
있어서는 1보에 3자 이상 내려가지 않으며 10보의 굴을 이루면
좌나 우로 다시 옆으로도 파나가 높이와 넓이가 각 10자 되는 쇄
(殺)라는 갈래 굴을 만든다. 큰 독을 두 개씩 묻어 나가는데 깊이
는 성과 평행을 이루게 한다.

그 위에 나무쪽들을 놓는데 그것을 연판(聯板)이라 한다. 적의
굴 파는 소리를 듣는 샘은 5보마다 하나씩 판다. 굴 문은 가래나
무와 소나무로 만든다. 문안에는 양편에 쇠 가시를 붙이는데 그
문의 길이대로 모두 붙이며 문에 고리를 달아둔다. 돌을 굴 밖 둘
레에 쌓아두는데, 높이는 7자이고, 다시 그 위에 성가퀴를 만든다.
계단은 만들지 않으며, 돌에 사다리를 걸고 올라갔다 내려갔다 하
며 출입한다.

불가마와 풀무를 갖추어 놓고 풀무는 소가죽으로 만든다. 불가
마에는 두 개의 항아리가 있고, 손잡이를 잡고 풀무질을 하는데,
손잡이의 무게는 100근 정도이며, 그 무게가 40근 이하면 안된다.
숯에 불을 붙여 불가마에 채우며, 불가마에 가득 차면 그것을 덮
어 열기가 새어나오지 않게 해야 한다. 적병들이 재빨리 우리 굴
에 다가오고 있는데, 적의 굴이 높거나 낮아서 우리 굴에 닿지 않
으면 곧 비스듬히 굴을 뚫어 굴이 서로 통하게 만든다.

굴 안에서 적병과 만나게 되면 언제나 방어만 하고 추격을 하지는 않는다. 그리고 싸우다가는 도망을 치면서 불가마의 불로 태울 수 있는 기회를 기다려야 한다. 곧 달려와 굴 주변에 만들어 놓은 쇄 안으로 들어와야 한다.

쇄에는 서혈(鼠穴)이 있는데, 거기에는 문에다가 비장과 자물쇠를 만들어 놓고, 그 속은 한 사람만이 왔다 갔다 다닐 수 있어야 한다. 굴의 보루(堡壘) 안에는 각각 한 마리의 개를 배치한다. 개가 짖으면 곧 사람이 있는 것이다. 쑥과 땔나무를 길이 1자 정도로 잘라 불가마 아궁이 속에 넣는다. 먼저 아궁이의 벽을 잘 쌓고 적의 굴 쪽으로 연판(連版)을 만들어 놓는다.

寇至 吾城急 非常也 謹備穴 穴疑有應寇 急穴 穴未得 愼毋追 凡殺以穴攻者 二十步一置穴 穴高十尺 鑿十尺 鑿如前 步毋下三尺 十步擁穴 左右橫行 高廣各十尺爲殺 俚[1]兩罌 深平城 置板丌上 聯板以井聽 五步一穿 用柏[2]若松爲穴戶 戶內有兩蒺藜 皆長極其戶 戶爲環

壘石外塓[3] 高七尺 加堞丌上 勿爲陛 與石以縣陛[4] 上下出入

具爐橐[5] 橐以牛皮 爐有兩甄 以橋鼓之百十[6] 每亦熏四十什[7] 然炭杜之 滿爐而蓋之 毋令氣出 適人疾近五百穴 穴高若下 不室吾穴 卽以伯鑿[8]而求通之 穴中與適人遇 則皆圍而毋逐 且戰北 以須爐火之然也 卽去而入甕穴殺[9] 有鼠竄[10] 爲之戶 及關籥 獨順得往來行丌中 穴壘之中各一狗 狗吠卽有人也 斬艾與柴[11]長尺 乃置窯竈[12]中 先壘窯壁 迎穴爲連

1) 俚(이) : 매(埋)와 통하는 자로서 묻는 것.
2) 柏(사) : 본시는 따비 자루의 뜻이나 재(梓)의 가차(假借)자로서 가래나무.
3) 外塓(외후) : 후는 곽(郭)의 뜻으로, 외곽(外廓), 굴의 바깥쪽 둘레.
4) 縣陛(현폐) : 사다리를 걸다.
5) 爐橐(노탁) : 불가마와 풀무.
6) 百十(백십) : 십은 근(斤)의 잘못.
7) 每亦熏四十什(매역훈사십십) : 무하중사십근(毋下重四十斤). 즉 무게가 40

근 이하여서는 안된다는 듯.

8) 伯鑿(백착) : 백은 의(倚)의 잘못. 굴을 비스듬히 뚫는 것.

9) 甕穴殺(옹혈쇄) : 땅굴 둘레에 만들어 놓은 쇄.

10) 鼠竄(서천) : 서혈(鼠穴).

11) 艾與柴(애여시) : 쑥과 땔나무.

12) 窯竈(요조) : 불가마의 아궁이.

3. 성 밑에 붙여 우물을 판다

성벽의 발 밑에 붙여 우물을 파는데 3장(丈)에 하나씩 판다. 성밖의 넓고 좁은 지형을 살펴 적절하게 판다. 신중히 실수가 없도록 한다. 성이 낮고 땅굴이 높다면 땅굴을 이용한 공격은 어렵다.

성 아래 우물을 서너 개 파고, 새 항아리를 그 우물 속에 넣고 엎드려 잘 듣는다. 잘 살피어 적의 땅굴이 있는 곳을 알게 되면, 우리도 굴을 그편으로 파 가는 것이다. 땅굴이 맞붙게 되면 큰 도르래를 만드는데, 반드시 견고한 재목으로 받침대를 만들고 거기에 날카로운 도끼를 달아놓는다. 힘있는 사람 세 사람에게 명하여 도르래를 이용해서 돌격하고 불결한 물건 10여 석(石)을 뿌리게 한다. 재빨리 우물 안에 장작을 날라다 놓고 그 위에 쑥 7~8다발을 놓는다. 대야로 우물 입구를 덮어 연기가 위로 새지 않도록 하고, 그 옆의 풀무 어귀로 가서 재빨리 풀무질을 한다. 수레바퀴로 끄는 수레를 만들어, 한 다발의 땔나무를 물들인 삼베 줄로 가운데엔 진흙을 바른 다음 묶는다. 그것을 쇠사슬로 매달아 정확히 적의 땅굴 입구를 막도록 한다. 쇠사슬은 길이 3장(丈), 한 편 끝엔 고리가 달리고 다른 끝에는 갈고리가 달려 있게 한다.

서혈(鼠穴)은 높이 7자 넓이는 5치 로 한다. 기둥과 기둥 사이도 7자이다. 굴 안에는 2자마다 한 개의 기둥을 세우고, 기둥 밑에는 주춧돌을 놓아 둔다. 두 기둥이 하나의 부토(負土)를 위에 얹저 있게 하고, 이 두 기둥은 같은 주춧돌 위에 있게 한다. 가로로도 부토가 얹혀 있다. 기둥은 굵기가 두아름 반이며, 반드시 그 위의 부토는 견고하게 해야 한다. 기둥과 기둥이 마주치는 일이 없어야 한다.

　굴 안에는 두 개의 불가마를 두고 모두 굴 문 위는 기와집으로 한다. 거기에는 관리인을 각각 한 사람씩 두고, 반드시 물을 준비해 놓는다. 굴 문을 막는 일은 두 개의 수레바퀴로 만든 간단한 수레로 한다. 그 위를 진흙으로 바르고, 땅굴의 높고 낮음과 넓고 좁음을 척도로 삼되, 굴 안으로 4~5자 들어가게 해놓고 그것을 줄로 잡아매어 놓는다.

　땅굴을 맡고 있는 사람들은, 적이 다투어 쳐들어올 때에는 돌아서 그것을 막는다. 쑥 세 다발이 담긴 불가마를 열고 그들을 시켜 돌격해 들어오게 한다. 숨어있던 사람들은 그 굴의 한 쪽에 달라붙어, 두 개의 풀무로 풀무질을 하면서 그곳을 지키고 떠나지 않는다.

　　鑿井傅城足三丈一 視外之廣陜 而爲鑿井 愼勿失 城卑穴高 從穴難 鑿井城上 爲三四井 內新甄[1]井中 伏而聽之 審之知 穴之所在 穴而迎之 穴且遇 爲頡皐 必以堅杖爲夫 以利斧施之 命有力者三人 用頡皐衝之 灌以不潔十餘石 趣伏此井中 置艾丌上 七分[2] 盆蓋井口 毋令煙上泄 旁川彙口 疾鼓之 以車輪輻 一束樵梁㰅索塗中 以束之 鐵鎖縣 正當寇穴口 鐵鎖長三丈 端環[3] 一端鉤
　　傊穴[4]高七尺五寸廣 柱間也[5]尺 二尺一柱 柱下傅舄[6] 二柱共一員十一[7] 兩柱同質 橫員士[8] 柱大二圍半 必固丌員士 無柱與柱交者 穴二窯 皆爲穴月屋[9] 爲置吏舍人[10] 各一人 必置水 塞穴門以車兩走 爲藎[11]塗丌上 以穴高下廣陜爲度 令人穴中四五尺 維置之 當穴者 客爭伏門 轉而塞之 爲窯容三貝艾[12]者 令丌突入 伏尺[13]伏傅突一旁 以二彙守之 勿離

1) 甄(추) : 입이 작은 항아리.
2) 七分(칠분) : 칠팔원(七八員)의 잘못.
3) 端環(단환) : 끝에는 고리가 달린 것.
4) 傊穴(서혈) : 서혈(鼠穴). 적의 땅굴 공격을 막기 위하여 마련한 땅굴.

5) 也(야) : 칠(七)의 잘못.

6) 傅舃(부석) : 주춧돌을 붙이다. 주춧돌을 놓다.

7) 員十一(원십일) : 부토(負土)의 잘못. 부토는 기둥 위에 나무판을 얹어 천장
  의 흙을 바치고 있도록 한 것.

8) 員士(원사) : 역시 부토(負土)의 잘못.

9) 穴月屋(혈월옥) : 혈문상와옥(穴門上瓦屋)의 잘못. 땅굴 문 위의 기와 집.

10) 吏舍人(이사인) : 불가마를 관리하는 사람.

11) 韊(온) : 온(轀)의 잘못. 일종의 간단한 수레.

12) 三員艾(삼원애) : 세 다발의 쑥.

13) 伏尺(복척) : 숨어있던 사람.

4. 굴을 파는 사람은 50명으로 한다

굴을 파는데 도구로 쓰는 창은 쇠로 만들며 길이는 4자(尺) 반
으로 하고 크기는 쇠도끼와 같고 날이 있게 한다. 두 개의 창을 갖
고 들어가며, 굴로부터 한 자 떨어진 곳으로부터 비스듬히 파 가
는 것이다. 위의 굴이 가슴 높이일 적에는 거기에서 쓰는 창의 길
이는 7자로 한다. 굴 안에는 둥글게 쇠사슬을 매어 놓고, 굴이 둘
이 되게 한다.

우물을 성 아래 파되, 그 우물이 다 파 통하게 되기를 기다린다.
나무판을 놓고 그 위에서 그 한 편 끝을 파고, 다시 나무판을 옮
겨 놓고 다른 한 편을 판다. 도르래에는 두 개의 받침대를 마련하
고, 그 곁에 세워진 기둥은 땅에 묻으며, 그 양쪽 끝에는 몇 개의
갈고리를 달아 놓는다.

전체 굴을 파는 사람은 50명이며, 남자와 여자가 반반이다. 50
명이 굴을 파는데 흙을 운반할 삼태기를 만들어, 흙을 여섯 개의
삼태기에 담는다. 삼줄로 그 아래편을 묶어 들어올려 던질 수 있
도록 한다. 끝나면 굴을 7명만이 지키고 물러나 보루(堡壘)를 만
든다. 굴 가운데에 큰 헛간을 하나 만들어 굴에 쓰이는 물건들을
그 속에 저장시킨다.

굴을 파고는 성밖 해자 가의 나무와 기와 등을 날라다 그 밖에 뿌려놓는다. 굴 안에 참호를 파는데, 그 깊이는 지하수가 나올 정도이다. 가까운 굴을 파는 데 있어서는 쇠도끼를 쓰되, 그 쇠붙이와 도끼자루의 합친 길이는 4자만 되면 족하다.

적이 땅굴로 공격해 오면 또한 땅굴로 적에게 대응한다. 쇠갈고리를 쓰는데, 길이 4자면 충분하다. 땅굴이 서로 통하게 되었을 때는 적의 땅굴에 대항하여 갈고리를 쓴다. 그리고 짧은 창·짧은 갈래진 창·짧은 쇠뇌·짧은 화살만 있으면 충분하며, 땅굴이 서로 통하였을 때 전투로 하는 것이다.

작도(斫刀)는 구리로 날을 만드는데, 길이는 5자(尺)이다. 그 자루에 구멍을 뚫고, 자루에 도르래를 달아 적의 땅굴 공격을 돕는 데 쓴다. 명령으로 비축해 둔 30말 이상 담는 항아리를 가져다 땅굴 속에 묻고 3장(丈)에 하나씩 묻고 굴을 파는 소리가 나는지 듣는다. 굴을 파는데 높이는 8자, 넓이는 적당한 정도이며, 벽에 진흙을 잘 바른다. 불가마와 소가죽 풀무 및 질항아리를 준비하여 굴 둘레에 2개씩 놓는다. 더욱 많은 마른 콩잎과 쑥을 준비하였다가, 굴이 서로 통하게 되면 그것을 불태운다.

도끼는 구리로 날을 만들고, 자루는 길이가 3자, 굴을 호위하기 위하여 4개가 필요하다. 보부(堡壘)를 만들며 굴을 호위히기 위하여 40개가 필요하다. 촉이 4개 있어야 하고, 손도끼·도끼·톱·끌·큰 끌 등을 준비하면 족하다. 쇠 목줄이개도 준비하고 굴을 호위하기 위해서는 4개가 필요하다.

중간 크기의 방패를 준비하며 높이 10자 반, 넓이 4자로 한다. 땅굴을 호위하는데는 큰 방패도 있어야 한다. 많은 마른 삼대를 스스로 풍족하게 하여 굴 안은 촛불로 밝혀야 한다.

많은 초를 준비하고 적이 불로 공격해오면 눈을 그것으로 보호해야 한다. 눈을 보호하기 위해서는 방향을 나누어 굴을 뚫고, 대야에 초를 담아 굴 안에 놓아두어야 한다. 큰 대야는 4말도 안 담기는 것이어서는 안되며, 불로 공격해오면, 스스로 초 위로 가서 그것으로 눈을 씻는 것이다.

穴矛¹⁾ 以鐵 長四尺半 大如鐵服說²⁾ 卽刀之 二矛內 去竇尺 邪鑿之
上穴當心 刀矛長七尺 穴中爲環利率³⁾ 穴二 鑿井城上 俟刀身井且通
居版上 而鑿刀一偏 已而移版 鑿一偏 頡皐爲兩夫 而旁狸刀植⁴⁾ 而
數鉤刀兩端

五十人攻內爲傳土之□⁵⁾ 受六參⁶⁾ 約枲繩⁷⁾ 以牛刀下 可提而輿投
已則穴七人守 退壘之 中爲大廡⁸⁾一 藏穴具刀中 難穴 取城外池脣⁹⁾
木月散之什 斬刀穴¹⁰⁾ 深到泉 難近穴爲鐵鈇 金與扶林¹¹⁾長四尺 財
自足 客卽穴 亦穴而應之 爲鐵鉤鉅¹²⁾長四尺者 財自足 穴徹 以鉤客
穴者 爲短矛 短戟 短弩 虽矢¹³⁾ 財自足 穴徹以鬪

以金劍爲難¹⁴⁾ 長五尺 爲鎣¹⁵⁾木屎¹⁶⁾ 屎有慮枚¹⁷⁾ 以左客穴 戒持罌
容三十斗以上 狸穴中 丈一¹⁸⁾ 以聽穴者聲 爲穴高八尺 廣善爲傳置
¹⁹⁾ 具全牛交橐²⁰⁾ 皮及坺²¹⁾ 衛穴二 蓋陳靁及艾²²⁾ 穴徹熏之以 斧金
爲斫 屎²³⁾長三尺 衛穴四 爲壘 衛穴四十 屬四爲斤 斧鋸鑿鑺 財自足
爲鐵校²⁴⁾ 衛穴四 爲中橹²⁵⁾ 高十丈半 廣四尺 爲橫穴八橹²⁶⁾ 蓋具
橐橐²⁷⁾ 財自足 以燭穴中 蓋持醯 客卽熏 以救目 救目分方鏨²⁸⁾穴 以
盆盛醯置穴中 文盆毋少四斗 卽熏 以自臨醯上 及以泔目

1) 穴矛(혈모) : 굴을 파는 데 쓰는 창.
2) 服說(복열) : 부월(鈇鉞). 무기로 쓰는 도끼.
3) 環利率(환리률) : '육도(六韜)' 군용(軍用)편에 환리철쇄(環利鐵鎖)라는
   쇠사슬이 보이는데, 같은 것인 듯하다.
4) 植(식) : 도르래의 서있는 기둥.
5) 士之□(사지□) : 사는 토(土)의 잘못. □는 아마도 흙을 담는 그릇인 듯하
   다. 삼태기일 것이다.
6) 參(삼) : 분(畚)의 잘못. 삼태기.
7) 枲繩(시승) : 시는 모시풀이나, 여기서는 삼, 시승은 삼줄.
8) 大廡(대무) : 큰 헛간.
9) 池脣(지순) : 해자 근처. 해자 가.
10) 斬刀穴(참기혈) : 참기내(塹刀內)의 잘못. 그 안에 참호를 파다.
11) 金與扶林(금여부림) : 부림은 부방(鈇枋)의 잘못. 쇠도끼의 쇠붙이와 도끼
    자루.

12) 鐵鉤鉅(철구거) : 거는 거(距)와 통하여, 쇠로 만든 닭발 모양의 갈고리.

13) 蛑矢(맹시) : 짧은 화살.

14) 金劍爲難(금검위난) : 착이금위작(斵以金爲斫)의 잘못. 작도(斫刀)는 구
리로 날을 만든다. 금은 구리(銅).

15) 銎(공) : 도끼 구멍. 구멍을 내다.

16) 木尿(목치) : 목병(木柄). 나무 자루.

17) 慮枚(여매) : 녹로(鹿盧). 도르래.

18) 丈一(장일) : 위에 삼(三)이 빠진 듯 하다.

19) 傅置(부치) : 부식(傅埴)의 잘못. 진흙을 바르다.

20) 具全牛交槀(구전우교고) : 구로우피탁(具鑪牛皮橐)의 잘못. 불가마와 소
가죽 풀무를 갖추다.

21) 皮及坄(피급거) : 급와부(及瓦缶) 및 질항아리.

22) 蓋陳霍及艾(개진곽급애) : 개는 익(益)의 잘못. 아래 나오는 것들도 같음.
곽은 곽(藿)과 통하여 콩잎. 따라서 더욱 많은 마른 콩잎과 쑥의 뜻.

23) 尿(치) : 자루. 얼레자루.

24) 鐵校(철교) : 쇠로 만든 사람의 목을 졸라 죽이는 무기.

25) 櫓(로) : 큰 방패.

26) 橫穴八櫓(횡혈팔로) : 위혈대로(衛穴大櫓)의 잘못. 땅굴을 호위하는 데 쓰
는 큰 방패.

27) 稾枲(고시) : 고마(槀麻). 마른 삼대.

28) 鑿(고) : 착(鑿)의 잘못. 파다.

제63편 개미떼 같은 공격을 대비하다
(備蛾傳第六十三)

I. 개미떼와 같은 공격을 막는 방법

금자(禽子)가 두 번 절하면서 말하였다.

"감히 여쭤보겠습니다. 강하거나 약한 적군이 드디어 성에 달라붙어 뒤쳐져 오르는 자를 먼저 목을 치는 것으로 법도를 삼고, 참호를 파 성밑을 기지로 삼고, 땅 밑을 파 방을 만들고는 전진하면서 그치지 않고 기어오르고, 뒤에서는 아주 빠르게 활을 쏘아 댄다면 이것을 어떻게 해야 하겠습니까."

이에 대해 묵자가 말하였다.

"그대는 개미떼처럼 적군이 성벽에 달라붙으면서 공격해 오는 아부(蛾傳)에 대처하는 방법을 묻는 것이냐.

아부로 공격해 오는 군대는 그 장수가 성이 났기 때문이다. 지키는 편에서는 높은 데 위치하여 내려다보면서 활을 쏘고, 기계의 힘을 빌어서 적을 공격한다.

그들을 가까이 이르게 하여 불과 끓는 물을 끼얹고, 포장에 불을 붙여 덮어 씌우며, 모래와 돌을 빗발처럼 내리 굴린다. 그렇게 하면 아부(蛾傳)로써 하는 공격은 실패할 것이다."

禽子再拜再拜曰 敢問適人强弱 遂以傅城 後上先斷 以爲洴程 斬城爲基 掘下爲室 前上不止 後射旣疾 爲之奈何 子墨子曰 子問蛾傳[1]之守邪 蛾傳者 將之忿者也 守爲行臨[2]射之 校機[3]藉之擢之 太氾迫之 燒荅覆之 沙石雨之 然則蛾傳之攻敗矣

1) 蛾傅(아부) : 적군이 개미떼처럼 성벽에 달라붙어 공격해 오는 것.
2) 臨(임) : 높은 데 위치하여 내려다보면서 하는 공격.
3) 校機(교기) : 적을 공격하는 기계.

2. 넓이와 높이가 다섯 자가 되게 한다

아부(蛾傅)에 대비함에는 현비(縣脾)를 만들어야 하는데, 두께가 두 치 되는 나무판으로써 앞뒤가 석 자, 옆의 넓이가 다섯 자, 높이 다섯 자가 되게 한다. 그것을 무거운 것을 올리고 내리고 하는 하마거(下磨車)에 달아놓는데, 하마거의 바퀴의 직경은 한 자 여섯 치다.

한 사람으로 하여금 두 길 길이의 긴 창 네 개를 가지고, 창의 날을 그 양편으로 내놓고 현비 속에 있게 한다. 쇠사슬로써 현비의 윗대를 매달아 기계로 움직일 수 있게 한다. 힘이 있는 네 사람으로 하여금 그것을 내리고 올리고 하게 하며 하마거를 떠나지 못하게 한다. 현비를 만드는 수는 20보마다 하나를 만드는데, 공격하는 부대가 있는 쪽에는 6보(六步)에 하나씩을 둔다.

그리고 누(壘)를 만드는데 넓이와 길이가 각각 한 길 두 자 되는 포장에다 나무를 내어 윗대를 민들며, 굵은 삼베줄로 그것을 동여매고 거기 사용한 줄과 바른 진흙에는 물을 들이고, 가운데에 쇠사슬을 매어서 그 양쪽에 매달린 줄을 갈고리로 걸어놓는다.

備蛾傅爲縣脾[1] 以木板厚二寸 前後三尺 旁廣五尺 高五尺 而折[2] 爲下磨車[3] 轉徑尺六寸 令一人操二丈四方 刃其兩端 居縣脾中 以鐵璅[4]敷[5]縣二脾上衡 爲之機 令有力四人下上之 勿離 施縣脾 大數二十步一 攻隊所在六步一 爲㠾[6] 㠾廣從丈各二尺 以木爲上衡 以麻索大徧之 染其索塗 中爲鐵鏃 鉤其兩端之縣

1) 縣脾(현비) : 성벽 가까이 달아놓고 그 속에 사람이 들어가서 성벽을 기어오르는 적병을 창으로 찌를 수 있게 된 장치. 비는 비(陴)자가 아닌가 의심스럽다.
2) 折(절) : 매달다. 연결하다.

3) 下磨車(하마거) : 무거운 물건을 쉽게 들어 올리고 내리고 할 수 있게 만든
   장치. 지금의 기중기와 같은 장치.
4) 鐵璅(철쇄) : 쇄는 쇄(鎖)와 통하여 쇠사슬.
5) 敷(부) : 부(傅)와 통하여 잡아매다.
6) 纍(누) : 현비(縣脾)와 비슷한 것으로 사람이 타고 성벽을 기어오르는 적병
   을 죽일 수 있게 만든 장치.

3. 적의 공격을 막을 수 있는 것

　적병이 개미떼처럼 성벽에 오르면 답(荅)에 불을 살라 그들을 덮어 씌운다. 연시(連筳)를 모래나 재 등을 써서 모두 구제한다.
　두 개의 수레 굴대 사이가 넓고 큰 두 바퀴로써 적의 공격을 막을 수도 있다. 그 양쪽 끝날이 날카로운 창을 수레바퀴에 묶은 다음 두루 빈틈없이 끈으로 엮고 그 위에 진흙을 바르며, 가운데는 느릅나무나 잘 타는 나무로 채우고, 가시로 그 돌레를 두른다. 이것을 화줄(火捽)이라고도 부르고, 또는 전탕(傅湯)이라고도 부르며 이것으로 땅굴 공격에 대비하는 것이다. 적이 땅굴을 통해서 공격해 오면, 전탕에 불을 붙이고 줄을 잘라 그것을 적에게 떨어뜨린다. 용감한 병사들을 시켜 뒤따라 적을 공격하게 하는데, 용감한 병사들을 앞장세워 나아가게 하는 것이다.
　성 위에서는 갑자기 무너진 성을 수리하고, 성 아래에서는 밑이 예리한 말뚝을 충분히 준비하며 그 길이는 5자, 굵기는 한아름 반 이상이어야 한다. 그 끝을 모두 뾰족하게 깎아 다섯 줄로 배열한다. 줄 사이는 넓이가 3자이고, 3자는 땅속에 묻으며, 견아(犬牙)를 붙여 세워놓는다.
　연수(連殳)를 준비하며 그 길이는 5자, 굵기는 10자이다. 몽둥이는 길이 2자, 굵기는 6치, 달린 줄의 길이 2자의 것을 준비한다. 쇠망치는 길이 6자, 그 머리의 길이는 1자 5치이다. 도끼는 자루의 길이가 6자, 날은 반드시 날카로워야 하며, 모두 한쪽 뒤편은 날이 편편해야 한다.

답(荅)은 넓이가 1장 2척, □□가 1장 6척이다. 앞 가로나무는 4치 밑으로 쳐지게 하며, 양쪽 가는 1자 정도 맞물리어 서로 덮도록 하고 고기비늘처럼 모여있게 해서는 안되며, 그 뒤의 가로나무에 붙이도록 해야 한다. 중앙에 큰 줄을 하나 매는데, 길이는 2장 6척이다. 답이 누각에 잘 맞지 않을 경우에는 성가퀴로 대용하며, 자주 볕에 말려야 한다. 답을 시렁에 얹어 위아래로 바람이 통하여 마르도록 한다.

성가퀴가 나빠서 무너질 염려가 있을 경우에는 먼저 10자되는 나무를 답 하나에 하나씩 묻어주어야 한다. 무너지기 시작할 적에는 세워놓은 나무를 깎고 가로나무를 그 나무 위에 눌러 고정시킨다. 가로나무는 길이 8자, 넓이 7치, 직경 1자이다. 여러 개를 쓰더라도 한 번 쳐서 그것이 내려가야 하며, 내려가게 하기 위하여 양날 가래로 그것을 쳐 자른다. 한 편에 줄을 매어 나무 누각 고리에 달아놓고 돌을 그 망 속에 넣는다. 답은 서있는 기둥 안쪽에 걸어놓아야 하며 기둥 바깥쪽에 걸어놓지 않는다.

客則蛾傳城 燒荅以覆之 連筳[1] 抄大[2] 皆救之 以車兩走 軸間廣大 以圍犯[3]之 䖹[4]其兩端 以束輪 徧徧塗其上 室中以楡若蒸[5] 以棘爲旁 命曰火捽 一曰傳湯 以當隊[6] 客則乘隊[7] 燒傳湯 斬維而下之 令勇士隨而擊之 以爲勇士前行 城上輒塞壞城 城下足爲下說鑱[8] 杙 長五尺 大圍半[9]以上 皆剟其末 爲五行 行間廣三尺 貍三尺 大耳樹之 爲連殳[10] 長五尺 大十尺 梴長二尺 大六寸 索長二尺 椎柄長六尺 首長尺五寸 斧柄長六尺 刃必利 皆葬 其一後 荅廣丈二尺 □□[11]丈六尺 垂前衡[12]四寸 兩端接尺相覆 勿令魚鱗三 著其後行 中央木繩一 長二丈六尺 荅樓不會者 以牒塞 數暴乾荅爲格 令風上下 堞惡疑壞者 先貍木十尺一枚一 節壞 斬植[13]以押慮[14]盧薄[15]於木 盧薄表八尺 廣七寸 經尺一[16] 數施一擊而下之 爲上下 鈐[17]而斬[18]之 經一 鈎禾樓[19] 羅石[20] 縣荅植內 毋植外

1) 連筳(연시) : 대나무로 만든 무기.
2) 抄大(초대) : 사회(沙灰)의 잘못이다.

3) 圉犯(어범) : 적의 침범을 막다. 적의 공격을 방어하다.
4) 融(동) : 동(𦨴)과 같은 자. 날이 날카로운 창의 일종.
5) 榆若蒸(유약증) : 느릅나무나 가는 나뭇가지. 잘 타는 나무들을 가리킴.
6) 當隊(당대) : 땅굴 공격에 대비하다.
7) 乘隊(승대) : 땅굴을 이용하여 공격해 오다.
8) 說鑱(예참) : 예리한 것. 날카로운 것. 예는 예(銳)와 통함.
9) 大圉半(대어반) : 어는 위(圍)의 잘못. 굵기가 1위 반. 한아름 반.
10) 連殳(연수) : 여러 개의 창을 연결시킨 무기.
11) □□ : 아마도 장(長)자와 숫자일 것이다.
12) 前衡(전형) : 답(荅) 앞쪽의 가로나무.
13) 斲植(등식) : 등은 착(斲)과 통하여, 세워져 있는 나무 기둥을 깎는 것.
14) 押慮(압려) : 뜻이 미상하다. 문맥으로 보아 눌러 고정시킨다는 뜻일 것이다.
15) 盧薄(노박) : 기둥 위에 가로 얹어 댄 나무.
16) 經尺一(경척일) : 경일척(徑一尺)의 잘못. 직경 1자.
17) 銙(화) : 화(鏵), 양날 가래.
18) 斲(등) : 쳐서 자르는 것.
19) 鈞禾樓(균화루) : 구목루(鉤木樓)의 잘못. 나무 누각에 고리를 매어 다는 것.
20) 羅石(나석) : 답의 그물 같은 속에 돌을 집어넣는 것. 빠른 속도로 적에게 떨어지도록 하기 위한 것이다.

4. 성에 기어오르는 적을 퇴치하는 법

두격(杜格)은 네 자 정도 땅에 묻고, 높은 것은 10장이 되게 하고, 나무는 긴 것과 짧은 것을 뒤섞고, 그 위를 날카롭게 해놓은 다음, 그 안팎을 두텁게 진흙으로 바르며, 앞으로 나아갈 때에는 사다리길을 이용한다. 그 모퉁이에 세워놓은 누각에 답(荅)을 매달아 놓으며 누각은 반드시 2층이어야 한다. 흙은 5보마다 한 무더기씩 쌓아두는데, 20무더기 이하가 되어서는 안된다.

작혈(爵穴)은 10자마다 하나씩 뚫고 성가퀴 아래 3자 되는 곳에 뚫으며, 그 바깥쪽을 넓게 하고, 성 위로 돌아가며 뚫어 놓는다. 성루나 여러 곳으로 흩어져 하수구나 그들 각자의 특이한 무기로 만약 성벽을 기어오르며 공격해 온다면, 졸지에 그들 후방을 쳐야 하며, 서서히 움직여서 반격의 기회를 잃으면 낭패를 볼 것이다.

대저 성벽을 기어오르며 공격해 오는 적을 죽이는 방법은 성밖에서 적의 공격을 방해하는 박(薄)을 설치하는 것이며 성으로부터 10자 떨어진 곳에서는 박의 두께를 10자로 만든다. 나무를 잘라 박을 만드는 방법은 크고 작은 모든 나무를 다 자르되 10자로 자르는 단위를 정하며, 서로 떨어진 거리에 깊게 묻고 단단히 다져서 뽑을 수가 없도록 한다.

20보마다 한 개의 쇄(殺)가 있고, 격(隔)이 있으며 그 두께는 10자이다. 쇄에는 두 짝의 문이 있는데, 문의 넓이는 5보이다. 박의 문 판제(板梯)는 땅에 묻되 다지지 않고 쉽게 뽑히도록 해야 한다. 성 위에서 박의 문이 바라보이는 곳에 던질 물건들을 놓아둔다.

매달아 놓은 불은 4자마다 매어달 기둥을 세운다. 5보마다 한 개의 아궁이를 준비하고, 아궁이 문에는 화로에 숯불을 담아둔다. 적병이 모두 들어왔다는 군령(軍令)이 전해지면, 불을 붙여 문을 태우고, 매달아 놓은 불로 다음에 공격한다. 수레를 내어 세워놓는데, 그 넓이는 적의 땅굴과 같다. 두 수레 사이에 한 개의 불을 두고, 모두 서서 북소리를 기다려 불을 붙이고 바로 모두 출격하게 한다. 적병들이 불을 피했다가 다시 공격해 오면, 매달아 놓았던 불로 다시 내려친다. 적군이 매우 손상을 받고 적의 군사를 이끌고 도망치면, 곧 우리의 결사대에 명령을 내려 좌우로 굴 문을 나가 나머지 적병들을 치게 한다. 용감한 병사들과 장수들을 시켜 모두 성의 북소리를 듣고 출격하게 하고 다시 성의 북소리를 들으면 들어오도록 한다. 평소 훈련대로 군사들을 출격시키고 매복도 시킨다. 밤중에 성 위 사방에서 시끄럽게 북을 치면, 적군은 반드시 미혹될 것이다. 적군을 깨뜨리고 적장을 죽이려면 흰 옷을 입어 아군을 구별하고, 암호로 서로 연락해야 한다.

杜格[1] 貍四尺 高者十丈 木長短相雜 兌其上 而外內厚塗之 前行
行棧[2] 縣荅隅爲樓 樓必曲裏[3] 土五步一 毋其二十晶 爵穴[4]十尺一
下堞三尺 廣其外 轉脯[5]城上 樓及散與池革盆 若轉 攻卒擊其後 煖
失治 車革火[6] 凡殺蛾傅而攻者之法 置薄[7]城外 去城十尺 薄厚十尺
伐操[8]之法 大小盡木斷之 以十尺爲斷 離而深貍 堅築之 毋使可拔
二十步一殺 有壧[9] 厚十尺 殺有兩門 門廣五步 薄門板梯[10]貍之 勿
築 令易拔 城上希薄門而置搗 縣火[11] 四尺一椅[12] 五步一竈 竈門有
爐炭 傳令敵人盡入 車火燒門 縣火次之 出載而立 其廣終隊 兩載
之閒一火 皆立而待鼓音而然 卽俱發之 敵人辟火而復攻 縣火復下
敵人甚病 敵引哭而楡[13] 則令吾死士左右出穴門 擊遺師[14] 令賁士[15]
主將 皆聽城鼓之音而出 又聽城鼓之音而入 因素出兵 將施伏 夜半
而城上四面鼓噪 敵人必或 破軍殺將 以白衣爲服 以號相得

1) 杜格(두격) : 적의 공격을 방해하고 막는 시설의 일종.

2) 前行行棧(전행행잔) : 두격의 앞쪽으로 가려면 두격은 통과하기가 어렵도록
   되어 있으므로 사다리 구조물을 이용하여 가야만 한다는 뜻.

3) 曲裏(곡리) : 재중(再重)의 잘못. 이중(二重), 2층.

4) 爵穴(작혈) : 밖을 내다보고 또 적을 불로 비출 수 있도록 뚫어놓은 구멍.

5) 轉脯(전용) : 돌아가며 구멍을 뚫어놓는 것.

6) 車革火(거혁화) : 뜻을 알 수 없음. 앞뒤 문맥으로 보아 낭패를 당하게 될 것
   이라는 뜻일 것이다.

7) 薄(박) : 적의 공격을 막는 울타리 비슷한 장치.

8) 伐操(벌조) : 조는 박(薄)의 잘못. 나무를 베어 박을 만드는 것.

9) 壧(우) : 격(鬲) 또는 격(隔)의 잘못. 물건을 저장하는 곳.

10) 板梯(판제) : 문을 서 있도록 하는 나무인 듯.

11) 縣火(현화) : 나뭇단에 불을 붙이어 매어 달아놓도록 만든 것.

12) 椅(의) : 직(橵)의 잘못. 불을 매어 다는 고리가 달린 기둥.

13) 引哭而楡(인곡이유) : 인사이도(引師而逃)의 잘못.

14) 遺師(유사) : 나머지 적군.

15) 賁士(분사) : 용감한 군사, 용사.

제15권(卷之十五)

제68편 먼저 제사를 지낸다
(迎敵祠第六十八)

ɪ. 적이 동쪽에서 공격해 오면

적이 동쪽에서 공격해 오면 그들을 동단(東壇)에서 맞이하는데, 단의 높이는 8자, 당(堂)의 깊이도 8자로 한다.

나이 80살이 되는 사람 8명이 제사를 주관하여 푸른 깃발의 푸른 신(神)을 제사지내는데, 길이는 8자가 되는 것으로 한다.

8개의 쇠뇌로 8발씩 8번을 쏘고 그만둔다. 장수의 복장은 반드시 푸른 것으로 하고, 희생은 닭으로 한다.

적이 남쪽으로부터 공격해 오면 그들을 남단(南壇)에서 맞이하는데, 단의 높이는 7자, 당의 깊이도 7자로 한다.

나이 70살이 되는 사람 7명이 제사를 주관하여 붉은 깃발의 붉은 신을 제사지내는데, 길이는 7자가 되는 것으로 한다.

7개의 쇠뇌로 7발씩 7번을 쏘고 그만둔다. 장수의 복장은 반드시 붉은 것으로 하고, 희생은 개로써 한다.

적이 서쪽으로부터 공격해 오면 그들을 서단(西壇)에서 맞이하는데 단의 높이는 9자, 당의 깊이도 9자로 한다.

나이 90세가 되는 사람 9명이 제사를 주관하여 흰 깃발의 흰 신을 제사지내는데, 길이는 9자 되는 것으로 한다.

9개의 쇠뇌로 9발씩 9번을 쏘고 그만둔다. 장수의 복장은 반드시 흰 것으로 하고, 희생은 양으로써 한다.

적이 북쪽으로부터 공격해 오면 그들을 북단(北壇)에서 맞이하는데, 단의 높이는 6자, 당의 깊이도 6자로 한다.

나이 6o세 되는 사람 6명이 제사를 주관하여 검은 깃발의 검은 신을 제사지내는데, 길이는 6자가 되는 것으로 한다.

6개의 쇠뇌로 6발씩 6번을 쏘고 그만둔다. 장수의 복장은 반드시 검은 것으로 하고, 희생은 돼지로써 한다.

敵以東方來 迎之東壇 壇高八[1]尺 堂密八 年八十者八人 主祭靑[2] 旗靑神 長八尺者八 弩八 八發而止 將服必靑 其牲[3]以鷄[4] 敵以南 方來 迎之南壇 壇高七尺 堂密七 年七十者七人 主祭赤旗赤神 長 七尺者 弩七 七七發而止 將服必赤 其牲以狗 敵以西方來 迎之西 壇 壇高九尺 堂密九 年九十者九人 主祭白旗素神 長九尺者九 弩 九 九九發而止 將服必白 其牲以羊 敵以北方來 迎之北壇 壇高六 尺 堂密六 年六十者六人 主祭黑旗 黑神長六尺者六 弩六 六六發 而止 將服必黑 其牲以彘

1) 八(팔) : 오행설(五行說)에 의한 동방에 해당하는 수(數). 이하 칠(七)은 남 방, 구(九)는 서방, 육(六)은 북방에 해당하는 수이다.

2) 靑(청) : 청색(靑色). 오행설에 의해 동방에 해당하는 빛깔. 이하 적(赤)은 적색(赤色)으로 남방, 백(白)은 백색으로 서방, 흑(黑)은 검은색으로 북방 에 해당하는 빛깔이다.

3) 牲(생) : 희생(犧牲), 제물로 쓰이는 짐승.

4) 鷄(계) : 닭. 오행설에 의해 동방에 부합되는 짐승이다. 이하 구(狗)는 개로 남방, 양(羊)은 양으로 서방, 체(彘)는 돼지로 북방에 해당하는 짐승이다.

2. 길한 것과 흉한 것을 알 수 있다

성 밖에 위치하는 여러 유명한 큰 사당은 성 안으로 옮겨 영험 이 있는 무당이 빌기도 하고 희생(犧牲)을 바치기도 한다.

무릇 기운을 바라보면 큰 장수의 기운이 있고 작은 장수의 기 운이 있으며, 가는 기운이 있고 오는 기운이 있으며, 패망의 기운 도 있으니, 이런 기운을 밝게 알 수 있는 사람은 성공과 실패와 길 (吉)한 것과 흉(凶)한 것을 알 수가 있다.

　　무당과 의원과 점쟁이는 사는 곳을 일정하게 하여 언제나 약을
준비해 두게 하고 관(官)에서 먹여 살린다. 집을 잘 수리해주되,
무당은 반드시 사당(祠堂) 가까운 곳에 살아야 하며 반드시 신
을 공경해야 한다. 무당과 점쟁이는 기운을 바라본 내용을 수비
하는 장군에게 알리고, 수비하는 장군은 무당과 점쟁이가 바라본
기운의 내용을 혼자만 알고 있어야 한다. 그들이 들고 나고 하면
서 뜬소문을 퍼뜨려 관리와 백성을 놀라게 하거나 두려워하게 하
는가를 몰래 조심스럽게 자세히 살펴 그런 일이 있으면 단죄(斷
罪)하되 용서하지 않아야 한다.

　　기운을 바라보는 집은 수비하는 장군의 집과 가까워야 한다. 현
명한 대부(大夫)와 기술이 있는 사람이나 공인(工人)들은 관
(官)에서 먹여 살린다. 모든 짐승 잡는 사람과 술장수들도 주방
(廚房)에 두어 일을 시키면서 관에서 먹여 살린다.

　　從外宅[1]諸名大祠 靈巫或禱焉 給禱牲 凡望氣 有大將氣 有小將
氣 有往氣 有來氣 有敗氣 能得明此者可知成敗吉凶 擧巫醫卜[2]有
所 長具藥 宮之[3] 善[4]爲舍 巫必近公社 必敬神之 巫卜以請[5]守 守獨
智巫卜望氣之請而已 其出入爲流言 驚駭恐吏民 謹微[6]察之 斷罪不
赦 望氣舍近守官[7] 牧賢大夫及有方技者[8]若工弟[9]之 擧屠酤[10]者置
廚給事 弟之

1) 外宅(외택) : 성 밖에 위치하다.

2) 卜(복) : 점쟁이. 점을 치다.

3) 宮之(궁지) : 그들을 관(官)에서 먹여 살리다.

4) 善(선) : 선(膳)과 통하여 수리하다.

5) 請(청) : 정(情)과 통하여 사정, 내용.

6) 微(미) : 몰래 듣다. 엿보다.

7) 守官(수관) : 관은 관(館)과 통하여 수장(守將)의 집.

8) 方技者(방기자) : 기술자. 의술(醫術)이나 복술(卜術)을 지닌 사람들.

9) 弟(제) : 질(秩)과 통하여 관(官)에서 먹여 살린다는 뜻.

10) 屠酤(도고) : 도는 짐승을 도살(屠殺)하는 사람. 고는 술을 파는 사람.

3. 의지를 북돋아 주기 위한 것

무릇 성을 수비하는 방법은 현사(縣師)가 일을 맡아서 하는데 수비하는 본부가 있는 성 둘레의 도랑과 방죽을 돌아보고 사방으로 통하는 길을 막는다. 성을 수리하는 데에는 모든 관청에서 재물을 함께 부담하고 모든 공인(工人)이 일을 담당한다.

총지휘자인 사마(司馬)는 성을 시찰하고 군사의 대열을 정비한다. 성문 지키는 사람을 배치하는데 2명은 오른쪽 문을 관장하고, 2명은 왼쪽 문을 관장하되, 문을 닫는 일은 4명이 함께하고, 100명의 무장한 군사가 그곳에 앉아서 대기한다.

성 위에는 1보(一步)마다 한 군사가 창을 들고 있고, 그를 세 사람이 돕는다. 5보(五步)마다 오장(五長)이 있고, 10보(十步)마다 십장(什長)이 있으며, 100보마다 백장(百長)이 있다. 네 문이 있는 곳에는 대솔(大率)이 있고, 가운데에는 대장이 있다. 모두 일을 맡아서 하는 관리와 졸장(卒長)이 있다.

성 위에 섬돌이 있는 데에는 담당자가 있어 그곳을 지키며, 그밖의 많은 군사들은 가운데에 대기하다가 급한 일이 생기면 나아간다. 관리들은 모두 직책이 있다.

성 밖의 화살이 이를 수 있는 곳에 있는 담장들은 모두 헐어서 적을 가려 주는 일이 없게 한다. 30리 인쪽에 있는 작은나무나 큰나무들은 모두 성 안으로 들여온다. 개, 큰 돼지, 작은 돼지, 닭 같이 그 고기를 먹을 수 있는 것들은 잡아서 소금에 절여둔다. 병든 사람들도 모두 일어나게 한다.

성 안의 작은 나무나 움막과 집 등은 화살이 이르는 곳이면 모두 가리는 물건이 되게 한다. 명령을 내려 저녁이면 개나 말을 단단히 매어 두어야 한다. 고요한 밤에 시끄럽게 북소리가 들리도록 하는데 그것은 적의 사기를 떨어뜨리고 이쪽 백성들의 의지를 굳게 해주기 위한 까닭이다. 그러므로 시대가 소란하면 백성이 부지런하지 못하다.

凡守城之法 縣師[1]受事 出葆[2] 循溝防 築薦[3]通塗[4] 脩城 百官共財

百工卽事 司馬[5]視城脩卒伍 設守門 二人掌右閨 二人掌左閨 四人
掌閉 百甲坐之 城上步一甲一戟 其贊[6]三人 五步有五長 十步有什
長 百步有百長 旁[7]有大率 中有大將 皆有司吏卒長 城上當階 有司
守之 移中中處 澤急[8]而奏[9]之 士皆有職 城之外 矢之所還 壞其牆
無以爲客菌 三十里之內 薪蒸[10]水皆入內 狗彘豚鷄食其宍[11] 斂其骸
以爲醢腹 病者以起 城之內薪蒸廬室 矢之所還 皆爲之涂菌[12] 令命
昏緯狗纂馬 牽緯 靜夜聞鼓聲而諓[13] 所以閨客之氣也 所以固民之
意也 故時諓則民不疾矣

1) 縣師(현사) : 군대 안에서 대장의 명령에 따라 군사를 단속하고 여러 가지 기
   구를 관리하는 사람.

2) 葆(보) : 보(保)와 통하여 수비하는 본부.

3) 薦(천) : 천(荐)과 통하여 막다.

4) 通塗(통도) : 사방으로 통하는 길.

5) 司馬(사마) : 한 나라의 군정(軍政)을 통솔하는 관직.

6) 贊(찬) : 보조하다. 돕다.

7) 旁(방) : 사방의 네 문이 있는 곳.

8) 澤急(택급) : 급한 일을 가리다. 즉 급한 일이 생기다.

9) 奏(주) : 나아가다.

10) 薪蒸(신증) : 잔 나무. 작은 나무.

11) 宍(육) : 육(肉)의 다른 글자.

12) 涂菌(도균) : 가리는 물건. 엄폐물(掩蔽物).

13) 諓(참) : 조(譟)와 통하여 시끄럽다.

4. 덮는 것을 시루로써 한다

태축(太祝)과 태사(太史)가 사방의 산천(山川)과 사직을 둘
러보고 먼저 병기에 고하고 이에 물러난다. 공작(公爵)이 소복을
입고 태묘(太廟)에 맹세하여 말하였다.

"그 사람이 부도덕하고 의(義)를 닦지 아니하여 오직 임금이
이에 이르시기를 '너는 반드시 너의 사직을 무너뜨리고 너의 백

성을 멸망시켰으니 반성하라' 라고 하였습니다. 두세 명이 밤낮으로 스스로 엄격하여 과인을 부지런하게 하니 마음을 합하고 힘을 함께하여 좌우를 도와 각각 죽음으로써 지킬 것입니다."

이미 맹세한 공작은 물러나 식사를 하고 중앙의 태묘의 오른쪽에서 쉬고 태축과 태사는 사(社)에서 쉰다. 백관은 수레를 준비하고 조두로 문을 두드리며 오른쪽에 기를 두고 왼쪽에 정기를 두며 문의 좌우에 있어 화살 세 발을 쏘고 승리를 고하며 오병(五兵)을 함께 갖춘다.

이에 내려와 출동을 기다리며 망루에 올라 교외를 바라본다. 이에 북을 두드리라고 명령하면 잠깐 올라 역사마(役司馬)가 문의 오른쪽에서 활을 쏘면 봉화의 불을 쏜다. 창이 세 번 발동하고 쇠뇌가 이어지며 군리(軍吏)가 문의 왼쪽으로부터 먼저 대장기를 휘날리고 나무와 돌이 계속된다. 축사와 태사와 종인(宗人)이 사(社)에 고하고 덮는 것을 시루로써 한다.

祝史¹⁾乃告於四望山川社稷 先於戎²⁾ 乃退 公素服誓于太廟 曰其人爲不道 不脩義詳³⁾ 唯乃是王 曰 予必懷亡爾社稷 滅爾百姓 二參子尙夜自厦⁴⁾ 以勤寡人 和心比力兼左右 各死而守 旣誓 公乃退食 舍於中太廟之右 祝史舍于社 白官具御 乃斗⁵⁾鼓于門 右置旂 左置旌于隅練名 射參發 告勝 五兵咸備 乃下 出埃 升望我郊 乃命鼓 俄升 役司馬射自門右 蓬矢射之 茅參發 弓弩繼之 校自門左 先以揮木石繼之 祝史宗人告社 覆之以甀

1) 祝史(축사) : 태축(太祝)과 태사(太史).
2) 戎(융) : 병기.
3) 詳(상) : 상(祥)의 뜻과 같다.
4) 厦(하) : 여(厲)와 뜻이 같다.
5) 斗(두) : 조두(기斗). 구리로 만든 솥같은 기구.

제69편 깃발을 세우다(旗幟第六十九)

1. 기병은 새그림 깃발을 만든다

성을 수비하는 방법으로 각 물건에 해당하는 깃발을 만들어 표시하는 방법이 있다.

나무는 푸른 깃발, 불은 붉은 깃발, 땔나무는 누런 깃발, 돌은 흰 깃발, 물은 검은 깃발, 먹을 것은 죽순을 그린 깃발을 만들어 표시해 둔다.

결사대는 푸른 물결을 그린 깃발로 표시하고, 정예(精銳)의 군사들은 호랑이를 그린 깃발로 표시하고, 그 밖의 많은 군사들은 쌍토끼를 그린 깃발로 표시하고, 나이 어린 아이들은 아이를 그린 깃발로 표시하고, 여자들은 띠풀의 끝을 그린 깃발을 만들어 표시한다.

쇠뇌는 개를 그린 깃발, 창은 기장목 꽂힌 그림의 깃발, 칼과 방패는 새의 깃을 그린 깃발, 수레는 용을 그린 깃발, 기병(騎兵)은 새 그림 깃발을 만들어 표시한다.

무릇 필요로 하는 깃발의 이름이 씌여 있지 않은 것들은 모두 그 물건의 모양에 따라 이름을 붙인 깃발을 만든다.

성 위에서 깃발을 들면 장비를 갖추는 일을 맡은 관리는 거기에 해당하는 물건들을 가져다 주는데 물자가 넉넉해지면 깃발을 내린다.

守城之法 木¹⁾爲蒼旗 火²⁾爲赤旗 薪樵爲黃旗 石爲白旗 水爲黑旗 食爲菌旗 死士³⁾爲倉英⁴⁾之旗 竟士⁵⁾爲雩⁶⁾旗 多卒爲雙兎之旗 五尺

童子⁷⁾爲童旗 女子爲梯末之旗 弩爲狗旗 戟爲莅旗⁸⁾ 劍盾爲羽旗 車
爲龍旗 騎爲鳥旗 凡所求索旗名不在書者 皆以其形名爲旗 城上擧
旗 備具之官致財物 之足而下旗

1) 木(목) : 오행설(五行說)에서 푸른빛(동쪽)과 통한다.

2) 火(화) : 오행설에서 붉은빛(남쪽)과 통한다.

3) 死士(사사) : 죽기를 결심한 군사. 결사대(決死隊).

4) 倉英(창영) : 푸른 빛의 물결. 창은 창(蒼)과 통하여 푸르다. 창(蒼)은 바다
   의 뜻도 있음.

5) 竟士(경사) : 경(竟)은 경(勁)과 통하여 강한 정예군(精銳軍).

6) 雩(우) : 호(虎)와 통한다.

7) 五尺童子(오척동자) : 14살 이하의 아이들.

8) 莅旗(정기) : 정은 정(旌)과 통하여 깃대 위에 소의 꼬리를 달고 새털로 장
   식한 기가 꽂힌 그림이 그려진 깃발.

2. 곡식이 쌓여 있어야 한다

성을 수비하는 방법은 돌이 쌓여 있어야 하고, 연료(燃料)가 쌓
여 있어야 하고, 띠풀이 쌓여 있어야 하고, 갈대가 쌓여 있어야 하
고, 나무가 쌓여 있어야 하고, 숯이 쌓여 있어야 하고, 모래기 쌓
여 있어야 하고, 소나무와 잣나무가 쌓여 있어야 하고, 쑥대와 약
쑥이 쌓여 있어야 하고, 삼대와 굳기름이 쌓여 있어야 하고, 돈이
쌓여 있어야 하며, 곡식이 쌓여 있어야 한다.

우물과 아궁이가 있을 자리에 있어야 하고, 부모와 처자가 일정
한 곳에 살아야 하고, 각종 무기에는 각각 깃발이 있어야 하고, 부
절(符節)은 쪼개져서 잘 간직되어 있어야 하고, 법령(法令)은 각
각 바르게 다스려져야 하고, 가볍고 무거운 여러 가지 담당 직책
은 각각 성실하게 수행해야 하며, 도로를 순찰하는 일을 맡은 사
람은 정해진 일정(日程)이 있어야 한다.

凡守城之法 石有積 樵薪有積 菅茅有積 萑葦有積 木有積 炭有積

沙有積 松柏有積 蓬艾有積 麻脂有積 金鐵有積 粟米有積 井竈有
處 重質¹⁾有居 五兵²⁾各有旗 節³⁾各有辨⁴⁾ 法令各有貞⁵⁾ 輕重分數⁶⁾各
有請⁷⁾ 主愼⁸⁾道路者有經⁹⁾

1) 重質(중질) : 중요한 인질. 즉 군사들의 부모와 처자를 가리킨다.
2) 五兵(오병) : 다섯 가지 무기. 즉 중요한 여러 가지 무기. 다섯 가지 무기는
   사람에 따라 다르게 분류하지만 대체로 긴 창, 갈라진 창, 도끼, 방패, 활을 가
   리킨다.
3) 節(절) : 부절(符節). 맡은 직책과 신분을 나타내기 위해 대쪽같은 것을 반
   으로 쪼개 한쪽은 상관이 보관하고 한쪽은 담당자가 보관하였다가 신분의 확
   인이 필요할 때 서로 맞춰보았다.
4) 辨(변) : 판(判)과 통하여 쪼개다.
5) 貞(정) : 정(正)과 통하여 바르게 다스린다.
6) 分數(분수) : 각기 나누어 맡은 직책.
7) 請(청) : 성(誠)과 통하여 성실하다.
8) 愼(신) : 순(循)과 통하여 순찰(巡察)하다.
9) 經(경) : 일정(日程). 도정(道程).

3. 북을 쉬지 않고 울린다

　정위(亭尉)는 각각 깃발을 지니는데 깃대의 길이는 2장 5척이
고 깃발의 길이는 1장 5척이며, 넓이는 반 폭(幅) 되는 것 여섯
을 갖춰야 한다.
　적이 공격해 와 앞 성 둘레의 못 바깥쪽에 이르면 성 위의 적병
의 공격선에 있는 부대는 북을 세 번 울리고 깃발 하나를 올리며,
성 앞에 두른 못의 가운데 땅에 이르면 북을 네 번 울리고 깃발 둘
을 올리며, 성 밖 울타리에 이르면 북을 다섯 번 울리고 깃발 셋
을 올리며, 성 밖의 풍원(馮垣)에 이르면 북을 여섯 번 울리고 깃
발 넷을 올리며, 성 위 여원(女垣)에 이르면 북을 일곱 번 울리고
깃발 다섯을 올리며, 큰 성에 이르면 북을 여덟 번 울리고 깃발 여
섯을 올린다.

큰 성을 반 이상 타고 들어오면 북을 쉬지 않고 울린다. 밤에는 불로써 이와 같은 숫자를 나타낸다. 적이 물러갈 때에는 전진해 올 때와 같은 수의 깃발을 내려가며 북은 치지 않는다.

亭尉[1]各爲幟 竿長二丈五 帛[2]長丈五 廣半幅有六 寇傳攻前池外廉[3] 城上當隊[4]鼓三 擧一幟 到水[5]中周[6] 鼓四 擧二幟 到藩[7] 鼓五 擧三幟 到馮垣[8] 鼓六 擧四幟 到女垣[9] 鼓七 擧五幟 到大城 鼓八 擧六幟 乘大城半以上 鼓無休 夜以火 如此數 寇却解[10] 輒部[11]幟如進數而無鼓

1) 亭尉(정위) : 앞 편 영적사(迎敵祠)에 보이는 백장(百長)을 가리키는 말이다.
2) 帛(백) : 여기서는 깃발로 풀이된다.
3) 廉(염) : 가(邊). 가장자리. ~쪽.
4) 當隊(당대) : 적병의 공격선이 있는 곳.
5) 水(수) : 성 둘레에 파놓은 못에 괸 물.
6) 周(주) : 주(州)와 통하여 물 가운데에 있는 땅.
7) 藩(번) : 울타리. 성 밖에 나무를 세워서 적으로 하여금 성에 접근하기 어렵도록 만들어놓은 울타리.
8) 馮垣(풍원) : 성 밖에 있는 낮은 담.
9) 女垣(여원) : 성 위에 있는 낮은 담. 첩(堞).
10) 却解(각해) : 공격을 중단하고 물러가다.
11) 部(부) : 부(踣)와 통하여 깃발을 내리다.

4. 중군은 가슴에 휘장을 단다

성의 우두머리는 붉은 깃발을 만드는데(※원문에 결문이 있음) 길이는 50척(尺)이요, 사방의 네 문을 지키는 장수는 길이가 40척이요, 그 다음은 30척, 또 그 다음은 25척, 또 그 다음은 20척, 또 그 다음은 15척인데 높이는 45척 아래로 내려가는 것은 없다.

성 위의 관리들은 휘장(徽章)을 등에 달고, 졸병들은 머리 위에다 단다. 성 아래의 관리와 졸병들은 휘장을 어깨에다 다는데

좌군(左軍)은 왼쪽 어깨에 달고 중군(中軍)은 가슴에다 휘장을
단다.

각 군(軍)은 하나의 북을 가지는데 중군은 셋을 가지며, 모든
북은 세 번에서 열 번까지 친다. 모든 북을 관리하는 관리는 삼가
해서 법도에 따라 북을 친다. 마땅히 쳐야 할 때 북을 치지 않거
나 마땅히 북을 쳐서는 안 될 때 북을 치면 주관하는 책임자를 참
형(斬刑)에 처한다.

城爲隆(城將爲絳幟) 長五十尺 四面四門將長四十尺 其次三十
尺 其次二十五尺 其次二十尺 其次十五尺 高無下四十五尺 城上吏
卒置之背[1] 卒於頭上 城下吏卒置之肩 左軍於左肩 中軍置之胸 各
一鼓[2] 中軍一三[3] 每鼓三十[4]擊之 諸有鼓之吏 謹以次[5]應之[6] 當應
鼓而不應 不當應而應鼓 主者斬

1) 置之背(치지배) : 등에다가 그것을 달다. 치는 단다는 뜻으로 그것은 휘장(徽
   章)을 뜻하는데 문장의 일부가 빠져 나간 것이다. 휘장에는 군사들의 소속과
   계급과 성명이 기입된다.
2) 各一鼓(각일고) : 각 군(軍)은 하나의 북을 가진다는 뜻.
3) 中軍一三(중군일삼) : 일(一)은 잘못 끼어든 것이다.
4) 三十(삼십) : 세 번에서 열 번까지. 신호로서의 북을 치는 수는 세 번에서 열
   번까지 있으니, 치는 방법을 변화시켜서 여러 가지 신호로 썼다.
5) 次(차) : 법도에 따른다.
6) 應之(응지) : 북을 치다. 응은 친다는 뜻으로 격(擊)과 같다.

5. 도로의 곁에는 울타리를 한다

도로의 넓이는 30보로 한다. 성 아래에 좁은 계단을 각각 두 개
만든다. 또 우물에는 철궁을 비치한다. 도로의 곁에는 울타리를
한다. 30보를 둘레로 만들고 높이는 I장(丈)으로 하고 백성들의
측간을 만든다. 담의 높이는 I2자 이상으로 한다.

골목과 거리를 돌아다니는 자는 반드시 문으로 다니게 한다. 문

은 두 사람이 지키게 하며 신표가 있지 않으면 통행하지 못한다. 명령을 어기는 자는 참수한다.

성 안의 관리나 병졸이나 남녀 백성들은 모두 다른 옷과 휘장을 달게 하고 남자와 여자를 구별할 수 있게 한다. 모든 희생에 쓸 것을 지키는 자는 세 번 출동하여 적을 물리치면 태수가 음식을 내리기 전에 불러 대기(大旗)를 주고 백호(百戶)의 읍의 부서를 맡기고 혹 타인의 재물로 그 서(署)에 기를 세워 주며 또 명백하게 알도록 하며 이르기를 '아무개의 깃발이다' 라고 한다. 희생물은 안으로의 넓이가 25보, 밖의 넓이는 10보에 지형을 표하여 법도로 삼는다.

군졸을 잘 가르쳐 전후좌우로 행동하게 하고 졸병들이 피로한 자는 다시 교육을 시킨다.

道廣三十步 於城下夾階者 各二 其井置鐵矔[1] 於道之外爲屛 三十步而爲之圓 高丈 爲民園 垣高十二尺以上 巷術周道者 必爲之門 門二人守之 非有信符 勿行 不從令者斬 城中吏卒民男女 皆荷異衣章微 令男女可知 諸守牲格者 三出却[2]適 守以令召賜食前 矛[3]大旗 署百戶邑若他人財物 建旗其署 令皆明白知之 曰某子旗 牲格內廣二十五步 外廣十步 表以地形爲度 斬卒中敎解前後左右 卒勞者更修之

1) 矔(관) : 관은 활이 휘어진 것.
2) 却(각) : 각은 각(卻)의 속자.
3) 矛(모) : 모는 여(予)의 오자.

제70편 호령하다(號令第七十)

1. 모든 것은 군주로부터 나온다

국가를 편안하게 하는 길은 땅이 맡은 바를 다하는 데에서부터 시작된다. 땅이 그 맡은 바를 다하면 공이 이루어지고, 땅이 그 맡은 바를 다하지 못하면 수고롭되 공이 없게 된다.

사람도 또한 이와 같아 준비가 먼저 갖춰져 있지 않은 사람은 편안할 수가 없다. 군주와 관리와 졸병과 백성이 각각 다른 마음을 가져 하나가 되지 못하는 것은 모두 그들의 장수 가운데 우두머리에게 책임이 있다. 모든 상과 벌, 그리고 다스려지는 것은 반드시 군주로부터 나오는 것이다.

安國之道 道¹⁾任地始 地得其任其功成 地不得其任則勞而無功 人亦如此 備不先具者無以安 主吏卒民多心²⁾不一者 皆在其將長³⁾ 諸行賞罰及有治者 必出於公王

1) 道(도) : 종(從)과 통하여 ~으로부터.
2) 多心(다심) : 마음이 많다. 즉 각각 다른 마음을 가진다는 뜻.
3) 將長(장장) : 장수 가운데 우두머리.

2. 국경의 고을들을 살펴본다

자주 사람을 내보내 국경의 성이나 요새(要塞)를 지키며 오랑캐들에게 대비하느라고 수고 하는 자들에게 위로하는 물건을 내어준다. 그곳을 지키는 졸병들이 쓰는 물건들이 여유가 있는지 부족한지, 지형상 국경을 지키기에 합당한 곳이 어느 곳인지, 그곳의 비품은 언제나 충분한가를 알아 보고하도록 한다. 국경의 고을들은 살펴보아 그곳의 나무들이 시원찮다면 나무를 적게 쓰고, 밭이 잘 개간되어 있지 않다면 먹는 것을 적게 하며, 큰 집은 없고 초가뿐이라면 수레의 사용을 드물게 한다. 재물이 많으면 백성들이 먹기만을 좋아할 것이다.

성안의 성가퀴와 성안에서 다니는 잔교를 마련하고, 그 위에 무기와 비품을 둔다. 성 위에 관리와 졸병과 취사병은 모두 성안 둘레의 길 안쪽에 머물도록 한다. 각각 그들의 담당 구역을 맡아 방위하며, 10명의 병졸에 취사병은 2명씩이다. 신분증명을 관장하는 사람을 양리(養吏)라 부르며, 한 사람을 두어 여러 문을 분별하여 지키도록 한다. 문지기와 금령(禁令)을 맡고 있는 자들은 모두 명령이 없거나 일이 없는 자라면 그 근처에 머물지 못하게 하며, 명령을 따르지 않는 자는 죽인다.

적군이 공격해 올 때, 천 장(丈)의 큰 성이라면 반드시 성 외곽(外郭)으로 나가 그들을 맞아 싸우도록 해야 하며, 이것만이 수비하는 편에게 유리하다. 천 장도 못되는 성이라면, 나가 싸워서는 안된다. 적의 부대가 많고 적은 것을 살피어 그들에 대응하는 것이다. 이것이 성을 지키는 큰 요체이다.

여기에 들어있지 않는 사항이라면, 모두 마음 속의 계책과 사람들의 일을 참작하여 행동한다.

대저 성을 지키는 사람은 재빨리 적을 깨치는 것이 상책이다. 수비하는 날을 늘이고 오래도록 버티어 구원부대가 오는 것을 기다리는 것은 수비에 밝은 자이다. 반드시 이렇게 해야만 성을 지킬 수가 있는 것이다.

성을 지키는 방법은 적이 고을로부터 백 리(里) 이상 떨어져 있을 때 성의 장수는 명령을 내리어 오관(五官)과 백장(百長)들을 다 소집하고, 부자와 귀중한 집안의 친인척들은 관부(官府)로 와서 머물도록 하여, 삼가 믿을만한 사람들에게 이들을 수위토록 하되, 조심하고 빈틈없이 일을 하도록 해야 한다.

적이 성에 기어오르게 되면, 지키는 장수의 진영에는 군사가 3
백 명 이상이어야 한다. 사방 네 문의 장수는 반드시 공로가 있는
신하나 전사한 후손의 중요한 사람 중에서 골라야 하고, 거기에
따르는 병졸은 각각 백 명이 있어야 한다. 문을 지키는 장수가 다
른 문도 함께 지킬 때에는 다른 문 위에는 반드시 그 문을 끼고 높
은 누각을 만들어 놓고, 활 잘 쏘는 자를 시켜 그곳을 지키게 한
다. 성밖의 여곽(女郭)과 풍원(馮垣)같은 작은 성가퀴는 한 사
람이 그곳을 지키도록 하고 중요한 집안의 자식을 임명해야 한다.
50보(步)마다 한 개의 격(隔)을 만들어 놓는다.

　數使人行 勞賜[1]守邊城關塞 備蠻夷之勞苦者 擧其守卒之財用 有
餘不足 地形之當守邊[2]者 其器備常多者 邊縣邑 視其樹木惡 則少
用 田不辟 少食 無大屋草蓋[3] 少用桑[4] 多財 民好食 爲內牒[5] 內行
棧[6] 置器備其上 城上吏卒養[7] 皆爲舍道內 各當其隔部[8] 養什二人
爲符者曰養吏一人 辯護諸門 門者及有守禁者 皆無令無事者 得稽
留止其旁 不從令者戮 敵人但至 千丈之城 必郭迎之[9] 主人利 不盡
千丈者 勿迎也 視敵之居曲[10] 衆少 而應之 此守城之大體也 其不在
此中者 皆心術與人事參之 凡守城者以亟傷敵爲上 其延日持久 以
待救之至 明於守者也 不能[11]此 乃能守城 守城之法 敵去邑百里以
上 城將如今 盡召五官[12]及百長[13] 以富人重室[14]之親 舍之官府 謹令
信人守衛之 謹密爲故 及傳城 守將營無下三百人 四面四門之將 必
選擇之有功勞之臣 及死事之後重者 從卒各百人 門將幷守他門 他
門之上 必夾爲高樓 使善射者居焉 女郭[15] 馮垣[16]一人 一人守之 使
重室子 五十步一擊

1) 勞賜(노사) : 위로하고 물건을 내려주다.

2) 當守邊(당수변) : 국경을 지키기에 합당한 곳.

3) 草蓋(초개) : 지붕을 풀로 이은 집. 초가집.

4) 用桑(용상) : 상은 승(乘)의 잘못. 수레를 쓰다.

5) 內牒(내첩) : 첩은 첩(堞)과 통하여, 성안의 성가퀴.

6) 行棧(행잔) : 어려운 곳을 건너고 험한 곳을 오르는 데 길처럼 쓸 수 있게 만

든 일종의 사다리.

7) 吏卒養(이졸양) : 관리와 졸병과 취사부, 장교와 졸병과 취사병.

8) 隔部(격부) : 병졸 10명이 수비하는 담당구역.

9) 郭迎之(곽영지) : 적을 외곽(外郭)으로 나가 맞아 싸우는 것.

10) 居曲(거곡) : 부대(部隊). 부대 편성.

11) 不能(불능) : 필능(必能)의 잘못.

12) 五官(오관) : 고을의 낮은 관리, 군에 있어서는 하급 장교

13) 百長(백장) : 여러 단위 부대의 장(長).

14) 重室(중실) : 귀중한 집안, 지위가 있는 사람들의 집안.

15) 女郭(여곽) : 여원(女垣). 큰 성밖에 만든 작은 성가퀴.

16) 馮垣(풍원) : 성밖에 만든 여원 비슷한 작은 성가퀴.

3. 멋대로 행동하면 참형한다

　성 안의 마을을 여덟 부(部)로 만들고 각 부에 한 사람의 관리를 둔다. 관리는 각각 네 사람을 따르게 하여 길거리와 마을 가운데를 다니면서 순찰한다. 마을을 수비하는 일이나 잡일에 참여하지 않는 노인들은 마을을 네 부로 나누어서 한 부에 한 사람의 우두머리를 두어 오고 가는 사람들을 검문(檢問)하게 하며, 때없이 다니면서 순찰한다. 다니면서 다른 이상한 자가 있으면 그가 간악(姦惡)한 짓을 하는 사람인가를 캐낸다.

　관리로서 네 사람 이상을 거느리고 수비하는 일을 맡고 있는 사람에게 대장은 반드시 신부(信符)를 만들어준다. 대장은 사람으로 하여금 지키는 곳을 다니면서 신부를 조사하게 한다. 신부가 맞지 않거나 암호에 서로 응답하지 못하는 자는 백장(伯長 : 百長) 이상 되는 사람이 곧 그를 제지하고 대장에게 보고한다.

　마땅히 멈춰야 함에도 멈추지 않거나 관리나 졸병으로서 멋대로 놓아주는 자가 있으면 모두 참형(斬刑)한다. 모든 죄가 있는 사람 중에서 사형 이상에 해당하는 죄는 모두 그의 부모와 처자와 같은 어머니에게서 난 형제들까지 형벌에 처해진다.

因城中里爲八部 部一吏 吏各從四人 以行衝術及里中 里中父老
不擧守之事及會計¹⁾者 分里以爲四部 部一長 以苛²⁾往來 不以時行
行而有他異者 以得其姦 吏從卒四人以上有分³⁾者 大將必與爲信符⁴⁾
大將使人行 守操⁵⁾信符 信不合及號不相應者 伯長以上輒止之 以聞
大將 當止不止及從吏卒縱之 皆斬 諸有罪 自死罪以上 皆還⁶⁾父母
妻子同産⁷⁾

1) 會計(회계) : 여기서는 무기를 들고 싸우는 일 이외의 잡일을 뜻한다.
2) 苛(가) : 검문(檢問)하다.
3) 分(분) : 수비하는 직분.
4) 信符(신부) : 부신(符信). 부절(符節).
5) 操(조) : 부신을 맞춰보면서 조사하다.
6) 還(환) : 담(還)자가 마땅하며 미치다. 형벌에 처해진다는 뜻.
7) 同産(동산) : 같은 어머니가 낳은 사람으로 형제간을 뜻함.

4. 간악한 행동에 대비하기 위한 것

여러 성 위에서 수비를 담당하는 남자들 중 그 10분의 6은 쇠뇌
를 갖고, 10분의 4는 다른 무기를 들며, 젊은 여자와 노인과 어린
사람은 하나의 창을 잡는다.

갑자기 경계할 일이 생기면 중군(中軍)에서는 급히 북을 세 번
올리고, 성 위의 도로와 마을 안의 골목길까지도 모두 통행을 금
지시키는데, 그래도 다니는 자가 있으면 참(斬)한다.

여자가 군대 안으로 들어와 명령에 의해 다니게 되면 남자는 왼
쪽으로 걷고 여자는 오른쪽으로 걸어다니는데 나란히 다녀서는
안 되며, 모두 그들이 수비하는 곳으로 나아간다. 명령에 따르지
않는 자는 참한다.

수비하는 자리를 떠나는 자는 목을 베어 사흘 동안 시체를 여
러 사람에게 보인다. 이것은 간악한 행동에 대비하기 위한 것이
다.

이장(里長)과 수비하는 사람은 마을 문에서 숙직한다. 관리가

그 부(部)를 순찰하다가 마을 문에 이르면 이장은 문을 열고 관리를 들여보낸다. 노인이 수비하는 곳이나 외딴 거리, 사람이 없는 으슥한 곳까지 순찰해야 한다.

간악한 백성이 딴 마음을 품고 일을 도모하면 그 죄는 수레에 몸을 매어 찢어서 죽게 한다. 이장과 노인과 부(部)를 주관하는 관리가 간악한 자를 잡지 못하면 모두 참(斬)하고, 간악한 자를 잡으면 죄를 면제하고 또 상으로 황금 2일(二鎰)씩 그들 모두에게 준다.

대장은 사인(使人)으로 하여금 수비하는 곳을 순찰하게 하는데 긴 밤에는 다섯 번 순행하고 짧은 밤에는 세 번 순행하게 한다. 사방의 관리들도 또한 모두 스스로 그들이 담당한 수비하는 곳을 순행하는데 대장의 순행과 같게 한다. 명령에 따르지 않는 자는 참한다.

諸男子有守於城上者 什六[1]弩四兵[2] 丁女子[3]老少人一矛 卒[4]有驚事[5] 中軍疾擊鼓者三 城上道路里中巷街 皆無得行 行者斬 女子到大軍 令行者[6]男子行左 女子行右 無竝行 皆就其守 不從令者斬 離守者三日而一徇[7] 而所以備姦也 里[8]缶與皆守宿里門 吏行其部 至里門 缶與開門內吏 與行父老之守及窮巷幽閒無人之處 姦民之所謀爲外心 罪車裂[9] 缶與父老及吏主部者 不得[10]皆斬 得之除[11] 人二鎰[12] 大將使使人[13]行守 長夜五循行 短夜三循行 四面之吏亦皆自行其守 如大將之行 不從令者斬

1) 什六(십육) : 십분(十分)의 육(六).

2) 兵(병) : 무기를 가리킨다.

3) 丁女子(정여자) : 젊은 여자.

4) 卒(졸) : 졸지에. 갑자기.

5) 驚事(경사) : 경(驚)은 경(警)과 통하여 경계할 일.

6) 令行者(영행자) : 명령에 의해 다니는 사람.

7) 徇(순) : 목을 벤 뒤에 그 시체를 모든 사람에게 보이는 일.

8) 里(이) : 이장(里長)을 말한다.

9) 車裂(거열) : 수레에 몸을 매달아 찢어서 죽이는 형벌.

10) 不得(부득) : 잡지 못하다. 즉 간악(姦惡)한 자를 잡지 못한다는 뜻.

11) 除(제) : 면제(免除)하다.

12) 鎰(일) : 무게의 단위. 20냥(兩)이 1일(一鎰)이다.

13) 使人(사인) : 부리는 사람. 대장 밑에서 수비를 점검하는 일을 한다.

5. 포위된 성의 금령(禁令)은 엄하다

모든 아궁이에는 반드시 가리개를 만들어 달고 굴뚝은 높여 지붕 위로 넉 자가 나가게 하여, 조심해서 감히 불이 나지 않게 한다. 불을 낸 사람은 참(斬)한다. 불이 난 것을 기화로 삼아 일을 어지럽게 하는 자는 수레에 매달아 찢어서 죽인다.

한 조(組)로 편성된 다섯 집 중에서 불을 낸 사람을 찾지 못하면 참하고, 불을 낸 사람을 찾아내면 처벌이 면제된다. 불을 끄는 사람은 감히 떠들어서는 안 된다. 수비하는 곳을 떠나 동네를 어지럽게 하면서 불을 끄는 사람도 참한다.

그 마을의 이장(里長)과 그 동네의 노인과 그 부(部)의 관리는 모두 불을 끄는 일을 한다. 부의 관리는 급히 사람을 시켜 대장을 만나 그것을 보고하게 하고 대장은 신인(信人)으로 하여금 부하들을 거느리고 가서 불을 끄게 한다. 부(部)의 관리가 실수로 말을 하지 않는 자는 참한다.

모든 죽을 죄를 지은 여자나 불이 나게 한 죄를 지은 자를 모두 체포하는 데에 실수가 없도록 해야 한다. 그 화재를 기화로 일을 어지럽게 하는 자는 법에 따라 처벌한다. 포위된 성의 금령(禁令)은 엄하다.

적의 졸병이 이르면 명령을 무섭게 하고 백성들로 하여금 떠들지 못하게 한다. 세 사람이 모여 같이 행하며 서로 보고 앉아서 눈물을 흘리는 것을 본다. 손을 들어 서로 정탐하고 서로 가리키며 서로 부르며 서로 휘저으며 서로 발뒤꿈치를 들며 서로 치며 서로 쓰러뜨리며 몸에서 옷에까지 언어로 서로 논박하며 명령이 아닌데 이르며 적의 이동을 보는 자는 참형한다. 한 조로 편성된 다섯 집 가운데서 이러한 자를 잡지 못하면 참형한다. 잡으면 면제한다.

諸竈必爲屛[1] 火突高出屋四尺 愼無敢失火 失火者斬 其端[2]失火以爲事者 車裂 伍人[3]不得 斬 得之除 救火者無敢讙譁[4] 及離守絶[5] 巷救火者斬 其缶及父老有守此巷中部吏 皆得救之 部吏亟令人謁之大將 大將使信人[6]將左右救之 部吏失不言者斬 諸女子有死罪及坐失火皆無有所失 逮其以火爲亂事者如法 圍城之重禁

敵人卒而至 嚴令吏民無敢讙囂 三最[7] 竝行 相視 坐泣流涕 若視擧手相探相指相呼相麾相踵相投相擊相靡[8]以身及衣 訟駁言語 及非令也而視敵動移者斬 伍人不得斬 得之除

1) 屛(병) : 가리개. 아궁이를 가리는 문짝.

2) 端(단) : 기화(奇貨)로 삼다.

3) 伍人(오인) : 한 조(組)로 편성한 다섯 집.

4) 讙譁(훤화) : 시끄럽게 소동을 피우는 것.

5) 絶(절) : 난(亂)과 통하여 어지럽히다.

6) 信人(신인) : 대장의 부관(副官)에 해당하는 사람. 사인(使人).

7) 最(최) : 최는 취(聚)와 통함.

8) 靡(미) : 서로 쓰러지다.

6. 부대의 장수를 참하는 때는

한 조(組)로 편성된 다섯 집 중에서 성을 넘어 적에게 항복할 경우에는 오인조(五人組)에서 그를 잡지 못하면 참(斬)한다. 백 명이 함께 적에게 항복하면 부대의 관리를 참한다. 부대의 관리까지 함께 적에게 항복하면 부대의 장수를 참한다.

적에게 항복하는 자의 부모와 처자와 형제들은 모두 수레에 몸을 매달아 찢어 죽이는데 남보다 먼저 그것을 발각한 사람은 형벌을 면제한다. 적이 공격해 오는 길에 있다가 적이 두려워서 자기 위치를 떠나는 자는 참한다. 그가 속한 오인조에서 그를 잡지 못하면 참하고 그를 잡으면 형벌을 면제한다.

용감하게 싸워 적을 길에서 물리쳐 마침내 적이 다시 공격해오지 못하게 되면 그 중 가장 용감하게 싸운 사람을 부대에서 두 사람을 골라 상급의 녹봉(祿俸)을 내린다.

적의 포위망을 물리쳐 성의 둘레가 1리(一里) 이상일 때는 그 성의 장수에게 30리의 땅을 주어 관내후(關內侯)로 봉(封)하고, 그를 보좌한 장군과 현령(縣令)에게는 상경(上卿)의 벼슬을 내린다. 승(丞)과 승에 견주는 관리들에게는 오대부(五大夫)의 벼슬을 내린다.

성을 견고하게 수비한 직책에 참여한 관리와 호걸과 사인(士人) 및 오관(五官)에 해당하는 성 위의 관리들에게는 모두 공용(公用)의 수레를 내린다. 수비를 담당한 남자에게는 사람마다 2급(二級)의 벼슬을 더하고, 여자에게는 5천전(五千錢)의 돈을 준다.

수비를 담당하지 않고 일한 일반 남녀노소에게는 사람마다 천전(千錢)의 돈을 내린다. 그리고 3년 동안 세금과 부역을 면제해주어 그동안은 세금과 연관이 없게 한다. 이것은 관리와 백성들에게 견고하게 수비를 하여 포위망을 쳐부술 것을 권장하는 방법이다.

伍人踰城歸敵[1] 伍人不得 斬 與伯[2]歸敵 隊吏[3]斬 與吏歸敵 隊將斬 歸敵者父母妻子同産皆車裂 先覺[4]之 除 當術[5]需[6]敵離地 斬 伍人不得 斬 得之 除 其疾鬪[7]却敵於術 敵下終不能復上 疾鬪者隊二人賜上奉[8] 而勝圍[9] 城周里以上 封城將三十里地爲關內侯[10] 輔將[11]如今[12]賜上鄕 丞及吏比於丞者 賜爵五大夫[13] 官吏豪傑與計堅守者 士人及城上吏比五官[14]者 皆賜公乘[15] 男子有守者 爵人二級 女子賜錢五千 男女老小無分守者 人賜錢千 復[16]之三歲 無有所與 不租稅 此所以勸吏民堅守勝圍也

1) 歸敵(귀적) : 적에게 항복하다.

2) 伯(백) : 백(百)과 통하여 백 명.

3) 隊吏(대리) : 부대의 관리. 즉 앞에 나온 백장(百長)을 뜻한다.

4) 覺(각) : 발각하다.

5) 術(술) : 길. 여기서는 적이 공격해 오는 길목.

6) 需(수) : 유(儒)와 통하여 겁을 내다.

7) 疾鬪(질투) : 용감하게 싸우다.

8) 上奉(상봉) : 봉(奉)은 봉(俸)과 통하여 상급(上級)의 녹봉(祿俸).

9) 勝圍(승위) : 포위를 이기다. 즉 포위망을 물리치다.

10) 關內侯(관내후) : 작위(爵位)의 일종으로 자기 영지(領地)에 있지 않고 경
    사(京師)에 머물러 있는 것이 특징이다.

11) 輔將(보장) : 대장을 보좌하는 장수. 각 사문(四門)에 있는 장수들.

12) 수(금) : 영(令)의 잘못. 영(令)은 고을의 우두머리로 현령(縣令).

13) 五大夫(오대부) : 대부(大夫)중에서 상위에 속하는 대부.

14) 五官(오관) : 벼슬의 이름.

15) 公乘(공승) : 공용(公用)의 수레. 관용(官用) 수레.

16) 復(복) : 세금이나 부역을 면제해 주다.

7 평소에 경계하두록 해야 한다

관리와 졸병으로 성의 대문 가운데를 지키는 자들은 한 조(組)
에 두 명을 넘지 않는다. 용감한 자들을 앞줄에 내세우고 5명 단
위로 앉아있게 하며, 책임자는 각자가 자기 좌우와 앞뒤의 실정
을 잘 알도록 한다. 멋대로 부서를 떠나는 자는 처단한다.

문위(門尉)는 낮 동안 세 번 이들을 검열하고 저녁에 북이 울
려 문을 닫은 뒤에도 다시 한번 검열한다. 성을 지키는 장수는 때
때로 사람을 보내어 이들을 조사하도록 하며, 부서로부터 도망친
자의 명단을 올리도록 한다. 저녁밥은 모두 자기 부서에서 먹도
록 하며, 밖에 나가서 먹으면 안된다. 성을 지키는 장수는 반드시
조심하여, 가까이서 일하는 알자(謁者)·근위병·중연(中涓))
및 앞에서 시주하는 여자들의 마음가짐과 얼굴빛 및 명령을 따르

는 태도와 말씨의 실상을 자세히 관찰해야 한다. 음식이 올라왔을 때에는 반드시 사람들에게 먼저 맛보도록 한다. 만약 실상이 그릇되었다면 잡아다가 그 까닭을 조사해야 한다. 성을 지키는 장수에게 불만이 있는 듯하면 알자·근위병·중연 및 앞에서 시중하는 여자들에게 장수가 '이걸 잘라라!' '저걸 찔러라!' 또는 '이걸 묶어라!' 하고 여러 가지 명령을 내린다. 명령에 따르지 않거나 묶는게 느린 자들은 모두 처벌한다. 반드시 때때로 평소에 경계하도록 해 놓아야 한다.

성의 여러 문 앞에 아침 저녁으로 서 있거나 앉아있는 자들은 각각 나이가 많고 적은 데 따라 차례를 정하여 아침 저녁으로 자기 위치로 나아가도록 한다. 공로가 있거나 능력이 있는 자들은 먼저 대우하고, 그 나머지 사람들은 차례대로 서있게 한다. 하루에 다섯 번 시찰을 하여, 놀며 장난치거나 근무태도가 엄정하지 않고 남을 업신여기는 짓을 잘하는 자들 이름을 각각 상신(上申)토록 한다.

밖으로부터 사자(使者)로 온 여러 인사들은 반드시 부절(符節)을 들고 있어야 한다. 성을 나가 순시하거나 현(縣)을 순행(巡行)할 필요가 있을 때에는 반드시 믿을만한 사람을 내보내야만 하고, 먼저 묵을 방을 조사하게 한 뒤 나와서 마중을 하면 성을 지키는 장수에게 보고를 하고 묵을 곳으로 들어간다. 남의 부하가 된 사람은 언제나 윗분의 뜻을 살피며 따라다녀야 한다. 윗분을 따르고 아랫사람들을 따르지는 않는 법이며 반드시 윗분의 명령을 기다리며 따라야만 한다. 밖에서 손님으로 온 졸개들은 주인을 위해 지켜주며 수위 역할을 담당하고, 주인측에서도 손님으로 온 졸개들을 지켜주어야 한다.

성 안을 지키는 병졸들이 그들의 고을이 혹시 적에게 함락된 경우에는 삼가 그들을 대비해야 하며, 자주 그들의 부서를 검열해야 한다. 같은 고을 사람들은 함께 같은 부서를 지키지 않도록 한다. 섬돌과 문을 지키는 관리들은 부절(符節)을 만들어 부절이 맞는 사람들은 들여보내어 위로를 받을 수 있게 하고, 부절이 맞

지 않으면 체포하여 성을 지키는 장수에게 보고하고, 성 위로 오
는 자의 의복이나 기타의 것들이 명령과 같지 않아도 그렇게 한다.
　숙위(宿衛)를 하는 북은 성의 장수가 있는 대문 안에 있게 한
다. 저녁에 말을 타고 사자(使者)로 나가는 사람은 부절을 들게
하며, 성문을 닫는 사람은 모두 벼슬이 있는 사람으로 한다. 저녁
북이 열 번 울리면 여러 문과 정자는 모두 문을 닫게 하고, 길을
다니는 자는 처형하며 다니는 자는 반드시 잡아서 다니는 까닭을
심문하고 그의 죄를 집행한다. 아침이 되면 큰 북을 울리어 다니
는 것을 마음대로 하게 한다. 여러 성문 관리자들은 각각 들어가
열쇠를 받아가지고 와서 문을 열고, 연 다음에는 바로 다시 열쇠
를 반납한다. 부절이 있는 사람만은 이 군령(軍令)을 따르지 않
아도 된다.

　吏卒侍大門中者 曹無過二人 勇敢爲前行 伍坐[1] 令各知其左右前
後 擅離署 戮 門尉[2]晝三閱之 莫鼓[3]擊門閉一閱 守時令人參之 上逋
者名 鋪食[4]皆於署 不得外食 守必謹微察視 謁者執盾[5]中涓[6]及婦人
侍前者 志意顏色 使令言語之請 及上飮食 必令人嘗 皆非請也 擊而
請故 守有所不說 謁者執盾中涓及婦人侍前者 守曰斷之 衝之 若縛
之 不如令 及後縛者 皆斷 必時素誠[7]之 諸門下 朝夕立若坐 各令以
年少長相次 旦夕就位 先佑有功有能 其餘皆以次立 五日官[8] 各上喜
戲 居處不莊 好侵侮人者一[9] 諸人士外使者[10]來 必令有以執將[11] 出
而還若行縣 必使信人 先戒舍室[12] 乃出迎 門守乃入舍 爲人下者常
司上之 隨而行 松上不隨下 必須□□隨[13] 客卒守主人 及以爲守衛
主人亦守客卒 城中戍卒 其邑或以下寇[14] 謹備之 數錄其署 同邑者
弗令共所守 與階門吏爲符 符合入勞 符不合牧守言 若城上者 衣服
他不如令者 宿鼓在守大門中 莫令騎若使者 操節 閉城者 皆以執龜[15]
昏鼓鼓十 諸門亭皆閉之 行者斷 必擊問行故 乃行其罪 晨見掌文鼓
縱行者 諸城門吏 各入請籥 開門 已輒復上籥 有符節 不用此令
1) 伍坐(오좌) : 5명이 한 조(組)를 이루어 앉아있는 것.
2) 門尉(문위) : 성의 문 수비를 맡은 장교

3) 莫鼓(모고) : 저녁에 시간을 알리는 북.

4) 鋪食(포식) : 포는 포(鋪)와 통하여, 저녁밥.

5) 執盾(집순) : 장수를 가까이서 호위하는 사람. 근위병.

6) 中涓(중연) : 장수 옆에서 찾아온 사람들을 대접하는 임무를 맡은 관리.

7) 時素誡(시소계) : 때때로 평소부터 경계토록 하는 것.

8) 五日官(오일관) : 일오열지(日五閱之)의 잘못. 하루에 5번씩 시찰하는 것.

9) 侵侮人者一(침모인자일) : 일은 명(名)의 잘못. 남을 업신여기고 모욕하는
   자의 이름.

10) 外使者(외사자) : 밖에서 온 사자(使者).

11) 執將(집장) : 부절(符節)을 들다. 장은 기장(旗章)으로, 신분을 표시하는
    부절이나 같은 것.

12) 戒舍室(계사실) : 가서 묵을 방을 먼저 조사하는 것.

13) □□隨(□□수) : 윗분의 명령을 따른다는 뜻인 듯 하다.

14) 下寇(하구) : 적에게 함락되는 것.

15) 執圭(집규) : 규는 규(圭)의 뜻. 따라서 규를 들고 있는 사람이란 벼슬을 하
    는 사람을 뜻한다.

8. 다섯 번 울려서 군을 소집한다

　적이 공격해 오면 누각의 북을 5번 울리고, 주변의 북과 여러 작
은 북도 이에 따라 울린다. 작은 북이 5번 울려도 군사들의 소집
에 뒤쳐진 자는 처단(處斷)한다. 명령은 반드시 매우 엄해야 하
고, 상은 반드시 매우 이로워야 한다. 명령은 반드시 시행되어야
하며, 명령이 내려지면 바로 사람들은 명령을 따라 그들이 행할
것과 행해서는 안되는 것을 꼭 알아야만 한다.

　암호(暗號)는 저녁에 쓰는 암호는 따로 만들고 그 암호를 모르
는 자는 처단한다. 수비를 위한 규정(規程)을 마련하고, 무슨 규
정이라는 표제를 모든 거리와 골목과 계단이나 문에 써 붙여 놓
아, 왕래하는 자들이 모두 보고 따르게 한다.

　여러 관리나 병졸과 백성 중에 그의 장수나 우두머리를 죽이거

나 상해하려 한 자는 반역죄(反逆罪)와 같이 다룬다. 그런 자를
잡아 고발한 사람에게는 황금 20근(斤)을 상으로 준다. 그가 맡
은 직책에서 벗어나 멋대로 물건을 취하는 자는 엄히 처벌한다.
만약 그가 다스려야 할 일이 아닌데도 멋대로 일을 다스리는 자
는 처단한다.

여러 관리나 병졸과 백성 중에 그에게 할당된 장소가 아닌데도
멋대로 다른 장소로 들어가는 자는 바로 체포하여 도사공(都司
空)이나 후(候)에게 인도하고 후는 그것을 성의 장수에게 보고
한다. 이들을 체포하지 않고 멋대로 놓아줄 경우에도 처단한다.
모반(謀反)을 하거나 성의 규칙을 배반하여 성을 넘어 적에게로
가는 자를 한 명 체포하였을 경우에는, 명령으로 2명의 사형죄를
면제시킬 수가 있고, 성에서 중노동형(重勞動刑)을 받은 자 4명
의 죄를 면제시켜 줄 수가 있다. 성을 배반하고 자기 부모도 버리
고 도망하는 자는, 도망하는 자의 부모와 처자까지도 모두 체포
한다.

민가에 있는 재목이나 기와와 던질만한 돌들의 수와 그 길고 짧
은 것 및 크고 작은 것들을 모두 기록하여 마땅히 열거해야 한다.
열거하지 않을 경우에는 일을 맡은 관리의 죄가 되는 것이다. 여
러 병졸과 백성으로 성 위에 있는 사람들은 그의 좌우 사람들과
연대책임(連帶責任)을 진다. 좌우 사람들에게 죄가 있는데도 알
지 못했다면 그가 소속된 5명까지 죄가 연좌되는 것이다. 만약 그
자신이 죄인을 체포하거나 혹은 그를 관리에게 고발했다면 모두
상을 받는다. 만약 자기의 5인조(組)가 아니고 다른 5인조의 죄
를 먼저 알았다면, 모두 그가 받는 상은 두 배가 된다.

성 밖의 일은 현령(縣令)이 책임지고, 성안의 일은 성의 장수
가 책임진다. 영(令)·승(丞)·위(尉)는 도망자가 있을 때에는 거
기에 인원을 충당해야 한다. 그러나 도망자가 10명 이상이 되면
영·승·위의 계급을 각각 2급(級)씩 낮춘다. 백 명 이상이 될 경
우에는 영·승·위의 계급을 박탈하고 병졸이 되어 성을 수비하게
한다. 여러 도망 인원을 충당시킴에 있어서는 반드시 적을 그 수

만큼 포로로 잡아야만 용서를 받을 수 있게 한다.

　백성들의 재물과 곡식을 거두어서 여러 가지 무기나 기구와 바꾸려 할 때에는 공평하게 값을 지불해야 한다. 고을 사람 중에 잘 아는 사람이나 형제 중에 죄를 지은 자가 있어, 비록 그가 현 안에 있지 않더라도 그의 죄를 대속(代贖)하기 위해 곡식이나 돈 또는 비단 같은 여러 가지 재물을 내고 죄를 면하게 하고자 할 때에는 그것을 허락한다.

　말을 전하는 자는 10보(步)마다 1명씩 둔다. 말을 남겨두거나 덜 전하는 자는 처단한다. 여러 가지 군사상 편리할 수 있는 일은 신속하게 글로 적어 그 말을 성의 장수에게 전해야 한다. 관리나 병졸 또는 백성 중에 어떤 일에 대하여 말하고자 하는 것이 있다면, 속히 말을 전달해 청원(請願)하여야 한다. 관리가 말을 남겨두고 여러 가지를 전달하지 않을 때에는 처단한다.

　寇至樓鼓五 有周鼓[1] 雜小鼓乃應之 小鼓五 後從軍斷 命必足畏 賞必足利 令必行 令出 輒人隨省其可行不行 號 夕有號 失號斷 爲守備程 而署之曰某程 置署街街衢[2]階若門 令往來者 皆視而放 諸吏卒民 有謀殺傷其將長者 與謀反同罪 有能捕告 賜黃金二十斤 謹罪 非其分職 而擅取之 若非其所當治 而擅治爲之 斷 諸吏卒民 非其部界[3] 而擅入他部界 輒收 以屬都司空若候[4] 候以聞守 不收而擅縱之 斷 能捕得謀反 賣城 踰城敵者一人 以令爲除死罪二人 城旦四人 反城 事[5] 父母去者 去者之父母妻子 悉擧 民室材木 瓦若蘭石[6] 數 署長短小大 當擧 不擧 吏有罪 諸卒民居城上者 各葆[7]其左右 左右有罪 而不智也 其次伍有罪 若能身捕罪人 若告之吏 皆構之 若非伍 而先知他伍之罪 皆倍其構賞

　城外令任 城內守任 令丞尉[8] 亡得入當 滿十人以上 令丞尉奪爵[9]各二級 百人以上 令丞尉免以卒戍 諸取當者 必取寇虜 乃聽之 募民欲物財粟米 以貿易凡器者 卒以賈予[10] 邑人知識昆弟有罪 雖不在縣中 而欲爲贖 若以粟米錢金布帛他財物 免出者 令許之 傳言者十步一人 稽留言及乏傳者 斷 諸可以便事者 亟以疏傳言守 吏卒民

欲言事者 函爲傳言請之 吏稽留不言諸者 斷

1) 周鼓(주고) : 주변에 있는 북. 성 둘레의 북.

2) 街街衢(가가구) : 길거리와 골목. 가의 한 글자는 잘못되어 중복되었음.

3) 部界(부계) : 부서가 있는 장소. 할당된 장소.

4) 候(후) : 낮은 관리 이름.

5) 事(사) : 사는 기(棄)의 잘못.

6) 藺石(인석) : 성에서 아래로 던지는 돌.

7) 葆(보) : 연대책임(連帶責任)을 지는 것.

8) 令丞尉(영승위) : 각각 성을 지키는 군대 중에서 부대장급의 장교들임.

9) 奪爵(탈작) : 계급을 낮추는 것.

10) 卒以賈予(졸이가여) : 이평가여(以平賈予)의 잘못. 공정한 값을 따져주다.

9. 포악한 자는 모두 처단한다

현에서는 각각 그 현 안의 호걸(豪傑)·모사(謀士)·벼슬을 그만둔 대부(大夫)·부자의 수가 얼마나 있는가 보고한다. 관청이나 성 아래 관리나 병졸 또는 백성들의 집은 앞뒤와 좌우의 집이 서로 연락하게 하며 화재를 예방하게 한다.

불을 일으켜 자기 집을 태우거나 불이 옮겨가 남의 집을 태우게 되면 그를 처단한다.

수가 많고 강한 자들이 약하고 수가 적은 사람들을 못살게 굴거나 남의 부녀자들을 억지로 욕보이거나 소동을 일으키는 자들은 모두 처단한다. 여러 성문이나 정자에서는 왕래하는 사람들의 부신(符信)을 엄밀히 살펴야 한다.

부절이나 증명서가 의심스럽거나 부절이 없는 자라면 모두 현(縣)의 관청으로 보내어 그를 누가 보내었는가 심문하도록 한다. 그들 중 부절이나 증명서가 있는 사람들은 관청으로 보내어 잘 머물도록 하고 그들의 친지나 형제들을 만나고자 하는 사람이 있을 경우에는 불러주며 마을로 가서 만나지는 못하게 한다.

고을의 장로(長老)에게 마을 문을 지키게 하고, 숫돌과 화살을 손질하며 거담(渠答)도 만들게 한다. 만약 다른 일로 징발된 자라면 마을 안으로 들어가지 못한다. 장로는 민가에 들어가지 못한다. 마을에 명령을 전하는 자는 새깃으로 표지를 삼는데, 그 새깃은 장로가 있는 곳에 둔다. 집에 있는 사람들은 각각 명령을 그의 집안에 전하는데, 명령을 잊어버리거나 명령을 버려둔 채 전하지 않으면 처단한다. 집을 지키고 있는 자들이 음식을 장만한다. 관리나 병졸 또는 백성으로 부절도 없이 멋대로 마을과 관청을 들어가려고 하는데 관리나 장로들과 마을문을 지키는 자들이 소리쳐 멈추게 하지 못하면 모두 처단한다.

여러 가지 수비에 필요한 기구나 재물들을 훔치거나 그 도둑질을 도운 자들은 I전(錢) 이상의 값이 나가는 경우에는 모두 처단한다. 관리와 병졸과 백성들은 각자 그의 이름을 나무판에 크게 써서 각기 자기 부서의 문 앞에 붙인다. 성의 장수는 써붙인 이름을 보고서 멋대로 들어온 자를 가리어 처단한다. 성 위에서는 하루에 한 번씩 깐 자리를 들어올려 서로 살펴보도록 한다. 사람들에게 말하지 않고 금하는 물건을 감추어둔 것이 있다면 그를 처단한다.

관리나 병졸 및 백성들이 전사한 자가 있으면 바로 그 유가족을 불러 차사공(次司空)에게 그를 장사지내주도록 하고 앉아서 울지 못하게 한다. 심한 부상을 당한 자는 돌아가 병을 치료하며 집에서 잘 보양하도록 한다. 의원을 보내주고 약도 대주며, 하루에 두 되(升)의 술과 두 근(斤)의 고기를 보내준다. 관리를 시켜 자주 마을로 가게 하고 병이 나은 것이 발견되면 즉시 가서 윗사람을 섬기도록 한다. 거짓으로 자해(自害)를 하거나 꾀병으로 일을 회피하려는 자는 삼족(三族)을 멸한다. 전쟁이 끝나면 성의 장수는 관리를 보내어 직접 전사하거나 부상한 사람의 집을 찾아가서 방문하여 그들을 위문토록 한다. 적이 물러가고 전쟁이 끝나면 다시 제사를 지내도록 한다.

성의 장수는 명령을 내리어 고을의 힘써 싸운 호걸들과 여러 공을 세운 사람들에게 상을 내리고, 반드시 친히 전사하고 부상당한 사람들의 집을 찾아가 그들을 조문(弔問)하고 위로해야 하며, 몸소 전사한 사람들의 후손을 만나보아야 한다. 성의 포위가 풀리면, 성의 장수는 속히 사자를 보내어 가서 위로를 해야 한다. 공을 세운 사람과 전사자와 부상자의 수를 헤아려 작위(爵位)와 벼슬을 내린다. 성의 장수는 직접 그들을 존중하여 주고 아껴주며 분명히 귀하게 여겨서 그들에게 적에 대한 원한이 맺히도록 해야 한다.

성 위의 병졸과 관리는 각각 그의 좌우 사람들과 연대책임을 진다. 만약 성에서 밖의 사람들과 모의를 하는 자가 있으면 그의 부모와 처자와 형제들까지도 모두 처단한다. 좌우에 있으면서 알고도 체포하거나 고발하지 않은 자는 모두 같은 죄로 처벌한다. 성 아래 마을 집의 사람들도 모두 서로 연대책임을 지며 연대 범위는 성 위의 숫자와 같다. 모의한 자를 체포하거나 고발한 사람이 있으면 그에게 1천호(戶)의 고을을 봉(封)해 준다. 만약 그의 좌우 사람도 아닌 다른 부서의 사람을 체포하거나 고발하는 사람이 있으면 그에게 2천호의 고을을 봉해 준다.

縣各上其縣中豪傑 若謀士 居大夫[1] 重厚 口數多少 官府城下 吏卒民家 前後左右 相傳保火[2] 火發自燔 燔曼延[3]燔人 斷 諸以衆彊凌弱少及彊姧[4]人婦女 以謼譁者 皆斷 諸城門若亭 謹候視往來行者符 符傳疑 若無符 皆詣縣延言 請問其所使 其有符傳者 善舍官府 其有知識兄弟 欲見之 爲召 勿令里巷中 三老[5]守閭 令屬繕夫[6]爲荅 若他以事者微者 不得入里中 三老不得入家人 傳令里中 有以羽 羽在三所差[7] 家人各令其官中 失令 若稽留令者 斷 家有守者 治食 吏卒民無符節 而擅入里巷官府 吏三老守閭者 失苟止 皆斷 諸盜守器械財物 及相盜者 直一錢[8]以上 皆斷 吏卒民各自大書於桀 著之其署同[9] 守案其署 擅入者 斷 城上日壹發席蓐[10] 令相錯發 有匿不言人所挾藏在禁中者 斷

吏卒民死者 輒召其人 與次司空[11]葬之 勿令得坐泣 傷甚者 令歸治病 家善養 予醫給藥 賜酒日二升肉二斤 令吏數行閭 視病有瘳 輒

576 묵 자(墨子)

造事上 詐爲自賊傷 以辟事者 族之 事已 守使吏 身行死傷家 臨戶
而悲哀之 寇去事已 塞禱¹²⁾ 守以令 益邑中豪傑力鬪 諸有功者 必身
行死傷者家 以弔哀之 身見死事之後 城圍罷 主亟發使者往勞 擧有
功及死傷者數 使爵祿 守身尊寵明白貴之 令其怨結於敵
    城上卒若吏 各保其左右 若欲以城爲外謀者 父母妻子同産 皆斷
左右知不捕告 皆與同罪 城下里中家人 皆相葆 若城上之數 有能
捕告之者 封之以千家之邑 若非其左右 及他伍捕告者 封之二千家
之邑

1) 居大夫(거대부) : 벼슬을 그만두고 집에 와 있는 대부.

2) 相傳保火(상전보화) : 서로 협력하여 화재를 예방하는 것.

3) 燔曼延(번만연) : 불이 다른 곳까지 옮겨가는 것.

4) 彊姦(강간) : 억지로 욕을 보이는 것.

5) 三老(삼로) : 고을의 장로(長老). 마을마다 한 사람 있었다.

6) 令属繕夫(영려선부) : 영선려시(令繕属矢)의 잘못. 숫돌과 화살을 손질하게
   하다.

7) 三所差(삼소차) : 삼로소(三老所)의 잘못. 장로가 있는 곳.

8) 直一錢(치일전) : 1전의 값.

9) 署同(서동) : 동은 문(門)의 잘못.

10) 發席蓐(발석욕) : 깔아놓은 자리를 들어올리다.

11) 次司空(차사공) : 앞에 보인 도사공(都司空) 바로 밑의 벼슬.

12) 塞禱(새도) : 새는 새(賽)와 통하여, 제사를 지내는 것. 푸닥거리를 하는 것.

10. 명령에 복종하지 않는 자는 처단한다.

성(城)에서는 관리나 병졸이나 백성이 허락없이 내려가는 것
을 금한다. 적의 휘장(徽章)이나 깃발을 본뜨는 자는 처단(處斷)
한다. 명령에 복종하지 않는 자는 처단한다.

자기 마음대로 그릇된 명령을 하는 자는 처단한다. 명령을 잘못
지키는 자는 처단한다. 계단을 통하지 않고 창에 의지하여 성벽
에 매달려 뛰어내리거나 성을 오르내리는 데 있어서 여러 사람들

과 행동을 함께하지 않는 자는 처단한다.

응답이 없거나 망령되이 시끄럽게 소리지르는 자는 처단한다. 죄인을 놓아주는 자는 처단한다. 적을 칭찬하며 자기편을 비방하는 자는 처단한다.

부서(部署)를 떠나 여러 사람과 모여 이야기하는 자는 처단한다. 성에서 북소리가 울리는 것을 듣고도 대오(隊伍)에 뒤늦게 부서로 올라가는 자는 처단한다.

사람들은 스스로 나무판에 크게 부서의 이름을 써 그 부서 칸막이에 붙이며, 장수는 반드시 스스로 앞뒤를 헤아려 부서를 배치해야 한다. 자기 부서가 아닌 곳을 함부로 들어가는 자는 처단한다.

자기 부서 근처를 떠나서 남의 부서 근처로 들어가도 잡지 않거나, 사사로운 서류를 끼고 다니면서 청탁이나 하고 서신을 써서 보내거나, 수비하는 일을 하지 않고 자기 집안 일을 돌보거나, 병졸이나 백성이 도둑질을 하면 집안 사람과 어린아이들까지도 모두 처단하여 용서하는 일이 없어야 한다.

어떤 사람이 천거한 것을 빙자하여 부절(符節)도 없이 군대 안을 멋대로 돌아다니는 자는 처단한다.

적이 성 아래에 와 있을 때 적의 수에 따라 그 부서를 바꾸면서도 그늘의 급양(給養)을 바꾸지 않거나, 적의 수가 적은데도 많다고 하거나, 적이 어지러운데도 정돈되었다고 하거나, 적의 공격이 서투른데도 잘한다고 하는 자는 처단한다.

적과 이쪽이 서로 말을 주고 받거나, 서로 물건을 빌려 써도 안된다. 적이 편지를 매어 활을 쏘아 보내도 주워서는 안된다. 밖에 있는 적이 안에 있는 이쪽에 대하여 착한 체하더라도 거기에 응해서는 안된다. 이런 군령(軍令)에 따르지 않는 자는 모두 처단한다.

적이 화살에 편지를 매어서 쏘아 보내더라도 줍는 일이 없도록 금해야 하고, 만약 편지를 화살에 매어 적에게 쏘아보내는 것과 같은 군령을 범하는 자가 있으면 부모와 처자까지도 모두 처단해야 하며, 성 위에다 그들의 목을 매달아 둔다.

그러한 짓을 하는 자를 잡아 고하는 사람에게는 상금으로 황금 20근(斤)을 준다.

정상적인 때가 아닌데에도 다닐 수 있는 사람은 오직 그 성의 태수(太守)와 그 태수의 부절을 가지고 다니는 사자(使者)일 뿐이다.

城禁 使卒民不¹⁾ 欲寇微職²⁾和㫌³⁾者 斷 不從令者 斷 非擅出令者 斷 失令者⁴⁾ 斷 倚戟縣下城⁵⁾ 上下不與衆等者 斷 無應而妄讙呼者 斷 總失⁶⁾者 斷 譽客內⁷⁾毀者 斷 離署而聚語者 斷 聞城鼓聲而伍後 上署者 斷 人自大書版 著之其署隔 守必自謀其先後 非其署而妄入 之者 斷 離署左右 共入他署 左右不捕 挾私書 行請謁及爲行書者 釋守事⁸⁾而治私家事 卒民相盜家室嬰兒 皆斷無赦 人擧而藉⁹⁾之 無 符節而橫行軍中者 斷 客在城下 因數易其署而無易其養 譽敵少以 爲衆 亂以爲治 敵攻拙以爲巧者 斷 客主人無得相與言及相藉¹⁰⁾ 客 射以書 無得擧 外示內以善 無得應 不從令者 皆斷 禁無得擧矢書 若以書射寇 犯令者 父母妻子皆斷 身梟城上 有能捕告之者 賞之黃 金二十斤 非時而行者 唯守及摻¹¹⁾太守之節而使者

1) 不(불) : 하(下)의 잘못.
2) 微職(미직) : 미는 휘(徽), 직은 지(識)와 통하여 군인의 휘장(徽章).
3) 和㫌(화정) : 군문(軍門)에 세워두는 깃발.
4) 失令者(실령자) : 명령을 잘못 지키는 자.
5) 倚戟縣下城(의극현하성) : 계단을 통하지 않고 창에 의지하여 성벽에 매달려 뛰어내리다.
6) 總失(총실) : 총은 종(縱)의 잘못으로 죄인을 놓아주다.
7) 內(내) : 우리편. 우리쪽.
8) 釋守事(석수사) : 수비하는 일을 놓다. 수비를 충실하게 하지 않다.
9) 藉(자) : 빙자하다. 곧 배경으로 삼아 의지한다는 뜻.
10) 相藉(상자) : 서로 물건을 빌려서 쓰다.
11) 摻(삼) : 가지고 있다.

11. 원한 관계는 반드시 풀어주어야 한다

성(城)의 장수가 성을 지키는 임무를 맡으면 반드시 성안의 부로(父老)나 관리나 대부(大夫)에게 자세히 물어 원수나 원한 관계가 있는 자들이 서로 화해하지 않았다면 그 사람들을 불러서 명백하게 화해시켜 준다.

성의 장수는 그 사람들을 분류시켜 가려내어 서로 고립시킨다. 사사로운 원한으로 성의 수비에 해롭거나 관리들의 일에 방해가 되는 자는 그들의 부모나 처자까지도 모두 처벌한다.

그 성밖의 사람들과 모의하려는 자가 있으면 삼족을 멸한다. 그러한 사실을 고하거나 그들을 체포한 자에게는 그들 소유의 읍이나 크고 작은 봉지를 그에게 봉해준다. 성의 장수는 그에게 다시 인장을 주고 관리로 임명하여 총애한다. 또 이러한 사실을 관리나 대부나 모든 백성들까지도 명백히 알도록 한다.

호걸 중에서 밖으로 많은 제후들과 교제를 가진 자들은 항상 초청하여 그들에 대해 위에서 알도록 하고 잘 관리하며, 관리하는 관리에게 자주 음식을 보내도록 하며, 제멋대로 출입하지 못하게 하며, 연좌하여 인질을 잡아둔다.

고을의 어른과 부로(父老)와 호걸의 친척과 부모와 처자는 반드시 존중하고 보살피며, 가난하여 끼니를 자급하기 어려운 자는 위에서 식량을 대순다. 또 용사들의 부모와 친척과 처자모두에게도 때때로 술과 고기를 보내주고 반드시 공경하게 한다. 반드시 그들을 태수(太守)의 근처에서 살게 한다.

성의 장수는 망루에서 인질이 잡혀있는 숙사를 자주 살펴보고 반드시 망루를 진흙으로 반틈없이 발라서 아래에서는 위를 볼 수가 없게 하고 위에서만 아래를 볼 수가 있게 하여 아래에서는 위에 사람이 있는지 없는지를 알지 못하게 한다.

성의 장수가 친히 하는 것은 천거한 관리가 곧고 청렴하고 충성스럽고 신의가 있는 자로 해로움이 없이 임무를 맡길 수 있어야 한다. 그들이 먹는 음식이나 주식을 금지하지 않고 돈이나 비단 이하 모든 재물들은 각자가 지켜서 서로 도둑질하는 일이 없어야 한다.

　인질의 숙소 담장은 반드시 삼중의 담으로 하고, 그 곳을 지키
는 자는 기왓장이나 솥같은 것을 담 위에 쌓아 놓는다. 문에는 관
리가 있어 책임자는 마을의 문을 열고 닫게끔 하고 이때에는 반
드시 태수(太守)의 부절로써 한다.

　인질의 숙소를 호위하는 병사는 반드시 착실한 자를 병사 중에
서 선발해야 한다. 관리 중에서 충성되고 신임이 있고 해가 없으
며 가히 책임을 맡을 만한 자를 뽑아서 책임자로 임명한다.

　스스로 10자 높이의 담을 쌓아서 두르게 한다. 각문의 작은 문
을 담당하는 자들로 순찰하게 한다. 사마문(司馬門)을 호위하는
것은 아니다.

　기운을 바라보는 자의 숙소는 반드시 태수의 가까이 한다. 무당
의 숙소는 반드시 공(公)의 사직과 가까워야 하고 반드시 신을
공경해야 한다. 무(巫)와 축(祝)과 관리들이나 기를 바라보는 자
들은 반드시 좋은 말로 백성들에게 알려주도록 하고 청하여 태수
에게 보고한다. 태수는 그 보고를 혼자만 알고 있어야 한다. 기를
바라보는 자가 망령되게 불선한 말을 하여 백성들을 놀라게 하는
일이 없어야 하며 그런 자가 있으면 용서하지 않고 처단해야 한다.

　守入臨城 必謹問父老吏大夫 請有怨仇讐不相解者 召其人 明白
爲之解之 守必自異其人而藉之 孤之 有以私怨害城若吏事者 父母
妻子皆斷 其以城爲外謀者 三族 有能得若捕告者 以其所守邑 小大
封之 守還授其印 尊寵官之 令吏大夫及卒民 皆明知之 豪傑之外多
交諸侯者 常請之 令上通知之 善屬之 所居之吏 上數選具之 令無
得擅出入 連質之 術鄕長者父老 豪傑之親戚父母妻子 必尊寵之 若
貧人食不能自給食者 上食之 及勇士父母親戚妻子 皆時酒肉 必敬
之 舍之必近太守

　守樓臨質宮[1]而善周 必密塗樓 令下無見上 上見下 下無知上有人
無人 守之所親 擧吏貞廉忠信 無害可任事者 其飮食酒肉勿禁 錢金
布帛財物 各自守之 愼勿相盜 葆宮之牆 必三重牆之垣 守者皆累瓦

釜牆上 門有吏 主者門里管閉 必須太守之節 葆衛 必取戍卒有重厚
者 請擇吏之忠信者 無害可任事者 令將衛 自築十尺之垣 周還牆 門
閨者 非令衛司馬門 望氣者² 舍必近太守 巫舍 必近公社 必敬神之
巫祝史與望氣者 必以善言告民 以請上報守 守獨知其請而已 無與
望氣 妄爲不善言 驚恐民 斷勿赦

1) 質宮(질궁) : 인질을 잡아두는 곳.
2) 望氣者(망기자) : 기운을 바라보는 자. 즉 적진을 살피는 자.

12. 법령으로 그것을 허락한다

　식량의 부족을 헤아려서 백성들로 하여금 각자 자기 집에 간직
하여 둔 오곡(五穀)의 분량의 수를 보고하게 하는데, 그 기한을
정하여 장부에 기록하되 관리와 잡된 재물을 생략한다.

　기한이 다하여도 숨기고 보고하지 않거나 보고한 것이 정확하
지 않으면 관리나 병졸로 하여금 자세한 것을 조사해 알아내어 모
두 처단한다.

　숨기고 보고하지 않거나 보고한 것이 정확하지 않은 자가 있어
그를 잡아 고하면 그에게 그 곡식의 10분의 3을 내린다.

　곡식과 무명과 비단과 돈과 황금을 거둬들이고 가축과 재물을
들이고 내고 할 때에는 모두 그 가격을 공평하게 매기고, 주관하
는 사람은 그 증권(證券)을 써서 준다. 일이 끝나면 모두 각각 그
가격에 따라 그것을 배상한다.

　또 그 가격의 귀하고 천하고 많고 적음에 따라 벼슬을 내리기
도 한다. 관리가 되고자 하는 사람은 그것을 허락한다. 관리가 되
기를 바라지 않고 상으로 벼슬이나 녹봉을 받고자 하거나, 친척
이나 가까운 사람 중의 죄인을 대속(代贖)하려고 하면 법령으로
써 그것을 허락한다.

　度食不足 食民各自占¹ 家五種石升²數 爲期 其在尊害 吏與雜
訾³ 期盡匿不占⁴ 占不悉 令吏卒款得⁵ 皆斷 有能捕告 賜什三 牧粟

米布帛錢金 出內⁶⁾畜産 皆爲平直⁷⁾其賈⁸⁾ 與主人券⁹⁾書之 事已 皆各
以其賈倍償之 又用其賈貴賤多少賜爵 欲爲吏者許之 其不欲爲吏
而欲以受賜賞爵祿 若贖士親戚所知罪人者 以令許之

1) 占(점) : 차지하다. 간직해 두다.

2) 石升(석승) : 섬과 되. 곡식의 양을 헤아리는 단위, 즉 곡식의 분량.

3) 訾(자) : 자(資)와 통하여 재물.

4) 占(점) : 보고하다.

5) 款得(관득) : 자세한 내용을 조사해서 알아내다.

6) 出內(출내) : 내고 들이고 하다. 출납(出納).

7) 平直(평직) : 직은 치(値)와 통하여 가격을 공평하게 매기다.

8) 賈(가) : 가(價)와 통하여 가격. 값.

9) 主人券(주인권) : 증권(證券)을 주관하는 사람.

13. 포상을 받은 자는 직급을 높여준다

그 상(賞)에 연루되어 은사(恩賜)를 받은 자들은 인질의 숙소에서 그의 친족들을 만나게 해준다. 다시 상사를 보좌하고자 하는 자이면 모두 그 벼슬을 상과 연루시켜서 배로 높여준다.

어느 현(縣)과 어느 마을 어떤 집의 식구는 2명인데 쌓여있는 곡식은 600섬이고 어떤 마을 어떤 집의 식구는 10명인데 쌓여있는 곡식은 100섬이면, 곡식을 내놓는데 정해진 기일이 있게 한다. 기일이 경과해도 내놓치 않으면 국가에서 가져간다. 또 가지고 있는 자를 고발하면 10분의 3을 상으로 준다. 신중하게 하여 백성들이 성안의 곡식이 얼마나 있는지를 알지 못하도록 한다.

성의 장수가 성으로 들어가면 먼저 척후의 일부터 시작하고 척후가 정해지면 집을 주어서 잘 대우하고 우리 성안의 수비 상황은 알지 못하도록 한다. 척후병들은 별도로 집을 정해주고 부모와 처자식들도 모두 한 집에서 살게 하며 옷가지와 술과 고기를 대주고 믿을만한 관리를 시켜 잘 대우하도록 한다. 척후가 되돌아와 보고하면 한가하게 쉬도록 한다.

성안의 장수의 집은 3중으로 담을 치고 밖의 둘레의 모퉁이에는 망루를 세우고 안의 둘레에도 망루를 세운다. 망루에서 척후병의 숙소로 들어가게 하는데 15자의 복도(複道)를 만든다. 척후병의 숙소에는 방이 있지 않다. 3일에 한번씩 자리를 걷어 올리고 대강 살펴본다. 집안에 띠풀을 까는데 3자 이상의 두께로 한다.

척후병을 보내는데는 반드시 고을에서 충성되고 신용이 있는 중후한 사(士)를 고르고, 부모와 처자가 있으면 후하게 대우하게 한다. 또 반드시 보내는 척후를 존중하여 그의 부모를 잘 보살피고 그의 처자식들도 보살피며, 그들의 집은 다르게 하여 다른 동료들과 함께 하는 것이 없게 하고 술이나 고기 등을 보내어 넉넉하게 한다. 다른 척후병을 보내게 되어도 잘 받들어 앞의 척후병의 대우와 똑같이 한다. 척후병이 돌아오면 여러 사항을 살펴서 참조하여 맡기고 후한 상을 내린다.

척후병으로 세 번을 보내어 세 번 믿을만 하게 되면 두터운 상을 내린다. 상을 받지 않고 관리가 되고자 하면 200섬의 관리로 임명하고 장수는 허리에 차는 인(印)을 내린다. 그가 관리가 되는 것을 바라지 않고 상만을 받고자 하면 모두 앞에서 한 것과 같이 해준다.

척후병으로 깊이 적국의 수도에까지 들어갔었던 자는 심문하여 그 내용이 믿을 만하다면 그에게는 다른 척후병보다 갑절의 포상을 하고, 그가 상을 받는 것을 바라지 않고 관리가 되고자 한다면 300섬의 녹을 받는 척후병으로 허락한다.

성을 잘 포위하여 적을 물리친 사(士)가 상을 받으면 장수가 반드시 몸소 그 상 받는 자의 부모가 있는 곳까지 상을 가지고 가서 그들에게 장수로써의 신임을 보여주어야 한다.

그 중에서 다시 상사를 보좌하겠다는 자는 그 상과 연루시켜서 작록과 죄인들의 대속(代贖)을 갑절로 한다.

사(士)의 척후는 10리를 지나지 않고 높고 편리한 곳에 표지를 세운다. 그 표지는 3명이 지키도록 하고 북쪽의 성에 이르른 자는 3번의 표지로 성위의 봉화와 서로 바라보도록 한다. 낮에는 횃불

을 올리고 밤에는 불을 들어서 도적이 쳐들어오는 곳을 알리게 한
다. 적의 형상으로 보아 반드시 공격할 곳을 살펴 알린다. 작은 성
은 스스로 수비하게 하지 않고 그 곳의 노약자나 곡식이나 가축
의 산물들을 모두 보호하고 병졸의 척후를 보내는 수는 50명이
넘지 않도록 한다. 적들이 성을 떠나면 조심하게 하고 뒤쫓지 않
게 한다.

척후병의 무리는 300명을 넘지 않아야 한다. 해가 지면 내보내
는데 표식을 달게 한다. 요새의 사람들이 부대를 비우고 왕래하는
자는 그들을 추적하게 하는데 마을마다 3명 이하하여서는 안된다.

한낮에 나가서 흔적이 있는 곳에는 각각 그의 표식을 세우고 성
의 위에서 응하게 한다.

척후병이 나가서 진지의 표지들을 넘게 되면, 성문의 안과 밖에
서 차단하여 그 표지를 세우고 졸병들의 소수는 성안에 있게 하
고 그의 소수는 성안에 있게 하여 적이 가히 알지 못하도록 한다.

곧 적이 이르렀다는 신호가 오면 적이 진지 밖의 표지를 넘어
오는 것을 보고 성위에서는 지휘의 깃발을 흔들게 한다. 추격하
던 자들은 앉아서 장군북을 두드리게 하여 싸울 태세를 갖추게 하
고 지휘기의 지시를 따르게 한다.

其受構賞者 令蔀宮見以與其親 欲以復佐上者 皆倍其爵賞 某縣
某里某子家 食口二人 積粟六百石 某里某子家 食口十人 積粟百石
出粟米 有期日 過期不出者 王公有之 有能得 若告之 賞之什三 愼
無令民知 吾粟米多少

守入城 先以候爲始 得輒宮養之 勿令知吾守衛之備 侯[1]者爲異宮
父母妻子 皆同其宮 賜衣食酒肉 信吏善待之 候來若復 就閒 守宮
三難 外環隅爲之樓 內環爲樓 樓入蔀宮 丈五尺 爲復道 蔀不得有
室 三日一發席蓐 略視之 布茅宮中 厚三尺以上 發候 必使鄕邑忠
信善重士 有親戚妻子 厚奉資之 必重發候 爲養其親若妻子 爲異舍
無與員同所 給食之酒肉 遣他候 奉資之如前 候反 相參審信 厚賜
之 候三發三信 重賜之 不欲受賜 而欲爲吏 許之二百石之吏 守珮

授之印 其不欲爲吏 而欲受構賞祿 皆如前 有能入深至主國者 間之
審信 賞之倍他候 其不欲受賞 而欲爲吏者 許之三百石之侯 扞士[2]
受賞賜者 守必身自致之其親之其親之所 見其見守之任 其欲復以
佐上者 其構賞爵祿罪人[3]倍之

　士候無過十里 居高便所 樹表 表三人守之 北至城者三表 與城上
烽燧相望 晝則擧烽 夜則擧火 聞寇所從來 審知寇形必攻 論小城不
自守通者 盡葆其老弱粟米畜産 遣卒候者 無過五十人 客至堞去之
愼無厭建 候者曹 無過三百人 日暮出之 爲微職 空隊要塞之人所往
來者 令可□ 迹者無下里三人 平而迹 各立其表 城上應之 候出越
陳表 遮坐郭門之外 內立其表 令卒少半居門內 令其少多無可知也
卽有驚 見寇越陳表 城上以麾指之 迹坐擊缶期 以戰備從麾所指

1) 候(후) : 척후병. 즉 적의 동태를 살피는 자.
2) 扞士(한사) : 성에 침입한 적을 잘 막아내어 성을 완전하게 수비한 대오(隊
　伍)의 장.
3) 罪人(죄인) : 앞에 속출(贖出)이 빠졌다. 죄인을 대속하는 것.

14. 적으로 하여금 이용할 수 없게 한다.

　적의 공격해 오는 것이 바라보이면 수(垂) 1개를 올리고, 적이
경계 안으로 들어오면 수 2개를 올리고, 외성(外城)에 가까이 이
르면 수 3개를 올리고, 외성 안으로 들어오면 수 4개를 올리고, 성
(城)에 가까이 다가오면 수 5개를 올리는데, 밤이면 불로써 모두
이와 같이 한다.

　외성에서 백보(百步) 떨어진 거리 이내에 있는 담장이나 나무
들은 작고 큰 것을 가리지 말고 그것들을 다 베어내 제거(除去)
한다. 성밖 민가의 우물은 다 메워서 적이 물을 퍼먹을 수 없게 만
든다. 성밖 민가의 방들은 다 부숴버리고 나무도 다 베어 버린다.

　성을 공격할 수 있는 모든 것들은 다 성 안으로 들여놓는다. 그
소유자들은 각각 그것을 기록하여 두었다가 일이 끝난 뒤에 각각
그 기록에 의해 그것들을 찾아가게 한다. 관리는 그것을 증권으

로 만들어 그 수량을 써둔다.

길가의 재목들을 다 성안으로 들여올 수 없으면 그것을 태워버린다. 적으로 하여금 그런 것을 이용할 수 없게 해야 한다.

望擧一垂[1] 入竟 擧二垂 狎郭[2] 擧三垂 入擧四垂 狎城 擧五垂 夜以火 皆如此 去郭百步 牆垣樹木小大盡伐除之 外空井 盡窒之 無令可得汲也 外空窒盡發之 木盡伐之 諸可以攻城者盡內城中 令其人各有以記之 事以 各其記取之 事爲之券 書其枚數 當遂[3]材木不能盡內 卽燒之 無令客得而用之

1) 擧一垂(거일수) : 하나의 수(垂)를 올린다. 수는 우표(郵表)라고도 하는데 나무막대기 위에 끈을 매달아 표식으로 쓰는 것이다.
2) 狎郭(압곽) : 외성(外城)에 가까이 이르다. 압은 가깝다. 곽은 외성(外城).
3) 遂(수) : 수(隧)와 통하여 길. 도로.

15. 연판장을 작성하여 남긴다

사람들이 스스로 큰 서판(書板)에 자기 부서에서 충성할 것을 기록한다. 관리는 지켜야 할 법령을 알린다. 음란하고 방종한 법은 그 죄가 귀를 꿰뚫는 것에 해당한다. 싸움을 하고 정직한 사람을 속이는 것, 소란을 떨고 말이 많은 것, 길거리에서 대중을 해치는 것, 노임을 받고도 일을 그르치는 것, 때를 넘겨도 휴가를 가지 않는 것은 그 죄가 귀를 꿰뚫는 것에 해당한다. 소란을 피워 대중을 놀라게 하는 것은 그 죄가 죽음에 해당한다. 상관을 비난하고 직언을 하지 않고 주인에게 오만하고 방자한 것은 그 죄가 죽음에 해당한다.

악기와 장기와 바둑은 군중에 없어야 한다. 있으면 그 죄가 귀를 꿰뚫는 것에 해당한다. 관리의 허락이 없으면 감히 수레를 달리게 하거나 사람을 다니게 하는 것이 없어야 한다. 있으면 그 죄가 귀를 꿰뚫는 곳에 해당한다. 소와 말을 군중에서 놓아둠이 없어야 한다. 있으면 그 죄가 귀를 꿰뚫는 것에 해당한다. 음식을 시

도 때도 없이 하는 것도 그 죄가 귀를 꿰뚫는 것에 해당한다. 이
유없이 군중에서 노래와 곡을 하지 않는다. 하게 되면 그 죄가 귀
를 꿰뚫는 것에 해당한다. 명령으로 죄를 집행하여 모두 죽인다.
관리가 죄가 있는 것을 보고도 벌주지 않으면 똑같은 벌이 적용
된다. 혹시 도망을 치면 또한 죽인다.

무릇 장수가 그 졸병을 거느리고 싸우는데 법령을 어기면 처벌
한다. 관리는 졸병이나 마을의 백성들이 군령을 듣고도 따르지 않
으면 정벌하여 복종시키고 그 죄를 가름하여 무거운 자는 저자에
서 참형하여 시체를 3일 동안 걸어 놓으며 죽은 시체를 눈으로 보
게 한다.

위병이 영(태수)을 문 밖에서 모시고 두 곳의 초소를 만들어 옆
문으로 앉게 한다. 식사를 번갈아 가며 하고 빠진 자가 없도록 한
다. 문 아래 위병의 우두머리가 태수에게 자주 들어와서 보고를
하고 그 도망자를 감시한다. 또 수문장과 관리의 우두머리를 독
려하여 도망자의 보고도 하게 한다. 네 사람을 옆으로 태수의 문
안으로 앉게 하고 두 사람은 산문(散門)밖으로 앉게 한다. 적이
보면 병력을 모아 앞에 서서 식사를 고르게 한다. 위를 모시는 백
성은 집 아래 높은 누대를 지킨다. 척후자가 수레와 기마의 졸병
으로써 길 밖에서 오는 자나 섬 안의 떳떳치 못한 자를 바라보고
자주 상관에게 보고한다. 태수는 성위에서 기다리며 성문을 살피
며 고을의 관리가 보고한 사실들을 시험해 본다. 망루 아래에 있
는 자는 척후자의 말을 받아 다시 태수에게 전한다.

전달하는 2명은 산문 안으로 고루 앉히고 문은 항상 닫는다. 음
식을 골고루 먹고 전령의 우두머리는 태수의 궁문을 돌아 둔도
(屯道)를 둔다. 각각 그 양쪽에 담을 치고 높이는 10자의 성가퀴
를 만든다. 세워서 닭발처럼 걸어둔다. 병사들이 인질의 숙소를
살피고 서찰이 있으면 반드시 삼가 살펴보고 점검한다. 곧 불법
이면 바르게 아뢴다. 둔진(屯陳)의 담 밖의 사거리 길에는 모두
누각을 세운다. 높은 곳에서 마을 안을 보고 누각의 하나마다 북
과 간이 취사장을 둔다. 곧 사고가 있으면 북을 치고 관리가 이르

면 멈춘다. 밤에는 불로써 북을 치는 곳을 가르키게 하고 성 밑의
50보마다 변소 하나씩을 두는데 변소는 위의 변소와 함께하게 한
다. 죄가 있다고 자수하는 사람들 중에서 벌이 가벼운 자는 처벌
하지 않고 변소를 청소하도록 하여 잘 통하도록 한다.

人自大書版[1] 著之其署忠 有司出其所治 則從淫之法 其罪射 務
色謾缶 淫囂不靜 當路尼衆 舍事後就 逾時不寧 其罪射 謹囂諴衆
其罪殺 非上不諫 次主凶言 其罪殺 無敢有樂器幣騏軍中 有則其罪
射 非有司之令 無敢有車馳人趨 有則其罪射 無敢散牛馬軍中 有則
其罪射 飮食不時 其罪射 無敢歌哭於軍中 有則其罪射 令各執罰 盡
殺 有司見有罪而不誅 同罰 若或逃之 亦殺 凡將率鬪其衆失法 殺
凡有司不使去卒吏民聞誓令[2] 代之服罪 凡戮人於市 死上目行
謁者[3]侍令門外 爲二曹[4] 夾門坐 鋪食更 無空 門下謁者一長 守數
令入中 視其亡者 以督門尉與其官長 及亡者 入中報 四人夾令門內
坐 二人夾散門外坐 客見 持兵立前 鋪食更 上待者名 守室下高樓
候者 望見乘車若騎卒 道外來者 及城中非常者 輒言之守 守以須城
上候城門及邑吏來告其事者以驗之 樓下人受候者言 以報守 中涓
二人 夾散門內坐 門常閉 鋪食更 中涓一長者 環守宮之術衢 置屯
道 各垣其兩旁 高丈爲埤堄[5] 立初鷄足置夾 挾視葆食[6] 而札書得 必
謹案視參食者 節不法 正請之 屯陳垣外 術衢街皆樓 高臨里中 樓
一鼓聾竈即有物故 鼓 吏至而止 夜以火指鼓所 城下五十步一厠 厠
與上同圂 請有罪過而可無斷者 令杅厠利之

1) 書版(서판) : 글씨를 쓰는 나무판.
2) 誓令(서령) : 군령(軍令)이다.
3) 謁者(알자) : 안내를 맡은 관리. 위병.
4) 二曹(이조) : 두 곳의 초소라고 했다.
5) 埤堄(비예) : 성위에 낮게 쌓은 성가퀴의 일종.
6) 葆食(보식) : 인질이나 간첩의 가족을 보호하는 장소

제71편 모든 것을 지킨다(雜守第七十一)

1. 성을 해롭게 하지 못한다

금자(禽子)가 말하였다.

"적군은 수가 많고도 용감하고 싸움을 가벼이 여기며 위세를 보여 그것으로써 우리측을 놀라게 합니다. 그리고 땔나무와 흙을 함께 올려다가 발판을 만들고 흙을 쌓아 높게 하고는 위에서 내려다보며 우리를 공격합니다. 그리고 큰 방패로 가리면서 한꺼번에 전진하여 마침내 성에 달라붙어서 무기와 쇠뇌를 함께 올려다가 공격해 옵니다. 이것을 막기 위해 어떻게 하면 좋겠습니까."

묵자가 이에 대하여 대답하였다.

"너는 발판을 이용하여 공격해 오는 데 대한 수비의 방법을 묻는 것이로구나.

발판을 이용해서 하는 공격은 공격이 서투른 것이다. 군사들을 고생시키기에는 충분하지만 성을 해롭게 하기에는 부족하다. 발판을 이용하여 공격해 올 때 멀리서 공격해 오면 멀리서 막고 가까운 데서 공격해 오면 가까운 데서 막으면 성을 해롭게 하기에는 이르지 못하는 것이다."

禽子問曰 客衆而勇 輕意[1]見威 以駭主人[2] 薪土俱上 以爲羊坽[3] 積土爲高 以臨民 蒙櫓俱前 遂屬之城 兵弩俱上 爲之奈何 子墨子曰 子問羊坽之守邪 羊坽者攻之拙者也 足以勞卒 不足以害城 羊坽之政 遠攻則遠害[4] 近城[5]則近害 不至城

1) 輕意(경의) : 의는 경(竟)의 잘못. 경(竟)은 경(競)과 통하여 싸움을 가벼이

여긴다는 뜻.

2) 主人(주인) : 성을 수비하는 편. 즉 우리쪽 군대.

3) 羊坽(양령) : 발판. 높은 곳에 있는 적을 공격할 수 있게 만든 발판.

4) 害(해) : 어(圍)의 잘못. 어(圍)자와 통하여 방어하는 것.

5) 近城(근성) : 성은 공(攻)의 잘못.

2. 충(衝)과 임(臨)과 운제(雲梯)의 공격

화살과 돌을 쉴새없이 좌우에서 발사하게 하고 뒤이어 큰 돌로
내리친다. 희망을 굳게 가지게 하고 우군의 정예병들을 격려하고
신중히 하여 뒤를 돌아보지 않도록 하게 한다. 수비하는 자가 거
듭 내려가면 공격하는 자는 가볍게 떠난다. 용기를 길러주면 더
욱 분투하고 백성들의 마음에 용기가 백배한다. 많이 잡은 자에
게 자주 상을 주면 졸병들은 태만하지 않는다. 적이 흙을 쌓는데
쉬지 않아 능히 그것을 막지 못하여 마침내 성에 달라붙게 되면
운제(雲梯)의 법을 막는 것으로 대응한다. 대저 인(堙)이나 충
(衝)이나 운제와 임(臨)의 법을 반드시 성(城)에 따라서 방어해
야 한다. 부족하면 나무로 내리치게 하고 왼편으로 100보, 오른편
으로 100보를 벌려서 화살과 돌과 모래와 숯을 비가 오듯이 쏟아
붓고 불타는 장작이나 끓인 물로 구제한다.

정예병을 뽑아 신중하게 하며 돌아보지 않도록 하여 상을 살피
고 벌을 행한다. 고요한 것으로 일을 삼고 따를 때에는 조급하게
하여 잡생각을 하지 못하도록 한다. 원통한 것에 분노를 높이면
백성들의 마음이 용기가 백배한다. 많은 포로를 잡은 자에게는 자
주 상을 주면 졸병들이 이에 태만해지지 않는다.

충(衝)과 임(臨)과 운제(雲梯)에는 모두 충거(衝車)로써 공
격한다. 거(渠)는 길이가 1장 5자이고 그 땅에 묻힌 것은 3자이
며 그 받침대는 길이가 1장 2자이다. 거(渠)의 넓이는 1장 6자이
고 그의 사다리는 1장 2자이다. 거(渠)가 드리워진 것은 4자이고
거(渠)를 세워서 성가퀴에는 5치 이상이 붙어서는 안된다. 사다

리는 거(渠)의 10장마다 하나의 사다리가 있게 한다. 거답(渠荅)
의 대체적인 수는 1리에 258개이고 거답(渠荅)은 129개이다.

矢石無休 左右趣射 蘭爲柱後[1] 望以固 屬吾銳卒 愼無使顧 守者
重下 攻者輕去 養勇高奮 民心百倍 多執數少[2] 卒乃不怠 作士[3]不
休 不能禁禦 遂屬之城 以禦雲梯之法應之 凡待煙[4]衝雲梯臨之法
必應城以禦之 曰不足 則以木樟[5]之 左百步 右百步 繁下矢石沙炭
以雨之 薪火水湯以濟之 選屬銳卒 愼無使顧 審賞行罰 以靜爲故 從
之以急 無使生慮 恚痛[6]高憤 民心百倍 多執數賞 卒乃不怠

衝臨梯 皆以衝衝之 渠[7]長丈五尺 其埋者三尺 矢長丈二尺 渠廣
丈六尺 其弟丈二尺 渠之垂者四尺 樹渠無傳葉五寸 梯渠十丈一梯
渠荅[8]大數 里二百五十八 渠荅百二十九

1) 蘭爲柱後(난위주후) : 인위주후(蘭爲柱後)이며 큰 돌로 뒤이어 내리치다.
2) 多執數少(다집삭소) : 다집삭상(多執數賞)의 오자.
3) 作士(작사) : 적토(積土)의 잘못. 적이 성을 공격하기 위하여 흙을 성의 높
   이 비슷하게 쌓아올리는 것.
4) 煙(연) : 인(煙)의 잘못.
5) 樟(곽) : 정(撑)의 오자. 내려치다.
6) 恚痛(애통) · 분노함.
7) 渠(거) : 성을 방비하기 위하여 만들어 놓은 장치.
8) 渠荅(거답) : 철질려(鐵蒺藜). 즉 마름쇠.

3. 세 개의 정자(亭子)를 만들어 둔다

모든 바깥 길 중에 요새로서 적을 곤란하게 하고 적에게 심한
해로움을 줄 수 있는 곳에는 세 개의 정자를 만들어 둔다.

정자는 세모가 되게 하여 그것을 직녀성(織女星)의 모양으로
배치하고 여러 큰 언덕이나 산과 숲, 수로(水路)나 도랑, 또는 언
덕이나 밭둔덕의 길, 그리고 성곽(城郭)의 문이나 마을의 문과
길과 같은 요새가 될 만한 곳들과 서로 협동할 수 있게 한다.

휘장(徽章)을 통하여 오고 가는 사람들의 많고 적음과 그들이
숨어 있는 곳을 추적할 수 있게 한다.

성밖에서 성안의 군막(軍幕)으로 모아들인 백성들을 먼저 성
안의 관청이나 민가와 여러 부서(部署), 건물들의 크고 작은 것
을 조사하여 적절하게 배치해야 한다.

성밖에서 성안의 군막으로 모인 사람들 중에 혹 형제나 친지와
함께 있고자 하는 사람이 있으면 그것을 허락한다.

성밖에 있는 민가의 곡식이나 가축, 그 밖의 재물로서 성을 도
울 수 있는 모든 것은 성안으로 들여다가 일이 급하게 될 때에 대
비하여 문 안에다가 쌓아두게 한다.

척후병은 50명을 넘지 아니하고 적이 이르면 담장을 따라서 가
며 엄폐물로 삼는다.

백성이 바친 곡식이나 베, 비단, 황금, 돈 그리고 소나 말 등의
가축들은 모두 공평하게 값을 매겨서 증권을 주관하는 사람이 그
것을 적어 각자에게 준다.

사람들로 하여금 각자 자기의 장점에 따라 일을 하도록 맡기면
천하의 모든 일이 잘 되어 간다.

사람들이 나눠 맡은 직분이 고르면 천하의 모든 일이 뜻대로 된
다. 모두가 좋아하는 일을 하게 되면 천하의 모든 일이 잘 준비되
어진다. 강하고 약한 사람들이 분수에 맞게 일을 하면 천하의 모
든 일이 잘 갖추어진다.

諸外道可要塞以難寇 其甚害者爲築三亭 三亭隅[1] 織女[2]之 令能
相救 諸距阜[3] 山林溝瀆邱陵阡陌[4]郭門若閭術[5] 可要塞 及爲微職[6]
可以迹知往來者少多及所伏藏之處 葆民[7] 先擧城中官府民宅室署
大小調處[8] 葆者或欲從兄弟知者許之 外宅粟米畜産財物 諸可以佐
城者 送入城中 事卽急 則使積門內 候無過五十 寇至隨棄去 唯弇
逮 民獻粟米布帛金錢牛馬畜産 皆爲置平賈 與主券書之 使人各得
其所長[9] 天下事當 鈞其分職 天下事得 皆其所喜 天下事備 强弱有
數 天下事具矣

1) 三亭隅(삼정우) : 정자를 세모가 되게 배치하다.

2) 織女(직녀) : 직녀성은 세 개의 별이 삼각형으로 배치되어 있는 별.

3) 距阜(거부) : 거(距)는 거(鋸)와 통하여 큰 언덕.

4) 阡陌(천맥) : 밭둔덕에 난 길. 천은 남북으로 난 밭둔덕의 길. 맥은 동서로 난 밭둔덕의 길.

5) 閭術(염술) : 염은 마을의 문. 술은 마을에 뻗어 있는 길.

6) 徽職(미직) : 휘지(徽識)와 통하여 군인들이 달고 다니는 휘장.

7) 葆民(보민) : 성 밖의 백성들 중에서 전쟁에 대비하여 성안 군막(軍幕)으로 모아들인 사람들.

8) 調處(조처) : 적절하게 배치하다.

9) 得其所長(득기소장) : 장점(長點)에 따라 일을 하게 하다.

4. 우정(郵亭)을 세우고 담으로 쌓다

우정(郵亭)을 세우고 주위를 담으로 쌓는데 높이는 3장(三丈) 이상이어야 한다. 비스듬이 기울어지게 하고 벌려서 사다리를 세울 수 있게 한다. 벌려진 사다리의 길이는 3자이고 문에 연결하는 것은 3자이며 노끈으로 묶어서 연결한다. 참호는 이중으로 하고 들어 올리는 다리를 만들고 여기 아나는 부엌을 만들고 하나의 북을 달아놓는다.

적을 알리는 봉화와 적을 경계하라는 봉화와 적이 공격한다는 봉화가 있는데, 이는 봉화가 전해오면 차례로 응하고 국가의 수도에 이르면 중지한다. 그 사태가 급박할 때는 봉화를 당겨서 위와 아래로 휘저어 준다. 봉화가 올려지면 다섯 번 북을 울리고 또 봉화를 계속 이어서 적이 침략해 오는 병력이 얼마인가를 알린다. 지연하지 않고 왕래하는 적병의 수에 따라서 차례대로 봉화를 쉬지 않는다.

적이 눈앞에 보이면 하나의 봉화를 올린다. 국경 안으로 들어오면 2번의 봉화를 올린다. 활의 사정거리에 들어오면 3번의 봉화를 올리고 3번 북을 두드린다. 성곽으로 모여들면 4번의 봉화를 올리고 4번 북을 두드린다. 성곽에 모여들면 5번의 봉화를 올리고 5번 북을 두드린다. 밤에는 불로써 이와 같이 수를 표시한다. 봉화를 맡은 자가 사안이 급할 때는 날이 저물어서 나간다. 모두가 낮은 버슬의 관리로 한다. 산이나 언덕이나 산림으로 모두 가히 적을 추적하게 하는데 밝은 날에는 흔적을 남기게 하고 흔적을 남길 것이 없으면 각각 그들의 표식을 세운다. 성 아래에서 응하면 척후를 내보내 전표(田表)를 두고 척후병은 성곽의 안과 밖에서 기치를 세우고 졸병의 절반은 성안에 있게 하여 병력의 많고 적은 것을 알지 못하게 한다.

곧 적이 왔다는 경보가 있으면 맨 바깥쪽의 표지를 들고, 적을 보면 그 다음의 표지를 들어서 성위에서는 그것을 보고 깃발로 지휘한다. 척후병이 걸어가면서 북을 치고 깃발을 바르게 하여 깃발에 따라서 전쟁을 준비하기도 하고 깃발을 따라서 전쟁을 중지하기도 한다.

농사에 종사하는 남자들은 전쟁을 준비하여 척후병을 따르고 여자들은 신속히 성으로 들어가 곧 적이 이르면 전달이 이르도록 하고 성에 도달하게 되면 머무른다.

표지를 지키는 자는 3명이다. 번갈아 가며 우정(郵亭)에 표를 세우고 망을 본다. 지키는 자는 자주 기병을 시켜서 관리가 행동하는 주위를 살펴보게 하고, 하는 바와 하려고 하는 것들을 알게 하여 그의 무리들이 한번 북을 치면 적이 나타났는 지를 살펴보고 북소리를 전달하며 성에 연락이 이르면 중지한다.

築郵亭者[1]圜之 高三丈以上 令侍殺 爲辟梯[2] 梯兩臂長三尺 連門三尺 報以繩連之 檠[3]再雜 爲縣梁 聾竈 亭一鼓 寇烽 驚烽 亂烽 傳火以次應之 至主國止 其事急者 引而上下之 烽火以擧 輒五鼓傳 又以火屬之 言寇所從來者少多 旦弇還 去來屬次 烽勿罷 望見寇 擧一烽 入境 擧二烽 射妻 擧三烽 一藍[4] 郭會 擧四烽 二藍[5] 城會 擧五烽 五藍 夜以火如此數 守烽者事急 日暮出之 令皆爲微職 距阜山林 皆令可以迹 平明而迹 無迹 各立其表 下城之應 候出置田表

斥坐郭內外 立旗幟 卒半在內 令多少無可知 即有驚擧孔表⁶⁾ 見寇
擧牧表⁷⁾ 城上以麾指之 斥步鼓整旗 旗以備戰 從麾所止 田者男子
以戰備從斥 女子亟走入 即見放 到傳 到城止 守表者三人 更立捶
表⁸⁾而望 守數令騎若吏行旁親 有以知爲所爲 其曹一鼓 望見寇 鼓
傳到城止

1) 郵亭者(우정자) 역말을 세우는 것. 즉 지금의 우편소와 같은 것. 연락처.

2) 辟梯(비제) : 비제(臂梯)라고 했다.

3) 槧(참) : 참(塹)의 오자라 했다. 참호

4) 一藍(일람) : 일은 삼(三)의 잘못. 북을 3번 울리는 것.

5) 二藍(이람) : 이는 사(四)의 잘못.

6) 孔表(공표) : 외표(外表)의 잘못.

7) 牧表(목표) : 차표(次表)의 잘못.

8) 捶表(추표) : 우표(郵表). 우정(郵亭)에 세운 표지.

5. 위험한 고비를 넘길 수 있는 것

승식(升食)은 1년에 36섬이며, 삼식(三食)은 1년에 24섬이며,
사식(四食)은 1년에 18섬이며, 오식(五食)은 1년에 14섬이며, 육
식(六食)은 1년에 12섬이다.

승식은 다섯 되를 먹고, 삼식은 석 되를 먹고, 사식은 두 되 반
을 먹고, 오식은 두 되를 먹고, 육식은 한 되 반이 넘게 먹는데, 하
루에 두 번 먹는다. 죽음을 구하는 위험한 때에는 하루에 두 되씩
먹기를 20일간을 하고, 하루 석 되씩 먹기를 30일간을 하며, 하루
넉 되씩 먹기를 40일간을 한다. 이와 같이 하여 백성은 90일 동안
위험한 고비를 모면할 수가 있는 것이다.

적이 가까이 오면 빨리 변방의 금속의 기구를 거두어 들이고 동
과 철과 기타 방어에 도움이 되는 것은 먼저 현의 관리가 집이나
관부에 급하지 않은 것인가를 조사한다. 또 재료가 크고 적고 길
고 짧은 것을 막론하고 모두를 급히 징발한다. 적이 협박하여 집
을 징발하고 나무를 자르는 것을 비록 청하더라도 허락하지 아니

한다. 연료를 들여와서 물고기 잡는 섶에 쌓아놓지 않으며 대오가 이르면 취하는 것을 바꾸라고 명령한다. 재목이 다 들어오지 못할 것은 불살라 적이 사용할 수 없게 한다. 나무를 쌓는 것은 각각 길고 짧고 크고 작고 추악하고 아름다운 것들끼리 모형이 서로 같게 한다. 성의 사방 밖과 각각 그 안에 쌓고 모든 나무의 큰 것은 각각 끈을 달아놓아 유사시에 대비하여 쌓아 모아둔다.

升食[1]終歲三十六石[2] 參食[3]終歲二十四石 四食 終歲十八石 五食 終歲十四石四升[4] 六食 終歲十二石 升食食五升 參食食參升 四食食二升半 五食食二升 六食食一升大半 日再食[5] 救死[6]之時 日二升者二十日 日三升者三十日 日四升者四十日 如是 而民免於九十日之約[7]矣

寇近 亞收諸雜鄕[8]金器 若銅鐵及他可以左守事者 先擧縣官室居官府不急者 材之大小長短及凡數[9] 卽急先發 寇薄[10] 發屋 伐木 雖有請謁 勿聽 入柴 勿積魚鱗簝[11] 當隊 令易取也 材木不能盡入者 燔之 無令寇得用之 積木 各以長短大小惡美 形相從 城四面外各積其內 諸木大者皆以爲關鼻[12] 乃積聚之

1) 升食(승식) : 승은 두(斗)의 잘못이 아닌가 의심된다. 두식(斗食)은 한 끼에 다섯 되씩 하루 두 끼에 한 말의 곡식을 먹는 급식 방법. 한 섬은 열 말이므로 1년이면 대체로 36섬의 곡식을 먹게 된다.

2) 石(석) : 섬. 분량의 단위로 한 섬은 열 말이다.

3) 參食(삼식) : 한 끼에 3분(三分)의 2(二)말, 즉 석되 서홉 여를 먹는 급식 방법. 사식(四食)은 4분의 2말, 오식(五食)은 5분의 2말, 육식(六食)은 6분의 2말이다.

4) 四升(사승) : 연문(衍文)으로 보인다.

5) 再食(재식) : 하루에 두 끼를 먹는 일.

6) 救死(구사) : 죽음을 구하다. 즉 적이 성을 공격하는 위험한 일.

7) 約(약) : 위험한 고비.

8) 雜鄕(잡향) : 변방 고을.

9) 凡數(범수) : 총수(總數).

10) 薄(박) : 위협하다.

11) 簪(잠) : 고기잡는 섶.

12) 關鼻(관비) : 끈을 달아 놓다.

6. 인질로 보호받는 사람이 있어야 한다

성을 수비하는 사마(司馬) 이상의 부모와 형제와 처자들은 자기가 있는 곳에 인질(人質)로 있게 해야 성을 견고하게 수비할 수가 있다. 도사공(都司空)은 큰 성에는 네 사람이 있어야 하고, 후(候)는 두 사람이 있어야 하며, 현후(縣候)는 한편에 한 사람씩 있어야 한다.

정위(亭尉)는 사공(司空) 아래에 있으며, 정(亭)마다 한 사람씩을 둔다. 수비하는 곳의 책임자는 재력이 충분하고 청렴하며 신의가 있는 사람으로 임명한다. 그의 부모와 형제와 처자들이 군막(軍幕) 안에서 보호를 받고 있는 사람이라야 그런 관리가 될 수 있다. 모든 관리는 반드시 인질로 보호를 받는 사람이 있어야 하며 그래야 일을 맡길 수가 있다.

큰 문을 지키는 사람은 두 사람이 문을 끼고 서 있게 하며, 지나가는 사람은 빨리 지나가게 해야 한다. 그 밖에 각각 네 사람씩 창을 들고 문을 끼고 서 있게 하며, 그 사람들은 그 아래에 앉아 있는다. 관리는 하루에 5번 검열하고 자리를 이탈한 자의 이름을 올린다.

城守司馬[1]以上 父母昆弟妻子 有質在主所 乃可以堅守 署都司空[2] 大城四人 候[3]二人 縣候[4]面一 亭尉[5]次司空[6]亭一人 吏侍守所者財足 廉信 父母昆弟妻子有在葆宮中者 乃得爲侍吏 諸吏必有質 乃得任事 守大門者二人 夾門而立 令行者趣[7] 其外各四戟 夾門立 而其人坐其下 吏日五閱之 上逋者名

1) 司馬(사마) : 여기서는 여러 부(部)의 우두머리가 되는 관리를 말한다. 육경(六卿)의 하나인 사마(司馬)와는 전혀 다른 지위다.

2) 都司空(도사공) : 수령 아래에 소속되어 있는 속관의 명칭. 성의 오관(五官) 중의 하나. 육경(六卿)의 하나인 사공(司空)과는 전혀 다르다.

3) 候(후) : 성의 오관 중의 하나.

4) 縣候(현후) : 성 사면에 한 사람씩 배치하던 장수.

5) 亭尉(정위) : 앞에 나온 백장(百長)을 가리킨다.

6) 次司空(차사공) : 사공(司空)의 아래 지위.

7) 趣(취) : 빨리 지나간다.

7. 중요한 곳과 해로운 곳을 살핀다

연못 밖 모서리의 중요한 곳과 나쁜 곳에는 반드시 의심스러운 사람이 왕래하며 밤에 다니는 자는 활로 쏜다. 그의 일을 소홀히 한 자도 처벌한다. 담밖의 물 속에는 대나무 화살대를 꽂는다. 대나무 화살대를 꽂는 길이는 2보로 한다. 물 아래 다섯 치를 내려가게 하고 길고 짧은 것이 섞여 있게 한다. 앞과 밖의 모서리에는 세줄로 하고 밖은 밖으로 향하게 하고 안은 또 안쪽으로 향하게 한다. 30보의 거리 한 곳에 쇠뇌의 움막을 설치하는데 움막의 넓이는 10자, 길이는 1장 2자로 한다. 대오(隊伍)에 급한 일이 있으면 재빨리 그 가까이 있는 대오가 가서 돕게 하고 그 다음에 그곳을 돕도록 한다.

부절(符節)을 가지고 있는 자만 출입하게 하고 부절을 관장하는 사람은 반드시 대략 기록을 하고 그 정상을 서명하고 그의 일이 기록과 같아야 하며 그가 돌아간 것을 기다려 보고 하고 칼로써 표시를 한다. 부절을 가진 자가 나가면 나가는 곳의 문지기는 그 부절을 들고 나간 자의 이름을 보고한다. 100보마다 하나의 대오를 두게 하고 작은 문은 통하여 관사를 지키게 한다. 서로 어긋나서 방안으로 뚫려 있게 하고 두 개의 길을 만들어 담을 쌓고 담은 그 위를 잘 손질하게 한다.

먼저 덕을 행하여 계모(計謀)와 합하게 한 다음, 이에 성채로 들어가고, 성채에 들어가 수비하면 성(城)을 다니지 않고 막사에

도 떠남이 없게 한다. 모든 수비하는 자는 낮은 성과 얕은 해자못을 파악해서 살피고 꾸며서 수비하게 한다. 새벽이나 저녁에는 노래를 마치는 것으로 법도를 삼고 사람을 써서 쉽게 수비할 수 있도록 대강을 취한다.

민가에서는 3년 먹을 수 있는 채소와 식량을 저축하여 장마나 가뭄이나 흉년을 대비하게 하고, 항상 변두리에는 미리 약재와 향풀과 오훼(烏喙 : 부자)와 주엽(袾葉)을 심어서 갖추도록 한다. 밖의 집에는 도랑이나 우물을 매우고 덮어서 사용하지 못하게 한다. 불필요한 것들을 그 속에 넣어둔다. 편안하면 위태로운 것을 보이고, 위태할 때에는 편안함으로써 보인다.

적이 이르면 모든 문에는 모두 구멍을 뚫어놓고 각각 두 종류로 만들어서 한 구멍에 노끈을 꿰어 놓는데 노끈의 길이는 4자이고 큰 것은 손가락만하게 한다. 적이 이르면 먼저 소와 양과 닭과 개와 까마귀와 기러기를 죽여 그의 가죽과 힘줄과 뿔과 기름과 돼지 등을 거두어 모두 박제하게 한다. 관리는 시렁을 만들고 쇠화살촉을 만들고 두꺼운 대쪽으로는 형왕(衡枉)을 만든다.

일이 급박하고 졸병을 멀리하지 못하게 되면 밖의 집 수풀로 굴을 파고 많고 적은 것을 유인한다. 만약 성의 입구를 손질하여 공격하는 것으로 삼은 때에는 세 모퉁이로 하고 5근 이상의 모든 재목들을 물속에 담가 하나의 깃발로 지나침이 없게 한다. 초가집을 흙으로 발라 나무가 쌓여 있는 것과 같이 하고 두께는 5치 이상으로 한다. 관리는 각각 그의 담당 범위 안에서 재물이 수비에 이로움이 되는 것들을 올리게 한다.

남을 모함하는 사람이나 남을 이롭게 하는 사람이나 나쁜 사람이나 착한 사람이나 어른스러운 사람이나 계략이 있는 사람이나 용력이 있는 사람이나 재주 있는 사람이나 사신을 잘하는 선비나 안의 일을 잘하는 사람이나 밖의 일을 잘하는 사람이나 남에게 잘하는 사람이나 제자들을 잘 둔 자들이 있게 한다.

수비하는 책임자는 반드시 그러한 것들을 잘 살펴서 사무에 적합할 때에 따라 그의 능력에 합당하게 한다. 백성들이 서로 미워

하고 관리가 거기에 개입했으면 관리의 해결한 것들을 모두 편지
로 기록하여 보관하게 하고 기다려서 보고가 이르면 참조하여 증
험한다.

　엿보는 자는 5자(尺)의 작은 이로 하는데, 가히 병졸이 되지 못
하는 자를 서리(署吏)로 삼고 급사로 삼아서 관부의 관사일을 보
게 한다.

　적에게 던지는 돌과 거친 화살이나 모든 재료나 기물들의 사용
은 모두 신중하게 각 부서에 나누고 각각 수량대로 나누어 쌓아
놓는다.

　가래나무로써 초거(軺車)를 만들어 바퀴는 넓이가 10자이고
끌채의 길이는 1장이며 바퀴살이 삼폭(三輻)으로써 그 넓이는 6
자이다. 수레의 짐받이는 길이나 끌채 등과 함께 4자이고 높이는
1자이며 수레 덮개 위를 잘 덮어지도록 만들고 짐을 실을 수 있
도록 하였다.

池水廉[1]有要有害 必爲疑人 令往來行夜者射之 謀其疏者 牆外水
中 爲竹箭 箭尺廣二步 剪於下水五寸 雜長短 前外廉三行 外外鄕
內亦內鄕 三十步一弩廬 廬廣十尺 袤丈二尺 隊有急 極發其近者往
佐 其次襲其處 守節出入 使主節必疏書 署其情 令若其事 而須其
還報以劍驗[2]之 節出 使所出門者 輒言節出時摻者名 百步一隊 閣
通守舍 相錯穿室 治復道 爲築墉 墉善其上 先行德計謀合 乃入葆
葆入守 無行城 無離舍 諸守者 審知卑城淺池 而錯守焉 晨暮卒歌
以爲度 用人少易守 取疏 令民家有三年畜蔬食 以備湛旱歲不爲 常
令邊縣豫種畜芫芸烏喙袾葉[3] 外宅溝井可窴 塞不可 置此其中 安則
示以危 危示以安 寇至·諸門戶令皆鑿而類竅之 各爲二類 一鑿而屬
繩 繩長四尺 大如指 寇至 先殺牛羊鷄狗烏雁 收其皮革筋角脂䐈
羽㲉 皆剝之 吏檽桐𦙍[4] 爲鐵錍 厚簡爲衡枉 事急 卒不可遠 令掘外
宅林 謀多少 若治城口爲擊 三隅之 重五斤已上諸林木 渥水中 無
過一茷 塗茅屋若積薪者 厚五寸已上 吏各擧其步界中財物可以左
守備者上 有讒人 有利人 有惡人 有善人 有長人 有謀士 有勇士 有

巧士 有使士 有內人者 外人者 有善人者 有善門人者 守必察其所
以然者 應名乃內之 民相惡 若議吏 吏所解 皆札書藏之 以須告之
至以參驗之 睨者小五尺 不可卒者 爲署吏 令給事官府若舍 藺石屬
矢 諸材器用 皆謹部 各有積分數 爲解車以枙 城矣以軺車 輪轅 廣
十尺 轅長丈 爲三輻 廣六尺 爲板箱長與轅等四高尺 善蓋上治令可
載矢

1) 池水廉(지수렴) : 연못의 모서리. 즉 해자못의 모서리.

2) 劍驗(검험) : 칼로써 증험하다. 뜻이 정확하지 않다.

3) 芫芸烏喙袾葉(원운오훼주엽) : 원은 약초. 운은 향풀. 오훼는 부자. 주엽은
   뜻이 확실하지 않다.

4) 吏橝桐自(이담동복) : 무슨 뜻인지 자세하지 않다. 단 관리가 서까래와 오동
   나무를 만든다의 뜻인지 확실치 않다.

※ 이상의 문장은 뜻이 제대로 잘 전달되지 않는다.

8. 성을 지키지 못하는 다섯 가지

묵자가 말하였다.

"무릇 성을 지키지 못하게 되는 데는 다섯 가지가 있으니, 성은
큰데 사람이 적은 것이 지킬 수 없는 것의 하나요, 성은 작은데 사
람이 많은 것이 지킬 수 없는 것의 둘이요, 사람은 많은데 식량이
적은 것이 지킬 수 없는 것의 셋이요, 도시가 성에서 멀리 떨어져
있는 것이 지킬 수 없는 것의 넷이요, 재물이 성 밖에 축적되어 있
고 부유한 사람들이 시골에 있는 것이 지킬 수 없는 것의 다섯이
다. 성 안에 만 가구를 거느린다면 성은 사방 3리는 되어야 한다."

子墨子曰 凡不守者有五 城大人少 一不守也 城小人衆 二不守也
人衆食寡 三不守也 市去城遠 四不守也 畜積在外 富人在虛[1] 五不
守也 率萬家而城方三里[2]

1) 虛(허) : 허(墟)와 통하여 시골을 말한다.

2) 方三里(방삼리) : 사방 3리.

원문자구색인(原文字句索引)

今師徒唯毋興起/184
今使子有二臣於此/410
今士坐而言義/435
今士之用身/430
今士之用身則不然/430
今上舉義不辟遠/75
今上舉義不辟近/75
今上舉義不辟貧賤/75
今上舉義不親疏/75
今嘗計軍上/184
今先生聖人也/456
今聖有樂而少/70
今歲有癘疫/170
今歲凶民饑道餓/55
今小爲非/182
今雖毋求執有命者
　之言不必得/310
今雖毋法執厚葬久
　喪者言/224
今雖毋在乎公大人/328
今述而不作/419
琴瑟吹竽笙而揚干戚/298
今是文於是/383
今是不文於是/383
今施人薄而望人厚/475
今是楚王食於楚之
　四境之內/265
今我問曰/449
今也卿大夫之所以
　竭股肱之力/327
今若過之心者/432
今若國之與國之相攻/151
今也農夫之所以蚤出暮
　入强乎耕稼樹藝/328
今若夫兼相利/178
今若夫兼相愛交相利/171
今若夫攻城野戰/200
今也婦人之所以夙
　興夜寐/328
今也善者不作/419
今也王公大人之所
　以蚤朝晏退/327
今也謂多詐者/383
今若有能信效先利
　天下諸侯者/206
今若有能以義名立
　於天下/206
今若有一諸侯於此/99
今也智其色之若白也/382
今若處大國則攻小國/251

今若天飄風苦雨/115
今也廢尺於平地/372
今若使天下之人/275
今與女爲茍義/342
今予與有扈氏/288
今譽先王/411
今吾本原兼之所生/166
今吾事先生久矣/455
今吾爲祭祀也/293
今吾將正求與天下
　之利而取之/166
今王公大人/86, 96,
　101, 106, 296, 298
今王公大人骨肉之親/106
今王公大人亦欲效人以
　尙賢使能爲政/86
今王公大人欲王天
　下正諸侯/96
今王公大人惟毋爲/300
今王公大人惟毋樂/298
今王公大人中實將
　欲治其國家/89
今王公大人之加罰此也/271
今王公大人之卿國人民/80
今王公大人之爲葬埋/234
今王公大人之爲政也/270
今王公大人之爲刑
　政則反此/127
今王公大人之政也/271
今若王天下之
　諸侯則不然/195
今欲爲仁義/206
今用義爲政於國家/412
今用執有命者之言/310, 315
今又舉兵將以攻鄭/464
今又禁止事上帝鬼神/230
今又以爭地之故/200
今衛君無道/416
今爲義之君子/435
今謂人曰/424
今有固車良馬於此/476
今儒固有此四政者/451
今有大國卽攻小國/298
今有刀於此/462
今有燎者於此/408
今唯毋以兼爲正/166
今惟毋以尙賢爲政
　其國家百姓/99
今惟毋以厚葬久喪
　者爲政/229

今唯毋以厚葬久喪
　者爲政/230
今惟毋在乎農夫說
　樂而聽之/303
今惟毋在乎婦人說
　樂而聽之/303
今惟毋在乎士君子
　說樂而聽之/302
今惟毋在乎士君子
　說樂而聽之/302
今惟毋在乎公大人
　說樂而聽之/302
今唯毋廢一時/184
今有負其子而汲者/55
今有藥此/427
今有五錐/27
今有醫於此/187
今有人於此/182, 255, 270,
　271, 425, 435, 455, 466, 484
今有一人/181
今有一人於此/421
今有子先其父死/293
今有平原廣野於此/168
今以攻戰爲利/192
今以豚祭而求百福/475
今以幷國之故/206
今以一豚祭/475
今人皆處天下而事天/261
今人固與禽獸麋鹿蜚
　鳥貞蟲異者也/300
今人獨知愛其身/151
今人非道無所行/396
今因說而不可/466
今人與此異者也/300
今人處若家得罪/261
今人處若國得罪/261
今子口言之/457
今子聞其鄉有勇士焉/422
禽子問曰/589
今子非國士也/456
今子事鬼神唯祭而已矣/475
今子所匿者若此丌多/455
今子曰孔子博於詩書/444
今子曰國治則禮樂/446
今子爲義/453
禽子再拜頓首/520
禽子再拜而嘆/519
禽子再拜再拜曰/514,
　519,529,538
今子處高爵祿而不
　以讓賢/475
今子徧從人而說之/440

今絺也祿厚而譴夫子/478
今翟曾無稱於孔子乎/451
今諸侯獨知愛其國/151
今鳥聞熱旱之憂則高/451
今之禽獸麋鹿蜚鳥貞蟲/300
今至大爲攻國/181
今至大爲攻國/182
今之善者則作之/419
今之世常所以攻者/488
今知氏大國之君/270
今之爲仁義者/329
今盡王民之死/186
今執無鬼者言曰/277, 293
今執無鬼者曰/275,
　283, 285, 293
今執無鬼者之言曰/285
今執厚葬久喪者曰/235
今執厚葬久喪者之言曰/234
今且天下之王公大
　人士君子/206
今此何爲人上而不
　能治其下/136
今天兼天下而食焉/265
今天大旱/173
今賤人也/465
今天下莫爲義/425
今天下無大小國/47
今天下士君子/303
今天下王公大人士君子/143
今天下之國/214
今天下之國/265
今天下之君子/158, 251, 252
今天下之君子之名任也/430
今天下之君子之欲
　爲仁義者/248
今天下之君子之爲文
　學出言談也/327
今天下之士君子/106,
　224, 235, 239, 263,
　266, 302, 315, 329
今天下之士君子之書/246
今天下之士君子之
　欲爲義者/263
今天下之士君子或
　以命爲亡/318
今天下之所同義者/195
今天下之所譽善者/195
今天下之王公大人士
　君子/131,259,275,293
今天下之人曰/124, 249

616 묵자(墨子)

不可不察亂之所自起/147
不可非也/383
不可使導衆/340
不可使守職/340
不可使慈民/340
不可使親治/340
不可常用也/399, 401
不可說在始/355
不可損益/332, 444
不可損益也/450
不可勝計/435
不可勝計也/178, 200,
　229, 234, 277
不可勝數/184, 189, 214
不可勝數也/184, 197
不可勝食也/421
不可勝載/246
不可恃富貴衆强/290
不加失也/106
不可讓也/376
不可用也/226, 229
不可謂强/483
不可爲富貴衆强勇
　力强武/290, 293
不可爲幽澗廣澤/290
不可謂仁/483
不可謂者/382
不可謂智/483
不可謂知類/483
不可謂忠/483
不可以敎下/340
不可以待凶饑/55
不可以北/437
不可以不勸愛人者此也/149
不可以應卒/55
不可以自守/55
不可以形貌命者/395
不可一二而明知/111
不可䃺也/382
不可毁也/437
不可卒者/601
不可盡亦未可智/382
不可偏去而二/352
不敢繼苟而讐焉/430
不敢問欲/518
不敢不潔廉/288
不敢爲淫暴/130
不敢以爲惡恨者何也/296
不强說人/440

不擧吏有罪/572
不擧守之事及會計者/562
不擧而自臧/407
弗擊不鳴/336, 337
不格者則係操而歸/270
不堅白說在荊之大/352
不見我亦從事者/410
不見子亦從事/410
不見子則不從事/410
不敬事於大/189
不戒不愼之/261
不顧其民/446
不鼓而退也/178
不辜者誰也/255
不過欲殺臣/486
不巧者雖不能中/45
不俱當必或不當/365
弗鉤以愛則不親/480
不極五味之調/217
不及則死/476
不肯事上帝/257
弗能去也/396
不能輕出/55
不能禁禦/591
不能獨一同天下之義/117
不能射御之士/99
不能射御之士懼/99
不能相信/422
不能相和合/117
不能善事親戚君長/325
不能爲君者/41
小能爲焉/332
不能爲禍福/446
不能而君用之/490
不能而不害說在害/352
不能而尙賢者能爲政也/73
不能而爲之/429
不能人得一升粟/470
不能人得尺布/470
不能一同其國之義/119
不能知也/430
不能此乃能守城/560
不能治千人者/88
弗撞擊將何樂得焉哉/298
不黨父兄/80
不黨不偏/173
不當應而應鼓主者斬/556
不同所不合也/365
不得皆斬/563

不得外食/569
不得爲政平貴且知者/248
不得意賢士不可不擧/78
不得已也/389
不得已而欲之非欲之/391
不得衆而得寡/73, 307
不得治而得亂/73, 307
不得暴人而罰之/134
不得下之情/134
不得下之情則亂/134
不連屬不體也/365
不賴其力者不生/300
不利於人謂之拙/481
不利人乎卽止/295
不明乎鬼神之能賞
　賢而罰暴也/275
不歿其世/243
不繆其耳目之淫/321
不問不言/337
弗問不言/337
不問焉則止/439
不誹非己之誹也/383
不非誹非可非也/383
不仕子亦聞夫魯語乎/452
不使之也/101
不殺不辜/99
不尙同其上者也/115
不善言之/137
不善用口者以爲讒
　賊寇戎/125
不善用刑者以爲五殺/125
小說子小欲殺子/420
不聖人爲政/214
不脩義詳/551
不逐而反焉/437
不收而擅縱之斷/572
不順其親戚/314
不勝其爵而處其祿/30
不勝而辟/186
不勝而入/186
不是則是且是焉/383
不視人猶强爲之/453
不識不知/271
不識昔也三代之聖
　善人與/324
不識若昔者三代聖王堯
　舜禹湯文武者/283
不識於兼之有是乎/168
不識將惡也/168
不識將擇之二君者/170

不識天下所以皆聞
　兼而非之者/170
不識天下之士/166, 168, 175
不識天下之人/173
不愼厥德/327
不愼其心志之辟/321
不失死生之利者此也/235
不窒吾穴/531
不失有罪/131
不失周愛/402
不惡危難/391
不愛盜非不愛人也/401
不愛異家/148
不愛異國/148
不愛無功之臣/30
不愛無益之子/30
不愛人不待周不愛人/402
不愛人之國/151
不愛人之身/151
不若金聲玉服/360
不若當犬/365
不若武王/69
不若敷與美/371
不若山澤/383
不若商人之用一布
　之愼也/430
不若成湯/69
不若視負粟者也/435
不若愛馬著若明/359
不若堯舜/69
不若二目之視也/141
不若二手之彊也/141
不若二耳之聽也/141
不若仁人/158
不若親其一危弓罷馬衣
　裳牛羊之財與/101
不言也發罪鈞/141
不與大同/395
不如令及後縛者皆斬/569
不與一在偏去/371
不與箴非力之任也/371
不如匠之爲車轄/481
不亦可錯乎/310
不然夫應孰辭/451
不然夫好美者/453
不然昔者堯北敎乎
　八狄道死/234
不曰我罷不肖/321
不外於兼體出也/365
不欲受賜/584

坐處不度/312
坐處有度/312
罪犯禁也/349
罪不在禁/360
罪死無殺/195
罪或輕或重/382
住景二說在重/353
周公旦非其人也邪/343
周公旦爲天下之聖人/443
鑄金以爲鉤/62
柱大二圍半/533
周代祝社方/288
酒醴粢盛不敢不蠲潔/122
酒醴粢盛之不淨潔也/280
周流天下無所重足
者何也/143
主吏卒民多心不一者/558
主名山川/93
紂無待武之備故殺/57
誅白公然而反王/477
誅罰不能威七患也/51
誅罰必至矣/251
主別兕虎/290
主社稷治國家/80
周書大雅有之/285
柱善塗丌竇際勿令泄/529
周宣王殺其臣杜伯
而不辜/277
周成王因先王之樂/69
周成王之治天下也/69
周頌道之曰/95
周雖舊邦/285
周詩曰土道湯湯/173
周詩卽亦猶是也/173
主愼道路者有經/554
主信以義/490
主室堂而問存者孰存也/377
珠玉以爲珮/62
周爰咨謀/131
紂越厥夷居/257
朱衣冠執朱弓挾朱矢/277
紂夷之居/321
紂夷處不肯事上帝鬼神/314
舟以行川谷/211
主人利客適/511
主人利而客病/511
主人先削城編唯勿燒/507
周人受之/407
主人亦守客卒/569
周人從者莫不見/277
主人則先之知/511
祩子舉揖而槁之/280
柱者勿燒/529
祩子杖揖出與言曰/280
主祭白旗素神/547
主祭赤旗赤神/547
主祭青旗青神/547
主祭黑旗/547
舟楫不易/218
紂之所亂/310
紂之所亂武王治之/318,324
柱之外善周塗/529
舟車之所及/106
周置二步中/501
晝則舉烽/585
柱下傅舄/533
柱閒也尺/533
周還牆門閨者/581
注后之邸/158
竹箭羽旄幄幕/184
蠢兹有苗/173
中可而利鬼/103
中詬鬼下賊人/243
中軍疾擊鼓者三/563
中軍置之胸/556
衆其人民/131
重其子此疚於隊/55
重其前弦其前/371
衆亂則從事乎治之/221
仲尼對曰/413
仲尼亦未得其所以對也/413
中利鬼下利人/267
中利於鬼/245
中利乎鬼/255
衆聞則非之/137,139,181
衆聞則非之是何也/270
衆聞則譽之/139
衆畔百走/293
衆不劫寡/154
中不利鬼/267
中不利於鬼/245,315
中不利乎鬼/257
衆不賊寡也/266
衆不暴寡/255
重不下無跨也/372
中事鬼神下愛人/243
中山尙染於魏義偃長/40
中誠將欲爲仁義/235
中術三百步/511
中實將欲求興天下
之利/293,329
中實將欲其國家邑里
萬民刑政者也/327
中實將欲爲仁義/271
中實將欲爲仁義求爲士/106
中實將欲遵道利民
/251,252,259
中心折脊殪車中/277
中央木繩一/541
中央旁也/365
重予之祿/76,83
中涓二人/588
中涓一長者/588
重五斤已上諸林木/600
中用之諸侯/141
重爲棺槨/450
中爲大廡一/536
中爲鐵鏁/539
中有大將/550
重有重之/285,288
中應客客待見/508
衆而亂則從事乎治之/221
衆人民治刑政安社
稷乎曰不可/412
衆人不知其功/486
衆人自易而難彼/25
衆人知之/486
重任不移/65
衆者數百/224
衆者數十/224
中藉苴爲之橋索丌端/497
中情將欲求興天下之利/206
中情將欲爲仁義求爲士/143
中拙柄長丈十步一/497
衆之說無可得焉/229
中之外鑒者近中/371
衆之暴寡/163
重質有居/554
中鑿夫之爲通臂/495
中楚國而朝宋與及魯/189
重則子智是/376
衆則賊寡也/267
中判之合而施之穴中/529
重下上筐/516
中行寅染於籍秦高彊/40
重厚口數多少/575
仲虺之告曰/327
卽可睹矣/470
卽舉其事速成矣/130
卽去而入壅穴殺/531
卽見放到傳到城止/595
卽具發之/523
卽俱發之/544
卽求以鄕其上也/178
卽求以鄕上也/178
卽急先發/596
卽當朕身/173
卽當朕身履/173
卽不必能夙興夜寐/303
卽我未必然也/298
卽我弗敢非也/296
卽我以爲未必然也/296
卽若其利也/166
卽語之兼愛非/474
卽欲人之愛利其親也/175
卽用取三祕合束堅爲斗/497
卽愚之至也/448
卽有驚舉孔表/595
卽有驚見寇越陳表/585
卽以伯鑿而求通之/531
卽財用不足/300
卽此文王兼也/171
卽此語也/131
卽此言文王之兼愛天
下之博大也/171
卽此言愛人者必見愛也/175
卽此言湯貴爲天子/173
卽此言行拂也/168
卽此禹兼也/173
卽此湯兼也/173
卽必不能竭股肱之力/302
卽必不能蚤朝晏退/302
卽必不能蚤出暮入/303
卽必吾先從事乎愛
利人之親/175
卽必曰兼也/165
卽必曰別也/163
卽必曰非然也/163,165
卽必曰天下之利也/163
卽刑政亂/300
卽熏以自臨醢上/536
曾不若一草之本乎/427
憎人賊人/255,257
智犬則過/376
智槁木也/411
智告我則我智之/376
志功不可以相從也/392
之功爲辯/391
知狗而自謂不知犬/355
至今不息/49

시간과 공간을 초월하여 영원한 고전으로 남아질 수 있는
과거속의 유산을 캐내어 메마른 마음밭을 기름지게 가꾸어 줄 수 있는 —

자유문고의 책들

```
인 지
생 략
```

동양학총서〔15〕

묵 자(墨子)

초 판 1쇄 인쇄　1995년　4월 15일

증보판 1쇄 인쇄　2007년 12월 26일

해역자 : 박문현 · 이지한
펴낸이 : 이준영

회장 · 유태전
사장 겸 주간 · 백상태 / 편집 · 김경숙 / 교정 · 홍영선
조판 · 태광문화 / 인쇄 · 천광인쇄 / 제본 · 기성제책 / 유통 · 문화유통북스

펴낸곳 : 자유문고
서울 영등포구 문래동6가 56-1 미주프라자 B-102호
전화 · 2637-8988 · 2676-9759 / FAX · 2676-9759
홈페이지 : http://www.jayumungo.co.kr
e-mail : jayumg@hanmail.net
등록 · 제2-93호(1979. 12. 31.)

정가 29,500원

※ 잘못 만들어진 책은 구입하신 서점에서 바꿔드립니다.

ISBN 978-89-7030-015-3　04150
ISBN 978-89-7030-000-7　(세트)